HEYNE BIOGRAPHIEN

Zum Autor

BERNARD FAY, französischer Historiker, schrieb zahlreiche Studien über die Französische und Amerikanische Revolution. In deutscher Sprache ist 1973 eine vielbeachtete Beaumarchais-Biographie erschienen: ›Die tollen Tage. Beaumarchais oder die Hochzeit des Figaro‹.

Bernard Fay
LUDWIG XVI.

Der Sturz der französischen Monarchie

Wilhelm Heyne Verlag
München

HEYNE BIOGRAPHIE
12/174

Titel der französischen Originalausgabe

LOUIS XVI OU LA FIN D'UN MONDE

Deutsche Übersetzung von Arthur Seiffhart

Neuausgabe des Heyne Buches Nr. 31
Copyright © 1956 by Le Livre Contemporain Amiot-Dumont, Paris
Copyright © der deutschen Ausgabe by Verlag Georg D. W. Callwey, München
Copyright © dieser Ausgabe 1989
by Wilhelm Heyne Verlag GmbH & Co. KG, München
Printed in Germany 1989
Umschlagfoto: Archiv für Kunst und Geschichte, Berlin
Innenbilder: Archiv für Kunst und Geschichte, Berlin
Umschlaggestaltung: Atelier Ingrid Schütz, München
Bildteil: RMO, München
Gesamtherstellung: Presse-Druck Augsburg

ISBN 3-453-03033-8

INHALT

Vorwort 5

I. TEIL: LUDWIG-AUGUST, DER UNGELIEBTE

Eine Geburt in aller Stille 11
Aschenbrödel 17
Die schwierigen Eltern 29
Die Schule des Todes 46
Ein einsames Kind 53
Der Triumph des Herzogs von Choiseul 68
Die »Revolution« von 1771 82
Der gedemütigte Dauphin 94
»Der König stirbt nicht« 105

II. TEIL: LUDWIG DER ERSEHNTE

Mit neunzehn Jahren König 111
Sentimentaler Regierungsantritt 123
Der rechtschaffene König 141
Der Allerchristlichste König 157
Ludwig der Strenge oder Das flohbraune Jahr 166
Der große Plan des Königs Ludwig XVI. 176
Der glückhafte König 191
Der wagemutige König 209
Der arbeitsame König 228
Der geduldige König 241
Der fleißige König 252
Der siegreiche König 263
Der gewandte König 272
Der glückliche König 292
Der Schiedsrichter der Welt 310

III. TEIL: TYRANN ODER MÄRTYRER?

Größe und Elend des Königreichs Frankreich 323
Die königliche Revolution 339
Die aristokratische Revolution 358
Die orleanistische Revolution 374
Der revolutionäre Ansturm 390
Die bürgerliche Revolution 404
Die religiöse Revolution 420
Die Revolution an der Macht 427
Überall Revolution 440
Die Revolution oder der Tod 460
Der König stirbt 476

*

Bemerkungen des Autors 483
Verlagsnachwort 487

Bibliographie 485
Zeittafel 489
Stammtafeln 496
Register 501

VORWORT

Seit zwei Jahrhunderten hat man viel über Ludwig XVI. geredet und geschrieben. Aber im ganzen genommen hat man ihn niemals erforscht; es schien nicht der Mühe wert zu sein. Man erforscht nicht ein Nichts. Zu seinen Lebzeiten sagte seine Frau von ihm: »Der arme Mensch!« Die Geschichtsschreiber haben es, einer nach dem anderen, wiederholt und haben, von dieser Grundthese ausgehend, bewiesen, daß alles im Leben dieses unglücklichen Königs nichts als Schwäche, Dummheit und Blindheit war. Da jedoch sein Tod einigen Glanz aufwies, kam man dahin überein, ihn dafür zu loben ...: »Da er nicht verstanden hat, zu leben, hat er es wenigstens verstanden, zu sterben«, so sagte man.
Und so ging man bei der Rekonstruktion der Geschichte seines Daseins von seinem Tode aus. Das ist ein den Historikern vertrautes Verfahren. Man hat Leonidas von den Thermopylen aus rekonstruiert, Roland von Roncesvalles aus und den General Boulanger von seinem Selbstmord aus. Das gibt sehr schöne, einfache und logische Bücher, die dem Leser gefallen, weil er das Ende und den Faden der Handlung kennt.
Doch das Leben geht einen anderen Weg, von der Geburt bis zum Tode und nicht vom Tode zur Geburt.
Mehr überlegende Geister versuchten, Ludwig XVI. als einen Mann zu betrachten, der einfach sein Leben in seinen Handlungen, seinen Freuden und Schmerzen verbracht hat.
Aber auch hier fand Ludwig XVI. keine Verteidiger. Die ihn enthauptet haben und alle ihre Nachfahren, die revolutionären Parteien, vermögen nichts anderes zu suchen als die Gründe dieses Geschicks, die Fehler, die die Revolutionäre des 18. Jahrhunderts gegen den

König auf den Plan gerufen haben. Sie finden solche Gründe; in ihren Augen taumelte Ludwig XVI., ein schwacher und ungeschickter König, der unfähig war, Reformen einzuführen oder einführen zu lassen, von Irrtum zu Irrtum. Als er dann entmachtet war, trieb er den Verrat so weit, daß er die Invasion Frankreichs erleichterte, ja sogar forderte. Man beweist so, daß Ludwig XVI. zu Recht guillotiniert wurde.

Die andere Gruppe, die antirevolutionären Parteien, die Monarchisten und Konservativen, die Emigranten des 18. Jahrhunderts und die Revolutionäre des 20., grollte dem König, weil er es nicht verstanden habe, die Monarchie zu retten. »Warum erstickte er den Aufruhr nicht, als es noch Zeit war? Ein starker und weiser König«, so sagen sie, »hätte das Königtum gerettet. Ludwig XVI. ist um so schuldiger, weil er gut und schwach war.«

Von allen Parteien im Stich gelassen, hat Ludwig XVI. bei der Masse der Gelehrten und Gleichgültigen nie Freunde gefunden; ein König ohne Liebschaften, Intrigen und Skandale reizt die Einbildungskraft nicht. Er erregt sogar Abneigung, denn es ist unangenehm, das Bild eines rechtschaffenen Mannes wachzurufen, der ungerecht umgebracht wurde. Man zieht es vor, die Seite umzublättern.

Seit dem 21. Januar 1793 hat mancher Geschichtsschreiber umgeblättert, nach harter Kritik oder ehrfürchtiger Verneigung. Vielleicht hätte ich das gleiche getan, hätte mich nicht der Zufall dazu gebracht, mich mit Benjamin Franklin und George Washington eingehend zu beschäftigen. Ich war überrascht, festzustellen, daß von allen Zeitgenossen diese beiden so gescheiten Staatsmänner eine Vorliebe für Ludwig XVI. hatten. Dies erregte meine Aufmerksamkeit; ein anderer Zufall hatte mir umfangreiche Bündel des Briefwechsels von Vergennes vor die Augen gebracht; ich stellte fest, daß Ludwig XVI. in enger Vertrautheit mit diesem Minister gearbeitet hat, und daß er dabei Fleiß, Eifer und eine lebhafte Intelligenz, gepaart mit Klarheit, bewies. Durch wohlwollende Freunde konnte ich zahlreiche Archive des 18. Jahrhunderts einsehen, und ich fand, daß Ludwig XVI. zu seinen Lebzeiten allgemein geliebt und bewundert wurde, daß alle seine Briefe gut abgefaßt waren und seine Worte Eindruck machten.

Im allgemeinen verachteten die Menschen des 18. Jahrhunderts Ludwig XV. trotz seinem angenehmen Wesen und seiner Intelligenz, und fast alle achteten Ludwig XVI. Der Widerspruch zwischen der Meinung der Zeitgenossen und der Nachwelt schien mir erstaunlich. Ich forschte weiter. Eines schönen Tages bat mich M. André Castelot, den ich als Anreger dieses Buches betrachte, im Namen der »Editions Amiot-Dumont«, für diese ein Buch über Ludwig XVI. zu verfassen. Ich zögerte zunächst. Wohl stand meine Meinung fest, aber es schien mir schwierig, sie zum Ausdruck zu bringen und mitempfinden zu lassen. Wieder einmal förderte mich der Zufall. Während meiner Arbeit im Staatsarchiv in Madrid, das so bedeutend ist durch seinen Umfang, den Wert seiner Dokumente und das Entgegenkommen seiner Konservatoren, stieß ich auf eine Reihe unveröffentlichter und wenig bekannter Dokumente, die ein neues Licht auf die ganze Regierungszeit Ludwigs XVI. warfen. Der Briefwechsel des Grafen von Aranda, des spanischen Botschafters in Frankreich von 1773 bis 1785, offenbarte einen unbekannten Ludwig XVI., der mit bisher nicht gekannten Problemen zu tun hatte, und gewährte Einblick in die Entstehungsgeschichte der revolutionären Bewegung vom Beginn der Regierungszeit an. Dieser Briefwechsel konnte mir als Richtschnur dienen.

So habe ich nun das Leben Ludwigs XVI. geschrieben, wie er es von Tag zu Tag gelebt hat – in Freude, dann im Ruhm und zuletzt im Schrecken. Ich beanspruche, weder eine Geschichte seiner Regierungszeit noch eine Geschichte der Revolution geschrieben zu haben, sondern ein »Leben« Ludwig-Augusts von Frankreich, der unter dem Namen Ludwig XVI. regierte und der ein von den anderen sehr verschiedener Franzose war, vielleicht besser, vielleicht klüger, vielleicht unglücklicher, aber sicher für sein Land ebenso begeistert, wie es je ein Franzose gewesen ist.

März 1954 *Bernard Faÿ*

I. TEIL

LUDWIG-AUGUST, DER UNGELIEBTE

EINE GEBURT IN ALLER STILLE

Der Dauphin Ludwig, Sohn Ludwigs XV., und seine Frau, Maria Josepha von Sachsen, hielten sich vom Hofe fern. Mme. de Pompadour, deren Charakter, Sitten und Einfluß sie mißbilligten, spielte dort die herrschende Rolle. Nur wenn es die Pflicht gebot, erschienen sie in den Gemächern des Königs; die übrige Zeit verbrachten sie zu Hause mit ihren Büchern und Freunden. Seit sie sich liebten – denn trotz allen Gegensätzen waren sie durch Geduld allmählich dahin gelangt, sich zu lieben –, fanden sie an diesem Leben einiges Vergnügen. Doch es gab auch manche Nachteile.

Zu den unangenehmsten gehörte die Einsamkeit in den Augenblicken, wo man Zeugen brauchte, wie im Falle von königlichen Geburten, die in aller Form bestätigt werden mußten, wollte man schwere Unzuträglichkeiten vermeiden. Nun war der Dauphin ein so feuriger Ehemann, daß die Dauphine niemals wissen konnte, wann das glückliche Ereignis eintreten würde; die Geburtshelfer jener Zeit, sogar der berühmte Jard, waren hierbei ratlos. Bei der ältesten Tochter, der kleinen »Madame«, ging es noch und war auch kaum von Bedeutung, weil es sich um ein Mädchen handelte; aber beim ältesten Sohn, dem Herzog von Burgund, gab es erheblichen Verdruß.

Jard traf erst nach der Geburt in aller Gemütsruhe ein. Da man keine Zeugen hatte, mußte das Kind ziemlich lange unter der Decke bleiben; die Mutter beklagte sich darüber, daß das Kind sie mit den Füßen stieße. Endlich erschien der Dauphin im Schlafrock, aufgeregt, beunruhigt und beglückt zugleich, und stürzte sofort auf den Korridor, um jeden, dessen er habhaft werden konnte, eintreten zu lassen. Er versammelte um das Bett seiner Frau die Sänftenträger der Mme. de Lauraguais, die auf ihre Herrin warteten, die schläfrigen dienst-

habenden Leibgarden und die Schildwache, die kaum wagte, ihren
Posten zu verlassen. Zu jedem sagte er: »Kommen Sie schnell herein,
mein Freund, damit Sie sehen, wie meine Frau niederkommt!« Bald
war das Zimmer voll, und man zog das Kind unter der Decke hervor.
Am 23. August 1754 ging alles besser vor sich, obwohl die Geburt
kaum weniger unvorbereitet erfolgte. Um halb vier Uhr morgens,
als das zukünftige Baby sich zu bewegen begann, ließ die Dauphine
Jard benachrichtigen, der sich in Versailles befand, um Mme. de
Civrac Geburtshilfe zu leisten; er kam angehumpelt, da er an Gicht
litt. Der König war mit seinem Gefolge in Choisy und wurde erst
am Abend zurückerwartet. Aber es gelang, den Kanzler, den Marquis
de Puisieux und den Justizminister herbeizuholen, die an Stelle der
abwesenden Familie dem ganzen Vorgang beiwohnten. Die Entbindung war nicht zu mühsam und um sechs Uhr vierundzwanzig
Minuten morgens mit der Geburt eines männlichen, wohlgestalteten,
wenn auch kleinen Prinzen beendet.
Während der Geburtswehen schrieb Binet, der erste Kammerdiener
des Dauphins, auf dessen Geheiß einige Worte an den König, um ihm
das Ereignis anzuzeigen, und übergab den Brief einem Pikör der
»Petite Ecurie«, den er ungesäumt gegen halb fünf Uhr auf den Weg
brachte.
Um halb sieben Uhr, als das Kind geboren war, schickte der Dauphin
einen seiner Stallmeister, M. de Montfaucon, zum König, um ihm
über alles Bericht zu erstatten. Dieser traf unterwegs den Pikör, der
einen schweren Sturz gehabt hatte und neben seinem lahmen Pferde
auf der Straße lag. M. de Montfaucon nahm ihm den Brief ab und
überbrachte so dem König Ludwig XV. eine doppelte und doppelt
freudige Nachricht.
Dies war der dritte Enkel, den die Dauphine dem König schenkte.
Diese wackere Frau hatte von 1750–1764 acht Kinder, fünf Knaben
und drei Mädchen, und dazu noch elf Fehlgeburten. Man konnte wohl
sagen, daß sie weder Kraft noch Zeit und Mühe gescheut hatte, um
dem Hause Bourbon eine wesentliche Nachkommenschaft zu geben.
Glücklicherweise hatte sie nicht sehr unter den »mouches«, wie man
damals die Geburtswehen nannte, zu leiden und ertrug alles ohne
Murren und Stöhnen; doch war sie sich der Gefahr bewußt, denn die
erste Frau des Dauphins war bei einer Geburt gestorben.
Der König war der Dauphine für ihren Eifer dankbar und liebte sie
sehr. An diesem Augustmorgen des Jahres 1754 ritt er mit verhängtem

Zügel nach Versailles zurück, um sie zu beglückwünschen und seinen neuen Enkel zu sehen. Er traf nach der Nottaufe ein, die sofort nach der Geburt eines »Enfant de France«* vorgenommen wurde. Diese Nottaufe fand im großen Kabinett des Dauphins statt; der Schloßkaplan des Königs, Abbé de Chabannes, zelebrierte in Gegenwart des Vikars von Notre-Dame de Versailles, M. Le Roux. Auf Wunsch des Vaters wurde das Kind Ludwig-August genannt.

Gleich nach seinem Eintritt betrachtete Ludwig XV. das Kind, dann die Dauphine und dann wieder das Kind, das er zum Herzog von Berry ernannte – ein recht großer Name für ein kleines schwitzendes, schreiendes und spuckendes Ding, das in den Armen der Gräfin de Marsan, der Gouvernante der »Enfants de France«, zappelte.

Der König unterzog sich der anstrengenden Arbeit, alle zu benachrichtigen, die in solchem Fall in Kenntnis gesetzt werden müssen; er tat dies sogleich und wohnte dann dem um halb zwölf Uhr stattfindenden Tedeum in der Kapelle bei. Am Nachmittag nahm er die Glückwünsche aller Hofdamen entgegen. Während dieser Zeit galoppierte der Marquis von La Luzerne davon, um die Stadt Paris zu benachrichtigen. Ihm folgte M. de Dreux, der Großzeremonienmeister, der mit größerer Feierlichkeit dem Stadtrat einen Brief des Königs mit der Nachricht überreichte. Ein anderer Beamter benachrichtigte den Erzbischof von Paris, und unterdessen gingen Boten auf die Reise zum König von Spanien, zum König von Polen, Kurfürst von Sachsen, zum Infanten von Parma und zu Stanislas Leczinski sowie zu allen befreundeten Herrschern, den Papst nicht ausgenommen. In Paris donnerten die Kanonen, und überall begannen die Glocken zu läuten.

Sie läuteten nicht lange. Das von Parlamentsstreitigkeiten beunruhigte Paris fürchtete einen neuen Krieg. Weder die befreundeten Herrscher, noch die Zünfte, noch der König selbst feierten Berry so, wie sie seinen älteren Bruder Burgund gefeiert hatten. Ludwig XV. begnügte sich damit, La Luzerne das rote Band des St.-Ludwig-Ordens zu verleihen und dem verwundeten Pikör zehn Louisdor zu schenken. Um neun Uhr abends entzündete er selbst von seinem Balkon aus »mit einer Bastschnur« ein in der Mitte der »Place d'Armes« vorbereitetes schönes, kleines Feuerwerk, das eine halbe Viertelstunde lang prächtig anzusehen war. Als alles erloschen war, gingen die vernünftigen Leute schlafen, und niemand dachte mehr an Berry.

* Enfants de France sind die Kinder, Enkel, Brüder und Schwestern des regierenden Königs. (Anmerkung des Übersetzers.)

Auch die Stadt Paris zeigte keine Begeisterung. Man war mit den Steuern unzufrieden, die Lebenskosten stiegen, und man grollte der Regierung. Der König hütete sich daher wohl, die drei Tage der Arbeitsruhe und festlichen Beleuchtung anzuordnen, wie sie bei der Geburt Burgunds befohlen worden waren. Die Unzufriedenen hatten damals die Kühnheit besessen, in die Wiege des Kindes ein Paket mit Mehl und eines mit Pulver zu legen und dazuzuschreiben: »Wenn uns das eine fehlen sollte, wird das andere bestimmt nicht fehlen!« Eine der Ammen wurde gleich in die Bastille geschickt, aber man entdeckte nie den Ursprung dieses Komplotts. Der Dauphin erinnerte sich an diesen Zwischenfall von 1751 und bestand daher nicht darauf, Berrys Geburt in seiner guten Stadt Paris zu feiern.

Die Stadt schenkte La Luzerne eine goldene Tabaksdose, um ihm für die Überbringung der Nachricht zu danken, und veranstaltete einige recht unbedeutende Festlichkeiten. Alles Geld, das dem Stadtrat damals zur Verfügung stand, war dazu bestimmt, die aus dem Exil zurückkehrenden Mitglieder des Parlaments* zu bewillkommnen. Ludwig XV. hatte sie wegen ihrer systematischen Opposition verbannt, aber bei der Geburt seines Enkels zurückgerufen. Die Jugend der Parlamentsmitglieder und der Schulen wetteiferte miteinander im Rufe: »Es lebe das Parlament!« Für Berry war kein Beifallsruf zu hören. Als jedoch der Dauphin und die Dauphine, die sehr beliebt waren, nach Paris kamen, um Gott und der Jungfrau für die Geburt ihres dritten Sohnes zu danken, war man freundlicher. Geleitet vom Gouverneur von Paris, dem Herzog von Gesvres, der mit zwei Pagen zu Pferde, zehn Stadtbeamten und zwei Reitern der Stadtwache voranritt, fuhr das Dauphinpaar zunächst nach Notre-Dame, wo der Erzbischof von Paris sie empfing und das Tedeum sang, und dann nach Sainte-Geneviève, wo ein zweites Tedeum zelebriert wurde. Eine gewaltige Menge umdrängte die Wagen der jungen Prinzen in der neugierigen, freundschaftlichen und ein wenig skeptischen Art, die die Pariser Bevölkerung an sich hat.

Ludwig-August war nicht zufrieden. Ein Säugling kann nicht zufrieden sein, wenn seine Amme keine Milch hat. Man wußte das in Versailles, und man sprach davon in Paris, doch es wurde keine Abhilfe ge-

---

* Parlament. Bis 1790 waren die Parlamente in Paris und Frankreich nicht Parlamente in unserem heutigen Sinne, sondern eine Art Obergerichte, die u. a. auch die königlichen Erlasse zu registrieren hatten, jedoch ohne Überprüfungsrecht. (Anmerkung des Übersetzers.)

schaffen. Und es wäre doch so leicht gewesen, unter den fünf oder sechs Frauen, die dazu bestimmt waren, die offizielle Amme zu ersetzen, eine mit mehr Milch zu finden. (Bei der Geburt jedes königlichen Kindes versammelte man in Versailles eine Anzahl von Ammen, die dort wohlgenährt und gut untergebracht »in Reserve« gehalten wurden.) Mme. de Marsan regte sich vergeblich auf, vergeblich versuchte sie, auf die Dauphine, den Dauphin, die Königin und den König einzuwirken. Niemand handelte, niemand konnte etwas erreichen, denn die Amme war die Mätresse des Herzogs von La Vrillière, des Ministers des königlichen Hauses, der allein zuständig war, ihr den Laufpaß zu geben.*

Und das war der Grund, weshalb Monseigneur der Herzog von Berry in seiner Wiege laut schrie. Armer Säugling! Wie konnte er leben bleiben in diesem Versailles, das von stagnierendem Wasser und verschlammten Brunnen den ganzen Sommer hindurch verpestet war, mitten in diesem von Mücken und schmutzigen Fliegen wimmelnden Park? Im Herbst kamen eisige Nebel; im Winter blies die Zugluft von den halbgeöffneten Türen und den schlecht verstopften Fenstern her durch alle Zimmer, während in der Nähe der hohen Kamine große Holzfeuer eine infernalische Hitze ausstrahlten. Bei Hofe gab es keinen Augenblick der Ruhe oder wahren Erholung, nicht einmal für die Säuglinge. Alle Höflinge und Edelleute, die dem König ihre Morgenaufwartung gemacht hatten, machten sich ein Vergnügen daraus, die »Enfants de France« zu besuchen; an Audienztagen kamen die Gesandten, die Wert darauf legten, auch dem Dauphin ihre Aufwartung zu machen; durchreisende Monarchen wetteiferten im Besuch der Kinder; die exotischsten waren hierbei die eifrigsten. Und allen mußte das Kind zulächeln, falls es nicht gerade heulte.

Niemals, weder im Sommer noch im Winter, weder am Abend noch am Morgen hörte die Prozession auf. Bei großen Festen drangen Bettler überall ein, ohne daß die Wachen sie zurückhalten konnten. Selbst mitten in der Nacht, wenn alles ruhig schien, öffnete sich eine Tür, und ein Schatten beugte sich über das schlafende Kind. War es der große Schweizergardist aus dem Spiegelsaal, der, vom Heimweh ergriffen, an seine Söhne dachte, die ohne ihn in den Bergen Graubündens heranwuchsen, oder war es der König von Frankreich, der

---

* Louis Phélypeaux, Graf von Saint-Florentin, Marquis (1770 Herzog) de La Vrillière, war von 1725–1775 Staatssekretär; seit 1749 war er Minister des königlichen Hauses.

durch den geheimen Gang gekommen war, um den Ärger des Tages zu vergessen und an die Zukunft seines Geschlechts zu denken? Alle Hoffnungen, alle Sorgen, alle Miasmen des Hofes, der Stadt und der Welt wurden an diese Wiegen herangetragen.

Mme. de Marsan wußte, obwohl sie Gouvernante der »Enfants de France« war, nicht mehr ein noch aus. Als die Lage kritisch wurde, verlor sie den Kopf, wurde hysterisch und fiel in Ohnmacht. Hintereinander starben der Herzog von Aquitanien (geboren am 8. September 1753) am 22. November 1754 und die »Petite Madame«* am 2. September 1755, während Berry keuchte und hustete.

Zum Glück führte das Schicksal den berühmten Arzt Tronchin aus Genf im April 1756 nach Versailles. Das war ein nationales Ereignis. Er kam nach Paris auf Veranlassung des Herzogs von Orléans, dessen Hausarzt ihn ihm empfohlen hatte; aber Ludwig XV., der immer etwas eifersüchtig auf die Orléans war, machte sich das zunutze. Er empfing ihn zuerst, wie alle Besucher, im Saal und führte ihn dann in sein Kabinett, wo sie lange miteinander sprachen.

Der König liebte seine Familie sehr und überwachte ihre Gesundheit in manchmal etwas despotischer, aber immer wohlwollender Art, was sich als recht nützlich erwies. Wenn er ein Abführmittel oder einen Aderlaß verordnete, so beugte man sich seinem Willen. Er beschäftigte sich auch mit der Heilkunde. Als die Unterredung zu Ende war, überließ er M. Tronchin dem Dauphin und der Dauphine, die ihm eine Stunde lang eine Reihe von Fragen stellten. Man sprach von den Kindern und zeigte sie M. Tronchin. Berry wurde von ihm besonders untersucht. Dann hustete er, schüttelte den Kopf, tat sehr zurückhaltend und verordnete eine Kur frischer Luft in Meudon.

Diese Genfer Verordnung rettete Berry. Meudon, das auf Hügeln zwischen Wäldern liegt, ist mit seinen beiden Schlössern und dem von Le Nôtre entworfenen Park ein ruhiger Ort. Der Hof kam nicht dorthin, und der Lärm von Paris war kaum zu hören. Doch liegt es so nahe bei Versailles, daß die Dauphine als besorgte Mutter jeden Tag herbeieilte, um ihre drei Söhne zu besuchen: den Herzog von Burgund, den Herzog von Berry und den Grafen der Provence (geboren am 17. November 1755 und dank einer auserlesenen Amme sehr kräftig). Einige Monate lang können die Kinder wie Kinder leben und finden Gefallen am wirklichen Leben. Berry nimmt zu, wächst und findet Freude am Dasein.

* Petite Madame, die älteste Tochter des Dauphins. (Anmerkung des Übersetzers.)

Aber sogar hier an diesem Zufluchtsort wurden sie von der Eitelkeit der Welt nicht in Ruhe gelassen. Drei beim letzten Konklave ernannte Kardinäle legten Wert darauf, nachdem sie am Hofe von Versailles ihre Aufwartung gemacht hatten, das gleiche in Saint-Cloud zu tun. Burgund (fünf Jahre alt) empfing sie, hörte ihre Ansprachen an und erwiderte sie, während Berry (zweiundzwanzig Monate) und Provence (sechs Monate) würdig auf ihren Stühlen saßen, in Kleid und Mützchen, und die Gebärden ihres älteren Bruders nachahmten.

Nach dem Bericht des Herzogs von Luynes verlief alles gut. Weil er während der Zeremonie so feinen Anstand an den Tag legte, nahm man es Burgund nicht übel, daß er vergessen hatte, den Kardinal de Luynes zu begrüßen. Berry langweilte sich, aber man hatte ihm sein mit Schwanenfedern besetztes Kleid, das er sehr liebte, angezogen, und es ist zu hoffen, daß ihn dies tröstete. Mme. de Marsan fand viel Vergnügen an dem Empfang und krönte das Ganze durch einen sehr guten Imbiß, den sie den Kardinälen vorsetzte.

Welches Leben für ein Kind! Gleich nach der Geburt muß es schon an dem Hofzeremoniell teilnehmen, und Leute wie Saint-Simon und Luynes belauern und beobachten es. Es gibt kein königliches Begräbnis, keine königliche Hochzeit, an denen es nicht seinem Range gemäß auftreten und seine Rolle spielen muß. Selbst bei einem wichtigen Heiratsvertrag muß es anwesend sein. Ein Prinz ist vor allem anderen, bevor er leben, handeln, denken kann, ein Statist. Je näher er dem Thron steht, desto schwerer ist seine Aufgabe.

ASCHENBRÖDEL

Seit der Regierung Ludwigs XV. sind die Verhältnisse bei Hofe noch erschwert worden. Während unter Ludwig XIV. die den Angehörigen des Königshauses zugeteilten Höflinge eine Dauerfunktion ausübten, haben sie seit der Amtszeit des Herzogs von Bourbon nur noch Vierteljahresdienst bei Hofe, drei Monate im Jahr. Für sie ist der Hof ein Theater; sie spielen dort ihre Rolle, und dann ziehen sie sich zurück, um sich auszuruhen. Nur der König und seine Kinder haben keine Ruhe.

Manche paßten sich gut an die Verhältnisse an. So zum Beispiel Monseigneur der Herzog von Burgund*, der zweite seines Namens, der von 1756 bis 1757 zu nicht geringeren Hoffnungen Anlaß gab als sein berühmter Vorgänger, der Enkel Ludwigs XIV. Er war ein schönes Kind, kräftig, blond, mit dunkelblauen Augen. Der ganze Hof war in ihn vernarrt, und der König konnte sich nicht satt sehen an ihm, in seinem roten und silbernen Husarenkostüm, das die Dauphine ihm hatte machen lassen. Schon im Alter von fünf Jahren zeigte er Würde, Eleganz und eine ungezwungene Haltung.

Wenn ein Höfling ihm die Hand küßte und sagte: »Sie sehen sehr wohl aus, Monseigneur, Sie werden mindestens achtzig Jahre alt werden«, so antwortete er schlagfertig: »Warum nicht hundert?« Und wenn alle bei schlechten Nachrichten (die von 1756 bis 1762 in Versailles sehr häufig eintrafen) lange Gesichter machten, so wies er Höflinge und Diener zurecht, indem er sagte: »Warum seht ihr so traurig aus? Ich fühle mich sehr wohl!« Nattier hat ihn im Alter von vier Jahren gemalt: noch Kind und doch schon König. Über seinem Kinderkleidchen aus blauem Samt trägt er um den Hals den Orden vom Heiligen Geist am grünen, goldgestickten Bande, und unter einem mit kleinen Federn besetzten Barett zeigt sein jugendlicher Blick, daß er schon zu befehlen weiß. Zwischen ihm und seiner Erzieherin gab es ständig einen wilden Kampf. Er hatte nichts Unbeholfenes an sich, zerbrach nur das, was er zerbrechen wollte, und beantwortete Komplimente mit Frechheiten.

Seine Äußerungen entzückten den Dauphin und erfüllten ganz Versailles mit Erwartungen und Hoffnungen. Man fühlte in Burgund den zukünftigen Despoten; die Heftigkeit, Selbstsucht und Herrschsucht, die er in allem, selbst in seinen Tugenden und Gebeten zeigte, sogar sein Hochmut, erschienen wie eine köstliche Überraschung.

Eines Tages ließ er auf einer Treppe in Versailles ein Papier fallen. Ein Diener sagte, er wolle es holen: »Nein«, meinte Burgund, »das ist eine Bittschrift mit einer großen Lobrede auf mich. Wir wollen es jemand finden und in Versailles umlaufen lassen.«

Dieses Kind hatte instinktmäßig begriffen. Als er über die Niederlagen Frankreichs im Kriege jammern hörte, sagte er: »Ich werde England unterwerfen. Ich werde den König von Preußen gefangennehmen. Ich werde alles tun, was ich will.« Und während die Diener

* Herzog von Burgund, der älteste Sohn des Dauphins. (Anmerkung des Übersetzers.)

erschreckt schwiegen, fügte er in aller Ruhe hinzu: »Warum bin ich nicht als Gott geboren?« Zum mindesten war er ein geborener Schauspieler.

Berry glich ihm in nichts. Zunächst einmal war ihm etwas von der Schwäche geblieben, die ihn beinahe das Leben gekostet hätte. Jener Überschwang von Kraft, Fröhlichkeit und Schalkhaftigkeit, den sein älterer Bruder besaß, lag ihm fern. Er gehörte zu den frühzeitig von Krankheit Gekennzeichneten; die Krankheit hat sie zwar leben lassen und einen Pakt mit ihnen geschlossen, aber sie ist in ihnen geblieben. Daher scheinen solche Menschen vom Geschick dazu geschaffen zu sein, mehr innerlich als nach außen zu leben; bei ihm kam noch hinzu, daß er von Kindheit an kurzsichtig war. In der Nähe sah er ganz genau, aber alles andere blieb für ihn nur schattenhaft und geheimnisvoll; und die königlichen Kinder durften keine Brille tragen. So hatte er wenig von den Vergnügungen, an denen Burgund so viel Freude fand.

Als er drei Jahre alt war, besuchte er einmal mit seinem älteren Bruder die Damen von Saint-Cyr*, die für die Enfants de France ein Fest gaben. Auf dem Rasen tummelten sich Enten, Truthühner, Schwäne, Fasanen und Pfauen, denen man lange Bindfäden an die Pfoten gebunden hatte. Die Kinder sollten sie durch diese Bindfäden fangen, und wer die größten fing, hatte gewonnen. Burgund, den das Spiel entzückte, zog fast das ganze Geflügel hinter sich her, während der arme Berry, den die Schwäne, die er nicht gesehen hatte, und die in Zorn geratenen Truthühner angriffen, ebensoviel litt wie bei einem Hoffest.

Das Seltsamste an Berrys Schicksal war, daß er niemals eine Zuflucht fand. Alle fanden Gefallen daran, Burgund zu helfen, aber niemals ihm. Sogar sein Vater bewies seine Zuneigung dadurch, daß er sich wohl hütete, ihm zu Hilfe zu kommen. Das lag in der Natur des Dauphins; das Leben hatte ihn so geformt. Zunächst hatte es den Anschein, als ob er heftig, jähzornig und selbstsüchtig, doch nicht ohne Anmut wäre. Dann kamen die Frömmigkeit und der starke Einfluß, den seine Mutter auf ihn ausübte. Er blieb der Vertraute und beste Freund Maria Leczinskas, bei der er einen großen Teil seiner Abende verbrachte, deren Lebensgrundsätze er teilte und deren Freunde auch die seinen waren.

* Saint-Cyr. 1685–1790 Damenstift; 1802–1940 Militärschule. (Anmerkung des Übersetzers.)

Aber eine andere Frau, eine Spanierin, vervollständigte diese durch
eine Polin begonnene, sittenstrenge Erziehung des Dauphins. In
wenigen Wochen brachte Maria-Theresia von Bourbon ihm das bei, was
die Bourbonen immer so schnell lernten und so gewandt ausübten:
Die Liebe zu den Frauen nahm bei ihm jene anspruchsvolle und
heftige Form an, die sie schon bei mehreren seiner Vorfahren, vom
guten König Heinrich an, gehabt hatte. Er lebte mit seiner jungen Frau
in einer geradezu fanatischen, zugleich sinnlichen und mystischen Intimität, die der Tod plötzlich zerriß. Nie konnte er seine erste Lebensgefährtin vergessen, niemals sie ersetzen noch je ihrem Einfluß entrinnen.

Als das Herkommen, die Erfordernisse der Familieninteressen und
die Autorität des Königs ihn zu einer zweiten Heirat zwangen, noch
dazu mit der Tochter jenes Friedrich-August von Sachsen, der seinen
Großvater, Stanislas Leczinski, des Thrones beraubt hatte, willigte er
ein, weil sein Vater es wollte und sein Heros, Moritz von Sachsen,
sie ausgewählt hatte. Aber er verbarg ihr nicht, daß er sie nicht
liebte, wenigstens zuerst; später, als er sie liebte, verbarg er ihr nur
allzusehr, daß er sie mit gewöhnlichen Mädchen hinterging, die ganz
früh am Morgen zu ihm kamen, damit die Königin nichts erführe.
Trotzdem beanspruchte er sie noch stark und bearbeitete sie, wie man
ein Feld bearbeitet, und das in solchem Maße, daß ihm Ludwig XV.
manchmal den Zutritt zu seiner Frau verbot.

Im Jahre 1752 wäre der Dauphin beinahe an den Pocken gestorben;
er wurde vor allem durch die tapfere Aufopferung seiner Frau, die
ihn mit eigener Lebensgefahr pflegte, gerettet. Die Folge war, daß
er sie achtete und schließlich liebte, ohne ihr jedoch treu zu bleiben.
Um dieses Zwiespalts Herr zu werden, wollte er am Kriege teilnehmen; aber der König, der an ihm hing und fürchtete, die grausamen Aufregungen des Feldzuges könnten ihm schaden, gestattete
es nicht. Zum Leben am Hofe gezwungen, verhielt er sich dort recht
gut; er brachte seinem Vater die Ehrerbietung entgegen, die er ihm
schuldete, und bewies allen gegenüber das Wohlwollen, das, wie man
sagte, den Bourbonen eigen sei. Aber seine ganze Persönlichkeit behielt
eine versteckte Maßlosigkeit, eine geheime Schroffheit und einen tiefgehenden Mangel an Gleichgewicht, begleitet von einem instinktiv
geringen Selbstvertrauen.

Er, der die Jagd nicht liebte und nur, wenn die Pflicht ihn zwang,
daran teilnahm, hatte das Unglück, beim Entladen eines Gewehrs

einen seiner Stallmeister zu töten (Sommer 1757). Er konnte sich nie darüber trösten, noch es sich verzeihen. Er, der seinen Vater, den König, hoch verehrte, widersetzte sich – heimlich, aber leidenschaftlich – ohne Unterlaß seiner Politik und seiner Mätresse, die er verachtungsvoll die »Pompon« nannte. Er, der seine Kinder zu christlichen Heroen machen wollte, stachelte den jugendlichen Dünkel Burgunds noch an und ließ Berry, den er hätte stützen müssen, in seinem Winkel.

Die Dauphine hätte es tun können. Intelligent, hochherzig, gebildet und sehr stolz auf ihren Rang, liebte sie ihre Kinder zärtlich; aber sie zog ihnen diesen so schwer zu fesselnden Ehegatten vor.

Durch Unterwürfigkeit im Anfang, dann mit Geduld und dann durch ihre Aufopferung und moralische Überlegenheit hatte sie sich diesen Mann errungen. Sie hatte es verstanden, den Einfluß, den eine Krankenwärterin auf einen Kranken ausübt, zu gewinnen und zu bewahren. Nach der Pockenkrankheit (1752) schienen sie vollkommen glückliche Eheleute zu sein, und ihr Einvernehmen war in der Tat sehr herzlich. Doch sie blieben mehr Komplicen als Liebende; er beherrschte sie durch seine erschöpfenden, wenn auch schmeichelhaften Anforderungen, durch sein Geschlecht und seine Autorität als Ehemann; sie beherrschte ihn noch mehr durch ihre bis zur Verachtung getriebene Geduld, durch ihre mütterliche Fürsorge und ihr immer auf der Lauer liegendes Wissen um seine Abwege.

Natürlich wurden hohe Anforderungen an sie gestellt; zwischen ihrem Mann und den zu erwartenden Kindern blieben ihr nur wenig Zeit und Kraft für die Kinder, die wenig umsorgt dahinlebten. Von 1756 an fehlte ihr beides, denn der Krieg begann gleich mit dem feindlichen Einfall in Sachsen, das ohne Schwertstreich von Friedrich von Preußen besetzt wurde. Ihre Mutter war Gefangene, ihr Land gebrandschatzt, ihr Vater zugrundegerichtet. Die Dauphine erlag fast der Last dieser Bürde.

Es braucht kaum gesagt zu werden, daß der beste und wachsamste Hüter der Kinder in diesen bewegten Monaten der war, den sie »Papa-König« nannten, und der kein anderer war als Ludwig XV. Er sah oft nach seinen Enkeln und beschäftigte sich viel und sehr eingehend mit ihnen. Die Geburt Burgunds erfreute ihn über die Maßen; er hatte sogar geweint, und die Höflinge bemerkten, daß sich seine Laune einige Tage lang verbessert hatte. Er war der Dauphine dauernd dankbar und überhäufte sie mit prachtvollen Geschenken.

Wenn er von einem seiner Schlösser – Fontainebleau, Choisy, Compiègne, Saint-Hubert – oder auch von der Jagd zurückkehrte, suchte er immer die Kinder auf und sprach und spielte mit ihnen einige Augenblicke. Er achtete sorgfältig auf sie, ahnte ihre Krankheiten voraus und suchte ihnen vorzubeugen. Er überhäufte sie mit Geschenken und Aufmerksamkeiten. Er nahm sie mit sich auf die Jagd, weil er wußte, daß sie davon begeistert waren. Auch veranstaltete er kleine Feuerwerke für sie, wie er es in Meudon am 13. September 1756 aus Anlaß des Geburtstages Burgunds getan hatte. Manchmal hatte er bizarre Einfälle: Im Sommer 1757 kam er auf den Gedanken, Ludwig-August, der damals zweieinhalbes Jahr alt war, zum Großmeister des Ordens von Saint-Lazare zu ernennen. Diese lange, unverständliche Zeremonie war eine Qual für das Kind.

Ludwig XV. war necksüchtig. Seine Enkel ließ er gegen ihren Wunsch an den prunkvollen Veranstaltungen seines Hofes teilnehmen, seinem Sohn wiederum gewährte er nicht dessen dringenden Wunsch, in die Kunst des Regierens eingeführt zu werden. Von 1754 bis 1758 dehnte sich der von England ruchlos entfesselte Krieg über die Alte und Neue Welt aus. Frankreich, von den Preußen verraten, mußte sich mit seinem alten Feind Österreich verbünden; aber Ludwig XV. erlaubte dem Dauphin weder zur Armee zu gehen noch am Kriegsrat teilzunehmen.

Nach dem von Damiens auf ihn verübten Attentat mußte der König einige Tage im Bett bleiben und war gezwungen, den Dauphin zu verwenden. Er ernannte ihn zum General-Statthalter (lieutenant général du royaume) und ließ ihn bei den Beratungen der Minister an seiner Stelle den Vorsitz führen. Doch sobald Ludwig XV. wiederhergestellt war, nahm er wieder alles in die Hand und beschränkte seinen Sohn auf eine stumme Rolle.

*

Der Dauphin widmete sich nun der Erziehung seiner Kinder, die die Hoffnung seines Geschlechts und Frankreichs waren. Jedoch selbst auf diesem Gebiet stand es dem König, dem Oberhaupt seiner Familie und aller Familien der »Enfants de France«, allein zu, die Lehrer, Diener und Edelleute für seine Enkel auszuwählen. Er willigte ein, dieses Vorrecht seinem Sohne zu übertragen.

Vom Beginn des Jahres 1758 an begab sich dieser auf die Suche nach Lehrern und einem Erzieher für seine Kinder. Die Wahl schien ebenso schwierig wie heikel zu sein. Die Mehrzahl der Schriftsteller und der höheren Schichten der Gesellschaft hatte sich damals die aus England stammenden Grundsätze der Philosophen* zu eigen gemacht und lieferte einen erbitterten Kampf gegen den Katholizismus, die alten Sitten und die Traditionen der Monarchie. Der Dauphin kannte diese Strömungen, er bewunderte sogar einige der Geister, die sie förderten, wie den Baron von Montesquieu, dessen Bekanntschaft er sich hatte angelegen sein lassen. Aber er verhehlte sich nicht die Gefahr, die solche Grundsätze für den Thron seiner Kinder mit sich brachten. Zweifellos waren die Philosophen nicht unempfindlich für die Schmeicheleien der Mächtigen, was sie durch ihre Kriecherei gegenüber Friedrich II. bewiesen. Aber sie blieben für die bestehende Regierungsform gefährlich, selbst wenn sie die Herrscher beweihräucherten.

Eine weise und umsichtige Politik mußte die jungen Prinzen gegen die Irrtümer, Täuschungen und Reize der neuen Lehren wappnen. Deshalb dachte der Dauphin Ludwig zunächst daran, den berühmten Marquis de Mirabeau zu verwenden, den gefeierten »Ami des Hommes«**, Vorkämpfer für alte Sitten und ritterliche Tradition. Aber die Ansprüche und die Indiskretionen des Marquis brachten diesen Plan zum Scheitern. Der Dauphin hatte Furcht davor und verfiel nun auf einen Edelmann, den er seit langem kannte und dessen Tapferkeit er bei Fontenoy bewundert hatte: Antoine-Paul-Jacques de Quélen, Graf von La Vauguyon, der seine Abkunft von den Prinzen von Bourbon-Carency und den souveränen Herzögen der Bretagne herleitete und der Gatte der Tochter des Herzogs von Béthune-Chârost, des ehemaligen Erziehers Ludwigs XV., war. Dieser verband mit der fröhlichen Art eines dicken Mannes das ernsthafte Aussehen eines Frommen. Man wußte von ihm, daß er weder eine Mätresse noch irgendwelche moralische Schwächen hatte. Er verstand es, sich freundschaftlich, dienstbeflissen und nützlich zu zeigen, und schließlich war er gerade im richtigen Augenblick zur Stelle, was bei Hofe das Geheimnis

---

* Philosophen, im 18. Jahrhundert gleichbedeutend mit Freidenkern. (Anmerkung des Übersetzers.)
** Ami des hommes oder Traité de la population. 1755 erschienenes volkswirtschaftliches Buch von Victor Riqueti, Marquis de Mirabeau, dem Vater des Revolutionärs Honoré-Gabriel de Mirabeau. (Anmerkung des Übersetzers.)

der großen Laufbahnen ist. Der Dauphin hatte ihn, von der Sehnsucht, am Kriege teilzunehmen, und von der Erinnerung an Fontenoy erfüllt, als Kammerherrn zu sich kommen lassen und behielt ihn nun bei sich als Erzieher der »Enfants de France«.

Dann besetzte man die anderen Stellen. Als Hauslehrer wählte man M. de Coëtlosquet, den früheren Bischof von Limoges, dessen Glaubenseifer und Tugend bekannt waren. Zweiter Erzieher wurde der Marquis von Sinety, zweiter Hauslehrer der Abbé de Radonvillers (den der Kardinal de la Rochefoucauld empfohlen hatte, weil er ihn für die Einzelarbeit an den Pfründenlisten brauchte). M. de Coëtlosquet brachte einen seiner Verwandten mit, den Abbé d'Argentré, der zum Vorleser ernannt wurde, und schließlich wurden am 16. März 1758 bei Hofe noch vorgestellt die Herren de Marbeuf, de Montesquiou und de La Haye, die als Kammerherren ausgewählt worden waren. M. de Luppé, der auch dazu ernannt war, wurde dem König erst etwas später vorgestellt.

So war der Kreis von Personen beschaffen, die der Dauphin nach sorgfältiger Suche ernannt und die der König, sein Vater, bestätigt hatte; auch die Familie billigte die Wahl. Aber die Stadt und die philosophischen Salons erklärten, La Vauguyon sei ein von Ehrgeiz beseelter Tartuffe, Coëtlosquet ein verbrauchter Greis und die anderen spielten nur Nebenrollen. Man beklagte die »Enfants de France«, daß sie unter ihrer Fuchtel leben müßten, und noch mehr beklagte man das französische Volk, das dazu bestimmt sei, von den Schülern solcher Strohköpfe regiert zu werden.

Am meisten interessiert zeigte sich der Herzog von Burgund, damals als Husar in Rot und Silber gekleidet. Er bereitete sich munter auf das Leben vor. Am 22. Mai 1758 ging er aus den Händen der Frauen in die der Männer über. Chirurgen und Ärzte untersuchten ihn nackt im Bett und setzten darüber ein Protokoll auf. Hiernach war Mme. de Marsan aus der Verantwortung entlassen und La Vauguyon übernahm sie. Der Kapitän vom Dienst der Garden führte ihn in das Kabinett des Königs, wo ihn dieser in Gegenwart von zwei Ministern La Vauguyon übergab; er versäumte nicht, Mme. de Marsan, die selbstverständlich in Tränen aufgelöst war, zu danken.

Der Dauphin behielt sich vor, die Erziehung zu überwachen. Zweimal wöchentlich wurde ihm Burgund gebracht, um seine Lektionen aufzusagen. Er zeigte sich diesem Sohn gegenüber, den er bewunderte, sehr nachsichtig und ließ ihm alles durchgehen. Damit das sehr jäh-

zornige Kind sich austoben konnte, hatte man die Wände seines Spielsaals bis zur Mannshöhe ausgepolstert. Er bekam das schönste Spielzeug Europas, und man sprach überall von seinem reizenden Wagen, der mit sechs Zwergpferden aus Métélin bespannt war und einen kleinen Kutscher und einen kleinen Postillion von zwölf Jahren hatte.
Das von allen diesen Dingen entzückte Kind hielt sich für allen anderen Kindern überlegen. Er wollte auch seinem Vater und seinem Großvater, dem König, überlegen sein. Er sprach viel, war in ständiger Aufregung, trieb großen Aufwand und wurde dabei von allen bewundert. Wie kam es, daß er, ohne daß jemand davon wußte, einen schweren Sturz tat? Es ist das Geheimnis der Höfe wie der Gefängnisse, daß sich hier, wo jeder ohne Unterlaß jeden beobachtet, große Ereignisse immer unbemerkt abspielen. Man bemerkte schließlich, daß er hinkte. Man fragte ihn aus; aber er wollte nicht antworten.
Er mußte ins Bett gebracht werden; das Fieber stieg. Die Ärzte fanden eine Geschwulst an der Hüfte. Er mußte operiert werden. Eine Stunde lang schnitten die Chirurgen an dem jungen Körper herum; Burgund wand sich vor Schmerz, aber er schrie nicht. Nach dieser Marter ließ das Fieber nach, und die Ärzte glaubten an eine Heilung. Doch das Übermaß an Leiden hatte das Kind zerbrochen. Der Herzog von Burgund war ein von Krankheit beherrschter Krüppel geworden.
Dieser Schlag traf die Eltern schwer. Sie waren damals sehr unglücklich, denn die Besetzung Sachsens, die wiederholten Niederlagen Frankreichs zu Wasser und zu Lande und die zunehmende Unbeliebtheit des Königs hatten sie sich aufs tiefste zu Herzen genommen. Sie hatten für sich selbst auf die Hoffnung einer glänzenden Zukunft verzichtet; aber alle ihre Träume und Wünsche waren auf dieses Kind gerichtet, in dem ihnen die Seele Ludwigs XIV. und das Glück Heinrichs IV. wieder aufzuleben schienen.
Wenn sie auch die Gefahr durchaus erkannten, so sträubten sie sich doch, den Fehlschlag hinzunehmen. Die Beratungen durch die Ärzte und die Bemühungen aller Art um Burgund wurden vermehrt. Vor allem suchten sie, ihm die Freude am Leben und am Spiel wiederzugeben, und sie kamen auf den Gedanken, ihm seinen Bruder Berry als Gefährten für sein Leben oder vielmehr für sein Elend beizugeben. Man könnte wohl sagen, daß sie ihm Berry auslieferten. Ludwig-August, Herzog von Berry, war damals noch nicht sechs Jahre alt. Er begann zu wachsen und kräftig zu werden. Mme. de Marsan und die halbe Einsamkeit, in der man ihn gelassen hatte, seitdem

Burgund bei den »Männern« wohnte, hatten ihn in gewisser Art zum
Aufblühen gebracht; man hielt ihn für gutherzig, zärtlich und empfindsam, aber er schien kein frühreifes Kind zu sein. In einem seinem
Vater im März 1760 überreichten Bericht meinte man, es hätte wenig
Zweck, seine Erziehung besonders zu fördern, weil es verlorene Zeit
wäre; der Marquis von Sinety und der Abbé d'Argentré würden
genügen, sich mit ihm zu beschäftigen, und dazu zwei Kammerherren,
die er noch ernennen müsse. Man sah voraus, daß Provence in zwei
Jahren, wenn er zu seinen beiden älteren Brüdern, zu den »Männern«,
käme, in seinen Studien auf gleicher Höhe mit Berry sein würde.
Es handelte sich also keineswegs darum, der Regel zuwiderzuhandeln,
die das Alter von sieben Jahren für die Übergabe der Enfants de
France in die Hände männlicher Erzieher festsetzte, noch darum,
ein frühreifes Kind zu fördern, sondern man wollte nur Burgund
einen Kameraden und eine Stütze geben. Im April kündigte man
in der »Gazette« den Übergang Berrys zu den »Männern« an. Immerhin wandte man einige Listen an, um ihm den Übergang nicht zu fühlbar werden zu lassen, weil man seine Abneigung dagegen und seinen
Kummer, Mme. de Marsan zu verlassen, voraussah. Zum ersten Mal
in seinem Leben veranstaltete man für ihn ein Feuerwerk zu seinem
Geburtstage; das war ein Vergnügen, das er ganz besonders liebte.
Am 4. September 1760 bekam er zum ersten Mal Männerkleidung
und seine ersten silbernen Schuhschnallen mit diamantbesetzten Schleifen. Und dann, am 8. September frühmorgens, holte man ihn ab und
übergab ihn M. de La Vauguyon.
Es war gar nicht so leicht. Mit der ärztlichen Untersuchung ging es
noch gut, denn er wußte nicht, um was es sich handelte, und war
daher folgsam. Nach der Zeremonie beim König, deren Zweck er
nicht mißverstehen konnte, keuchte er und heulte. Er wollte sich
nicht von »Mama Marsan« trennen. La Vauguyon war verlegen und
versuchte, ihn zu beruhigen; er gab ihm ein paar kleine Zimmerkanonen, die fast richtige Kugeln verschossen, und anderes verlokkendes Spielzeug. Am Abend wurde wieder ein Feuerwerk für ihn
veranstaltet. Aber selbst diese hübschen und sonst so geschätzten
Vergnügungen vermochten ihn nicht zu trösten. Irgendein dunkles
und starkes Gefühl in ihm ließ ihn merken, daß er in ein peinliches
Abenteuer verstrickt war.
Als ihn sein Vater besuchte, weinte er noch; La Vauguyon entschuldigte sich deswegen. Nach zwei Tagen schickte er Coëtlosquet zum

Dauphin und ließ ihm sagen, daß Berry sich nicht eingewöhne. Aber der Dauphin sagte mit drohender Stimme: »Wie!, Abbé, die Tränen eines Kindes beunruhigen Sie? Mich erfreuen sie! Das Unvermögen Ihres Feuerwerks, auf das Herz meines Sohnes einzuwirken, ist mir eine sichere Bürgschaft dafür, daß er ein Herz hat und es bewahren wird.« Für den Dauphin hatte Berry nicht glücklich, sondern nur ihm ergeben zu sein.

Der Dauphin erblickte in Burgund den zukünftigen Dauphin, den zukünftigen König; er wollte alles tun, um ihn zu retten und ihm helfen, sich zu retten. Er hielt es für richtig, daß sich die übrige Familie für ihn opferte, besonders Berry, weil er ein »gutes Herz« hatte. In einer Familie muß ein gutes Herz zu etwas nutz sein; das war an sich nicht unvernünftig. Aber war es klug? Sollte Burgund sterben, so würde Berry Dauphin werden, und man hätte den Dauphin einem Hirngespinst geopfert. Aber hieran dachte der Vater nicht; für ihn war immer Burgund sein Ältester und Nachfolger. Für diesen Irrtum mußte Berry bezahlen.

Berry bezahlte teuer. Burgund, den sein Leiden immer mehr quälte und dessen Lungen angegriffen waren, tobte sein kindliches Heldentum an seinem Bruder aus; er bemühte sich, aus ihm ein Meisterstück zu schaffen und machte sich selbst zu seinem Erzieher, so daß der unglückliche Berry deren zwei hatte, die ihn nie in Ruhe ließen. Der eifrigere von beiden war Burgund; er beobachtete alles, was Berry tat, gab ihm Ratschläge und seine Meinung für jede seiner Handlungen, legte jedes Wort Berrys auf die Goldwaage und sah seine Hausarbeiten durch.

Er hatte sogar eine noch rührendere Idee. Seit seiner frühen Kindheit, als er kaum schreiben konnte, hatte er ein »geistiges Tagebuch« geführt. In dieses schrieb er jede Woche, was er Gutes und Böses getan hatte, über Fehler, die er überwunden hatte, und solche, die andauerten usw. Alle diese kleinen Tagebücher bewahrte er in einer Kassette auf.

Einige Tage nach Berrys Ankunft bei ihm ließ er ihn sich neben sein Bett setzen und sagte ihm in Gegenwart von La Vauguyon und de Sinety, die er zu diesem Zweck hatte kommen lassen: »Mein Bruder, lernen Sie jetzt, wie man mit mir verfahren ist, um mich von meinen Fehlern zu befreien. Das wird Ihnen gut tun. Lesen Sie alles!«

Berry las mit der ein wenig keuchenden Stimme, wie sie Kinder haben, wenn sie eingeschüchtert sind. Manchmal errötete Burgund dabei, aber er drängte seinen Bruder, fortzufahren, auch durch alle die Einzelheiten, die ihn am meisten erniedrigten.

Bei dieser Lebensweise begann Berry, der kräftig und gesund zu seinem Bruder gekommen war, immer schwächer zu werden; aber niemand achtete darauf, weil man Berrys Zusammensein mit seinem Bruder für nützlich hielt. Nur Burgund war etwas bekümmert, sei es, daß eine geheime Eifersucht, die man früher oft an ihm bemerkt hatte, ihn noch plagte, sei es, daß das bessere Teil in ihm Mitleid mit seinem Bruder hatte.

Er erlitt die wechselnden Zustände, die den Rhythmus des Lebens der Gefangenen bilden, denn niemand fühlt sich mehr als Gefangener als ein krankes Kind. Es kam vor, daß er gesund zu sein glaubte und gesund sein wollte, daß er verlangte, man solle ihn seine Studien wieder aufnehmen lassen; er stand sogar auf und empfing stehend die Abordnung des Stadtmagistrats der Stadt Paris, die er immer gern empfing, und die ihm schöne Geschenke überreichte; er notierte im Staatsadreßbuch diejenigen, die ihn besucht, und jene, die ihn vernachlässigt hatten. Dann bekam er wieder einen Rückfall.

Von Tag zu Tag sahen die von außen kommenden Besucher, hellsichtiger als seine Eltern, wie er immer abgezehrter wurde. Seine Frömmigkeit nahm zu. Jeden Morgen ließ er sich ein Kapitel aus den Evangelien vorlesen, hörte mit Inbrunst zu und küßte das Buch nach dem Vorlesen. Sein ganzer Rücken war aufgelegen, und er konnte sich nicht bewegen, ohne stechende Schmerzen zu empfinden; wenn er es nicht mehr aushalten konnte, betete er laut zu Gott, er möge ihn eine bessere Lage einnehmen lassen. Als das Fieber stieg, zeigte er sich immer zärtlicher gegenüber seinen Eltern, seinem Kammerdiener Tourolles und allen Dienern, die er bat, sich auszuruhen und ihn in seinem Winkel zu lassen. Wer sich ihm für einige Augenblicke näherte, mußte ihn für einen Heiligen halten. Wer mit ihm lebte, mußte den langen Todeskampf eines Kindes herzzerreißend, fast unerträglich finden, eines Kindes, das so gemartert wurde, aber auch noch so voll Leben war, daß es sich weder erholen noch sich dem Tode, der den Frieden bedeutet, hingeben konnte.

Berry konnte es nicht aushalten. Als der Zustand seines Bruders sich verschlimmerte, am 20. März 1761, bekam er selbst ein heftiges Fieber und einen mit Blutspeien verbundenen peinigenden Husten. Es ist nicht verwunderlich, daß der jüngere Bruder angesteckt wurde, nachdem er sechs Monate im Zimmer eines an Lungen- und Knochentuberkulose leidenden Kranken verbracht hatte. Die Eltern erblickten hierin einen neuen Schicksalsschlag und bewunderten die erstaunliche Selbstverleugnung Burgunds, der stündlich nach dem Ergehen seines Bruders Berry fragte. Im übrigen beschäftigte man sich wenig mit Berry, denn alle Gemüter, alle Sorgen waren dem Nachbarzimmer zugewandt, wo der Älteste im Sterben lag.

Das Ende nahte; ein dauernder Husten raubte ihm jede Kraft. Coëtlosquet teilte ihm mit, daß er sich auf den Tod vorbereiten müsse; er überraschte ihn nicht damit. Das Kind bat seinen Vater um die Erlaubnis, das Viatikum und die Letzte Ölung zu empfangen. In dieser Nacht schlief er besser und konnte am nächsten Morgen die Zeremonie aushalten, die für die Seinigen eine Qual war. Dann begann das Leiden von neuem und dauerte den ganzen Tag; es war der Ostersamstag. In der Nacht spie er viel Blut. Man rief eiligst den Beichtvater. Dann rief er mit einem Aufschluchzen: »Der Augenblick ist da. Gebt mir das Kruzifix!« Er rief noch: »Mama, Mama!« und starb. Es war einhalb drei Uhr morgens, am Ostersonntag 1761.

La Vauguyon begab sich sogleich zum König, und beide gingen dann zur Dauphine. La Vauguyon sagte: »Berry geht es besser, aber . . .«. Sie konnte die Nachricht nicht ertragen und sank ohnmächtig in die Arme Ludwigs XV. Man ließ Provence und Artois kommen, deren Schmerz dem ihrer Eltern neue Nahrung gab. Der Dauphin, vor Entsetzen fast ohnmächtig, stützte sich auf La Vauguyons Schulter. Ab und zu blickte er in die Augen seiner Frau und las in ihnen das, was er selbst dachte: »Jetzt ist unser Leben wirklich verloren.«

DIE SCHWIERIGEN ELTERN

Der Herzog von Burgund war gestorben. Man hatte Berry in seinem Zimmer untergebracht; die gleichen Hofmeister, Edelleute und Kammerdiener, die seinem Bruder gedient hatten, dienten nun ihm, als ob sie es immer getan hätten. Bei Hofe verwischt sich die Spur eines Kindes schnell, denn sie ist leicht. Aber im Herzen des Dauphins und der Dauphine würde sie sich nie verwischen. Burgund blieb für sie das lebendigste ihrer Kinder, der Held der Familie; er war ihre einzige Hoffnung gewesen und blieb ihre Sehnsucht.

Das Begräbnis war prunkvoll; aber das hinderte die Höflinge nicht, allerhand zu schwatzen. Manche sprachen von Gift, andere tadelten die Ärzte, alle aber waren darüber verwundert, daß der Dauphin nicht La Vauguyon bestraft hatte, der verantwortlich gemacht wurde, seinen Zögling ungenügend beaufsichtigt zu haben. Der Vorwurf fiel auf den Vater zurück. Wie konnte er einen so dummen, heuchlerischen Menschen zum Hofmeister seiner Kinder machen?

Der Dauphin wurde kritisiert. Bei Hofe, so tuschelten die Höflinge, bekäme man ihn nie zu sehen, in der Kirche beuge er die Knie wie ein Kapuziner, und zu Hause schlösse er sich ein, um Musik zu lernen und Messe zu singen. »Man sagt, daß er die ganze Zeit mit den Mönchen verbringt und bis zu drei Messen am Tage hört; auch soll er, sooft er kann, sein Brevier herbeten«, so berichtet Joseph Teleki, ein ungarischer Edelmann, der Versailles im Jahre 1760 besuchte und der aus dem Hofklatsch den Schluß zog: »Er besitzt noch weniger Geist als sein Vater.«

Mme. de Pompadour nährte diese Gerüchte. Nachdem sie alles getan hatte, um sich mit der Königin und dem Dauphin gut zu stellen, ja sogar so weit ging, Frömmigkeit zu heucheln, zum Gottesdienst zu gehen und aus Anlaß der Genesung des Dauphins ein Fest zu geben (1752), wurde sie seiner abweisenden Haltung überdrüssig und erklärte ihm, durch seine Beleidigungen erzürnt, den Krieg. (Er nannte sie nur »die Pompon« oder »Maman-putain«, die Mama Hure.) Sie sorgte dafür, daß alle Minister, die der Dauphin unterstützte, einer nach dem anderen entlassen wurden – der gewandte Maurepas, der kluge Machauld, der untadelige Argenson – und brachte ihren Helfershelfer, M. de Choiseul, zur Macht. Sie legte alle Befugnisse in seine Hände und machte ihn zum geschworenen Feinde des Dauphins.

Der Dauphin war einfach und schön; Choiseul dagegen sah, mit seiner übertrieben ausgeputzten Kleidung und hochgetragenen Nase, wie ein gelehrter Affe aus. Der Herzog von Choiseul-Stainville war in der Tat ein Geck mit viel Geist, mit einer ebenso schlagfertigen wie streitsüchtigen Intelligenz und einem edelmütigen, aber auch arroganten Charakter. Er war zu allen Leuten gut, haßte aber alles, was ihm überlegen war. So trug er auch Gott gegenüber eine selbstherrliche Unverschämtheit zur Schau. In seinem Schloß Chanteloup hatte er eine neue Kapelle bauen lassen, die größer, schöner und reicher ausgestattet als die alte war; überall hatte er sein Wappen anbringen lassen, und am Sonntag wohnte er, umgeben von seinen

Lehnsleuten und Dienern, mit großem Prunk der Messe bei, wobei er ein mit seinem Wappen versehenes Meßbuch in Händen hielt. Der Einband des Meßbuches enthielt die Fabeln von La Fontaine oder die Werke Aretins; so war es mit allen Meßbüchern seiner Kapelle. Übrigens fastete er weder an den Freitagen noch in der Fastenzeit.

Die Philosophen erblickten in ihm ihren Schutzherrn; sie zählten auf ihn und schrieben über ihn immer in gutem Sinne und mit viel Aufheben. So konnte er dem König sagen, er habe ganz Frankreich für sich. Ludwig XV. hörte ihn mit Vergnügen an; sein Selbstvertrauen und die Klarheit seines Geistes, die jede Arbeit vereinfachte, machten ihn seinem Herrn wertvoll. Auch war er ihm dankbar, weil er den Siebenjährigen Krieg liquidiert und um Frankreich durch in kurzer Zeit geschlossene Bündnisse eine imponierende Gruppe von Mächten versammelt hatte. Alles dies war wahr.

Es war aber auch wahr, wie der Dauphin sagte, daß die Freigebigkeit und Nachlässigkeit Choiseuls in Gelddingen die Unordnung in den Staatsfinanzen gerade in dem Augenblicke vermehrten, als es notwendig gewesen wäre, sie in Ordnung zu bringen. Es traf auch zu, daß Choiseul dazu beitrug, Frankreich zu entchristlichen und in alle Posten der Verwaltung Philosophen zu bringen. Die Verurteilung, das Verbot und die Vertreibung der Jesuiten war ein zwischen ihm, der Pompadour, dem Parlament und den Philosophen abgekarteter übler Streich. Der Dauphin versuchte, sich dem zu widersetzen und die Anhänger der alten überlieferten Richtung um sich zu versammeln. Da er aber schlecht unterstützt wurde und wenig Erfahrung hatte, beging er eine Unklugheit, die Choiseul ausnutzte, um ihn vor dem König zu demütigen und in einer privaten Unterredung zu beleidigen. Obwohl Ludwig XV. die Ansicht seines Sohnes teile, gab er ihm unrecht. Choiseul triumphierte. Im Staatsrat erklärte der Dauphin, da er nicht in der Lage war, die Abstimmung über dieses ungerechte Gesetz zu verhindern, feierlich, »er könne nach Ehre und Gewissen solchen Handlungen nicht zustimmen«. Hierauf schwieg er und wohnte den ganzen Beratungen stumm bei.

Choiseul handelte. Er unterließ nichts, um den Dauphin herabzusetzen; hinter seinem Rücken wagte er sich an seine Kinder heran, diese »sächsischen Dinger«, die er nicht genug verspotten konnte. Nun geschah es, daß Karl III. von Spanien, den Ludwig XV. aufgefordert hatte, Pate des Grafen von Artois zu sein, Berry damit beauftragen wollte, ihn bei der Taufe zu vertreten. Choiseul riet ihm davon ab und empfahl Orléans, dem er durch allerhand Machenschaften verbunden war. Zu seiner großen Demütigung erhielt er von Karl III. eine glatte Absage. (Für einen spanischen Bourbon gehörte ein Orléans zwischen den Teufel und den Antichrist.) Berry vertrat also den König von Spanien und verdankte dieser Ehre auch die, seinen ersten offiziellen Brief zu schreiben:

> »Mein Herr, mit größter Genugtuung habe ich den Auftrag empfangen, den Eure Majestät mir zu geben geruht haben, meinen Bruder, den Grafen von Artois, in Ihrem Namen über die Taufe zu halten. Ich habe den Auftrag soeben ausgeführt, nachdem ich dazu die Erlaubnis des Königs, meines Herrn und Großvaters, erhalten habe. Und dem Wunsch Eurer Majestät folgend, habe ich ihm den Namen Karl gegeben, den so viele Könige unserer gemeinsamen Vorfahren zu Ruhm gebracht haben, und der in der Person Eurer Majestät neuen Glanz erhält. Ich habe Eure Majestät nur noch zu bitten, von der Stärke und Innigkeit aller der Gefühle, die ich Ihr schulde, überzeugt zu sein; ich bin von ihnen durchdrungen, und nichts ist aufrichtiger als der Wunsch, Eurer Majestät mein ganzes Leben lang vollkommen verbunden zu sein. Ich bin, mein Herr, Eurer Majestät ergebener Bruder und Neffe
>
> Ludwig-August
> Versailles, den 19. Oktober 1761«

Dies war der schöne, diplomatische und kunstvoll geschriebene Brief, den Berry, sieben Jahre alt, an seinen Onkel Karl III. schrieb, und die Lektion, die Choiseul erteilt wurde. Das hinderte aber diesen Minister nicht daran, das Kind, und zuerst seinen Vater, mit allen Mitteln vernichten zu wollen.

Der Dauphin war nicht imstande, etwas dagegen zu tun. Der Tod Burgunds hatte ihm Lebenslust und Tatkraft genommen. Er zog sich in sein Haus zurück, wechselte Briefe mit seinen zahlreichen Freunden und widmete seine Nachmittage der Arbeit und der Dauphine, die Abende seiner Mutter. Er ging kaum auf die Jagd und noch weniger ins Theater, aber er besuchte Paris; hier ging er ohne Begleitung in den Tuilerien und auf den Boulevards spazieren und suchte die Stimmung und die Meinungen der Hauptstadt kennenzulernen. Dort wenigstens hatte man ihn gern, und sein Gesicht war allen vertraut.

Dort belauschte er auch die Strömungen der öffentlichen Meinung und sah mit Schrecken, wie der Haß gegen seinen Vater zunahm. Man rief ihm zu: »Monseigneur, wir wollen nicht Ihr Geld, Brot brauchen wir. Wir haben Sie gern, aber man soll diese Dirne, die das Königreich regiert und es zugrunde richtet, wegjagen.« Und dann rief man: »An den Galgen mit ihr!« Mitten am Tage konnte man an der Porte Saint-Denis ein Plakat sehen, das den König und seine Brut bedrohte. Eine Schmähschrift »Die drei Notwendigkeiten« forderte die Vernichtung der Jesuiten, die Abschaffung des Christentums und die Ermordung des Dauphins (1762).

Bachaumont begann seine »Geheimen Memoiren« mit einer großen Lobrede auf die »Revolution«, die im Gange sei: »Die Verfasser der *Lettres persanes* und der *Lettres philosophiques* hatten dazu den Keim gelegt, aber drei Arten von Schriftstellern haben besonders dazu beigetragen, sie zu entwickeln. Zuerst vervollkommneten die *Enzyklopädisten* die Metaphysik. Indem sie Klarheit in sie brachten, das geeignetste Mittel, um die Finsternis zu beseitigen, mit der die Theologie sie umgeben hatte, vernichteten sie den Fanatismus und den Aberglauben.

Ihnen folgten die *Economisten,* die Volkswirtschaftslehrer, die sich hauptsächlich mit der Moral und praktischer Politik beschäftigten. Sie haben versucht, die Völker glücklicher zu machen, indem sie die Bande der Gesellschaft durch einen besseren Austausch von Dienstleistungen enger knüpften und den Menschen zum Studium der Natur brachten, der Mutter aller wahren Genüsse. Schließlich sind aus den Zeiten der Wirren und Unterdrückung die *Patrioten* hervorgegangen, die, zur Quelle der Gesetze und Staatsverfassungen zurückgehend, die gegenseitigen Verpflichtungen der Untertanen und der Herrscher bewiesen haben. Diese Menge von Philosophen . . . kam hauptsächlich nach der Vernichtung der Jesuiten zum Vorschein: das ist der wahre Zeitpunkt, an dem die Revolution ausbrach.«

Fast mit den gleichen Ausdrücken lobte Grimm »diese allgemeine Müdigkeit des Christentums . . ., diese Unruhe, die heimlich die Gemüter aufreizt und sie dazu treibt, die religiösen und politischen Mißbräuche anzugreifen . . ., die eine nahe bevorstehende und unvermeidliche Revolution ankündigen«. Er fügt hinzu: »Man kann sagen, daß Frankreich der Herd dieser Revolution ist, die gegenüber den vorhergehenden wenigstens den Vorteil haben wird, daß sie ohne Blutvergießen vor sich gehen wird.«

Sie wußten, daß seit 1750 die Mehrheit der »Académie« für diese Revolution, deren Trojanisches Pferd die »Encyclopédie«, Voltaire der Prophet und d'Alembert der Hohepriester waren, gewonnen worden war. Sie wußten, daß Malesherbes, der Staatssekretär, sie wirksam begünstigte, daß Saint-Florentin, Minister des königlichen Hauses, 1733 der Freimaurerei beigetreten, ihr gewogen war und daß Choiseul, der allmächtige Minister, sie unterstützte. Sie rechneten damit, daß sie bis zum Ende gehen und zur Staatsdoktrin werden würde, daß sie die Sitten der Nation ändern und das veraltete Christentum durch die weise Philosophie ersetzen würde.

Ihnen gegenüber standen von 1762 bis 1765 kaum mehr als einige verstreute und ohnmächtige Gegner: Fréron, Palissot, der Propst d'Exmes und ein paar wenig gelesene Zeitschriften, die ohne den Dauphin, der sie unterstützte, schnell eingegangen wären. Er unterstützte die »Religion vengée«, eine Zeitschrift des Advokaten Soret und des Père Hayer, mit Geld und ließ vor seinen Kindern Stücke von Palissot spielen. Er bemühte sich auch, noch andere Verteidiger der Tradition heranzuziehen. Niemals gab er sich geschlagen; er hielt die Gewissenszweifel und die Reue des Königs wach; er schürte den Widerstand beim hohen Klerus und bemühte sich, durch einen ausgedehnten Briefwechsel den Eifer bei den Frömmsten unter den Bischöfen zu erwecken.

Vor allem suchte er Waffen für die Zukunft. Als er sich, etwa im Alter von dreißig Jahren, seiner Unwissenheit bewußt geworden war, begann er alles zu lesen, was ihm helfen konnte, sich eine Doktrin zu bilden, die er den Philosophen entgegensetzen konnte.

Er las die lateinischen Klassiker, die englischen Schriftsteller und machte sich Auszüge daraus. Dann zog er die Schlußfolgerung: er begriff, daß er und alles, was er liebte, dem Tode geweiht war, und daß es keine andere Wirklichkeit als Gott gäbe. Wie sein Vater hatte er Neigung und Sinn für den Tod und zog daraus einen wesentlichen Glauben und die Grundlage seines Systems.

Was der Dauphin anstrebte, war eine lebendige Kraft, die gegen die Philosophie des Jahrhunderts kämpfen könnte. Den theoretischen Schlußfolgerungen, die sich auf sinnliche Empfindungen stützten und allein das persönliche Interesse im Auge hatten, wollte er ein System entgegensetzen, das mehr Naturtriebe als Ideen darstellte. Das Bedürfnis nach dem Göttlichen, der Sinn und die Neigung für geistige Würde, die familiären Gewohnheiten und Interessen, die Friedensliebe und der Erhaltungsinstinkt waren die Triebfedern, auf die er sich verließ, wie sich seine Vorfahren seit acht Jahrhunderten auf sie verlassen hatten.

*

Zu Beginn mußte er seine Kinder heranbilden, die der Eckstein seines Werkes waren. Er machte den Anfang mit einer feierlichen Zeremonie: er ließ Berry und Provence (die schon bei ihrer Geburt notgetauft waren) taufen. Dann, als alle in den Registern des Kirchspiels unterschreiben mußten, machte er sie auf die Reihen der darin schon verzeichneten Namen aufmerksam, deren letzter der eines Handwerkersohnes war. »Ihr seht, meine Kinder«, sagte er ihnen, »nach dem Gesetz der Religion verschwinden die Unterschiede. Wirkliche Größe ist nur die, welche die Tugend gibt. Eines Tages werdet ihr in den Augen der Menschen größer sein als dieses Kind, aber in den Augen Gottes wird *es* größer sein, wenn es tugendhafter ist.« (18. Oktober 1761).

Der Dauphin stellte den Glauben und die Ausübung der Religion an den Anfang jeder Erziehung. Eine solche Erziehung schien ihm gleichermaßen gut und notwendig für alle seine Kinder zu sein. Da sie jedoch sehr verschieden waren, ließ er es in der Folge zu, daß jedes den für es geeigneten Unterricht erhielt. 1761 bis 1762 stellten die Höflinge fest, daß Berry traurig und verstört aussah. Seine Krankheit und die Rückwirkung der Krankheit Burgunds auf ihn geben eine ausreichende Erklärung dafür. Provence dagegen, der den Todeskampf seines älteren Bruders nicht aus solcher Nähe gesehen hatte, weil er noch bei den Frauen unter der Fuchtel der Mme. de Marsan stand, zeigte einen lebhaften, munteren und aufgeweckten Geist. Es zeigte sich, daß er immer mehr ein schönes Kind wurde. Artois war erst noch ein kleiner Junge von drei Jahren, ausgelassen, ungehorsam und lachlustig.

La Vauguyon, der es nicht versäumte, Witze zu machen, wann er nur konnte, nannte Burgund den »Schlauen«, Berry den »Schwachen«, Provence den »Falschen« und Artois den »Aufrichtigen«. Diese Namengebung gibt mehr über den Professor und seine Ideen Auskunft als über seine Zöglinge. Wenn Burgund auch schlau war, so war doch seine besondere Eigenschaft die Kraft; wäre Berry so schwach gewesen, wie sein Hofmeister behauptete, hätte er nicht die lange, schmerzliche Prüfung überstanden, die ihm der Todeskampf Burgunds auferlegt hatte. Er war am Leben geblieben, aber er hatte sich die Lungenkrankheit seines Bruders zugezogen, gegen die er während seiner ganzen Jugendzeit ankämpfen mußte. Daher kam das müde Aussehen, die Mattigkeit und das Sichfernhalten von den Menschen.

Der Dauphin zweifelte so wenig an Berrys geistiger Kraft, daß er ihm eine recht harte und sehr weitgehende Erziehung zuteil werden ließ. Obwohl er fast dieselben Lehrer wie Burgund hatte, herrschte doch eine verschiedene Atmosphäre. Der Dauphin hatte zugestimmt, daß Burgund nach den modernen Methoden erzogen wurde, die die Arbeit erleichterten, Abwechslung brachten und den Schüler anregten. Berry aber sollte so unterrichtet werden, daß ihm beim Lernen keine Anstrengung und Bemühung erspart und die Trockenheit des Lehrstoffes nicht verborgen blieb. Bei der Erziehung Burgunds war Burgund der Mittelpunkt von allem und aller; Berry wurde ihm nach einigen Monaten zugesellt, und man ließ beide in gleicher Weise arbeiten, so sehr zweifelte man daran, daß Berry lange leben würde. Später versuchte man sogar, ihnen noch Artois zuzuteilen.

Die Arbeit ging vornehmlich durch eine Art Briefwechsel vor sich; die Lehrer schickten den Text der Aufgaben und Schularbeiten; einer der Vorleser, der Abbé d'Argentré, ließ sie ausführen und schickte sie zur Korrektur. Zweimal wöchentlich, am Dienstag und Samstag, gingen die Kinder, geführt von ihrem Hofmeister, zur Dauphine, wo ihre Eltern sie ihre Lektion aufsagen ließen und sie einer Art recht strenger Prüfung unterzogen. Denn der Dauphin trug kein Bedenken, zu strafen, besonders Berry, gegen den er sich streng zeigte. Er überwachte besonders den Sprachunterricht, seine Frau Religion und Geschichte.

Die hauptsächlichen Lehrer waren der Mathematiklehrer Leblond, der durch seine Versuche auf dem Gebiete der Elektrizität sehr bekannte Physiklehrer Abbé Nollet, der Fechtlehrer Rousseau (später zum M. de Beauplan ernannt), der Tanzlehrer Laval, der Zeichenlehrer Silvestre, der Geiger Victor Bourdon, der die Tänze begleitete, und der Geographielehrer Buache.

Für den Religionsunterricht hatte der Dauphin den Père Berthier zu Rate gezogen, einen der gelehrtesten unter den Jesuiten, der bis zur Verbannung des Ordens Jesu sein Bibliothekar war und nachher noch mit ihm in Briefwechsel stand; er schrieb sogar einige Abhandlungen über Moral und Politik für Berry. Für Geschichte hatte La Vauguyon den Advokaten Moreau aufgefordert, eine Reihe von Abhandlungen zu schreiben, um die jungen Prinzen über die Entstehung der Reiche und den gegenwärtigen Zustand auf dem Erdkreise zu unterrichten. Diese umfangreiche Arbeit interessierte seine Schüler sehr. Buache, der Geographielehrer, ermunterte sie noch zu weiteren Arbeiten; er ließ sie stumme Landkarten ausfüllen und brachte ihnen sogar bei, draußen Karten nach dem Gelände zu zeichnen. Berry gefiel diese Art von Arbeiten, und je älter er wurde, desto mehr beschäftigte er sich damit.

Der Dauphin hatte auch in dieser Zeit der angewandten Künste, in der eine Vorliebe für Mechanik und technische Handfertigkeiten herrschte, nicht vergessen, seine Söhne in solchen Arbeiten praktisch auszubilden. Berry mußte die Tischlerei erlernen, was ihm gar nicht gefiel. Aber man zwang ihn dazu, weil man ihn von der Schlosserei abbringen wollte, die ihn begeisterte.

Schließlich, vom April 1763 an, unternahm es La Vauguyon, seine Zöglinge für die Kunst des Herrschens vorzubereiten, und er hatte mit ihnen eine Reihe von Unterhaltungen, die von ihm und dem Dauphin sorgfältig vorbereitet waren, nachdem man den Rat des Père Berthier eingeholt hatte; ihr Ziel war, Berry die notwendigsten Grundsätze und nützlichsten Kenntnisse für die Ausübung der höchsten Gewalt zu geben. In Richtung und Ton waren sie religiös. Vor allem hielt der Dauphin darauf, daß seine Söhne nicht vergäßen, daß sie ihre Krone Gott zu verdanken hatten, und daß sie ihre Macht nur zugunsten des Volkes ausüben sollten. 1761 sagte er zu La Vauguyon: »Führen Sie meine Kinder in die Hütte des Bauern, damit sie mit eigenen Augen das Brot sehen, von dem sich der Arme nährt, und damit sie mit ihren Händen das Stroh berühren, das ihm als Bett dient. Ich will, daß sie lernen, zu weinen. Ein Fürst, der niemals Tränen vergossen hat, kann nicht gut sein.«

Alles dies waren ausgezeichnete Absichten und lobenswerte Wünsche; aber der Dauphin hatte unrecht, wenn er glaubte, der Herzog von La Vauguyon sei der rechte Mann, um den jungen Prinzen eine genaue Vorstellung vom Volke und seinem Dasein zu geben. Er täuschte sich kaum weniger über die Rolle der Tränen bei der Bildung von Charakteren, denn sie sind eine bessere Waffe für den Heuchler als für die kluge Erziehung eines guten Menschen. Man muß ihm jedoch die Anerkennung zollen, daß er den Geschmack des Tages kannte, sich ihm anpaßte und versuchte, dies auch mit seinen Kindern zu tun, soweit dies nicht gegen den Glauben und die guten Sitten verstieß.

So waren die Grundsätze dieser Erziehung beschaffen. Abgesehen von einem aufrichtigeren religiösen Eifer unterscheidet sie sich wenig von den Erziehungsarten der Zeit. Berry, Provence und Artois führten das Leben von Kindern ihrer Zeit und ihres Alters, wenn auch mit mehr Pflichten der Etikette und Repräsentation, einer strengeren Überwachung und vielleicht einigen Vergnügungen mehr, wenn man wirklich von Vergnügungen reden kann.

Obwohl sie am Hofe lebten, hatten die Enfants de France hiervon nur die Nachteile und nicht die Annehmlichkeiten; ihre Eltern ließen sie weder zu den Bällen noch zu den Theatervorstellungen gehen. Ihre Rolle bestand darin, an der langweiligen Routine der täglichen Empfänge teilzunehmen, bei denen sie von den zahllosen buntscheckigen Besuchern wie seltsame Tiere behandelt wurden, und an allen großen Feierlichkeiten. Der Dauphin ließ es sich wohl angelegen sein, ihnen die Vergnügungen ihres Alters zu verschaffen; er besaß ein eigenes kleines Theater, das bald im Trianon, bald in seinen Räumen in Versailles spielte. Aber die Stücke, die man gab – dramatisierte, moralisierende Sprichwörter, die Palissot, Sedaine und einige andere christliche Autoren eigens für diese Kinder geschrieben hatten –, waren von einer solchen Fadheit, daß sie Berry das Theater für den Rest seines Lebens verleideten.

Manchmal ging man nach Saint-Cyr, wo die Damen kleine Feste oder Vorstellungen für die Kinder gaben. Am 22. April 1762 sahen die Enfants de France »Esther«*. Die drei Knaben, vereinsamt in dem Gewimmel kleiner neugieriger und koketter Mädchen, hatten keine Zeit, sich zu vergnügen, weil sie sich zu sehr beobachtet fühlten; nur Artois empfand dank seiner dreisten Arglosigkeit der Jugend und seines frühreifen Übermuts darüber lebhafte Genugtuung. Wahres Glück fanden alle drei nur in der Jagd, wenn der Papa-König es vom Dauphin erreichte, daß sie ihn begleiten durften; die schönen Kleider, die im Unterholz galoppierenden Pferde, der Klang der Jagdhörner, das plötzliche, zauberhafte Vorbeihuschen des verfolgten Tieres, alles das erregte eine fieberhafte Freude und lieferte endlosen Unterhaltungsstoff. Leider liebte der Dauphin die Jagd nicht. Seit er dabei aus Versehen M. de Chambon getötet hatte, mied er die Jagd wie auch alle anderen Vergnügungen.

Von 1761 bis 1765 zeigte der Dauphin seinen Söhnen nur ein trauriges und strenges Gesicht; er konnte sie nicht sehen, ohne sich mit Bitter-

---

* Esther, Trauerspiel von Racine. (Anmerkung des Übersetzers.)

keit an Burgund zu erinnern. Bei der Königin war es noch schlimmer; fromm und streng geregelt lebend, fand sie, daß die Kinder sie störten.

Nur Madame Adélaïde*, die Patin Berrys, schien das traurige Los der Kinder zu begreifen; als verhinderter Knabe bedauerte sie zweifellos, kein Mann zu sein, und wollte Berry helfen, daß er nicht bedauere, ein solcher zu sein. Sie nahm ihn mit in ihr Haus und sagte: »Nun los, mein armer Berry! Du bist hier zu Hause, vergnüge dich, mach Lärm, wirf alles um und zerbrich alles, was du willst.« Er ließ sich das nicht zweimal sagen, denn er hatte in sich etwas von der wilden Kraft bewahrt, die er wohl von seinen sächsischen Vorfahren oder dem guten König Heinrich geerbt hatte. Er war der am wenigsten gezähmte von den dreien und fluchte unter dem goldenen Stuck von Versailles, zwischen all den Bändern, Tressen, Perücken und Verbeugungen. Die Schmeicheleien, Hinterlistigkeiten und leeren Formalitäten, die seinen Brüdern wie ein Spiel vorkamen, waren ihm lästig, und manchmal konnte er seine schlechte Laune nicht verbergen, die sich in einem plötzlichen Ausbruch kundtat.

Im Laufe des Winters 1763 besuchte der Herzog von Chartres, der älteste Sohn des Herzogs von Orléans, ein großer Junge von sechzehn Jahren, einer der schönsten und bestgekleideten von Versailles, seine Vettern, um ihnen, wie man damals sagte, den Hof zu machen; aber er konnte sich nicht enthalten, ihnen zu gleicher Zeit zu sagen, was sie zu tun hätten. Artois hörte ihn mit offenem Munde an, Provence hatte sein gewohntes kleines Lächeln, aber Berry griff ein: »Herr Herzog von Chartres«, sagte er zu ihm, »Sie behandeln mich recht ungezwungen, Sie nennen mich immer ‚Monsieur'; müßten Sie mich nicht ‚Monseigneur' nennen?« Chartres war verlegen, aber Provence vermittelte schnell: »Nein, mein Bruder, es wäre besser, wenn er sagte: mein Vetter.«

Diese Anekdote gelangte bis in die Zeitungen und verfehlte nicht, von denen kommentiert zu werden, die den Charakter und die geistigen Fähigkeiten der jungen Prinzen zu ergründen suchten. Man war sich einig darüber, Provence zu bewundern, aber man erkannte auch an, daß Berry zu gefallen wußte, wenn er es wollte. Im Dezember 1763 kam David Hume nach Paris und ließ sich am französischen Hofe vorstellen. Nun war Hume einer der englischen Schriftsteller, die der

---

* Madame Adélaïde, älteste Tochter Ludwigs XV. (1732–1808). (Anmerkung des Übersetzers.)

Dauphin gut kannte und vorzog, besonders wegen seiner »Geschichte Englands« und der Gerechtigkeit, die er den Stuarts zuteil werden ließ. So geschah es zur großen Überraschung Humes, als er in die Zimmer der Enfants de France geführt und dem Herzog von Berry vorgestellt wurde, daß dieser sich vor ihm aufstellte und ihm sagte, wieviel Freunde und Bewunderer er in Frankreich habe, und hinzufügte, daß auch er sich zu ihnen rechne, wegen des Vergnügens, das ihm die Lektüre zahlreicher Stellen seines Werkes bereitet habe. Hume verneigte sich erfreut und wollte gerade eine Artigkeit sagen, als der acht Jahre alte Graf der Provence das Wort ergriff und ihm sagte, er wäre schon lange ungeduldig in Frankreich erwartet worden, und daß er selbst, was ihn betreffe, hoffe, mit großem Interesse sein schönes Geschichtsbuch zu lesen. Diese so gut vorgebrachten Komplimente entzückten Hume, als er, vor dem vierjährigen Artois angelangt, hörte, wie auch dieser ein kleines Kompliment derselben Herkunft begann, in dessen Mitte er sich mit einem allerliebsten Schmollmündchen verhedderte; er hatte sich nicht mehr an alle Sätze erinnern können. Hume erkannte hierin eine Aufmerksamkeit des Dauphins, die ihn sehr rührte. So verlief das Leben der drei Brüder in einer Gemeinschaft, in der der Wettstreit sie ansporte, die Einsamkeit ihrer Eltern sie mit einem warmherzigen Ernst umgab, und in der die ständige Anwesenheit des M. de La Vauguyon als Hemmschuh wirkte.

Eines schönen Tages jedoch wollte sich der Dauphin über die Ergebnisse dieser Erziehung unterrichten. Hierzu berief er einen seiner Freunde, den Père de Neuville, einen ehemaligen Jesuiten, und bat ihn, seine Kinder, während sie spielten, zu prüfen und zu befragen. Der Pater war vorsichtig und gab dem Dauphin dessen eigene Meinungen kund. Bei Berry stellte er eine geringere geistige Lebhaftigkeit und weniger anmutige Umgangsformen fest als bei seinen Brüdern, aber er fügte hinzu: »Was die Zuverlässigkeit des Urteils und die Herzenseigenschaften betrifft, verspricht er, ihnen in keiner Weise unterlegen zu sein.« Das erfreute den Dauphin, der ausrief: »Ich bin entzückt von der Art, in der Sie meinen ältesten Sohn sehen. Ich hatte in ihm immer jenen natürlichen, ungekünstelten Verstand zu erkennen geglaubt, der nur mit Zurückhaltung das verspricht, was er eines Tages in reichem Maße geben wird, aber ich fürchtete, daß mich vielleicht mein Herz zugunsten dieses Kindes einnahm.«

Er schrieb auch an seinen vertrauten Freund M. de Nicolaÿ, Erzbischof von Verdun:

»Meine Kinder sind mein Trost, und sie sind wirklich artig und lernen alles, was man von ihnen verlangt. Berry macht große Fortschritte im Lateinischen und erstaunliche in der Geschichte, deren Tatsachen und Zahlen er, wie es sich für ihn gehört, bewundernswert im Gedächtnis behält. Provence behält alles noch viel leichter, und, mit einem Wort, Sie würden es kaum glauben, was er sich alles an lateinischen Wörtern ins Gehirn gepfropft hat. Alles, was ich wünsche, ist, daß eines Tages noch etwas bleibt, um sie noch weiter auszubilden, und daß vor dem Ende ihrer Erziehung nicht alles verloren sei.« (Ende 1762.)

*

Die Niedergeschlagenheit des Dauphins fand plötzlich ein Ende. Der Tod der Pompadour (15. April 1764) war für ihn eine Freude, um so mehr, als Ludwig XV. während einiger Monate sich mit seinen Kindern versöhnte, sich frömmer zeigte und den Hirschpark schloß. Sogar die philosophische Welle schien zurückzuweichen. 1764 gab Palissot seine »Dunciade«, ein gelungenes Lustspiel, in dem er die Philosophen verspottete. Um ihn dafür zu belohnen, ließ ihn der Dauphin ein kleines Tonstück für seine Kinder komponieren. Einige Monate später ließ Palissot seinen »Tom Jones« aufführen, eine Übersetzung und Bearbeitung des Romans von Fielding. Wegen seiner Mittelmäßigkeit und infolge von Intrigen der Philosophen fiel aber dieses Stück gleich am ersten Tage durch.

Bei dieser Nachricht griffen die Enfants de France betrübt, aber nicht entmutigt, so gut und mit solchem Eifer ein, daß, weil alle ihre Offiziere und ihre Freunde und die Freunde ihrer Freunde Eintrittskarten genommen hatten, bei der zweiten Vorstellung der Saal voll war und das Stück ein Erfolg schien. Dies war der erste Triumph der jungen Prinzen über die öffentliche Meinung; die Berichte, die handschriftlich an die Abonnenten der Zeitungen verteilt wurden, verfehlten nicht, ihren Kommentar dazu zu geben. Der Dauphin konnte hierin einen Erfolg seiner Erziehungskunst sehen.

So bemerkte man in den beiden Jahren 1764 und 1765, daß der Dauphin besser aufgelegt und heiterer erschien, als man ihn seit 1747 gesehen hatte. Seine Abmagerung, die seine Familie erschreckt hatte, hörte auf; er bekam eine gesunde Farbe und wurde wieder beleibt; auch nahm er wieder am tätigen Leben teil. Der Sommer des Jahres

1765 gab ihm die seit langem erwünschte Gelegenheit, wieder in der Armee ein Kommando zu übernehmen. Der König hatte um Compiègne mehrere Regimenter zusammengezogen, um ihren Manövern zuzusehen; man nannte das ein »camp de plaisance« (Lustlager). Der Dauphin übernahm die Leitung des Lagers. Vom frühen Morgen an zu Pferde, ritt er den Regimentern, wenn sie ankamen, entgegen, führte sie zu ihren Standquartieren, brachte sie dort unter und unterhielt sich mit den Offizieren und Soldaten. Als sein Regiment »Royal Dauphin« eintraf, legte er seine Uniform an und zog sie nicht wieder aus. Er kommandierte auch alle Übungen. Von allen Obersten war er der eifrigste, der am besten mit den Manövern vertraute und der Truppe am nächsten stehende. Manchmal aß er im Zelt mit den anderen Offizieren zu Abend. Er ließ sich auch auf Unterhaltungen mit den Besuchern ein und nahm es ihnen nicht übel, wenn sie ihn nicht erkannten.

So schuf er sich in wenigen Wochen einen Ruf, der sich in der ganzen Armee verbreitete. Man hatte noch niemals einen Prinzen, einen Dauphin, gesehen, der so brüderlich mit den Mannschaften und so schlicht mit den Offizieren verkehrte; die Eigenschaften, die er von Kindheit an nur in vertrauter Umgebung gezeigt hatte, kamen plötzlich ans Licht und machten ihn zum volkstümlichsten Vorgesetzten des Königreiches.

Und ein solcher Erfolg war wichtig. Ein Kronprinz, der seine Armee kennt und auf sie zählen kann, ist eine Persönlichkeit, die von Europa geachtet und von der französischen öffentlichen Meinung bewundert wird. Der Dauphin hätte sich freuen können, einen wichtigen Vorteil gegenüber Choiseul errungen zu haben. Er fand nicht die Zeit dazu. Als er eines Tages die Abtei von Royal-Lieu besuchte, wurde er unterwegs vom Regen überrascht; er kam mit einer starken Erkältung nach Hause, bekam am Abend Fieber und begann zu husten. Dieser neuen Prüfung vermochte er nicht zu widerstehen. Brutal befiel ihn die galoppierende Schwindsucht. Mit Hilfe von Arzneien und guter Pflege gelang es ihm, seinem Vater, den er weder beunruhigen noch stören wollte, seinen schlechten Gesundheitszustand zu verbergen.

Als der Augenblick der Rückkehr nach Versailles gekommen war, folgte er dem Hofe dorthin. Er war kaum dort angekommen, als sich schon die schwersten Krankheitszeichen zeigten; das Fieber stieg, und er spie, oder erbrach vielmehr, heftig Blut. Die Ärzte wußten, daß der Kranke verloren war. Horace Walpole, der ihn damals sah, fand, er

habe das Aussehen eines Gespenstes. Der Dauphin dachte nur noch
an seinen Tod; aber die anderen lebten weiter, und er wollte sie nicht
belästigen, vor allem nicht den König, den er nie in seinem Leben belästigt
hatte. Der König erleichterte ihm diese Absicht; er behielt die
Gewohnheit bei, ihm die tiefe Zuneigung, die er für ihn hatte, nicht
zu zeigen und alle seine Opfer anzunehmen.
Unter dem Vorwand, eine Luftveränderung würde ihm gut tun, bestand
der Dauphin darauf, daß der Hof sich wie jeden Herbst nach Fontainebleau
begebe, und daß das Leben dort normal verlaufe. Nun ist
das Schloß von Fontainebleau zwar sehr schön, aber seit der Zeit der
Valois wurde es weder instand gehalten noch ausgebessert. Man
konnte sich weder vor der Kälte noch vor der Feuchtigkeit schützen,
die von der Mitte des Herbstes an dort herrschte. Nach einer kurzen
Zeit der Besserung ging es dem Dauphin wieder schlechter, und er
mußte sich ins Bett legen, das er nicht mehr verließ. Die Dauphine
blieb den ganzen Tag von sieben Uhr morgens bis spät in der Nacht
an seinem Lager. Mme. Adélaïde unterstützte sie dabei; die beiden
bemühten sich, in dem überheizten Zimmer eine gewisse lebendige
Atmosphäre zu unterhalten; wenn sie übermüdet waren, gingen sie
auf den Flur hinaus, um zu weinen. Der Dauphin blieb ruhig; er hatte
immer das Gesicht des Todes zu sehen gewünscht. Sein Herannahen
erschreckte ihn nicht, sondern schuf in ihm die Einheit von Zeit und
Raum; es schien, daß er, dank ihm, endlich zu sich selbst gefunden
hatte. Die Flut von Besorgnis und Zuneigung, die ihm aus dem
ganzen Lande zuströmte, rührte ihn, ohne ihn zu täuschen. Er sagte
lächelnd: »Vor sechs Monaten verabscheuten mich viele Leute.
Ich hatte das ebensowenig verdient wie die Liebe, die man mir heute
bezeigt.«
Vom Bett aus führte er sein alltägliches Leben und fuhr fort, seinen
Kindern lateinische Stunden zu geben, wobei er noch mehr Eifer und
Energie zeigte. Hierunter hatte Berry zu leiden. Als sein Großvater
ihn am 3. November 1765 zur Hubertusjagd mitnehmen wollte, der
festlichsten und schönsten des Jahres, antwortete ihm der Dauphin,
das sei nicht möglich, weil Berry seine Lektion nicht gekonnt habe. Der
König mochte noch so sehr darauf dringen und sagen: »Wenn Sie Ihre
Kinder bestrafen, so leide ich am meisten darunter«, und auch Adélaïde,
die Königin und die Dauphine baten umsonst; der Dauphin gab
nicht nach, und Berry konnte nicht an der Hubertusjagd von 1765
teilnehmen.

Auch im Lateinunterricht zeigte sich der Sterbende strenger als je zuvor. Er brachte ihm Zerstreuung und schien das einzige zu sein, was ihn noch mit dem Leben verband; seine Kinder bemerkten dies, und auch sie empfanden dabei eine eigene Freude. Berry erkühnte sich sogar, seinem Vater zu sagen: »Die Zeit, die am schnellsten vergeht, ist die Unterrichtszeit.« Als er dies hörte, mußte der Dauphin ihm seine Liebe zeigen; er ließ ihn näher kommen, küßte ihn und sagte: »Ach, mein Sohn, welch große Freude machst du mir! Wenn die Unterrichtszeit für dich so schnell vergeht, so beweist das, wie gern du lernst.«

Den Kindern vertraute er auch seine Gedanken an. Sie allein konnten einiges von seinem Zwiegespräch mit dem Tode hören: »Ihr seht, meine Kinder«, so sagte er, und zeigte ihnen seine abgemagerten Arme, »was ein großer Fürst ist. Gott allein ist unsterblich, und die man die Herren der Welt nennt, sind wie alle anderen der Krankheit und dem Tode unterworfen.« Berry sollte das nicht vergessen.

Die Höflinge bemühten sich, nicht daran zu denken. Die vom Herzog von Richelieu, in diesem Herbst erster Kammerherr, veranstalteten Feste erfüllten das Schloß mit Lärm und Unruhe, bis es eines Tages Ludwig XV. zuviel wurde und er alles untersagte.

Da erst schienen der Hof, Fontainebleau, ganz Frankreich und das christliche Europa sich dem Zimmer zuzuwenden, in dem der Dauphin im Sterben lag. Sein Todeskampf dauerte fünfunddreißig Tage. Während dieser Zeit ließ die Geistlichkeit in allen Kirchen Frankreichs beten, vor allem aber in der Kirche Sainte-Geneviève, die Tag und Nacht nicht leer wurde. Auch in der Armee wurden Gebete angeordnet; »Royal Dauphin« beschloß, für seinen fürstlichen Obersten zu fasten. Aus Spanien und Italien trafen Botschaften und Fürbitten ein. Der einzige, der nicht für sein Leben betete, war der Dauphin. Sein Beichtvater machte es ihm zur Pflicht. Aber er wies sogar den Arzt des Königs ab.

Trotzdem war er überrascht, als sein eigener Arzt, M. de La Breuille, ihm mitteilte, daß er nicht mehr lange zu leben habe. Er ließ daher seinen Beichtvater, den Abbé Collet, holen und wiederholte ihm seine Erklärung, daß er weder am Leben noch am Thron hänge. Am 13. November 1765 um elf Uhr vormittags empfing Ludwig, Dauphin von Frankreich, in Anwesenheit der ganzen königlichen Familie, der Großen des Königreichs, der ausländischen Botschafter und seiner Diener das Viatikum und die Letzte Ölung. Der Herzog von Orléans und der Prinz Condé hielten das Abendmahltuch. Der König, dem es bis dahin nicht gelungen war, auch nur eine Träne zu vergießen, kniete an der Zimmertür nieder, verhüllte das Gesicht und weinte. Während der langen Zeremonie, die sich in ihrer erhabenen Pracht abspielte, blieb der Dauphin bei voller Besinnung; der alte Kardinal de La Roche-Aymon, der als Großalmosenier von Frankreich die Messe hielt, vergaß eine der Ölungen; der Dauphin machte ihn darauf aufmerksam.

Endlich hatte er die Freude gefunden, nach der er so lange tastend gesucht hatte. Die Königin strahlte und rief: »Wie glücklich er ist! Er stirbt wie ein Heiliger. Aber wie sehr sind wir zu beklagen!« Als die Priester gegangen waren und das Zimmer leer war, trat der König an ihn heran und nahm seine Hand. Der Dauphin sah seinen traurigen Blick und sagte: »Ihre Rührung ist das einzige, das mir in diesem Augenblick Kummer macht; ich habe Ihnen nie etwas genützt, und ich lasse nun meine Kinder zu Ihrer Last.«

Dann begann er, sich mit seinen letzten Pflichten zu beschäftigen; er machte sein Testament und vernichtete eine große Zahl von Papieren. Die anderen Papiere übergab er dem Bischof von Verdun, Nicolaÿ, damit dieser sie eines Tages seinem ältesten Sohne Berry übergebe. Er hatte die Absicht gehabt, Berry mit seinen beiden Brüdern an sein Bett kommen zu lassen, aber er fühlte, daß er weder die Kraft habe, diese Szene zu ertragen, noch das Recht, sie seinen Kindern aufzuerlegen. Er ließ daher La Vauguyon kommen: »Monsieur de La Vauguyon«, begann er, »ich beauftrage Sie, meinen Kindern zu sagen, daß ich ihnen alles Glück und allen Segen wünsche...« Dann mußte er aufhören, weil er nicht weitersprechen konnte. Er bat den Beichtvater, für ihn fortzufahren. »Monseigneur der Dauphin«, sagte der Priester, »empfiehlt seinen Kindern vor allem anderen die Gottesfurcht und die Liebe zur Religion..., sie sollen die größte Achtung und vollkommenste Ergebenheit für den König haben und ihr ganzes Leben lang für Madame la Dauphine den Gehorsam und das Vertrauen bewahren, das sie einer so verehrungswürdigen Mutter schulden.« Hierauf sah er seinen treuesten Freund, den Grafen du Muy, und bat ihn, als letzten Dienst, sich für seine Söhne zu erhalten: »Vor allem möge ihre Jugend Sie nicht in Ihrer Zuneigung zu ihnen entfremden.« Seine innere Bewegung beraubte ihn der Sprache.

Das Ende nahte. Am 17. und 18. Dezember wurde er so schwach, daß man die Sterbegebete für ihn las. Hiernach lag er offiziell in den letzten Zügen, und man hielt seine Frau und die nächsten Verwandten von ihm fern. So wurde es im Hause Frankreich gehalten: man mußte im Angesicht Gottes allein sterben.

Nach zwanzigstündigem Todeskampf starb er endlich, Gott für das Königreich Frankreich anrufend, ohne Krämpfe. Es war Freitag, der 20. Dezember, sechs Uhr morgens.

DIE SCHULE DES TODES

Die Dauphine wartete mit der Königin und Mme. Adélaïde sehr lange im Zimmer des Königs. Schließlich ging sie zu Bett.

Am frühen Morgen kam ihr erster Almosenier, der Kardinal de Luynes, zu ihr und sagte: »Madame, der Herr sei gesegnet, wir haben einen Heiligen mehr im Himmel zu verehren . . .«. Mehr konnte sie nicht ertragen; sie fiel in Ohnmacht.

Auch der König war immer noch voller Hoffnung gewesen. Er hatte sogar Gott ein Gelübde für die Rettung seines Sohnes geleistet. La Vauguyon kam mit dem Herzog von Berry zu ihm. Wie üblich meldete man bei ihrem Eintritt: »Monseigneur le Dauphin.« Ludwig XV. erhob sich, umarmte zärtlich seinen Enkel und sagte mit erstickter Stimme: »Armes Frankreich! Ein fünfundfünfzig Jahre alter König und ein Dauphin von elf Jahren!« Er wiederholte mehrmals: »Armes Frankreich!«

Hierauf brachte er Berry zu seiner Mutter. Auch hier meldete man: »Seine Majestät der König und Monseigneur le Dauphin.« Das Kind warf sich in die Arme seiner Mutter, und beide überließen sich endlich jenen heftigen Tränen, die zugleich angreifen und beruhigen. Ludwig XV. sah sie verzweifelt an. Schließlich sagte er zur Dauphine, er würde wie ein Vater für sie sorgen und ihr die Oberaufsicht über die Erziehung ihrer Kinder überlassen, weil es in der Ordnung der Natur liege und er es dem Dauphin am Totenbette versprochen habe. Er gewährte ihr auch den Vorrang bei Hofe vor allen anderen, was eine seltene Ehre bedeutete.

Er schrieb dann an seinen Enkel, den Infanten Ferdinand von Parma: »Das Datum dieses Briefes wird Ihnen zur Genüge das Übermaß meines Schmerzes erklären.« Da er den Hof, Fontainebleau und alle die Menschen dort nicht mehr ertragen konnte, ging er mit der Dauphine nach Versailles und von dort nach Choisy, um sich den Glückwünschen zum ersten Januar zu entziehen und nicht an den fröhlichen Festlichkeiten zum Jahresende und -anfang teilnehmen zu müssen.

Mit großem Pomp wurde der Dauphin in der Kathedrale von Sens, wie er es gewünscht hatte, bestattet. Man sang sein Lob in feierlichen Reden; seine Gattin widmete sich in ihrem herzzerreißenden Schmerz der Erinnerung an ihn.

Berry beschränkte sich darauf, zu leiden. Seit er sich durch Burgund die Lungentuberkulose zugezogen hatte, setzte er den Hauptteil seiner physischen Kraft dafür ein, um sein Leben zu kämpfen. Er war ein großer, schmächtiger Junge, der schwächlich zu sein schien und nicht den Eindruck machte, er könne alt werden. Das gute Aussehen von Provence und die ungebärdige Anmut von Artois bildeten einen Gegensatz zu seiner Mattigkeit. Die Höflinge waren davon überzeugt, daß er nicht herrschen würde, und sie verbargen ihm dies um so weniger, als selbst seine Mutter nicht daran glaubte. Er fühlte sich daher sehr verlassen. Dafür war sein inneres Leben um so reicher, aber es gehörte nur ihm allein. Weder sein Vater, noch seine Mutter, noch sein Erzieher hatten es verstanden, sein Vertrauen zu erwerben. Seinem Großvater stand er viel näher, denn beide liebten die Jagd und das Leben in frischer Luft.

Und doch trennte sie eine Wand: es war der Schmerz um den Sohn, der den König quälte. Ludwig XV. schrieb an Ferdinand von Parma: »Sie haben meinen Schmerz durchaus begriffen; da ich kein Heilmittel dafür habe, versuche ich, mich soviel ich kann zu zerstreuen, aber ich kann mich nicht daran gewöhnen, keinen Sohn mehr zu haben; und wenn man meinen Enkel ruft, wie groß ist der Unterschied für mich, zumal wenn ich ihn eintreten sehe!«

*

Die Gewissensbisse, die er empfand, weil er seinem Kinde gegenüber niemals Zärtlichkeit gezeigt hatte und seinen Fähigkeiten keine Gelegenheit gegeben hatte, sich zu entfalten, ließen ihn ein freundlicheres Verhältnis zu seiner Schwiegertochter finden. Er hatte ihre Schwester Christine von Sachsen, Äbtissin von Remiremont, zu ihr kommen lassen und bemühte sich, die Aufgabe der Königin, Adélaïdes und der Ehrendamen der Dauphine zu erleichtern, die versuchten, sie wieder Gefallen am Leben finden zu lassen. Dies war auch die Sorge Xavers von

Sachsen, den sie ihren Lieblingsbruder nannte. Ende 1765 schrieb er an seine Schwester:

> »Meine sehr liebe Schwester, ich will nicht versuchen, Ihnen den Zustand zu schildern, in den mich die traurige Nachricht versetzt hat, die wir soeben bekommen haben. Soll ich mit meinem Schmerz noch den Ihrigen vermehren, der Sie überwältigt hat?... Sie wissen, daß Verzweiflung und Entmutigung im Widerspruch zu der Ergebenheit und dem Vertrauen stehen, die wir Gott schulden. Sie müssen sich für den König erhalten, für Ihre Kinder, für einen untröstlichen Bruder, der nur an Sie denkt und von Ihrer Freundschaft noch alle Annehmlichkeiten seines Lebens erwartet. Im Namen dieser so lieben Menschen, sammeln Sie alle Ihre Kräfte, zeigen Sie würdevolle Standhaftigkeit und lassen Sie nicht zu, daß Sie in ihrem Schmerz alles Gute, das Sie noch tun können, und die Pflichten, die Sie zu erfüllen haben, vergessen. Lassen Sie sich, meine liebe Schwester, diese ersten, so wichtigen Momente nicht entgehen; nutzen Sie die Güte des Königs, die Zärtlichkeit, die er Ihnen bezeigt... Die Minister, die Zeugen der Gefühle sind, die der König für Sie hegt, werden diese achten und nichts unternehmen, um sie einzuschränken, wenn sie nicht glauben, Sie seien ihre Feindin. Sogar der Schmerz und die Rührung des Königs bieten Ihnen eine günstige Gelegenheit, die Sie benutzen müssen, um die Stellung einzunehmen, die Sie im Verlauf der Zeit wünschen. Ich bin sicher, daß Sie dabei Erfolg haben werden, wenn diejenigen, welche jetzt das Vertrauen des Königs genießen, kein wesentliches Interesse daran haben, Ihnen den Weg zu versperren. Um ihnen jeden Gedanken daran zu nehmen, wird meine liebe Schwester verstehen, die Vergangenheit zu vergessen, vielleicht manches wieder gutzumachen, wenn es nötig ist, und lieben und heiligen Interessen Opfer bringen. Von diesem ersten Anfang wird alles abhängen: Ihre kommende Stellung, die Erhaltung des Vertrauens zu Ihnen und Ihres Einflusses auf die Staatsgeschäfte, Ihre Ruhe, Ihr Glück und das derer, die Sie lieben...«

Dieser Appell fand kein taubes Ohr. Mit List und Klugheit bemühte sie sich, am Hof die erste Rolle zu spielen.

Man bemerkte es bei der Hochzeit Berrys. Der Gedanke, keinen Sohn mehr zu haben, quälte den König; dies benutzte Choiseul dazu, ihm nahezulegen, die Heirat seines Enkels zu beschleunigen. Er wies ihn auf den Vorteil hin, der sich zu einer Zeit, da Frankreich, das durch den Siebenjährigen Krieg geschwächt, unruhig und nervös war, daraus ergeben würde, daß man die französische Monarchie auf das österreichische Kaiserreich stützte und Berry mit einer Erzherzogin verheiratete. Ludwig XV. ließ sich überreden. Am 24. Mai 1766 schrieb Fürst Starhemberg, der österreichische Botschafter in Paris, an Maria-Theresia: »Eure Majestät kann von diesem Augenblick an die Heirat des Dauphins und der Erzherzogin Marie-Antoinette als beschlossen und gesichert betrachten.« Der König selbst hatte es ihm gesagt. Er fügte hinzu: »Hauptsächlich den guten Diensten des Herrn Choiseul verdanke ich diesen Erfolg, den zu erreichen mir sehr am Herzen lag.«

Dieser Plan lief den Absichten der sächsischen Partei am Hofe zuwider, deren Haupt nunmehr die Dauphine war, und die daran arbeitete, französisch-sächsische Heiraten zustande zu bringen. Dies war die Hauptidee Xavers von Sachsen und seines Faktotums, des Grafen von Martanges. Madame Adélaïde unterstützte sie mit aller Kraft. Es handelte sich darum, Berry, falls er lebte, oder noch besser Provence mit der Tochter Xavers von Sachsen und Madame Adélaïde mit dem Kurfürsten von Sachsen zu verheiraten. Die Dauphine versuchte als gute Diplomatin nicht, Choiseul direkt entgegenzuarbeiten; da er aber so unklug war, Marie-Antoinettes sofortiges Erscheinen in Frankreich vorzuschlagen, zog sie hieraus Nutzen.

An dem Tage, als Ludwig XV. ihr seinen Entschluß mitteilte, Berry mit einer Erzherzogin zu verheiraten und als Grund hierfür angab, »es sei notwendig, sich die Gunst des Wiener Kabinetts zu sichern«, willigte sie ein, fügte aber hinzu: »Ich hätte geglaubt, das beste Mittel, sich die Gunst des Wiener Hofes zu sichern, wäre, ihn zwischen Furcht und Hoffnung zu halten. Wenn die Erzherzogin erst einmal in Versailles wäre, würde der Wiener Hof sicherlich nicht fürchten, man könne ihm die Beleidigung antun, sie wieder zurückzuschicken, und er würde daher viel zurückhaltender sein, wenn der König Gegendienste von ihm verlangte.« Dieser Gedanke, den er für scharfsinnig und vernünftig hielt, gefiel dem König. Maria-Antoinette blieb in Wien und die österreichische Hochzeit in der Schwebe.

Zu diesem bei den Höflingen wenig bekannten Erfolg kam noch eine Gunstbezeigung, die alle bemerkten: der König beauftragte sie damit, während des Sommers in Compiègne die Honneurs zu machen. Trotz ihrer Krankheit, ihrer Ermüdung und den bitteren Erinnerungen, die der Ort immer wieder in ihr hervorrief, gelang es ihr, sich Ansehen zu verschaffen und allen zu imponieren. Sie wollte aber auch ihre Kinder nicht vernachlässigen und hielt darauf, für sie alles zu tun, was der Dauphin und sie zusammen einst getan hatten. An seiner Stelle lehrte sie sie Lateinisch; sie trieb Italienisch mit Berry und Geschichte mit allen, und sie setzte die Stunden Biblischer Geschichte fort. Um nichts Falsches zu lehren, wiederholte sie vorher alles mit Abbé Collet und ließ sich von den Ratschlägen leiten, die ihr Mann in einem Manuskript »Papiere für den Unterricht meines Sohnes Berry« hinterlassen hatte. Doch war sie viel strenger als er und ließ, besonders bei der Lektüre, nichts durchgehen. Alle Bücher, die ihre Söhne lesen mußten, las sie zuerst und duldete nichts, das auch nur einen Anstrich von Philosophie hatte. Unaufhörlich sprach sie zu ihnen vom Dauphin und stützte sich auf die Ratschläge des Père Berthier.

Alles dies glitt an Artois ab; er war mit sich selbst und seinen kindlichen Streichen beschäftigt. Provence nahm es mit dem scharfen, aber oberflächlichen Verstand auf, den er immer besessen hatte, und der ihm erlaubte, nachgiebig zu sein, ohne sich zu unterwerfen. Im übrigen verwöhnte sie ihn und hatte auf ihn die warmherzige Vorliebe übertragen, die sie für Burgund gehegt hatte. Berry trug die ganze Last seines Leidens und hätte es schwer gefunden, wäre sein Großvater nicht auf den guten Gedanken gekommen, ihn in jenem Sommer reiten lernen zu lassen. Er fand ein besonderes Vergnügen daran, und diese wohltuende Anstrengung gab ihm die Kraft, alle anderen zu ertragen, weil sie den Vorzug der Einsamkeit hatte.

Sobald er an den Hof zurückkehrte, fand er den Zwang der Hofetikette vor, die Last des Schmerzes und die Bedrückung durch die ständige Aufsicht, die La Vauguyon auf ihn ausübte. Man bemerkte auch die zunehmende Neigung des Dauphins für die angewandten Künste; sie erlaubten ihm, im Walde von Compiègne zu verschwinden, von dem er eine Karte und einen Führer anfertigte, oder sich in Versailles auf seinen Dachboden zurückzuziehen, wo er seine Werkstatt eingerichtet hatte.

Die Handarbeit war für ihn das einzige Mittel, sich das zu verschaffen, was ihm an diesem Hofe am meisten fehlte: Einsamkeit, Entspannung und Sammlung. Während er an seinen Beschlägen und Schlössern arbeitete, belästigte man ihn nicht mit unnützen Worten, leeren Komplimenten und hinterlistigen Äußerungen. Hier war er geschützt vor der pomphaften Erhabenheit La Vauguyons, vor der Spionage seines

Bruders Provence und der Taktlosigkeit der Dienerschaft. Wenn er wieder von seinem Dachboden herabkam, war er ruhiger und stärker. Seine Mutter schien es zu ahnen und neckte ihn zärtlich, indem sie ihn »ihren kleinen Vulkan« nannte, und kam ihm dadurch näher.

Das Ende des Jahres 1766, an dem seine erste Kommunion und seine Firmung stattfand, gab ihnen Gelegenheit, einander besser kennenzulernen und sich auf dem gleichen Grund von Inbrunst und Liebe zusammenzufinden, der das wesentliche Sein des Kindes bildete und der auch in ihrer Jugend die Natur der Mutter war, als man sie »Pépa« nannte; damals war sie ganz voller Leidenschaft und Inbrunst gewesen. Der Charakter ihres Gatten und das Leben am Hofe hatten aus ihr eine tugendhafte, aber harte Frau gemacht, die von den anderen das erwartete, was man von ihr verlangt hatte, das heißt, zuviel. An diesem Dezemberende wurde es ihr vom Schicksal gegeben; was sie noch bei niemand in Versailles gefunden hatte, fand sie in ihrem Sohn.

Berry war rechtschaffen und demütig vor Gott, aber sehr begeisterungsfähig. Was bei den anderen Worte und Gesten blieben, wurde bei ihm Wirklichkeit. In einer Welt von Falschmünzern bot er allein Gold dar. Damals bemerkte es seine Mutter, und die immer wachen Höflinge sahen den Abglanz auf ihrem Gesicht in jener geheimnisvollen Freude, die sie nicht verbergen konnte. Aber es war recht spät. Das Leben drängte sie. Berry legte es alle die drückenden Pflichten auf, die das Dasein eines Dauphins mit sich bringt; am 1. Februar 1767 wurde er zum Ritter des Heiligen-Geist-Ordens ernannt, inmitten einer riesigen Menge, die begierig war, zu sehen, wie der neue Prinz aussah und wie er sich verhielte. Mit Schrecken sah man, daß er mager, blaß, ungeschickt in seinen Bewegungen und so kurzsichtig war, daß er zu tasten schien; zugleich aber hörte man von seiner natürlichen Güte, den guten Eigenschaften seines Gemüts und seinem hellen Verstande und mußte fürchten, bald wieder einen unersetzlichen Fürsten betrauern zu müssen.

*

Der Tod schien mit einem Male die königliche Familie überall heimzusuchen. Stanislas Leczinski starb im Jahre 1766 auf lächerliche und klägliche Art an Verbrennungen, die durch den Brand seines Schlafrocks entstanden waren. Jetzt, am Beginn des Jahres 1767, schien man die Königin und die Dauphine beide aufgeben zu müssen. Die durch den Tod ihres Sohnes sehr niedergeschlagene Königin verfiel, obwohl

sie Ludwig XV. häufiger als sonst besuchte, in einen Zustand der Erschöpfung, aus dem kein Arzt sie zu befreien vermochte. Die Dauphine fuhr fort, abzumagern, zu husten und Blut zu speien.
Der König legte Wert darauf, Tronchin zu konsultieren, aber der berühmte Arzt konnte ihm nicht Hoffnungen machen, die er selbst nicht hatte (Januar 1767); doch versicherte er, daß es sich bei ihr um keine Lungenkrankheit handle. Diese zweideutigen Worte verfehlten nicht, in Versailles zu Betrachtungen Anlaß zu geben, bei denen die Leute, auch die Dauphine selbst, sich zu fragen begannen, ob nicht hinter diesen Todesfällen und Krankheiten Gift zu vermuten wäre. La Vauguyon verbreitete diese Ansicht. Nach ihm war alles dies das Werk Choiseuls. Dieser Elende hatte niemals aufgehört, den Dauphin zu kritisieren und zu bekämpfen; er verfolgte ihn bis in seine Nachkommenschaft. Der Erzieher der Enfants de France hielt diesen leitenden Minister für fähig, alle, die ihn störten, durch Gift aus der Welt zu schaffen. Sein Ziel war übrigens offenbar: er wollte selbst zur Regierung gelangen unter einem Kind als König, der mit einer ihm ergebenen österreichischen Prinzessin verheiratet war. Die Dauphine war so sehr bereit, dies für richtig zu halten, daß sie ihre Küche überwachen ließ und für Berry ein ausführliches Testament verfaßt hatte, in dem sie ihn ermahnte, niemals Choiseul, was auch kommen möge, als Minister zu verwenden. An diesem Jahresanfang von 1767 war Versailles von einem Todesgeruch, von Geflüster und Denunziationen erfüllt.
Tronchin kam im Januar wieder; er fand nichts Besonderes bei der Dauphine, und man hoffte, daß sie am Leben bleiben würde. Die französischen Ärzte jedoch, an ihrer Spitze Sénac, erklärten, ihre Lunge sei angegriffen, und sagten ihr baldiges Ableben voraus. Diese Ärzteschlacht beschäftigte und zerstreute Versailles, da der menschliche Geist immer das Bedürfnis hat, sich mit Ereignissen abzugeben, auf die er keinen Einfluß hat. Die Tage dieses strengen Winters voller Nebel und mit übermäßiger Kälte folgten aufeinander und führten bald eine Besserung mit matter Freude, bald Verschlimmerungen herbei, die den Hof immer mehr verdüsterten. Schließlich mußte Tronchin wegen des unaufhörlichen Blutspeiens der Dauphine mitteilen, daß sie immer schwächer werde. Er riet ihr, ihren Beichtvater holen zu lassen, und dieser sagte ihr, daß sie sterben werde.
Es gab Augenblicke, in denen sie sich gegen das Schicksal aufbäumte, nicht, weil sie jetzt noch am Leben hing, sondern weil sie eine mutige

und kämpferische Seele hatte und glaubte, wenn sie davonginge, würde sie den Feinden ihres Gatten den Platz räumen, ihre Kinder Choiseul ausliefern und ihr Geschick denen, die den Verstorbenen immer noch haßten. Sie konnte sich nicht damit abfinden, daß ihr Verschwinden für immer das Ende alles dessen bestätigen sollte, was der Dauphin gewollt und gedacht hatte, und alles dessen, was er gewesen war. In all diesem Unglück hatte sie keine Hilfe. Allein ihre ungestüme Seele hielt sie aufrecht.

Am 4. März 1767 empfing die Dauphine inmitten einer unzähligen Menge und mit einer Fassung, die ebensoviel Schrecken wie Kummer in sich barg, von der Hand ihres Beichtvaters, des Abbés Collet, in Gegenwart des Königs, seiner Söhne und aller Prinzen von Geblüt die Sterbesakramente. Hinter Ludwig XV. stand Berry an erster Stelle. Vier Tage später, am 8. März, war er wieder der Erste, als man seiner Großmutter Maria Leczinska, Königin von Frankreich, die Sakramente reichen mußte. Diese imposanten Zeremonien mit all dem in Versailles zur Schau getragenen Pomp waren ein schreckliches Schauspiel für die kindliche Einbildungskraft, und ihre Wiederholung war durchaus nicht geeignet, sie daran zu gewöhnen; sie zwang sie vielmehr, ihren Sinn besser zu erfassen und ihre Tragweite zu ermessen. Berry verfolgte Schritt für Schritt den Gang seiner Mutter zum Tode. Indessen schien es ihr während einiger Tage besser zu gehen. Am 13. März stand sie auf, um ihr Mittagsmahl einzunehmen und zeigte dabei guten Appetit. Gegen vier Uhr besuchte sie der König, und sie unterhielten sich. Plötzlich bemerkte er, wie sich ihr Gesicht veränderte. Er verließ eiligst das Zimmer und teilte der Dienerschaft mit, daß die Dauphine im Begriff sei, hinüberzugehen. Wenige Stunden später entschlief sie sanft, ohne noch einmal sprechen zu können. Es war acht Uhr abends.

EIN EINSAMES KIND

So starb im Alter von vierunddreißig Jahren Maria-Josepha von Sachsen, die, hätte sie gelebt, das Schicksal des Königreichs in ihren Händen gehalten hätte, denn sie war die gewandteste und mutigste Frau am Hofe; sie hätte es am besten verstanden, sich den Launen des Königs anzupassen, ohne seine Achtung zu verlieren und ohne seinen Argwohn

zu erregen. Nun war sie tot. Am Hofe blieb von ihr nur eine etwas
bittere Erinnerung zurück: die Höflinge grollten ihr, weil sie den König
beherrscht und sie von oben herab behandelt hatte. Die Armen von
Versailles, die sie geliebt hatten, hatten nichts zu sagen.
Auch Berry kann nichts sagen. In schlechtem Gesundheitszustande und
gänzlich verstört, wird er von einer Flut von Unglück und Trauerfällen
überwältigt. Im April hat Madame Louise einen schweren Anfall von
Masern und Madame Victoire einen fürchterlichen Durchfall; das
ganze Jahr hindurch wird die Königin immer schwächer. Man glaubt
Anfang Dezember schon, daß sie sterben wird, doch sie kommt noch
einmal davon. Aber am 3. September findet die Seelenmesse für die
Dauphine in Notre-Dame statt, wobei Berry mit den Damen Adélaïde,
Victoire, Sophie und seinen Brüdern unter großem, beschwerlichem
Pomp repräsentieren muß. Im gleichen Monat trägt der Hof Trauer
für die Prinzessin von Savoyen. Auch das ganze Jahr 1768 ist durch
Todesfälle und Trauer gekennzeichnet. Der Prinz von Lamballe, Sohn
des Herzogs von Penthièvre, stirbt im Mai, und die Königin, die im
März 1768 die letzte Wegzehrung erhalten hatte, stirbt am 24. Juni
des gleichen Jahres. Der König, der nicht aufgehört hatte, sie zu lieben,
obwohl er viele andere vorzog, veranstaltete für sie ein prächtiges
Leichenbegängnis, das am 17. August in Saint-Denis stattfand, und am
6. September eine feierliche Seelenmesse in Notre-Dame. Als Dauphin
führte Berry mit den »Dames de France« den Vorsitz. »Es war ein
schrecklicher Tag für sie«, schrieb Ludwig XV., der den Feiern nicht
beiwohnte, an den Infanten von Parma.
Es war tatsächlich »schrecklich« für dieses müde, kranke und oft vor
Fieber zitternde Kind von vierzehn Jahren, bei diesen großen Feierlichkeiten das ganze Gewicht des Schmerzes der Familie, die Langeweile
dieses königlichen Prunks zu ertragen. Die anderen konnten beim
Anblick des Schauspiels Zerstreuung finden, aber sein schwaches Sehvermögen, das ihn in sich selbst verschloß, machte aus jedem dieser
Gottesdienste ein Zwiegespräch mit dem Tode und den Toten. Der
König hütete sich, daran teilzunehmen; die Hofetikette schützte ihn
davor, und obwohl sein Schmerz groß war, besaß er das Geschick, ihn
abzulenken, zum mindesten ihn zu betäuben, wenn er ihn nicht vergessen konnte. Er tat also nichts, um Berry zu helfen; ganz im Gegenteil, er vergrößerte sein Leiden und seine Einsamkeit. Die Dauphine
hatte ihren schönsten Ring ihrem Sohne vermacht; sie hatte den Bischof
von Verdun, Nicolaÿ, gebeten, bei ihr die Kassette abzuholen, die ihre

und die ihr von ihrem Gatten hinterlassenen Papiere enthielt, alles das, was sie ihren Schatz nannte, um sie später ihrem Sohne zu übergeben.
Als Nicolaÿ kam, hatte bereits der Graf von Saint-Florentin alles im Namen des Königs beschlagnahmt. Der König behielt es und ließ sogar die Kleidungsstücke und die sonstige Habe der Dauphine verkaufen. In diesen Dingen war der König hart; im vorhergehenden Jahre hatte er das Schloß von Commercy, das Stanislas seiner Tochter, der Königin, vermacht hatte, abreißen und die Möbel versteigern lassen. Er hatte das Recht dazu, da er als Haupt der Familie und König über alles verfügen konnte, was einem jeden gehörte, und seine Unruhe vor Gott und den Menschen gab ihm das unersättliche Bedürfnis, die Papiere und Geheimnisse seiner Verwandten kennenzulernen.
Vor Berry überwand er nicht den Schmerz, seinen Sohn verloren zu haben, und was sie einander hätte näher bringen sollen, trennte sie. Obwohl sie sich oft sahen, obwohl er ihn zu den Sitzungen des Parlaments, zu den Truppenparaden und zu allen offiziellen Empfängen mitnahm, war alles dies nur Symbol, und keine Intimität bestand zwischen ihnen. Ja, sie war sogar geringer als früher, als Ludwig XV. noch Vergnügen daran fand, mit seinen Enkeln zu spielen. Er spielte weder, noch arbeitete er mit ihm. Seine Zuneigung, die aufrichtig war, blieb eine quälende und verborgene Sorge.
Doch quälten ihn noch andere, dringendere Sorgen, die Berry wohl kannte, denn sein Vater hatte mit ihm schon seit langer Zeit darüber gesprochen. Ludwig XV. sah, wie sich die öffentliche Meinung von ihm abwandte; die Partei der Frommen und die Masse der braven Leute, für die Frankreich noch das Königreich des »Allerchristlichen Königs« war, mißbilligten die Vertreibung der »Guten Väter«, die Schließung ihrer Schulen und deren Übertragung an andere Priester, die zu schlecht vorbereitet waren, um sie zu übernehmen, so daß die Jugend Gefahr lief, in den Irrtümern des Jahrhunderts zugrunde zu gehen; sie grollten dem König, weil er Choiseul erlaubte, die Philosophen zu begünstigen, und weil er zuließ, daß die Sitten am Hofe und in der Stadt verdorben wurden, indem er selbst das Beispiel der Schamlosigkeit und des Ehebruchs gab. Die Philosophen, denen das Ministerium schmeichelte und das sie begünstigte, waren Choiseul sehr dankbar; sie sangen unablässig sein Lob, aber sie verachteten den König und gestanden ihm nur das einzige Verdienst zu, sich einem gescheiten Minister anvertraut zu haben. Choiseul lag wenig daran, zu verbergen, wie überlegen er sich über einen Herrscher fühlte, dessen Energielosigkeit, Gleichgültigkeit

und matter Geist so wenig mit den hervorragenden Qualitäten eines Ministers übereinstimmten, der höflich genug war, bereit zu sein, unter ihm zu dienen. Er verhehlte auch nicht, daß ihm die Ausübung der Macht Vergnügen bereitete und daß er entschlossen war, sie mit allen Mitteln zu behalten. Seine glänzende Einbildungskraft, sein immer brodelnder Tätigkeitsdrang und sein stets bereiter Scharfsinn hatten ihm erlaubt, sich zuerst als den einzigen Mann zu zeigen, der dank vielfachen Bündnissen Frankreich im Siebenjährigen Kriege zum Siege verhelfen konnte, dann aber, als dieser Krieg gänzlich verloren war, als einzigen Diplomaten, der ihn mit geringsten Kosten liquidieren konnte; und schließlich, als dieses mühsame Unternehmen einmal beendigt war, als einzigen Minister, der die nationalen Kräfte wiederherstellen und das Ansehen des Landes wieder heben konnte. Dabei gelang es ihm, das notwendige innere Gleichgewicht zu wahren und dem König die Sicherheit zu verschaffen, die er wünschte.

1767 bis 1768 war M. de Choiseul allmächtig und hielt sich, gestützt auf zehn Jahre des Innehabens der höchsten Macht, für sicher vor Überraschungen. Er kannte Ludwig XV. so gut, daß er mit ihm spielte wie ein gewandter Musiker auf seiner Geige. Um ihn von allen den Trauerfällen, die ihn niederdrückten, abzulenken und um ihn seiner Familie zu entziehen, in der er sich unter frömmelnden Frauen und wenig erzogenen Kindern langweilte, hatte er für ihn eine Mätresse gesucht; wenn der König dann eine andere genommen hatte, die nicht durch ihn besorgt war, so hatte er wenigstens die doppelte Genugtuung, daß der König sich so in sie vernarrte, daß er nicht mehr fähig war, ohne sie zu leben, und daß er dem König offenbaren konnte, daß sie ein Mädchen von niederer Herkunft war. Seine Verachtung hatte daran Gefallen gefunden; seine Klugheit hatte geglaubt, hierin seinen Vorteil zu finden, weil so eine neue Heirat des Königs mit einer Erzherzogin vermieden wurde, wie sie von der Kirche, von der Nation und den Österreichern gewünscht wurde, die aber die Gefahr in sich barg, Personalveränderungen im Gefolge zu haben.

So war M. de Choiseul mit sich selbst zufrieden, was oft vorkam, und er fuhr fort, in der gewohnten Weise zu regieren. Er fand Gefallen an dieser Umwelt von Unordnung und Gegensätzen, in der ein Mann von seinem Verstande sich am besten zur Geltung bringen konnte. Der Siebenjährige Krieg hatte ihm Gelegenheit gegeben, sich hervorzutun; der heftige Kampf, den das jansenistische Parlament gegen die Geistlichkeit wegen der Beichtzettel zu liefern fortfuhr, der Streit, der das

Parlament der Bretagne mit dem Gouverneur in Gegensatz brachte, ja sogar das Geschrei der Armen und die drohenden Plakate, die der Pariser Pöbel an allen Ecken anklebte, um gegen das Steigen der Brotpreise zu protestieren – alles das konnte ihn nur höher hinauftragen. Nie hatte er schönere Abendessen gegeben, nie hatte er mehr Geist sprühen lassen. Und der König blieb ruhig, während der Dauphin den Zorn hochsteigen fühlte.

*

Aber was konnte der Dauphin tun? Sein Erzieher, der Mann, den sein Vater ausgesucht und sein Großvater gebilligt hatte, flößte ihm tiefen Abscheu ein, auch wenn er behauptete, gegen diesen Großsprecher Choiseul einen heiligen Krieg zu führen. La Vauguyon wäre sicherlich kein schlechter Mensch gewesen, wäre er Oberst in einer weitentfernten Garnison geblieben. Aber das Leben am Hofe, das alle unreinen Begierden erweckt, die Gunst des Dauphins und des Königs, durch die seine Fähigkeit zur Schmeichelei wachgerufen worden war, und schließlich sein Talent, das, was bei den Höflingen Schurkerei genannt wird, mit dem Mantel christlicher Biederkeit zu umhüllen, hatten aus ihm einen frömmelnden Intriganten gemacht.

Er tat, als sei er der Verteidiger des Dauphins, der Schüler und Nachfolger seines verstorbenen Vaters und Erbe von dessen Grundsätzen. Im Einverständnis mit Madame Adélaïde und Prinz Xaver von Sachsen bekämpfte er im geheimen die österreichische Heirat und begünstigte den anderen Plan: die Heiraten Adélaïdes mit dem Kurfürsten von Sachsen und der Kinder des Dauphins mit sächsischen Prinzessinnen, um in Deutschland ein Gegengewicht gegen das österreichische Übergewicht und gegen die preußischen Ansprüche zu finden. Dieser Plan beschäftigte ihn übrigens weniger als die Rückkehr der Jesuiten und vor allem, um dies zu erreichen, die Möglichkeit, Einfluß auf den König zu gewinnen.

Madame Adélaïde, die ausschließlich um das Seelenheil ihres Vaters bemüht war und wußte, daß er ohne Frau nicht leben konnte, wünschte seine Wiederverheiratung und hätte weder gegen eine österreichische noch eine andere Prinzessin etwas gehabt; aber sie wünschte keine Mätresse mehr, weil sie mit Recht annahm, für Ludwig XV. sei nun die Zeit gekommen, ein ordentlicher Mensch zu werden. La Vauguyon zeigte sich bereit, die Frömmigkeit und die Fügsamkeit gegenüber der

Vorsehung noch weiter auszudehnen als sie, wenn die Vorsehung etwa bestimmte, daß Ludwig XV. eine andere Mätresse nähme.

Sobald die Du Barry vom König anerkannt worden war, spann er Intrigen, um sie für sich zu gewinnen. Einst hatte er das gleiche mit der Pompadour versucht, jedoch ohne Erfolg; aber die Du Barry war ein gutmütiges Mädchen und hatte sich einige Spuren von Religion bewahrt. Mit La Vauguyon verstand sie sich um so besser, weil der König ihr Choiseuls Machenschaften nicht verborgen hatte. Der entzückte La Vauguyon sah sich schon als Minister. Er verdoppelte seinen Eifer beim Dauphin, von dem er nicht einen Schritt wich und den er in sein Spiel einbeziehen wollte, wobei er ihm gute Sitten, Frömmigkeit und den Kampf gegen die Philosophen predigte. Ein anderer hätte dabei seinen Glauben verloren. Doch Ludwig-August besaß die Klugheit, dies nur als eine Lektion des Ekels zu betrachten.

Das Schlimmste war, keinen einzigen Vertrauten zu haben. Seine Patin, Madame Adélaïde, schien eine starke Frau zu sein – man hätte fast sagen können, ein guter Junge –, so viel Schwung, Mut und Herzlichkeit besaß sie, aber sie hatte wenig Konsequenz in ihren Ideen; sie wurde entmutigt und verzichtete darauf, eine politische Rolle zu spielen. Ihr Kummer über die wiederholten Trauerfälle und die Unmoral des Hofes brachten sie dazu, ihre ausschließliche Zuneigung ihrer Hofdame, der Gräfin von Narbonne-Lara, zu widmen, der sie ihre beste Zeit opferte. Berry fand weder Stütze noch Rat bei ihr.

Noch weniger fand er diese bei seinen Brüdern, die er sehr liebte, aber auf die er sich nicht verlassen konnte. Provence war zu schlau und hatte schon begriffen, was man bei Hofe lernen konnte; er intrigierte. Er war zufrieden damit, dem König zu gefallen, der ihn in seinem Ornat als Heiliger-Geist-Ritter »zum Anbeißen« fand, und La Vauguyon zu willfahren, dessen Hoffnung er nährte. Für seinen älteren Bruder, den er als Tölpel verachtete, hatte er kein Interesse. Was Artois betrifft so war er ein reizendes, geschwätziges und prahlerisches Kind, das zu allen sagte: »Ich werde König sein!«, was er auch durch den Reiz seiner Anmut war. Berry hatte ihn gern und kannte seine Fehler und seine Schwatzhaftigkeit. Berry blieb einsam.

Eines Tages sagte er es ihnen allen. An diesem Tage hatte sich La Vauguyon seinen Zöglingen gegenüber gutmütig zeigen wollen; im Einverständnis mit seiner Gevatterin, Mme. de Marsan, hatte er mit ihnen deren reizendes Haus in Andrézy bei Versailles aufgesucht, wohin sie die Kinder im Sommer häufig einlud. Die frische Luft, die Freiheit und die freundschaftliche Zuneigung, die zwischen dieser anmutigen Frau und den drei Knaben herrschte, alles dies vermehrte den Reiz dieses Nachmittags. »Mama Marsan« verstand es, Besuche zu empfangen. Als Krönung des kleinen Festes veranstaltete La Vauguyon eine Lotterie; hierzu hatte er einige Herren des Hofes eingeladen und eine Spielregel erfunden, die weder des Anzüglichen noch der »Empfindsamkeit« ermangelte: jeder, der etwas gewann, mußte es der Person schenken, die er am meisten liebte.

Das Spiel war höchst erregend; gewandt im Schmeicheln, häuften die Herren ihre Geschenke vor Artois und Provence an. Auch Berry gewann ein Los; er steckte es in die Tasche. Dies wurde allgemein bemerkt. Der Herzog von La Vauguyon mahnte ihn, halb scherzend, halb verstimmt, die Spielregel einzuhalten und seinen Gewinn der Person zu schenken, die er am meisten liebte. »Mein Herr!« antwortete Berry und zeigte auf den leeren Platz vor ihm, »wen meinen Sie, den ich hier *am meisten* lieben soll, wo ich mich von niemand geliebt sehe?« Ein kleiner Schauer durchlief die Höflinge. Mme. de Marsan versuchte, die Stimmung durch einige Scherze wieder zu heben. Dann sprach man von anderen Dingen.

Doch bei Hofe sprach man weiter darüber; die Diener des Hofstaates unterhielten sich über den Vorfall. Was sollte aus diesem Kinde, wenn es einst König war, werden – aus diesem so wenig geliebten, aber, wie es schien, mutigen Kinde? Man wiederholte auch ein anderes Wort von ihm. Etwa zur gleichen Zeit unterhielten sich einige Höflinge in seiner Gegenwart über den Charakter der früheren Könige und die Beinamen, die man ihnen gegeben hatte oder die sie sich selbst beigelegt hatten. Einer von ihnen war so höflich oder so neugierig, den Dauphin zu fragen, welchen Beinamen er sich wünsche. Ohne Zögern antwortete er: »Ludwig der Strenge!«. Und man begann zu begreifen, daß er, wenn er auch schweigsam war und sich nicht für das höfliche Geschwätz, das Provence und Artois so gut verstanden, eignete, doch fähiger als seine Brüder war, mit schlagfertigen Antworten den Nagel auf den Kopf zu treffen.

Man erkannte an dem, was er sagte, daß er sich selbst und die anderen richtig beurteilte. Stellte man ihm eine Frage über Literatur, Kunst oder ein anderes schöngeistiges Gebiet, so geschah es wohl, daß er einfach antwortete: »Danach müssen Sie meinen Bruder Provence fragen; er hat Verstand.« Im übrigen vertrugen sich die drei Brüder gut; jeder der drei hatte sein eigenes Gebiet: Artois seinen Scharm,

Provence den durchdringenden Verstand und Berry die Charakterstärke. Im Jahre 1767 sprachen sie eines Tages darüber, wie man Marmontel bestrafen sollte, der in seinem »Bélisaire« sich darin gefiel, den Königen Verhaltungsmaßregeln zu geben. Artois fand es lächerlich, daß ein Pedant wagte, sich als Hofmeister der Könige aufzuspielen, und meinte: »Wenn es von mir abhinge, so würde ich ihn an den vier Ecken von Paris auspeitschen lassen.« »Und ich hängen lassen, wenn ich König wäre«, sagte Berry. Er hatte wohl begriffen, daß allein die Gewalt gewisse Probleme lösen könne. Als sich einst Provence unerträglich flegelhaft benahm, schlug er ihn. Und das ergab zwischen ihnen eine gesunde Vertraulichkeit. Er schlug sie auch, wenn sie sich grobe Scherze oder kleine Grausamkeiten gegen ihre Diener oder Junker erlaubten, wozu Artois und Provence neigten.

Er handelte auch so, wenn die Ungebührlichkeit eines Erwachsenen unerträglich wurde. Den »Dames de France« und ihm lag daran, zur Ersten Kammerfrau der Dauphine (deren Hofstaat man für Marie-Antoinette aufrechterhalten hatte) Mme. Thierry zu ernennen, die sich der Königin während ihrer Krankheit sehr ergeben erwiesen hatte. Die Noailles schlugen eine andere Kandidatin vor und intrigierten geschickt. Da man zu keinem Ziel gelangte, ließ Berry Ménars, den Leiter der Kanzlei des Königlichen Hofstaats, kommen und sagte ihm: »Wenn der Herr Herzog von La Vrillière durch den König eine andere als Mme. Thierry ernennen läßt, so werde ich dafür sorgen, daß sie hinausgejagt wird, sobald ich verheiratet sein werde.« Hierauf wurde Mme. Thierry auf diesen Posten berufen. Diese Kraft, diese Rechtschaffenheit des Charakters und die Tatsache, daß man an ihm keine lasterhaften Neigungen noch verderbte Gewohnheiten kannte, erschreckten bei Hofe. Wie sollte man Einfluß auf ihn gewinnen? Man wußte es nicht. Inzwischen redete man Schlechtes von ihm und stellte ihn als Tölpel dar.

». . . Wenn man nach dem Anschein urteilen kann«, schrieb der österreichische Botschafter seinem ersten Minister 1769, ». . . so scheint die Natur dem Dauphin alles versagt zu haben. In seiner Haltung und in seinen Reden zeigt der Prinz nur einen sehr beschränkten Verstand, viel Unbeholfenheit und keinerlei Empfindsamkeit«, und der Botschafter von Neapel, Carraccioli, folgerte: »Er scheint in einem Walde erzogen worden zu sein.«

Nichts war unrichtiger. Nur wenige am Hofe von Versailles besaßen die Bildung, die er hatte. Sieben Jahre hindurch hatten sein Vater, ein begabter Mann, und seine Mutter, eine bemerkenswerte Frau, seine Studien geleitet und ihn vorwärtsgebracht. Mit vierzehn Jahren konnte er gut Lateinisch, las Italienisch, übersetzte aus dem Englischen – sogar so schwierige Texte wie die geschichtlichen Werke von Hume und die von Gibbon; er verstand auch Deutsch. Dank den Stunden des Abbés Nollet hatte er einen Begriff von Physik. In der Mathematik hatte er verlangt, man solle ihm mehr beibringen; er wollte sich nicht damit begnügen, eine algebraische Gleichung mit zwei Unbekannten lösen zu können. Ohne wie Burgund als geborener Mathematiker zu gelten, hatte er die Grundlagen der exakten Wissenschaften gut begriffen und sich mit ihrer wesentlichen Beweisführung vertraut gemacht. Ohne sich zu rühmen, ein Schöngeist wie Provence zu sein, schrieb er ein sorgfältiges, gediegenes und differenziertes Französisch in einer schönen Handschrift. Besonders aber zeichnete er sich in Geschichte aus, in der Jacob-Nicolas Moreau sein Lehrer war.

Auf Befehl des Dauphins hatte La Vauguyon im Februar 1764 diesen Advokaten, der durch seine Treue zum Katholizismus bekannt war, aufgefordert, für die »Enfants de France« eine Schrift zu verfassen »Lektionen der Moral, der Politik und des öffentlichen Rechts, geschöpft aus der Geschichte unserer Monarchie«. Der Gedanke des Dauphins war, dem Geist der jungen Prinzen ihre Pflichten einzuprägen, indem er sie mit den durch die berühmtesten ihrer Vorfahren gegebenen Beispielen verknüpfte. Moreau vervollständigte dieses Werk, das als Thema für den Unterricht und die Unterhaltungen des Dauphins und später der Dauphine mit ihren Kindern dienen sollte, durch mehrere Abhandlungen, die auf die wesentlichen Gesichtspunkte des königlichen Berufs Gewicht legten: »Abhandlung über die Gerechtigkeit«, »Abhandlung über die Standhaftigkeit«, »Politische und moralische Einrichtungen«. Es handelte sich darum, Berry über alle seine Rechte und Pflichten zu unterrichten. Moreau verfaßte diese Abhandlungen in Form von Fragen und Antworten, um ihre Aneignung zu erleichtern.

Übrigens war er nicht der einzige, der diesen Stoff vorbereitete. Der Abbé Nollet verfaßte eine Abhandlung über »Die Pflichten der Fürsten«, und Père Berthier lieferte, von La Vauguyon im Jahre 1766 dazu angeregt, eine Abhandlung, die er »Richtlinien für das Gewissen eines Königs« nannte. Hierin lehrte er die Kunst, sich auf sich selbst zurückzuziehen, die Arbeit zu lieben und zu lernen, richtig zu urteilen. In einem sehr einfachen Stil erinnerte er die »Enfants de France« an die Grundsätze, die sie schon bei Moreau und in den Unterhaltungen mit ihren Eltern gefunden hatten. Dieser Unterricht sollte, bevor er sich an den Verstand wendete, eine moralische Bedeutung haben, oder wenigstens sich nur insoweit an den Verstand wenden, als damit der höchste und vom freien Willen abhängige Teil des Daseins zu erreichen war.

Auf Berry wirkte alles dies weit mehr als auf seine Brüder. Artois, der seine Eltern nur wenig gekannt hatte, nahm den Unterricht mit Langeweile entgegen; Provence, dessen scharfer Verstand einen großen Unterschied zwischen Worten und Handlungen, zwischen Grundsätzen und der Praxis feststellte, entnahm den Unterrichtsstunden nur theoretische Weisheit. Für Berry allein waren sie eine unmittelbare Botschaft seines Vaters und eine Wirklichkeit. Wenn er auch weniger Worte im Kopf behielt als seine Brüder, so waren die, deren er mächtig war, weit lebensvoller und mehr mit seinem eigenen Leben verbunden.

Er fand Gefallen daran, das zu tun, von dem er etwas verstand, und das zu sein, was er dachte. Er zeichnete eigenhändig Karten unter der Anleitung von Buache, von dem er einer der besten Schüler war. Seine erste Karte, 1769–70 gezeichnet, zeigt die Umgebung von Versailles. Auch hatte er schon 1766 zwei kleine Werke drucken lassen: »Führer durch den Wald von Compiègne« (denn er liebte diesen Wald zu sehr, um nicht etwas für ihn und seinen Ruhm zu tun), ferner »Moralische und politische Grundsätze, dem Telemach entnommen, für das Wissen der Könige und das Glück der Völker«. Dies war ein hübsches kleines Buch in sorgfältiger Ausführung, das in fünfundzwanzig Exemplaren gedruckt worden war, um an jedes Familienmitglied verteilt zu werden. Sein Papa-König war der erste, der es bekam. Er las das Buch und erkannte darin Fragmente von Fénelon, eigene Aussprüche seines Sohnes und jenen jugendlichen Ernst des Dauphins, der ihm so unangenehm war. Er las das Buch von neuem und sagte dann zu Berry: »Herr Dauphin, Ihr Werk ist beendet, nun lassen Sie die Druckplatten zerstören.« Das ist der Grund, warum man heute weder in der Nationalbibliothek noch in der von Versailles ein Exemplar davon finden kann, und warum der Dauphin in den Jahren 1766 bis 1768 es so schwer hatte, mit seinem Großvater wieder ins Gespräch zu kommen. Die Lehre, die man ihm hatte einprägen wollen, schien sich gegen Ludwig XV. zu wenden.

Doch die Dauphine hatte zu großen Eifer an den Tag gelegt, sie ihm beizubringen, als daß er sie hätte vergessen können. »Der Himmel, mein Sohn«, hatte sie ihm gesagt, »hält die schönste Krone des Weltalls für Sie in Bereitschaft; er hat Sie geboren werden lassen, um eines Tages eine Nation zu regieren, die über die wahren Grundsätze ebenso aufgeklärt ist wie sie ihren Herren zugetan ist. Wie glänzend ist Ihr Schicksal! Aber welche Pflichten umfaßt es auch, und welche Kenntnisse erfordert es!« Ihr kam es vor allem an auf »seine Art, zu denken, zu bestimmen«, und sie verlangte von ihm, zuerst und immer als Christ zu denken; denn das, was wichtig sei, seien nicht glänzende oder oberflächliche Ideen, sondern sei, »die guten Eigenschaften Ihrer Seele angemessen auszuüben und die Eigenschaften Ihres Herzens dem Guten zuzuwenden«.

Sie wies ihn darauf hin, er dürfe nie vergessen, daß er »der erlauchtesten Familie des Weltalls« angehöre und dem Beispiel der einunddreißig Könige seines Geschlechts zu folgen habe, besonders dem Ludwigs XIV., des wahren Gründers der modernen Monarchie. Sie wollte, daß er über die Schriften des großen Königs nachdachte und sich ihre Lehre einprägte: »Achten Sie sich selbst, und man wird Sie achten«; »Nichts ist gefährlicher als Schwäche«; »Hat man sich geirrt, so muß man den Fehler so bald wie möglich wieder gutmachen«; »Lieben Sie alle Ihre Pläne . . ., ziehen Sie nicht die vor, die Ihrer Eitelkeit schmeicheln«; »Behandeln Sie Ihre Diener gut, aber räumen Sie ihnen nicht zu große Vertraulichkeit ein«; »Lassen Sie sich nicht beherrschen«. Sie empfahl ihm, diese Grundsätze zu befolgen, ohne jemals seinen Vater zu vergessen, der »alle Eigenschaften in sich vereinigte, die die großen Männer auszeichnen«. »Im Sterben hat er Ihnen die Regel Ihres Lebens hinterlassen: den Herrn fürchten, die Religion lieben, genau den Umfang und die Grenzen Ihrer Autorität kennen und, bis Sie selbst zur Herrschaft gelangen, dem König gegenüber eine vollkommene Ergebenheit zeigen. Hierbei vergessen Sie nicht, daß die beunruhigte Nation schon ihre Blicke auf Sie lenkt. Welche Freudenausbrüche bei diesem geliebten Volke, wenn es erfährt, daß Sie sich unablässig um die Mittel bemühen, eines Tages gut zu herrschen!«

Auf den Rat seiner Mutter fertigte Berry aus seinen Unterhaltungen mit La Vauguyon und den Denkschriften, die man für ihn verfaßt hatte, eine Art von politischem Katechismus für seinen persönlichen Gebrauch an. Er nannte ihn »Betrachtungen über die Unterhaltungen mit M. de La Vauguyon« und begann mit der Prüfung der

Pflichten eines Königs: Frömmigkeit vor Gott, Wohltun im Hinblick auf die Menschen, Menschlichkeit in der Regierung und selbst in den Kriegen, die man, wenn man kann, vermeiden und auf jeden Fall abkürzen muß; ständige Sorge für das Glück der Völker (»Ein guter König . . . darf kein anderes Ziel haben, als sein Volk glücklich zu machen«) und schließlich eine strenge Ausübung der Rechtsprechung, nicht etwa unmittelbar, sondern durch die Richter, denn »die Könige dürfen nicht allein verurteilen . . .; der Thron ist zu weit entfernt von den Kleinen und zu sehr umlagert von den Adligen«. Die Parlamente, die kein souveränes Recht besitzen und den König nur vertreten, sind deshalb nicht minder nützlich.

Was das Volk betrifft, so darf der König niemals die natürlichen Rechte seiner Untertanen vergessen, »die jedem politischen und bürgerlichen Gesetz vorangehen: das Leben, die Ehre, die Freiheit und das Eigentum . . .« Der Fürst muß also die Steuern so niedrig halten, wie er kann; er braucht weise Ratgeber, die er mit Sorgfalt anhören soll, ohne sich jedoch allein auf sie zu verlassen. Der König muß fest bleiben und sich nie der Schwäche hingeben. Er muß auch Menschenkenntnis haben, damit er sich nicht überlisten läßt.

Der Fürst muß auch achtgeben auf dieses Jahrhundert, in dem ein Geist der Gottlosigkeit und Unabhängigkeit, der Trägheit und Gleichgültigkeit gegen das Gemeinwohl herrscht. Er darf es trotzdem nicht fliehen, sondern muß sich in ihm einrichten, um Gutes zu tun, ohne sich überlisten zu lassen. Eine der größten Gefahren der Zeit sind die Frauen und der anstößige Einfluß, den sie bei der Regierung besitzen. Das ist ein Unglück, aber man kann es nicht verhindern. Ihre Urteilskraft ist beschränkt und oberflächlich. Man muß sie trotzdem schonen und die anhören, die man für intelligent und klug hält, aber allen mißtrauen.

Um sich vor allen diesen Gefahren zu bewahren, soll der Fürst Sueton und Tacitus lesen, ferner den Kardinal de Retz, »einen Mann von etwas anstößigem und gefährlichem, aber hohem Geiste«, die »Caractères« von La Bruyère, das »Testament« Richelieus, »Clarendon« usw.; dies wird ihm helfen, die Menschen kennenzulernen. Mißtrauen soll er den Literaten, »die nur arbeiten, um den Leuten die Zeit zu vertreiben«; dagegen soll er sich um die guten Feldherren bemühen, die er mit Sorgfalt auswählen muß, wobei er sich weder durch Schmeichelei noch falsche Beflissenheit, noch Dienstfertigkeit täuschen lassen darf. Er soll genau auf die Worte hören, die Gesichter beobachten und vor allem die Handlungen berücksichtigen. »Der Scharfblick ist die erste Pflicht der Könige.«

Dieser Text enthüllt bei dem jungen Manne mit einem einfachen und starken christlichen Glauben, ohne Frömmelei noch Illusionen, eine ursprüngliche Liebe zum französischen Volk. In ihm wird streng von den Höflingen, nur kurz vom Adel gesprochen; der Klerus, der die Reichtümer der Kirche mißbraucht, wird getadelt; die Abbés, die sich mehrere Pfründen zuteilen lassen, und die Bischöfe, die nicht in ihrer Diözese leben, werden kritisiert, aber für das Volk gibt es nichts als Freundschaft. »Alles, was der Vater seinen Kindern, der Bruder seinem Bruder, der Freund dem Freunde schuldet, das schuldet der Fürst seinen Untertanen, und jede Handlung der Staatsgewalt muß eine Wohltat für die Menschheit sein.« »Das wirksamste Mittel, sich die Herzen zu erhalten, ist die Wohltätigkeit.« »Die Herrscher müssen wohltätig sein; die Franzosen verlangen das von ihrem König.« »Was für die Einzelpersonen nur Wohltätigkeit ist, ist für die Könige die Gerechtigkeit; sie sind für alle Ungerechtigkeiten, die sie nicht haben verhindern können, verantwortlich. Der König hat seine unbeschränkte Autorität von Gott bekommen und ist nur Ihm Rechenschaft schuldig, aber wenn er sein Volk knechtet, so ist er vor Gott schuldig, und wenn durch seine Schuld die ihm unterworfene Nation nicht so glücklich ist, wie sie sein könnte, so ist er schuldig ...«; »Alle meine Absichten müssen durch das Gefühl der herzlichsten Zuneigung zu meinen Völkern bestimmt werden«, so schloß Berry. Und das kam aus seiner innersten Überzeugung.

Als er noch recht jung war, hatte er bei einer der Parforcejagden, die er so sehr liebte, als schon das Halali geblasen wurde und man sich beeilen mußte, zu den Jägern zu stoßen, wollte man noch den Tod des Hirsches sehen, den Kutscher daran gehindert, über ein mit Saat bestandenes Feld zu fahren, um den Weg abzukürzen. Während Provence und Artois nur an ihr Vergnügen dachten, gab Berry den Befehl, den Wagen umkehren zu lassen. So bezeigte er im Alter von zwölf Jahren seine Achtung vor dem Gut der anderen und seine Rücksicht auf die kleinen Leute. Später, wenn es ihm gelang, der strengen Aufsicht La Vauguyons zu entwischen, liebte er es, durch die Felder zu schweifen und mit den Ackersleuten zu sprechen; einmal hatte er sogar einen Pflug genommen und gepflügt, und der Bauer fand sein Furchenziehen gut. Es war ihm leichter, mit Arbeitern als mit Höflingen zu sprechen. Sein Schlosserhandwerk war für ihn ein Ausruhen und ein

Mittel, dem Geschwätz im Vorzimmer zu entgehen. Überhaupt liebte er die frische Luft, Bewegung und die unmittelbare Berührung mit Menschen, Tieren und Dingen.

*

Dies rettete ihm das Leben und brachte ihn Ludwig XV. näher. Von 1766 bis 1770 war er oft krank; die beiden Hauptkrisen traten im August 1767 und im Herbst 1768 ein. Der König war sehr besorgt, weil er glaubte, er habe die gleiche Krankheit wie sein Vater, seine Mutter und sein Bruder, was auch wahrscheinlich zutraf, und die Höflinge hielten ihn für verloren. Er erholte sich jedoch und fuhr fort, zu wachsen und stärker zu werden, so daß er bald der Kräftigste von den dreien wurde. Sobald er soweit war, reiten zu können, betrieb er die Parforcejagd mit einem solchen Ungestüm und solchem Eifer, daß alle überrascht waren. Seine Junker und Hofherren waren davon entzückt und begannen, sich näher an ihn anzuschließen: Bourbon-Busset, Montmorency und d'Angivilliers.

Er betrat die Reitbahn zum ersten Mal am 8. Dezember 1767. Im Juni 1769 ließ ihm Ludwig XV. einen Reitanzug machen, und er ritt seine ersten Jagden zu Pferd im August 1769. Seine Begeisterung und sein Mut entzückten seinen Großvater. Sie begannen, sich vertraut zu unterhalten; der König war erstaunt, bei Berry so viel Wärme und tiefe Zuneigung vorzufinden. »Ich könnte nicht ohne frische Luft leben«, schrieb er an Ferdinand von Parma, »und ich glaube, daß der Mangel hieran nicht wenig zum Tode meines Sohnes beigetragen hat. Das Geschick gibt mir nun einen anderen, der, wie mir scheint, das Glück der Tage, die mir noch bleiben, bilden wird. Ich liebe ihn von ganzem Herzen, weil er mich auch liebt ...« (16. Juni 1770). »Ich bin mit meinem Enkel sehr zufrieden wegen der Freundschaft, die er mir bezeigt, innerlich und äußerlich, und gerade das letztere gefällt mir am meisten, denn des ersteren war ich ganz sicher...« (25. Juni 1770). Wenn man sich an den von Gewissensbissen beeinflußten Kult erinnert, den Ludwig XV. mit dem Andenken seines Sohnes trieb, so kann man den von Berry in drei Jahren zurückgelegten Weg ermessen. Durch seine Gradheit und Offenheit hatte er nun endlich einen Freund gefunden – den König.

Es war ein spätes Zusammenfinden. Ludwig-August war bald großjährig, und der König alterte. Bei der Parade der französischen und

Schweizer Garden im April 1769 war die Menge erschüttert, ihn so verändert und auf sein Pferd gebeugt zu sehen. Tatsächlich hatte er am 4. Februar auf der Jagd einen schweren Sturz getan. Er fühlte jedoch auch selbst, wie ihn die Ermattung überkam; aus diesem Grunde beschleunigte er Berrys Heirat.

Schon seit dem Sommer 1768 arbeitete man in Versailles an der Schaubühne, die bestimmt war, dieses Ereignis festlich zu begehen, und Ludwig XV. betrachtete oft das Porträt dieser kleinen Erzherzogin, die Berrys Frau werden sollte. Sie hieß Marie-Antoinette; ihr Bild war anmutig. Aber wer weiß? Berry wußte, daß die Frau, die man ihm gab, für ihn eine neue Prüfung sein würde, denn Choiseul hatte sie ausgewählt und wollte sich ihrer bedienen als ein Mittel, seine Herrschaft zu verlängern, den Hof auszuspionieren und Berry zu versöhnen oder ihn einzuschüchtern. La Vauguyon sagte ihm das oft, und ebensowenig verbarg es ihm Madame Adélaïde. Er entschied sich trotzdem, seinem Großvater zu gehorchen, dessen Zuneigung ihm die Hoffnung gab, daß er weder verlassen noch in aussichtslose Abenteuer gestürzt würde. Es war nicht anzunehmen, daß das Ärgste eintreten könnte.

Er suchte Rat bei seinem anderen Freunde, dem einzigen Menschen außer dem König, den er so nennen konnte, dem Abbé Soldini, dem ehemaligen Beichtvater seines Vaters. In einem schriftlichen Gutachten in Form eines geistlichen Testaments erinnerte ihn der Abbé daran, daß seine erste Menschenpflicht sei, dem König zu gehorchen und ihm zu dienen. Dann zeichnete er ihm seinen Weg vor: »seine Religion zu kennen und die Schriften der Philosophen zu bekämpfen ohne Schonung ihrer Autoren; die Kirche zu schützen, ohne die schlechten Priester und habgierigen Abbés zu schonen.« »Meiden Sie die Günstlinge und halten Sie sich nahe am Volke. Vermeiden Sie leeren Luxus, Ausgaben und Vergnügungen, für die Sie ja, wie man weiß, nichts übrig haben. Da Sie die Arbeit lieben, verstehen Sie es auch, sich auszuruhen. Sie sind nüchtern und mäßig; lassen Sie sich nicht verführen. Seien Sie gut zu allen, aber denken Sie daran, daß Sie der Erbe sind. Und möchten Sie so spät wie möglich zur Regierung gelangen!«

Dies war der höchste Wunsch seines alten Freundes im Jahre 1770. Berry schauderte es vor allen den Pflichten, die man ihm als die eines Königs nannte, und vor den Gefahren, die die höchste Macht mit sich bringt. Mit ganzem Herzen schloß er sich dem letzten Wunsch des Abbés Soldini an, und inzwischen gab er sich mit verhängtem Zügel der Parforcejagd hin.

DER TRIUMPH DES HERZOGS VON CHOISEUL

Mit fünfzehn Jahren ist Ludwig-August von Bourbon, Herzog von Berry, Dauphin von Frankreich, ein schlottriger Jüngling mit hellen Augen und hoher Stirn, dessen noch schlanker Körper und schon kräftige Glieder mehr Stärke als Ausdauer verkünden. Mit seinen brüsken Gebärden, dem wiegenden Gang, dem Anschein, als ob er nichts sehe und kaum die Geräusche um ihn höre, scheint er dem Fremden weit entfernt und sehr reserviert zu sein; aber wer ihn kennt, weiß, daß er nahe und einwandfrei ist.
Als Inhaber der höchsten Stellung in Frankreich nach der des Königs ist er der einzige Mann am Hofe, der keiner Partei angehört, keine Partei nimmt und sich um keine kümmert. Wenn alle sich bemühen, das zu scheinen und sich auszugeben für das, was sie nicht sind, so liegt ihm nicht einmal etwas daran, das zu scheinen, was er ist, und seine einzige und unablässige Sorge scheint darin zu liegen, alles zu tun, um ganz das zu sein, was er ist und sein soll. Er braucht sich selbst und alle seine Kräfte, denn die Aufgabe, die seiner wartet, erscheint ungeheuer, und er ist krank, verhaßt und einsam.
Um ihn bleibt seit dem Tode seines Bruders Burgund, seines Vaters, des Dauphins, und seiner Mutter Maria-Josepha von Sachsen eine vollkommene Leere. Sein immer beschäftigter Großvater vernachlässigt ihn und hat für ihn nur eine Zuneigung, die zu unruhig ist und zu sehr vom Schmerz beeinflußt, als daß er sie ihm hätte zeigen können.
Seine Tanten nehmen ihn immer gut auf, aber sie lieben das Spiel, das ihn langweilt, die Klatschereien, die ihn abstoßen, und die Intrigen, für die er keinen Sinn hat. Sie lieben ihn sehr, wie man einen Teil seines eigenen Wesens liebt. Im übrigen richtet Adélaïde alle Macht der zärtlichen Gefühle im Himmel auf Gott und auf Erden auf Mme. de Narbonne; die ihrer Schwestern ist auf den Heiland und auf Naschwerk gerichtet.
Vom Herzog von La Vauguyon, seinem Erzieher, nimmt man an, er diene ihm als Vater, Freund, Führer und Schutzengel; tatsächlich aber läßt er ihn kaum einen Augenblick in Ruhe, mit Ausnahme der Jagd und in seiner Werkstatt. Er vertritt ihn, wenn es sich um Fragen der

Autorität oder der Repräsentation handelt; aber es ist nicht Berry, den er unter den Brüdern als seinen Freund ausgesucht hat; es ist vielmehr Provence, dessen scharfer Verstand, Anmut und ein wenig weibliche Ränke den dicken und dummen Herzog verführt haben. Das genügt, um Berry in Gegensatz zu Provence zu bringen, ohne sie jedoch zu trennen; sie lieben sich ohne jedes gegenseitige Vertrauen. Artois scheint zu persönlich zu sein, als daß man von ihm etwas anderes erwarten könnte als das Vergnügen, ihn zu lieben und ihm Vergnügen zu bereiten. Berry bleibt in der Familie wie am Hofe ohne Freund; am Hofe halten seine Herbheit, seine Krankheit und die Erwartung seines baldigen Todes die Höflinge von ihm fern, die darauf bedacht sind, sich nicht unnötige Mühe für einen Prinzen zu geben, der nicht in der Lage ist, irgendwelche Gunst zu erweisen. Man nimmt kein Interesse an ihm.

Nur der Herzog von Choiseul interessiert sich leidenschaftlich für ihn, weil er ihn haßt. Niemals hat M. de Choiseul dem Dauphin verziehen, daß er an Gott mehr glaubte als an ihn, und daß er ihm nicht die Erziehung seiner Kinder anvertraut hatte, aus denen er allein hätte Schöngeister machen können. Deshalb bereitet er sich vor, am toten wie am lebenden Dauphin seine Rache zu nehmen, indem er diesem eine Frau nach seiner Wahl aufzwingt, die noch so jung und unerfahren ist, daß er sie noch zurechtkneten und beherrschen und durch sie das Paar nach seinem Willen lenken kann. Berry weiß das und erwartet an diesem Anfang Mai 1770 mit gepreßtem Herzen die, welche sein Großvater, M. de Choiseul und das Geschick zu seiner Lebensgefährtin bestimmt haben.

Antoinette von Habsburg-Lothringen, Erzherzogin von Österreich, kennt weder den, dessen Gefährtin sie werden soll, noch das Leben überhaupt, aber sie hat keinen Zweifel über das Los, das sie erwartet; durch den Regen und die Böen dieses regnerischen Frühlings fährt sie, den Stimmungswechseln ihres heftigen und hochmütigen Charakters unterworfen, ihrem Verlobten entgegen. Zunächst erschien es ihr als etwas Herrliches, die mächtigste Königin Europas zu werden, allen ihren Schwestern den Rang abzulaufen und sich fast ihrem großen Bruder Joseph gleichzustellen. Dann hatte sie eine Flut von Verzweiflung überwältigt, und am Vorabend der Abreise erschien es ihr widerwärtig, diese so fröhliche und freundschaftliche, liebe Stadt Wien, Schönbrunn, von dem sie jeden Winkel kannte, diesen vertrauten Hof verlassen zu müssen, an dem ihre Mutter als Matrone wie auch als

Königin herrschte, und diese ganze Jugend in einem gefühlvollen, ruhigen und reichen Deutschland, die zu genießen sie als Kind kaum Zeit gefunden hatte, aufzugeben, um in einem so weit entfernten, so strengen und hochmütigen Lande zu leben. Ihre Mutter hatte ihr eine heftige Strafpredigt halten müssen. Man hatte sie in den Wagen gesetzt, nachdem man ein gewaltiges Fest für sie veranstaltet hatte, auf dem sie sich zu sehr vergnügte, als daß sie an ihren Kummer hätte denken können.

Jetzt tragen sie die rollenden Räder nach Frankreich. Wohl eingerahmt von Fürst Starhemberg und Fürst Schaffgotsch, die die Ehre haben, ihr als Begleiter zu dienen, und die Aufgabe, sie auf dem rechten Wege zu halten, sitzt sie artig im Wagen, weil sie sicher ist, daß ihre Mutter über alles unterrichtet wird und sie einen unvergeßlichen Verweis erhalten würde. Sie findet sich mit ihrer Lage ab. In Straßburg, wo man ihr einen reizenden Empfang bereitet und wo die Gräfin von Noailles sie im Namen des Königs von Frankreich empfängt, ist sie bezaubernd. Und sie bezaubert auch noch während der ganzen Reise, auf der Städte und Dörfer sich bemühen, sie festlich zu empfangen. Mit fünfzehn Jahren ist sie schon Weib und kennt alle Hilfsmittel weiblicher Macht. Sie erscheint mager, und ihr längliches Gesicht besitzt mit seinem zarten Oval mehr Anmut als wahre Schönheit; aber wenn sie sich aufrichtet, verleiht ihr die schlanke Figur eine einzigartige Würde, die durch die stolze Haltung ihres Halses königlich erscheint. Und so ist auch ihr Geist. Sie trifft ein, durchdrungen von der Größe der Habsburger und entschlossen, dieser Achtung zu verschaffen, sie sogar Frankreich aufzuzwingen. Der Vorleser, den Choiseul ihr geschickt hat, um ihr Französisch beizubringen und sie auf ihre Rolle vorzubereiten, der Abbé de Vermond, stellt ihr ihren zukünftigen Gatten als einen Tölpel dar, den sie leiten und beherrschen würde.

Ihre Mutter, die das bezweifelt, hat es für gut gehalten, ihr ausführliche Verhaltungsmaßregeln zu geben; sie empfiehlt ihr Vorsicht, Zurückhaltung, Ehrerbietung gegenüber dem König, Freundschaft für und Rücksichtnahme auf den herrschenden Minister; er sei der Schöpfer des österreichisch-französischen Bündnisses und dieser Heirat Bourbon-Habsburg, von der ihr alle sagen, sie besiegele für immer das Einverständnis der beiden großen Reiche und sichere so in Europa die glückliche Herrschaft Habsburgs, wenn nur sie, Antoinette, es verstünde, geschickt, vorsichtig, klug und geduldig mit dem großen Freunde, dem Herrn Herzog von Choiseul, umzugehen.

Der Herr Herzog von Choiseul hatte in der Tat nur Grund zur Freude. Es ist die schönste Heirat des Jahrhunderts und für ihn seine Apotheose. Da er ein Mann von Geschmack ist, macht er übrigens nur taktvoll davon Gebrauch.

*

Alles scheint vom feinsten und edelsten Geschmack. Wir befinden uns auf dem Gipfelpunkt des achtzehnten Jahrhunderts, vielleicht auf dem Gipfelpunkt der französischen Kultur, an diesem 14. Mai 1770, als am Rande des Waldes von Compiègne unter den großen, grünen, noch frühlingsfrischen Bäumen beim Klang der Oboen, der Trommeln und Trompeten der Kavallerie, in Gegenwart der Kompanien der Leibgarde, der leichten Reiter, Musketiere und Gendarmen der Garde und des ganzen Hofes Marie-Antoinette von Österreich dem König Ludwig XV. übergeben wird und ihrem Verlobten, dem Dauphin begegnet. Hinter ihr lächelt M. de Choiseul, denn der König hat ihm erlaubt, der Erste zu sein, der die Erzherzogin gesehen hat; er hat sie bereits zwei bis drei Meilen vor dem Treffpunkt begrüßt. Der erste Blick, mit dem Ludwig-August von Bourbon Marie-Antoinette zu Gesicht bekommt, zeigt ihm Choiseul an ihrer Seite.

Dann werden Marie-Antoinette und Ludwig-August zu gefügigen Statisten eines prächtigen Schauspiels. Nach einigen Augenblicken trennt man sie; der König führt Marie-Antoinette zur Übernachtung in das Schloß von Compiègne, und der Verlobte schläft, nach dem aufgestellten Protokoll, unter einem anderen Dache beim Grafen von Saint-Florentin. Am Dienstag, dem 15., kehrt er für die Nacht nach Versailles zurück, wo man eifrig dabei ist, die großartigen Vorbereitungen zu beenden. Überall sieht man Gärtner Blumen tragen, Feuerwerker das schönste Feuerwerk des Jahrhunderts fertigstellen, Schneider, die sich beeilen, jene glänzenden, mit Borten besetzten und bestickten Kleidungsstücke abzuliefern, die den Stolz der Edelleute bilden – wie viele von ihnen werden sich in diesen Tagen ruinieren! –, und Musiker, die an allen Ecken proben.

Am 16., um zehn Uhr morgens, begibt sich die Erzherzogin nach Versailles zum Ankleiden für die Hochzeit. Alle Damen von Paris haben die Stadt verlassen und besetzen jetzt die Galerie und die Bänke, die man längs des Saales aufgestellt hat. Das Wetter ist lauwarm und prachtvoll. Und was bemerkt Ludwig-August von alldem? Einen goldenen Nebel, der vor seinen Augen tanzt, die Anstrengung, das zu tun, was er allen, besonders dieser jungen Fremden, seiner Frau, schuldig ist; er strafft seinen Körper, um diese langen, ermüdenden Stunden auszuhalten, und sammelt sich im Geiste, um seine gefügige Seele dem Schicksal darzubieten, das Gott ihm bestimmt.

Er trägt das schwere und schöne Gewand des Heiligen-Geist-Ordens, aus einem Goldnetz bestehend. In der Kapelle kniet er an der Seite Marie-Antoinettes. Unbeweglich, ohne Verlegenheit und Ungeschicktheit, gewissermaßen durch ihre Kleidung gestützt, und durch alle auf sie gerichteten Blicke von einer Art Heiligenschein umgeben, werden sie vom Erzbischof von Reims getraut. Die Nachdenklicheren sehen in ihnen das Schicksal Europas sich knüpfen, die Klügeren beten. Um zwei Uhr gehen alle fort, um sich um sechs Uhr in der mit Girlanden und vergoldeten Büsten geschmückten Galerie wieder einzufinden.

Ludwig XV. und die jungen Vermählten erscheinen für »das Spiel des Königs«. Zur Nacht ist alles illuminiert; die Diamanten scheinen überall aufzuflammen; überall entfalten das Gold, Silber und die Edelsteine einen Glanz, der die Schwärze der Nacht, die durch einen strömenden Regen noch dunkler wirkt, mehr hervortreten läßt. Dann geht man zum Abendessen in den neuen Schauspielsaal, der neu vergoldet und mit Tausenden von Kerzen geschmückt ist. Die königliche Tafel strahlt wie ein Sternbild. Die als Türken gekleideten Musiker der königlichen Garde machen so viel Lärm, wie sie können, und lassen alle daran denken, daß alles hier auf Erden – selbst das größte Fest – nur Maskerade ist.

Um Mitternacht werden Marie-Antoinette und Ludwig-August, deren physische Kräfte erschöpft und deren Nerven zum Zerreißen gespannt sind, in ihr Hochzeitszimmer geführt. Das Umkleiden der Dauphine geht öffentlich vor sich, bis zu dem Augenblick, in dem ihr die Herzogin von Chartres das Hemd reicht; ebenso ist es mit dem Dauphin, dem der König das Hemd reicht, wobei er ihm einige Ratschläge ins Ohr flüstert, die der junge Prinz anhört, ohne etwas zu sagen. Als das Umziehen bei beiden beendet ist, dringen alle Höflinge in das Zimmer der Dauphine, die man in ihrem Nachtgewand sehr hübsch findet.

Sie ist nicht verlegen, sondern sieht eher keck und stolz aus, denn sie ist nie unvorbereitet, wenn es sich darum handelt, eine Rolle zu spielen. Der Dauphin scheint müde und verdrossen zu sein. Als sie im Bett sind, werden die Vorhänge geöffnet und alle sehen sie; die taktvollen Menschen sind verlegen, die anderen entzückt, und der König ist befriedigt.

Das alte Frankreich liebte solche familiäre Schlüpfrigkeit, die den Dauphin, den Vater Ludwig-Augusts, mit den Zähnen hatte knirschen lassen, weil er in seine Frau zu verliebt war, und die seinen Sohn anwiderte, weil es ihm dadurch schwerer wurde, diese fremde Frau zu lieben, die von nun an die Seine ist.

Er war durch ein Sakrament verbunden mit ihr, von der ihn alles trennte – Neigungen, Bildung, Wünsche – und die er nicht liebte. Und doch zog sie ihn an, denn sie erschien ihm wie ein Kind, dessen Schlankheit, Unklugheit, sogar Irrtümer beschützt werden müßten, damit es leben und wachsen könne. Als Erster unter den vielen Generationen von Bourbons hatte er den Willen, zu dienen und sich Liebe zu erwerben, statt sich aufzudrängen. Ludwig XV. hatte übrigens Marie-Antoinette gegenüber die gleiche Sorge. Wenn er sie sah, war er von ihr entzückt, aber er betrachtete sie nicht als Weib; sie erweckte in ihm keineswegs die Wünsche, die er Damen gegenüber zu leicht zu empfinden pflegte. Je mehr er sie betrachtete, desto mehr sah er in ihr ein junges Mädchen, das im Entfalten seiner Reize erfahren war und einen tüchtigen Kopf hatte, aber kein Gleichgewicht und keine Reife besaß; ein Wesen, das zu anziehend war, als daß man es nicht lieben müßte, zu unvollkommen, um einem Mann Genüge zu tun, und zu zart, um nicht unaufhörlich Bedürfnis nach Schutz zu haben. Er mußte tatsächlich damit beginnen, sie zu verteidigen.

Der kaiserliche Botschafter, Graf von Mercy-Argenteau, hatte etwas leichtfertig die Gelegenheit benutzen wollen, um die Überlegenheit der Familie Lothringen über den Rest des französischen Adels hervorzuheben. Er erreichte, daß auf dem für Marie-Antoinette gegebenen Ball Mademoiselle de Lorraine, die Tochter der Gräfin von Brionne, ein Menuett unmittelbar nach den Prinzen von Geblüt tanzte. Sobald man dies am Hofe erfuhr, gab es ein Zetergeschrei, das in Meuterei ausartete. Besonders die Damen wollten Versailles verlassen. Ludwig XV. erfuhr davon, verhandelte, zeigte viel Milde, ließ die Familienoberhäupter und Aranda vermitteln und gewährte Ausgleiche.

Der Ball spielte sich mit großer Pracht ab. Mlle. de Lorraine tanzte ihr Menuett, aber Artois tanzte das nächste mit der Marquise von Duras. Hierauf folgte »la Mariée« mit Lambesc und Mme. de Duras, ein Kontertanz mit dem Dauphin und verschiedenen Personen von Rang, dann zwei andere Kontertänze; aber da die Dauphine sie nicht kannte, hörte man mit einer »Allemande« auf, die sie kannte und mit dem Herzog von Chartres tanzte. Man stellte fest, daß sie gut tanzte, daß

der Graf von Provence Fortschritte gemacht hatte, daß aber der Dauphin schlecht tanzte und noch der Fortschritte bedurfte.
Alle waren zufrieden; das heißt, jeder war ziemlich unzufrieden. Der französische Adel hatte der Dauphine zu erkennen gegeben, daß sie der Gewandtheit und des Taktes bedurfte, um zugelassen zu werden. Ludwig XV. wollte, als echter König von Frankreich, alles das durch ein blendendes Schauspiel verwischen. Um zehn Uhr hörte der Ball auf, und das Feuerwerk begann: die Feuergarben kreuzten sich unter furchtbarem Getöse; die Kämpfe der Schwärmer erschienen wie teuflische Blumen mit einem Kanonendonner als Generalbaß, begleitet von großen Bomben, die ein blendendes Licht verbreiteten. Das Büschelfeuerwerk am Schluß bildete die größte, mit goldenen Farben vermischte funkelnde Feuergarbe, die man je gesehen hatte. Natürlich schien alles zu kurz, wie alle Vergnügen des Lebens. Man beschränkte sich nun auf die Illumination, die Gärten und Park in rötliches Licht tauchte. Vielfarbige Lampen umsäumten die Blumenbeete am Fuße des Schlosses, feurige Pyramiden schmückten den grünen Rasen, und zu beiden Seiten des Kanals verwandelten große, dreieckige, mit Lampions behängte Gestelle das Wasser in einen goldkäferfarbigen Spiegel. Eine gewaltige Menschenmenge erfüllte die Alleen und drängte sich um die hier und dort für sie in den Wäldchen errichteten Schaubühnen. Das Licht und die Wärme, die aus all diesem bis zur Galerie drangen, lockten die Dauphine an; sie versuchte, sich hinauszuschmuggeln, war aber nicht flink genug. Der König hielt sie zurück; denn alles dieses war weniger Vergnügen, es gehörte vielmehr zum Beruf eines Königs.
Der König von Frankreich war es der Kaiserin-Königin und sich selbst schuldig, zu zeigen, daß die Verbindung der beiden größten Familien der Welt ein strahlendes Glück sei; er schuldete es seinem Hofe und seinem Volke, sie recht eng zu vereinigen, indem er allen Gelegenheit gab, der Dauphine zu begegnen und sich zu freuen, daß sie gekommen war; schließlich schuldete er es auch allen Künstlern Frankreichs und allen seinen Handwerkern, daß diese denkwürdige Gelegenheit es ihnen ermöglichte, hervorzustechen, um noch einmal mehr Europa daran zu erinnern, daß man nur in Frankreich sich kleiden und schmücken konnte, nur hier Juwelen, Edelsteine und Diamanten finden, nur hier tanzen lernen und die köstlichsten Speisen kennenlernen konnte und daß nur hier die schönsten Schauspiele geboten wurden. Endlos folgte ein Fest dem anderen, und alle waren prächtig.
Fast allein gelassen, langweilte sich der Dauphin; alle diese Unruhe,

alle die hohlen und eintönigen Phrasen schläferten ihn ein. Zum Glück hatte er Gelegenheit zu einigen schönen Jagden Ende Mai und Anfang Juni, am 6. bei Croix-de-Perray, wo er zwei Hirsche, und am 16. am Teich von Tours, wo er einen erlegte. Aber es war für ihn beschwerlich, die Langeweile dieser langen Tage voller Schauspiele abzuschütteln, im Gedränge aller dieser Leute, die leere Worte und lügnerische Komplimente austauschten.

Von allen diesen Dingen blieb ihm nur ein peinlicher Eindruck, der noch bitterer wurde durch das Blutbad, das bei dem in Paris zu seinen Ehren von der Stadt gegebenen Fest angerichtet worden war.

Eine schlechte Organisation, die Dummheit des Vorstehers der Kaufmannschaft, eine Volksmenge, die sich zwischen den Gräben der noch nicht vollendeten rue Royale drängte, waren die Ursache, daß einhundertsechsunddreißig Menschen den Tod fanden und ganz Paris in Trauer war. Viele waren der Meinung, es wäre richtig gewesen, die Hochzeitsfeierlichkeiten sofort abzubrechen. Aber der König, der seit zehn Jahren so viele Trauerfälle erlebt hatte und nicht wollte, daß das junge Paar und die öffentliche Meinung unter dem Eindruck dieses Unglücks blieben, bestand auf der Fortsetzung der Feiern. Ludwig-August mußte sie alle ertragen und bis zum Ende des Monats warten, um seinem Unwillen in folgendem Brief an M. de Sartine Luft zu machen:

> »Ich habe von dem Unglück gehört, das sich aus Anlaß meines Festes ereignet hat. Gerade bringt man mir das Taschengeld, das mir der König monatlich schickt; ich kann nur über dieses verfügen und schicke es Ihnen, um den Unglücklichsten zu helfen.«

Der Page, der diesen Brief brachte, übergab Sartine gleichzeitig 6000 Livres. Aber ein Unglück kommt selten allein; am 5. Juni riß ein heftiger Windstoß mit einem Schlage die ganze Dekoration, die man für das Feuerwerk vorbereitet hatte, den Tempel Hymens, des Gottes der Ehe, fort. Durch Zufall wurde niemand getötet, aber noch lange danach wateten die Pariser in den Trümmern. Und noch lange Zeit hindurch quälte die Erinnerung an diese traurigen Festlichkeiten den Geist des Dauphins.

Einige der königlichen Familie besonders eng verbundene alte Höflinge hatten ihn während der ganzen Feierlichkeiten beobachtet, ihn und seine junge Frau. Man mußte sich zu ihnen hingezogen fühlen: sie

waren so jung, sie hatte so viel Scharm, er zeigte sich so rechtschaffen!
Aber bei näherem Überlegen sagten sie mit dem Herzog von Croÿ:
»Man verheiratet sie viel zu jung!«
Wenn man einmal verheiratet ist, muß man mit seiner Frau leben; das
ist eine Pflicht, eine reizende Pflicht, wenn man sich liebt. Nun, Ludwig-
August liebt seine Frau jetzt. Jedoch seit dem Tode seiner Mutter
lebt er allein, und er weiß, was Einsamkeit, was Vertrauen, was Ver-
trauensbruch ist. Wie sollte er nicht wissen, daß seine Frau bei jedem
ihrer Gespräche ihren »Vorleser«, den Abbé de Vermond, zu Rate
zieht; er ist von Loménie de Brienne, dem Erzbischof von Toulouse,
ausgewählt worden, damit seinem Freunde, Herrn von Choiseul,
Genüge getan wird und er jede Information erhält. Er weiß auch sehr
wohl, daß auch M. de Mercy um Rat gefragt und unterrichtet wird,
damit er, wie es ganz natürlich ist, seiner Kaiserin und Königin Bericht
erstatten kann und, was weniger normal ist, auch Herrn von Choiseul.
Jedes Wort, das der Dauphin zu Marie-Antoinette spricht, ist eine Botschaft für alle Staatskanzleien Europas.
Sollte er noch Zweifel daran haben, so würde ihm ein Vorfall mit dem
Abbé de Vermond darüber Auskunft geben. Der Abbé de Vermond
hat viele Fehler; er ist ein nicht sehr heiliger Priester, ein wenig
gebildeter »Enzyklopädist«, ein wenig feiner Höfling und wäre nichts,
schmeichelte er nicht Loménie de Brienne und wäre er nicht in Marie-
Antoinette verliebt. Choiseul schien er so geeignet, daß man zunächst
daran gedacht hatte, ihn zum Beichtvater Marie-Antoinettes zu machen,
aber dem widersprach der Erzbischof von Paris, der an Gott glaubte
und wünschte, daß auch seine Priester an ihn glaubten. Der immer
höfliche Choiseul gab nach; wesentlich war es, daß Marie-Antoinette
einen Vertrauten im Priesterrock bei sich hatte, der alles hören und
alles sagen konnte. Vielleicht war es sogar besser, daß er nicht die
Beichte hören konnte...; das gibt ihm mehr Freiheit seinen »Gönnern«
gegenüber. Und so begnügt sich der Abbé von Vermond mit dem Titel
eines Vorlesers, aber er genießt, dank der Gnade der Kaiserin Maria-
Theresia und des Herrn von Choiseul, das intime Vertrauen und die
täglichen vertraulichen Mitteilungen seiner Herrin.
La Vauguyon, der Choiseul und der Verbindung mit Österreich nicht
wohlwill, führt, nachdem es ihm gelungen ist, zu verhindern, daß Vermond Beichtvater der Dauphine wird, sein Vorhaben entschlossen
durch. Er will Vermond vertreiben und der jungen Prinzessin einen
Beichtvater nach seiner Wahl geben lassen, der an Gott glaubt, gute

Sitten hat und nicht mit den Philosophen verkehrt. Die Gelegenheit scheint günstig; Vermond ist mit dem Titel eines Vorlesers aus Wien zurückgekehrt. Nun scheint es offenkundig zu sein, daß die Dauphine nicht liest; sie schwatzt, plaudert recht nett, tanzt ziemlich gut, wenn auch nicht immer im Takt, sie spielt Harfe mit ausgezeichneten Absichten und singt mit weniger Glück, aber sie liest niemals. Es wäre also leicht, sie ihres Vorlesers zu berauben, ohne sie leiden zu lassen.

Marie-Antoinette wittert bald die Gefahr. Sie alarmiert sofort Mercy, und Mercy sagt ihr, was sie zu tun hat, damit Mme. de Noailles mit dem König spricht, und dieser entscheidet, wie es recht und billig ist, zugunsten seiner Schwiegertochter. Sie behält Vermond, darf Mercy zu jeder Stunde des Tages sehen, und ihr Beichtvater, der sehr verschwiegen ist, wird der des Königs. Choiseul glaubt die Partie gewonnen. Marie-Antoinette, die sich jetzt stark und gut unterstützt fühlt, geht nun auf Grund der ihr erteilten Ratschläge gegen ihren Gatten vor. Sie findet ihn sehr aufgeschlossen. Er sagt ihr, daß er wohl Bescheid um die Ehe wisse, daß er sie als seine Frau und ganz als die Seine haben will, daß es auch so sein wird und daß er es im übrigen zeigen wird, sobald sie in Compiègne sein werden.

Sie dankt ihm und sagt: »Da wir in intimer Freundschaft miteinander leben müssen, müssen wir auch über alles vertrauensvoll sprechen«, was durchaus richtig scheint und von einem so jungen Mädchen keineswegs ungeschickt ist. Der Dauphin gibt zurück, daß er mehr von den Dingen wisse, als man annimmt, aber daß er darüber niemals mit jemand gesprochen habe. Sie will mit ihm über die Du Barry reden; sie bedauert den Skandal, den der König erregt, und alle Intrigen dieser gemeinen Frau, die Choiseul stürzen will, den alle anständigen Menschen unterstützen müßten. Der Dauphin unterbricht sie sofort: »Sie wissen nicht alles, was Choiseul getan hat, um zu seinem Posten zu gelangen, wieviel er mit der Pompadour intrigiert hat, um seinen eigenen Einfluß zu vermehren. Nein, ein anständiger Mensch wäre sehr töricht, wenn er Choiseul gegen die Du Barry verteidigte.« Die Dauphine merkt, daß sie ungeschickt war. Sie bricht das Gespräch ab und geht schleunigst zu Vermond, um ihn wegen dieses schwierigen Gatten um Rat zu fragen.

Die Krise kommt in den nächsten Tagen. Berrys Krankheit stellt sich wieder ein, vielleicht durch alle die Festlichkeiten mit dem dabei aufgewirbelten Staub und der mit ihnen verbundenen schlechten Luft hervorgerufen, oder weil ihre Entwicklung eine neue Wendung genommen hat. Am Montag, dem 16. Juli, befällt ihn ein heftiges Fieber, ein Husten, den nichts beheben kann, und starkes Blutspeien. In wenigen Stunden verbreitet sich die Kunde davon in Paris; die um sein Bett versammelten Ärzte rufen eiligst den König herbei, der sich in Bellevue befindet. Nach vielem gelehrten Gerede erbitten sie von Ludwig XV. die Erlaubnis, seinem Enkel zur Ader zu lassen; sie wird gewährt. Dann fährt der König wieder bekümmert nach Bellevue, wo ihn Mme. Du Barry erwartet. Unterwegs kann er nicht umhin, an das so kurze Leben seines Sohnes, Berrys Vaters, zu denken. Hat er Berry nur verheiratet, um ihn in den Tod zu treiben?

Zwei Tage scheint der Dauphin in Gefahr; aber auf den Aderlaß reagiert er und erholt sich. Am Freitag, dem 20. Juli, begibt sich Ludwig XV. nach Compiègne, wohin am Montag, dem 30., auch das junge Paar kommt. Schon am 31. steigt Ludwig-August wieder zu Pferde. Während des ganzen Monats August ist er mit Leib und Seele bis zur Erschöpfung auf der Jagd. Ein unwiderstehlicher Instinkt schien ihn dazu anzutreiben und sogar sein Leben schien davon abzuhängen. Der König, dessen beste Stunden die im Wald verbrachten waren, war auch dieser Meinung und trieb ihn noch dazu an. Manchmal behielt er ihn sogar in seinem Jagdhause zum Abendessen mit der Du Barry. Dann blieb die Dauphine sich selbst und ihren Ratgebern überlassen.

Sie legte keineswegs die Hände in den Schoß. Es gab nichts als Unterhaltungen mit Vermond und Gespräche mit Mercy im Zimmer der Mme. de Noailles und Beratungen mit dem Herzog von Choiseul, entweder im Walde oder bei ihr, wenn der Dauphin in weiter Ferne jagte. Dank diesen guten Ratschlägen und denen, die ihr die »Dames de France«* und Mme. de Narbonne gaben, sah sie den König kaum, ohne ihn um etwas zu bitten. Er hörte sie bereitwillig an, denn er liebte es, zu geben. Sie erreichte es von ihm, daß Mme. Thierry eine ihrer ersten Kammerfrauen wurde, auf Empfehlung ihrer Tanten und weil diese Frau ein Kind hatte und Marie-Antoinette gern mit kleinen Jungen spielte. Sie erbat, daß die Personen, deren Namen M. de La Vauguyon auf der Liste der großen Empfänge beim Dauphin gestrichen hatte, wieder auf die Liste gesetzt wurden. Der König stimmte zu, jedoch nicht ohne La Vauguyon das Vergnügen zu machen, es den Leuten mitzuteilen, was wiederum die Dauphine erzürnte. Sie bat den König, daß Mercy den gleichen Zutritt zu ihr haben solle wie die

* Dames de France, die Töchter des Königs von Frankreich. (Anmerkung des Übersetzers.)

»Botschafter der Familie« (Spanien und Neapel), und auch dies genehmigte der König. Die Dauphine wünschte zu reiten; der König stellte ihr eine Anzahl wohldressierter Esel zur Verfügung, auf denen sie in Gesellschaft ihrer Ehrendamen und Schwäger Spazierritte machte.

So ging also alles gut; sie begann sich wohl zu fühlen und ihre Stellung zu befestigen. Mit ihren Feinden, das heißt den Feinden Choiseuls, ging sie wenig sanft um; zuerst mit La Vauguyon, den sie eines Tages beim Horchen an ihrer Tür überraschte und den sie ohne weiteres einen Schurken nannte, sogar in Gegenwart ihres Gatten, der nur darüber lächelte, da er besser Bescheid wußte als sie. Mit ihrer Ehrendame, der Gräfin von Noailles, die sie »Madame l'Etiquette« nannte, war sie etwas zurückhaltender, aber nicht weniger ungezwungen; sie ließ Diener und Dienerinnen ernennen, ohne sie um Rat zu fragen, und behalf sich ohne sie. Mme. de Noailles, die sich auf Schmeichelei verlegt hatte, konnte nicht begreifen, daß man sie so schlecht belohnte; sie weinte sich im Schoße Mercys aus, der sie tröstete, indem er sagte, er sei daran schuld.

Wie es sich gehört, maß Marie-Antoinette, die über alle triumphierte, ihrem Gatten alle Schuld bei. Sie wollte ihn erziehen; er kam zu den Mahlzeiten zu spät und zu ermüdet von der Jagd; sie fand daher ein Vergnügen daran, bei Tisch die Gerichte zurückzuweisen und sie wieder zurückzuschicken, ohne daß er sie berühren konnte. Aber dieses Spiel brachte den Dauphin nur zum Lachen und machte ihm mehr Vergnügen als Ärger. Sie wollte die wichtigen Gespräche mit ihm wiederaufnehmen: sein Verhältnis zum Großvater war sehr intim, und ohne sich viel Mühe zu geben oder etwas Außerordentliches zu tun, stand er dank den in der »Hermitage« verbrachten Abenden, wo er die Du Barry traf, auf vertrautem Fuße mit ihr, wofür ihm sein Großvater dankbar war. Die Dauphine griff diese Frau von neuem an; er hütete sich wohl, sie zu verteidigen. Sie warf ihm vor, daß er mit einer Person verkehre, die er selbst so wenig achtete und die so wenig achtenswert war. »Man muß recht vorsichtig sein und um des lieben Friedens willen mitmachen«, erwiderte er, ohne mehr sagen zu wollen. Dann sprach man über den Umzug, und am 31. August kehrten sie nach Versailles zurück; in Chantilly hatten sie gerastet, um das Mittagessen einzunehmen.

In Versailles bekam Berry wieder einen Fieberanfall, und der König war von neuem beunruhigt. Was sollte aus den jungen Leuten werden?

Sie waren fast fünf Monate verheiratet und immer noch nicht Mann und Frau. Im Juli hatte er mit seinem Enkel darüber gesprochen, und dieser hatte ihm versichert, in Compiègne würde alles in Ordnung kommen; aber nichts war geschehen. Als er sie beide sah, ihn von Krankheit bedroht und sie so jung und kindlich, sagte er sich: »Vielleicht ist es besser, wenn sie noch warten?« Auch fühlte sich Marie-Antoinette in seiner Gegenwart immer etwas bedrückt, obwohl er sie aufs allerbeste behandelte; sie war von ihm getrennt durch Alter, Neigungen, Wünsche und vor allem durch diese Du Barry, der sie weder ihre niedrige Herkunft noch ihre Erfolge verzeihen konnte. So zog sie eigentlich alles zu ihrem Gatten, der das menschlichste Wesen am Hofe und im Leben von Versailles zu sein schien.

Sie begann also, ihn mit einem Gönnertone zu loben, der direkt vom Herzog von Choiseul stammte und, ohne der Zärtlichkeit zu entbehren, doch fast an Verachtung grenzte. Zu Mercy, Vermond, den Damen ihrer Umgebung, den »Dames de France« und zu anderen sagte sie, sie sei mit dem Dauphin zufrieden und schrieb seine Schüchternheit und Gefühlskälte seiner schlechten Erziehung zu, aber sie erkannte an, daß er einen guten Charakter habe.

Sie fand Gefallen daran, zu sagen, sie habe großen Einfluß auf ihn und habe ihn durch ihre Anmut und Fröhlichkeit bezwungen. Von nun an sprach er mit ihr vertrauensvoll über Dinge, über die er sich bisher mit noch niemand ausgesprochen hatte. Sie erfuhr sogar, was er über seinen Erzieher dachte.

Solcherart waren die Reden, die sie führte und durch die Leute führen ließ. Sie sah sich schon, und man sah sie als Herrin des Willens des Dauphins und imstande, durch ihn oder an seiner Stelle zu regieren. Ihre Mutter und ihre Ratgeber waren jedoch noch darüber beunruhigt, daß sie es nicht verstanden hatte, soviel Gewalt über ihn zu haben, daß sie ganz seine Frau wurde; besonders die »Dames de France« waren hierüber besorgt. Als sie nicht sprach, stellten ihr die Tanten Fragen und versahen sie mit Aufschlüssen. Deshalb sagte sie zu ihnen sowohl im September als auch im Oktober mit ein klein wenig triumphierender Miene: »Diesmal hat er mir gesagt, daß er am 20. September mit mir schlafen würde« ... »Er hat mir versprochen, am 10. Oktober alles zu tun, was die Pflicht ihm vorschreibt; aber ich bitte Sie, sprechen Sie nicht davon.«

Die »Dames de France«, die gute Frauen und um das Wohl der Familie besorgt waren, sprachen untereinander lange darüber, dann fragten sie einige Ärzte um Rat, um besser unterrichtet zu sein, einen oder zwei Priester, um keine Ungeschicklichkeit zu begehen, und einige alte Freunde, um gut aufgeklärt zu werden. Schließlich opferte sich Madame Adélaïde, die nie aufgehört hatte, sich für ihr Patenkind Berry zu interessieren, und ging einige Tage vor dem entscheidenden Datum zu ihm, um einige nützliche Ratschläge zu geben und ihn anzureizen. Berry drehte ihr beim ersten Wort den Rücken und ging fort; an diesem Abend erschien er nicht im Zimmer seiner Frau und mied sie einige Tage, um so mehr, als er bemerkte, wie alle Höflinge um ihn tuschelten.

Er ließ es sie jedoch nicht fühlen, denn er war keineswegs nachtragend, und Marie-Antoinette hatte eine Art, ihn wieder an sich zu ziehen, die ihn entzückte. Jetzt, da man ihm wieder erlaubte, zu reiten, sahen sie sich öfter, teils auf gemeinsamen Spaziergängen, teils traf sie ihn bei der Jagd. Auf Vermonds Rat verlegte sie sich auf Handlungen wirkungsvoller Nächstenliebe. Bei der Jagd vom 29. November 1770 ließ sie einen verwundeten Postillion, an einem anderen Tage eine alte Frau ärztlich behandeln. Alle zollten Beifall, und der Dauphin verdoppelte seine zärtlichen Bemühungen um sie.

Da sie in das Tanzen vernarrt war, begann sie Bälle zu fordern, und man veranstaltete alle Montage einen in den Gemächern der Dauphine in Versailles. Sie vermehrten die gegenseitigen Zugeständnisse; er hielt sich sehr sauber, sie vernachlässigte sich manchmal. Es kostete Mühe, sie wieder dazu zu bringen, zu baden und wieder, trotz den zu harten Fischbeinstangen, französische Korsetts zu tragen, die ihr weh taten. So stellte sich die Intimität zwischen ihnen wieder her, die aus Gewohnheiten, Artigkeiten, gegenseitiger Anziehung und Zurückhaltung bestand. Sie steigerte ihren Scharm, er seine Uneigennützigkeit; er widersprach ihr in nichts. Wenn er den Abbé de Vermond nicht genügend schätzte, um an ihn das Wort zu richten – denn er hatte es sich zum Grundsatz gemacht, nie mit den philosophischen Priestern Beziehungen zu unterhalten –, so zeigte er Mercy gegenüber große Freundlichkeit. Dies tat er weder unbewußt noch aus Blindheit; er wußte wohl, was sie ihm Böses zufügte, aber gerade die Gefährlichkeit dieses Bösen verband ihn mit ihr.

Die Dinge verliefen keineswegs nach Choiseuls Wunsch. Er griff zu einem brutalen Mittel. Als er eines Tages mit dem König arbeitete, erklärte er ihm, die Erziehung seines Enkels sei erbärmlich, und wenn

das so weitergehe, würde »der Dauphin zum Abscheu der Nation«. Er
fügte hinzu, man könne ihn nicht zum Staatsrat zulassen.
Ludwig XV. senkte die Augen, ohne zu antworten.

DIE »REVOLUTION« VON 1771

Am 24. Dezember 1770, um halb zwölf Uhr vormittags, erschien der
Herzog von La Vrillière, Minister des königlichen Hofstaats, in der
Wohnung des Herzogs von Choiseul in Versailles und übergab ihm
einen eigenhändigen, recht unfreundlichen Brief Seiner Majestät, der
die sofortige Abdankung von seinen beiden Ministerposten verlangte
und ihn auf sein Gut Chanteloup verbannte. Choiseul war wie erschlagen.
Die königliche Familie erfuhr es sofort, und Marie-Antoinette erwartete
nervös die Ratschläge, die Mercy nicht säumte, ihr durch Vermond
überbringen zu lassen; sie solle sich hüten, Choiseul öffentlich zu verteidigen oder den Anschein zu erwecken, sie stelle sich gegen die Entscheidung des Königs; sie solle aber auch nicht dulden, daß man
Choiseul in ihrer Gegenwart angriffe, ohne daran zu erinnern, daß die
Kaiserin ihn mit ihrem Vertrauen geehrt hatte und daß er wesentlich zu
der Heirat beigetragen habe, die ihr, der Dauphine, Glück sei; an
diese beiden Vorschriften solle sie sich halten. Sie hielt sich auch
daran, und zwar in streitbarer Art, denn Madame Adélaïde verfehlte
nicht, zu triumphieren und den Sturz Choiseuls und die Erniedrigung
der hochmütigen Herzogin von Gramont, seiner Schwester, zu feiern.
Vor so viel Bosheit überschritt Marie-Antoinette ein wenig ihre Anweisungen und vermochte ihr hitziges Temperament nicht zu zügeln.
Ihr Mann, der sie anhörte, sagte kein Wort, aber dachte sein Teil. Er
war schon längst davon unterrichtet; da der König eine vernünftige
Entscheidung getroffen hatte, wollte er nicht den Frieden seiner Ehe
durch die Meinungen seiner Frau stören lassen. Er schwieg.
Ganz Paris brodelte. Sobald die Nachricht bekannt wurde, sammelte
sich eine Unmenge kleiner Leute vor dem Palais Choiseuls, und die
Wagen begannen, daran vorbeizufahren mit allem, was es in der
Hauptstadt an Eleganz und Glanz gab. Da er niemand empfing, ließ
man sich einschreiben. In der Menge sprach man davon, daß die aus-

ländischen Gesandten das Ereignis als sehr schwerwiegend betrachteten, daß der Prinz von Conti Choiseul für »den geschicktesten und für den Hof notwendigsten Mann« erklärt habe, und schließlich, daß die Dauphine alles dies mißbillige.

Überall stellte man Betrachtungen an über die brutale Entlassung eines Mannes, dem der König so lange eine große Macht gewährt hatte. Die Boshaftesten meinten, er sei gescheitert, weil er dem König Beweise für die Gemeinheit der Du Barry vorgelegt habe. Ludwig XV. hätte es nicht geglaubt und ihn entlassen. Dies war die Lesart des Herzogs von Croÿ. In den Botschaften meinte man, Choiseul, der immer dabei war, Intrigen zu schmieden und einen neuen Krieg anzuzetteln, hätte schließlich seinen Herrn, der entschlossen war, in Ruhe zu sterben, seiner überdrüssig gemacht. (Choiseul hatte gerade die Türkei in einen unvernünftigen Krieg gegen Rußland getrieben.) Mercy schrieb, daß Ludwig XV. schon am 21. Dezember den Abbé de La Ville, den ersten Beamten des Auswärtigen Dienstes, beauftragt hatte, den Brief vorzubereiten, der dem König von Spanien die Entlassung Choiseuls anzeigen sollte.

Der Druck, den alle Minister, der Kanzler, der Haushofmeister, der Herzog von Aiguillon, die alle auf Choiseul erbittert waren, ausübten, mußte schließlich auf den Geist Ludwigs XV. seine Wirkung haben. Er stand vor der Wahl, sich zwischen dieser Reihe von neuen Ministern oder dem seit zwölf Jahren im Amt befindlichen alten Minister zu entscheiden. Auf ihre Veranlassung war dem König eine Denkschrift übergeben worden, die bewies, daß der Herzog von Choiseul mit den Mitgliedern des Parlaments in Verbindung stand, daß er sie zu ihrem Ungehorsam aufgereizt hatte und daß, wenn man nicht kurzen Prozeß machte, daraus eine allgemeine Erhebung entstehen könne. Condé sollte sich dem Chor der Minister angeschlossen haben, um vom König eine Entscheidung zu erzwingen.

Ein scharfsichtigerer Beobachter hätte bemerken können, daß die erste Handlung des Königs nach der Entlassung Choiseuls darin bestand, den Grafen von Muy zu bitten, das Kriegsministerium zu übernehmen. Nun war Muy der ehemalige Junker und vertraute Freund des verstorbenen Dauphins gewesen, der letzte der noch lebenden Freunde. Die Entlassung Choiseuls war aus den gleichen Gründen erfolgt, die der verstorbene Dauphin in den Jahren 1760 und 1764 seinem Vater gegenüber geltend gemacht hatte, und daher erschien die so lange hinausgeschobene Ungnade wie eine Art Ehrenerklärung für den toten

Dauphin und eine Achtungserklärung für den lebenden Dauphin. Es war eine der Handlungen, durch die der König sich selbst in seinen Augen von den Sünden der Vergangenheit loskaufte.

König Ludwig XV. war schön; man hat ihn den schönsten Mann seines Jahrhunderts genannt; jedenfalls war er ein Mensch, der mit seiner Schönheit am meisten Anmut verband. Er war intelligent und im Staatsrat gescheit, tapfer in den Kämpfen und voller Güte für seine Umgebung, besonders für die kleinen Leute. Man kannte immer nur zwei Fehler an ihm: die Demut, die er bis zur Verblendung trieb, und die Frauen, von denen er nie loskam. Sein stets tiefer christlicher Glaube ließ ihn wohl den Schmutz dieses Lasters erkennen und demütigte ihn noch mehr; doch er konnte sich ihm nicht entziehen, weil er von zu robuster Natur war und ihn der Kummer, den er im tiefsten Innern trug, so sehr bedrückte. Sein Mangel an Selbstvertrauen brachte ihn dazu, nur seinen Mätressen voll zu vertrauen; sie waren die einzigen menschlichen Wesen, vor denen er nicht vor sich selbst zu erröten brauchte, weil sie seine Schande teilten. Gegenüber allen anderen Menschen wäre er gehemmt gewesen, wenn er nicht über äußerst feinen Anstand verfügt und die Gewohnheit gehabt hätte, zu herrschen.

Er achtete sich in der Tat ebensosehr als König, wie er sich als Mensch gering einschätzte. Die Macht, die ihm von seinen Vorfahren überkommen war und die für ihn von Gott kam, schien ihm eine geheiligte Sache; er vertraute sie mit gutem Vorbedacht nur den Männern an, die er für die besten hielt. Waren sie einmal Minister, so schenkte er ihnen Vertrauen und zog ihr Urteil dem seinen vor, selbst wenn er recht hatte. Im übrigen überwachte er sie viel genauer als es schien und als sie dachten. Sein geheimer Briefwechsel mit den französischen Diplomaten im Ausland, den er, ohne den Minister des Auswärtigen davon in Kenntnis zu setzen, unterhielt, läßt gut seinen Willen erkennen, alles zu wissen, bis zu der Stunde, wo er es für nötig hielt, sie zu entlassen. Dann kam es vor, daß er ihnen gegenüber die gleiche Grausamkeit anwendete wie gegenüber sich selbst und den Seinen.

Manchmal sagte er zu seinen besten Freunden oder zu Fremden: »Sie werden bald sterben.« Dann wandte er den Kopf, denn er hörte nicht auf, für das Leben zu arbeiten, trotz dem Todesgeruch, den er in sich trug. Welcher König wäre Manns genug und König genug gewesen, um, wie er es mitten im Siebenjährigen Kriege 1760 tat, das Angebot eines gewissen Dupré zurückzuweisen, der ein Pulver erfunden hatte, das eine ganze Flotte in Brand zu setzen imstande war? Man hatte es auf den Kanälen von Versailles, im Croisic und auf der Reede von Brest ausprobiert. Alles war verbrannt, wie es Dupré vorausgesagt hatte und noch darüber hinaus. Das Pulver hätte alle Engländer auf allen Meeren verbrennen können. Aber der König wollte es nicht haben, denn eines Tages hätte es sich gegen die Franzosen und gegen alle Menschen der anderen Nationen wenden können. Er weigerte sich, die Schrecken des menschlichen Lebens noch zu vermehren.

Er verwarf Choiseul, als er ihn einen Weg einschlagen sah, der zu den schlimmsten Abenteuern in der Welt und in Frankreich, gegen die Engländer und gegen das alte Frankreich führte. Dies war keineswegs eine Berechnung seines Verstandes, sondern eine geistige Erkenntnis; denn seine Vernunft war keine Rechenmaschine; sie stand in Berührung mit der Wirklichkeit und war das, was man eine instinktive Intelligenz nennen könnte. Deshalb schätzte er die Philosophen nicht, die auch ihn nicht schätzten, und blieb der am schlechtesten verstandene Mensch seines Jahrhunderts.

Er lebte gleichsam am Rande, an seinem Hofe oder in den Wäldern, in denen er jagte, und regierte dabei, so gut wie er konnte, ohne das Schicksal zwingen zu wollen. Es bedurfte der Anmaßung Choiseuls und des Aufsehens, das sein Widerspruchsgeist erweckte, um ihn ermessen zu lassen, wohin die Enzyklopädisten und ihre Freunde das Land führten. An dem Tage, an dem seine Tochter Louise im Jahre 1769 in den Orden der Karmeliterinnen von Saint-Denis eintrat, schämte er sich seiner selbst und schämte sich, dem Jahrhundert anzugehören, aus dem sie floh. Mit zunehmendem Alter, das ihm den Schatten des Todes deutlicher erscheinen ließ, und dem wachsenden Überdruß, den er in der Gesellschaft der Du Barry empfand, quälte ihn die Erinnerung an seinen Sohn. Was er 1760 oder 1764 nicht getan hatte, versuchte er jetzt um so hastiger, heftiger und mit größerem Starrsinn, je mehr die Zeit drängte. Er versuchte es allein, ohne Berry hinzuzuziehen, der zu jung war und den bei einer schwierigen, gefährlichen und zweifelhaften Unternehmung zu gefährden überflüssig war.

*

Nachdem Choiseul nun gestürzt war, nahm sich Ludwig XV. seinen hauptsächlichsten Gegner, das Parlament, vor.

Seit 1750 war das Parlament von Paris der Angelpunkt eines ausgedehnten politischen Plans. Eine Hochburg des Jansenismus*, hatte es sich mit allen anderen Parlamenten, mit allen in Frankreich so zahlreichen Juristen, mit einem großen Teil des niederen Klerus und einem beträchtlichen Teil von großen Familien und nicht zuletzt mit den Philosophen und den Freimaurern verbündet, um die Jesuiten zu vernichten. Choiseul war ihr Mann und verrichtete die Arbeit.

Als sie auf den Geschmack gekommen waren, traten sie als Vertreter der Nation auf und beanspruchten, die Monarchie regieren zu wollen. Choiseul hätte gern die Rolle eines Schiedsrichters zwischen König und Parlament gespielt.

Ludwig XV. wollte es nicht. Er versammelte eine Anzahl von hohen royalistischen, entschlossenen Beamten um sich: den Ersten Präsidenten von Maupeou als Kanzler; den Abbé Terray als Finanzminister und den Herzog von Aiguillon (aus der mächtigen Familie der Richelieu), dem er das Ministerium des Krieges und des Auswärtigen anvertraute.

Das Unternehmen wurde rasch durchgeführt, am 3. September 1771. Maupeou untersagte im Namen des Königs dem Parlament von Paris, sich mit Fragen zu beschäftigen, die außerhalb seines städtischen Bereiches lägen.

Die Parlamentsmitglieder protestierten und stellten schließlich ihre Arbeiten ein, um den König zu zwingen, sie anzuhören. Das Ministerium ergriff die Gelegenheit. In der Nacht vom 19. zum 20. erhielten alle Parlamentsmitglieder von Paris einen königlichen Befehl, der es ihnen zur Pflicht machte, ihren Dienst wiederaufzunehmen. Sie versammelten sich am Vormittag des 20. beim Ersten Präsidenten und erklärten im Oberhause des Parlaments alle zusammen um 4 Uhr nachmittags, daß sie ihren Beschluß, nicht nachgeben zu wollen, aufrechterhielten. In der gleichen Nacht erhielt jedes der einhundertunddreißig meuternden Ratsmitglieder einen Verhaftungsbefehl, der sie in einen weit entlegenen Winkel Frankreichs verbannte, und der niemals der gleiche war wie der, an den ein Sohn oder Schwiegersohn verbannt war. Zu gleicher Zeit verkündete ihnen ein Bote des Kabinetts einen Beschluß des Staatsrates, der jeden einzelnen seines Amtes (das zum Nutzen des Königs eingezogen wurde) enthob und sie und ihre Kinder für unfähig erklärte, jemals wieder ein Richteramt zu bekleiden.

Nachdem dies geschehen war, und zwar in ganz Frankreich, mußte man

---

* Jansenismus. Lehre von der Gnade und Prädestination (Cornelius Jansen, holländischer Bischof, gest. 1638). (Anmerkung des Übersetzers.)

wieder aufbauen. Maupeou beeilte sich, Gerichtshöfe zu schaffen, an denen schneller und einfacher Recht gesprochen werden sollte, und ohne die Bestechlichkeit, die dem alten System so sehr geschadet hatte. Aber das war keine leichte Aufgabe, denn die Justizbeamten hielten zueinander; man konnte nicht, wenigstens nicht in Paris, den Kern von ehemaligen Parlamentsmitgliedern finden, die bereit waren, ihren Dienst wiederaufzunehmen und auf die man gerechnet hatte, und man mußte vollkommen neue Körperschaften einrichten, in denen nicht alles gut war. Man muß jedoch anerkennen, daß Maupeou die Angelegenheit mit Entschlossenheit und Festigkeit behandelte.
Die größten Lacher waren auf seiner Seite, Voltaire, d'Alembert und die Philosophen, die immer geneigt waren, das Recht des Stärkeren anzuerkennen. Im übrigen ärgerte die Anmaßung der Parlamentsmitglieder alle vernünftigen Leute. Aber der im Lande und am Hofe hervorgerufene Eindruck war so heftig, daß man sich in einer Atmosphäre des Bürgerkrieges befand. Die immer noch zahlreichen Freunde Choiseuls, die unzähligen Verwandten der Parlamentsmitglieder, die es sogar beim hohen Adel und am Hofe gab, alle Parteigänger des einen oder anderen, darunter die Prinzen von Geblüt, die Conti und Orléans für das Parlament gewonnen hatten, kamen nicht mehr nach Versailles. Weder die Ankunft des Prinzen von Schweden, dessen Anmut alle rühmten, im Februar noch die schönen Feste für die Hochzeit Provences mit der Tochter des Königs von Sardinien im Mai vermochten die Gemüter zu beruhigen. Sie erhitzten sich noch viel mehr am Ende des Jahres, als eine von Provence, La Vauguyon, den Rohans, Mme. de Marsan und den Feinden Choiseuls geführte Intrige den König bewog, Choiseul die einträgliche Stelle eines Generalobersten der Schweizer und Graubündner zu entziehen. Niemand konnte hieran etwas aussetzen, denn diese Stelle war nicht unwiderruflich und im allgemeinen den Prinzen von Geblüt vorbehalten. Die öffentliche Meinung sah jedoch darin eine unnötige Grausamkeit gegen Choiseul und eine üble Handlung von Provence, den man für zu jung hielt, um sich an der Verteilung der Beute zu beteiligen. Das war auch die Meinung des Dauphins, der kräftig eingriff, um seinem Bruder wieder Anstand beizubringen. Dank ihm fiel die Stelle an Artois. Alles dies erregte viel Aufsehen in Versailles.
In Paris war das Aufsehen noch größer und allgemeiner. Die Masse der Bevölkerung, auf dem Lande die Bauern und in den Städten die kleinen Leute, kümmerte sich kaum um die großen Herren vom Parla-

ment, aber die Parlamentsmitglieder besaßen Mittel, um das Land bis zum Grunde aufzuwühlen. Zunächst einmal war es der Brotpreis, der nicht aufhörte zu steigen und zum großen Leid und zur Entrüstung der kleinen Leute vierzehn Sous erreicht hatte. Man nährte die Unruhe durch Plakate. Vom 11. September 1774 an las man in Paris: »Wenn der Brotpreis nicht herabgesetzt und nicht Ordnung in die Staatsgeschäfte gebracht wird, werden wir wohl wissen, wessen Partei wir zu ergreifen haben.« Die Verfasser koppelten das Schicksal des Parlaments und den Brotpreis. Ende Januar fand man mitten im Palais-Royal ein anderes Plakat, das besagte: »Zeigen Sie sich, großer Fürst, und wir werden die Krone auf Ihr Haupt setzen!« Als die Liste der Mitglieder des neuen Parlaments mit den betreffenden Patenten angeschlagen wurde, entdeckte man gerade gegenüber ein sehr großes Plakat: »Wir pfeifen drauf und werden drauf pfeifen! Macht nur so weiter!« Zum Namen jedes der neuen Parlamentsmitglieder hatte man Beleidigungen und Drohungen hinzugeschrieben. Diese Aktion wurde durch eine immer zunehmende Zahl von zotigen Liedern unterstützt, die die Parlamentsmitglieder in Paris verbreiten ließen. Sie besaßen mehrere Werkstätten, in denen man diese Art von »Gedichten« in Überfülle herstellte, und es fehlte nicht an Gerichtsschreibern und gefälligen Hausierern, die sie auf den Höfen oder, wenn es besser paßte und die Wache nicht in der Nähe war, sogar an den Straßenecken hören ließen. Die großen Herren waren dann begierig danach, sich für teures Geld Abschriften zu verschaffen, so daß der Streit hierdurch weiter genährt wurde. Der Graf von Provence, einer der großen Liebhaber dieser Art von Schriften, erzielte kleine, mehr intellektuelle als galante Erfolge, indem er sie den Damen zeigte.
Die »Nouvelles à la main«* bildeten ein anderes Kriegsmittel; von Advokaten, Buchhändlern oder bedürftigen Schriftstellern geschrieben, brachten sie den Klatsch aus dem Gerichtsgebäude und die Argumente der Parlamentsmitglieder. Gewiß, man lief einige Gefahr: die Polizei verhaftete einen Advokaten von Veugny, der sich ein wenig zu sehr bloßgestellt hatte und im richtigen Augenblick nicht hatte schweigen können. Aber die Schmähschriften waren dauernd im Umlauf und kamen von überallher; bei jeder Gelegenheit tauchten sie auf.
Als La Vauguyon starb, gab es ein gewaltiges Zetergeschrei; von allen Seiten fiel man über den armen Herzog her.

---

* Nouvelles à la main. Mit der Hand geschriebene, an die Abonnenten verteilte Zeitungen. (Anmerkung des Übersetzers.)

Übrigens waren alle Verspottungen gelenkt und auf eine Person gemünzt; die gegen Vauguyon gerichteten fielen auf den Dauphin zurück. Herr von Grimm sagte: »Herr de La Vauguyon ist in diesen Tagen vor das Gericht der Ewigen Gerechtigkeit getreten, um Rechenschaft abzulegen über die Art, in der er die furchtbare und erschreckende Pflicht erfüllt hat, einen Dauphin von Frankreich zu erziehen, und um die Strafe für das verbrecherischste aller Unternehmen zu empfangen, wenn er es nicht nach dem Wunsch und unter dem Beifall der Nation ausgeführt hat.« Mit der gleichen Waffe verteidigte man das Parlament und griff die Frommen an, und obendrein die Dynastie.

*

In Versailles wußte der König von allem, aber er sprach wenig davon. Um ihn herum stritt man sich heimlich. Marie-Antoinette und Provence, so vertraut sie miteinander schienen, standen sich erbittert gegenüber. Die Dauphine blieb Choiseul treu, Provence La Vauguyon; die für Choiseul und das Parlament Schwärmenden »liebten Marie-Antoinette nicht nur als eine bezaubernde Prinzessin, sie taten ihr auch den Tort an, sie als Parteiführerin zu betrachten«. »Daher«, sagte der Advokat Moreau, »auch das unanständigste und lächerlichste Geschwätz.« Daher »die angeblichen Mißhelligkeiten, die erdichteten und verbreiteten Geschichten, die ohne jeden gesunden Menschenverstand sind«. Die Dauphine verweigerte Mme. von Saint-Mégrin, der Schwägerin La Vauguyons, die Stelle als Hofdame bei ihr, obwohl der König und der Dauphin sie ihrem Schwiegervater versprochen hatten. Marie-Antoinettes Haß war zäh. Berry, der klüger war, hörte jeden an, beobachtete alles, schwieg und verbrachte so viel Zeit wie er konnte auf der Jagd in den Wäldern, wo er seine Brust mit frischer Luft füllte und dabei das schmutzige Gewäsch am Hofe vergaß. Wenn seine Frau anmaßend sprach, tadelte er sie; wenn sein Bruder ihn belästigte, gab er ihm einige derbe Püffe. Die vernünftig Denkenden gaben ihm recht. Aber keineswegs die Damen, die jungen Leute und die alten Schürzenjäger, die meinten, er sei seiner Frau gegenüber nicht eifrig genug. Eine der anziehendsten Damen des Hofes, die Gräfin von Egmont, geborene Richelieu, sagte von ihm: »Der Dauphin zeigt gewiß einige Tugenden, aber ohne Geist, ohne Kenntnisse und ohne Belesenheit, zu der er nicht einmal Lust hat, und er ist in seinen Grundsätzen so hart wie er brutal in seinen Handlungen ist.« (13. Mai 1771.) »Wenn er kultiviert wäre«, sagte man, »so hätte man das bemerkt; er hätte es bewiesen, indem er der reizenden Dauphine alle Freuden der Mutterschaft bereitet hätte.« Und so ging das Geschwätz, das aus dem Kreise um Marie-Antoinette oder um die »Dames de France« stammte, weiter seinen Gang.

Den Dauphin kümmerten diese törichten Redereien wenig. Er war gleichmäßig liebevoll und gut zu seiner Frau und fand Gefallen an ihren Launen und Einfällen. Seit dem Ende des Jahres 1770 veranstaltete sie in ihren Gemächern kleine Bälle, bei denen sie anmutsvoll die Gäste empfing und durch die sich eine Art junger Hof zu bilden begann. Ihre Hofdame, Mme. de Noailles, wollte nicht dahinter zurückbleiben und gab jede Woche nette Feste für die Dauphine. Hiermit und durch Theateraufführungen sowie Schlittenfahrten, die große Freude Marie-Antoinettes, die diesen Brauch der nordischen Höfe am Hof von Versailles eingeführt hatte, wurde der Winter gut ausgefüllt.

Er wurde so gut ausgefüllt, daß gegen Ende der Fastenzeit er und sie sich nicht mehr aufrechthalten konnten und am Aschermittwoch nach dem letzten Ball in ihr Bett fielen, um dort zwölf Stunden zu verbringen; währenddessen schrieb Ludwig XV. an seinen Enkel, den Infanten von Parma: »Die Dauphine tanzt so viel sie kann, und mein Enkel scheint auch Gefallen daran zu finden, wenigstens nach dem, was man sagt; denn ich selbst weiß nichts davon, weil ich nicht dabeigewesen bin, sondern die Jagd und meine Geschäfte vorziehe...« »Der Karneval hier ist für meine Kinder glücklich zu Ende gegangen; Monsieur und Madame la Dauphine haben danach mehrere Tage das Bett hüten müssen, aber es geht ihnen gut.« Berry konnte nicht vermeiden, dem Beispiel seiner Frau zu folgen, und alle hätten ihn getadelt, wenn er es nicht getan hätte; aber der König zürnte ihm, weil er Marie-Antoinette nicht zu einem anderen Leben zwang. Er vergaß dabei, daß er allein gegen den Rat der verstorbenen Dauphin-Mutter diese junge Erzherzogin gewählt hatte.

Die schönen Tage vereinigten den Hof zunächst in Marly, dann in Compiègne. Dort sah der König am meisten von seinen Enkeln, denn Marie-Antoinette spielte mit ihrem Mann und dessen Großvater bis 11 Uhr abends, bevor Ludwig XV. zur Du Barry ging, mit der er eine neue Partie bis 1 Uhr nachts spielte. Am Nachmittag kam man auf Spaziergängen im Walde oder bei der Jagd zusammen.

Besser gefiel es ihr in Fontainebleau, wo der Hof von Mitte Oktober bis Mitte November weilte. Dort fanden Bälle, Feste und Schauspiele statt, in die sie vernarrt war. Sie versuchte sogar, Berry, der dem

Theater recht feindlich gegenüberstand, dazu zu erziehen. Hatte er doch einem Schauspieler gegenüber, der ihm das Programm der Schauspiele der Saison überreichte, erklärt: »Sehen Sie, was ich mir aus den großen Theaterdingen mache«, und das Programm in den Papierkorb geworfen.

Doch er hielt es nicht für unter seiner Würde, an den kleinen Lustspielen, Scharaden und dramatisierten Sprichwörtern teilzunehmen, die seine Frau und seine Brüder und Schwestern mit Hilfe der immer klugen Mme. de Marsan und unter Mitwirkung der aufgewecktesten unter den jungen Höflingen und der Söhne von Höflingen veranstalteten. Der Dauphin spielte hierbei eine der nützlichsten und ihm am meisten zusagenden Rollen: er stellte das Publikum dar, und zwar allein; denn es wäre ungehörig gewesen, andere Zuschauer zu dieser erlauchten und zu unerfahrenen Truppe zuzulassen, bei der der Scharm der Dauphine ihre Unfähigkeit zu diesem Beruf nur schlecht verbergen konnte. Hierin erblickte ihr Mann, so kurzsichtig er auch war, einen Grund mehr, das Theater zu verdammen, und wer die faden Erzeugnisse jener Zeit liest, wird ihm recht geben.

Er tat gut daran, sich der Gesellschaft zu entziehen, sobald er immer konnte, und zu arbeiten; daran fand er immer Gefallen, und es wurde ihm zur Pflicht. Überall, wo er Gelegenheit dazu hatte, sah man ihn arbeiten. Er arbeitete daran, die Bücher der Dauphine in den Regalen ihrer Bibliothek unterzubringen, was den Bibliothekar, M. Moreau, etwas verdroß; er half den Arbeitern, ein Schloß oder einen Beschlag in den Zimmern anzubringen. Selbstverständlich entrüstete das die Höflinge, die rasch dabei waren, das »Volk« zu loben, aber sorgfältig alles vermieden, was sie ihm hätte näherbringen können.

Ludwig-August dagegen liebte, wie das französische Volk, die sorgfältige Handarbeit ebenso wie die sorgfältige geistige Arbeit. In diesem Jahrhundert der »Enzyklopädie«, in dem die Leute von Welt die Handwerke bewunderten, aber die Handwerker mieden, verstand er die Handwerker und, was noch besser ist, ihre Kunst. Und so fuhr er fort, sich in seiner Dachbodenwerkstatt mit Gamain in der Schlosserei zu üben und die Uhrmacherei kennenzulernen.

Auch die Geographie vernachlässigte er nicht. 1769 hatte er sorgfältig eine große Karte von Versailles gezeichnet und illustriert; eine andere bereitete er vor. Er machte sich auch mit der Geographie des Erdballs vertraut und war gern bereit, sich mit dem Herzog von Croÿ und seinem Freunde M. de Kerguélen darüber zu unterhalten. Er nahm das

Studium der Geschichte mit Moreau wieder auf, der jede Woche ein Kapitel mit ihm las, nach dem Plan, den sein verstorbener Vater einst aufgestellt und dem zu folgen La Vauguyon versäumt hatte. Jetzt, durch dessen gelegen kommenden Tod befreit, konnte Ludwig-August mit Moreau wieder das gründliche Studium der Geschichte Frankreichs, seiner Vorfahren und Europas aufnehmen.

Dieses Studium vervollständigte er durch das Lesen der Zeitungen. Er ließ sich aus Holland die am besten redigierten Zeitschriften kommen und verfolgte ihre Artikel mit um so größerer Sorgfalt, weil sie außerhalb Frankreichs das Organ der französischen philosophischen und parlamentarischen Partei und ihrer Verbündeten, der europäischen Protestanten, bildeten. Er war daher zu gleicher Zeit der stillste und am besten unterrichtete von den Prinzen des Hofes. Die ihn kannten, wie sein Kammerdiener Thierry, konnten nur lächeln, wenn sie die Dauphine, die niemals ein Buch öffnete, zu M. de Mercy sagen hörten, sie würde alles tun, um den Dauphin zu ernsthafter Lektüre zu bewegen. Aber derart war der am Hof herrschende Ton, bei dem nur der äußere Anschein galt. Es waren schlechte Gewohnheiten, die Ludwig-August mit Verachtung strafte und die sich Marie-Antoinette so sehr zunutze machte. Andere Späße waren gefährlicher.

Sie liebte es, Ränke zu schmieden, und tat dies leidenschaftlich gegen die Familien La Vauguyon, Broglie und vor allem gegen die Du Barry, die Choiseul ihr als Hauptzielscheibe bezeichnet hatte.

Dieser Feldzug gegen die Du Barry war die Rache der Parlamentsmitglieder, die dabei von der öffentlichen Meinung und dem Ausland unterstützt wurden. Die Salons, die »Nouvelles à la main«, besonders aber die Schmähschriften zogen sie durch den Schmutz.

Ludwig XV. wußte wohl davon, denn er überwachte selbst die Zeitungen und Flugschriften. Um so mehr hegte er den Wunsch, gewissermaßen zum Ausgleich die Du Barry dem Hof und seinen Verwandten aufzudrängen. Er stieß auf Widerstand bei der Dauphine. Ihre Mutter, ihr Gatte und Mercy machten ihr vergeblich Vorwürfe. Nach tausend Drohungen und Bitten erreichte man endlich, daß sie beim Neujahrsempfang das Wort an die Du Barry richtete. »Heute sind viele Leute in Versailles«, sagte sie über die Du Barry hinweg, und damit mußte man sich begnügen. Zu ihrer Verteidigung ließ sie sagen, sie habe nach dem Willen ihres Gatten gehandelt. Maria-Theresia, um Österreichs Interessen besorgt und zu jeder Nachgiebigkeit bereit, wenn sie nützte, bestand darauf, daß auch der Dauphin das seinige dazu tat. Mercy mußte Mann und Frau die Leviten lesen. Im August, in Compiègne, erreichte man, daß Ludwig-August sich bereit erklärte, wenigstens von Zeit zu Zeit zu den Abendessen des Königs und der Mme. Du Barry zu gehen; er führte dies auch aus. Die Dauphine ihrerseits war so geschickt, einige liebenswürdige Worte zu einer Dame zu sagen, die in der Nähe der Du Barry stand, so daß diese sie als für sie bestimmt auffassen konnte. Für einige Monate waren alle zufrieden. Ende Dezember 1773 war Ludwig-August, der kein Ärgernis erregen wollte, sehr huldvoll, als die Favoritin sich vorstellte; er richtete das Wort an sie und behandelte sie höflich. Mercy lächelte entzückt und überrascht; er war noch mehr überrascht, als er sah, daß die Dauphine Mme. Du Barry einfach den Rücken drehte.

Einige Wochen später handelte es sich darum, die Du Barry dadurch zu versöhnen, daß man mit dem König und ihr in den Kleinen Kabinetten speiste. Berry nahm den Stier bei den Hörnern, ging zu seinem Großvater und sagte: »Meine zärtliche Liebe zu Ihnen, Sire, wird niemals Grenzen haben, und Sie können meine Ergebenheit und Achtung auf jede Art von Probe stellen, aber Eure Majestät wird das Gefühl haben, daß es in meinem Interesse liegt und meine Pflicht ist, Madame la Dauphine vor jedem Skandal zu bewahren.« Der König antwortete nicht, aber er ließ Berry durch Adélaïde sagen, er sehe mit Kummer, daß der Dauphin keinerlei Sinn für die Gesellschaft habe und daß er eine entschiedene Abneigung gegen das schöne Geschlecht zeige. Er bat seine Tochter, ihn zu einer geselligeren Haltung zu bringen und ihn zu veranlassen, die Frauen, die der König gewöhnlich um sich sah, höflich zu behandeln. Seinem Enkel gegenüber, der zu deutlich recht hatte, tat der König nichts weiter; er zeigte sich nur mehr zurückhaltend und traurig.

Mit Marie-Antoinette verfuhr er härter. Durfte er die öffentliche Meinung unbeachtet lassen? »Alle, die mit dem Hof im allgemeinen unzufrieden sind (und ihre Zahl ist groß), setzen ihre ganze Hoffnung auf Madame la Dauphine«, schrieb der Graf von Creutz an seinen König. Die Dauphine verheimlichte nicht, daß sie die ärgsten Schmähschriften las und verteilte.

Eines Tages also, als sie den König bat, die Gräfin von Gramont, eine ihrer Ehrendamen, die ins Exil geschickt worden war, weil sie die Du Barry beleidigt hatte, zurückzurufen, antwortete ihr Ludwig XV.: »Sie sind recht schlecht beraten, meine liebe Tochter, wenn Sie die Rückkehr der Mme. de Gramont verlangen; das kann Ihnen nur durch die Partei Choiseuls, von der Sie umgeben sind, eingegeben worden sein. Der Zutritt, den Sie diesen Leuten gewähren, verträgt sich nicht mit den klugen Ratschlägen, die Ihnen die Kaiserin gibt, und daher glaube ich, es ist am besten für Sie, wenn Sie über Ihre Bitte mit niemand sprechen.« Darauf drehte er ihr den Rücken.

DER GEDEMÜTIGTE DAUPHIN

Der König begann dieses ewigen Kampfes müde zu werden. Seit dem Huftritt, den er im August 1772 auf der Jagd bekommen hatte, fühlte er sich weniger stark. Mit dreiundsechzig Jahren ist man nicht mehr jung, zumal wenn man seine Jugend reichlich genossen hat und den Frauen alles, was man schuldete, wenn nicht mehr, gegeben hat. Die Regierungszeit war nicht leicht gewesen, und seit der Entlassung Choiseuls kam man aus den Schwierigkeiten und Konflikten nicht heraus. Am Hofe wurden die Höflinge unverschämt. So antwortete Lauraguais, kaum aus dem Exil zurückgekehrt, als ihn der König bei einem Ball in Versailles fragte: »Lauraguais, was sind das dort für Leute?«, »Sire, ich weiß nicht, niemand kennt sie, man sieht sie nur hier; das müssen wohl Verwandte der Du Barry sein.« Ludwig XV. blieb ihm übrigens eine schlagfertige Antwort nicht schuldig. »Was haben Sie in England gemacht, Herr von Lauraguais?« fragte er. »J'ai appris à penser, Sire.« – »Die Pferde?«, erwiderte der König.*

Er wies auch die Académie Française zurecht, als sie sich erlaubte, gleich auf einmal zwei atheistische und choiseulistische neue Mitglieder zu wählen; er bestätigte beide nicht, und die Akademie gab nach.

Er war jedoch über die Zukunft beunruhigt. »Was wird Berry tun?« fragte er sich. »Wie wird er durchkommen?« Dieses Volk war so oberflächlich und nervös. Ein Komet, der am Himmel erschienen war, machte alle Leute verrückt, und man wußte nicht, wie man sie beruhigen sollte. Ludwig XV. konnte nur die Achseln zucken.

So auch Marie-Antoinette. Sie hatte genug vom Hofe. Man hörte ihr nicht mit genügender Aufmerksamkeit zu. Sie wünschte zu regieren, die Blicke aller auf sich zu ziehen und alle Leute zu beherrschen. Mercy

* Unübersetzbares Wortspiel: penser, denken – panser, striegeln. (Anmerkung des Übersetzers.)

verfehlte nicht, diesen Wunsch noch anzustacheln. Er hielt in Paris eine hübsche Tänzerin aus, in die er sehr verliebt war, und hatte den Wunsch, als allmächtiger Ratgeber einer allmächtigen Königin in die Hauptstadt zurückzukehren.

Auch die Dauphine wünschte nichts sehnlicher. Zunächst wollte sie in der Mode tonangebend sein. Die berühmte Schneiderin Mlle. Bertin half ihr dabei; unter Benutzung eines Einfalls und Ausdrucks von Beaumarchais schuf sie die »Federbüsche à la Quesaco«, hohe, mit Federn garnierte Frisuren, in die die Frauen vernarrt waren. Die Dauphine wünschte noch mehr; sie wollte sich von Paris anbeten lassen.

Sie wollte Berry mit sich schleppen, der sich jetzt wohler fühlte und daher lebhafter war. Sie erhielt vom König die Genehmigung, daß beide heimlich zum Opernball gehen konnten; sie hatten dort viel Vergnügen. Das Publikum erfuhr es erst nachher und begann, zu den Opernbällen zu strömen, in der Hoffnung, sie dort wiederzusehen. Marie-Antoinette beschloß, hieraus und aus dem wachsenden Selbstvertrauen Ludwig-Augusts Nutzen zu ziehen; dieser zeigte sich immer zärtlicher ihr gegenüber, immer freundlicher gegen alle Diener und äußerte sich zum Schrecken dieses Milieus falscher Höflichkeit immer freimütiger gegen jeden, der ihn ärgerte.

Als man ihm die Nichte der Du Barry, die zur Einführung bei Hofe eingetroffen war, vorstellen wollte, drehte er sich nicht nach ihr um, sondern fuhr fort, an der Fensterscheibe eine Melodie eigener Komposition zu trommeln. Als man ihm einen Diener aufdrängen wollte, dessen Lebenswandel ihm mißfiel, wies er ihn barsch ab und sagte: »Wenn er den Posten bekommt, wird er den doppelten Vorteil haben, zu gleicher Zeit angestellt und entlassen zu werden.« Der Minister gab nach. Man behauptet sogar, daß der Dauphin der Du Barry, die einen ihrer Verwandten bei ihm unterbringen wollte, mitteilte: »Wenn Ihr Neffe diese Stelle bekommt, so soll er nicht in meine Nähe kommen; ich würde ihm einen Fußtritt geben.« Diese Anekdote, ob sie nun wahr ist oder nicht, gefiel dem Publikum besonders. Die etwas ungezügelte Schroffheit des jungen Prinzen und der Scharm seiner Gattin zogen instinktiv die Menge an, die sich von dem gealterten König zurückzog.

Ludwig XV. war so klug, sich damit abzufinden; er erlaubte ihnen, im Juni 1773 ihren Einzug in Paris zu halten. Am 8. Juni statteten der Dauphin und die Dauphine der Hauptstadt ihren ersten offiziellen Besuch ab. Sie trafen von Versailles gegen 11 Uhr vormittags an der »Porte de la Conférence« ein, wo sich die Stadtbehörden zu ihrem Empfang versammelt hatten. An ihrer Spitze befanden sich der Vorsteher der Kaufmannschaft, der Gouverneur, der Herzog von Brissac und der Generalleutnant der Polizei, M. de Sartine, mit der Reitenden Wachkompanie. Die Fischweiber der Halle, von denen sechs als Abordnung gekommen waren, hatten die Ehre, dem Paar einen sehr großen Rosenstrauß und einen Korb Orangen zu überreichen. Sie küßten Brissac und Sartine, die sich dies, wie es schien, mit größter Bereitwilligkeit gefallen ließen.

Der Dauphin und die Dauphine stiegen in die Galawagen und begaben sich unter gewaltigem Zulauf des Volkes zur Notre-Dame. Am Portal von Notre-Dame empfing sie der Erzbischof von Paris mit großem Gepränge an der Spitze des Domkapitels. Sie verrichteten ihr Gebet im Chor der Kirche, hörten eine stille Messe in der Kapelle der Heiligen Jungfrau, während der der Kapellmeister eine Motette eigener Komposition spielte, und besuchten dann den Schatz mit allen seinen Reichtümern. Von dort fuhren sie über die Place Saint-Michel und durch die Rue Saint-Jacques zur Kirche Sainte-Geneviève. Der Abbé und seine ganze Gemeinde begrüßten sie; sie verrichteten dort ihr Gebet, gingen, wie es Brauch war, um den Heiligenschrein herum und fuhren dann zum Tuilerien-Palais.

Unterwegs schrien einige Fischweiber: »Herr Dauphin, machen Sie uns doch ein Kind!« In den Tuilerien hatte man im Konzertsaal ein prächtiges Diner vorbereitet. Während des Mahls durften Hunderte von Personen hereinkommen, um sie zu sehen und durch eine andere Tür wieder hinauszugehen. Der Dauphin und die Dauphine gingen zu Fuß durch die Tuileriengärten, die für das Publikum geöffnet waren; sie hatten vorher den zu ihrem Schutz eingesetzten Wachen aufs eindringlichste eingeschärft, niemand zu drängen oder zu stoßen. Nach Beendigung des Spazierganges stiegen sie auf die Galerie, wo sie sich eine gute Viertelstunde sehen ließen, obwohl die Sonne, die an diesem heißen Tage besonders stark herabbrannte, sie sehr störte.

Die Menge bezeigte ihnen lebhafteste Dankbarkeit durch Händeklatschen und oft wiederholtes Freudengeschrei, unterbrochen durch kurze Pausen achtungsvollen Schweigens zum Zeichen der Bewunderung. Schließlich zogen sie sich nach einer tiefen Verbeugung vor allen Zuschauern zurück. In den Augen der Prinzessin sah man Tränen der Rührung, »sehr kostbare Tränen, weil sie eine schöne Seele verkündeten«. Die Menge war entzückt, das junge Paar auch, denn bei ihrer

Rückfahrt konnten ihnen die Offiziere der französischen und Schweizer Garden auf ihr eindringliches Befragen versichern, daß sich nicht der geringste Unfall und keinerlei Ruhestörung ereignet habe.

»Wie glücklich ist man doch in unserem Stande«, schrieb Marie-Antoinette an ihre Mutter, »daß man die Freundschaft eines ganzen Volkes so leicht erringen kann! Und doch gibt es nichts Kostbareres, ich habe es wohl gefühlt und werde es nie vergessen. Noch etwas anderes, das an diesem schönen Tage große Freude bereitet hat, ist das Verhalten des Dauphins. Er hat ausgezeichnet auf alle Ansprachen geantwortet und alles bemerkt, was man für ihn tat, besonders den Eifer und die Freude des Volkes, dem er viel Güte bewiesen hat.«

Mercy war in seinem Siegesbericht, den er nach Wien sandte, nicht weniger beredt: »Es bleibt nichts mehr zu wünschen übrig für den Erfolg, den Ihre Königliche Hoheit bei dieser Gelegenheit gehabt hat; das Publikum war von einer Art Begeisterung für die Frau Erzherzogin ergriffen... Das Verhalten des Dauphins war vollkommen... Dieser Einzug ist von großer Wichtigkeit für die Festlegung der öffentlichen Meinung.«

Vereint hatten sie ihre erste Schlacht und das Herz von Paris gewonnen. Daran konnten sie in den folgenden Wochen keinen Zweifel haben, als sie am 15. Juni der Oper beiwohnten, wo ihnen die Zuschauer einen Triumph bereiteten. In der Comédie-Française, in der sie sich am 23. Juni das Stück von Belloy »Die Belagerung von Calais« ansahen, ließ der Patriotismus der Schauspieler ihren Gefühlen freien Lauf, und alle Anspielungen wurden von den Zuschauern mit fieberhafter Freude aufgenommen. Aber wohl das köstlichste Schauspiel war das der Comédie-Italienne, »Harlekin und Scapin als Rivalen«, das den Vorzug hatte, den Dauphin zu belustigen, und deren zweites Stück »Der Deserteur« der Truppe und dem Publikum Gelegenheit gab, dem König ihre Ergebenheit zu zeigen, der durch den seinen Enkelkindern bereiteten Empfang sehr beeindruckt war. Er beglückwünschte sie dazu, und als die schlaue Dauphine ausrief: »Ach, Vater, wie Sie geliebt werden! Wenn Sie gehört hätten, wie sie uns Ihretwegen zujauchzten«, lächelte er. Er hatte es immer geliebt, von den Frauen getäuscht zu werden, und er freute sich, daß das französische Volk denselben Geschmack hatte wie er.

Man wunderte sich, daß die Menge sowohl am Dauphin wie an seiner Frau Gefallen fand und daß sich beide unter diesen einfachen Leuten wohl fühlten, besonders er, der bei Hofe als Brummbär galt. Man vergaß, daß man ihm von Kindheit an die Liebe zu den kleinen Leuten eingeflößt hatte, und man kannte nicht seine Überzeugung, daß ein König nicht nur über ein Volk herrscht, sondern durch ein Volk und mit einem Volke, und daß nichts die Liebe einer Nation zu seinem König ersetzen kann. Diese Tage zeigten ihm, daß er von ihnen geliebt werden konnte, und dies vermehrte in ihm das Gefühl seiner Verantwortlichkeit. Was würde geschehen, wenn er plötzlich König werden sollte? Er verstand noch nichts von diesem Beruf. Wenn er versuchte, seinen Großvater zu befragen, erhielt er nur kurze und ausweichende Antworten. Aus Achtung für ihn, und weil er Intrigen haßte, unterließ er es, sich mit einem Minister zu verbinden (wie es sein Bruder Provence tat). Er suchte daher Zuflucht bei alten Freunden seines Vaters, bei Muy und Maillebois, die ihm einen Lehrer für kluges Verhalten verschafften, mit dem er ohne Wissen aller in Briefwechsel trat. Es war der Sohn eines hohen Beamten des Herzogtums Lothringen, der Jacques Masson hieß und sich Marquis von Pezay nannte. Er war von lebhaftem, leicht auffassendem Geist, der alle Neuheiten und alle neuen Männer kannte und den Dauphin über eine Welt unterrichtete, die er bisher nicht gekannt hatte.

*

In diesem Jahre 1773 tauchte eine unbekannte Welt auf, denn jede Generation der Menschen ist eine Welt für sich. Die großen Koryphäen des achtzehnten Jahrhunderts machten noch von sich reden, aber sie selbst hatten zu ihren Lebzeiten nicht mehr viel zu sagen; Jean-Jacques wußte das und schwieg, Voltaire wollte sich nicht darein fügen und vermehrte seine Werke. Aber das Wort hatte Beaumarchais, der die Stadt und selbst den Hof mit seinen Angriffen gegen den Rat Goezman und den seiner Phantasie entsprungenen spanischen Stücken erfüllte. Man begann in Versailles, vom »Barbier von Sevilla« zu sprechen, und der König sagte, er sei entzückt von den Späßen Beaumarchais'.
Auch eine andere Persönlichkeit, aus Spanien kommend, erregte großes Aufsehen in Paris und Versailles. Die »Nouvelles à la main« von Mitte September 1773 meldeten alle die Ankunft des »Don Pedro Pablo Abarco de Bolea, zehnter Graf von Aranda, Außerordentlicher Botschafter und Bevollmächtigter Minister Ihrer Katholischen Majestät, vormaliger Premierminister, vormaliger Großmeister der spanischen Freimaurerei«, berühmt durch die Überlegenheit seiner Intelligenz, die Festigkeit seines Charakters und die Rolle, die er bei der Austreibung

der Jesuiten aus Spanien, deren Haupturheber er war, gespielt hatte. Er brachte mit sich zwölf Edelleute, zwölf Pagen und ein unzähliges Gefolge. Da er mit dem schönen Palais von Soyecourt, das sein Vorgänger, der Graf von Fuentes, in der rue de l'Université bewohnt hatte, wenig zufrieden war, ließ er sich gleich im Palais von Brunoy in der rue Neuve-des-Petits-Champs nieder. Dort führte er ein Leben wie ein Prinz von Geblüt, und das Pariser Publikum sperrte Nase und Mund auf und erzählte, daß Ihre Katholische Majestät, wie immer prunkliebend, ihm 600 000 Franken jährlich zahle und ihm dazu zwölf Millionen Franken gegeben habe, um sich einzurichten (»pour ses équipages«, wie man damals sagte). Außerdem war er außerordentlich reich. Er zog daher alle Blicke auf sich, und man fragte sich, was er nun tun werde.

Als alter Freund von Choiseul, erbitterter Feind der Jesuiten und hervorragender Freimaurer gab es keinen Zweifel, daß er mit Einwilligung seines Herrn gekommen war, um jene zu verstärken, die man damals die »Patrioten« nannte, an der Rückkehr Choiseuls zu arbeiten, den der spanische Hof als Urheber des Familienpaktes verehrte, und eine gemeinsame Politik für den Atlantischen Ozean festzulegen. Man sah ihn schon als Vermittler zwischen dem König und den Parlamenten.

Aber man täuschte sich. Herr von Grimaldi, der spanische Premierminister, hatte Aranda weggeschickt, weil er ihn lieber in Paris wußte als in Madrid; dann aber auch, weil man nach Choiseuls Sturz über die Zukunft der französisch-spanischen Beziehungen beunruhigt war. Eine österreichische Prinzessin würde bald Königin sein, und das Bündnis mit Österreich, wenn es noch enger werden sollte, barg die Gefahr in sich, Frankreich in die Intrigen des europäischen Kontinents hineinzuziehen, und zwar auf Kosten des im Stich gelassenen Spaniens, das dann allein England gegenüberstehen würde. Aranda hatte den Auftrag, den Allerchristlichsten König im Namen seines Madrider Vetters an die englische Gefahr zu erinnern und zu versuchen, ihn an der großen Vergeltung teilnehmen zu lassen, die die Schande und die Verluste von 1763 wiedergutmachen sollte.

Er sollte sich auch um die innere Politik kümmern. Der König von Spanien wollte alles wissen, was am Hofe seines französischen Vetters vor sich ging. Besonders sollte er ganz aus der Nähe die Umtriebe der Orléans überwachen, denen man seit der Regentschaftszeit und dem Kriege, den der Regent gegen Spanien geführt hatte, in hohem Maße mißtraute. Karl III. und Aranda wußten sehr wohl, daß der Herzog von Chartres, der Sohn des Herzogs von Orléans, als er Adélaïde von Bourbon-Penthièvre, die Tochter des Herzogs von Penthièvre, heiratete, einen Meisterstreich geführt hatte. Man schätzte die Einkünfte seines Schwiegervaters auf 2 652 000 Livres (im Jahre 1775), wozu noch 612 000 Livres aus dem elterlichen Erbe kamen. Da die Orléans schon die reichste Familie Frankreichs waren – bedeutend reicher als die herrschende Linie –, kann man sich die Macht vorstellen, die hierdurch auf Chartres übertragen wurde. Er schreckte daher auch vor nichts zurück.

In seiner Villa in Monceau spielten sich die schamlosesten Orgien ab; auf den Opernbällen erregten seine phantastischen Einfälle größtes Aufsehen. Man tadelte ihn nicht einmal dafür, daß er den seltsamen Experimenten, die der Doktor Gilbert de Préval anstellte, beiwohnte. Dieser wagte es, um zu beweisen, daß eine Salbe seiner Erfindung gut gegen alle Geschlechtskrankheiten schützte, sich mit dem kränksten Mädchen, das man in Paris hatte auftreiben können, nur mit seiner Salbe bekleidet, im Schmutz zu wälzen, und das unter den sachverständigen Augen von Chartres und seiner Freunde Ligne, Biron und Luxembourg, jener kleinen Gruppe, die soeben den ersten Prinzen von Geblüt zu einer neuen Ehre gebracht hatte, nämlich der des einzigen Hauptes und Leiters aller Freimaurerlogen von Frankreich. Sie glaubten an diesen kühnen Prinzen, der durch seine Verbannung aus Versailles noch volkstümlicher geworden war. Er konnte nicht im Theater erscheinen, ohne durch lärmenden Beifall begrüßt zu werden. Sein Ansehen, sein Reichtum, seine unzähligen Angestellten, Vasallen und Diener und dann seine Stellung als erster Prinz von Geblüt machten ihn für den Dauphin zu einem gefährlichen politischen Führer, der die herrschende Linie bedrohte und den spanischen Bourbonen verdächtig war.

Trotz der Heirat des Herzogs von Artois mit der jungen Prinzessin von Savoyen, die gerade, mit Glanz und von der öffentlichen Meinung günstig beurteilt, stattgefunden hatte – denn Artois wurde von allen gern gesehen und gefiel durch seine Jugend –, blieb die Atmosphäre drückend. Die Parlamente blieben in der Verbannung und gaben sich nicht geschlagen; ein großer Teil der öffentlichen Meinung und der einflußreichsten und mächtigsten Leute und auch die Stadt Paris erklärten sich heftig für sie. Die wieder zum Hof zugelassenen Prinzen von Geblüt gaben ihren Ansichten unverändert Ausdruck und verhehlten nicht, daß sie mit dem König nicht einverstanden waren.

Von außen her ermutigten England, Holland und die meisten Mächte die Parlamente. Die aus dem Ausland kommenden Almanache, wie »Le Vrai Liégeois« und »Le Messager boiteux« (Bern), beide sehr populär, waren unerschöpflich in indirekten Angriffen gegen den König und direkten Lobreden auf das Parlament. Die Angelegenheit Goezman vermehrte den Mißkredit der neuen Parlamente, von denen man erklärte, sie bestünden aus Gaunern, wie es Beaumarchais im Prozeß gegen Goezman, der einer von ihnen war, zeigte.

In einer so schwierigen Lage erschien der König alt und der Dauphin sehr jung. Die von Choiseul geführte Propaganda stellte ihn als unwissend, ungebildet und albern hin. Der edle Herzog hielt es nicht für unter seiner Würde, selbst eine possenhafte, beleidigende Schrift zu verfassen: »Der Prinz ist schwachsinnig«, las man da, »es ist zu befürchten, daß sein Schwachsinn und die Lächerlichkeit und Verachtung, die daraus folgen, ganz natürlich den Verfall dieses Reiches hervorrufen und die Nachkommen des Königs um den Thron bringen werden.«
Marie-Antoinette, die sich ihrem Manne versagte, nahm am Feldzug Choiseuls teil und schadete dem Dauphin sehr. Sie berief sich auf seine Passivität, ließ noch mehr durchblicken und machte ihn am Hof und in der Stadt lächerlich.

Maria-Theresia sowohl wie Ludwig XV. waren darüber beunruhigt. Nachdem der König mehrmals mit seinem Enkel gesprochen hatte, ohne besonders in ihn zu dringen, verabredete er mit Lassonne, daß Ludwig-August sich einer vollständigen Untersuchung unterziehen solle, und zwar früh am Morgen, damit man nichts an seiner Leibesbeschaffenheit übersehe. Der Befund war ganz unzweideutig: der Dauphin war von normaler Leibesbeschaffenheit, und da er verliebt war, hinderte von seiner Seite nichts die Vollziehung der Ehe.

Dieses für Ludwig-August günstige Gutachten Lassonnes setzte Marie-Antoinette in große Verlegenheit; sie schrieb darüber an ihre Mutter: »Der Dauphin hat Lassonne, der ihn mehrmals gesprochen hat, sehr gute Antworten gegeben; er ist von guter Leibesbeschaffenheit, liebt mich und hat den guten Willen, aber er ist von einer Gleichgültigkeit und Trägheit ohne Ende . . .« Dies konnte man natürlich nicht veröffentlichen; was auch zu nichts gedient hätte, denn für den Hof war es kaum weniger lächerlich, eine Frau zu achten, die sich nicht hingeben wollte, als einen Mann, der einer Frau, die ihn wünschte, nicht Genüge tun konnte. Das Geheimnis verewigte sich also, und Berry galt weiter als unfähig, seine ehelichen Pflichten zu erfüllen.

Man wußte, daß bei Provence der gleiche Fall vorlag, obwohl er sich noch mehr Mühe gab, es zu verbergen. Daher wartete man beängstigt darauf, wie es mit Artois sein würde. Man hatte kein Vertrauen. Schon schrieen die Heringsweiber: »Macht uns ein Kind!«, und Croÿ schrieb, obwohl er wohlmeinend und der Dynastie treu ergeben war, bedächtig in sein Tagebuch: »Wenn dieser zu jung verheiratete Prinz uns keine Kinder gäbe und die beiden anderen auch nicht, was bei drei Knaben eine fatale Angelegenheit wäre, so wäre das um so ärgerlicher, als der Hofhalt deshalb nicht weniger Millionen kosten würde!« (5. Dezember 1773.)

Aranda, der gekommen war, um sich über alle diese Dinge zu unterrichten, schrieb seinerseits:

»Der Dauphin hat seine Fähigkeiten und seinen Charakter noch nicht offenbart. Man zweifelt nicht daran, daß er gut und ein wahrer Freund der Tugend sei. Er hat eine gute Figur und einen kräftigen Körper. Die Jagd liebt er ganz außerordentlich und reitet dabei so geschickt, daß man ihm nur mit Mühe folgen kann; man muß sogar damit rechnen, daß er sich gefährlichen Stürzen aussetzt. Man kennt niemand, der sein wahres Vertrauen gewonnen hat. Man bezweifelt, daß er seine Ehe vollzogen hat. Manche behaupten es, aber mehrere Damen der Dauphine scheinen es nicht zu glauben; und es fehlt nicht an Beweisstücken, um es denken zu lassen. In der Wäsche der beiden finden sich Flecken, die enthüllen, daß der Akt stattgefunden hat, aber recht viele Leute schreiben dies nur Ergüssen des Dauphins zu, dem es nicht gelungen sei, einzudringen; nicht aus Mangel an Temperament, sondern wegen eines kleinen Schmerzes an einer unglücklichen Stelle, der sich verstärkt, wenn er versucht, einzudringen. Andere wieder glauben, daß alles ausgeführt wurde, weil der Dauphin seit einiger Zeit sich besonders liebevoll zu der Dauphine zeigt. Aber der Zweifel, der weiterhin über dieser doch so wichtigen Angelegenheit schwebt, läßt den Gedanken nicht zu, daß das gewünschte Ergebnis erreicht wurde, weil man es sonst gefeiert hätte.

Die Dauphine ist schön und hat ein sehr österreichisches Herz; solange sie es nicht Frankreich zugeneigt hat, ist es natürlich, daß sie wenig Geschmack an allen Vorzügen dieses Landes findet; doch liebt sie sehr Juwelen und Schmuck, und es fehlt ihr hier nicht an Gelegenheiten, sich alles zu beschaffen, was sie wünscht; sie kann also dieser Neigung ihres Geschlechts reichlich folgen ... Der König liebt sie sehr und sucht, ihr Vergnügen zu bereiten ... Der Graf von Provence sieht sehr gut aus, aber alle behaupten einstimmig, er sei impotent ...

Der Graf von Artois ist galant und hat ein gutes Benehmen; er ist intelligenter als seine Brüder und hat mehr Neigung, sich zu unterrichten. Nach seinem Äußeren zu urteilen, lassen ihn seine Lebhaftigkeit und alle seine Fähigkeiten als den Retter und Wiederhersteller seiner Familie erscheinen. Die Lage dieser Regierung und Monarchie ist nicht beneidenswert...«

So sah die Bilanz des Grafen von Aranda aus, der, darum besorgt, seinem Herrn gut zu dienen, sich damit beschäftigte, Tag und Nacht die drei jungen Prinzen zu bespitzeln und seinen Hof zu veranlassen, eine spanische Infantin zu schicken, die geeignet wäre, den für sein Alter noch rüstigen Ludwig XV. zu heiraten, ihm Kinder zu schenken und Marie-Antoinette auf den zweiten Platz zu verweisen. Dann würden die Orléans aufhören, gefährlich zu sein, Frankreich und Spanien wären fest vereinigt, und die Dynastie der Bourbons bekäme neues Blut. Die große Aufgabe des Grafen von Aranda hing vom Gelingen dieses Planes ab.

*

So sehr Aranda auch »Philosoph« war, er wollte Frankreich durch das Geschlecht der Bourbonen retten. Für ihn handelte es sich nicht mehr um Theorien; allein der Instinkt leitete ihn in dieser Krise. Seit zehn Jahrhunderten hatte das Geschlecht der Kapetinger Frankreich geschaffen, nicht so sehr durch scharfsinnige Methoden oder dank besonderen Doktrinen, sondern durch die Kraft ihrer Arme, die Weisheit ihrer Ratschlüsse und ihre Verbindung mit den Bischöfen. Außerhalb der christlichen Lehre befolgten sie keine festen Regeln, aber sie besaßen einen immer wachen und lebendigen Instinkt. So gelang es ihnen, ein Land und einen Menschenschlag zu schaffen, eine Nation und eine Kultur, deren Bürgen sie blieben, ohne geschriebene Texte und notarielle Verträge, sondern durch die Lückenlosigkeit eines Instinkts und eines Geschlechts. So sehr Aranda Freimaurer, Philosoph und Sektierer war, so wußte er doch, daß weder die Orléans noch irgendeine andere Familie in Frankreich fähig waren, das Land auf der Linie zu erhalten, auf der es seit zehn Jahrhunderten lebte, und auf der Ebene, auf die es die Bourbonen gestellt hatten. So war wenigstens die Doktrin, die er seinem Herrn, dem König, gegenüber verkündigte und die durch seine Handlungen anzuwenden er sich jetzt bemühte.

Er spielte eine große Rolle an einem Hofe, der sich langweilte. Das Exil Choiseuls und der Parlamentsmitglieder und ihrer Frauen, das freiwillige Fernbleiben ihrer Freunde und Anhänger hatten die Salons des Königs geleert. Die Atmosphäre von Versailles wäre ohne die Dauphine, die hier Anmut und Wärme verbreitete, trübe und gespannt gewesen. Die Feste, Bälle und Schauspiele, die bei Gelegenheit der Hochzeit von Artois während des Herbstes und Winters 1773/1774 stattfanden, waren sehr elegant, und man hielt sich an diesen Vergnügungen schadlos.

Marie-Antoinette aber dachte seit ihrem ersten Besuch in Paris nur daran, dorthin zurückzukehren und mit dem Publikum zusammenzutreffen. Alle Gelegenheiten waren für sie gut, denn alle verschafften ihr das gleiche Vergnügen, nämlich das, durch ihren Scharm zu triumphieren. So schleppte sie ihren Mann auf den Jahrmarkt Saint-Ovide de Paris (2. September) und sogar auf das Fest von Saint-Cloud, um die Buden, Verkaufsstände, das Feuerwerk und den Ball zu sehen und vor allem, um gesehen zu werden. Die zunächst erstaunten, dann entzückten Dorfbewohner zeigten, daß sie es ebensogut wie die Pariser verstanden, Beifall zu spenden.

Dann führte sie ihn in die Gemäldeausstellung und schließlich, als der Karneval auf seinem Höhepunkt war, zu den Opernbällen, denen er allerdings mißtraute, und das mit Recht. Aber man erwartete sie dort gar nicht, und sie bewegten sich umher, ohne erkannt zu werden; sie sprachen frei mit jedem, der ihnen gefiel, was ihnen wirklich viel Vergnügen machte. Als sie dann die Masken abnahmen, gab es Huldigung über Huldigung. Die Dauphine war entzückt und der Dauphin kaum weniger; er war herzlich zu allen. An dieser allgemeinen, so freundlichen Aufnahme erfreuten sie sich noch lange, als sie Seite an Seite im Wagen saßen, der sie durch die Winternacht nach Versailles zurückbrachte (30. Januar 1774).

Trotz diesen Ovationen, trotz ihrem Scharm war die Dauphine in Versailles 1772 bis 1774 wenig beliebt. Unvorsichtig in ihren Freundschaften, steif gegenüber den Ministern und ihren Frauen, feindlich allem, was nicht Choiseul und choiseulistisch war, stieß sie die rechtschaffenen Leute ab.

Die lange, etwas zweideutige enge Freundschaft mit ihren beiden Schwägern endete nicht gut für sie. Niemand konnte an den geheimen ehrgeizigen Bestrebungen von Provence zweifeln, der, den Traditionen und Vorschriften zum Trotz, erreicht hatte, daß man ihm, wenn er nach Paris kam, dieselben Ehren erwies wie dem Dauphin, und der sich bei allen Ministern einschlich. Was Artois betrifft, so gab er sich, sobald er verheiratet und von der Aufsicht seines Erziehers befreit war, mit ganzem Herzen allen Vergnügungen hin. Man sah ihn im Übermaß trinken, hoch und gewagt spielen und den Kammerfrauen seiner Gattin die Röcke aufheben. Sein sehr kostspieliger Haushalt war nur ein Chaos und sein Leben ein ständiger Karneval.

Der Dauphin allein bewahrte in allem Vernunft und Güte. Er ging weiter auf die Jagd, denn dieses für seine Gesundheit unerläßliche Vergnügen war das einzige, das ihn seinem Großvater näherbrachte. Bei der Parade der »Dauphin Cavalerie« war er ebenso leutselig mit den Offizieren wie freundlich zu den Mannschaften, und er verstand es, die Truppe geschickt manövrieren zu lassen. Bei der Feier des Heiligen-Geist-Ordens für die Einsetzung des jungen Herzogs von Bourbon waren alle Anwesenden überrascht von der liebevollen Sorgfalt, mit der er sich um den Novizen bemühte. Und am 23. November, als er mit seinem Großvater Madame Louise im Carmel besuchte, bewunderten alle seine andächtige Sammlung und seinen Herzensadel.

»DER KÖNIG STIRBT NICHT«

Ludwig XV. bewarb sich von Tag zu Tag immer mehr um die Zuneigung seines Enkels. Der König fühlte sich einsam; der Tod des Marquis von Chauvelin, eines seiner liebenswürdigsten und am meisten geschätzten Gefährten, hatte ihn schwer erschüttert. Als sie eines Tages bei der Du Barry Karten spielten, brach Chauvelin, mit dem er gerade sprach, zusammen, und man konnte ihn nicht wieder zum Leben erwecken. Etwa zur gleichen Zeit traf dasselbe Schicksal den Marschall von Armentières und den Abbé de La Ville, die beide beim »Lever du Roi« vom Schlage getroffen wurden. Ludwig XV. mußte immer an das denken, was ihm sein Arzt, La Martinière, gesagt hatte, als er ihn im Frühjahr 1773 konsultierte. Als sich der König bei ihm über das Nachlassen seiner Fähigkeiten beklagte und hinzufügte: »Ich sehe wohl, daß ich nicht mehr jung bin, ich muß wohl etwas bremsen«, war die Antwort: »Sire, noch besser wäre es, abzuspannen.«

Er fühlte oft das Verlangen danach und erinnerte sich an seinen früheren Wunsch, abzudanken und die Macht dem Dauphin zu überlassen; aber sein Sohn war tot, Berry noch nicht bereit, und die Staatsgeschäfte waren nach wie vor schwierig. Und dann war Madame Du Barry gegen einen Thronverzicht; sie erhielt den König aufrecht und trieb ihn an. Sie hatte das Porträt Karls I. in ganzer Figur von Van Dyck gekauft und neben das des Königs gehängt, um ihn an das Schicksal zu erinnern, dem die zu schwachen Herrscher ausgesetzt sind. Die Freunde Choiseuls behaupteten, wenn er seine Müdigkeit merken lasse oder seinen Wunsch, sich mit den Parlamenten zu versöhnen, sich zurückzuziehen oder seiner gewohnten Güte Raum zu lassen, so zeige sie ihm das Bild.

Jeder wollte den König zu sich herüberziehen. Aranda machte ihm in eindringlichster Form das Angebot, eine junge und reizende Infantin zu heiraten. Er sagte nicht nein, sondern ließ nur durchblicken, wie schwer es für einen Mannn seines Alters wäre, sich die Treue einer jungen und hübschen Frau zu sichern. Aranda gab sich nicht geschlagen; er erbat dringend Anweisungen von seinem Hofe und bespitzelte jede Nacht alles, was Artois tat, um dem König zu beweisen, daß er allein sein Geschlecht fortsetzen könne, weil seine drei Enkel steril seien.

»Es wird Eure Majestät interessieren«, schrieb Aranda an den König von Spanien, »die Ergebnisse der Heirat Artois' zu erfahren, da die Unfähigkeit der beiden älteren Brüder nicht nur die allgemeine Neugier erweckt, sondern droht, eine Frage des Staatswohls zu werden. Leider kann man diese Angelegenheit schwer schriftlich erklären, denn die Worte, die sich nur an den Verstand wenden, ermangeln der Klarheit und Genauigkeit. In der Nacht vom Dienstag, dem 16., zum Mittwoch, dem 17., soll der Graf von Artois drei mutige Angriffe gemacht haben, die eine Bresche in die Burg geschossen haben und Spuren seiner Artillerie auf dem Hemd gelassen haben sollen; aber man sagte nicht, daß man Blut der Dame gesehen habe, das auf eine Verletzung schließen ließe.

In der zweiten Nacht soll die Festung zur Hälfte genommen worden und das Werkzeug bis zur Hälfte hineingedrungen sein, aber man sprach immer noch nicht von Blut oder einer Verletzung. In der dritten Nacht, so behauptet man, sei die Bresche geöffnet worden, und er soll mehrere Male in die Festung eingedrungen sein, ohne daß sich die Waffe in geeigneter Weise entladen habe. Trotzdem glaube ich, daß in dieser dritten Nacht alles vollendet worden ist, denn als Artois zum »Lever du Roi« kam und seinem Großvater die Hand küßte, war er sehr lustig und der König noch mehr...«

So schrieb Aranda im November. Aber im Januar war sein Ton herabgestimmt:

». . . Auch von ihm, Artois, sagt man, daß selbst dann, wenn er dahin, wo es nötig ist, eindringe, nicht der notwendige und schöpferische Ausfluß erfolge, so daß alle seine Anstrengungen vergeblich sind« . . . »Man hat daher«, so sagte der Graf, »mit dem König gesprochen und darauf bestanden, daß er die Pflicht habe, sich wiederzuverheiraten, weil seine drei Enkel unfähig seien, ihm eine Nachkommenschaft zu geben, und er hat geantwortet, wenn sich in einem Jahr die Lage nicht gebessert habe, würde er daran denken, sich wiederzuverheiraten, um die Unzulänglichkeit seiner Enkel auszugleichen.«

Derart sprach man mit dem König während des Karnevals.

Als die Fastenzeit gekommen war, hörte man ein anderes Lied. Der Abbé Rousseau hielt die Fastenpredigt vor dem König in Versailles. Mit bitterem Eifer donnerte er gegen alle Laster und legte dabei eine Kühnheit an den Tag, die in den Augen der Frommen heilig war, in denen der Höflinge unangebracht. Am Gründonnerstag war es noch schlimmer. Der Abbé von Beauvais sprach sehr passend von Salomo, seinen unglaublichen Tugenden und seinen heftigen späten Lastern; unerbittlich geißelte er die lasterhaften Greise, die noch am Rande des Grabes dem Himmel trotzen.

Beim Verlassen der Kirche sagte der König zu Richelieu: »Herr von Richelieu, mir scheint, man hat einige Steine in Ihren Garten geworfen.« – »Ja, Sire«, erwiderte der galante Marschall, »und zwar so heftig, daß sie bis in den Garten von Versailles gesprungen sind.« Der König lächelte, denn er bewahrte stets seine sehr guten Manieren. In der Kirche betete er immer gemeinsam mit Madame Louise, seiner Tochter, der Karmeliterin, und beim Verlassen der Kirche vergaß er nicht Mme. Du Barry, seine treue Freundin, die immer gegenwärtig war, um ihm ihre Ergebenheit zu zeigen. Inzwischen lag Herr von Aranda im Namen der Staatsräson auf der Lauer. Welches Leben führte doch ein König!

Es ist mühsam, zu leben; es ist nicht leicht, zu sterben, aber allen gelingt es, selbst den Dümmsten, so sagt man. Doch für manche ist der Tod gnädig und kommt ihnen entgegen, für andere wieder läßt er sich bitten.

Am 26. April aß der König mit der Du Barry im Trianon zu Abend. Hierbei überkam ihn ein heftiger Schüttelfrost. La Martinière ließ ihn sofort nach Versailles und ins Bett bringen.

Am 27. und 28. entwickelte sich die Krankheit, und am 29. um elf Uhr abends teilten die Ärzte mit, daß er die Pocken habe. Man hielt den Dauphin und die Dauphine von ihm fern; sie mußten sich aus Furcht vor Ansteckung zu Hause einschließen. Man wagte es dem König, den man für sehr krank, aber noch nicht für verloren hielt, noch nicht zu sagen.

Am 4. Mai endlich wurde man ängstlich, und Ludwig XV., nun über seine Krankheit unterrichtet, entließ die Du Barry. Er beichtete am 7. um drei Uhr morgens und bat öffentlich Gott um Vergebung für das Ärgernis, das er erregt hatte, und zwar in einem Schreiben, das der Erzbischof von Beaumont am Hofe vorlas.

Am 9. sprach er wieder mit seinem Beichtvater und empfing mit großer Frömmigkeit die Sterbesakramente. Manchmal sagte er: »Ich möchte noch mehr leiden.«

Die ganze Nacht hindurch erwartete man seinen Tod, während man in den Kirchen von Paris das Vierzigstundengebet abhielt und der Dauphin betete. Gegen zehn Uhr morgens bereitete ihn der Bischof von Senlis zum Tode vor; er sagte »ja«. Um ein Uhr ersuchten die Priester die noch anwesenden Höflinge, niederzuknien und zu beten, denn der Todeskampf begann; er dauerte zweiundeinhalbe Stunde.

Plötzlich wurden die beiden Flügel der Tür seines Zimmers geöffnet; ein Hofbeamter trat in den Wartesaal der Hofkavaliere und rief: »Der König ist tot!« Dann mußten alle hinausgehen, und das Zimmer wurde geschlossen.

Die Regierung Ludwigs XV. war beendet.

Ludwig XVI. war König.

II. TEIL

LUDWIG DER ERSEHNTE

MIT NEUNZEHN JAHREN KÖNIG

Ludwig-August stieß einen lauten Schrei aus, als der Zeremonienmeister zu ihm kam, ihm den Tod seines Großvaters mitzuteilen. Der einzige Freund, den er in seiner Jugend gehabt hatte, war tot; als Freund war er zwar lässig und etwas entfernt gewesen, aber er war aufrichtig. Sein einziger Schutz und sein einziger Führer war dahingegangen; jetzt plötzlich fiel das erdrückende Gewicht der Krone Frankreichs auf sein Haupt.
»Oh, mein Gott!« rief er, »ich bin der unglücklichste Mensch!« Er war ganz außer Fassung, und man glaubte, er würde in Schluchzen und Tränen ausbrechen. Aber er faßte sich wieder: »Ich sehe wohl ein, daß Gott es will. Er hat es so beschlossen. Mir bleibt nichts übrig, als die Religion zu beschützen, die des Schutzes dringend bedarf, mich von den Lasterhaften und Schurken fernzuhalten und den Völkern Erleichterung zu verschaffen.« Als dann die kleinen Damen, seine Schwestern Clotilde und Elisabeth, eintraten, küßte er sie zärtlich: »Wir trennen uns nicht, ich werde für euch der Stellvertreter aller sein«, sagte er zu ihnen.
Dann fuhr er nach Choisy ab, weil man Versailles, das durch den Tod Ludwigs XV. verpestet war, fliehen mußte. Während der Wagen abfuhr, brüllte das Volk in einer ungeheuren Beifallskundgebung: »Es lebe der König!«
In Choisy richtete man sich in aller Eile ein. »Mesdames«, die Töchter Ludwigs XV., die ihn während seiner ganzen Krankheit gepflegt hatten, kamen auch dorthin und wurden aus Furcht vor Ansteckung in einem abseits gelegenen Gebäude, »le petit Château«, untergebracht. In seinem Schmerz dachte der König zunächst an die anderen; er liebkoste die

durch das Ereignis fassungslos gewordene Königin. Dann empfing er den Herzog von Villequier, der ihm ein Schreiben des Herzogs von La Vrillière, des Ministers des königlichen Hofstaats, überbrachte, in dem dieser seine Befehle für verschiedene dringende Fragen erbat. Er schrieb seine Antworten an den Rand: er würde sich Ludwig und nicht mehr Ludwig-August nennen; er wäre also Ludwig XVI. Man könne dies wie üblich mitteilen. Er würde alle Minister beibehalten, und die Minister könnten brieflich mit ihm in Verbindung treten, bis er sie am neunten Tage sehen würde. Ferner befahl er, in Versailles alle Intendanten der Provinzen und alle Militärbefehlshaber zurückzuhalten, damit er sie sprechen könne, sobald es möglich sei. Nachdem er dies unterschrieben hatte, ließ er der Königin sagen, er würde jetzt arbeiten. Er schloß sich in seinem Kabinett ein, um an seinem Schreibtisch allein zu arbeiten.

*

Neun Tage lang arbeitete er ununterbrochen; er schrieb eigenhändig Briefe, schickte Botschaften, las lange Berichte und unterbrach die Arbeit nur, um zu beten und mit seiner Familie die Mahlzeiten einzunehmen, wie er es während der ganzen Krankheit Ludwigs XV. getan hatte. Während dieser Zeit wurden draußen und ganz nahe bei ihm Intrigen gesponnen, Gerüchte liefen um, die Königin litt an Nervenschwäche oder regte sich auf, seine Brüder stellten Berechnungen an, die Höflinge intrigierten und die Botschafter spionierten.
Er aber arbeitete, und seine Hauptsorge war, in sich selbst Klarheit zu schaffen, um, wenn es möglich war, in den Angelegenheiten, bei denen er jetzt oberster Schiedsrichter sein sollte, klarzusehen. Sein erstes Gefühl, das er nicht hatte verbergen können, das er aber nun anfing zu beherrschen, blieb die Furcht: er war noch nicht zwanzig Jahre alt, verstand nichts von den Staatsgeschäften und kannte keinen von denen, die verwalteten oder verwalten konnten.
Sein Großvater hatte einen so schnellen Tod nicht vorausgesehen; obwohl er oft daran gedacht hatte, hatte er nichts vorbereitet, vor allem nicht seinen Enkel. Er hatte ihn nicht einmal zum Staatsrat zugelassen, wo der Dauphin sich wenigstens mit den Fragen und mit den Leuten hätte vertraut machen können. Ihre einzige Vertrautheit war rein gefühlsmäßig gewesen, und das nur bei den langen Jagden. Aber die Jagd war beendet, und es hieß arbeiten.

Er hatte mit seinem Vater gearbeitet, der geistige Arbeit kannte und sich eine Doktrin geschaffen hatte, eine Regierungsmethode und einen Stab. Aber sein Vater war 1765 gestorben, und alle seine Ratschläge, Anweisungen und Empfehlungen waren zehn Jahre alt, ein langer Zeitraum in der Politik! Die damals reif gewesenen Männer waren jetzt alt, und eine neue Generation war herangewachsen. Die Grundsätze, die sein Vater ihm eingeprägt hatte, behielten ihren Wert: dem Volke Frankreichs zu dienen, die Monarchie aufrechtzuerhalten, die Kirche zu beschützen und vor allem und in allem niemals das Interesse Frankreichs zu vergessen.

Er legte Wert darauf, alles, was mit seinem Vater und dessen Tradition zusammenhing, zu bewahren, und er las von neuem die Namen, die dieser ihm empfohlen hatte: Maurepas, Vergennes, Du Muy, der tugendhafte Mann im wahrsten Sinne des Wortes, und die anderer, von denen sich nicht alle gut entwickelt hatten, wie Aiguillon, der so schamlos der Du Barry gänzlich ergeben war. Aber einige waren rein geblieben, und an die würde er sich wenden, und zwar sofort, denn er stand ganz allein. Konnte er denn vergessen, daß die Königin ihn nicht liebte, sich weigerte, mit ihm zu schlafen, daß sie seine Geheimnisse nicht bewahrte und nur Choiseul diente? Von ihr konnte er nur Sorgen und Schwierigkeiten erwarten, ebenso von seinen Brüdern. Monsieur* betrog, Artois spielte. Er allein arbeitete. Er wußte sehr wohl, daß er weder über anmutige Manieren noch schlagfertige Antworten verfügte, daß er nicht die Kunst beherrschte, den Frauen zu gefallen und dies zu mißbrauchen – alles Dinge, die Ansehen in der Gesellschaft verschaffen. Er ging an seine Aufgabe mit Demut heran.

Diese Aufgabe schien unendlich groß. Man sprang ihm sofort mit dem »Defizit« ins Gesicht. Frankreich, dem größten und reichsten Königreich Europas, fehlte es an flüssigem Gelde, und das hinderte seine Politik. England und Spanien besaßen mehr. Frankreich aber stöhnte unter den schwersten Lasten. England auf seiner Insel brauchte nichts als eine gute Flotte; Spanien, die durch Gebirge an seiner einzigen Grenze wohlgeschützte Halbinsel, lief keine Gefahr, wenn es nur wenig bewaffnet war. Frankreich aber mußte über eine starke Flotte gegenüber England und Spanien verfügen und an den Grenzen von Piemont, Deutschland und Flandern, wo es durch nichts verteidigt wurde, eine starke Armee haben.

* Monsieur, Titel des ältesten Bruders der französischen Könige. (Anmerkung des Übersetzers.)

Der Siebenjährige Krieg und die prunkvolle Amtsführung Choiseuls hatten die Kassen geleert. Vergeblich hatte Fleury 1735 den Staatshaushalt wieder ins Gleichgewicht gebracht und von 1735 bis 1740 das Defizit auf sechs oder acht Millionen vermindert; die Kriege verschlangen alles. In diesem kritischen Augenblick unternahm Machault einen mutigen Sanierungsversuch, der ohne den Widerstand des Klerus gewiß Erfolg gehabt hätte. Er wurde gestürzt...; 1769, nach elf Jahren *Choiseul*scher Verwaltung, sagte d'Invau Ludwig XV., daß die Finanzen fürchterlich zerrüttet wären: 50 Millionen jährliches Defizit, 80 Millionen dringender Schulden und ein Jahr Vorgriff auf die Steuern – kurz, ein Albdruck.

Nach Choiseuls Weggang und der Ernennung des Abbés Terray zum Oberaufseher der Finanzen versuchte Ludwig XV. den Albdruck zu beseitigen. Terray stellte klugerweise zu Beginn eine Bilanz auf: er fand 100 Millionen eintreibbare, rückständige Schulden, anderthalb Jahre Vorgriff auf die Steuern und keinen Taler in den Kassen, dagegen ein Ausgabenbudget von 220 Millionen Franken mit voraussichtlichen Einnahmen von 157 Millionen, also ein Mindestdefizit von 63 Millionen. Und dies gerade im Augenblick, als der spanisch-englische Streit das Land mit einem neuen Seekrieg, dem kostspieligsten von allen, bedrohte. Hinzu kam, daß das Volk die Steuern schon als zu hoch empfand. Diese Lage schien unerträglich.

Terray begab sich an die Arbeit. Im Mai 1774 zeigte er, daß das Budgetdefizit auf 18 700 000, die Vorgriffe auf 78 250 000 zurückgegangen waren, daß 24 Millionen der eintreibbaren Schuld bezahlt, 28 Millionen der Vorgriffe getilgt, 50 weitere Millionen zurückgezahlt waren und sich ein Überschuß von 3 900 000 in den Kassen befand.

Diesem schönen Ergebnis stellten seine Feinde entgegen, daß er eine Mätresse habe und daß er und seine Angestellten sich schnell bereichert hätten.

Ludwig XVI. war ratlos. Terray schien ein Spitzbube zu sein, aber seine Arbeit erwies sich als ausgezeichnet und angesichts eines unruhigen Europas unentbehrlich. England und Spanien suchten ständig Streit, bald in Portugal, das England völlig ergeben war und von Spanien begehrt wurde, bald in Amerika. Rußland führte Krieg mit der Türkei, Frankreichs Verbündetem. Rußland, Preußen und Österreich hatten gerade die erste Teilung des Frankreich befreundeten Polens vorgenommen. Das gleiche Los war für das Frankreich verbündete Schweden zu befürchten. Von überall her riefen Freunde und Verbündete um Hilfe. Es war viel Geld nötig, um sie zu unterstützen und das Ansehen Frankreichs wieder zu heben: finanzielle Unterstützungen und die Entsendung von Truppen und Flotten waren teuer.

Alles war teuer: die Königin würde viel kosten (sie liebte Edelsteine und Schmuck), ebenso Monsieur, weil er daraus eine Politik machte, und Artois, weil er von Natur viel ausgab. Auch der Hof würde viel kosten. Nun brauchte man aber eine glänzende Königin, glänzende Prinzen und einen glänzenden Hof als Land, das den höchsten Rang in Europa hatte, das die Moden schuf und dessen Handwerker ihr Brot verlören, wenn Frankreich aufhörte, sich als elegantestes Land und elegantester Hof Europas zu erweisen.

Man brauchte Geld für den Wegebau und für die Verwaltung Frankreichs, für die Industrie, die im Vergleich mit der englischen noch rückständig war. Die Bevölkerung Frankreichs, die dank der Fruchtbarkeit der Familien, dem Wohlstand und der seit dreißig Jahren sehr verbesserten Hygiene ständig zunahm, forderte kostspielige Pflege. Vierundzwanzigeinhalb Millionen Franzosen lebten auf diesem Boden und drängten sich in den großen Städten zusammen. Paris hatte mehr als 700 000 Einwohner, von denen die Ärmsten in schändlichen Löchern lebten. Man mußte die Hauptstadt wieder aufbauen und schmücken.

Alle diese Ausgaben schienen notwendig, aber auch die Sparsamkeit, denn Frankreich machte eine Krise durch. Auf den Siebenjährigen Krieg folgte eine Zeit hitziger wirtschaftlicher Entwicklung; alles stieg, und alle arbeiteten mit Freuden. Aber von 1770 an ging die Flut zurück, die Ebbe setzte ein, und die Preise fielen; die Landwirte, Winzer und Handwerker klagten, die Steuern gingen schlecht ein, und man sprach von schrecklichen Bankrotten (besonders in Marseille). Man verlangte gleichzeitig Geld und Sparsamkeit. Vor dem Haufen von Berichten und Denkschriften Terrays, die übrigens gut waren, erfaßte den König ein Schrecken.

Bis in sein Kabinett drangen die Schreie dieser Menge, die Ludwig XV. beschimpfte, und das Geflüster der Höflinge, die ihn in den Schmutz zogen. Welche Explosion von Haß gegen den »Vielgeliebten«, den Vergeuder, Verschwender und Wüstling! Und er, Ludwig XVI., arbeitete. »Ho, ha, ho! Ho, ha, ho!« schrien die Stallknechte in der Nacht, als der Sarg nach Saint-Denis übergeführt wurde. Und am anderen Morgen waren in ganz Paris schändliche Grabinschriften im Umlauf:

> Louis a rempli sa carrière
> Et fini ses tristes destins;
> Tremblez, voleurs, fuyez, putains,
> Vous avez perdu votre père.

Eine andere, in Prosa, lautete auch: »Hier ruht der, der uns bei der Geburt das System brachte, beim Größerwerden den Krieg, beim Altwerden die Hungersnot und beim Sterben die Pest.« Selbstverständlich warf man ihm auch die Höhe des Getreidepreises vor:

> Ci-gît le bien-aimé Bourbon,
> Monarque d'assez bonne mine,
> Et qui paye sur les charbons
> Ce qu'il gagna sur la farine.

Alles das war ungerecht und erregte den Widerspruch der Verständigen, die von Voltaire über den Abbé de Véri bis zu Gudin de La Brunellerie der Ansicht waren, daß das Jahrhundert Ludwigs XV. für den Geist und die Sitten viel ruhmreicher gewesen sei als das Jahrhundert Ludwigs XIV. Die Entdeckungen der Wissenschaft und die Philosophie hatten einen unvergleichlichen Aufschwung genommen; den Reichen bot sich ein verfeinerter Luxus, den Bürgern ein allgemeiner Wohlstand, und wunderbare Erfindungen gab es für alle; die Grenzen des Landes wurden geachtet und zwei Provinzen hinzugewonnen: Korsika und Lothringen. Die Regierungszeit »Ludwigs des Vielgeliebten« würde eine der großen Epochen Frankreichs bleiben. Sein Nachfolger mußte ebensosehr die fürchten, die ihm vorwarfen, seinem Großvater unterlegen zu sein, wie die, deren Haß sich vom Großvater auf den Enkel übertrug. Gefährlicher noch waren die, die ihn umschmeichelten, um ihn den Traditionen seines Großvaters, seines Vaters und seines Geschlechts zu entfremden. Nach allen Seiten hin mußte er sich hüten.

Von allen diesen Gefahren war die erste und unmittelbarste die Unzufriedenheit der Menge über den schlechten Zustand der Finanzen. Als die Bauern in den Pyrenäen, der Dauphiné, dem Limousin und den Cevennen ihre Ländereien verließen, weil sie zu arm waren, um sie zu bebauen und die Steuern zu zahlen, war es an der Zeit, sich in acht zu nehmen. Alle diese Menschen strandeten in den Elendsvierteln der Städte und in ungesunden Werkstätten, wo ihre Unzufriedenheit sie erbitterte; oder sie trieben sich auf den Straßen umher und warteten nur darauf, von den Aufwieglern angeworben zu werden. Die

Geschichte der Liga und der Fronde zeigte, zu welchen Ausschreitungen das Elend der Kleinen führen kann, wenn es durch den Ehrgeiz der Großen ausgebeutet wird. Das Land gedieh, aber es befand sich mitten in einer wirtschaftlichen Krise; die Mehrzahl der Menschen lebte gut, aber alle hatten Schulden. Diese Lage hätte an sich nichts Alarmierendes gehabt (denn die Mehrzahl der Bauern besaß Reserven), aber sie wurde es durch den großen Reichtum auf nur einer Seite und durch die Anmaßung, mit der die Parlamentsmitglieder und die Großen auf ihn pochten.

Das große Komplott der Parlamente gegen die Monarchie, das Ludwig XV. zerbrochen hatte, blieb gefährlich. Enge Verwandtschaftsbande vereinigten die Parlamentsmitglieder mit den größten Familien Frankreichs, die den Bourbonen das Werk Richelieus und ihre Demütigung nicht verziehen hatten. Die La Rochefoucauld in La Roche-Guyon, die Montmorency in Châtillon weigerten sich, bei Hofe zu erscheinen und bildeten Widerstandsmittelpunkte. Die Herzogin von Enville in La Roche-Guyon sammelte die am meisten republikanischen Parlamentsmitglieder und Philosophen um sich. In Châtillon hielt der Herzog von Montmorency Freimaurerversammlungen ab. Die Noailles, die Durfort und die Uzès schienen weniger aufsässig zu sein und erschienen bei Hofe, aber man mußte sie mit immer neuen Gunstbezeigungen überhäufen. Einige, wie Richelieu, Luynes und Croÿ zeigten sich loyaler. Man nannte sie »alte Schule«.

Die Mächtigsten blieben die Gefährlichsten. Ludwig XV. fürchtete die Orléans, obwohl der Herzog von Orléans ein guter, dicker Mann war; aber Ludwig XVI. wußte, daß Chartres gefährlich war. Er wußte es seit ihrer Kindheit. In der Person des Regenten hatten die Orléans den Thron innegehabt; sie und ihre Schützlinge vergaßen das nicht. Ihre ungeheuren Reichtümer, ihr prächtiges Palais im Herzen von Paris gaben ihnen Gelegenheit und die Mittel, mit allen lebendigen Kräften der Hauptstadt in enge Berührung zu kommen, und bei den letzten Krisen zeigten sie sich als Verteidiger und Beschützer der Parlamente. In Versailles hatte man geflüstert »Wilhelm von Oranien«. Die Heirat Chartres-Penthièvre vermehrte den schon bedrohlichen Reichtum der Orléans noch beträchtlich. Chartres, vom Laster befleckt, aber intelligent, mißfiel der Königin nicht und entzückte Artois; so besaß er Stützpunkte bis in den innersten Familienkreis Ludwigs XVI. Er hatte überall solche. Die Fischweiber der Hallen waren in ihn vernarrt, ebenso die Herren vom Parlament; alle Dirnen von Paris waren ihm mit Leib und Seele ergeben, die Finanzleute grüßten ihn sehr tief, und die ausländischen Botschafter schlichen um ihn herum.

Die Orléans: das bedeutete Bündnis mit England . . . England unterhielt überall in Frankreich Agenten, und die Freimaurerlogen Frankreichs standen mit denen Englands, von denen sie gegründet waren, in Verbindung. Sie bildeten eine Art Republik im Herzen des Königreichs Frankreich und hatten 1773 zu ihrem einzigen Führer den Herzog von Chartres gewählt. In ihren Versammlungen wurde die Gleichheit gepredigt und für die Zukunft eine neue Elite vorbereitet, die dazu bestimmt war, eine neue Gesellschaft ohne Klassenunterschiede und ohne Dogmen zu leiten. Sie bildeten um die Orléans ein neues, zu fürchtendes Netz von geheimen Agenten.

Seit einigen Monaten bemühte sich Chartres außerdem, in Beziehungen zu Choiseul und seiner Partei zu treten. Die Partei Choiseul war eine der großen Sorgen des jungen Königs. Dieser Herzog unterhielt in Chanteloup einen richtigen Hof. Unzufriedene große Herren, Parlamentsmitglieder und Philosophen strömten dorthin wie Pilger nach Mekka. Nun haßte aber Choiseul den König seit seiner Kindheit und verleumdete ihn; die Königin jedoch zeigte sich als seine glühendste Verehrerin, und der kaiserliche Botschafter Mercy ging zwischen ihr und ihm hin und her.

Ludwig XVI. beobachtete diese ihm bekannte Gefahr genau. Er argwöhnte noch eine andere: Was hatte Aranda, der sehr antikatholische Minister des katholischen Königs, Apostel des Absolutismus und der Philosophie, der immer dabei war, die königliche Familie zu bespitzeln, in Frankreich zu tun? Der König konnte Aranda nicht ins Herz sehen; aber er wußte, beging er jemals einen Fehler, so würde man weder ihn noch Frankreich schonen.

Frankreich, glücklich und reich trotz den finanziellen Schwierigkeiten, war die erste Nation Europas; aber alle um Frankreich wohnenden Völker waren neidisch, sogar seine Verbündeten, und würden ihm keine Schwäche nachsehen. Polen rief ins Gedächtnis, was mit geteilten Völkern geschieht. Doch das Land, das er regieren sollte, war eine Beute der größten moralischen Krise seit fünfzehn Jahrhunderten. Der französische Katholizismus schwankte auf seiner Grundlage. Gewiß genoß er als Religion des Herrschers und der Nation die größten Ehren; überall gab es Priester, der Klerus war der erste der drei »Stände«; ein Fünftel des Gebiets von Frankreich gehörte ihm. Grundsätzlich waren die vierundzwanzigeinhalb Millionen Franzosen katholisch, der König nannte sich »Allerchristlichster König«, und es schien, als ob die Kirche alles in Frankreich beherrsche, selbst den Thron.

Aber die Kirche Frankreichs war schwer krank. Alles deutete darauf hin; die Kirchen blieben oft leer. In ganzen Gegenden, wie in den Diözesen von Sens, Troyes und Albi, nahm die Zahl der Gläubigen stark ab. Die Zahl der Priester und Ordensgeistlichen war seit dem Anfang des Jahrhunderts außerordentlich gesunken: von 260 000 (Zahl von 1667 – 180 000 Männer und 80 000 Frauen) ohne das Elsaß, die Franche-Comté, Lothringen und Korsika auf 194 211 (129 944 Männer und 64 267 Frauen). Die moralische Krise schien noch größer zu sein. Der Klerus verlor an Achtung; er verteidigte sich schlecht gegen die wachsende Gottlosigkeit, und zahlreich waren die Priester, die an ihrer Aufgabe zweifelten, noch zahlreicher die, welche sie schlecht ausführten.

Die Ordensgeistlichen, die den festen Kern des Klerus hätten bilden müssen, waren am meisten von der Krise befallen. Ludwig XV. hatte 1766 Choiseul nachgegeben und eine »Kommission für die Ordensgeistlichen« berufen lassen, unter dem Vorwand, die Klöster zu reorganisieren, in Wirklichkeit aber, um eine möglichst große Zahl von ihnen zu schließen. Von 26 000 fiel die Zahl der Ordensgeistlichen auf 17 000, und man nahm weitere Ersuchen von Ordensgeistlichen zu Protokoll, die wünschten, weltlich zu werden. In den meisten Klöstern, die noch bestanden, herrschte Laxheit.

Der weltliche Klerus hielt sich besser; da er ständig unter den Augen der Gläubigen war, verhielt er sich meistenteils gut, und die Seminaristen von Saint-Sulpice gaben gute Priester ab. Aber der hohe Klerus, die Bischöfe, die fast nur aus den großen Familien kamen, gaben ein Beispiel des Sichgehenlassens. Ihre verschwenderische Lebensweise, ihre Mätressen und ihre bis zum Skeptizismus gehenden toleranten Meinungen nahmen ihnen jede moralische Autorität über die Priester. Die Führer des geistlichen Standes, die Häupter der Versammlungen des Klerus gingen aus dieser Gruppe hervor. Die glänzendsten: Loménie de Brienne, Erzbischof von Toulouse, Dillon, Erzbischof von Narbonne, Jarente, Bischof von Orléans, Champion de Cicé, Erzbischof von Bordeaux, galten als die am meisten atheistischen; der junge Abbé von Talleyrand, Generalvikar von Autun, begann eine ähnliche Laufbahn.

Unterstützt durch die Philosophen und die hohen Beamten, die meist auch Philosophen waren, sowie durch den Hof erhielten diese Prälaten die höchsten Ämter und glänzendsten Ehrenstellen. Die frommen Bischöfe, Nicolaÿ in Verdun, Pompignan im Puy, Coëtlosquet in Limoges, Beaumont in Paris usw., dienten dem Spott der Philosophen als Zielscheibe und blieben isoliert. Doch die Masse des Volkes, die immer noch gläubig war, folgte ihnen, und neue Andachtsübungen wie die Herz-Jesu-Andacht, die in vollem Aufschwung war, bewiesen, daß ihre Arbeit Früchte trug.

Aber die Philosophen leiteten die öffentliche Meinung und durch sie die Frauen, die oberen Schichten der Gesellschaft und sogar ausländische Herrscher wie Friedrich II., Joseph II., Leopold von Toskana... Was wollte nun eigentlich dieser buntscheckige philosophische Block? Ludwig XVI. konnte es nicht wissen; jedoch durfte er nicht vergessen, daß die Philosophen in Frankreich eine Art internationaler Partei bildeten, die imstande war, auf ihn einige Rücksichten zu nehmen, die ihn aber immer von oben herab behandeln würde, als seien sie nicht seine Untertanen, sondern seine Richter. Und in der Tat würden ihn ein großer Teil der Welt und viele Franzosen nach dem, was jene sagten, beurteilen. Er erkannte, daß dort sein furchtbarster Feind war.

Die gut organisierten Enzyklopädisten* mit ihren Führern, ihren Parolen und ihren überall verbreiteten Agenten boten der Monarchie die Stirn und predigten die Moral des Eigennutzes. Die Menschen, die sie nicht durch ihre Drohungen – oder ihre Schmeicheleien – einschüchterten, waren recht selten. Die am meisten weltlich gesinnten Bischöfe arbeiteten für sie oder mit ihnen. Im Klerus, in den Ministerien und bei der Zensur lagen ihre »Freunde« ständig auf der Lauer. Die einfachen Pfarrer in den Kirchspielen mit ihrem dürftigen Einkommen konnten den Lobsprüchen, mit denen die Philosophen sie seit 1762 überhäuften, nicht widerstehen. Wenn sie sagen hörten, die Bischöfe seien unnütz und überflüssig, während sie selbst, die savoyardischen oder bretonischen Vikare, die Vertreter von Weisheit und Moral seien, und daß, wenn sie auch in der Kirche ohne Bedeutung wären, sie doch in der Gesellschaft alles bedeuteten, so konnte ihnen das nicht mißfallen.

Die am meisten Verärgerten gingen ins Lager der Philosophen über, die Vorsichtigeren folgten ihnen von fern, und nur die wirklich Frommen verwarfen sie. Nun war der Klerus in den Kirchspielen mit dem Elementarunterricht, mit der Beurkundung des Personenstandes und mit

---

* Enzyklopädisten. Bearbeiter der von Diderot und d'Alembert herausgegebenen französischen Enzyklopädie. (Anmerkung des Übersetzers.)

der Wohltätigkeit betraut; in jedem Kirchspiel galt er als Stimme der Obrigkeit. Die französische Monarchie war aus einem Vertrage entstanden, den Chlodwig und dann Hugo Capet und seine Nachfolger mit den Bischöfen geschlossen hatten. Ohne einen treuen und glaubenseifrigen Klerus konnte das in seiner Tradition verwurzelte Frankreich nicht leben, noch die Monarchie Bestand haben. Vor allem anderen mußte Ludwig XVI., wie es ihm sein Vater, seine Mutter und sein Beichtvater gesagt hatten, den Glauben verteidigen, den Klerus beschützen, und sei es gegen ihn selbst, und den Philosophen die Oberherrschaft entreißen. Scheiterte er hierbei, war die Katastrophe gewiß.

Die Katastrophe drohte, und die Aufgabe war ungeheuer schwer. Seit Anfang des Jahrhunderts hatte die geistige und gesellschaftliche Elite des Landes ihren christlichen Glauben, ihren Sinn für geistliche Dinge und ihre Selbstachtung verloren. Die Göttlichkeit Jesu wurde nur noch vom Bürgertum, den kleinen Leuten und von einigen großen Familien verehrt: den Bourbons, den Luynes, den Nicolaÿ und einigen anderen. Die Priester selbst zogen es vor, lieber Sokrates und Seneca zu predigen als Jesus, und wenn sie von Jesus sprachen, so war es ein philosophischer und wohltätiger Jesus, aber nicht der menschgewordene Gott. Die Schriftsteller nannten seinen Namen meistens nur, um ihn zu lästern. Dieses Jahrhundert war nicht leichtsinnig, aber gottlos.

Der König, der Gott diente, und für den dies der Kernpunkt seines Lebens war, durfte in diesem Punkte weder unschlüssig sein noch nachgeben. Er war hierin eines Sinnes mit der Masse der Bauern, einer kleinen Zahl von Schriftstellern, einer Gruppe von Bischöfen und den Tausenden von treuen Priestern; er wußte, daß er die Pflicht hatte zu handeln, und suchte das taugliche Mittel. Er war mit neunzehnundeinemhalben Jahr König geworden, besaß recht gute Kenntnisse in Geschichte, Geographie und einigen Anfangsgründen der Wissenschaften und war durch seinen Beichtvater, den Abbé Soldini, gut gewappnet; aber er verstand nichts von Diplomatie, Finanzen und Verwaltung, und das wenige, was er von militärischen Dingen verstand, beruhte auf keiner Praxis. Seine Erfahrungen mit Menschen flößten ihm großes Mißtrauen gegen die meisten von ihnen ein, ausgenommen die Landleute und Handwerker, mit denen zu sprechen er immer bemüht war, wie ihm sein Vater geraten hatte.

Für sie, das französische Volk, fühlte er sich zu allen Opfern bereit. Aber welche Arbeit! Er war der Allerchristlichste König; Frankreich, die älteste Tochter der Kirche, der rechte Arm des Papsttums seit Chlodwig und Karl dem Großen, konnte diese Berufung nicht verleugnen, ohne sich selbst aufzugeben. Ihm lag es also ob, das Land gegen sich selbst und gegen die anderen zu verteidigen. Auf sich allein gestellt, konnte er keinen Erfolg haben.

Seine erste Sorge war daher, Männer zu finden, die seinen Staatsrat bilden könnten. Er wollte sie unermüdlich und überall suchen; doch es mußten rechtschaffene und arbeitsame Männer sein. Besonders lag ihm daran, jederzeit zugänglich zu sein und sich unterrichten zu können. Seine Arbeit erforderte es, daß er so schnell als möglich über den Zustand der Dinge Bescheid wußte und über Männer, an die er sich wenden könnte, und solche, denen er mißtrauen mußte. Berichte der Minister und hohen Beamten, diplomatischer Schriftwechsel, die Zeitungen Frankreichs, Englands und des übrigen Auslands, geheime Briefwechsel, das Auffangen von österreichischen, spanischen und anderen Depeschen, ja sogar die Überwachung der Post, nichts wurde von ihm vernachlässigt, und er war entschlossen, die Konferenzen und Arbeitssitzungen mit seinen Ministern zu vervielfachen, sobald er es konnte.

Seit seiner Kindheit hatte er Lust an der Arbeit, und er fand jetzt bei seinen Bemühungen diese geheime und tiefgehende Freude wieder. Da er noch alles zu lernen hatte, bereitete er sich darauf vor, ein arbeitsamer König und, da er keine sichere Unterstützung hatte, ein verschwiegener König zu werden. Weder die Königin noch seine Brüder, Tanten und Minister sollten jemals von seinen Gedanken, Absichten und Plänen erfahren. Er glaubte nicht, daß man mit Menschen, die man nicht liebte, gut arbeiten könne, und war daher entschlossen, seine Minister als Freunde zu behandeln. Diese Zucht, die er sich instinktmäßig und ohne Bedauern auferlegte, schien ihm mehr eine Hilfe als ein Zwang zu sein; aber seine Hauptstütze blieb sein tiefreligiöses, demütiges, regelmäßiges Leben, von dem er niemals abging.

Was ihn mit seinem Volk vereinigen und ihn bei dem erdrückenden Beruf eines Königs aufrechthalten würde, das war seine Verbundenheit mit den Franzosen, zu der sich Gutmütigkeit, Mitleidsfähigkeit und eine aufrichtige Liebe zum Geistigen gesellte. Alle, die seiner Umgebung angehörten, fühlten es und wußten, daß er immer, wie bei der Jagd, auch bei der Arbeit bis zum Ende seiner Kräfte aushielt und glücklich war, wenn er, vor Ermüdung taumelnd und schwach, sich sagen konnte: »Wenigstens habe ich mir nichts vorzuwerfen.«

SENTIMENTALER REGIERUNGSANTRITT

Der junge Ludwig XVI. verschloß sorgfältig die Tür hinter sich, dachte lange nach, nahm ein Blatt Papier und schrieb:

An M. de Maurepas,

Monsieur, in dem berechtigten Schmerz, der mich übermannt und den ich mit dem ganzen Königreich teile, habe ich dennoch Pflichten zu erfüllen. Ich bin König: dieses Wort allein schließt viele Verpflichtungen in sich, aber ich bin erst zwanzig Jahre alt. Ich glaube nicht, mir alle notwendigen Fähigkeiten angeeignet zu haben. Außerdem kann ich keinen von den Ministern sehen, die alle mit dem König während seiner Krankheit eingeschlossen waren. Ich habe immer von Ihrer Rechtschaffenheit sprechen hören und von dem Ansehen, das Sie durch Ihre eingehende Kenntnis der Staatsgeschäfte mit so großem Recht erworben haben. Dies veranlaßt mich, Sie zu bitten, mir mit Ihren Ratschlägen und Kenntnissen helfen zu wollen. Ich wäre Ihnen verbunden, Monsieur, wenn Sie so bald als möglich nach Choisy kämen, wo ich Sie mit dem größten Vergnügen empfangen werde.

Ludwig-August

Diese Wahl war geschickt und huldreich; sie bewies bei dem jungen Herrscher den Instinkt, den man ihm absprach, den aber seine Handlungen enthüllten. Noch vor dem Ende des Todeskampfes seines Großvaters gab er den Pfarrern von Paris den Auftrag, 200 000 Franken an die Armen zu verteilen und sie zu bitten, für Ludwig XV. zu beten. Er sagte zum Leiter des Finanzwesens, Terray: »Wenn Sie hierfür keine Beträge zur Verfügung haben, so können Sie sie von meiner Pension und der von Madame la Dauphine abziehen.«

Und jetzt hallten alle Straßen von Paris von seinem Lobe wider. Und in den Salons billigte man die Berufung Maurepas', die in so bescheidener, würdiger und rührender Form abgefaßt war.

Maurepas war dreiundsiebzig Jahre alt und besaß weder Feinde noch Ehrgeiz. Minister mit zweiundzwanzig Jahren und dreißig Jahre hintereinander im Amt, verdankte er seine Ungnade der Hartnäckigkeit, mit der er Geldmittel für die Marine gefordert hatte, und dem Ärger der Pompadour, die ihm wegen boshafter Lieder, deren Vaterschaft man ihm zuschrieb, zürnte. Er war ein sehr geistreicher Mann, der allen Leuten gefiel, sogar seiner Frau, obwohl er sie nie hatte befriedigen können (falls es nicht etwa umgekehrt gewesen war?).

Der verstorbene Dauphin Ludwig schätzte ihn sehr wegen seiner vor der Pompadour bewahrten würdigen Haltung, und 1764, kurz vor seinem Tode, hatte er versucht, ihn wieder zum Kanzler machen zu lassen. Die von ihm seinem Sohn hinterlassenen Papiere und seine von La Vauguyon übermittelten Empfehlungen entschieden diese Wahl. Ludwig XVI. mußte trotz der Achtung, die er ihm bewahrte, auf Machault verzichten, um nicht den Klerus gleich zu Anfang seiner Regierung zu verstimmen. Maurepas besaß, ohne als fromm zu gelten, diesen Nachteil nicht. Er war Schwager von La Vrillière, Onkel von d'Aiguillon, Vetter von Maupeou und Richelieu und auch mit den La Rochefoucauld und den Mailly verwandt. Fürwahr eine zahlreiche Verwandtschaft! Und jeder hielt sich für seinen Freund. Alle zollten Beifall – ausgenommen die Königin.

Sie zollten auch noch Beifall, als sie Maurepas in Choisy eintreffen sahen – es war wie ein Traum, wie ein Gespenst vom Anfang des Jahrhunderts. Er schloß sich mit dem König ein, und beide hatten eine lange Unterredung. Ludwig XVI. begann damit, ihm zu danken; dann sprach Maurepas: »Der Kardinal von Fleury wird beschuldigt, die Kindheit Ihres Großvaters verlängert zu haben, um selbst länger Herr zu sein. Ich will diesen Vorwurf nicht verdienen und werde, falls Sie es für richtig halten, gegenüber dem Publikum nicht in Erscheinung treten. Ich werde nur für Sie allein da sein; Ihre Minister werden mit Ihnen arbeiten. Zu ihnen werde ich nie in Ihrem Namen sprechen, und ich werde es auch nicht übernehmen, für sie zu Ihnen zu sprechen. Schieben Sie nur Ihre Entschlüsse über Dinge auf, die nicht in den normalen Geschäftsgang gehören; wir werden eine oder zwei Konferenzen wöchentlich haben, und wenn Sie zu rasch gehandelt haben, werde ich es Ihnen sagen. Mit einem Wort, ich werde Ihr Mann sein, aber nur für Sie allein und weiter nichts. Wenn Sie selbst Ihr erster Minister werden wollen, so können Sie es durch die Arbeit werden, und ich biete Ihnen meine Erfahrung, um dazu beizutragen. Aber verlieren Sie nie aus dem Auge, daß, wenn Sie selbst Ihr Premierminister nicht sein wollen oder können, Sie notwendigerweise einen wählen müssen.«

»Sie haben mich verstanden«, sagte der König, »das ist genau das, was ich von Ihnen wünsche.«

Sie beschlossen also, häufig besondere Konferenzen abzuhalten, außerhalb des Staatsrates, der zweimal in der Woche zusammentrat, und des »Rates der Depeschen«, der einmal stattfand. Dann sprach der König von seinen Ministern. Maurepas unterbrach ihn: »Ich will Ihnen nichts über die sagen, aus denen Ihr Ministerium besteht: die einen sind unsere nahen Verwandten, die anderen kenne ich nur von der Meinung des Publikums her. Wir wollen Ihre Entscheidung nicht überstürzen. Das ist alles, was ich Ihnen heute sagen kann.« Diese kluge Methode gab den im Amt befindlichen Ministern die Hoffnung, beibehalten zu werden, und sicherte so ihre regelmäßige und eifrige Arbeit, ohne deshalb die Hoffnungen der anderen zu entmutigen.

*

Überall herrschte Hoffnung und Freude. Als das Herrscherpaar Choisy verließ, um sich nach La Muette zu begeben, konnte es dies feststellen (17. Mai). Als es durch das Eingangstor von Sèvres kam, nahm der König die immer wiederholten Beifallskundgebungen des Volkes von Paris und der Umgebung, die ihn zu begrüßen gekommen waren, entgegen. Überall herrschte eine Atmosphäre der Gutherzigkeit und Zuneigung. Der König schien durch seine Güte verschönert zu sein und einen Heiligenschein bekommen zu haben.

Er nahm seine Mahlzeiten mit der ganzen Familie im Zimmer der Königin, und da er den Außerordentlichen Königlichen Tafeldienst entlassen hatte, ging alles bescheiden zu. Er sagte: »Ich ernähre meine Familie, aber ganz einfach.« Vor allem arbeitete er. Am 19. Mai empfing er die Minister und hohen Würdenträger; am 20. hielt er seinen ersten Staatsrat, dem Maurepas beiwohnte, was dessen wachsende Bedeutung zeigte. Er nahm von da an an allen Staatsräten teil, und jeder begriff, daß er der Vertrauensmann war. Der König schrieb eine erstaunlich große Zahl von Briefen an seine Onkel und Vettern in Spanien, Neapel und Parma, an Maria-Theresia und an viele andere. Der Leiter des Finanzwesens legte finanzielle Pläne vor, die genehmigt wurden; er sah einen Überschuß von 60 Millionen in drei Jahren voraus.

Während dieser Zeit strömten von überallher Abordnungen herbei. An einem Tage war es die Verwaltung von Paris, die der König in seinem Zimmer, den Hut auf dem Kopf, empfing; die Abordnung kniete nieder, um ihn feierlich anzureden. Der König antwortete sehr gütig. Dann kamen die sechs Zünfte der Kaufleute der Stadt; einer ihrer Redner verlor den Faden seiner Rede, und der König hatte Mühe, sich das Lachen zu verbeißen. An einem anderen Tage brachten die Fischweiber Mehl, das ein wenig verfault war, und derbe Komplimente, die auch nicht sehr frisch waren; sie verlangten auch, daß die Schlagbäume an den Eingangstoren von Paris aufgehoben würden. Der König empfing, antwortete, küßte, wenn es erforderlich war, und entschlüpfte, um zu arbeiten. Die Königin, die der König dadurch entzückt hatte, daß er ihr das Schloß Trianon zum Geschenk machte, ritt im Bois de Boulogne mit der Prinzessin von Lamballe, die ebenso anmutig wie sie selbst war. Ganz Paris eilte dorthin, und an schönen Tagen war der ganze Wald in seinem frischen Grün ein einziges Fest; alle waren freundlich gesinnt, man hörte nur Freudengeschrei und sogar Händeklatschen. Als der König und die Königin eines Tages Madame Louise besucht hatten, kehrten sie Arm in Arm zu Fuß zurück; die entzückte Menge rief: »Es lebe der König!« Er wurde geliebt.

Die kleinen Leute und die Gutgesinnten liebten ihn. Er war gewissermaßen Mode, aber einige grollten. In der vornehmen Welt murmelte man bereits. »Man ist überrascht, daß der König nicht mit Gnadenakten beginnt«, sagte die junge Marquise von La Fayette zu ihren Freunden; und das brachte die Meinung des Clans Noailles zum Ausdruck, zu dem ihre Familie, eine der mächtigsten Frankreichs, gehörte. Die um Choiseul waren ungeduldig. Die Königin sprach in ihrem Sinne und nannte den Namen des Herzogs als Kandidaten. Der König antwortete sofort: »Der? Niemals!« Doch versprach er, ihn wieder bei Hofe zuzulassen, wenn er sich gut verhielte.

Er versprach auch die Entlassung des Herzogs von Aiguillon, dem die Königin den kleinen Krieg nicht verzeihen konnte, den die Du Barry mit Hilfe dieses Ministers gegen sie geführt hatte, und gewisse Äußerungen, die man ihr in den Jahren 1772 bis 1774 hinterbracht hatte. Der König, der d'Aiguillon nicht allzusehr liebte, hatte ihr nachgegeben. Aber er wollte ihn nicht rücksichtslos entlassen; d'Aiguillon hatte sich als guter Minister bewiesen. Außerdem war er der Neffe der Mme. von Maurepas, und der König wollte seinem »Mentor« gegenüber, wie man ihn damals nannte, nicht unfreundlich sein. Als Maurepas seinen Neffen verteidigte und daran erinnerte, daß er die Geschäfte gut und schnell erledigte, daß er ein guter Arbeiter und höflich gegen alle sei, gute Beziehungen zu den ausländischen Diplomaten habe, über alles auf dem laufenden sei und auch die Kleinigkeiten sorgfältig behandle, rief der König: »Ich weiß es« – und damit schlug er auf den Tisch –, »daß er alles gut macht, und deshalb ärgere ich mich . . . aber es ist die Tür, durch die er eingetreten ist! . . . und die Zwietracht, die sein Haß verursacht hat . . .« Aber M. von Maurepas wußte auch, daß sein Neffe schwierig, unruhig und durch seine eigene Unruhe beunruhigend wirkte, eine Unruhe, die ihn dazu führte, andere zu bespitzeln. Schließlich wußte er, daß er sehr schlechter Laune war, wenn seine Angelegenheiten nicht gut gingen. Er unterstützte ihn daher nicht und verschaffte ihm nur einen Abgang ohne Härte. Ludwig XVI. gestattete d'Aiguillon, zu der von ihm selbst gewünschten Zeit um seine Entlassung zu bitten (2. Juni 1774), und gab ihm eine Dotation von 500 000 Franken zu den zwei Millionen, die ihm Ludwig XV. schon früher gegeben hatte.

Das Publikum nannte Maurepas den »Vetternvertreiber« und zollte dem König Beifall.

Die Verbannung der Du Barry in das Kloster von Pont-aux-Dames und der Erlaß, mit dem er das übliche »Geschenk zur freudigen Thronbesteigung« ablehnte, waren Maßnahmen, die Ludwig XVI. der öffentlichen Meinung näherbrachte. Die in jenen Tagen stattfindende Fronleichnamsprozession lockte eine gewaltige Volksmenge nach Passy, wohin, wie man wußte, der König gehen würde. Für Fensterplätze wurde ein Louisdor bezahlt, und trotz der Anwesenheit des heiligen Sakraments hörte man oft rufen: »Es lebe der König!« Als er voll Dankbarkeit gegen Gott und das Volk heimgekehrt war, ging er daran, zu Ministern Männer zu wählen, die dem einen wie dem anderen zu gefallen und dem einen zu dienen vermochten, ohne den anderen zu kränken. Er nahm zwei hohe Persönlichkeiten, die ihm in den von seinem Vater hinterlassenen Papieren genannt worden waren: als Kriegsminister den Grafen du Muy, den ehemaligen Junker und alten Freund seines Vaters, dessen Rechtschaffenheit und hohe Gesinnung alle anerkannten; für die auswärtigen Angelegenheiten den Grafen Charles Gravier de Vergennes, den Botschafter in Stockholm, den Ludwig XV. für seinen geheimen Briefwechsel verwendet hatte und von dem man sagte, seine vollendete Geschicklichkeit habe nacheinander in Konstantinopel und dann in Stockholm für Frankreich günstige Revolutionen herbeigeführt. Maurepas schätzte ihn, und als sein einziger Feind galt Choiseul. Bei allen fand er Billigung. Nur der Herzog von Choiseul war erzürnt; ihm hatte man keinen Posten angeboten und Vergennes genommen, den er aus dem Dienst gejagt hatte, Vergennes, dessen Ansichten und Methoden den seinen entgegengesetzt waren. Die Verwaltung Ludwigs XVI. begann Farbe anzunehmen, und der König fing an, sein Volk zu interessieren.

Das Interesse wuchs, als man erfuhr, daß er sich impfen lassen wollte. Er hatte sich auf Drängen seiner Frau und seiner Brüder dazu entschlossen. Man wollte die drei Brüder zu gleicher Zeit impfen, was dem jungen Hof »reizend« erschien, dem alten unvernünftig. »Wozu diese drei für die Nation so kostbaren Leben auf eine Karte setzen, wo wir noch nicht einmal einen Thronfolger haben«, so sagte man, und Aranda grollte: »Das heißt, Frankreich den Orléans ausliefern wollen.«

Jedoch das war fest beschlossen. Man bereitete sich auf die Abreise nach Marly vor, als die Königin diese letzten glücklichen Tage und die Aufheiterung des Königs benutzte, um ihm die Rückberufung Choiseuls aus der Verbannung zu entreißen. »Wie kann ich jemals vergessen, daß ich ihm mein Glück schulde? Er ist es, der uns verheiratet hat«, sagte sie. Der König konnte nur lächeln und nachgeben, aber er gewährte Choiseul nur einen ersten kurzen Besuch in Paris und am Hofe und dann für den Herbst die Freiheit, vorausgesetzt, daß der Herzog sie nicht mißbrauche.

Man sah ihn daher am 12. Juni seine Aufwartung in Versailles machen. Er erschien zuerst vor dem König. Ludwig XVI. sah ihn an und sagte: »Herr von Choiseul, Sie haben einen Teil Ihrer Haare verloren. Ihre Perücke ist nicht gut gemacht.« Dann ging er weg. Monsieur fragte ihn: »Wie geht es Madame Choiseul?« Die Königin aber rief, als sie ihn erblickte, mit überströmender Freude: »Ich schulde Ihnen alles, Sie haben mich zur glücklichsten Frau gemacht!« Choiseul ging mit hochmütiger Miene wie immer, aber doch etwas verlegen, wieder fort, während der unstete Hof wieder einmal seine Koffer packte, um sich nach Marly zu begeben, wo man sich am 16. Juni für sechs Wochen einrichtete.

Am 20. berichtete die »Gazette de France«: »Aus Marly, den 19. Juni. Am 18. Juni um acht Uhr morgens wurden der König, Monsieur, Mgr. der Graf von Artois und die Frau Gräfin von Artois durch Einstich gegen die Pocken geimpft, nachdem alles gut vorbereitet worden war.« Der König hatte hierbei viel Beharrlichkeit gezeigt, denn er hatte eine Flut von Zuschriften erhalten, die ihn anflehten, sein zu kostbares Leben nicht aufs Spiel zu setzen, und bei der Nachricht von der Impfung fielen die Kurse an der Pariser Börse stark. Da es ihm weder an Mut

Sentimentaler Regierungsantritt

noch an Konsequenz fehlte, ging er darüber hinweg; er wurde übrigens nicht krank und konnte seine Arbeit fortsetzen.

Er hatte eine erdrückende Menge von Arbeit. Während sich Maurepas gewandt darum bemühte, ihn auf dem laufenden zu halten, kam jeder Minister mit den Angelegenheiten zu ihm, von denen er annahm, sie könnten ihn interessieren. Der König unterzog sich der Arbeit mit großer Sorgfalt. Außerdem erhielt er eine große Zahl von Briefen von überallher; schon in den ersten Tagen seiner Regierung hatte er am Tor des Palais einen Kasten anbringen lassen, damit jeder jede Zuschrift, von der er annahm, sie könne den König interessieren, hineinstecken könne. Eine Hochflut entstand daraus; er erhielt so viel tolles Zeug, daß er die Einrichtung schließlich einstellen mußte, aber ganz am Anfang erfuhr er dadurch doch manches.

Er las auch die auf der Post aufgefangenen Briefe, zum großen Ärger seiner Minister, die immer befürchteten, sich durch einen unvorsichtigen Freund bloßgestellt zu sehen. Noch mehr interessierte ihn sein geheimer Briefwechsel mit seinem militärischen Lehrer Jacques Masson, Marquis von Pezay, diesem intelligenten Menschen, den seine Schwester Mme. de Cassini, die Mätresse des Herrn von Maillebois, förderte. Als Ludwig-August König geworden war, schickte ihm Pezay einen Brief, in dem er um die Erlaubnis bat, ihm schreiben zu dürfen, um ihn über die Meinungen und Wünsche von uneigennützigen Leuten zu unterrichten. Der König antwortete, daß er damit einverstanden sei, vorausgesetzt, daß nie Namen genannt würden. In einem neuen Brief verpflichtete sich Pezay dazu und bat den König, falls er endgültig seine Dienste annehme, beim Verlassen der Kapelle an einem bestimmten Tage den Kopf nach links zu beugen. Der König beugte an diesem Tage den Hals ganz kräftig nach links, und der Briefwechsel begann. Pezay war keineswegs dumm, und es gelang ihm, den König zu interessieren.

Während des zurückgezogenen Lebens, das er vom 18. bis 30. Juni wegen der Impfung führen mußte, arbeitete er und dachte nach. Es war die letzte Pause vor den Entscheidungen und vor der Wahl seiner Minister, die den Kurs seiner Regierung bestimmen sollten. Den Kopf schwer von Hoffnung und Sorge, bereitete er sich das Vergnügen, diese Verse wiederzulesen, die man ihm zu Ehren gedichtet hatte:

> De ton règne naissant chacun bénit l'aurore;
> Un peuple aimable et doux, pressé d'aimer ses Rois,

> Au-devant de tes pas vole en foule et t'adore.
> L'amour de mille cris ne forme qu'une voix.
>
> Poursuis, et sur nos cœurs exerce un doux empire;
> La France a dans son sein vingt millions d'enfants.
> Quelle gloire pour toi si, bientôt, tu peux dire:
> »Je les rends tous heureux, et je n'ai que vingt ans!«

Sobald es ihm besser ging, begannen die Konferenzen mit den Ministern und hohen Persönlichkeiten. In diesem Julimonat machte der Herzog von Orléans die Andeutung eines Versöhnungsversuches mit dem König. Da er der Strömung nicht widerstehen konnte, die das ganze Land zu dem jungen Fürsten zog, begab er sich nach Versailles und drang in ihn, das alte Parlament wiederzunehmen. Ludwig XVI. hörte ihn an; er mißtraute den Orléans, aber er wünschte den Frieden mit allen.

Unglücklicherweise war der Trauergottesdienst – oder um den richtigen Ausdruck zu gebrauchen, der »Katafalk« – für Ludwig XV. Anlaß, sie von neuem zu verfeinden. Orléans war bereit, dorthin zu gehen, aber keinesfalls, das neue Parlament zu begrüßen, das dort sein würde. Ludwig XVI. bemühte sich noch so sehr, ihn auf die Unschicklichkeit dieser Anmaßung hinzuweisen: Orléans, von Chartres getrieben, blieb halsstarrig. Als Antwort hierauf verbannte Ludwig XVI. beide nach Villers-Cotterêts. Sogleich wurde gemurmelt: »Die Regierung Ludwigs XV. dauert fort«, und schon bildete sich eine Intrige.

Maurepas ergriff diesen Zeitpunkt und diese Gelegenheit, um Ludwig XVI. zu einer schwerwiegenden Entscheidung zu veranlassen. Um der Jugend und der philosophischen Meinung eine Bürgschaft für die guten Absichten des Königs zu geben, schlug er ihm als Ersatz für den Marineminister Boynes den Intendanten von Limoges, Turgot, vor. Boynes hatte auf seinem Posten keinen Erfolg gehabt; der König hatte im letzten Staatsrat festgestellt, daß er drei Millionen Marinegelder »verlegt« habe. Ludwig XVI. nahm den Namen Turgot gut auf. Dieser siebenundvierzigjährige Intendant galt als ehrenwerter Mann, unermüdlicher Arbeiter und aufgeklärtester Geist Frankreichs. Eine große Zahl einflußreicher Frauen unterstützte ihn, besonders die Herzogin von Enville, die Mittelpunkt des Clans der La Rochefoucauld war und mit der verwandt zu sein Maurepas sich schmeichelte. Alle zollten Beifall (19. Juli).

Die große Freude wurde durch die Erweisung einer letzten Ehrenbezeigung für Ludwig XV. unterbrochen, dem man eine Art Ehrenerklärung schuldete; der prächtige Gottesdienst in Notre-Dame gab ihm Gebete. Man fand viel Gefallen an dem Mahl, das der König nach dem Gottesdienst gab, aber weniger an der Leichenrede des Bischofs von Senez, die zu grob und hart war. Ludwig XVI. untersagte ihre Drucklegung, und Voltaire widerlegte sie.

Am 1. August begab sich der Hof dann nach Compiègne. Der König liebte seit seiner Kindheit diesen schönen und wildreichen Ort. Zwischen Jagden und Spaziergängen bildete Ludwig XVI. mit Maurepas das erste große Kabinett seiner Regierungszeit. Er hatte seinem Mentor angekündigt, daß er die Entscheidungen dort treffen würde.

Ludwig XV. hatte ihm große Minister und große Gefahren hinterlassen. Maupeou und Terray hatten durch den Gewaltstreich von 1771 die traditionelle Monarchie wiederhergestellt, aber nicht auf gesetzmäßige Art. Man hätte die parlamentarischen Amtsstellen nicht konfiszieren, sondern ablösen sollen. Seit 1771 vollführten die Parlamentsmitglieder mit ihrer zahllosen Klientel und ihren noch zahlreicheren Helfershelfern einen Heidenlärm. Man beschuldigte überall die »Revolution von 1771« und den Angriff auf das Privateigentum. Hätte wohl Ludwig XV., wenn er zehn Jahre länger regiert hätte, seine Entscheidungen aufrechterhalten, seine Feinde entzweien und bezwingen können? Gott allein weiß es.

Konnte Ludwig XVI., König mit 19 Jahren, der Armee, der Polizei und dem hohen Verwaltungspersonal unbekannt, vom Abfall seines Adels und der Empörung eines großen Teiles des Landes bedroht, so unklug sein, Maupeou beizubehalten, so intelligent und loyal er auch sein mochte?

Maurepas war nicht dieser Meinung und wollte seinen Herrn davon überzeugen, daß die Gefahr zu groß sei, um ihr trotzen zu können.

Trotzdem widerstrebte Ludwig XVI. eine solche Entscheidung; er schob sie von Tag zu Tag auf. Auch in bezug auf den Abbé Terray verzögerte er sie. Terray war ehemals erbitterter Feind der Jesuiten gewesen, ein freidenkender Abbé und habsüchtiger Minister, aber er war intelligent, gewandt, arbeitsam und versah sein Amt gut. Der König vermochte sich nicht darein zu fügen, ihn zu entlassen.

Da er immer noch zögerte, wurde Maurepas ungeduldig und sagte schließlich am 9. August zu ihm: »Durch die Verzögerungen wird nur erreicht, daß sich die laufenden Geschäfte anhäufen und daß ihnen sogar geschadet wird, ohne daß sie zu Ende geführt werden können. Sie dürfen nicht glauben, daß Sie nur diese eine vorliegende Angelegenheit in Ordnung zu bringen haben. An dem Tage, an dem Sie eine entschieden haben, wird daraus eine andere entstehen. Es ist eine sich ständig drehende Mühle, die bis zu Ihrem letzten Atemzuge Ihr Teil sein wird. Das einzige Mittel, sich diese Lästigkeit vom Halse zu schaffen, ist eine rasche Entscheidung, der eine eingehende Überlegung vorangegangen sein muß. Ich werde mit Ihnen nicht mehr über die mit dem Parlament zusammenhängenden Maßnahmen sprechen, bis Sie Ihren wohlüberlegten Entschluß über den Kanzler getroffen haben, weil das verlorene Worte wären. Wollen Sie ihm Ihr absolutes Vertrauen in diesem Punkt schenken? Dann machen Sie es allgemein bekannt. Haben Sie mit ihm über die Parlamente und über die Richterämter gesprochen?« – »Nicht ein einziges Wort«, sagte der König. »Er gibt mir kaum die Ehre, mich aufzusuchen«, fügte er lächelnd hinzu, »und auch nicht die, mit mir zu sprechen. Aber wie schwierig ist es, einen Nachfolger zu finden!« Hierauf schlug ihm Maurepas Miromesnil vor, dessen er sich schon für die die Parlamentsangelegenheiten betreffenden Pläne bedient hatte, den er gut kannte und für tauglich hielt. Er schlug auch Turgot vor. »Er ist sehr systematisch«, sagte der König, »und er hat Verbindung mit den Enzyklopädisten.« – »Auf diese Anschuldigung habe ich Ihnen schon geantwortet«, erwiderte Maurepas. »Keiner von denen, an die Sie herantreten, wird jemals frei von Kritik, ja sogar von Verleumdung sein. Übrigens, lassen Sie ihn doch kommen und erforschen Sie seine Ansichten. Vielleicht werden Sie feststellen, daß seine Systeme auf Ideen hinauslaufen, die Sie für richtig halten . . .«

Man beließ es dabei; aber Maurepas, von Turgot unterstützt, wollte zum Ziel gelangen. Sie hätten es vorgezogen, die Stelle des Justizministers an Malesherbes zu geben, aber dieser lehnte sie schon im voraus ab, weil er die Last des Amtes fürchtete. Im übrigen versuchte jeder dem anderen dieses Ministerium aufzuhalsen, weil alle seine Last als zu schwer empfanden. Schließlich versprach Ludwig XVI., die beiden Minister bei seiner Abreise von Compiègne zu entlassen. Er wünschte, diese schönen Tage in Ruhe zu verleben, und ihn, den Neuling in Staatsangelegenheiten, erschreckte die Schwere der Entscheidung.

Doch während einer kurzen Abwesenheit Terrays vom 20. bis 23. August ging das Gerücht, er sei entlassen, und Maurepas sprach von neuem darüber mit dem König. Ludwig XVI. gestand zu, daß er es nicht bedauern würde, Maupeou zu entlassen, aber von Terray sagte er: »Es

tut mir leid, ich möchte ihn gern behalten können, aber er ist ein zu großer Schuft. Das ist ärgerlich, wirklich ärgerlich.« – »Ich bedaure es auch«, antwortete Maurepas, »denn seine Arbeit gefiel mir sehr; ich habe es Ihnen immer gesagt. Aber deswegen allein kann man ihn nicht behalten. Seinen Nachfolger haben wir in Turgot gefunden . . .«
Nun galt es noch, den Posten des Justizministers und den der Marine, den Turgot aufgeben sollte, zu besetzen. Man sprach über die Männer, die fähig wären, diese Posten zu übernehmen. »Ich werde noch darüber nachdenken«, sagte der König, »und werde Ihnen Dienstag meine Entscheidung mitteilen.« Am Nachmittag arbeitete er mit Turgot eine Schrift über die Marine aus, und beide unterhielten sich lange über Einsparungen; sie verstanden sich gut, da sie beide ehrenhafte Leute waren, aber der König sagte sonst weiter nichts.
Am 24. August morgens gegen zehn Uhr trat Maurepas beim König mit leeren Händen ein. Der König war darüber erstaunt. Maurepas sagte, sie hätten ganz dringend eine Angelegenheit zu besprechen, die keiner Papiere bedürfe: »Die öffentliche Meinung, die durch Ihre Schuld nicht weiß, woran sie ist, würdigt Ihre jetzigen Minister, die mit Schmutz beworfen werden und die Geschäfte in der Schwebe lassen, herab.« Er drang in ihn, sich zu entscheiden. »Ja, ich bin entschlossen, sie auszuwechseln«, sagte der König. »Ich werde es am Samstag nach dem Depeschenrat tun.« Aber Maurepas drängte ihn heftig und sagte, es müsse sofort gehandelt werden; es sei schon zuviel Zeit verloren worden. »Das ist nun einmal nicht anders«, sagte der König, »ich bin mit Geschäften überlastet und noch nicht einmal zwanzig Jahre alt. Alles das verwirrt mich.«
Um die Entscheidung herbeizuführen, ermahnte ihn Maurepas, sich nicht mit Einzelheiten abzugeben, sondern einfach ehrenhafte Minister zu wählen. »Ist es Ihr jetziger? Wenn er es nicht ist, so tauschen Sie ihn aus. Das ist Ihres Amtes.« Als dann der König erklärte, er sei entschlossen, befragte ihn Maurepas über die Nachfolger: »Haben Sie sich schon wegen der Nachfolger entschlossen? Denn wir müssen alles mit einem Mal erledigen. Die Ungewißheiten in den Stellen schaden den Geschäften und schaffen Intrigen.« – »Ja, ich entscheide mich! Turgot soll die Finanzen bekommen, Miromesnil die Justiz und Sartine die Marine; man soll ihnen einen Kurier schicken.«
Beim Weggehen entschuldigte sich Maurepas, daß er wohl zu heftig mit ihm gesprochen habe. »Oh, nein! Fürchten Sie nichts«, sagte der König und legte die Hand auf seinen Arm, »ich bin Ihrer Ehrenhaftigkeit

sicher, das genügt mir. Sie werden mir das Vergnügen machen, mir immer die Wahrheit mit gleicher Kraft zu sagen.« Maurepas begab sich sofort zu Turgot, schilderte ihm die ganze Szene und schickte ihn zum König; er selbst ging zu Terray. Der König empfing Turgot mit einer Herzlichkeit, die ihn rührte. »Alles, was ich Ihnen sage, ist ein wenig verworren«, sagte er zum König, »weil ich etwas verwirrt bin.« — »Ich weiß, daß Sie schüchtern sind, aber ich weiß auch, daß Sie fest und ehrenhaft sind und daß ich keine bessere Wahl treffen konnte. Ich hatte Ihnen eine Zeitlang die Marine anvertraut, um Gelegenheit zu haben, Sie kennenzulernen.« — »Es wird nötig sein, Sire, daß Sie mir die Erlaubnis geben, meine allgemeinen Ideen schriftlich niederzulegen und, wenn ich es sagen darf, meine Bedingungen über die Art, in der Sie mir bei dieser Verwaltung helfen könnten; denn ich muß gestehen, daß ich etwas zittere wegen der oberflächlichen Kenntnis, die ich von ihr habe.« »Ja, ja«, sagte der König, »ganz wie Sie wollen. Aber ich gebe Ihnen im voraus mein Ehrenwort«, fügte er hinzu und nahm ihn bei den Händen, »daß ich allen Ansichten beipflichten werde, und daß ich Sie immer, auch in den mutigsten Entschlüssen, die Sie zu treffen haben, unterstützen werde.« Beide Männer standen so dicht vor den Tränen, daß sie sich trennen mußten.

Und so wurde das Haupt der Philosophen in Frankreich der Finanzminister des christlichsten der allerchristlichsten Könige, die seit dem heiligen Ludwig über Frankreich geherrscht hatten.

Die aufrichtige Zuneigung, die diese beiden Männer, die redlichsten des Königreiches, verband, konnte nicht verhüten, daß Reibungen entstanden, sobald es sich zwischen ihnen um die Grundfragen, die Geist und Seele der Menschen angingen, handelte. Aber zu Beginn verstanden sie sich ganz ausgezeichnet, denn im Augenblick handelte es sich um praktische Fragen, bei denen ihre guten Absichten einander entgegenkamen, und um harte Arbeit, bei der ihr ausdauernder Fleiß sie näherbrachte, weil beide Gefallen daran fanden.

Am Anfang verlief alles in einer Atmosphäre angenehmer Überreizung und anregender Überanstrengung. Compiègne hallte von dem lärmenden Durcheinander der Gehenden und neu Ankommenden wider. Maupeou mußte die Staatssiegel abgeben und wurde auf sein Gut Roncherolles in der Normandie verbannt. Er fuhr um acht Uhr morgens ohne Zaudern ab, aber weigerte sich, seine Entlassung als Kanzler einzureichen, einen Titel, den er behielt. Manche sagten, er hätte beim Weggang erklärt: »Wenn der König seine Krone verlieren will, so steht es

ihm frei«, oder »Ich habe den König einen drei Jahrhunderte alten
Prozeß gewinnen lassen. Er hat ihn soeben verloren.« An seine Stelle
trat Hue de Miromesnil, ein altes Parlamentsmitglied der Normandie,
ein Freund von Maurepas. Der Abbé Terray wurde nicht verbannt –
der König konnte sich nicht dazu entschließen –, aber er bat um seine
Entlassung und zog sich auf sein Gut La Motte zurück. Da er weise und
kühl war, nahm er die Sache nicht schwer. Er wurde durch Turgot ersetzt, dessen Stelle bei der Marine M. von Sartine, der Polizeipräfekt
von Paris, einnahm. M. Le Noir wiederum ersetzte Sartine bei der
Polizei. Vergennes behielt die Auswärtigen Angelegenheiten, du Muy
das Kriegsministerium und der Herzog von La Vrillière den königlichen Hofstaat. Um den Willen zu Reformen zu zeigen, kündigte man
die Einschränkung der Jagdhundekoppel des Königs an: eine Ersparnis
von 200 000 Franken.
Unendlich groß war die Freude der Königin, die Maupeou und Terray
aus Liebe zu Choiseul haßte; die gleiche Freude erfüllte den Hof und
die Stadt. Es gab kein Viertel von Paris, in dem man nicht einen Maupeou oder einen Terray, aus Lumpen und Stroh gefertigt, verbrannt
und um das Feuer getanzt hätte. Man wollte sogar Terrays Wagen in
den Fluß werfen.

*

Am 1. September kehrte der König wieder nach Versailles zurück. Von
nun an zog er Versailles allen seinen anderen Schlössern vor. Hier war
er wirklich zu Hause und konnte sich ein wenig der ewigen Gegenwart
der Höflinge, Diener und Spione entziehen. Er kletterte auf seinen
Dachboden, um an seiner Werkbank zu arbeiten, er schlich sich in die
Bibliothek zu seinen Büchern oder stattete der Königin, Mesdames*
oder seinen Hunden einen kleinen Besuch ab...
Auch Turgot war zufrieden. Er richtete sich unter dem Dach eine kleine
Wohnung ein, wo er in aller Ruhe arbeiten konnte, und nahm seine
regelmäßigen Besuche in Paris wieder auf. Turgot bedurfte, wie alle
Männer, die einen ernsten Geist und Unglück in der Liebe haben, der
Gesellschaft von Frauen, die ihn bewunderten und von seiner geistigen
Größe und vor allem von seiner Tugend sprachen. Seitdem er es aufgegeben hatte, an Gott zu glauben, half es ihm viel, daß einige ihn selbst
für ein wenig göttlich hielten. Im übrigen war Turgot ein ehrenhafter

---

* Mesdames == Dames de France (siehe Anm. auf S. 78). (Anmerkung des
Übersetzers.)

Mensch von großer Intelligenz, mit viel Mut und von vollkommener Redlichkeit.

Er liebte die Menschen mit seinem ganzen Herzen, das schwach war, und verachtete sie mit seinem ganzen Verstand, der stark war. Er wollte leidenschaftlich ihr Wohl und war geneigt, es ihnen aufzuzwingen, und sei es mit Gewalt. Wie sein ganzes Jahrhundert und wie die ganze Menschheit, verehrte er die Freiheit mit einer so großen Liebe, daß er entschlossen war, daraus eine eiserne Disziplin zu machen. Mit einem Wort, er war ein Philosoph und ein Philanthrop, ebenso freiheitsliebend wie fanatisch.

In Ludwig XVI. sah er einen Schüler und Bewunderer, den er nur lieben konnte. Beide besaßen so religiöse Seelen, daß sie es zunächst gar nicht bemerkten, daß sie den gleichen Worten einen abweichenden Sinn gaben und bei gleicher Begeisterung ein entgegengesetztes Ziel im Auge hatten.

Neben dem geschmeidigen, etwas femininen Geist Maurepas' mußte die Robustheit Turgots dem Könige gefallen. Obwohl Turgot in den Augen seiner besten Freunde wegen seiner Rechtschaffenheit und infolge von Überanstrengung ein langsamer, ja etwas langweiliger Arbeiter war, fand Ludwig XVI. Gefallen daran. Als junger, gesunder König hatte er viel zu lernen; die pädagogischen Methoden Turgots sagten ihm zu. Sie verbrachten lange Stunden allein, um das Glück Frankreichs vorzubereiten. Ihre erste Handlung verstand sich von selbst: die Freiheit des (inländischen) Kornhandels. Dies war eine der Hauptideen der volkswirtschaftlichen Doktrin, deren Vater Turgot – übrigens nicht unbestritten – war. Der verstorbene Dauphin hatte sie im Staatsrat in den Jahren 1763 bis 1764 verteidigt und hatte darüber mit seinem Sohn gesprochen, der es nicht vergessen hatte. Der Beschluß, der die Freiheit des Korn- und Mehlhandels im Inneren des Königreichs und die freie Einfuhr festsetzte, wurde vom Staatsrat ohne Schwierigkeit am 13. September 1774 angenommen. Turgot erhielt den donnernden Beifall, mit dem er gerechnet hatte. Es erhob sich kaum Widerspruch. Doch der König und Maurepas hatten noch eine Sorge: die Ernte war schlecht. Wehe der Regierung, wenn im Frühjahr die Preise zu hoch kletterten! Aber jetzt war man noch im Herbst und hatte so manche anderen Besorgnisse.

Die große Sorge des Herbstes 1774 war die Frage der Parlamente. Nachdem Maupeou entlassen war, hieß es, bis zum Ende zu gehen. Doch durfte man das Königtum nicht durch Nachgeben erniedrigen. Die

Minister hielten mit ihrer Meinung zurück; Sartine schloß sich zu Hause ein, La Vrillière versteckte sich. Turgot hätte als Philosoph die Parlamentsmitglieder verteidigen müssen; als gerecht denkender Mensch sah er sich aber zu der Feststellung gezwungen, daß diese »herausgeputzten Schufte« wieder den alten Schlendrian einführen würden. Orléans, Chartres und die Philosophen verdoppelten ihre Vorstellungen und Drohungen, während die Parlamentsmitglieder ihre Familien nach Versailles schickten, um zu bitten, zu flehen und zu schmeicheln. Die Mitglieder der neuen Parlamente intrigierten nicht weniger. Unterstützt von den Rohan und von La Marche quälten sie den König, fanden aber keine gute Aufnahme bei ihm. Im »Courrier du Bas-Rhin« veröffentlichte Monsieur Artikel zu ihren Gunsten.

In diesem Gewirr von Meinungen und einander widersprechenden Ratschlägen erhob sich eine laute Stimme, die die Entscheidung herbeiführte. Der Graf von Aranda suchte eines schönen Morgens Maurepas bei Hofe auf und hatte mit ihm eine Unterredung, über die er seinem König wie folgt berichtete: »Am 23. September 1774 besuchte ich den Grafen von Maurepas, um einige dringende Angelegenheiten mit ihm zu besprechen ... er brachte von selbst die Sprache auf die Angelegenheit der Parlamente und begann damit, mir Vorhaltungen über die Äußerungen zu machen, die ich öffentlich über diesen Gegenstand getan hatte.«

Ohne sich Mühe zu geben, sich zu verteidigen, erklärte Aranda: »Hat das alte Parlament nicht dem König den Gehorsam verweigert? – Ja. – Hat es nicht im Königreich eine Verwirrung angerichtet, die ebenso beleidigend für den König wie für die Interessen des Landes schädlich war? – Ja. – Hat es nicht seine Amtstätigkeit eingestellt und es auf sich genommen, als souveräne Versammlung zu handeln? – Ja. – War das Parlament nicht der königlichen Autorität gegenüber aufsässig, rebellisch und feindlich? Hat es nicht versucht, die Nation davon abzubringen, dem König zu gehorchen? – Ja, aber wir können es von nun an daran hindern, so zu handeln.«

Dann kam der Botschafter auf den Kernpunkt der Frage, das Komplott der Orléans. Er sprach von der zunehmenden schädlichen Stimmung, von dem Komplott, das man in der Verbreitung von Verwirrung überall wittern konnte, und von der Lage, die an die nach dem Tode Ludwigs XIII. erinnerte. Maurepas erkannte die Gefahr an: »Das ist bezeichnend für unser Volk; im Augenblick ist es sogar gefährlich, eine gute Handlung vornehmen zu wollen.«

»Nun gut! Wenn Eure Exzellenz dieser Ansicht sind, warum erlauben Sie, daß Orléans, als er Marly verlassen hatte, um der Anweisung des Königs gemäß, die Sie ihm mündlich mitgeteilt hatten, nach Villers-Cotterêts zu gehen, sich nach Paris begeben, seine Reise unterbrochen und seine Wohnung unter dem Beifall einer für diesen Zweck heimlich gedungenen riesigen Volksmenge verlassen hat. Daß er in Villers-Cotterêts alle Prinzen von Geblüt, sogar die, die dem König Gehorsam leisten, und fast alle Edelleute und Damen von Paris bei sich gesehen hat, und noch mehr, daß er in Compiègne fast den ganzen Hofstaat des Königs empfangen hat, als ob er die ganze Erde für Frankreich erobert hätte, wobei er doch in Ungnade ist und wegen Ungehorsams bestraft wurde. – Daß der Herzog von Chartres am 7. September während des Gottesdienstes für Ludwig XV. in der Kathedrale, dem die Brüder des Königs beiwohnten und wo er sich auch hätte befinden müssen, in den Straßen von Paris umhergegangen ist – zu Fuß und das blaue Band des Heiligen-Geist-Ordens weithin sichtbar –, um sich populär zu machen und sich damit zu brüsten, daß er sich so frei auf der Straße zeigte, als ob er damit dartun wollte, daß er nicht die Absicht hätte, dem Gottesdienst beizuwohnen und so die Befehle zu mißachten, die Eure Exzellenz dem Herzog von Orléans in Marly gegeben hatten? . . . Daß man an den gleichen Tagen im Palais Chabac, einem Hause, in dem Bilder ausgestellt werden, die man für schön hält, ein Bild besonders gut sichtbar zeigte, das eine Lilie darstellte mit König Heinrich als Stamm, dem Herzog und der Herzogin von Chartres als Stengel und dem jungen Herzog von Valois als die Blüte selbst, um zu verstehen zu geben, er wäre der Nachfolger Heinrichs IV.? So ließ die Erinnerung an diesen geliebten König den König Ludwig XIII. und den Gedanken, daß dieser der Begründer des Geschlechtes Orléans gewesen war, ganz in Vergessenheit geraten . . . Dieses Gemälde zog eine gewaltige Menge aus allen Ständen an; die Vernünftigsten von ihnen waren verwundert, daß man es wagte, bei Lebzeiten des Königs und seiner beiden Brüder, die Orléans als Erben hinzustellen, während sie doch weit entfernt davon sind, es zu sein.«

»Denken Sie daran«, fügte er hinzu, »daß in allen Fällen, in denen Frankreich einen Bürgerkrieg hat erdulden müssen, immer ein Prinz von Geblüt an der Spitze der Unzufriedenen gestanden hat, um ihr Führer zu sein und daraus Nutzen zu ziehen.«

Maurepas erwiderte, die Orléans würden sogleich bestraft werden, und man würde ihnen bei der nächsten Reise keine Unterkunft in Fontainebleau geben. Im übrigen finde er die Äußerungen Arandas berechtigt und interessant, aber alles würde aufs beste in Ordnung gebracht werden, und zwar ganz anders, als man es vermute. Hiermit endete die Unterredung vom 23. September. Aranda beeilte sich, nach Hause zu kommen, um eine lange Depesche an seinen Herrn zu verfassen, und Maurepas hatte es ebenso eilig, seinem Herrn Bericht zu erstatten und ihm zu sagen, daß man nicht mehr zögern dürfe. Es war notwendig, sofort zu handeln, wollte man nicht auf einen gefährlichen Widerstand stoßen.

So wurde der König Ludwig XVI. dazu gebracht, das von Ludwig XV. im Jahre 1771 verbannte Parlament wiedereinzusetzen, weil er ein ehrenhafter Mann war und weder das Privateigentum angreifen noch einen Staatsstreich durchführen wollte, und weil er im Andenken an seinen Vater Maurepas zum Ratgeber genommen hatte.

Die reumütigen Parlamentsmitglieder waren mit Maurepas übereingekommen, den »Zurückkehrenden« eine Art Reglement aufzuerlegen, das sie nicht übertreten durften. Am 10. November wurden alle Mitglieder des neuen und alten Parlaments zu einem Großen Gerichtstag* in den Louvre, wo der große Staatsrat zu tagen pflegte, zusammenberufen.

Am Samstag, dem 12., fuhr der König, der in La Muette geschlafen hatte, um halb acht Uhr mit seinen Brüdern und den Kapitänen der Garde nach Paris. Zunächst hörte er die Messe in der Sainte-Chapelle, an der auch die Prinzen von Geblüt teilnahmen. Dann begab er sich zum Oberhaus des Parlaments, wo er seinen Großen Gerichtstag abhielt.

Und nun spielte sich die unendlich lange Zeremonie ab, mit ihren Kniefällen und den abwechselnden Reden. Ludwig XVI. hatte während der langen Arbeitssitzungen, die er mit Turgot, Maurepas, Miromesnil und Sartine abgehalten hatte, um die Wiedereinsetzung des Parlaments vorzubereiten, ausgerufen: »Wer hätte mir vor einigen Jahren, als ich zu dem Großen Gerichtstag unter meinem Großvater kam, gesagt, daß ich selbst den abhalten würde, der jetzt stattfindet!« Während der ganzen Zeremonie kam ihm dieser Gegensatz immer wieder in den Sinn. Er mußte seine heftige Bewegung unterdrücken, um seine Rede halten zu können:

»Meine Herren, der König, mein hochgeehrter Herr und Großvater, hat, gezwungen durch Ihren wiederholten Widerstand gegen seine Be-

---

* Großer Gerichtstag = lit de justice. Vom König im Parlament gehaltener Gerichtstag. (Anmerkung des Übersetzers.)

fehle, das getan, was die Aufrechterhaltung seiner Autorität und die Verpflichtung, seinen Untertanen Gerechtigkeit widerfahren zu lassen, von seiner Weisheit erforderten. Ich rufe Sie heute in die Ämter zurück, die Sie niemals hätten verlassen dürfen. Empfinden Sie den Wert meines Wohlwollens und vergessen Sie es nie.«

Dann wurde der Erlaß vorgelesen, der die Wiedereinsetzung der alten Beamten des Parlaments von Paris erklärte. Der Erste Präsident und Séguier hielten die üblichen langen Reden. Darauf verlas man den zweiten Erlaß, durch den das Amt des Justizministers wieder geschaffen und Miromesnil anvertraut wurde. Der dritte Erlaß hob alle Oberen Räte (die das Parlament ersetzt hatten) im Bereich von Paris auf. Der vierte regelte wichtige Einzelheiten, welche die Tätigkeit des Parlaments betrafen. Der fünfte stellte den großen Rat wieder her, der 1771 aufgehoben worden war, um seine Mitglieder dem neuen Parlament zuzuteilen; er erhielt wieder seine alte Zusammensetzung (so verloren die Treugebliebenen nicht alles). Der dreizehnte Artikel dieses fünften Erlasses bestimmte, daß, wenn irgendeines der Parlamente es unternehmen sollte, seine Tätigkeit einzustellen oder auf Grund eines gemeinsamen Beschlusses den Abschied einzureichen, der Große Rat von Rechts wegen die Beamten des betreffenden Parlaments ersetzen sollte. Dies war eine Art, den Zurückkehrenden zu drohen und den nun Verdrängten den Schein zu wahren. Drei weitere Erlasse stellten das Obersteueramt von Paris und Clermont wieder her und regelten Dinge, die sich auf die Advokaten und Staatsanwälte bezogen. Der neunte und letzte Erlaß verringerte die zu große Ausdehnung des Geschäftsbereichs des Pariser Parlaments. Das Volk von Paris ergriff diese Gelegenheit, um mit lärmender Freude ein Fest zu feiern. Auch die Platzhalter des Parlaments feierten mit allen Kräften ihre Wiederkehr, aber viele Leute blieben weiterhin besorgt.

DER RECHTSCHAFFENE KÖNIG

Der König blieb besorgt. Er war den besten Ratschlägen und seinem Gewissen gefolgt; er hatte sogar den alten Rat seines Vaters befolgt, der der Meinung gewesen war, die Monarchie sei lebensunfähig ohne die großen Zwischenkörperschaften, die sie stützen, indem sie sie ergänzen. Aber er wußte sehr wohl, welche Vorteile er wenig zuverlässigen Untertanen und händelsüchtigen Beamten eingeräumt hatte. Durch das Lesen von Zeitungen und Broschüren, die ihm zustimmten, versuchte er, sich wieder aufzuheitern. In den »Nouvelles à la main«, obwohl sie von Natur zur Kritik neigten, las er Artikel folgender Art:
»Unter den schmerzlichen Umständen, in denen sich die Nation durch den Verlust des Monarchen, den sie beweint, befindet, gibt es nichts Trostreicheres als das Verhalten seines Enkels, der nach dem Tode des Königs mit der Sorge für den Thron beschäftigt ist, gemeinsam mit der liebenswürdigen Prinzessin, die ihn mit ihm bestiegen hat. Alles, was man jeden Augenblick hört, vermehrt nur die Liebe, die man ihnen entgegenbringt. Ob es wohl für den Franzosen möglich ist, die zärtliche Liebe, die er zu seinen Herren hat, nicht bis zur Vergötterung zu treiben!« – »Die Rückkehr des Parlaments gibt Anlaß zu Schmähschriften, von denen einige gegen den König gerichtete jedes Maß überschreiten. Dank der Güte unseres jungen Monarchen haben alle diese von Leidenschaft diktierten Schmähschriften nicht vermocht, seine Handlungen der Wohltätigkeit und Gerechtigkeit aufzuhalten oder einzustellen, und wir sind dem Augenblick nahe, wo sie sich für immer offenbaren werden.«
Von allen Enden Frankreichs und Europas kam Beifall. Es bedeutete schon etwas, eine bisher gespaltene Meinung um sich vereinigt und Europa wieder beigebracht zu haben, daß Frankreich eine starke, von einem jungen und volkstümlichen König geführte Nation war!
Der König betrachtete das vor ihm stehende Bild, das ihm Madame Louise geschenkt hatte. Die Unterschrift lautete: »Au fils aîné de l'Eglise, Louis XVI par la grâce de Dieu, Roy de France et de Na-

vàrre.« Und als Anagramm: »Son règne déjà décidé par sa rare vertu sera celui de la Foy.« Und man hatte folgende Verse hinzugefügt:

> Auguste, non, Louis. Mieux qu'un pinceau d'Apelle
> Il peint ton cœur. Il porte en soy
> Un assemblage heureux, une image fidelle
> Et du Chrétien et du Grand Roy.

Wahrlich, das wollte er sein.

Überall ertönten die Lieder, fröhlich erdacht und von Liebe durchglüht, um seine »freudige Thronbesteigung« zu feiern. Kunst, Handwerk und Mode feierten mit. In allen Händen sah man die Schnupftabaksdosen aus Chagrinleder, die mit dem Medaillon Ludwigs XVI. und Marie-Antoinettes geschmückt waren und die Umschrift trugen »La Consolation du Chagrin« (Trost im Kummer). Der Künstler, der sie erfunden, hergestellt und verkauft hatte, wurde reich. Ein anderer hatte noch mehr Erfolg. Er war auf den Gedanken gekommen, auf seinen Dosen die Medaillons von Ludwig XII., dem Vater des Volkes, und des guten Königs Heinrich IV. und darüber das Ludwigs XVI. anzubringen. Darunter stand: XII und IV macht XVI.
Am Sockel des Denkmals Heinrichs IV. auf dem Pont-Neuf hatte ein Unbekannter ein Schild angebracht: Resurrexit.
Welch glückliche Vorzeichen für einen jungen König!

*

Die Königin tanzte, und der König beglückwünschte sich, daß sie tanzte, denn während dieser Zeit beschäftigte sie sich nicht mit Politik. Sie tanzte zweimal in der Woche, Montag und Mittwoch. Noch nie war ein Karneval so glänzend gewesen wie der von 1775. Zu entzückenden Quadrillen trafen sich die königliche Familie wie auch der ganze Hof; die Proben hierfür waren fast noch reizender. Am Montag, dem 9. Dezember 1774, wurde die Hoftrauer abgelegt; zunächst mußten die Damen in weißem, mit Gaze garniertem Taft, die Herren im blauen samtenen Rock mit weißer, blaubestickter Weste erscheinen; hiernach kleidete man sich à la Henri IV. Die Herren trugen Röcke aus dieser Zeit und hohe Federn, die Damen steife Kragen und Frisuren mit Federn von unwahrscheinlicher Höhe.
Am 23. Januar eröffnete der König selbst, im Kostüm Heinrichs IV.,

den Ball; eine Quadrille von siebenunddreißig Männern und siebenunddreißig Frauen, alle im Kostüm Heinrichs III., begleiteten ihn, um die »Jagdpartie Heinrichs IV.«, darzustellen; eine zweite Quadrille bestand aus Possenreißern, eine dritte, mit der Königin, trug Tiroler Kleidung und die vierte indische Kostüme. Die Königin blieb bis halb vier Uhr morgens. Die Zuschauer waren geblendet. Ganz Paris erfuhr es, und die Oper brachte ihr eine Ovation als Herrscherin und als Diva. Sie berauschte sich daran.

Auch der König fand Vergnügen daran, aber nicht uneingeschränkt. In Paris herrschte die Kälte; das Brot war rar und teuer. Wenn es nicht ganz fehlte, so verdankte man es den Vorräten, die der Abbé Terray angelegt hatte, er, der so beschimpft wurde, aber vorsichtiger gewesen war als Turgot. Das Volk murmelte; ein Aufrührer oder Witzbold hatte das Schild »Resurrexit« vom Denkmalsockel Heinrichs IV. abgenommen und auf den Ludwigs XV. gelegt. So ist es mit der Menge. Auch die Maßnahme, das Parlament zurückgerufen zu haben, wurde kritisiert. Drei Viertel des Hofes schimpften darüber, an der Spitze die Rohan und die Richelieu. Die treugebliebenen Parlamentsmitglieder, die unter Maupeou gedient hatten und von den »Rückkehrern« in jeder Weise schlecht behandelt wurden, beklagten sich am lautesten. Die Zwischenfälle vermehrten sich; sie waren für den König ein Beweis für den bösen Geist des zurückgekehrten Parlaments und für die Intrigen der Orléans. Jedoch hatte die rasch durchgeführte Maßnahme das Schlimmste verhütet: den kurz vor dem Ausbruch stehenden Aufruhr.

Aranda schrieb an Karl III.:

»Am Donnerstag, dem 12. Januar, vormittags ging ich in Frack und ohne Dienerschaft zum Besuch eines meiner Freunde. Wir sprachen von verschiedenen Dingen und kamen auch auf die Parlamentsangelegenheit. Mein Freund sprach von dem verstorbenen König in den verächtlichsten Ausdrücken und warf ihm Lässigkeit, sein müßiges Leben und seine Umgebung vor, die von der Du Barry und ihrem Klüngel ausgesucht worden war. Auch vom regierenden König sprach er schlecht und sagte, er besitze keine Erziehung, sei schüchtern vor den Menschen, mittelmäßig und finde keinen Geschmack an eleganten Vergnügungen; zu Hause gebe er sich seinen handwerklichen Arbeiten hin und draußen der Jagd – kurz und gut, er sei für immer unfähig, etwas von Staatsgeschäften zu verstehen.« – Nachdem der Freund Arandas noch vorhergesagt hatte, daß Ludwig XVI. und seine Minister binnen kurzem despotisch auftreten würden, ermahnte er ihn, sich für das Parlament zu erklären. »Mein Hof beschäftigt sich nicht mit den inneren Angelegenheiten Frankreichs«, erwiderte der Botschafter.

»Mein Freund erhob die Stimme und sagte: ›Sie werden sehen, wie wir diesem Hofe Vernunft beibringen werden. Diese Nation hat immer viel Energie besessen, sie wird alle die zum Schweigen bringen, die nicht auf seiten derer stehen, die wissen, was für das Volk gut ist. Bei der ersten Sitzung des Parlaments, bei der die Prinzen und Pairs Sitz und Stimme hatten, wollte Monsieur den Grundsatz zur Annahme bringen, daß man in allem dem König gehorchen müsse. Nur bei einer kleinen Zahl der Anwesenden fand er Zustimmung. Hernach hat man einige gegen ihn gerichtete Lieder gedichtet, und bei der zweiten Sitzung am 20. Dezember schloß er sich, ohne innerlich sich umzustellen, der Meinung der Mehrheit an, also der des Prinzen von Conti und der anderen. Obwohl er eine ganz andere Meinung hat als wir, obwohl Mme. de Marsan und die Bischöfe nicht aufhören, ihn anzutreiben, wird er sich nicht rühren, denn man würde ihn beschimpfen und durch Lieder lächerlich machen.‹

Ich fragte ihn dann, ob Mme. de Marsan sich in dies alles hineinmische und ob sie Einfluß auf Monsieur habe. Er antwortete: ›Ja, denn sie war seine Erzieherin.‹ Ich nutzte die Erregtheit der Unterhaltung aus und fuhr fort, ihn zu fragen: ›Und der Herzog von Choiseul, was hat er zu alledem gesagt?‹ – ›Er denkt wie ein guter Franzose und wie ein guter Minister, der den Mißbrauch kennt, den die Minister mit ihren Befugnissen treiben. Er denkt, es müsse hier eine Körperschaft geben, die Widerstand leistet.‹ Ich fragte ihn: ›Ist der Herzog ein Förderer des Parlaments, das jetzt wieder eingesetzt wurde?‹ Er antwortete: ›Durchaus, und seine ganze Partei, besonders aber die La Rochefoucauld, sind es auch. Wenn Sie hörten, wie man bei der Herzogin von Enville über die Freiheit spricht, so würde Ihnen das gefallen, denn in Wahrheit gibt es weder eine Regierung noch eine Nation, die versklavter wäre als Frankreich, und nichts, was besser wäre, als die Regierung von England. Jede Schrift, die von dort kommt, wird hier begierig gekauft, weil sie aus England kommt.‹

Als ich sah, daß er in voller Fahrt war, sagte ich zu ihm: ›Aber hören Sie, auf diese Art wird in Frankreich bald alles englisch werden?‹ – Er antwortete: ›Nun ja! Die Nationen haben einen König, damit er ihr Vater, ihr Führer zum Wohlstand und ihr unparteiischer Richter sei... Deswegen achten und lieben sie ihn und tragen dazu bei, den

Staat zu erhalten, dessen ehrlicher Verwalter er sein soll, der seine Gunst nur nach dem Verdienst der Leute gewährt; er wird bezahlt, damit er leben kann, er und die königliche Familie, und damit er sogar glänzen und sich vergnügen kann. Alle diese Vorteile und diese hohe Stellung erhält er unentgeltlich, weil er der Sohn seines Vaters ist; aber er darf daraus nicht schließen, daß er nun Herr darüber sei, alles umzustürzen, einen gewährten Kredit für andere Zwecke zu benutzen, sich mit Schmeichlern zu umgeben und Minister zu wählen, die sich allein ihren Phantasien hingeben und das Allgemeinwohl vernachlässigen... Wenn Fürsten dahin gelangen, von ihrer Nation gehaßt und verachtet zu werden, dann wird es Zeit, daß sie das Haupt erhebt, und sie sind schuld daran. Ein Herrscher muß immer große Achtung vor seiner Nation haben; nur durch sie spielt er eine große Rolle in der Welt. Die Untertanen sind nicht Sklaven, sondern Gefährten, die nur deshalb unterlegen scheinen, weil sie den Herrscher achten und ihm eine Art Kult zugestehen und besonders, weil sie sich entschlossen haben, sich von ihm regieren zu lassen, wenigstens solange er sie gut behandelt und versucht, sich bei seiner Regierung von wohlgeachteten und in gutem Ruf stehenden Leuten helfen zu lassen. Der König ist weit davon entfernt, vom Heiligen Geist besonders begabt aus dem Mutterleibe gekommen zu sein, so daß er imstande wäre, mehr zu wissen als die Fachleute...‹

Ich sagte zu ihm: ›Gott gebe, daß es, solange ich hier bin, keinen Aufstand gibt... Sonst wird diese Monarchie, mag sie noch so groß sein, zum Gespött der anderen Nationen, und niemand weiß, was mit diesem großen Lande geschehen würde, wenn sich dann seine Feinde auf es stürzten.‹ Er antwortete: ›Sehen Sie, mit jedem Tag kommt die Nation vorwärts; mit jungen Fürsten wird sie die überwiegende Gewalt gewinnen, besonders da die Minister mit nichts Bescheid wissen werden; aber die reiche und mächtige Nation wird alles aufs beste einrichten.‹

Ich fragte ihn: ›Was verstehen Sie unter ‚alles aufs beste‘?‹ – ›Das Verschwinden der regierenden Familie, bei der es keinen Erben geben wird, selbst wenn man annähme, Artois würde einen haben. Was soll ein Mädchen, das zu nichts taugt, denn machen? (Artois hatte damals keinen Sohn.) Bald werden Sie sehen, daß er sich so sehr den Huren hingegeben hat und so verdorben ist, daß er unfähig sein wird, andere Kinder zu haben. Er ist Freund des Herzogs von Chartres geworden, um sich Ausschweifungen hinzugeben, und Chartres wird ihn nette

Wege einschlagen lassen, auf denen er so geschickt behandelt werden wird, daß die Orléans nichts dabei verlieren werden . . . Sie müssen wissen, daß man diesen Fall schon voraussieht und denkt, es werde zwei Anwärter mit gleichen Anrechten auf den Thron Frankreichs geben: Spanien, das behaupten können wird, es sei der nächste Verwandte, und der erste Prinz von Geblüt, der behaupten wird, Spanien müsse verzichten. Und dann wird das Volk befehlen; es wird seine Bedingungen stellen und wird sich dem überlassen, der sie annimmt. Da es wenigstens einen geben wird, der sie annimmt, und man immer einen großen Schutzherrn braucht, so wird der den Vogel abschießen, der am schnellsten die Bedingungen annimmt.‹ «

Aranda wollte nichts weiter hören, sondern schickte eiligst die Depesche an seinen König, um Anweisungen einzuholen, und richtete es so ein, daß Ludwig XVI. sie lesen konnte.

So war also Ludwig XVI. im Januar 1775 die beschlossene Revolution wohl bekannt, die vorbereitet wurde mit Orléans als Regisseur und Nutznießer, mit Choiseul als Anstifter, den Philosophen als Propheten, den Parlamenten als auserwähltem Werkzeug und den geheimen Gesellschaften als Hauptförderern. Die Leichtfertigkeit des Landes und der Egoismus jedes Standes, jeder Gruppe und Familie trugen zu der Gefahr bei.

Zumal die Königin ging keiner Unklugheit aus dem Wege. Mehr darauf bedacht, Königin der Mode als von Frankreich zu sein, hatte sie eine eitle und hirnlose Sippschaft um sich versammelt: Coigny, Lauzun, Ligne und Besenval, alle »Windbeutel«.

Sie hatte es auch nicht verstanden, ihren tölpelhaften Bruder Maximilian, der unter dem Namen eines Grafen von Burgau gekommen war, mit der gebotenen Zurückhaltung zu empfangen, wodurch ein neuer Zwist mit den Prinzen von Geblüt entstand (Anfang 1775).

Sie verliebte sich in den Grafen von Guines, Frankreichs Botschafter in London, der aber sehr wenig wert war, es zu sein, weil er mit Choiseul und Spanien intrigierte, um den Krieg zu entfesseln, und weil er sich damit vergnügte, an der Londoner Börse zu spielen.

Ludwig XVI. fühlte auch diesmal wieder sehr wohl, wie die Aufregung zunahm und die Königin sich bloßstellte. Zu hochmütig, um sich nicht in alles hineinzumischen, und zu oberflächlich, um zu verstehen, um was es sich handelte, verwirrte sie die Angelegenheiten, an denen sie teilnahm, heillos.

Das Schlimmste war ihre Neigung, als Wegweiser immer die Verrücktesten zu wählen.

Zu dieser Zeit gewann ein Major der Schweizergarde, der Baron von Besenval aus Solothurn, einen beherrschenden Einfluß auf sie dadurch, daß er ihr das Tricktrackspiel beibrachte und ihr schmeichelte; er war weder jung noch schön, noch klug, aber großspurig, gewandt und beredt. Mit ihm und Artois, der sich unter dem Einfluß von Chartres immer mehr Ausschweifungen hingab, besuchte sie die Pferderennen, die gerade in Mode kamen. Man hatte sogar auf der Ebene von Sablons eine Tribüne errichtet, damit sie von dort aus besser zuschauen könne, und auch, damit sie dort mit den jungen Herren zusammentreffen konnte, die ohne jede Achtung und Zurückhaltung mit ihr eng zusammensaßen.

Der König befahl das Abreißen der Tribüne. So hatte er wenigstens einmal seine Autorität gezeigt; doch meistens übte er Geduld und bemühte sich, die Unvorsichtigkeiten der Königin zu vertuschen. Er achtete sich selbst zu sehr, als daß er sie grob behandelt oder ihren Wünschen nicht entsprochen hätte, soweit es möglich war; aber er bewahrte eine zu hohe Auffassung von seiner Aufgabe und eine zu starke Gewohnheit, verschwiegen zu sein, als daß sie jemals etwas von seinen politischen Absichten erfahren oder von seinen Meinungen über Regierungsfragen etwas geahnt hätte. Er war so entschlossen, sich ihrer zu erwehren, und so von der Sorgfaltspflicht erfüllt, sich niemals von ihr in seinem königlichen Beruf beeinflussen zu lassen, daß er trotz den Traditionen Frankreichs, trotz den versteckten Andeutungen Mercys, trotz einem Bericht, in dem man ihm erklärt hatte, daß alle nach ihrer Heirat gekrönten Könige Frankreichs sich mit der Königin zusammen hatten krönen lassen, fest dabei blieb, dies nicht zu tun, sich allein krönen zu lassen und dies der Königin mitzuteilen.

Auch Monsieur gegenüber mußte er sehr zurückhaltend sein. Der in den Schubfächern des königlichen Kabinetts gefundene vertrauliche Briefwechsel dieses Prinzen mit Ludwig XV. hatte Ludwig XVI. zunächst entrüstet. Was für schmutzige kleine Ränke und Denunziationen, welche Schurkerei! Aber er beruhigte sich bald. Er kannte seinen Bruder, und er liebte ihn. Seine einzige Maßnahme bestand darin, daß er ihm den bereits in den Zeitungen gemeldeten Zutritt zum Staatsrat verwehrte. Von nun an mußte er die Arglist seines Bruders fürchten. Er durfte sich keine Vertraulichkeit mit irgend jemand erlauben. Zudem hatte er eben noch seinen alten, lieben Beichtvater, den Abbé Soldini, der ehemals Beichtvater und Freund seiner Eltern gewesen war, verloren. Um ihn öfter zu sehen, hatte er ihm einen Wagen und zwei Pferde geschenkt. Unglücklicherweise hatte eines der Tiere, das schlecht abgerichtet war, dem Abbé einen Huftritt versetzt und ihm das Bein gebrochen. Er starb daran. Hierdurch wurde die Einsamkeit des Königs noch drückender. Ludwig XVI. hatte als Nachfolger für den Abbé Soldini den Abbé Maudoux, ehemaligen Beichtvater Ludwigs XV., genommen, den er achten und anhören, den er aber nicht zu seinem Vertrauten machen konnte.

So allein gelassen, flüchtete sich der König in seine Werkstatt. Auf seinen Befehl waren längs der Treppe, die zu seinen kleinen Gemächern führte, Gemälde angebracht worden, die alle seine Jagden als Dauphin zeigten. Im ersten Stockwerk hatte er in einem hübschen Salon, für den er vergoldete Armsessel in blauem Samt hatte kaufen lassen – die einzige Ausgabe, die er als König für Einrichtungszwecke zugelassen hatte –, Stiche aus seiner Regierungszeit und Zeichnungen der Kanäle Frankreichs aufgehängt. Darüber lag der Geographiesaal mit seinen Plänen, Karten, Himmelskugeln, Globen und allen Instrumenten. Immer sah man auf dem Tisch in diesem Saal eine von ihm skizzierte Karte. Im dritten Stock hatte er die Drehbank und die Schreinerei untergebracht mit sinnreichen Werkzeugen zur Holzbearbeitung, ein Erbstück von Ludwig XV.; er bediente sich ihrer mit Duret. Im vierten Stock befand sich die Bibliothek; sie bestand aus zwei Zimmern und enthielt alles, was unter seiner Regierung veröffentlicht worden war, und die Papiere seiner Familie. Darüber hatte er eine Schmiede untergebracht mit zwei Ambossen und Werkzeugen aus Eisen. Wenn er nicht zur Jagd gehen konnte, fand er großes Vergnügen an dieser harten, aber feinen Arbeit. Er hielt dies vor der Königin und dem Hofe geheim, die diese Beschäftigung für stumpfsinnig hielten und das Kartenspiel und die Pferderennen vorzogen.

Und schließlich erfreute sich der König noch, ganz oben auf dem Palais, eines kleinen Aussichtsturmes, wo er, in einem Lehnstuhl sitzend, mit einem Fernrohr erforschen konnte, was sich in allen Winkeln von Versailles, im Palais und in der Stadt abspielte. Hieran empfand er das große Vergnügen, das ein Kurzsichtiger hat, der sonst alles undeutlich sieht und nun einige Gegenstände genau erkennen kann. Aber auch das warf man ihm als Verbrechen vor.

Die Gewohnheit, den König zu kritisieren, die Choiseul in Mode gebracht hatte, erhielt sich trotz seiner Beliebtheit beim Volk in der vornehmen Gesellschaft. Nur Maurepas, der ihn in der Nähe sah, begann den außerordentlichen Irrtum zu begreifen, dem alle im Hinblick auf Ludwig XVI. unterlagen, aber er benutzte diese Kenntnis nicht, um viel davon zu reden, sondern zog es vor, dieses Gefühl wie eine Art liebevollen Einvernehmens zwischen einem jugendlichen König und einem erfahrenen Minister in der Schwebe zu lassen. Die Vertrautheit zwischen ihnen und die angenehme Zusammenarbeit, die sie verband, fanden darin ihren Hauptursprung, doch sie entstammten auch noch einer anderen Quelle. Wenn Maurepas auch nicht katholischer, nicht mehr traditionsgebunden und nicht in höherem Maße von den alten Grundsätzen der Monarchie eingenommen war als die Mehrzahl der Höflinge, so hatte er doch begriffen, daß er, um glücklich leben und sterben zu können, dem König helfen mußte, das monarchische und katholische Frankreich, in dem er geboren war, zu retten. Bei all seinem Epikureertum bewahrte er doch seine Besonnenheit, die ihn mit dem König verband, und die kein anderer hatte, nicht einmal Turgot mit seinen großen Fähigkeiten.

Turgot besaß eine scharfe Intelligenz, ein hohes Maß von Bildung, Sinn für Wohltätigkeit und war ein Verwaltungsgenie, aber ihm fehlte der gesunde Menschenverstand und der Sinn für das Wirkliche. Er hielt leidenschaftlich an seinen Grundsätzen fest; da er immer Eile hatte sie anzuwenden, lief er Gefahr, sie zu entwerten. Ohne der schlechten Ernte Rechnung zu tragen, hatte er die Freiheit des Getreidebinnenmarktes in einem Augenblick verfügt, in dem in ganz Frankreich die kleinen Leute instinktive Furcht vor Teuerung, Hungersnot und Kornwucher hatten. In mehreren Gegenden Frankreichs beklagte man sich laut über den hohen Preis und den Mangel an Getreide. Aber er traf keine Vorsichtsmaßnahmen, als man ihm Ende April Schlag auf Schlag meldete, daß in Paris und Rouen der Getreidepreis ungewöhnlich stieg, daß aus Ervy, aus der Champagne und aus Metz über Unruhen berichtet wurde, daß ein wirklicher Aufruhr in Reims ausbrach, und dann in Dijon, wo man eine Mühle plünderte, um Korn zu bekommen. Gewiß schickte Turgot wegen der Härte des Winters im Januar und Februar ein Rundschreiben an die Intendanten, sie sollten Arbeitshäuser einrichten, und ein anderes an die Pfarrer von Paris, sie sollten vernünftige Almosenverteilungen vornehmen. Die Erregung griff über auf Pontoise und Poissy, wo ein Getreideschiff geplündert wurde, auf Saint-Germain und schließlich, am 1. Mai 1775, auf Versailles. Am ersten Tage hörte man nur ein dauerndes Geschrei von Frauen. Natürlich waren die durch

Gerüchte verschlimmerten Nachrichten, als sie den Hof und Paris erreichten, so bedrohlich, daß eine Panik auszubrechen begann. Überall zitterten die Bäcker, Müller und Beamten.

Glücklicherweise bewahrte der König seine Ruhe und nahm am 2. Mai morgens, als in Versailles in Abwesenheit Turgots und der meisten Minister die Unruhen begannen, schnell die Lage in die Hand. Früh am Morgen hielt Ludwig XVI., der von der Gefahr benachrichtigt war und sich weigerte, sich ihr durch die Flucht zu entziehen, mit dem Kriegsminister, Grafen du Muy, und dem diensthabenden Kapitän der Leibgarde, dem Prinzen von Beauvau, Rat, um die eintreffenden Getreidezufuhren zu schützen. Unglücklicherweise hatte inzwischen ein junger Edelmann, der mehr Edelmut als Vernunft besaß und gerade Gouverneur von Versailles war, der Prinz von Pois, es für richtig gehalten, den Meuterern ohne Schwertstreich nachzugeben und allen Bäckern befohlen, das Brot für zwei Sous zu verkaufen, das heißt für den von den Meuterern verlangten Preis.

Der König schrieb an Turgot:

»2. Mai, 11 Uhr morgens. – Ich erhalte soeben Ihren Brief durch Herrn von Beauvau. Versailles wird angegriffen, und zwar durch dieselben Leute wie in Saint-Germain. Ich werde mich mit dem Marschall du Muy und Herrn von Affry über das verständigen, was wir tun werden. Sie können auf meine Festigkeit rechnen. Ich habe soeben die Garde zum Markt marschieren lassen. Ich bin sehr zufrieden mit den Vorsichtsmaßregeln, die Sie für Paris getroffen haben; dort hatte ich die meisten Befürchtungen. Sie können M. Bertier sagen, daß ich mit seinem Verhalten zufrieden bin. Sie werden gut daran tun, die Personen, von denen Sie sprechen, verhaften zu lassen; aber wenn man sie festgenommen hat, vor allem keine Überstürzung oder viele Fragen. Ich habe soeben Befehle gegeben für das, was es hier und für die Märkte und Mühlen der Umgegend zu tun gibt.«

Dank den Befehlen des Königs und seiner Geistesgegenwart wurde die Ruhe schnell wiederhergestellt, wie aus seinem zweiten Brief vom gleichen Tage an Turgot zu ersehen ist:

»2 Uhr nachmittags! – Ich habe soeben M. Bertier empfangen und war sehr zufrieden mit allen Anordnungen, die er für Oise und die Untere Seine getroffen hat.«

Der König ordnete an diesem Tage eine ganze Reihe von Truppenbewegungen der königlichen Haustruppen an, um Paris und seine Zugänge zu schützen. Er beschrieb sie Turgot und fuhr fort:

»Hier sind wir jetzt ganz ruhig. Der Aufruhr begann recht lebhaft zu werden. Die dorthin geschickten Truppen haben die Aufrührer, die sich ihnen gegenüber still verhalten haben, beruhigt. M. de Beauvau, der dort war, hat sie ausgefragt; die einen haben geantwortet, sie seien aus Sartrouville und Carrière-Saint-Denis, und die anderen, sie seien aus mehr als zwanzig Dörfern gekommen. Die Mehrzahl sagte, sie hätten kein Brot gehabt und wären gekommen, um welches zu haben; sie zeigten sehr schlechtes Gerstenbrot, das sie, wie sie sagten, für zwei Sous gekauft hätten, und man habe ihnen kein anderes geben wollen. Der größte Fehler, der begangen wurde, war, daß der Markt nicht geöffnet wurde; man hat ihn öffnen lassen, und alles ist sehr gut gegangen; man hat gekauft und verkauft, als ob nichts vorgefallen wäre. Nachher sind die Leute fortgegangen und Abteilungen der Garde sind ihnen gefolgt, um festzustellen, welchen Weg sie einschlügen. Ich glaube nicht, daß der Schaden beträchtlich war. Ich habe die Straße nach Chartres und die zu den Mühlen der Täler von Orsay und Chevreuse besetzen lassen und Vorsichtsmaßnahmen für die Märkte von Neauphle und Rambouillet getroffen. Ich hoffe, daß alle Verbindungswege frei sind und daß der Handel seinen Lauf nehmen wird. Ich habe dem Intendanten empfohlen, zu versuchen, die zu finden, die gezahlt haben, was ich für den besten Fang halte. Ich gehe heute nicht aus, nicht aus Furcht, sondern um sich alles beruhigen zu lassen. Herr von Beauvau unterbricht mich, um mir von einer dummen Handlung zu berichten, nämlich der, daß man den Leuten das Brot für zwei Sous überlassen hat. Er behauptet, zwischen dieser Maßnahme und der, sie mit Bajonettstößen zu zwingen, das Brot zu dem festgesetzten Preis zu nehmen, gäbe es keinen Mittelweg. Dieser Markt ist zu Ende; aber zum ersten Male muß man nun die größten Vorsichtsmaßregeln treffen, damit sie nicht wiederkommen, um das Gesetz selbst in die Hand zu nehmen. Melden Sie mir, welcher Art diese Maßnahmen sein könnten, denn dies alles ist sehr unangenehm. – Ludwig.«

Den ganzen Tag war der König sehr in Sorge und aß nicht. Wie es scheint, gab es am 3. nur einen einzigen Zug von Meuterern, der sich auf Paris zu bewegte. Von Versailles hatte man sie wie einen Trupp von Hammeln zurückgeworfen. Man erwartete sie in der Hauptstadt; der Polizeipräfekt, Le Noir, dem seine Spione gemeldet hatten, daß die Hallen geplündert werden sollten, zog dort alle seine Leute zusammen; doch die Meuterer erschienen dort nicht. Sie marschierten zur Bastille, was für Leute, die Brot haben wollen, merkwürdig erscheint. Sie zogen den ganzen Tag überall in der Stadt umher, kamen aber nicht zu den Hallen. Alle Bäckereien wurden vor den Augen des vergnügten Publikums geplündert; die vom Marschall von Biron kommandierten Truppen sahen sehr ruhig zu und rührten sich nicht. Die Plünderer warfen den Gaffern Brote zu und zogen unter Geheul an den Fenstern Turgots vorbei, wobei sie in ihren ausgestreckten Händen grünlich aussehende Brotkanten schwenkten. Ein kräftiger, von Dupont geführter Ausfall der Freunde und Diener Turgots trieb sie zurück. Beim Fortgehen sagten sie, sie würden wiederkommen.

Aber am Abend rüttelte der wütende Turgot alle seine Leute auf. Er erreichte vom König, daß der Befehl über die Hauptstadt mit strengen Anweisungen an Biron gegeben wurde. Jede Bäckerei wurde bewacht, und die Polizei mußte jeden verhaften, der die Ordnung störte. Am gleichen Abend eröffnete das Parlament ein Untersuchungsverfahren; aber der König ging über das Parlament hinweg und befahl, daß ein Gericht mit summarischem Verfahren sofort eingesetzt werde, das die verhafteten Meuterer aburteilen sollte. Und wirklich wurden am 4. einunddreißig Personen verhaftet und zwei von ihnen verurteilt, die am 11. Mai gehängt wurden; weitere einunddreißig wurden auf die Bastille gebracht, darunter ein Parlamentsmitglied, ein Bürgermeister aus der Provinz, ein Universitätsprofessor, ein Konsul im Ruhestande, ein Beamter des Getreideamtes, neun Geistliche, Pfarrer oder Stiftsherren ...

Turgot benutzte die Gelegenheit, um auch einige persönliche Feinde verhaften zu lassen. Du Muy zog auf Befehl des Königs in der Pariser Gegend beträchtliche Truppenmengen zusammen, ungefähr fünfundzwanzigtausend Mann. Biron, ein Anhänger Turgots und Oberst der französischen Garde, befehligte diese »Armee von Paris« mit strikten Weisungen. Alle Garnisonen Mittelfrankreichs standen unter Alarm. So endete der »Mehlkrieg«, aber nicht die Schlacht der Worte und Leidenschaften, die sich um ihn entfesselt hatte. Von jetzt an erschien Turgot wie der Mittelpunkt einer großen Schlacht.

In der Nacht vom 3. zum 4. Mai erreichte er vom König, daß ein außerordentlicher Staatsrat einberufen wurde. Ohne vorher Maurepas oder Sartine zu Rate gezogen zu haben, forderte er die Abberufung von Le Noir (den er durch einen seiner Beamten, Albert, ersetzte) und des Kommandanten der Wache. Alle Minister schwiegen, nur der König sagte seine Meinung und billigte den Vorschlag. Dann unternahm Turgot einen Schritt gegen das Parlament, das am anderen Tage, dem 4., allein in der friedlichen Stadt in Aufregung war. Der König schrieb ihm, es solle sich ruhig verhalten, und unterschrieb Verordnungen, durch die die Schuldigen vom 3. Mai dem Kriminalgericht überwiesen wurden. Das Parlament schnaubte Wut. Der König erließ ein Edikt, das die Standgerichtsbarkeit zum Nachteil des Richterstandes einsetzte. Das Parlament rächte sich am 5. abends, indem es einen Beschluß faßte, in welchem es den König anflehte, »immer mehr Maßnahmen zu ergreifen, die ihm durch seine Klugheit und durch die Liebe zu seinen Untertanen eingegeben würden, um den Preis des Korns und des Brotes auf einen im Verhältnis zu den Bedürfnissen des Volkes stehenden Stand bringen zu lassen«. Das noch etwas nach Polemik und war ein in den Garten Turgots geworfener Stein. Turgot reagierte sofort. Er fuhr nach Versailles, holte den König mitten in der Nacht aus dem Bett und überredete ihn, gleich am Morgen einen Großen Gerichtstag zu halten.

Einige Stunden später werden die Druckplatten des Parlamentsbeschlusses beim Drucker zerbrochen und die schon angeschlagenen Exemplare mit einem Plakat überklebt, das Zusammenrottungen untersagt und verbietet, Getreide unter dem festgesetzten Preis zu verlangen. Zu gleicher Zeit bekommt jedes Parlamentsmitglied den Besuch eines Musketiers, der ihm den Befehl überbringt, sich um acht Uhr morgens in schwarzer Kleidung in Versailles zu einem Großen Gerichtstag einzufinden.

Die Sitzung dieses Gerichtstages eröffnete Ludwig XVI. mit einer Rede, in der er mit nicht sehr lauter Stimme, aber vornehm und ohne Zorn erklärte, der Ernst der Umstände zwinge ihn, den Gerichten mit summarischem Verfahren eine ungewöhnliche Ausdehnung zu geben, und er werde sich mit der Verpflegung von Paris und der des Königreichs befassen. Er zeigte sich ruhig, fest und selbstsicher und machte großen Eindruck auf die Parlamentsmitglieder.

Nach ihm rechtfertigte Miromesnil das Edikt mit folgenden Worten: »Der Marsch der Räuber scheint wohlberechnet zu sein ... Es scheint ein Plan geschmiedet worden zu sein, die Felder zu verwüsten, die Schiffahrt zu unterbrechen, den Transport von Getreide auf den Landstraßen zu verhindern, um zu erreichen, die großen Städte und vor allem Paris auszuhungern.« Die Parlamentsmitglieder waren kleinlaut und verhielten sich still; nur Conti antwortete, weil er fühlte, daß es auf ihn abgesehen war, was auch zutraf. Aber Ludwig XVI. schloß energisch die Sitzung und untersagte jeden Widerspruch; das Parlament rührte sich nicht. Der König und Turgot hatten einen Erfolg über die Parlamentsdemagogie erzielt.

Turgot, der leidenschaftlich seine Doktrin verfocht, war schonungslos bei der Unterdrückung des Widerstandes. Während der König Milde walten lassen wollte, ließ er den Perückenmacher und den Arbeiter, die man auf frischer Tat ergriffen hatte, hängen; im Sterben riefen sie, sie stürben für das Volk. Am 11. Mai war die Ruhe überall wiederhergestellt, nur nicht im Ministerium. Diese Tage bedeuteten eine Wende im politischen Leben Frankreichs: Turgot, dessen Politik angegriffen worden war, hatte sich verteidigt und durchgesetzt; er war jetzt der Minister, der dem König am nächsten stand, mit ihm unmittelbar Briefe wechselte und lange Konferenzen mit ihm allein auf seine Anregung hin abhielt und Aussicht zu haben schien (Turgot glaubte es), der erste Minister zu werden.

Maurepas billigte ihn keineswegs. Am 3. Mai hatte er zu Biron, seinem vertrauten Freunde, gesagt, er solle nicht eingreifen, und war dann ganz ruhig in die Oper gegangen.

Turgot verfeindete sich durch die Unterdrückung des Mehlkrieges mit vielen Leuten.

Zuallererst mit dem Anstifter dieses Krieges, dem Prinzen Conti, der ganz augenscheinlich die Aufstände organisiert hatte. Sein Schloß lag in L'Isle-Adam an der Oise; von hier ging diese ganze Reihe von Unruhen aus, die sich von Beaumont-sur-Oise bis Paris fortpflanzten und geschickt angezettelt waren, um die Aufrührer gefechtstüchtig zu machen und schließlich in Paris »den großen Schlag zu tun«. Mit festen Knütteln bewaffnet und oft Träger großer Summen, wußten sie genau, wohin sie gehen mußten, und hatten Paßworte und Sammelplätze. Das Brot, das sie schwenkten, war künstlich grün gefärbt; sie bildeten nur eine einzige Kolonne usw. Es bestand also kein Zweifel. Der Grund, der Conti antrieb, ist leicht zu erraten: Turgot wollte die allgemeine Gewerbefreiheit einführen, und der Abbé Baudeau hatte dies in seiner Zeitschrift angekündigt. Nun stammte ein großer Teil von Contis Einkommen aus dem Privileg, das er besaß, in der Umgebung seines Palais du Temple Läden zu vermieten, in denen man frei das Gewerbe, das er wünschte, betreiben konnte. Mit der Gewerbefreiheit wären dieses Privileg und das Einkommen daraus zunichte gemacht worden. Das war für Conti Grund genug, um einen Aufstand anzuzetteln, der Turgot zugrunde richten sollte. Conti verstand sich auf Aufstände. Als fester Rückhalt der Parlamentspartei hatte er von 1750 bis 1774 eine ganze Reihe organisiert. Im Mai 1775 scheiterte er, weil er allein war. Hätten sich die Kräfte der vertriebenen Parlamentsmitglieder und die der Orléans mit den »Mehlmeuterern« verbunden, so wäre es in Paris zu einer wirklichen Revolution gekommen.

Der König hatte durch die Einberufung des Parlaments und die Herstellung des Friedens an allen Orten den Schlag im voraus pariert. Seine Autorität ging verstärkt aus der Schlacht hervor, und sein persönliches Ansehen nahm in den Augen all derer zu, die in seine Nähe kamen und sahen, wie kräftig er dem Aufstand entgegentrat. Trotzdem verbreitete sich am Hof und beim Publikum das Gerücht, er sei schwach gewesen, habe eine Ansprache an die Aufrührer halten wollen, sei verstört gewesen und habe den Brotpreis herabsetzen lassen, um das Volk zu befriedigen. Das war falsch. Alle diese Vorwürfe trafen auf den Prinzen von Poix zu. Aber die von Choiseul in Umlauf gesetzte Verleumdung blieb so lebhaft im Gedächtnis, daß von diesem Tag an der von Poix begangene Fehler auf Ludwig XVI. lastete.

Von Turgot dagegen sagte man: »Seht, wie gewalttätig er ist! Entgegen der Meinung des Königs hat er gegen die Beamten und die Aufrührer gewütet. Welche Anmaßung gegenüber den anderen Ministern!« Maurepas wurde davon stark beeindruckt. Die nächtliche Sitzung des Staatsrates vom 4. Mai versetzte seiner Freundschaft mit Turgot den tödlichen Schlag. Der Mentor war der Meinung, man hätte alles das mit einem Lächeln aufnehmen und nicht aus diesem Gekläff eine zu ernste Angelegenheit machen sollen. Turgot hatte die Truppen von halb Frankreich mobilisiert, mehrere hundert Briefe geschrieben und sich gründlich festgelegt. So trat der Gegensatz der Charaktere und Methoden klar zutage, und seitdem sagte sich Maurepas, daß er eine Dummheit begangen habe, als er diesen aufgeregten Menschen in den Staatsrat berief.

In den Augen des Königs erschien Turgot als ehrenhafter Mensch, den man gut um Rat fragen und gut verwenden konnte, weil man wußte, daß er klug und redlich war, aber auch als ein Mensch, der hartnäckig an einem System festhielt und zur Cliquenbildung neigte. Der Marschall von Biron verhielt sich während des Pariser Aufstandes nicht besser als Le Noir, aber Turgot entließ Le Noir sofort, weil er nicht zu seiner Gruppe gehörte, und behielt Biron. Der König schätzte das kräftige Auftreten Turgots, weil es ihm half, das seinige richtig zu schätzen, aber er begann, ihn als das zu erkennen, was er war: ein »reformatorischer Philosoph«.

Im Verlauf dieser Ereignisse sagten die Höflinge des alten Hofes: »Die Enzyklopädisten regieren.« Die Enzyklopädisten suchten auch tatsächlich den König zu gewinnen und ihn dahin zu bringen, wohin sie ihn führen wollten.

Hiervon zeugt ein merkwürdiges Buch, das zu dieser Zeit erschien und verbreitet wurde: »Das Leben Ludwigs XVI. seit seiner Thronbesteigung.« Es sind Dialoge zwischen einem Russen und einem Polen, die das philosophische Werk des Königs als »groß und gerecht« und die Arbeit Turgots als eines »Mannes von Wissen und Genie« preisen. Der »große Choiseul« wird nicht vergessen und das Parlament in den Himmel gehoben. »Wie glücklich ist eine Nation«, ruft der Verfasser aus, »wenn sie von einem gerechten Fürsten regiert wird, zumal wenn er ihre Freundschaft dadurch zu erwerben sucht, daß er versucht, sie glücklich zu machen!« Man schreibt ihm auch seinen Weg vor und kündigt an, er werde die Generalpächter der Steuern entlassen und eine Versammlung der Abgeordneten aller Parlamente Frankreichs einberufen, um Gesetze von allgemeiner Gerechtigkeit zu schaffen und die Mißbräuche abzustellen. So wird er in Wahrheit, wie er es wünscht, »Ludwig der Gerechte« sein. Das Buch schließt mit einem Ratschlag: er möge sich doch in Paris krönen lassen; das koste weniger und würde lieber gesehen.

Dies war auch der Standpunkt Turgots. Er sagte dem König, die Krönung in Reims würde sehr teuer sein, die Versorgung dieser Stadt mit Lebensmitteln wäre mißlich, während in Paris sich alles viel leichter machen ließe, mehr Fremde herbeigezogen und die Bewohner der Hauptstadt sich freuen würden. Auch wäre dies eine Gelegenheit, den Eid zu ändern, der altfränkisch und beleidigend sei mit seinen Formeln, die den König verpflichteten, die Ketzer auszurotten und Zweikämpfern niemals zu verzeihen. Ludwig XVI. hörte Turgot an, nahm Kenntnis von dem Feldzug der Zeitungen und der »Nouvelles à la main« gegen die so »kostspielige« Reise nach Reims und dankte Turgot für seine Freimütigkeit mit freundschaftlicher Huld, die keinerlei Verlegenheit aufkommen ließ. Er fuhr aber doch nach Reims und war fest entschlossen, dort den Eid zu sprechen, den seine Vorfahren gesprochen hatten, im Verlauf der gleichen Zeremonien wie die, welche seine Vorfahren seit sieben Jahrhunderten gekannt hatten – was man auch davon denken mochte und was für Folgen auch daraus für sein Tun und Lassen entstehen mochten.

DER ALLERCHRISTLICHSTE KÖNIG

Ludwig XVI. verließ mit seinem Gefolge Versailles am 5. Juni und fuhr bis Compiègne, wo er sich ausruhte und zwei Tage lang auf Wildschweine jagte. Darauf begaben sie sich nach Fismes, wo man am Donnerstag, dem 8., zu Abend aß und schlief. Es herrschte schönes, trockenes Wetter, und alles für das Wechseln der Pferde war dank den zwanzigtausend zu diesem Zweck bestimmten Pferden gut vorbereitet. Am Freitag, dem 9. Juni, hielten er und die Königin mit großem Pomp ihren Einzug in die gute Stadt Reims, die, voll von Schaulustigen, geschmückt mit Teppichen und Bannern, sie mit überschäumender Begeisterung begrüßte. Das Wetter blieb weiterhin prächtig. Eine Meile vor der Stadt stieg der König in seinen ganz vergoldeten Galawagen, der Malereien und an den vier Ecken des Daches große Federn trug; die beiden Grenadierkompanien waren in ihren goldglänzenden Galauniformen zu beiden Seiten des Stadttores aufmarschiert, während die berittenen Truppen in Schlachtordnung aufzogen. Vor dem Wagen des Königs fuhren andere prächtige Wagen und der Hofstaat des Königs.
Um fünf Uhr erreicht man unter Trompetengeschmetter, dem Dröhnen der Pauken und dem Läuten der großen Glocke die Kathedrale. Inmitten des alten Platzes mit seinen gotischen Häusern macht dieser prächtige, einzigartige große Wagen einen aufsehenerregenden Eindruck. Der König steigt aus, betritt die leere Kirche und läßt sich auf dem Betstuhl vor dem Altar nieder, während seine Brüder und das ganze Gefolge hinter ihm knien. Nach einigen Gebeten steigt der König langsam den Gang empor, der von der Kathedrale zu seinen ziemlich engen Gemächern im erzbischöflichen Palais führt. Nachdem er einige freundschaftliche Worte zu den Höflingen, die er am besten kennt, gesprochen hat, zieht er sich zurück. Alle bewundern seine gütige Art.
Am 10. um vier Uhr nachmittags begibt sich der König zur Kathedrale für den Abendgottesdienst und die Predigt über die Krönung, die dazu bestimmt ist, ihn für die morgige Zeremonie vorzubereiten. Der Herzog von Duras, diensttuender Kammerherr, und die Architekten der »Hoflustbarkeiten« hatten sich ausgedacht, zur Schönheit der Kathedrale noch etwas beizutragen, indem sie aus Holz eine klassische Fassade bauten und einen Gang, der die Kathedrale mit dem Bischofspalais,

dem Aufenthaltsort des Königs, verband; außerdem hatten sie im Innern des Kirchenschiffs einen Bau aus vergoldetem Holz mit Säulen errichtet. Hierdurch wurde der Chor verengt und in die schönste gotische Kirche eine Art von klassischem Theatersaal gestellt. Der Herzog von Duras fand es sehr schön, der Herzog von Croÿ bewunderte es, wenn er es auch nicht ganz billigte. Der König denkt nicht daran, denn er denkt an Gott und an sein Schicksal; hieran denkt er auch während der langen Predigt, die ihm der Erzbischof von Aix in schwülstigem Stil hält.

Der König betet die ganze Zeit. Dann kehrt er in seine Gemächer zurück, wo er die Königin antrifft, die den Zeremonien beiwohnt, ohne an ihnen teilzunehmen.

Am 11. füllt sich von vier Uhr morgens an die Kirche. Sie ist voll besetzt mit Würdenträgern und Damen in den glänzendsten Kostümen mit den Federn, die die Königin in Mode gebracht hat. Um sechs Uhr beginnt der Gottesdienst mit der Prime, dem ersten Stundengebet; um halb acht Uhr erscheint der König, dem Brauche gemäß gekleidet, wie er geschlafen hatte, in langem, mit silberner Spitze besetztem Rock. Er tritt, von den Bischöfen von Laon und Beauvais geführt, im gleichen Augenblick ein, in dem die Geistlichkeit ihm entgegengeht. Dann betreten alle unter dem Klang der Militärtrompeten die Kathedrale. Dem König folgt der Konnetabel von Frankreich, der achtundachtzig Jahre alte Marschall von Tonnerre, dann der Kanzler von Frankreich, Miromesnil, und dann der Oberzeremonienmeister, der Prinz von Soubise, alle in Galakleidung mit Kronen. Hierauf kommt der Kanzler mit seinem vergoldeten Barett. Der sehr alte Erzbischof von Reims, M. de La Roche-Aymon, vermag es mit Hilfe von Drogen und dank einer unerhörten Willensanstrengung, den Gottesdienst zu halten; er dauert sechs Stunden, obwohl man ihn wegen des Alters des Erzbischofs und um den König in der Sommerhitze nicht zu sehr zu ermüden, abgekürzt hat.

Der König allein inmitten der Kirche unter einem großen Thronhimmel, das Kirchenschiff voll von glänzend geschmückten Edelleuten, die roten Roben der Bischöfe im Chor, der schimmernde Schmuck der Königin und der Damen auf den Tribünen – es ist ein traumhafter Anblick. Der Erzbischof spendet zuerst das Weihwasser und stimmt dann das »Veni Creator« an. Nun kommt das Salbgefäß. Man betet die Sexte, und der Erzbischof kleidet sich für die Messe um. Hierauf nähert er sich dem König und läßt ihn die Eide sprechen, die Vor-

Ludwig XVI.,
König von Frankreich, im Krönungsornat.
Gemälde von Joseph-Siffred Duplessis,
1775.

Oben: Marie Thérèse Charlotte von Angoulême,
die Tochter Ludwigs XVI. und Marie Antoinettes.
Zeitgenössisches Gemälde.

Unten: Der Dauphin Louis Charles,
Sohn Ludwigs XVI., der spätere Ludwig XVII.
Lithographie, um 1830.

Marie Antoinette,
die Gemahlin Ludwigs.
Lithographie, 1825.

Ludwig XVI.
besucht im Winter 1788 die Armen.
Stahlstich (Ausschnitt), um 1840.

Der Allerchristlichste König

rechte der Kirche beibehalten und bewahren zu wollen. Dann heben zwei Bischöfe den König hoch, der die Versammlung betrachtet. (Früher fragte man das Volk, ob es den König anerkenne, und die Menge antwortete mit Beifallsrufen; bei Ludwig XVI. unterließ man diese Zeremonie, und viele waren darüber unzufrieden.)
Der König streckt sich auf einem violetten Samtkissen aus, und der Erzbischof tut das gleiche neben ihm, während man über ihnen die Litanei der Heiligen aufsagt. Nachdem dies beendet ist, spricht der Erzbischof, in Höhe des Altars sitzend, eine ganze Reihe von Gebeten über dem vor ihm knienden König und weiht ihn, indem er ihm sechs Salbungen auf die bloße Haut gibt, wodurch ihm die ersten Weihen der Kirche, aber nicht die Priesterschaft, übertragen werden. Hierauf werden die Handschuhe und der Ring geweiht und der Erzbischof übergibt dem König das Zepter Karls des Großen, einen großen silbernen, sechs Fuß langen Stab, und die »Hand der Gerechtigkeit«; hierbei werden wieder Gebete gesprochen.
Und nun beginnt die eigentliche Krönung. Inmitten der alten Pairs setzt der Erzbischof dem König die große Krone Karls des Großen aufs Haupt und sagt: »Gott kröne Sie mit der Krone des Ruhms und der Gerechtigkeit ... und Sie werden die ewige Krone erlangen.«
Er setzt die Krone, die die Pairs einen Finger hoch über dem Haupthaar halten, auf das Haupt des Königs. Rührung ergreift alle Anwesenden und zutiefst den König, den der Erzbischof, seine Mitra abnehmend, nochmals segnet und mit neuen Gebeten ehrt.
Hierauf folgt die feierliche Einsetzung. Man hebt den König, der während der ganzen Zeit gekniet hat, auf und bekleidet ihn mit dem großen blauen Königsmantel, der mit gestickten Lilien übersät ist und eine lange Schleppe hat. In dieser Tracht, die Krone auf dem Haupt, das Zepter Karls des Großen in der rechten und die »Hand der Gerechtigkeit« Karls des Großen in der linken Hand, wird er feierlich zu dem Thron geführt, der sehr erhöht zwischen vier hohen Säulen steht, so daß man ihn von überallher sehen kann. Zu gleicher Zeit wird das große Portal geöffnet, das Volk dringt in Menge herein, man läßt Vögel fliegen, alle Trompeten blasen, die entzückten und verwirrten Teilnehmer brechen in Tränen aus und rufen: »Es lebe der König!« Die Begeisterung ist allgemein; sie kommt in lauten Beifallsrufen zum Ausdruck und wird noch größer, als der Erzbischof, nachdem er für das Glück des Königs und seines Geschlechts gebetet hat, ausruft: »Vivat Rex in aeternum!« Hierauf folgt das

Tedeum, und die Messe beendet diese Zeremonie, die schönste, die man seit einem halben Jahrhundert gesehen hat.

Das Glück Ludwigs XVI. strahlt aus allen seinen Gebärden. Nach dem Mittagsmahl geht er umher und läßt der Menge freien Lauf, sich ihm zu nähern.

Am 12. ruht er sich aus. Am 13. und 14. neue Zeremonien und prunkvoller Aufzug zu Pferde. Er berührt vierhundert Bettler, die an Skrofeln leiden.

Am 15., dem Fronleichnamstage, folgt er vor einer unzähligen Menge, die ihn bewundert, der Prozession, den Blick voll verzückter Freude und Dankbarkeit auf die Hostie gerichtet.

Nach dem Mittagsmahl reist er nach Compiègne ab; er ist ebenso entzückt von seinen Untertanen wie sie von ihm. Er brachte dies in den Briefen zum Ausdruck, die er unaufhörlich und regelmäßig von Reims aus an Maurepas gesandt hatte. Hier ist der letzte: »Ich bin von aller Ermüdung befreit... Es hat mir leid getan, daß Sie nicht mit mir die Genugtuung teilen konnten, die ich hier empfunden habe. Es ist nicht mehr als billig, daß ich arbeite, um ein Volk, das zu meinem Glück beiträgt, glücklich zu machen. Ich werde es mir angelegen sein lassen. Ich hoffe, daß Sie an die Mittel gedacht haben, von denen wir gemeinsam gesprochen haben. Auch ich habe, so sehr ich es bei der Fülle von Zeremonien konnte, daran gedacht. Die Arbeit ist groß, aber mit Mut und Ihren Ratschlägen gedenke ich, damit fertig zu werden. Adieu bis Montag abend, an dem wir uns sehen werden. – Ludwig.« Diese Briefe erregten Aufsehen. Man war der Meinung, daß die Königin besiegt aus Reims zurückkehrte und hatte sich nicht getäuscht.

Sie hatte aus der Freude des Königs und seiner Gutmütigkeit Nutzen ziehen wollen, um ihm die Entlassung von Maurepas und ein Ministerium Choiseul aufzudrängen, und ging geschickt zu Werke.

Vor der Abfahrt nach Reims hatte sie Maurepas und dem König eine Szene gemacht, um die Verbannung Aiguillons nach Aiguillon, einem entlegenen und öden Landgut, zu erreichen. Maurepas widerstand, weil er fühlte, daß es gegen ihn selbst gerichtet war, aber er gab dann aus Schwäche nach. Der König weigerte sich, einen Haftbefehl zu unterzeichnen, stimmte aber der Verbannung zu. »Tun Sie nach Ihrem Willen«, schloß er, »ich will nicht daran teilhaben.«

In Reims hatte Marie-Antoinette zum König gesagt, sie wünsche Choiseul zu sehen, wüßte aber nicht, wann es passend wäre, ihn zu empfangen. Ludwig antwortete barsch und gutmütig zugleich: »Zwei Stunden nach der Mahlzeit.«

Zur angegebenen Stunde war Choiseul gekommen. Man hatte ihm den Zutritt verweigert, weil der König mit der Königin zusammen sei. Er hatte aber darauf bestanden, sie benachrichtigen zu lassen und war zu ihr gelangt. Sofort hatte sich der König entfernt und die Zusammenkunft so jeden Sinn verloren.

Bei der Krönung am nächsten Tage hatte man bemerkt, daß der König sich bewußt ungnädig gegen drei der Pairs zeigte: gegen Maillebois und Richelieu wegen ihrer Ausschweifungen und gegen Choiseul, von dem er sich auffällig abwandte. Der Herzog hatte das Ende der Feierlichkeiten nicht abgewartet und Reims am anderen Tage verlassen.

Mittlerweile benutzte Artois, von Besenval und Chartres gut abgerichtet, die Umstände, um seinen älteren Bruder um die Erlaubnis zu bitten, sein Amt als Generaloberst der Schweizer und Graubündner an Choiseul zu übergeben. Der König lehnte das schroff ab. Am anderen Tage kam Artois wieder auf die Frage zurück: der König drehte ihm den Rücken zu und antwortete nicht. Er vertraute Turgot an, ohne ein großes Geheimnis daraus zu machen: »Ich werde Choiseul niemals als Minister nehmen.« Die Intrige der Königin war vollkommen gescheitert. Sie ärgerte sich so sehr darüber, daß alles, was sie in einem Brief an ihren alten Freund von Rosenberg in Wien von der Krönung zu sagen hatte, folgendes war: »Ich bin gezwungen, bis zum Weggang des M. d'Aiguillon zurückzugehen, um Ihnen einen vollständigen Bericht über mein Verhalten zu geben. Dieser Weggang ist ganz und gar mein Werk. Das Maß war voll. Dieser gemeine Mensch trieb alle Art von Spionage und führte böse Reden... Sie haben vielleicht von der Audienz erfahren, die ich dem Herzog von Choiseul in Reims gewährt habe. Man hat so viel darüber gesprochen, daß ich nicht dafür bürgen möchte, ob der alte Maurepas nicht Furcht davor gehabt hat, nach Hause zu gehen, um sich auszuruhen. Sie werden leicht verstehen, daß ich Choiseul nicht gesehen habe, ohne mit dem König darüber zu sprechen, aber Sie werden kaum erraten, wie geschickt ich sein mußte, den Anschein zu vermeiden, als ob ich um Erlaubnis bäte. Ich habe ihm gesagt, daß ich Lust hätte, Choiseul zu sehen, und daß ich nur nicht wüßte, an welchem Tage. Ich habe das so gut gemacht, daß der arme Mann selbst die passendste Stunde festgesetzt hat, zu der ich ihn sprechen konnte. Ich glaube, daß ich ge-

nügend von dem Recht der Frau in diesem Augenblick Gebrauch gemacht habe...«
Und wenn Rosenberg an dem Sinn dieser Worte hätte Zweifel haben können, so brauchte er sich nur an den Brief zu erinnern, mit dem ihn die Königin am 17. April beehrt hatte und in dem sie ihm schrieb: »... meine Neigungen sind nicht die gleichen wie die des Königs, der nur Sinn für die Jagd und handwerkliche Arbeiten hat. Sie werden zugeben, daß ich neben einer Schmiede nicht sehr anmutig aussehen würde; ich würde dort nicht Vulkan sein, und die Rolle der Venus könnte ihm weit mehr mißfallen als meine Neigungen, die er nicht mißbilligt.« So sprach die Königin, ein Echo der Spötteleien von Choiseul, Chartres, Besenval und Artois. Als Maria-Theresia dies durch Rosenberg erfuhr, der nicht wagte, diese Briefe für sich allein zu behalten, schrieb sie an Mercy: »Ich gestehe, daß ich im tiefsten Herzen getroffen bin. Was für ein Stil, welche Denkweise! Meine Befürchtungen werden hierdurch nur zu sehr bestätigt; sie geht mit großen Schritten ihrem Verderben entgegen...«
Ihr Bruder Joseph II. schrieb ihr unter dem Eindruck der Gemütsbewegung, die dieser Brief bei ihm hervorrief: »... Soviel ich weiß, mengen Sie sich in eine Unzahl von Dingen, die Sie nichts angehen, von denen Sie nichts verstehen und für die die Intrigen und eine Umgebung, die Ihnen schmeichelt,... Sie einen unbedachten Schritt nach dem andern tun lassen... Wie können Sie sich dareinmischen, meine liebe Schwester, Minister zu entlassen, einen anderen auf sein Landgut zu schicken... Haben Sie sich ein einziges Mal gefragt, mit welchem Recht Sie sich in Angelegenheiten der französischen Regierung mischen?...« Er schickte diesen Brief nicht ab, Maria-Theresia unternahm es, ihr einen Verweis zu erteilen: »...Ich kann Ihnen gegenüber nicht verhehlen, daß ein an Rosenberg gerichteter Brief mich aufs höchste bestürzt hat. Was für ein Stil! Welche Leichtfertigkeit! Wo ist das so gute, so edelmütige Herz dieser Erzherzogin Antoinette geblieben? Ich sehe in ihm nur noch eine Intrige, niedrigen Haß, Verfolgungsgeist und Spottsucht – eine Intrige, wie sie eine Pompadour, eine Du Barry hätte anzetteln können, um eine Rolle zu spielen...«
So sprachen die Habsburger, übrigens vergeblich.
Ludwig XVI. tat nicht dergleichen; ohne daß er es wollte, hatte man ihn mit dieser Frau verbunden, die unfähig war zu herrschen, unfähig, klug und vorsichtig zu sein. Er mußte sie ertragen und dabei versuchen, sie zu schützen. Die Kraft und der Frieden, die Gott ihm in

Reims gegeben hatte, wappneten ihn für diesen langen Kampf, der sich durch den ganzen Sommer und Herbst ausdehnte.
Marie-Antoinette begriff nicht; sie hielt ihren Mann für schwach. Turgot seinerseits unterlag einem ähnlichen Irrtum. Seiner geistigen Fähigkeit bewußt, nahm er an, der König besitze sie auch, und zweifelte nicht daran, daß er diesen jungen Mann zu seinem Schüler heranbilden könne. Ludwig XVI., so hin und her gezogen, bewahrte sich glücklicherweise den Ausweg der Jagden, denen er sich den ganzen Sommer hindurch hingab, seiner Unterhaltungen mit Maurepas, die ihn stark interessierten, und der Arbeit mit Vergennes, an der er Gefallen fand, weil dieser Minister Takt, Intelligenz und Kenntnisse in seinen Dienst stellte.

*

Im übrigen mußte man auf der Hut sein; wenn auch Europa ruhig schien, so war dies in Amerika nicht der Fall, wo der Krieg wütete. Die aufständischen Kolonisten schienen entschlossen zu sein, bis zum Äußersten zu gehen. Die Engländer schickten Truppen, Material und Schiffe nach Übersee. Wollte man eine Überraschung wie die von 1754 vermeiden, so mußte man Vorsichtsmaßnahmen treffen. Im Staatsrat beschloß man, fünfzehntausend Mann auf die französischen Antillen zu schicken, um diese vor einem Handstreich zu bewahren, aber die Truppen gingen nicht ab; der König blieb unschlüssig. Spanien (Aranda) trieb zum Krieg mit England. Turgot wollte nichts davon hören; er bestand auf der dringenden Notwendigkeit, zu sparen. Man wartete ab.
Die Königin wartete nicht. Nach ihrer Niederlage in Reims hatte Choiseul neue Pläne entworfen, die sie sofort ausführte: Versöhnung mit dem alten Maurepas, der kaum noch lange aushalten würde, und dann Turgot aus dem Ministeramt vertreiben und Choiseul hineinschmuggeln!
Als der erste Akt gespielt war (Versöhnung mit Maurepas), erhielt die Königin als Trinkgeld eine beträchtliche Vermehrung ihrer monatlichen Privatschatulle, eine Oberintendantin für ihren Hofhalt, das heißt ein Gehalt von 150 000 Franken im Monat. Ludwig XVI. bewilligte ihr dies, um Frieden zu haben, und ließ sie die Prinzessin von Lamballe nehmen, obwohl sie wenig intelligent, Chartres hörig, und wie dieser auf die Freimaurerei versessen war. Und ihr Bruder, der Prinz von Carignan, mußte ein Regiment bekommen.

Der zweite Akt konnte nicht gespielt werden. Die Königin verlangte, man solle La Vrillière, der endlich seinen Abschied genommen hatte, durch Sartine ersetzen und Ennery, einen Freund Choiseuls, zum Marineminister an Stelle Sartines ernennen. Turgot dagegen, der den Staatsrat durch seine Freunde ergänzen wollte, wünschte, Malesherbes sofort zu haben und danach Francès, den Bruder seiner großen Freundin, Mme. Blondel.

Der König hörte alle an und wählte dann auf den Rat von Maurepas Malesherbes, dessen Unabhängigkeit er schätzte und dessen Geist er bewunderte. Doch war ein einziges Hindernis vorhanden: Malesherbes selbst, der aus Trägheit, Skeptizismus und Klugheit schon dreimal hintereinander den Posten abgelehnt hatte.

Ludwig XVI. schrieb ihm: »M. Turgot hat mir von Ihrer Abneigung gegen die Stelle, die ich Ihnen angeboten habe, berichtet. Ich meine immer, daß Ihre Liebe zum Gemeinwohl diese Abneigung besiegen wird, und Sie werden kaum glauben, welche Freude Sie mir machen würden, wenn Sie annehmen wollten, wenigstens für einige Zeit, falls Sie sich nicht ganz dazu entschließen können. Ich glaube, dies ist durchaus notwendig für das Wohl des Staates. – Ludwig.«

Malesherbes hatte eine Nervenkrise, so sehr verdrießlich, schmeichelhaft und beunruhigend war es für ihn zugleich; er nahm an, sagte aber, er würde nie aufhören, von seinem Abschied zu sprechen, und sich wohl mit seinen gesetzgeberischen Funktionen abfinden, aber nicht mit den »Einzelheiten der Verwaltung«. Sartine blieb bei der Marine und trat dem Staatsrat bei.

Choiseul begann zu begreifen, nicht so die Königin. Diese hatte übrigens auch anderes zu tun, als zu begreifen: es handelte sich darum, Madame Clotilde zu vermählen, die den Prinzen von Piémont heiratete. Die Festlichkeiten waren von kurzer Dauer, um Turgot nicht zuviel zu kosten, aber glänzend, um der Königin Genüge zu tun. In Fontainebleau kam der Herbst mit Regen, Klatschereien und Intrigen. Mme. d'Artois erlaubte sich, einen Sohn zu bekommen, als die Königin noch keinen hatte. Die Königin weinte vor Wut und ließ wieder von der Impotenz des Königs und von einer notwendigen Operation sprechen. Sie grollte ihm, weil er dem Marquis von Châtelet und dem Prinzen von Beauvau, beide Schützlinge von Choiseul, ein Herzogtum verweigert hatte und Durfort nicht vom Hof entfernen wollte, einfach nur aus dem Grunde, weil er seine Schulden nicht bezahlte. Um sich zu rächen, besuchte sie ständig den orleanistischen

Salon der Mme. de Lamballe und die anrüchige Spielhölle der Prinzessin von Guéménée.

Ludwig XVI. fuhr fort, vorzugsweise mit Maurepas und Vergennes, tüchtig zu arbeiten, ohne deswegen die täglichen Parforcejagden im strömenden Regen zu unterbrechen und dreimal in der Woche dem Schauspiel beizuwohnen. Durch einen geschickten Kunstgriff hatte er der Gräfin Jules de Polignac, der sinnverwirrendsten Schönheit Europas, Zutritt zur Königin verschafft; Maurepas kannte sie gut und beriet sie insgeheim. In wenigen Tagen war die Königin gewonnen, und so gewann man Zeit zum Arbeiten.

Turgot berichtete dem König über die Versammlung des Klerus, die am Schluß ein »don gratuit«, ein freiwilliges Geschenk des Klerus in Höhe von 16 Millionen bewilligt hatte, was den Finanzminister erfreute, und die dann über die »gottlosen Schriftsteller« hergezogen war, auf die sie den Zorn des Königs herabrief. Müßte man nicht den Klerus ein wenig reformieren?

Inzwischen war ein heiliger Mann gestorben. Am 10. Oktober 1775 verschied der Marschall du Muy, von allen beweint... und heimliche Hoffnungen erweckend; endlich eine freie Stelle!

Aber Turgot hatte schon einen Gedanken gefaßt; er kannte einen General, der nach einem heftigen Streit mit den Broglie mitten im Siebenjährigen Krieg aus der französischen Armee ausgeschieden und Kriegsminister in Dänemark geworden war. Er war damals entehrt worden. Es war der Graf von Saint-Germain, ein frommer und energischer Mann, der die Armeen des Nordens kannte, deren Überlegenheit sich seit 1755 herausgestellt hatte. Mit seiner Brutalität würde er es verstehen, die Disziplin wiederherzustellen; mit einem Worte, er war für Versailles ein neuer Mann, der Turgot alles verdankte und daher bereit sein würde, ihm die Finanzverwaltung seines Ministeriums abzutreten und hierdurch neue Ersparnisse zu ermöglichen. Turgot sprach mit Maurepas, der vorsichtig erklärte: »Warum nicht?« Dann sprach er mit dem König, der nicht ablehnte, und die Angelegenheit war erledigt. Der »General der Donau« traf erbärmlich und zerlumpt in Fontainebleau ein; in wenigen Stunden war er mit Orden behängt und erhielt den Titel eines Ministers. Am übernächsten Tag hielt er seine Abmachungen nicht ein, behielt die Finanzverwaltung seines Amtes selbst und ging daran, die Reformen, die er vorhatte, selbst durchzuführen. Während dieser Zeit arbeitete und jagte der König abwechselnd, die Königin hatte Grippe und Schnupfen an einem wegen der Epidemie fast verlassenen Hofe, und es regnete weiter.

Ob wegen des Regens oder aus irgendeinem anderen Grunde, Turgot hatte die Gicht. Er lenkte sich davon ab, indem er Reformen vorbereitete und sich davon überzeugte, daß er der beim König am meisten angesehene Minister war. Bald würde dieser gute Schüler seinem Lehrer den Platz einräumen, den er verdiente. Als er eines Tages besonders stark an der Gicht litt, teilte er dem König mit, daß er nicht zu ihm kommen könne. Der König beschloß sogleich, zu ihm zu gehen und dort zu arbeiten, und ließ ihm dies mitteilen. Turgot erblickte darin die Bestätigung seiner Träume. Doch im letzten Augenblick riet Maurepas dem König ab, sich zum Finanzminister zu begeben, der jedoch seine Träume fortsetzte, ohne darauf zu achten.

Er hatte so viel zu tun! Mme. d'Enville und Mme. Blondel kamen regelmäßig zu ihm; Mlle. de Lespinasse bombardierte ihn mit Briefen, in denen sie versuchte, ihn zu überzeugen, daß der »gute Condorcet« sich nicht behelfen könne ohne ein bißchen philosophischen Wohlstand, ohne eine gute Wohnung, ohne gute Möbel, ohne einen guten Wagen (immerhin 2000 Taler monatlich). Der gute Turgot befaßte sich damit, den guten Condorcet irgendwie unterzubringen, den er schon unterhielt, und der ihn dazu ansportnte, seine Reformen zu übertreiben. Diese ganze kleine Welt umflatterte ihn, während er von der Gicht geplagt wurde. Während dieser Zeit kehrte der Hof nach Paris zurück, der König nahm seine Arbeit wieder auf, und die endlich von ihrer Grippe genesene Königin begann wieder zu tanzen.

LUDWIG DER STRENGE
ODER
DAS FLOHBRAUNE JAHR

An einem Wintertage wählte die Königin einen Stoff aus; sie hatte einen auserlesenen Geschmack für diese Dinge, und der König fand Gefallen daran, ihr zuzusehen. Sie wählte also einen ziemlich dunklen Stoff mit hübschen Reflexen: »Ah!« rief der König aus, »das ist ja flohbraun!« Die Königin nahm den Stoff und den Namen. Alle Leute trugen ihn in diesem Winter, und 1776 wurde ein flohbraunes Jahr.

Die großen aufsehenerregenden Ereignisse von 1775 waren vorüber: Aufstände, Krönung, Ministerwechsel. Es wurde sehr kalt, und die Königin unternahm mit dem ganzen Hof in der Nacht beim Schein von Fackeln weite Schlittenfahrten durch Paris. Es war sehr schön. Der König jagte und arbeitete mit seinen Ministern, besonders mit Turgot, der immer noch an der Gicht litt und ans Zimmer gefesselt war; aber er arbeitete nur um so mehr. Er hatte das Gefühl, mit seinem Reformprogramm im Rückstand zu sein, und wollte nun eiligst fertig werden. Er erklärte dem König seine großen Vorhaben, seine Methode, Frankreich durch die Freiheit neu zu gestalten, und den ganzen Mechanismus seines Systems, denn er sah schon weiter, über Finanzen und Verwaltung hinaus. Er wollte mit fünf Erlassen beginnen, deren wesentlicher Inhalt in der Aufhebung des Frondienstes für den Straßenbau und der Zünfte und Innungen, der letzten Körperschaftsreste, bestand. Alles dies sollte im Namen der großen Grundsätze der Freiheit geschehen und wurde von den Philosophen unterstützt. Übrigens vernachlässigte er nichts; er erließ zu gleicher Zeit eine Verordnung über die Vernichtung der Kaninchen in Ile-de-France, die den Kohl der Bauern fraßen, und über die Herabsetzung der Straßenbreite der Chausseen in Frankreich von sechzig auf fünfundvierzig Meter, um den Bauern mehr Ackerboden zu verschaffen. Für diesen Erlaß verfaßte er eine rührende Einleitung. Bei allem war Turgot mit dem Herzen dabei, bei den Kaninchen sowohl wie bei der Fronarbeit. Der König billigte sein Tun, doch mit nachdenklicher Miene.

Das Publikum, am Hofe wie in der Stadt, billigte ihn immer weniger. Die 1775 begonnene Schilderhebung wurde 1776 allgemein. Necker, ein sehr reicher Bankier, der Genf in Paris vertrat und offene Tafel für die Philosophen hielt, schoß die erste Breitseite ab, und zwar durch einen »Brief über die Gesetzgebung und den Getreidehandel«. Er bezweifelte die Weisheit der Turgotschen Pläne. Eine Menge anderer Flugschriften und Lieder wurde verbreitet, so ein »Brief eines Laien an den Abbé Baudeau« (1775), ein »Brief des Herrn Maupeou an Herrn von Conzié, Bischof von Arras«, der seinem Verfasser, Dom Deruelle, die Einsperrung in die Bastille eintrug, ferner Artikel von Linguet in seinem »Journal de politique et de littérature«. Auch M. de Vaines, ein Beamter Turgots, wurde wegen der Reform des Transportwesens so heftig angegriffen, daß Turgot den Verfasser der schlimmsten Schmähschrift, den Advokaten Blonde, in die Bastille stecken ließ. Nicht in die Bastille schicken konnte er den Verfasser vom »Traum des Herrn von Maurepas«, der Anfang 1776 erschien, denn der Verfasser dieser Schrift, in der Turgot geschildert wurde als »ein unbeholfener schwerfälliger Mensch, der zur Welt gekommen sei mit mehr Rauheit als Charakter, mit mehr Dickköpfigkeit als Festigkeit, mit mehr Heftigkeit als Takt«, war Monsieur, der Bruder des Königs, oder einer seiner Vertrauten. Das Parlament ging jetzt heftig gegen Turgot vor. Als der König und der Staatsrat Anfang Januar Turgots beabsichtigten Erlassen zugestimmt hatten, verurteilte das Parlament am 21. Januar 1776 auf Betreiben des Prinzen Conti und durch die leidenschaftliche Stimme des Duval d'Espréménil eine kleine Schrift von Condorcet über den Frondienst und eine von Boncerf »Die Unzuträglichkeiten der Lehnsrechte«. Die Broschüren unterstützten das Werk des Finanzministers, bereiteten den Weg für seine Reformen vor und gaben dem Parlament und den bevorrechtigten Ständen Gelegenheit, Turgot zu zeigen, daß sie seine Reformen nicht annehmen würden. Das verursachte viel Lärm. Aber der König machte durch einen feierlichen Großen Gerichtstag am 13. März dem Streit ein Ende und zwang das Parlament, sich zu beugen. Hierbei bewies Ludwig XVI. viel Kraft, Ruhe und Mut. Alles lief gut ab.

Indessen, der Sturmlauf gegen Turgot hörte nicht auf. Das Parlament erneuerte seine Angriffe, und vor allem vervielfachte die Königin ihre gegen ihn gerichteten Ränke. Sie unterhielt einen geheimen Briefwechsel mit Choiseul und traf sogar, wie durch Zufall, mit ihm auf dem Opernball während des Karnevals von 1776 zusammen. Er schrieb ihr die Schritte, die sie zu tun hatte, vor.

Der König kannte Marie-Antoinette zu gut, als daß er ihren Intrigen besondere Beachtung geschenkt hätte. Aber Pezay, mit dem er den geheimen Briefwechsel führte, erklärte sich zu gleicher Zeit gegen Turgot, dessen Fehler er ihm zeigte.

Der König bemerkte, daß Turgot in diesem Schmähschriftenkrieg unduldsam und brutal war. Während Malesherbes mit Einwilligung des Königs gerade eine Kommission gebildet hatte, um die Verhaftungsbefehle einzuschränken, kerkerte Turgot ohne Scheu Hausierer, Autoren, Buchhändler und Drucker ein ... Mit Recht, aber mit Brutalität vermochte er den König dazu zu bringen, Guines aus England abzuberufen, wo sein Verrat allgemein bekannt war, und es fehlte nur wenig daran, so hätte er ihn ins Gefängnis gebracht. Ludwig XVI., der vorsichtiger war, vermied es, Guines und seine Beschützer bis zum Äußersten zu treiben.

Der Umstand, daß Turgot Saint-Germain zum Kriegsminister gemacht hatte, bereitete dem König manche anderen Sorgen. Sobald Saint-Germain sein Amt angetreten hatte, begann er, die Armee so ungestüm und so radikal zu reformieren, daß von allen Seiten leidenschaftlicher Widerspruch kam. Selbst Maurepas zweifelte an Saint-Germains Verständigkeit, und Vergennes war beunruhigt.

In dem Augenblick, in dem sich die Wirren in Amerika verschlimmerten und in dem England und Spanien ihre Rüstungen vermehrten, fragte sich der König, ob es klug sei, sich einem reformatorischen und nicht gesunden Minister anzuvertrauen, der eine Reform unternahm, die so umfassend war, daß sie zehn Jahre und mehr und während dieser ganzen Zeit eine ausschließliche Aufmerksamkeit erfordern müßte. Gewiß hatte Turgot soeben in einer bemerkenswerten Denkschrift, die er auf Verlangen des Königs und als Antwort auf eine Frage des Königs von Spanien verfaßt hatte, erklärt, daß nach seiner Meinung alle Kolonien Amerikas sich in kurzer Zeit befreien würden. Es gebe keinen Anlaß einzugreifen oder Vorsichtsmaßnahmen zu treffen, die geeignet seien, das Land in einen Krieg mit England zu verwickeln, da Frankreich bei einer Verwüstung Englisch-Amerikas durch England und einem Siege Englands über seine aufständischen Untertanen nur gewinnen könne; England würde so selbst seine Macht zerstören, und man hätte Zeit, Frankreich in Frieden zu erneuern. Der König glaubte nicht, daß England den Frieden wolle; er wußte nur, daß Turgot ihn forderte, und das zu einer Zeit, da er am wenigsten gesichert war. Man konnte das Wagnis einer solchen Forderung nicht übersehen.

Turgot war anspruchsvoll wie alle Reformatoren, alle es gut meinenden Leute. Ein Gerechter, der weiß, daß er gerecht ist, muß verlangen, daß man ihm alle Mittel zur Verfügung stellt, um Gerechtigkeit zu üben. Nun hielt Turgot die Minister des Königs für mittelmäßig, außer sich selbst und Malesherbes. Da er keinen Zweifel an seinem Einfluß auf die Meinung des Herrschers hatte, den er als seinen Schüler betrachtete, so stellte er ihm vor, man müsse im Staatsrat Leute haben, die ihn, Turgot, verstünden und unterstützten. Nun wollte Malesherbes, der zu unabhängig und zu phantasiereich war, als daß es ihm im Ministerium gefallen konnte, abgehen. Seit Jahresanfang hatte er den König an das Versprechen erinnert, das er ihm beim Antritt seines Postens gegeben hatte. Der König, der ihn sehr gern hatte und seine Gutmütigkeit sehr schätzte, bedauerte es, aber antwortete ihm lächelnd: »Sie sind

glücklich daran, Sie können Ihren Abschied nehmen und weggehen!«
Malesherbes war also im Begriff abzugehen.
Man mußte einen Nachfolger für ihn wählen. Turgot verlangte einen seiner Schützlinge; Maurepas schlug Amelot vor, der nicht als großer Geist galt. Turgot, darüber entrüstet, schrieb am 30. April 1776 an den König: »Ich verdanke Herrn von Maurepas die Stelle, die Eure Majestät mir anvertraut haben. Ich werde das nie vergessen, und ich werde es niemals an der Rücksicht fehlen lassen, die ich ihm schulde, die ich aber, wie ich glaube, noch tausendmal mehr dem Staat und Eurer Majestät schulde... Es fällt mir furchtbar schwer, Ihnen sagen zu müssen, daß Herr von Maurepas sich wirklich schuldig macht, wenn er Ihnen M. Amelot vorschlägt... Ich möchte Ihr Vertrauen in Herrn von Maurepas keineswegs schmälern, aber wissen Sie auch, einen wie schwachen Charakter er hat? Vergessen Sie niemals, Sire, daß es die Schwäche war, die Karl I. den Kopf gekostet hat!«
Wenn Turgot die Absicht hatte, sich die Gunst des Königs zu verscherzen, so hätte er keinen anderen Brief schreiben können.
Dieser halb schmeichlerische, halb drohende Brief mit seinem heuchlerischen Ton entrüstete den König so sehr, daß er es Maurepas nicht verbergen konnte. Dieser begann zu ahnen, daß er Ludwig XVI. recht schlecht beraten hatte. Er sagte zu ihm: »Ich habe Ihnen diese beiden Männer empfohlen, und nun will einer von den beiden bei der ersten Ermüdung weggehen, und der andere droht, Sie bei der ersten Schwierigkeit zu verlassen.« Er zürnte Turgot wegen seines hochmütigen Verhaltens während des Mehlkrieges, und seine anfängliche Eingenommenheit für ihn wurde in dem Maße schwächer, wie er feststellte, daß dieser Minister ihm gegenüber immer unhöflicher, rücksichtsloser und ungeduldiger wurde.
Turgot hörte nicht auf, sich wider ihn zu vergehen, nicht aus Bosheit oder Eifersucht, sondern aus Begeisterung und aus der inneren Gewißheit heraus, er sei Maurepas vernunftmäßig wie auch moralisch überlegen. Maurepas handelte im Staatsrat wie ein gut erzogener Mensch in einer höflichen Gesellschaft, in der er das Vorrecht des Alters genießt; Turgot trat im Staatsrat wie ein energischer Schulmeister gegenüber gedankenlosen Schülern auf. Es war nicht überraschend, daß Malesherbes diesem betrüblichen Schauspiel entgehen und Maurepas es aufhören lassen wollte. Auch kannte Maurepas den Hof zu gut, um nicht vorauszusehen, daß sich ein gewaltiger Aufstand gegen Turgot, der nichts dazu tat, sich genügend Freunde zu ver-

schaffen, vorbereitete, und auch die Philosophen kannte er gut genug, um zu bemerken, daß Turgot, wenn auch umschmeichelt, doch verspottet wurde. Kurzum, er mißbilligte diesen Minister, der, in einer fixen Idee befangen, unfähig war, eine andere überhaupt in Betracht zu ziehen, und nicht begriff, daß seine Abteilung nur ein Räderwerk einer viel größeren Maschine bildete. So kümmerte sich Turgot, als Anglophile und Philosoph, nicht um die Auswärtigen Angelegenheiten, und Maurepas, der von Aranda dauernd bedrängt wurde, sah den Sturm voraus, der sich ankündigte.

Als Maurepas eines Tages eine vertrauliche Unterredung mit dem König hatte, sagte er ihm, nun sei die Stunde gekommen, eine Entscheidung über das Ministerium zu treffen. Wenn der König ein Ministerium Turgot wünsche, müsse er Turgot das zugestehen, was dieser wolle, nämlich die Wahl seiner Kollegen und den Vorrang vor ihnen. Wünsche er das nicht, so müsse er Turgot unverzüglich entlassen. Nun wünschte der König wohl Turgot als Minister, aber weder ein Ministerium Turgot noch eine Revolution Turgot. Ludwig XVI. bekundete für Turgot Zuneigung und Achtung, aber das Arbeiten mit ihm hatte seine Bewunderung keineswegs vermehrt. Turgot arbeitete langsam, mit einiger Schwerfälligkeit und Pedanterie.

Ludwigs XVI. Bescheidenheit hätte sich dem angepaßt, wenn ihm Turgot nicht in vielen Dingen unwissend erschienen wäre. In Reims verstand er nichts; er hörte dort nur eine Folge von schönen sozialen Worten. Mit scheinheiligen Augen und struppigem Haar bewunderte er. Für Ludwig XVI. aber war die innere Triebfeder seine Gemeinschaft mit Gott und mit seinem Volk in Gott. Die Krönung zum König verlieh ihm die Kraft, die erdrückende Last des Königtums zu ertragen, ohne davon zerschmettert oder erschreckt zu werden. Wer ihn gesehen hatte, als er das Abendmahl nahm oder die vierhundert Skrofelkranken berührte, der begriff, daß Christus für Ludwig XVI. eine unmittelbare und ebenso persönliche wie unbedingte Wirklichkeit war. Die göttliche Gegenwart bestimmte so sehr sein Wesen, daß sie ihn vor jeder Frömmelei wie vor jeder inneren Unruhe bewahrte. Mühelos ertrug er den klugen Skeptizismus von Maurepas, der an seinen Zweifeln selbst zweifelte, aber es wurde für ihn von Tag zu Tag schwerer, mit Turgot zu arbeiten, dem menschenfreundlichen Materialisten und Apostel einer sozialen Menschlichkeit.

Turgot hatte dem König seine Pläne für die Organisation der Ortsbehörden eingehend erklärt; es handelte sich darum, das Volk dahin zu bringen, seine Wünsche kennen, ausdrücken und verwirklichen zu lernen, und zwar durch eine doppelte, intellektuelle wie politische Erziehung. Jedes Kirchspiel sollte einen von den Grundeigentümern gewählten Gemeinderat haben, um die unmittelbaren und materiellen Notwendigkeiten zu erörtern; dieser sollte Abgeordnete zum »canton« (Landkreis) schicken, um dort eine nur aus Grundbesitzern bestehende Versammlung zu bilden; diese sollte sich mit den Interessen des Kantons befassen und ihrerseits Abgeordnete für eine Versammlung entsenden, die sich mit den Interessen der Provinz befaßte. Diese Versammlung schließlich sollte Mitglieder entsenden, die zusammen mit den Abgeordneten der anderen Provinzen eine Nationalversammlung bilden sollten, die berechtigt wäre, über die materiellen Interessen der Nation zu beraten (Steuern, Verwaltung der öffentlichen Wege, Polizei . . .).

Damit diese Männer die notwendigen Einsichten und Kenntnisse bekämen, sollte für jedes Kirchspiel ein nichtgeistlicher Schullehrer angestellt werden, der Kindern und Erwachsenen jene wahre Wissenschaft von der Wirtschaft und der Vaterlandsliebe beibrächte, welche die Grundlage aller modernen Staaten sein muß. So würde – nach Turgot – ein wahrhaft modernes und glückliches Frankreich geschaffen, ohne die Geistlichkeit anzutasten, die weiterhin den lieben Gott predigen und ihre Vespern halten könne, noch den Adel, der weiterhin in den Krieg ziehen und Hetzjagden abhalten könne, noch die Parlamente, die weiterhin Recht sprechen könnten, noch den König, der die ausübende Gewalt behielte.

Das alles klang recht gut, aber es war das Ende des katholischen, auf Rangordnungen beruhenden Königreichs Frankreich, das Ludwig XVI. bei der Krönung aufrechtzuerhalten versprochen hatte. Statt mit einem unruhigen, aber traditionsgebundenen Parlament müßte man mit einer ungestümen und neuerungssüchtigen Nationalversammlung unterhandeln. Das Geld würde Frankreich regieren. Nach dem, was man im Mai 1775 erlebt hatte, zweifelte der König an Turgots Taktgefühl. Wenn schon wegen einer von der großen Mehrheit des Landes geforderten Maßnahme ein solcher Streit entstanden war, was wäre dann von einem rein persönlichen Plan zu erwarten, der die Geistlichkeit, den Adel, die Parlamente und praktisch jeden, der ein öffentliches Amt in Frankreich hatte, vor den Kopf stieß? Und im übrigen, wenn die Arbeit dieser Körperschaften von der staatsbürgerlichen und wirtschaftlichen Bildung des Volkes abhing, wie lange müßte man dann

warten, bis alles dies harmonisch funktioniere? Würden etwa England, Österreich, Preußen und Rußland diese ganze Zeit abwarten, ohne sich mit Frankreichs Angelegenheiten zu beschäftigen?
Angesichts eines solchen Planes entschloß sich der König, Turgot zu entlassen. Ludwig XVI. wandte hier die Doktrin an, die er kurz darauf so formulierte: »Man sieht wohl, was ist, aber man sieht nur in der Vorstellung, was nicht ist, und man soll keine gefährlichen Unternehmungen wagen, wenn man nicht ihr Ende absieht.« Sobald Maurepas Ludwig XVI. einen intelligenten, arbeitsamen und in Finanzfragen bewanderten Mann, M. de Clugny, Marineintendant in Bordeaux, vorgestellt hatte, schickte Ludwig XVI. Bertin zu Turgot, um ihn zu bitten, seine Entlassung einzureichen und anzugeben, was der König für ihn tun könne, um ihm zu helfen, behaglich zu leben. Diese Maßnahme kam plötzlich (11. und 12. Mai 1776), aber sie war ohne Härte und von allen seit Januar vorausgesehen; nur Turgot war wie aus den Wolken gefallen. Er schrieb einen zehn Seiten langen Brief, den der König ungeöffnet zurückschickte. Was die beiden trennte, konnte man nicht erklären, wenn man es nicht merkte; und Turgot hatte in Reims nichts gemerkt, und er würde auch jetzt nichts merken und nichts begreifen. Eine Erörterung hierüber hieße nur, ihn verletzen und Zeit verlieren.
Und es war keine Zeit zu verlieren. Nachdem Malesherbes durch Amelot ersetzt worden war, der zwar recht mittelmäßig war, aber für eine Stelle ohne große Probleme genügte, und Turgot durch Clugny, wurde beschlossen, Maurepas den Vorsitz des Rates der Finanzen zu übergeben, um in Übereinstimmung mit dem König die Tätigkeit des Finanzministers zu überwachen. Die Proteste der Turgotanhänger wurden nicht beachtet (die bösen Zungen auf Turgots Seite sagten, der König habe Turgot entlassen wegen der Verleumdungen Pezays oder wegen falscher, von seinen Feinden hergestellter Briefe, die man aufgefangen hatte).
Ludwig XVI. wollte die Leidenschaften beruhigen. Er wollte in Frieden die Pflichten seines Amtes erfüllen.
Saint-Germain wurde krank, setzte aber seine Reformen fort, worüber sich der Hof sehr aufregte, weil fast alle Paradetruppen aufgelöst wurden, um die Bestände der Nationalarmee zu vermehren. Der Gedanke war richtig, aber seine Verwirklichung brutal. Besonderen Groll erregte es, daß er dem französischen Soldaten die preußische Disziplin auferlegen und in der Armee die Fuchtelhiebe mit der

flachen Klinge einführen wollte. Das gab ein Zetergeschrei. Um die Ecken abzuschleifen und Übertriebenes zu mäßigen, wurde ihm ein gutmütiger, von allen gern gesehener Mann beigegeben, der Prinz von Montbarrey, ein Verwandter der Mme. de Maurepas (25. Februar 1776).

Inzwischen war am 4. August der Prinz von Conti ohne Beichte und Absolution gestorben, was einen schrecklichen Skandal hervorrief. Conti hinterließ mehrere hundert Ringe, denn er hatte die Gewohnheit gehabt, sich von jeder Frau und jedem Mädchen, dessen Bett er mit seiner Gegenwart beehrte, einen Ring geben zu lassen. Ludwig XVI. liebte ihn kaum, bedauerte aber seinen Tod. Seine Anhänger würden zu den Orléans übergehen, die weit gefährlicher waren als er. Der Tod des sehr reichen Grafen von Eu, den Penthièvre beerbte, vermehrte noch das Vermögen, das Chartres zufallen sollte. Dieser zog auch daraus Nutzen. Während der großen Kälte hatten er und seine Frau gewaltige Feuer an den Straßenecken anzünden lassen, damit sich die armen Leute daran wärmen konnten. Er wurde dafür gelobt. Der große Ball im Februar, den er im Palais-Royal mit einem beträchtlichen Aufwand von Prunk gab, schien ein gewagtes Unternehmen. Die Königin ging erst spät dorthin, der König erschien nicht. Danach reiste Chartres zur Flotte ab. Auf dem Wege dorthin besichtigte er die Freimaurerlogen; seine Frau, seine Schwester und seine Schwägerin nahmen auch daran teil. Alles war in beständiger Aufregung um ihn, und Ludwig XVI. war weiterhin mißtrauisch.

Aus Vorsicht ließ der König die Frondienste wieder einrichten und die Zünfte und Innungen, soweit sie unbedingt notwendig waren, aufrechterhalten. Gleichzeitig suchte Clugny einen Ausweg durch die Einrichtung einer Lotterie, weil der Kurs der Staatspapiere nach dem Abgang Turgots, der einen großen Teil der Finanzwelt auf seiner Seite hatte, sehr gefallen war. Die Turgotanhänger beschimpften ihn heftig im Namen der Moral und des französischen Ansehens.

Clugny starb am 18. Oktober 1776 auf einer Reise in Fontainebleau, ohne Zeit gefunden zu haben, auf die Angriffe zu antworten.

Das Jahresende war durch eine üble Lage gekennzeichnet. Die Turgotanhänger und die Philosophen tadelten den König. Die öffentliche Meinung warf der Königin vor, sie sei hochmütig und verschwenderisch; ihre Bälle wurden immer weniger besucht. Sie rächte sich dafür an ihrem Gatten, dem sie sich verweigerte und den sie der Impotenz beschuldigen ließ. Dies artete zu einem öffentlichen Skandal aus. An einem

Tage des Jahresendes, als der König die Kapelle verließ, warf sich ein
Abbé zu seinen Füßen und erbot sich, ihm die Stellungen beizubringen,
die ihm ganz gewiß zu einem Baby verhelfen würden.

Ein unflätiges Lied kam in Umlauf:

> Chacun se demande tout bas:
> Le Roi peut-il? Ne peut-il pas?
> La triste Reine en désespère,
>   Lère là.
>
> L'un dit: il ne peut l'ériger;
> Un autre: il ne peut s'y nicher;
> L'autre: il est flûte traversière;
>   Lère là.
>
> Ce n'est pas là que le mal gît,
> Dit le royal clitoris,
> Mais il ne vient que de l'eau claire.
>   Lère là.

Ludwig war lange Zeit geduldig gewesen, aber nun konnte er die Beleidigungen nicht mehr ertragen; er erwartete mit Ungeduld das Eintreffen Josephs II., der ihm helfen sollte, seine Schwester zur Vernunft zu bringen, ohne sie zu beleidigen oder aufsässig zu machen.

Bei sich zu Hause wie im Staat wollte Ludwig XVI. den Frieden. Zum Nachfolger Clugnys nahm er den guten Taboureau des Réaux, der im Norden Intendant gewesen war, und die Leitung des Schatzamtes erhielt jener Mann aus Genf, von dem man Wunderdinge erzählte, M. Necker. Dieser Mann gefiel den Philosophen, die er unterstützte, und der öffentlichen Meinung, der er schmeichelte. Er hatte ein großes bäuerliches Gesicht und verband mit der würdevollen Haltung eines sehr reichen Mannes die Gewandtheit eines Emporkömmlings. Aber er war geschmeidig, und mit ihm würde wieder Ruhe eintreten, so daß man wieder arbeiten könnte.

Die aus Amerika eintreffenden Nachrichten schienen so schwerwiegend zu sein, daß man sie nicht mehr vernachlässigen konnte: die aufständischen Kolonien hatten am 4. Juli 1776 ihre Unabhängigkeit erklärt. Sie schickten Vertreter, um Handelsbeziehungen mit Frankreich anzuknüpfen und geheimen Beistand zu erbitten (November 1776). Der König wollte keinen Krieg mit England, beabsichtigte aber, aus dem Handel mit den Vereinigten Staaten Nutzen zu ziehen. Er traf Maßnahmen, daß die Unterhaltungen mit den Herren Deane und Lee von Personen geführt wurden, die die französische Regierung nicht bloßstellen konnten. Aber die öffentliche Meinung erregte sich bei der Nachricht, daß der berühmte Franklin, der die Natur des Blitzes entdeckt hatte, am 24. Dezember 1776 in Versailles eingetroffen war. Ganz Paris fragte sich: »Was will er hier tun?«, und der Graf Aranda verließ das Vorzimmer Vergennes' nicht, ohne ihn immer wieder zu fragen: »Was will er hier tun?« Vergennes selbst fragte Ludwig XVI.: »Was werden wir tun?«

1776 war zu Ende gegangen. Ein neues Jahr begann.

1774, 1775, 1776 ... Der König hatte versucht, die Monarchie und das Land mit der philosophischen Lehre zu versöhnen; hierdurch wollte er die Einheit des Volkes sichern, das er regieren mußte. Er hatte den schätzenswertesten, weisesten und realistischsten Philosophen genommen und damit den Versuch gemacht, mit der Reform der Einrichtungen zu beginnen, um sie den gegenwärtigen Verhältnissen und den Erfordernissen des Zeitgeistes anzupassen. Er hatte festgestellt, daß man von ihm das Aufgeben der dynastischen und nationalen Traditionen verlangte und von ihm forderte, er solle Autorität, Kraft und Gewalt dazu gebrauchen, dem Volke Grundsätze und Gesetze aufzuzwingen, die ihm nicht gefielen. Man hatte das Experiment gemacht, und es ist beweiskräftig. Und nun, da die politische Unfähigkeit der Philosophen offenbar geworden ist, bleibt ihm nur übrig, das Land zu regieren und den Weg zu finden, seine Zukunft zu sichern.

DER GROSSE PLAN DES KÖNIGS LUDWIG XVI.

Mit dem Winter kehren in Versailles Ruhe und Arbeit ein. Es regnet, und die Landstraßen sind leer. Die Karawane der Wagen, die von Paris nach Versailles und von Versailles nach Paris zu fahren pflegten, nahm nach dem ersten Januar ab. Jeder blieb zu Hause; vom König bis zum letzten Lakaien, der die großen Kaminfeuer zu unterhalten hatte, arbeiteten alle fleißig. Die Unlust, naß zu werden, das Vergnügen, sich zu wärmen, das sind die Hauptsorgen der Jahreszeit. Man rechnet auch nach, was man ausgegeben hat, und die Königin ist beunruhigt, daß sie so große Schulden hat. Pläne für die Zukunft werden geschmiedet, und der König fragt sich, während er in seiner Dachwerkstatt die Arbeit an einem Schloß mit Sorgfalt beendet, was die plötzliche Ankunft, mitten in einem Novembersturm, dieses Benjamin Franklin, der Kaufmann, Journalist, Staatsmann und Herr des Donners zugleich ist, bedeutet.

Auch am Hofe fragt man danach; in der Stadt wird darüber geschwatzt. Merkwürdiger Mensch, der weder Perücke noch Degen trägt, noch irgendein Kleidungsstück wie bei uns; einen braunen Rock ohne irgendwelche Borten, lange weiße Haare, die ihm auf die Wangen fallen, und auf dem Schädel einen Pelzhut wie ein kanadischer Trapper. Welche Neugier erregt er überall um sich herum! Besonders die des Grafen Aranda ist so gewaltig, daß er nicht mehr an sich halten kann. Er, der sich darin gefällt, den Leuten alles erklären zu können und ihnen mit einem abwechselnd herrischen und überredenden Ton zu sagen: »Verstehen Sie? Wissen Sie, was ich meine?«, er macht ein saures Gesicht. Wie kommt es, daß er, der Botschafter Seiner Katholischen Majestät, der Großmeister der Freimaurerei, nicht als erster den Besuch des Bruders Franklin erhalten hat? Wie kommt es, daß dieser Mann, von dem man sagt, er sei schlau, sich zuerst an diese Bettler von Franzosen gewendet hat? Der Graf kann es nicht begreifen; er bestürmt Vergennes, der Franklin geheimnisvoll am 24. Dezember in Versailles empfangen und ihn in aller Verschwiegenheit am 28. in Paris gesprochen hat. Er verabredet also ein Zusammentreffen mit Franklin. Alle besuchen den Amerikaner in seinem Hôtel de Hambourg und stellen ihm tausend Fragen: Caron de Beaumarchais, der mit ihm verkehren will, Offiziere, die ihr Glück auf den Schlachtfeldern Amerikas versuchen wollen, und der Herzog von Croÿ, der zu wissen wünscht, was Franklin über die Nordwestdurchfahrt und über die Zeugung der Elefanten denkt. Aber der weise Mann ist vorsichtig; ohne zu antworten, beliebt es auch ihm, Fragen zu stellen.

Den König von Frankreich fragt er: »Wollen Sie unser Verbündeter sein?« Und der König von Frankreich überlegt in seiner Dachwerkstatt beim Feilen eines Schlosses: »Was soll man mit diesem Franklin tun? Was mit den Aufständischen? Was mit diesem Amerika?« Es ist zweifellos die schwerste Entscheidung, die er treffen soll, seit er König geworden ist.

Denn er ist König; er, der Mann, den nichts auf das Königtum vorzubereiten schien und der sich vor ihm so sehr fürchtete. Von nun an ist er mit Stolz König, da er sich nicht unwürdig fühlt, es zu sein, und Gott ihn als König anerkannt hat. Diese zweiunddreißig Monate haben ihn umgebildet. Er wird stärker, er behauptet sich und versteht sich selbst besser. Was man auch davon denken mag, er ist der Innenmensch von früher geblieben; er hört nicht auf, zu Gott zu beten. Zu Weihnachten hat man ihn beim Nachmittagsgottesdienst, bei den drei Nachtmessen, bei der Frühmette, bei den Lobgesängen gesehen und am Morgen bei der Hauptmesse und dann wieder beim Nachmittagsgottesdienst. Hierin liegt seine Stärke. Und die Arbeit bleibt sein einziger Begleiter. Morgens steht er zwischen sechs und sieben Uhr auf und nimmt einen Zitronensaft und etwas Trockenbrot zu sich. Wenn es das Wetter erlaubt, macht er einen Spaziergang mit dem Kapitän der Garden; um acht Uhr kehrt er zu seinem offiziellen »lever« zurück, geht dann in sein Kabinett und erteilt denen Audienzen, die darum nachgesucht haben. Hierauf arbeitet er mit den Ministern. Um elf Uhr geht er zur Messe, die eine Viertelstunde dauert. Nach der Rückkehr nimmt er sein Mittagsmahl ein: eine kleine Pastete, ein Kotelett, eine Frucht; hierzu trinkt er ein großes Glas Wasser, um alles hinunterzuspülen. Oft nimmt er das Mahl stehend ein, denn Ludwig XVI. ist ein genügsamer König. Dann besucht er die Königin und seine Familie. Hiernach geht er an die Arbeit oder liest, und zwar so lange wie möglich. Oft kommt ein Mitglied der Geistlichkeit und bittet um eine Audienz. Bei schönem Wetter geht er in den Gärten oder im Park spazieren. Manchmal wünscht ein Minister, mit ihm zu arbeiten. Und jeden Abend von sieben bis neun Uhr hält er eine Ratssitzung ab (den Staatsrat am Donnerstag und Sonntag). Um neun Uhr gibt er den militärischen Führern vom Dienst seine Befehle und begibt sich dann zu Madame, der Gattin von Monsieur, um dort im Familienkreis zu Abend zu essen. Punkt elf Uhr läutet er und geht sogleich schlafen. Er schläft selten länger als sechs Stunden, oft weniger, so viele Pflichten hat er zu erfüllen. An Jagdtagen (im Sommer etwa zweimal wöchentlich) und an Tagen, an denen Galatafel gehalten wird, ändert sich der Stundenplan. Dienstags empfängt er die Botschafter. So spielt sich sein Leben der Arbeit und Zurückgezogenheit ab.

Bei dieser Arbeit besaß Ludwig weder einen Freund noch einen Vertrauten. Frühzeitig an Verschwiegenheit gewöhnt, bleibt er der verschwiegenste Fürst Europas. Vor allem keine Vertraulichkeit mit seiner Frau, denn das hieße Österreich, ganz Europa, Choiseul und alle seine Feinde zu Mitwissern machen!

Der Schlimmste ist sicherlich der Abbé von Vermond, Vorleser der

Königin, Agent Choiseuls und Vertrauter von Loménie de Brienne. Er beherrscht Marie-Antoinette und verfaßt oft ihre Briefe. Er wagt, ihrem Beichtvater, dem schwachen Abbé Mignot, vorzuschreiben, was er ihr sagen soll. Er lenkt und hintergeht Mercy und durch ihn die Kaiserin. Er hintergeht jedermann, mit Ausnahme Ludwigs XVI., der sich weigert, mit ihm zu sprechen und ihn zu empfangen.

Übrigens bemühte sich Ludwig XVI., seine Frau durch Güte, gepaart mit Festigkeit, zur Vernunft zu bringen. Er überhäuft sie mit Geschenken, bezahlt ihre Schulden und gewährt Gnadenbeweise für ihre Günstlinge. Aber damit ist es genug.

Zu Monsieur verhält er sich ähnlich. Es besteht eine gute, brüderliche Freundschaft: die Fröhlichkeit Monsieurs, die Freundlichkeit des Königs und die gemeinsam verbrachte Kindheit bringen sie einander näher. Aber darüber hinaus sieht Ludwig XVI. in Provence einen Gegner.

Artois ist eine Gefahr. Von den drei Brüdern scheint er der einzige zu sein, der Reiz hat, aber auch der einzige Tor. Er liebt ohne Überlegung Frauen, Mädchen, Pferde, Häuser und Gemälde; nur für die beiden letzten hat er einen sicheren Geschmack. Und aus Instinkt wählt er als Freunde die fatalsten Leute: Choiseul, seinen Abgott, und Chartres, seinen Mentor. Die ihn als Hoffnung seines Geschlechtes betrachteten, haben ihren Ton herabgestimmt. Ludwig XVI. muß ihn fortwährend schelten und seine Schulden bezahlen.

Die meisten jungen Edelleute des Hofes befleißigen sich, seinen Spuren zu folgen, und der König hat nichts mit ihnen gemein; es bedarf sogar der Anstrengung, ihnen gegenüber höflich zu sein, aber er muß es sein, weil er König ist und sie ihn durch ihr Erscheinen am Hofe ehren. Er spricht also mit ihnen über die Jagd und kehrt ihnen dann den Rücken.

Mit den Ministern arbeitet er, und das ist das ernsthafteste Band zwischen ihnen. Aber nach zweiunddreißig Monaten Regierungszeit weiß er, daß ein Minister, sobald er ernannt ist, daran denkt, erster Minister zu werden und den König zu beherrschen, oder auch noch seine Mätresse zufriedenzustellen, indem er ihren Freunden Stellungen verschafft und sie selbst mit Geschenken überhäuft. Manchmal hindert ihn dies nicht, gut zu arbeiten, aber es hindert den König, ihm Vertrauen zu schenken.

Trotzdem fühlt er zu einigen von ihnen Freundschaft: Maurepas scheint ein ehrenwerter Mann zu sein; sein weltkluger Scharfsinn, sein auserlesenes Gefühl für Menschen und seine Kenntnis der Geschäfte machen ihn zu einem unvergleichlichen Kameraden. Ludwig XVI. bewundert ihn um so mehr, weil Maurepas Frankreich so liebt, wie es ist, und nicht die Trugbilder, die sein Geist ihm vorspiegelt. Aber Maurepas ist weltlich gesinnt, und das hindert den König, zu einer vollkommenen Übereinstimmung mit ihm zu gelangen.

Vergennes gefällt ihm täglich besser, obwohl er ohne jeden Charme ist. Er besitzt einen ernsthaften, gründlichen Verstand, der jedem Menschen und jeder Frage bis auf den Grund geht. Er versteht es, ein Geheimnis zu wahren und bei aller Anhänglichkeit Zurückhaltung zu üben; aber er ist trotzdem in seiner Art ein großer Mann, und der König weiß das.

Er würde auch gern Saint-Germain fördern, denn die Energie dieses alten Soldaten, sein strenger christlicher Glaube und sein starker Sinn für Disziplin schienen ihm der alten Zeit würdig zu sein. Aber Saint-Germain wurde krank, wurde stark kritisiert und war schon halb abgegangen. Ludwig XVI. mußte, um sein Werk zu vollbringen, sich vor allem auf sich selbst verlassen.

Welch eine Aufgabe! Gewiß, das Volk ist friedlich; im Verein mit der christlichen Religion und dem Ansehen des Königs genügen die einigen Tausend Mann der von Ludwig XV. geschaffenen berittenen Landpolizei, um das Land zum ruhigsten Lande und die Straßen zu den sichersten der Welt zu machen. In Paris wachen Le Noir und seine Polizei so gut über die Stadt, daß es seit 1769 keinen Mord mehr gegeben hat. Le Noir gelingt es sogar, in Wien einen Verbrecher aufzufinden, den Kaunitz in Paris gesucht hatte. Das gute Volk bleibt gut. Die Gefahr liegt an einer anderen Stelle. Die großen Herren, die Höflinge, die reichen Bürger in Paris und in den großen Städten, ein Teil der Geistlichkeit und des mittleren Bürgertums haben sich den Philosophen angeschlossen. Den König und das Volk gleichermaßen verachtend, streben sie nach der Macht. Das Ministerium Choiseul hat ihnen Kühnheit und Selbstvertrauen gegeben; sie sind auch schamlos, weil keine Moral sie hemmt. Das Christentum ist für sie nur noch ein Ornament.

Und da erscheint Turgot mit seinen »Economisten«, um eine Welt nutzbringender Ehrbarkeit zu schaffen. Aber das Volk, das immer noch christlich gesinnt ist, will nichts davon wissen, und die vornehme Gesellschaft will nur daran teilhaben, um daraus Nutzen zu ziehen und zu betrügen. Die aufgehobenen Zünfte lassen ein Chaos hinter sich zurück. Nachdem die Kasse Poissys, der die armen Schlächter ein wenig ausbeutete, durch Turgot geschlossen worden ist, bemächtigen sich die reichen Schlächter des ganzen Marktes! Um eine manchmal unwirksame Moral des Guten und eine mitunter Mißbrauch treibende Geburtsaristokratie zu ersetzen, erfindet Turgot eine Moral des Nützlichen, die wirkungslos ist, und eine Vorherrschaft der Reichen, die immer roh ist.

Ludwig träumt davon, dieses christliche Frankreich, das Frankreich der kleinen Leute und des Volkes, zu retten. Hierzu bedarf es der Umgestaltung eines meist veralteten Beamtentums und der Beibehaltung von stets gerechten Grundsätzen. Aber allein kann er diese Aufgabe nicht erfüllen. Er braucht Mitarbeiter und einen Stützpunkt; und das kann weder die mit den Philosophen verbündete hohe Geistlichkeit sein noch die niedere Geistlichkeit, die über ihr mageres Einkommen von 500 Franken im Jahr erzürnt ist und untereinander wenig Zusammenhalt hat.

In England hat Georg III. dank dem religiösen Kreuzzug Whitefields einen festen Mittelpunkt gefunden, um das monarchische Gefühl zu stützen. In Frankreich gibt es nichts dergleichen; der Katholizismus schlummert, wenn er auch noch einige verstreute Apostel hat.

Ebenso bietet der Adel keine Kraftquelle dar. Die Großen wollen den Bourbonen ihre Oberherrschaft nicht verzeihen, so die Lorraine, die Montmorency, die Bouillon usw. Ihre Gegenwirkung, die sich in den Parlamenten, den Freimaurerlogen und den Akademien verbirgt, wirkt auf einen beträchtlichen Teil ihres Standes anstachelnd.

Selbst der niedere Adel versagt sich dem König. Eingekeilt zwischen dem Bauern, der reich wird, und dem Bürger, der in den Adelsstand erhoben wird, ringt er nach Luft. Nur die Kriege bringen ihn wieder in die Höhe, weil sie ihm Ehre und Geld verschaffen. Aber seit 1763 hat es keinen Krieg mehr gegeben, und der König löst seine Elitetruppen auf, die die letzte Zuflucht der armen Adligen bildeten. Der König stellte bei vielen Adligen einen Geist des Mißvergnügens fest, den die Orléans dadurch nährten, daß sie die hervorragendsten dieser Unzufriedenen, Lauzun, Voyer, Guines und andere, um sich scharten. Der französische Adel besitzt keine Führer mehr, die fähig wären, ihn zu leiten; er tappt im dunkeln.

Das Parlament, das der Hauptpfeiler des Staates sein sollte, wird zum Schauplatz aller ehrgeizigen Bestrebungen und treibt Demagogie; es träumt sich schon souverän, wie das in England, und erklärt, es stelle die Nation dar. Ludwig XVI. hat es durch seine nachsichtige, aber rasch zugreifende Handlungsweise zum Schweigen gebracht; Miromesnil hält es gut an der Leine, aber die Gefahr bleibt nahe.

Das Volk ist viel besser: arbeitsam, mäßig, fröhlich und sehr sparsam, nimmt es kaum an den Ausschweifungen der vornehmsten Klassen teil; es scheint sogar allmählich eines seiner schlimmsten Laster Herr zu werden, denn die Zahl der Prozesse nimmt im ganzen Lande ab. Es bleibt christlich und fromm. Aber die finanzielle Unordnung beunruhigt es, und hierauf muß man achtgeben. Die Aufstände vom Mai 1775 haben gezeigt, daß es Adel und Parlament nicht an Mitteln fehlt, die schlechtesten Elemente der Menge aufzuwiegeln; im Gespräch mit Turgot hat Ludwig XVI. erfahren, welche Mittel und Wege widerspenstigen großen Herren, ehrgeizigen Parlamentsmitgliedern und schamlosen Schmähschriftschreibern zur Verfügung stehen, um die Hefe der Städte und jene armseligen Landstreicher in Bewegung zu setzen, die von der Polizei leicht im Zaum gehalten werden, wenn sie zerstreut sind und kein Losungswort haben, die aber, sobald sie Führer und Geld haben, durch ihre große Zahl und weil sie nicht seßhaft sind, zu gefürchteten Banden werden. Es gilt also, alle diese Elemente in Schach zu halten und nicht mehr zu zögern, die Finanzfrage zu lösen, die von nun an die Hauptschwierigkeit ist.

Das hat Turgot gesagt. Niemand hat ihm widersprochen, aber er hat auch niemand überzeugt, denn ein Volk, das so sehr durch seine inneren Angelegenheiten in Anspruch genommen ist, daß es sich jede internationale Handlung versagen muß, ist in Verfall geraten und dazu bestimmt, eine Beute seiner Feinde zu werden. Wie Turgot, und sogar noch mehr als er, will Ludwig XVI. den Frieden. Seit dem Tode Ludwigs XIV. und seinen prophetischen Worten: »Ich habe den Krieg zu sehr geliebt« haben die Herrscher Frankreichs Sehnsucht nach Frieden. Vergennes, der darum weiß, hat sich dem König als der Diener erwiesen, der dazu bestimmt ist, für ihn den Weltfrieden zu erhalten. Er gehört zu den Diplomaten, die Gefallen an Verhandlungen haben und sich dabei auszeichnen; bei ihm braucht man keinen unüberlegten Streich zu befürchten. Seine Erfahrung hatte ihm jedoch bewiesen, daß Frankreich, wenn es seine Interessen verteidigen wollte, auch bereit sein mußte, Krieg zu führen, und fähig, eine günstige Gelegenheit zu ergreifen, falls sich eine darböte.

In einem seiner ersten Berichte an Ludwig XVI., einem von denen, die die geistige Freundschaft der beiden Männer besiegelten, hatte

Vergennes gesagt: »Die absolute Verachtung der Grundsätze der Gerechtigkeit und des Anstandes, die das Verhalten und die Unternehmungen einiger Staaten unserer Zeit kennzeichnen, muß ein vordringliches Thema ernster Überlegungen und sogar vorbeugender Maßnahmen sein für die Staaten, die sich von gesünderen Grundsätzen leiten lassen und nicht Gerechtes und Ungerechtes auf die gleiche Stufe stellen« (1774). Und zum Schluß: »Man hat Achtung vor jeder Nation, die imstande ist, kräftig Widerstand zu leisten, die die Überlegenheit ihrer Streitkräfte nicht mißbraucht, sondern nur das will, was gerecht ist und allen nützlich sein kann, nämlich Frieden und allgemeine Ruhe.«

Der König stimmte mit seinem Minister in allen diesen Punkten überein und hatte Saint-Germain zum Kriegsminister berufen, um Frankreichs etwas eingeschlafene Armee aufzurütteln, und Sartine, dessen unermüdlicher Tätigkeitsdrang bekannt war, zum Marineminister, um die Flotte zu erneuern, auf die Höhe der Zeit zu bringen und zu organisieren. Alles dies war teuer, aber die französische Flotte war nunmehr imstande, mit den Geschwadern jeder anderen Nation zu wetteifern. Wenn sich eine Gelegenheit darbot, war man also in der Lage zu handeln.

Nun war Franklin von Übersee mit einem Vertragsangebot gekommen; war dies nicht die vom Schicksal gegebene Gelegenheit? Lange sucht der König die Antwort auf diese Frage in den Arbeitssitzungen mit seinen Ministern, in seinem Arbeitszimmer, wenn er allein ist, und in seiner Werkstatt, wenn er die Tür hinter sich geschlossen hat. Ist es wirklich die Gelegenheit? Oder wird es üble Folgen nach sich ziehen? Das Urteil Turgots hat den König nicht überzeugt; der Minister war der Meinung gewesen, die amerikanische Demokratie sei zu demokratisch, als daß Frankreich sie unterstützen könne; innerlich empörte sich seine Anglophilie beim Gedanken an einen solchen Skandal. Er wünschte den Sieg Amerikas so, wie man einen mathematischen Lehrsatz lösen will, allein durch die Kraft der Logik.

Franklin denkt anders; er bietet ein Bündnis an und drängt darauf, daß es schnell unterzeichnet wird. Er verhehlt nicht, daß, falls dies nicht geschieht, die Aufständischen sich mit England versöhnen könnten und dieses ihnen als Morgengabe für die Wiederverheiratung und als reiche, leckere Beute die französischen Antillen geben würde. Dies befürchtet auch Vergennes, der für den König schreibt: »Wir möchten nicht die Vorsichtsmaßnahmen vermehren, die unsere Nachbarn beunruhigen könnten, aber wir dürfen auch nicht Opfer unserer Uneigennützigkeit und Ehrlichkeit werden. Der Überfall von 1755 ist eines jener Ereignisse, dessen Abscheulichkeit die Erinnerung wacherhält, wenn auch kein Rachegefühl mehr besteht.« Wer hätte je vergessen können, daß 1755, mitten im Frieden, der Admiral Boscawen zwei französische Schiffe bombardiert hatte, die Truppen nach Kanada brachten, und daß die englischen Flotten alle französischen Handelsschiffe, denen sie auf den Meeren begegneten, gekapert hatten? Siebenhundert von ihnen hatten zehntausend Seeleute an Bord und einen Wert von vielen Millionen.

Die französische Marine hat dies nie vergessen, und es liegt ihr am Herzen, sich zu rächen; dies darf auch der König bei seinen Überlegungen nie vergessen. Nun waren 1777 die französischen Antillen sehr reich und leicht verwundbar. Im Jahre 1776 hatte man im Staatsrat schon mehrmals die Frage erörtert, ob es klug wäre, Truppen und Schiffe dorthin zu senden, aber jedesmal hatte man es aufgeschoben, um die Engländer nicht zu reizen und das Gewitter, das man vermeiden wollte, nicht auf sich zu ziehen. Jetzt bietet der gute Franklin im Namen von 1 500 000 Amerikanern ein Bündnis an, das der beste Schutz für Frankreichs Zuckerinseln wäre und ihm einen jungen Verbündeten verschaffen würde, der fähig wäre, bei Schwierigkeiten mit England zu helfen.

Diese Aussicht verdient um so sorgfältigere Aufmerksamkeit, als Ludwig XVI. beginnt, sich wegen der französischen Bündnisse zu beunruhigen. Er weiß, daß Schweden geschwächt und geteilt und nur noch ein Schatten dessen ist, was es unter Karl XII. war. Polen, Frankreichs großer Freund im Osten, das so oft von Nutzen war, scheint im Begriff zu sein, von der Landkarte Europas als freier Staat zu verschwinden. Die Türkei scheint kaum weniger krank und gebrechlich zu sein. Gewiß, das österreichische Bündnis bleibt wertvoll, aber es ist teuer. Mit einem so wankelmütigen und ehrgeizigen Herrscher wie Joseph II. besteht die Gefahr, daß Frankreich zu weit hineingezogen wird. Doch dieses Bündnis bleibt unentbehrlich, um den Frieden in Europa aufrechtzuerhalten und Österreich zu hindern, seiner natürlichen Neigung, einem Bündnis mit England, zu folgen. Das gleiche läßt sich von dem Familienpakt und dem spanischen Bündnis sagen. Klug und notwendig zur Aufrechterhaltung des Friedens, nützt es im Kriegsfalle wenig, denn der spanische Hochmut, die Langsamkeit bei Entscheidungen und die gewohnte Saumseligkeit bei ihrer Ausführung machen Ihre Katholische Majestät zu einem schwierigen Verbündeten. Die böse Erinnerung, die ihm an den Siebenjährigen Krieg geblieben ist, macht ihn noch schwieriger, weil sie ihn wünschen läßt, Vergeltung zu üben. Graf Aranda und sein Minister Grimaldi zeigen sich als Verfechter dieser Politik. Sie träumen von einer Vernichtung Englands, von der Aufteilung seiner Kolonien und dem Ende seiner Marine, und hören nicht auf, dies in Versailles zu predigen.

Aber Ludwig XVI. sträubt sich dagegen. Er sagt zu Vergennes: »Wenn wir gezwungen sind, mit England Krieg zu führen, so darf das nur für die Verteidigung unserer Besitzungen und die Verringerung seiner Macht sein und mit keinem Gedanken an eine Gebietserweiterung für uns; wir müßten dann nur versuchen, seinen Handel zugrunde zu richten und seine Kräfte dadurch zu untergraben, daß wir den Aufstand und den Abfall der Kolonien unterstützen.« Jetzt zeigt sich ein solches Unternehmen in einem noch günstigeren Lichte: ein Bündnis mit den Amerikanern. Der Vorschlag Franklins, der ohne Titel, Borten und Perücken aus dem entfesselten Ozean aufgetaucht ist, um der ältesten Monarchie Europas das Bündnis und die Freundschaft der jüngsten Republik der Welt anzutragen, erscheint ungewöhnlich und fesselnd zugleich.

Damit die neue Freundschaft einigen Wert habe, muß dieses neue Volk zunächst einmal leben können, was in diesem Augenblick, im Januar 1777, niemand versichern kann. Wenn man alles wohl in Erwägung zieht, so wäre es ein Glück für Frankreich, wenn es den Amerikanern gelänge, in der Neuen Welt eine von England unabhängige Macht zu schaffen; und dies wäre wohl großer Sorgfalt und vieler Bemühungen Frankreichs wert.

Schon vor mehreren Monaten haben Sartine und Vergennes den alten Arzt Barbeu-Dubourg ermächtigt, einen Handel mit den Vereinigten Staaten zu organisieren; weiter haben sie Beaumarchais mit der Leitung einer wichtigen Unternehmung betraut, die unter dem Decknamen »Roderigue Hortalez et Compagnie« die Amerikaner mit allen für ihre Kriegführung wichtigen Waren versorgen soll. Man hat zwei Millionen zu seiner Verfügung gestellt, und er wird sich nunmehr mit Franklin verständigen, dem der König einen Vorschuß gezahlt hat, damit er in Paris leben, sich einrichten und verhandeln könne. Man empfiehlt ihm Verschwiegenheit, ist aber froh, ein so wichtiges Pfand in Händen zu haben.

Es erscheint allerdings etwas mißlich, diese Verhandlungen mit dem, was man Verbündeten schuldig ist, zu vereinen. Graf Aranda, der immer für einen Kreuzzug gegen England begeistert ist, bemüht sich um Franklin, aber müßte nicht Ihre Katholische Majestät diesen Republikanern, die so nahe bei Spaniens eigenen Besitzungen sind, mißtrauen? Der König von Spanien fürchtet sie wegen ihrer Eingriffe in fremdes Gebiet, und weil sie seine Untertanen mit dem Geist der Unabhängigkeit anstecken könnten. Karl III. wünscht aufrichtig, gegen England an der Seite der Franzosen Krieg zu führen, weil sie wieder eine schöne Flotte besitzen, jedoch bedeuten ihm diese Aufständischen nichts, was der Sache wert wäre. Grimaldi, der stark unter dem Einfluß Arandas steht, hätte sich vielleicht dazu verstanden, so sehr hatte er einen Rachekrieg und die Vernichtung Großbritanniens gewünscht; aber er ist gerade entlassen worden wegen eines von ihm gewollten und unglücklich ausgegangenen Feldzuges gegen die Barbareskenstaaten*.

Aranda kann sich nicht darüber trösten. An Stelle Grimaldis hat Karl III. den Grafen von Floride-Blanche genommen, einen alten Freimaurer und wie Aranda Veteran in den Kämpfen gegen die Jesuiten, aber Aranda kann sich in keiner Weise mit ihm verstehen. Von Anfang an stehen die beiden Männer in offener Feindschaft einander gegenüber. Aranda schränkt seine amtlichen Depeschen auf ein Mindestmaß ein, und Floride-Blanche vermeidet es, ihm irgend etwas mitzuteilen, sondern verhandelt alles mit dem Botschafter Frankreichs in Madrid, dem Grafen von Montmorin, der beim König schon gut angeschrieben ist. Jedoch Aranda ist nicht so leicht zum Schweigen zu bringen. Er drängt sich überall ein, weiß schließlich alles und bildet ein dauerndes Problem, das Versailles dadurch löst, daß es ihn mit Mme. de Vergennes Lotto spielen läßt, und daß der König mit ihm hartnäckig nur über Hetzjagden spricht. Von seiten Madrids besteht also Übereinstimmung über die Grundsätze, aber ein beständiges Sichausschweigen über die Mittel und Wege. Die Notwendigkeit, sich mit den Spaniern zu verständigen, bleibt bestehen, aber es ist unmöglich, ganz dazu zu gelangen. Aber wenigstens kann man mit ihrem Haß auf die Engländer rechnen.

Anders ist es mit Österreich, wo die gesamte gute Gesellschaft offen für die Engländer und ihre Sache eingenommen ist. Sogar in Versailles

---

* Bezeichnung für die damals von Piratenfürsten beherrschten und von Berbern bewohnten Länder Nordafrikas (Algier, Tunis, Marokko, Tripolis).

zeigt sich die Königin dem englischen Botschafter, Lord Stormont, sehr gewogen. Maria-Theresia wird nichts sagen, aber Joseph II. wird zu fürchten sein; er lechzt danach, an seinem Paten, dem König von Preußen, den er ebensosehr haßt wie bewundert, Rache zu nehmen; darauf bedacht, von den Gebieten, denen er auf seinem Wege begegnet, etwas einzustecken, empfindet er es als höchst unangenehm, daß der König von Frankreich, sein Verbündeter, wenn er an seiner Seite Krieg führt, sich nicht um die österreichischen Interessen kümmert. Er steht also einem französisch-englischen Krieg äußerst feindselig gegenüber. Wenn es dazu kommen sollte, muß man mit ihm sehr vorsichtig sein.

Vergennes und Ludwig XVI. verständigen sich über die Haltung, die sie ihren großen Verbündeten, Österreich und Spanien, gegenüber einnehmen müssen. Ludwig XVI. formuliert seine Meinung wie folgt: »Im ganzen hat Spanien den Familienpakt mißbraucht. Man muß seinen Verbündeten (und zumal einen Verbündeten, den zu haben ebenso richtig wie vernünftig ist) in allem unterstützen, was gerecht ist und im gemeinsamen Interesse liegt, aber nicht in seinem Ehrgeiz und seiner Ruhmsucht«. Über Österreich denkt er nicht anders; er folgt darin dem Gedanken seines Vaters und begegnet sich mit der Meinung der meisten Franzosen; bei Gelegenheit nimmt er auch keinen Anstand, es der Königin zu sagen.

Weder Österreich noch Spanien werden ihn daran hindern, sich mit den »Herren Aufständischen«, wie man sie damals nannte, zu verbünden, wenn ihre Sache zuverlässig scheint und sie Bürgschaften für ihre Aufrichtigkeit geben. Mag ein solcher Krieg auch noch so kostspielig sein; die Gelegenheit ist zu lebenswichtig, um sie nicht zu ergreifen; und im übrigen ist der Handel Amerikas es wert, Opfer zu bringen, um ihn in die Hand zu bekommen. Der König will keine Eroberungen, aber er sieht, wie die Bevölkerung Frankreichs zunimmt, und er wünscht, Absatzwege für seine Untertanen zu finden; in seinen Augen eröffnen sich hier gewaltige Bereicherungsmöglichkeiten.

Er will sich nicht weiter hineinziehen lassen und wünscht keinen Krieg auf Leben und Tod mit England, der zu viele Menschenleben und zu viel Geld kosten würde. Er glaubt nicht, das Recht zu haben, Anlaß zu so vielen Ruinen und zu einem Blutbad zu geben. Im übrigen nimmt England einen nützlichen Platz in Europa ein, und er wünscht keinen Umsturz dieser Welt. Was er erstrebt, ist, Frankreich den hohen Grad von Größe und Macht wiederzugeben, den es vor 1760 hatte und den es durch den Siebenjährigen Krieg verloren hat; er kann die Tränen seines empörten Vaters und seiner trostlosen Mutter nicht vergessen. In dieser Gelegenheit, die das Schicksal Frankreich darzubieten scheint, sieht er vor allem ein Mittel, das durch den Frieden von Fontainebleau gestörte Gleichgewicht Europas wiederherzustellen, und außerdem hofft er, durch eine solche siegreiche Kraftanstrengung die Franzosen um sich zu scharen und eine Lösung des finanziellen Problems, das hierdurch an den gebührenden Platz gestellt würde, zu ermöglichen.

Ihm scheint offenbar, daß die Finanzleute immer dasselbe wiederkäuen: Frankreich ist reich genug, um Armee, Flotte und Regierung zu unterhalten; an Geld fehlt es nicht, aber an Vaterlandsliebe. Niemand will Steuern zahlen, besonders die nicht, die es könnten und sollten. Würde ein militärischer Sieg, der die Vaterlandsliebe erweckte und den Handel steigerte, nicht über die Egoismen und das Komplott, das sie verbündet, triumphieren?

Dieses Komplott fühlt Ludwig überall, ohne daß es ihm gelingt, den Knotenpunkt oder die Agenten zu fassen. Sind es die Parlamente? Sie schienen die Führer gewesen zu sein; jetzt halten sie sich zurück, weil man die Zügel hält! Orléans bleibt der gefährlichste Oppositionsherd. Aber der Angriff kommt von weiter her. Die Philosophen mit ihrem Krieg gegen das Christentum führen den Reigen an und herrschen seit 1763 als offizielle Literatur. Sie haben die Frauen in der Hand. Es ist ein geduldiger, systematischer Kampf. Ludwig XVI. und Turgot, die eine Verordnung erlassen hatten, um die Lage der ehemaligen Jesuiten zu mildern, stoßen auf ihren erbarmungslosen Widerstand.

Einen gemeinsamen Zug haben alle Verschworenen: sie haben eine übermäßige Vorliebe für England und überfluten Frankreich mit englischen Sitten und englischer Kleidung: Überröcke nach englischer Art, Rennen nach englischer Art, Gärten nach englischer Art. Die Kinder werden englisch gekleidet, man liest englische Romane und hebt Shakespeare in den Himmel. Vor allem aber kann man die Gesetze und die Verfassung Englands nicht genug preisen, so wie sie Montesquieu gesehen hat. Trotz seinem laut und beständig geäußerten Mißfallen hört Ludwig XVI. unaufhörlich das Lob englischer Sitten um seine Ohren summen. Er weiß wohl, daß das Palais-Royal das Hauptquartier der Anglomanie ist. Chartres umgibt sich mit Engländern, besonders mit diesem Forth, der keineswegs verhehlt, daß er ein Agent Georgs III. ist.

Wären die Aufständischen in Amerika nicht das Mittel, diese herabwürdigende Mode zu bekämpfen und den Franzosen die schwachen Seiten Englands zu zeigen? Diese so gerühmte Verfassung hat ja hier versagt; ihre ungerechten Forderungen haben die Engländer Amerikas gegen die Europas aufgebracht.

Die Amerikaner schimpfen weniger stark auf das englische Parlament, das die unmittelbare Ursache des Streites ist, als auf den König, der, wäre er dieser berühmten Verfassung etwas weniger treu gewesen, mit den Aufständischen einen Vergleich hätte schließen können. Das war lange Zeit die Hoffnung Benjamin Franklins gewesen, der überzeugt war, daß das britische Parlament und die beiden Parteien Englands unverbesserlich waren. Würde das französische Publikum an den Amerikanern Gefallen finden, so würde es sich im gleichem Maße von den Engländern trennen; das wäre ein Mittel, in ihm wieder den Patriotismus zu erwecken, die Illusionen und Hirngespinste über die englische Verfassung zu entwerten und sie wieder zum gesunden Menschenverstand zurückzubringen. Auf jede Weise würde dies das so reiflich vorbereitete Unternehmen, Frankreich eine Verfassung nach englischer Art aufzudrängen, im Keim ersticken. In der moralischen Krise, die Frankreich durchmacht, wäre dies eine unverhoffte Gelegenheit, die höhere Gesellschaft, die Schriftsteller, Parlamentsmitglieder, ja die ganze Nation wieder in die Hand zu bekommen.

Also müssen die Amerikaner unterstützt werden in ihren Bemühungen, eine von England getrennte Republik und schicksalhaft sein Rivale zu werden. Diese Republik würde einem mächtigen Frankreich treu bleiben, nicht aus dem Gefühl einer Vorliebe heraus, sondern aus der Sorge, auf dem europäischen Kontinent freie Häfen zu haben und eine wirksame Unterstützung, die ihr auch dann erlaubte, Handel zu treiben, wenn England sich etwa an seinen früheren Untertanen rächen wollte und seine Häfen schlösse und versuchte, auch das Meer zu sperren.

Ludwig, der gewohnt ist, Umstände, Pläne und Entwürfe sorgfältig und lange zu erwägen, prüft mit dem so scharfblickenden Maurepas und dem so besonnenen Vergennes dieses ganze Problem und überzeugt sich, daß man nichts vernachlässigen darf, um den amerikanischen Aufstand zu einem guten Ende zu führen. Er kennt sehr wohl die Gefahr, die daraus für die Kolonien Frankreichs entsteht, aber er weiß auch genug, um zu glauben, daß diese Kolonien, die nur vom Handel mit Frankreich leben und alle nach Frankreich orientiert sind, wie die englischen Inseln treu zu ihrem Mutterlande stehen werden; eine Gefahr bestünde nur für die festländischen Kolonien, deren Geist und Hoffnungen nicht die gleiche Richtung haben.

Diese Beobachtung widerrät ihm, Kanada wiedererobern zu wollen. Nicht etwa, weil er den Verlust nicht schmerzlich empfände, sondern weil er die Unmöglichkeit erkennt, sich mit den Anglo-Amerikanern, die den Siebenjährigen Krieg nach der Neuen Welt übertragen haben, zu verständigen, wenn man danach trachtet, Kanada, ihr Nachbarland, das von ihnen beneidet und begehrt wird, wiederzuerobern, Ludwig XVI. hält den Tag noch nicht für gekommen, Kanada wiederzunehmen, noch irgendein anderes neues Gebiet für das französische Volk zu begehren, das zu sehr beunruhigt ist, dessen Einrichtungen zu sehr bedroht sind und dessen Kultur sogar ins Schwanken geraten ist. Für den Augenblick muß das glückliche und reiche Frankreich suchen, seine Macht zu festigen und zu sichern, sei es auch durch einen Krieg, aber nicht durch Eroberungen.

Vergennes und der König gelangen gemeinsam zu dieser Überzeugung, denn ihr Verstand ist konzentriert, und sie arbeiten nach exakten Gegebenheiten. Unglücklicherweise kann man die öffentliche Meinung nicht aufklären, weil absolutes Stillschweigen allen gegenüber bewahrt werden muß. Seine Pläne zu zeitig erraten lassen, hieße England die Gelegenheit geben, plötzliche Erfolge zu haben und auf jeden Fall am französischen Handel unzählige Erpressungen auszuüben.

Vergennes empfiehlt daher Franklin Geheimhaltung, und Franklin hockt, wie die Spinne im Netz, in seinem Winkel; er hat in Passy bei M. Le Ray de Chaumont, Intendanten der Invaliden und Sekretär des Herzogs von Chartres für freimaurerische Angelegenheiten, ein ruhiges kleines Haus bezogen. Wenn er Besuch erhält, spricht er von seiner Gesundheit, von seinen Experimenten und von seinem armen, so tugendhaften Lande, das von allen verlassen ist.

Ludwig XVI. in Versailles ist nicht weniger verschwiegen. Er hält lange Arbeitssitzungen ab mit Maurepas und hat ausgedehnte Unterredungen mit Vergennes, die von nun an seine vertrauten Ratgeber sind, und sonst geht er auf die Jagd.

Die öffentliche Meinung ist für ihn. Wenn die Bauern ihn am Waldrande sehen, rufen sie: »Es lebe der König!«

DER GLÜCKHAFTE KÖNIG

Versailles läßt am Beginn des Jahres 1777 und während des ganzen Karnevals jeden Glanz vermissen. Der König verläßt kaum sein Arbeitszimmer; die Königin fährt selten nach Paris, auch ihre Bälle finden weniger häufig statt und sind weniger besucht. Da man bemerkt hat, daß sie alle ihre Gunst den zehn oder zwölf Personen, die ihr besonders gefallen, vorbehält, bemüht man sich nicht mehr, sie aufzusuchen, besonders nicht die Damen von Paris, für die die Reise dorthin im Winter zu beschwerlich ist. Außerdem sind alle erkältet, auch der König und die Königin. Die Königin hat auch Schulden, was sie bedrückt, weil sie gezwungen ist, den König um Hilfe anzugehen. Sie versucht, sich damit zu trösten, daß sie sich sagt, ihr Bruder Joseph II. werde bald eintreffen; aber der Trost ist gering, denn Joseph gilt in der Familie als eine Plaudertasche, was oft recht lästig ist.
Alles scheint lästig. Zum Beispiel der Tod des Kardinals La Roche-Aymon, des Großalmoseniers von Frankreich. Er wird von wenigen betrauert. Man sagt von ihm, er sei »kriechend in die Höhe gekommen«. Aber wie ihn ersetzen?
Ludwig XV. hatte die Stelle den Rohan für den Kardinal Louis de Rohan, den Erzbischof von Straßburg, versprochen. Doch die Königin haßt ihn. Von Vermond getrieben, verlangt sie die Stelle für Loménie de Brienne, den Erzbischof von Toulouse. Aber Ludwig XVI. will ihn nicht haben, weil er ein schlechter Priester ist, – ohne Glauben und sittenlos. Er will auch nicht die Zusage seines Großvaters brechen und nicht die Rohan verstimmen, besonders nicht seine ehemalige Erzieherin, Mme. de Marsan.
Nach vielen Verhandlungen und Szenen mit der Königin überträgt Ludwig XVI. das Amt des Großalmoseniers an Rohan; gleichzeitig teilt er diesem vorbeugend mit, wenn er sich nicht besonnen verhalte und der geringste Zwischenfall vorkäme, müsse er in zwei Jahren um seine Entlassung nachsuchen. Die Königin ist damit und mit ihrem Gatten unzufrieden und beschuldigt ihn der »Schwäche«. Im übrigen ist sie auch mit sich selbst unzufrieden, mit allen diesen jungen Laffen, auf die sie zuviel hört, und mit allen den Schulden, die bezahlt werden müssen.

Am Hofe wird viel von ihren Schulden gesprochen, und auch in der Stadt schwatzt man darüber. Die »Nouvelles à la main« behaupteten sogar, sie habe Necker gebeten, ihr einen Kredit von 150 000 Franken beim Königlichen Schatzamt zu eröffnen! *Sie* findet es viel einfacher, sich an den König zu wenden. Alles in allem ist er doch mehr wert als die anderen.

Alle diese ausgelassenen jungen Leute suchen mehr das Abenteuer als die Liebe. Wer hätte gedacht, daß dieser »Blondkopf«, der Marquis von La Fayette, der immer darauf bedacht war, nach außen hin zu wirken und sich seinen Vetter, den Vicomte de Noailles, seinen Busenfreund, den Prinzen von Poix, oder seinen guten Kameraden, den jungen Ségur, zum Vorbild zu nehmen, eines Tages den Hof verlassen und sich nach Amerika einschiffen würde? Man hatte ihn gern, aber er schien weder eine lebhafte Intelligenz noch einen starken Charakter zu besitzen; im übrigen tanzte er schlecht. Er verbrachte einige Monate in Metz; hier traf er den Grafen von Broglie, der davon träumte, König der Amerikaner zu werden, und den Herzog von Gloucester, der auf seinen erlauchten Vetter, den König von England, schimpfte. Und dann ist er auf einmal abgereist.

Um die Wahrheit zu sagen, die bösen Zungen behaupten, er habe damit begonnen, Aglaé von Barbentane, Gräfin von Hunolstein, dem schönsten Mädchen des Hofes und besonders des Palais-Royal, beharrlich den Hof zu machen; ihr Vater ist einer der wichtigsten Hofherren des Herzogs von Orléans und gehört zu den vertrauten Gefährten von Chartres. Auch von ihr sagt man, sie sei sehr befreundet mit Chartres, der ihr viele Dinge beigebracht habe, die eine junge Person zu wissen wünscht, und sie weiß wirklich viel davon. Ségur, Ligne und mehrere andere, die ihre unglaubliche Schönheit nicht gleichgültig gelassen hat und die es verstanden haben, sich erhören zu lassen, wissen auch, wieviel sie das gekostet hat, denn die schöne Aglaé hat ihren Tarif; hinzu kommt, daß sie gern die Taschen der Herren wie auch der Damen plündert, und aus den Auslagen der Kaufleute alles gleich zu besitzen wünscht, was ihr gefällt. Sie ist die kostspieligste Mätresse Frankreichs.

Sobald La Fayette geheiratet hatte, gab es für ihn nichts Eiligeres, als sie besitzen zu wollen; sie machte keine Schwierigkeiten, nur gerade so viel, um den Tarif zu erhöhen. La Fayette jedoch, der aus seiner Auvergne kommt und den sein neuer Reichtum, seine erlauchte Heirat mit einer Tochter des Hauses Noailles, die Huld der Königin und einige

scheinbare Erfolge berauscht haben, fordert von ihr eine eingebildete Treue, die der Herzog von Chartes, ihr Hausfreund, nicht duldet.
Nach einigen Streitereien, einigen Tränen und verschiedenen Mißverständnissen gibt ihm Aglaé den Laufpaß, und dem gedemütigten und wütenden La Fayette bleibt nichts übrig, als ein Held zu werden; er geht nach Amerika. Da er von Natur naiv und etwas frech war, verfuhr er dabei so ungeschickt, daß der König und Vergennes sich gezwungen sahen, ihm die Abreise zu untersagen. Konnte man denn zulassen, daß ein weithin bekannter Edelmann des Hofes auf einem von ihm gecharterten Schiff aufsehenerregend nach Amerika absegelte, gerade nachdem er sich beim französischen Botschafter in London aufgehalten hatte. Übrigens schlugen auch die Noailles Lärm und verlangten, der König solle ihn verhaften lassen. Ludwig XVI. befahl daher La Fayette, in Frankreich zu bleiben; aber Vergennes war klug genug, schließlich einen Boten erst dann zu senden, daß er nach der Abfahrt des Marquis (von Pasajes in Spanien am 20. April 1777) eintraf. Drei Monate lang wußte man nicht, fuhr er nun ab oder nicht; man kann sich vorstellen, welches Geschwätz hierdurch entstand.

*

Mittlerweile hält am Samstag, dem 19. April, um zehn Uhr morgens vor der Tür der Gemächer der Königin in Versailles eine bescheidene »Halbberline« mit vier Pferden ohne Begleitung an. Mit einem einzigen Satz springt ein äußerst gewandter junger Mann auf den Hof hinaus; er trägt einen flohbraunen Rock mit Stahlknöpfen, kleine Halbstiefel und hat eine einzige Locke als Frisur. Es ist der Graf von Falkenstein, denn unter diesem Namen reist in Frankreich Seine Kaiserliche und Königliche Majestät Joseph II. von Habsburg-Lothringen, deutscher Kaiser und Bruder der Königin von Frankreich. Sobald man ihm die Treppe gezeigt hat, steigt er schnell hinauf und steht in der Tür der Königin; er findet hier den Abbé Vermond vor, den die Königin als Schildwache aufgestellt hat, um den ersten Stoß aufzufangen, falls es nötig sein sollte und ... falls es möglich wäre; weder das eine noch das andere ist der Fall.
Joseph II. bleibt an der Tür, die er soeben geöffnet hat, stehen und findet Vergnügen daran, seine Schwester zu betrachten, ehe er sich in ihre Arme wirft; und er sagt sogleich auf deutsch zu ihr: »Meine liebe Schwester, wenn Sie nicht meine Schwester wären, und mich heiraten

könnten, so würde ich nicht zögern, mich wiederzuverheiraten, um eine so reizende Gattin zu haben.«
Sie liegen sich lange in den Armen und tauschen mit großer Zungenfertigkeit Neuigkeiten aus. Ihre Herzen blühen auf; das der Königin bleibt aufgeregt – sie hatte sich so sehr gefürchtet! Und das, was ihr Bruder ihr wiederbringt, das ist ihre ganze Kindheit, der ganze Reiz ihrer Wiener Jugend...
Sie ist entzückt; sie ist es noch viel mehr, als ihr Joseph sagt, wenn sie etwa einmal Witwe ohne Kind sein sollte, so wünsche er, daß sie zu Maria-Theresia und ihm zurückkehre. Die bezauberte Königin fällt darauf herein. Wenn Joseph II., der immer auf Reisen und immer in Tätigkeit ist, beschlossen hat, mit Erlaubnis seiner Mutter diese lange und heikle Reise zu unternehmen, so hat seine Neugier als Reisender und neuerungssüchtiger König nur zum Teil damit zu tun; es handelt sich hauptsächlich darum, Marie-Antoinette wieder so weit ihrem Gatten näherzubringen, daß sie wirklich seine Frau wird, damit sie Kinder bekommt und in den Augen der Franzosen ihre Königin als Gattin und Mutter wird. Nur so könnte Joseph Nutzen aus dieser Heirat ziehen und hätte das Haus Habsburg bei dieser Heirat gewonnen, die auf jede andere Art droht, zu einer Katastrophe zu werden. Sorglich ist Joseph II. hierauf bedacht.
Dies ist seine erste Unterhaltung mit der Königin. Sie hat peinliche Geständnisse zu machen und fürchtet ein schreckliches Ausschelten. Sie hat ihrem getreuen Mercy anvertraut, daß sie eine zu große Vertraulichkeit zwischen ihrem Bruder und ihrem Gatten zu vermeiden wünsche; aber die Artigkeiten Josephs entwaffnen sie. Sie gesteht ohne weiteres ihr Unrecht ein oder sagt ihm wenigstens so viel, daß er ihr, halb scherzend, halb scheltend, das Versprechen abnimmt, mit dieser zu langen, für sie so gefährlichen Enthaltsamkeit aufzuhören.
Als die Königin sieht, wie duldsam und nett ihr Bruder ist, geht sie daran, ihm ihr ganzes Leben zu erzählen; sie spricht von den Günstlingen, den Favoritinnen, von der Langeweile der langen Tage, von ihrem Heimweh nach Wien und seiner Gemütlichkeit, von dem Bedürfnis, aus sich herauszugehen und, wenn man von den Männern und ihrer Anmaßung genug hat, von den Frauen und ihren Rivalitäten, von den Schlittenfahrten, den Hetzjagden, den Pferderennen, dem Theater, den Spielen, von allem, allem, ja sogar von ihrer seltsamen Intimität mit ihrem so guten, so großmütigen und so verschlossenen Gatten. Joseph, der sich freut, so guten Erfolg gehabt zu haben,

und zufrieden ist mit seiner Schwester, die zu beschwatzen ihm gelungen ist, versteht es, vorsichtig und verständnisvoll zu bleiben. Er hört viel zu, spricht wenig, nimmt dann den Arm seiner Schwester und läßt sich von ihr zum König führen.

Die beiden Herrscher umarmen sich zunächst, dann sagt Ludwig XVI. Joseph einige herzliche und aufrichtige Artigkeiten, die der Kaiser wohl aufnimmt. Beide achten sich auf den ersten Blick als Menschen. Während der ganzen Zeit des Aufenthalts des Kaisers, der Wert darauf legt, daß sein Inkognito beachtet wird und sich in Versailles auf keiner anderen Rangstufe als die Höflinge zeigt, unterhielten sich er und der König sehr herzlich.

Vor allem aber bewegt sich Joseph II. überall umher wie ein Wirbelwind. Am 19. sieht er alle Minister; hierauf frühstückt er im Schlafzimmer seiner Schwester mit dem König. Alle drei sitzen auf den gleichen Klappstühlen – recht unbequem auf diesen wackligen Sitzen –, Joseph in Schwarz, der König in Violett, die Königin in einem Morgenrock in Halbtrauer. Der König überstrahlt die beiden; er lacht, gibt sich ungezwungen und ist zufrieden, während die Königin etwas unruhig ist und die beiden Männer beobachtet, und Joseph eine etwas gezwungene, achtungsvolle Haltung bewahrt. Mit seinem zwei Zoll höheren Wuchs als der Kaiser und seiner Art, alles als liebenswürdigen Scherz zu nehmen, erweckt der König von Frankreich bei den französischen Höflingen den Eindruck, der am meisten königliche von den dreien zu sein. Sie tafeln bis zwei Uhr.

Darauf sieht Joseph als philosophischer Herrscher und gewissenhafter Deutscher alles, was es zu sehen gibt und was man kennen muß: das Karmeliterkloster, den Invalidendom, das Hôtel-Dieu, die Oper, die Menagerie von Versailles mit ihrem weiblichen Elefanten, die Frauen der Minister, Croÿ (der ihn über den männlichen Elefanten von Wien befragt und – die gute Seele – von einer Heirat träumt), die Pferderennen auf der Ebene von Sablons, eine Parade des Königs, eine Hauptmesse in der Kapelle des Königs in Versailles, den Spielplatz der Königin, eine Galatafel am Hofe, M. Trudaine, das Zeughaus und seine Bibliotheken, die Gobelinmanufaktur mit ihren Wandteppichen, Sèvres und seine Porzellane, den Abbé d'Espagnac und seine Taubstummen, die hübschen Frauen von Paris, die schönen Damen von Versailles, die Mädchen der Hauptstadt, Mme. Du Barry und dann noch eine Menge von Ministern, Diplomaten, Ingenieuren, Generalen, Offizieren, Finanzleuten, großen Herren und großen Bürgern...

Voltaire und Franklin sieht er nicht; den ersten, weil er es seiner Mutter versprochen hat, den zweiten, weil es ein Republikaner ist, während er selbst als König »den Königsberuf betreibt«.

Auch Choiseul sucht er nicht auf. Diese auf der Lauer liegende Clique hofft, daß die Ankunft des Kaisers Gelegenheit zu vertraulichen und schmeichelhaften Unterhaltungen geben wird, die dazu dienen könnten, weiter vorzustoßen. Es wird nichts daraus. Joseph gibt weder der Herzogin von Gramont, die ihn drängt, ihren Bruder Choiseul zu sehen, eine Antwort, noch der Gastgeberin, der Gräfin von Brionne, einer anderen Getreuen Choiseuls. Am Hofe begegnet er Choiseul und behandelt ihn liebenswürdig, aber nicht darüber hinaus, und er legt Wert darauf, diese Unterhaltung vor dem König zu haben und ihm Bericht zu erstatten: «Sire«, sagt er zu ihm, »Herr von Choiseul ist eine alte Bekanntschaft, die ich mit Vergnügen wieder erneuere; verzeihen Sie mir, daß ich Sie einen Augenblick verlassen habe . . .«. Und wieder einmal fährt der Herzog von Choiseul in sehr schlechter Laune nach Chanteloup zurück.

Das Drängen der Königin zugunsten Choiseuls und einige unvorsichtige Äußerungen Marie-Antoinettes bringen Joseph II. dazu, endlich seine Meinung zu offenbaren; hierbei liest er ihr die Leviten über ihre ehelichen Pflichten; sie soll den König nicht auf seiner Reise nach Brest begleiten, denn »sie tauge zu nichts«; er wirft ihr das zu leichtfertige Verhalten ihrem Gatten gegenüber vor; »ihre zu unehrerbietige Sprache«, »ihren Mangel an Gehorsam«, kurz alles, was er ihr zu sagen beabsichtigt. Tief betrübt ruft sie Vermond zu Hilfe und schickt ihn eiligst zu Mercy, damit dieser treue Diener beim Kaiser vermittle, um ihn zu besänftigen; im Lauf einer gemeinsam eingenommenen Mahlzeit empfahl er ihm die Milde. Er predigte tauben Ohren. Joseph kann nicht lange an sich halten; er muß seiner Schwester noch sagen, daß sie unrecht hat, das Abendessen des Königs während der Fastenzeit warten zu lassen, denn dieser fastet und nimmt bis zum Nachtessen nichts zu sich, während sie am Nachmittag ißt.

An einem anderen Tage sagt er ihr, wie sehr er bedauere, daß ihr Gatte ihre Willensäußerungen nicht lenkt. Er kennt wirklich die Gefahr, die Marie-Antoinette für den Hof Frankreichs und den Österreichs bedeutet. Sie ist zu leichtsinnig, um sich mit den wichtigen Fragen vertraut zu machen und sich bei den Leuten zu erkundigen, aber sie will sich trotzdem in alle wichtigen Ernennungen hineinmischen und übt dabei einen Einfluß aus, der gefährlich werden kann, wenn ihr Gatte ihr nachgibt. Ihre unvorsichtige Haltung stellt ihren Mann und ihre Familie bloß. Warum mußte sie sich in Ligne vernarren, diesen Spieler, Prahler, Freimaurer und leichtsinnigen Menschen? Warum war sie so sehr für den wertlosen Esterhazy eingenommen? Und so gab es noch viele andere. Dazu kamen noch die Spielsucht und unzähligen Unklugheiten, die Marie-Theresia wiederholt ausrufen ließen: »Sie wird sich zugrunde richten, sie wird sich zugrunde richten!«

Vor seiner Abreise will Joseph II. noch seiner Beunruhigung Ausdruck geben und sie besonders darauf hinweisen, daß es ihre Pflicht ist, sich dem König nicht mehr zu versagen. Um nichts zu versäumen, hat er mit dem König am 14. Mai eine lange, freimütige Unterredung, bei der er ihn über seine eigene reiche Erfahrung im Umgang mit Frauen unterrichtet und ihm Ratschläge gibt, wie er seine Schwester physisch und moralisch behandeln soll. Und zuletzt verfaßt er für die Königin, deren Leichtfertigkeit er zu gut kennt, schriftliche Anweisungen, die sie aufbewahren und zu Rate ziehen soll.

Vor allem läßt er sie schwören, Ludwigs XVI. Frau zu werden, und er führt ihr die Wichtigkeit und die schreckliche Gefahr, die sie läuft, wenn sie sich ihm weiterhin versagt, so dringlich vor Augen, daß man hoffen kann, sie werde ihr Verhalten ändern. Weiter empfiehlt er ihr, auf die Prinzessin von Guéménée zu verzichten, das hohe Spielen zu lassen und dem König Gesellschaft zu leisten.

Sie verspricht, sie schwört, sie weint. Am letzten Abend speisten sie gemeinsam, und nach vielen Komplimenten, Versprechungen, Ratschlägen, Empfehlungen, Plänen, vertraulichen Mitteilungen und Geständnissen trennten sie sich um Mitternacht. Die Königin war tränenüberströmt; der Kaiser beeilte sich noch mehr als sonst. Er verbrachte die Nacht im Wirtshaus von Versailles. Am 30. Mai bei Tagesanbruch fuhr er in seiner Halbberline, wie er gekommen war, ab, mit verhängtem Zügel und ohne sich umzusehen.

Er hinterließ einen glänzenden Eindruck. Er hatte gefallen, und in Frankreich gefallen heißt Erfolg haben. Die geschmeidige und zugleich etwas spröde Anmut des Grafen von Falkenstein bezauberte, die Maskerade eines Kaisers, der seine Schwester in bürgerlicher Kleidung besuchte, entzückte dieses Jahrhundert, in dem die Maskerade eines der am meisten geschätzten Vergnügen war. Und dann ist es ja immer schmeichelhaft, besucht zu werden. Der Hof rühmte ihn und auch das Volk. Die Philosophen, das heißt alle modischen Schriftsteller, schmollten ein wenig, weil man ihnen nicht den ersten Rang angewiesen hatte, aber um nicht im letzten Rang zu bleiben, rühmten sie ihn ebenfalls. Der König freute sich, seinen Schwager bei sich gehabt zu haben und ihm gesagt zu haben, daß er sich von ihm nicht in Abenteuer hineinziehen ließe. Es wurde nicht viel von Politik gesprochen; man dachte zu sehr daran, und Joseph bezahlte genug Spione, so daß er keine Fragen stellte. Aber Ludwig fand Joseph sehr oberflächlich, und Joseph fand Ludwig recht schlapp. Joseph meinte, man müsse List gebrauchen und sich rasch durchsetzen wollen, Ludwig war der Ansicht, man müsse mißtrauisch sein und standhalten. Vergennes, der sich lange und höflich mit Joseph unterhalten hatte, bestätigte die Ansichten des Königs. Auf dieser Seite sah man also klar, aber ein wesentlicher Punkt blieb ungeklärt und ein Geheimnis: Was würde die Königin tun?

Sie vergoß Ströme von Tränen und trocknete ihre roten Augen; man sah sie immer wieder Josephs Ratschläge lesen. Als sich der König auf der Jagd (am 10. Juni) mit einem Messer am Schenkel verletzt hatte, pflegte sie ihn liebevoll. Sie war nett zu ihrem Gatten und zeigte sich um ihn besorgt (um so mehr, als eine neue Schwangerschaft der Gräfin von Artois gemeldet wurde, was sie immer als einen Mangel an Ehrerbietung empfand). Als sie die letzte Botschaft ihres Bruders wieder las, überkam sie die Rührung: »Ich habe Versailles mit Kummer verlassen, da ich wirklich an meiner Schwester hänge; ich habe eine Art Lebenswonne gefunden, auf die ich verzichtet hatte, aber das Gefallen daran habe ich nie verloren . . .«

*

Es war das erste Mal seit Karl dem Großen, daß ein Oberhaupt des Deutschen Reiches dem König von Frankreich in dessen Palast seine Aufwartung gemacht hatte.

Diese Tatsache war um so auffallender, als sich England zur gleichen Zeit in unentwirrbaren Schwierigkeiten befand, was Horace Walpole veranlaßte, aus Paris zu schreiben: »Das Land, in dem ich mich in diesem Augenblick befinde, ist glücklicherweise weder in der Lage noch hat es die Macht, sich hineinzumischen; wäre es anders, so würde es unsere Vernichtung vollenden, auch wenn es sich nur damit begnügte, den Kolonien zu helfen, und ich wage nicht zu hoffen, es könnte so blind sein, es nicht zu tun. Man spricht hier offen mit Abscheu und Verachtung von unserer Gewaltherrschaft und unserer Torheit, vielleicht auch mit Erstaunen. Fast alle ausländischen Minister tun es ebenso wie die französischen Minister. Statt mich gekränkt zu fühlen, wie ich es meist bin, wenn man mein Land angreift, ist es ein Trost für mich, daß meine Gefühle, obwohl sie nur wenige Anhänger in England haben, von der übrigen Welt geteilt und bestätigt werden. Bei uns ist das Volk verblendet; was müßten wir von uns selbst denken, wenn die Franzosen ihr Mißfallen an unserer Gewaltherrschaft zeigen? Ich versichere Ihnen, daß diese Nation und ihr König den edelsten Grundsätzen zu huldigen scheinen . . .«

Franklin wußte das sehr wohl, es war sein bestes Werkzeug, und er versäumte nicht, diese günstigen Stimmungen noch anzustacheln. Das war nicht immer leicht in diesem Jahr 1777, in dem das Waffenglück für die Aufständischen oft ungünstig war. Im Februar und April jedoch ging in Paris das Gerücht von großen Erfolgen der Amerikaner; das Publikum sah Stormont schon nach London abgereist und den Krieg erklärt. Man war aber noch nicht so weit. Anfang 1777 schickte Beaumarchais drei Schiffe mit Vorräten, neun andere folgten im September des gleichen Jahres. Das Ministerium ließ sich lange nötigen, mehr zu bewilligen, und England drohte.

Franklin verdoppelte daher seine Geschicklichkeit. Er knüpfte Verbindungen mit seiner Nachbarin, Mme. Helvetius, an, einer Witwe, die jetzt alt, aber immer noch reizend war. Sie empfing in ihrem freigebigen Hause die einflußreichsten Philosophen, die reichsten Finanzleute, alles alte Freunde ihres Gatten, aber auch »les jeunes agréables«, das heißt die vornehmen jungen Leute, denn sie hatte hübsche Töchter, die mit reicher Mitgift versehen und sehr in Mode waren. Franklin machte ihr so beharrlich den Hof und wurde von ihr so gut aufgenommen, daß er König dieses Salons wurde (deshalb mißfiel er dem ältesten Freunde der Mme. Helvetius, ihrem einstmals abgewiesenen, aber niemals entmutigten Verehrer, M. Turgot).

Das ehrgeizige Herz Franklins begnügte sich nicht mit dieser Eroberung, die für die Vereinigten Staaten so nützlich war; er nistete sich auch in der Häuslichkeit und in den Gefühlen der Mme. Brillon de Jouy ein, der jungen und reizenden Frau eines Finanzmannes. Er hatte Freundinnen aller Art: Herzoginnen wie Mme. d'Enville, Marquisen und junge Frauen wie Mme. de La Fayette. Er verkehrte auch mit Bürgerinnen wie jener Mme. Le Roy, die er »seine kleine Taschenfrau« nannte, und mit Hoheiten wie der Herzogin von Bourbon. Im Palais-Royal war er gut angeschrieben, und er ließ sich in die einflußreichste Loge von Paris aufnehmen, die Loge der Neuf-Sœurs. Alles dieses tat er zugleich zu seinem Vergnügen und für sein Land. Wenn er offenbar versuchte, Ludwig XVI. und Vergennes in einen schrecklichen Krieg hineinzuziehen, so bemühte er sich auch gleichzeitig, die öffentliche Meinung darauf vorzubereiten und Ludwig XVI. in allem zu unterstützen, denn er wurde nie müde, sein Lob zu singen.

Gute Absichten lassen sich nie leicht verwirklichen. Das zeigte sich, als Ludwig XVI. einen von Turgot ausgearbeiteten Plan wieder aufnahm und einen Erlaß ankündigte, der das elende Los der ehemaligen Jesuiten erleichtern sollte.

Leider erfuhr der Graf Aranda davon, und dieser tugendhafte Diplomat, dessen Meisterstück die Vertreibung der Jesuiten gewesen war, alarmierte die Hitzköpfe des Parlaments, was zur Folge hatte, daß die ungestümsten Jansenisten dieser Körperschaft, geführt von Duval d'Espréménil, gegen den Erlaß des Königs zu Felde zogen und ihn verhunzten.

Ludwig XVI. geriet in heftigen Zorn, als man es ihm mitteilte. Er schalt Orléans, dessen Hand er in all dem vermutete, tüchtig aus, und dieser ging recht kleinlaut fort. Der König sprach energisch mit dem Justizminister, der den Erlaß so wiederherstellte, wie er gewesen war, und ihn unverändert registrieren ließ. In dieser Sache bewies der König Festigkeit: sie lag ihm am Herzen, weil sie einer grausamen Ungerechtigkeit ein Ende machte.

Aber man kann nicht ununterbrochen erzürnt sein und auch nicht alles selbst in Ordnung bringen. Wenn man aus der Gelegenheit, die der Krieg in Amerika, wie es schien, Frankreich bieten könnte, Nutzen ziehen wollte, so brauchte man Geld, viel Geld, und mußte vermeiden, eine große Finanzreform zu beginnen, die das Parlament dann doch mit Vergnügen zerstören würde. Seit dem Mißerfolg Turgots war diese Frage in der Schwebe geblieben. Nun hatte man zwei sachverständige Männer ernannt, Taboureau zum Finanzminister und Necker zum Leiter des Schatzamtes. Dies schien vernünftig, weil Necker als Bankier und Genfer sowohl dem Lande wie auch Verwaltungsdingen fernstand und daher, so sachverständig er auch sein mochte, für den Posten eines Ministers nicht in Frage kam, und Taboureau des Réaux, der ehemalige Intendant von Flandern, ein würdiger, sehr ehrenwerter und sehr sachverständiger Mann war, der für die Stelle paßte, ihr aber nicht gewachsen war. Leider vertrugen sich die beiden in keiner Weise. Taboureau fand, daß er sich faktisch Necker, der eigentlich sein Untergebener war, unterordnen mußte, und das machte die Arbeit unmöglich. Er reichte seine Entlassung ein »zum Wohle des Dienstes« ... und »für seinen persönlichen Frieden«.

Der glückhafte König

Das gefiel Necker. Jaqcues Necker war ein Mann von fünfundvierzig Jahren, groß und kräftig. Er hatte ganz bescheiden als Angestellter der Bank Thélusson in Paris angefangen, hatte aber dort solchen Erfolg gehabt, daß er Teilhaber und die Seele des Betriebes wurde. Er verdiente viel Geld, und mit dem Geld kam auch eine Frau, jung, hübsch und Schweizerin wie er, aber noch ehrgeiziger; sie zweifelte nicht an dem Genie ihres Mannes, da er ja ihr Mann war. Das Ergebnis war ein prächtiges Palais mit betreßten Dienern, Gemälden, einem berühmten Koch und Gastmählern für Philosophen und Schriftsteller und nach und nach auch für die großen Herren, denn alle hatten Geld nötig!

Man behauptete, der Korrespondent des Königs, Pezay, habe von der Freigebigkeit Neckers viel Nutzen gehabt und sei daher für ihn beim König eingetreten; auch Maurepas unterstützte ihn. Jedoch Necker, der als Protestant nicht berechtigt war, den Eid zu leisten, konnte nicht Minister werden; er begnügte sich mit dem Titel eines Generaldirektors der Finanzen, lehnte aber sowohl die Ehren wie auch das Gehalt, die mit diesem Posten verbunden waren, ab. Das Publikum war geblendet. Ein Höfling murmelte: »Nichts ist teurer als die Diener, die keine Bezahlung annehmen.« Aber der König wollte Ruhe im Lande und gesicherte Einkünfte und nahm daher Necker, der ihm beides verbürgte. Im Augenblick konnte man nichts Besseres tun, und Ludwig XVI. nahm, nachdem er den Jesuiten geholfen hatte, keinen Anstand, einen Protestanten zum Finanzminister zu haben, wenn er nur etwas von seinem Beruf verstand und dem Lande das Geld verschaffte, das es nötig hatte.

Jeder muß seine Pflicht tun. Ein königliches Ehepaar muß Kinder haben. In diesem Jahr 1777 wurden die Angriffe gegen den König und seine Impotenz immer beleidigender und schmutziger. Man mußte einen gewissen Cahouet (Zahlmeister der Gehälter des Königlichen Haushalts) verhaften, weil er seine niederträchtige Schmähschrift »Die Kokette und der Impotente« verbreitete; eine andere, noch gemeinere mit dem Titel »Die Brille« lief in der Hauptstadt um. Das Volk war darüber entrüstet, aber es las sie und warf der Regierung vor, daß sie solchen Schmutz duldete. Um dem ein Ende zu setzen, war es das beste, ein Kind zu bekommen. Seit dem 20. Juli 1777 konnte der König Hoffnung darauf haben.

Die Königin, berauscht von diesem Ereignis, dem sie so lange aus dem Wege gegangen war, schrieb an ihre Mutter: »Meine liebe Mutter, Vergennes läßt mir sagen, daß er den Kurier von Breteuil abgehen läßt.

Das ist eine glückliche Gelegenheit für mich. Ich empfinde ein Glück, das für mein ganzes Leben das Wichtigste ist. Es ist schon mehr als acht Tage her, daß unsere Ehe wirklich vollzogen ist; der Versuch ist wiederholt worden und gestern noch vollständiger als beim ersten Mal... Ich glaube nicht, daß ich schon schwanger bin, aber wenigstens habe ich die Hoffnung, es jeden Augenblick sein zu können...« Von nun an wünschte sie mit der Heftigkeit, die ihr der Wunsch einflößte, eigene Kinder zu haben, wirklich Königin zu sein und diese dumme Person, Mme. d'Artois, auf den ihr gebührenden Platz zu verweisen.

Joseph II. hatte es verstanden, sich an ihren Stolz zu wenden; es war ihm geglückt. Aber sie hatte um so mehr Eile, zum Ergebnis zu gelangen, je weniger ihr der Weg dahin gefiel. Sie scheint des Vergnügens, ihrem Manne beizuwohnen, bald müde geworden zu sein, und es ist offenbar, daß niemand vor ihm sie genügend erregt hatte, um sie ihre Pflicht vergessen zu lassen. Sie war keine kalte Frau, aber sie war gleichgültig. Es hätte nicht viel gefehlt, und sie hätte zu ihrem Mann gesagt: »Tun Sie es, aber tun Sie es schnell!« Vor ihrer kleinen Umgebung, vor engen Vertrauten und vor ihrer bevorzugten Kammerfrau war sie stolz darauf, nunmehr ganz Frau geworden zu sein. Dennoch war sie noch in einer gewissen Verlegenheit; sie hatte sich immer auf eine Mißbildung ihres Gatten berufen, um seinen Zustand zu erklären. Nun konnten alle feststellen, daß Ludwig XVI. niemals operiert worden war. Zu keiner Zeit, in der die »Nouvelles à la main« dieses Gerücht verbreitet hatten, hatte er aufgehört, zur Jagd zu gehen; und hierbei hätte es sich um eine Operation gehandelt, die nicht ausgeführt werden kann ohne anschließende zehn bis vierzehn Tage vollkommener Bewegungslosigkeit, um die Fäden herauszuziehen und die Wunde vernarben zu lassen. Die Verleumdung war also offenkundig.

Der König war froh und fand an all diesem ein aufrichtiges Vergnügen. Aber er war von seiner Arbeit so in Anspruch genommen, daß er kaum Zeit fand, die Königin zu sehen. Er hatte nicht einmal die Zeit gefunden, nach Compiègne zu gehen, trotz der Anziehungskraft dieses schönen, wildreichen Waldes; statt dessen unternahm er häufige, längere Reisen nach Choisy und Marly. Die Königin bedauerte das nicht; ihr gefiel es immer besser im »Petit Trianon«, das sie so wie es ihr gefiel hatte einrichten lassen, mit einem Garten und einem Park nach ihrem Geschmack; dort erholte sie sich in kleiner Gesellschaft von der Langeweile der großen Paraden von Versailles. Sie war in die Falle gegangen, die Ludwig XVI. und Maurepas ihr gestellt hatten, und hatte die reizende Yolande de Polastron, Gräfin Polignac, mit ihren Samtaugen, ihren einschmeichelnden Manieren und geheimen, raffinierten Neigungen zur Freundin genommen; sie war ihre neue Favoritin geworden. Sie ließ die Prinzessin von Guémenée und Mme. de Lamballe, die sie langweilten, im Stich und zog sich mit ihr zurück.

Durch diese Vermittelung konnte der König auf seine Frau einen Einfluß ausüben, wie er ihn nie zuvor gehabt hatte, und das erlaubte ihm, für die täglichen Schwierigkeiten einen freieren Kopf zu haben.

Als Marie-Antoinette für das Fest des Heiligen Ludwig ein Fest im »Petit Trianon« für ihn geben wollte, war er mißtrauisch und erkundigte sich erst. Es sollte 800 000 Franken kosten. Er schlug es ihr rundweg ab und widmete die dafür vorgesehene Zeit der Arbeit mit Vergennes, der ihm einen Plan für die Erneuerung des Bündnisses mit den Schweizer Kantonen vorlegte; er wollte diesmal Soldaten aus allen Kantonen bekommen, selbst aus denen, die der »sogenannten reformierten Religion« angehörten. Hierin sah er einen doppelten Vorteil: es ergab eine umfassendere und sicherere Rekrutierung, festigte die Einheit und stärkte die Widerstandsfähigkeit der Schweiz, die für Frankreich wertvoll war, weil sie einen Teil der Ostgrenze schützte.

Alle Kantone hatten unterzeichnet, aber die beiden großen, Zürich und Bern, ließen sich lange nötigen. Joseph II. hatte den glücklichen Gedanken, sich auf der Rückreise nach Bern zu begeben und dort von gewissen Rechten zu sprechen, die er in der Gegend von Basel besäße und die seiner Meinung nach die Kantone nicht genügend beachtet hätten. Das genügte; zwei Monate später unterzeichneten die Berner und Züricher, erschreckt über die österreichischen Absichten, den Vertrag mit Frankreich. Dies war wieder ein Dienst, den Joseph II. seinem Schwager erwiesen hatte. Aber er konnte nicht überall sein.

Manche Schwierigkeiten hörten nicht auf, sich zu verschlimmern, besonders von seiten Englands. Die Engländer hielten die französischen Schiffe an, beschlagnahmten sie oder plünderten sie. Proteste waren vergebens. Als Vergeltung schickte Frankreich Lebensmittel und Waffen nach den Vereinigten Staaten. Stormont suchte Vergennes auf und fragte ihn, ob Frankreich beabsichtige, die Aufständischen in Amerika zu unterstützen. Vergennes antwortete: »Der König von Frankreich kennt kein anderes Ziel, als dem Handel für alle Nationen die Freiheit wiederzugeben.« Schließlich entschloß man sich, im Einverständnis mit den Spaniern Truppen nach den Antillen zu schicken. Als sich Stormont darüber empörte (Juli 1777), erwiderte Vergennes:

»Ihre Zeitungen, Ihre Schmähschriften, Ihre Schwätzer und die unseren wiederholen unaufhörlich, Sie würden, wenn Sie Ihr Amerika nicht zurückgewinnen könnten, über unser Amerika herfallen. Unsere Vorsichtsmaßnahmen werden es vielleicht nicht retten, aber wir hätten getan, was unsere Pflicht war. Im übrigen können und sollen diese Truppen Sie in keiner Weise beunruhigen; sie sind vom Kriegsschauplatz zu weit entfernt, um Sie einen Angriff fürchten zu lassen.« – »Nun gut«, entgegnete Stormont, »aber sie sind recht nahe bei Jamaika.« – »Wenn Sie Befürchtungen für diese Insel hegen, so können Sie beruhigt sein. Wir würden Jamaika nicht annehmen, wenn Sie es uns anböten. Wir wollen das bewahren, was wir besitzen, und wenn wir wirklich Eroberungswahn hätten, so würde uns Ihr Beispiel eine Lehre erteilen.«
So täuschte Vergennes Stormont, indem er ihm immer nur die Wahrheit sagte; deshalb hießen ihn alle diese Männer, die an die Lüge gewöhnt waren, einen Betrüger; solchen Leuten ist die reine Wahrheit immer zuwider, weil die Lüge stets einfacher und wahrscheinlicher ist als die Wahrheit. Ludwig XVI. und Vergennes waren wahrheitsliebend und verschwiegen, und das bildete ein festes Band zwischen ihnen. Sie konnten indessen weder verhindern, daß die in Frankreichs Arsenalen umherschleichenden englischen Spione die im Bau befindlichen Linienschiffe und Fregatten sahen, noch daß die Umgebung der amerikanischen Abgesandten, die von Spitzeln wimmelte, zu einem Mittelpunkt der Indiskretion wurde, trotz Franklins Vorsicht und Scharfsinn. Man konnte nichts dagegen tun. So viele Spione dienten beiden Seiten zu gleicher Zeit, daß man mit dem Vorteil, sich selbst zu unterrichten, lieber den Nachteil in Kauf nahm, daß auch der Gegner unterrichtet wurde. So war es immer gewesen.
Aber die Flotte bereitete sich wenigstens vor; so auch die Armee. Doch der König hatte große Schwierigkeiten. Saint-Germain war ein intelligenter Mensch von hohem moralischem Wert und besaß den gewaltigen Vorzug, die Armeen Mitteleuropas gut zu kennen; sie waren im Jahre 1777 die besten der Welt, am besten ausgebildet, am meisten kriegsgewohnt, und mit ihnen zu kämpfen für die französische Armee am gefährlichsten. Saint-Germain kannte die Taktik der großen Massen, die darin besteht, daß im günstigsten Augenblick die größtmögliche Zahl von Soldaten, die gewohnt und fähig sind, gemeinsam zu kämpfen, an einem Punkt konzentriert wird, um an diesem Punkt den Feind zu überwältigen und dies hiernach auszunutzen. Er bemühte sich, dies zu lehren und die französische Armee zur Ordnung,

Pünktlichkeit und Einheitlichkeit zu erziehen, eine Arbeit, die notwendig geworden war und aus der seine Nachfolger Nutzen ziehen sollten.

Aber er stieß auf alte Traditionen. Die meisten Soldaten schlagen sich ja keineswegs aus Gewinnsucht, sondern aus einer Art von Begeisterung und Nacheiferung. Zum Beispiel ein Mann vom Regiment Flandern oder Artois, der unter der Fahne seines Gebiets kämpft, wird meist begeistert von seinem Regiment sein und seine Ehre besser verteidigen, als ein Soldat des 28. oder 87. Regiments, denn solche anonyme Nummern, wie sie Saint-Germain einführte, sprechen nicht zum Herzen.

Er wollte auch den größten Teil der Truppen des königlichen Hauses abschaffen, eine Kerntruppe von zwölftausend Mann, weil sie zu auffallend und zu kostspielig waren. Jeder Mann kostete zwei Franken täglich (Nahrung, Wohnung, Kleidung und Bewaffnung zusammen). Der König ließ ihn jedoch sein Zerstörungswerk nicht ganz durchführen, denn die Monarchie mußte Paradetruppen und zuverlässige Diener um den König haben. Außerdem, wie Ludwig XVI. zu Saint-Germain gesagt hatte: »In großen Staaten wie dem meinigen bedarf es großer Huldbeweise, um die großen Herren in meinen Dienst zu ziehen und in ihm zu behalten.« Daher widersetzte er sich auch der Aufhebung der hohen Stellen des Generalstabes der Kavallerie; er kannte besser als sein Minister die Gefahr, die darin liegt, diejenigen gegen den Herrscher einzunehmen, die Ansehen und Einfluß im Staat genießen.

Saint-Germain gab ungern nach. Der König ließ ihm jedoch Gerechtigkeit widerfahren und lobte die von ihm ausgeführte Arbeit, alle Truppenkörper wieder in die Hand zu bekommen. Um ihm die Aufgabe zu erleichtern und ihn anzuleiten, gab er ihm den Prinzen von Montbarrey bei, einen alten, hervorragenden Offizier aus dem Siebenjährigen Kriege, einen Verwandten von Maurepas, der mit herzlichem Frohsinn die Schlauheit eines Bewohners der Franche-Comté in sich vereinte. Er sollte Zusammenstöße mit dem Adel und der Generalität vermeiden. Er entledigte sich seiner Aufgabe so gut, daß er nach und nach die Oberhand gewann. Die Krankheiten Saint-Germains und der Ärger darüber, daß er, um sein Programm durchzuführen, sich den anderen Ministern anpassen mußte, führten dazu, ihn zu entmutigen. Er wünschte jedoch, noch einige der Reformen zu verwirklichen, an denen ihm am meisten lag: Schaffung eines militärischen, aus den besten Generalen des Königs gebildeten Rates, Umgestaltung der

Militärlazarette und Neugestaltung der Militärschule. Der erste dieser Pläne sagte Maurepas nicht zu, und er ließ ihn durch die anderen Minister ablehnen, den zweiten ließ man genau durchführen, der dritte brachte Saint-Germain zu Fall.

Saint-Germain, ein ehemaliger Jesuit und sehr frommer Christ, war der Meinung, eine gute Armee könne nur aus guten Christen und Führern gebildet werden, die sich ihrer Pflicht bewußt wären und Achtung vor dem Menschenleben hätten. Er wollte Offiziere haben, die an Gott glaubten; er gestaltete den Gottesdienst im Heere neu und sah eine Militärschule vor, an der die Militärgeistlichen den Haupteinfluß auf die sittliche Bildung der jungen Offiziere hätten. Um nicht Gefahr zu laufen, Salonpriester und philosophische Abbés zu bekommen, wünschte er ehemalige Jesuiten für dieses Amt. Im Jahre 1777 waren die verfolgten und mißhandelten Jesuiten die reinsten unter den Priestern. Saint-Germain glaubte das und Ludwig XVI. wußte es; er billigte diesen Plan seines Ministers. Aber im Staatsrat stand er mit Vergennes allein da. Alle anderen waren von ihren Frauen oder Mätressen, die von ihren philosophischen Freunden belehrt worden waren, gehörig zurechtgewiesen worden und wollten nichts von einer derart geistlich beeinflußten Militärschule hören. Von allen Seiten wurde Saint-Germain kritisiert; es gab nicht eine handgeschriebene Zeitung der Zeit, die ihn nicht beschimpfte, keinen Salon, der ihn nicht verleumdete. Necker beschuldigte ihn, durch seine schlecht ersonnenen Reformen die Ausgaben zu vermehren.

Nach scharfem Kampf wurde der Plan verworfen. Dieser Mißerfolg bestimmte Saint-Germain dazu, abzugehen; er ging ohne Bedauern. Der König bedauerte seinen Weggang um so mehr; trotz allen Verschrobenheiten Saint-Germains achtete er seine Ernsthaftigkeit, seinen Arbeitseifer und die männliche Strenge seines Charakters, die in dieser Umwelt so selten waren. Er hatte seinen Plan für die Militärschule gebilligt, aber er hatte es sich zur Regel gemacht, nicht gegen die einstimmige Meinung der Ratgeber zu handeln, solange er ihnen das einmal geschenkte Vertrauen aufrechterhielt. Anders zu handeln wäre ihm als Anarchie oder Willkürherrschaft erschienen. So gab er nach und ließ Saint-Germain gehen, nicht ohne ihm eine Wohnung im Zeughaus und eine Rente von 50 000 Franken gegeben zu haben. Der verabschiedete Minister ging zufrieden fort, und der König ging sorgenvoll wieder an die Arbeit.

Er ruhte sich kaum aus, bis auf die Fahrt nach Fontainebleau, wohin

Die Finanzminister des Königs:
Charles Alexandre de Calonne (oben)
und Jacques Necker (unten).

Huldigung der Ritter
des Ordens vom Heiligen Geist vor Ludwig XVI.
als Großmeister, Reims 1774.
Gemälde von Gabriel François Doyen (Ausschnitt).

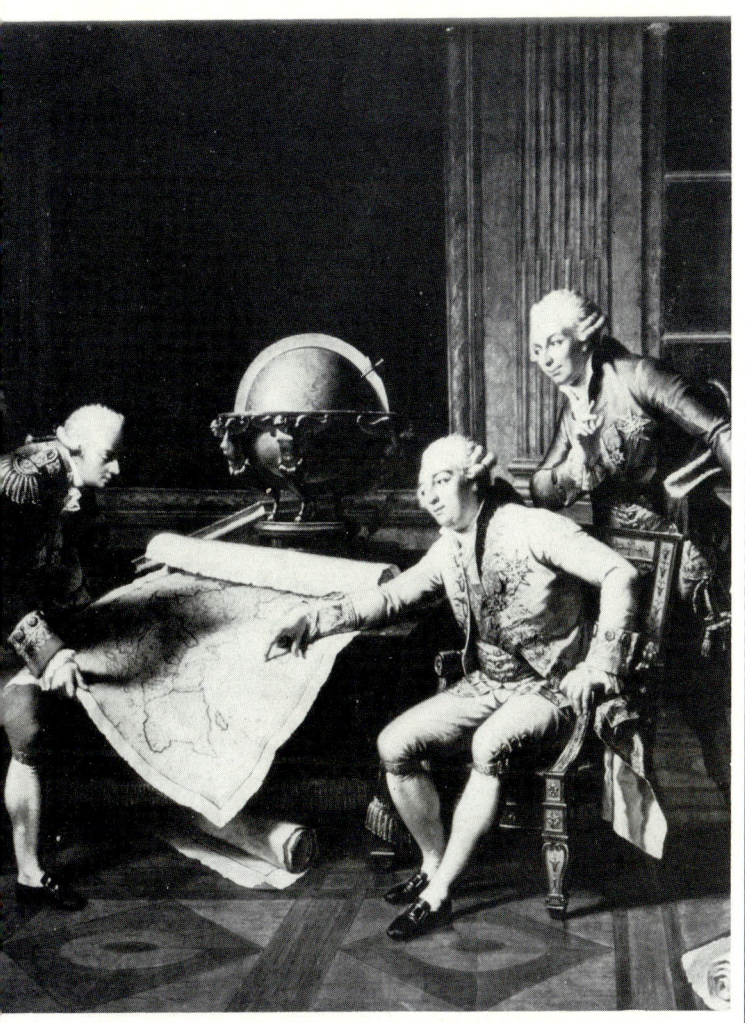

Der König erteilt Jean François Graf von Laperouse
den Auftrag zu einer Entdeckungsreise um die Welt,
die am 1. August 1785 beginnt.
Gemälde von Nicolas Monsiau (Ausschnitt).

Oben: Barras als Mitglied des Direktoriums. Radierung.

Unten:
Der ›Königsmörder‹ Fouché (links).
Punktierstich, um 1810.
Maximilien de Robespierre (rechts).
Zeitgenössische Zeichnung.

sich der Hof am 9. Oktober 1777 begab. Der König fand Freude daran, in diesem großen Walde zu jagen; er liebte den alten, vornehmen Wohnsitz sehr, der für ihn so viele Erinnerungen enthielt. Die Königin langweilte sich, aber sie liebte die Lustspiele, die man dort gab, und nahm die lang dauernden Herbstregen zum Vorwand, um sich zügellos dem Spiel hinzugeben; sie hatte die Ratschläge ihres Bruders vergessen, und niemand hielt sie zurück. Der Abbé Vermond hatte sich geweigert, mitzukommen; als Grund gab er an, er sei doch zu nichts nütze, weil sie auf seine Ratschläge nicht höre. Er konnte es nicht verwinden, sie so intim mit ihrem Gatten zu sehen und empörte sich dagegen. Sie nutzte dies aus, um sich nach Herzenslust dem Vergnügen zu überlassen. Das Pharaospiel, dem sie Abend für Abend widmete, wurde zur Spielhölle. Der König duldete es, weil er kein anderes Mittel sah, seine Frau zu beschäftigen, die weder las noch irgendeine ernsthafte Tätigkeit hatte. Er zog es vor, sie im Spielsaal zu sehen, statt in den Kabinetten der Minister oder bei sich selbst, um zu versuchen, irgendwelche Gunstbezeigungen zu erpressen. So blieb er frei, zu arbeiten und an seine Sorgen zu denken. Eine der empfindlichsten war der Tod Pezays im Herbst 1777. Ludwig gab viel auf diesen Mann, der ihm sagte, was seine Minister ihm verhehlten, und manchmal berechtigte Bemerkungen hinzufügte. Die Minister haßten und belauerten ihn, denn Pezay war so unklug gewesen, seine Rolle ahnen zu lassen.

Noch mehr beklagte er einen anderen Todesfall, auf den man täglich gefaßt war. Der Kurfürst von Bayern lag im Sterben. Man gab ihn schon für tot aus, und Joseph II. sagte ganz laut, er müsse Niederbayern haben; er legte sogar Urkunden aus dem 15. Jahrhundert vor, die ihm nach seiner Angabe Rechte gaben. Der Kurfürst von Sachsen verlangte von Bayern 22 Millionen Gulden an Freigütern, auf die er ein Anrecht zu haben behauptete, weil seine Frau es sagte. Der alte Fuchs in Preußen sagte nichts und hockte in seinem Bau, aber er dachte nicht weniger daran. Ludwig XVI. war über diesen schauerlichen Wirrwarr auf dem laufenden.

Er wußte wohl, daß Joseph II. während seines Pariser Aufenthalts sich über die französisch-spanisch-amerikanischen Verhandlungen unterrichtet hatte und der Ansicht war, Frankreich sei auf dieser Seite zu sehr in Anspruch genommen, als daß es seinen Wünschen, Ratschlägen und Verwahrungen Rechnung tragen könnte. Tatsächlich hatte Ludwig XVI. die beste Zeit des Sommers und Herbstes auch damit verbracht, mit dem König von Spanien Briefe zu wechseln und durch Vermittelung des ersten Beamten des Auswärtigen Amtes, Gérard, mit Franklin zu verhandeln, um die Ansichten der drei Mächte in Einklang zu bringen und ein dreifaches Bündnis zustande zu bringen, das allein England imponieren und durch einen kurzen Krieg den englisch-amerikanischen Streit beenden könnte. Er stellte fest, daß, wenn er einen Schritt vorwärts tat, der Graf von Floride-Blanche zwei Schritte zurückging, und wenn er einen Schritt rückwärts machte, der Graf einen vorwärts machte. Es schien wohl, daß Karl III. den Krieg gegen England wollte, aber er traute Frankreich nicht, dessen Verhalten in den Jahren 1756–1762 er mißbilligte.

Mit Franklin war es eine andere Sache. Franklin, immer geduldig, aber hartnäckig, forderte immer dasselbe: ein Bündnis, Schiffe, um den Amerikanern die Freiheit der Meere zu sichern, und einen sofort in Kraft tretenden Handelsvertrag. Man mochte sagen, was man wollte, sein Land besitze noch nicht genügend Festigkeit, Beständigkeit und Ansehen, um Frankreich zu veranlassen, sich in dieses Abenteuer einzulassen, er sang immer wieder das alte Lied und fügte hinzu: »Wenn ihr euch nicht entschließt, werden wir mit England Frieden schließen.« Darauf versprach ihm Gérard Hilfe, Erleichterungen und Geld; er gab ihm welches, und die Unterhaltung fing von neuem an. Aber man kam zu keinem Ende, und es wurde langweilig. Franklin wurde trotz seiner Philosophie wütend, der König trotz seiner Vorsicht nervös. So stand es mit Franklin, als am 4. Dezember bei Tagesanbruch eine Postkutsche vor seiner Tür anhielt, ein Abgesandter des Kongresses, Jonathan Loring Austin, aus dem Wagen sprang und ihm meldete, daß General Burgoyne und seine ganze Armee, die beste, die die Engländer in Amerika hatten, gefangengenommen worden seien und in Saratoga vor General Horace Gates am 31. Oktober 1777 kapituliert haben. Durch diese Nachricht begeistert, setzte sich der alte Weise zu Tisch; dann verfaßte er eine amtliche Mitteilung und brachte die Nacht damit zu, sie zu vervielfältigen. Ganz früh am anderen Tage verteilten seine Diener und Enkel sie an den Türen aller Botschaften. An Vergennes schickte er eine kurze Mitteilung für den König. Sein Land hatte endlich »Festigkeit«. Die Nachrichten aus London, wo Bestürzung herrschte und alle mit Ausnahme des Königs es für unmöglich hielten, die Amerikaner zu bezwingen, trugen viel dazu bei, Vergennes und Ludwig XVI. zum Entschluß zu bringen.

Franklin atmete auf, weil er annahm, daß er das Spiel gewonnen

hätte; da traf am 5. Dezember 1777 der Bote ein, der den Tod des
Kurfürsten von Bayern (30. November) und die kriegerischen Vorbereitungen Josephs II. für den Einfall in dieses Herzogtum meldete.
Sofort erschallte am Hofe nur ein Schrei: »Krieg!« Die gesamte Jugend
bereitete ihr Gepäck vor und putzte die Waffen. Alle sahen einen
europäischen Krieg voraus. Auch Vergennes fürchtete es; doch das wäre
ein Krieg zuviel.
Der König wollte den Krieg nicht; aber würde er mit diesem Bündnis
– und mit seiner Frau – diesem ungelegen kommenden Krieg ausweichen können?

DER WAGEMUTIGE KÖNIG

Niemals zuvor hatten die alten Höflinge einen friedlicheren Jahresanfang in Versailles gesehen als den von 1778. Alle erwarteten Nachrichten und verhielten sich ganz still.
Vom 5. Januar an kamen die Nachrichten in Menge. Joseph II. zog
eine Armee von zwölftausend Mann zusammen und bereitete sich vor,
Niederbayern zu besetzen, das er soeben durch einen Vertrag mit dem
Pfalzgrafen, dem Erben des Kurfürsten von Bayern, erworben hatte.
Ganz Deutschland war in Bewegung. In Versailles schrieb die Königin an Mme. de Polignac: »Ich fürchte sehr, daß mein Bruder bei einer
Gelegenheit wie dieser dumme Streiche macht«; Mercy war hierüber
sehr verärgert. Die Kaiserin hatte ihm nämlich in ihrem letzten Briefe
geschrieben: »Der Kurfürst von Bayern ist soeben gestorben; ein recht
unheilvolles Ereignis, das nicht mehr erleben zu müssen ich immer gehofft hatte.« Ludwig XVI. säumte nicht, seiner Frau sogleich energisch
und klar seine Meinung zu sagen, damit es weder Auseinandersetzungen noch Beschuldigungen gäbe: »Der Ehrgeiz Ihrer Verwandten
wird alles umwälzen! Sie haben mit Polen begonnen; Bayern wird
jetzt als zweites darankommen. Das tut mir Ihretwegen leid«. Das
war klar genug, und niemand konnte sich darüber täuschen, nicht einmal die, die den König von Frankreich für einen schwachen und schüchternen Mann hielten.
Er wußte, was er wollte, und hatte darüber so oft mit Vergennes gesprochen, daß sich dieser klar darüber war: »... Ich habe die Königin

über die geringe Begründung, die ich für die Erwerbungen des Hauses Österreich sehe, nicht im unklaren gelassen und ihr gesagt, daß wir keineswegs verpflichtet seien, Österreich bei deren Verteidigung zu helfen.«

Der König wollte Joseph II. nicht helfen, weil er keinen kontinentalen Krieg wünschte. Vergennes und Maurepas waren seiner Meinung, ebenso Necker, alle Minister und das ganze Land. Entgegengesetzt war allerdings die Ansicht der jungen Offiziere, die einen Landkrieg, in dem sie alle Ehren ernten und Beförderungen erlangen konnten, einem Seekriege vorzogen, in dem alle sich in den Garnisonen langweilen, während die Flotte Geld ausgibt und die Seeleute gleichzeitig Ehren, Auszeichnungen und einträgliche Posten an sich raffen. Dieser ganz natürliche Standpunkt war jedoch zu eigennützig, um den Gang der Ereignisse beeinflussen zu können.

Vergennes ließ in Wien sofort durch Breteuil einen kühlen Ton anschlagen und durch die Vertreter Frankreichs in allen Ländern die Mißbilligung der französischen Regierung zum Ausdruck bringen, besonders aber an den Höfen Deutschlands, wo selbstverständlich große Unruhe herrschte und wo folgerichtig jeder, weil er sich bedroht fühlte, sich auf die Seite Preußens schlug, in der Hoffnung, dieses würde Österreich die Stirn bieten.

Eine schlechtere Lage ließ sich kaum denken. Maria-Theresia weinte und tadelte ihren Sohn: »Man hat meinen Plan nicht befolgen wollen, und ich überlasse daher die Ausführung des anderen Planes dem Kaiser und dem Fürsten Kaunitz.« Aber sie tadelte auch ihre Tochter: »Es wäre interessanter... und in dem Augenblick, da der Tod des Kurfürsten von Bayern eine heftige Krise herbeiführt, notwendiger als jemals, daß meine Tochter von ihrem Einfluß auf den König guten Gebrauch macht; aber wie kann man sich Hoffnungen darauf machen, wo sie so tief in ihre leichtsinnigen Streiche und gewohnten Zerstreuungen verstrickt ist?« Trotzdem bemühte sich die Königin, zu gehorchen. Ihr gesunder Menschenverstand gewann die Oberhand, und sie versuchte, ihrer Familie dienlich zu sein. Aber die Sache war schon verloren.

Es war nichts mehr zu ändern: Joseph II. hatte unbesonnen gehandelt. Rußland sah scheelen Auges die Vergrößerung Österreichs. Sachsen war beunruhigt und rief den König von Preußen zu Hilfe. Der Herzog von Zweibrücken, rechtmäßiger Nachfolger des Kurfürsten von der Pfalz, schloß sich Sachsen an. Der König von Sardinien erhob ein

Zetergeschrei, und England war sehr befriedigt, einen weiteren europäischen Konflikt sich vorbereiten zu sehen, der ihm Zeit gäbe, seine aufständischen Untertanen zu erledigen.

In Paris waren Franklin und seine berüchtigten Rebellen emsig tätig, um das Eisen zu schmieden, solange es noch warm war, und der König wie auch das begeisterte Volk stimmten ihm freudig zu; er hatte seit dem Dezember 1777 mit Vergennes gearbeitet, um das französisch-amerikanische Bündnis fertigzustellen.

Leider kam der König aus dem Ärger, der seine Arbeit störte, nicht heraus. Die Dummheit des Grafen von Artois, der immer verliebt und gewöhnlich betrunken war, ließ ihn eine ganze Woche durch Albernheiten verlieren. Es handelte sich um eine hübsche Auvergnerin, Mme. de Canillac, eine frühere Hofdame der Herzogin von Bourbon. Sie war Mätresse des Herzogs von Bourbon geworden, wofür sie die Herzogin, mit diesem »Übereifer« unzufrieden, entlassen hatte.

Am Fastnachtsabend 1778 taumelte Artois, gestützt von Mme. de Canillac, auf dem Opernball umher. Ein Domino ging vorbei, den er als Mme. de Bourbon erkannte; er beleidigte sie. Sie wollte wissen, wer der Flegel war, und hob seine Maske auf. Mit einem Faustschlag zerschlug Artois die Maske und das Gesicht seiner Kusine. Lärm, Aufruhr; man trennte sie.

Man hatte nicht mehr davon gesprochen und Mme. de Bourbon hatte es vergessen, als Artois sich seiner Tat im Salon Polignac rühmte; das Gerede darüber machte am Hof die Runde. Alle Prinzen von Geblüt gerieten in Bewegung. Condé forderte eine drastische Genugtuung. Ludwig XVI. wollte die dumme Angelegenheit unterdrücken. Mme. de Bourbon sollte ihre Heftigkeit und Artois seine Gewalttätigkeit vor ihm bedauern. Artois stotterte irgend etwas. Man verließ das Kabinett wütender als zuvor.

Diesmal ließ sich der Zweikampf, zu dem Artois wenig Lust hatte, nicht umgehen. Bourbon verwundete ihn im Bois de Boulogne an der Schulter. Der Kapitän der Garden, Chevalier de Crussol (den Ludwig XVI. für das Leben Artois' verantwortlich gemacht hatte), tat dem Kampf Einhalt. Man umarmte sich; Artois stieg in seinen Wagen und fuhr zu Mme. de Bourbon, um sich zu entschuldigen.

War es hiermit beendet? Monatelang zollte ganz Paris den Bourbons Beifall und ging dem Grafen von Artois aus dem Wege. Wieder ein Erfolg für die Orléans.

Der Zweikampf Artois-Bourbon hatte am 16. März stattgefunden; am 17. morgens sahen die Pariser mit Bestürzung an allen Mauern der Hauptstadt einen vom englischen Botschafter unterzeichneten Anschlag, der seine Abreise ankündigte und mitteilte, jeder, der noch eine Zahlung zu bekommen habe, solle sich unverzüglich, bis spätestens 20. März, dem Tag seiner Abfahrt, bei ihm einfinden. Die Gaffer standen mit offenem Munde vor diesem unerwarteten Ereignis, aber die Schreiber der »Nouvelles à la main« erzählten, am Freitag, dem 13. März, habe der Marquis de Noailles, Botschafter Frankreichs in London, dem König von England eine friedliche, sogar höfliche Note überreicht, um ihm anzukündigen, daß der König von Frankreich einen Freundschafts- und Handelsvertrag mit den Vereinigten Staaten unterzeichnet und diese gleichzeitig als eine freie und unabhängige Macht anerkannt habe. Das Schriftstück ist vom König von Frankreich unterzeichnet und von Vergennes gegengezeichnet, ohne jede Teilnahme Spaniens. Der König von England ist natürlich darüber entrüstet, und die öffentliche Meinung in England scheint zugleich aufgebracht, traurig und außer Fassung zu sein; wie konnte Frankreich es wagen? Hat es seine Niederlagen im Siebenjährigen Krieg vergessen?

Dieses aufsehenerregende Ergebnis verdankte man der Geschicklichkeit Franklins, der Klugheit Vergennes', dem Mut Ludwigs XVI. und auch den Engländern selbst. Sobald die Kapitulation von Saratoga in England bekannt wurde, begriff die Regierung in London, daß etwas getan werden müsse. Sie tat das, was sie niemals hätte tun dürfen: nacheinander schickte sie nach Paris zu Franklin Paul Wentworth, den Chef der englischen Spionage in Paris, dann M. Demptster und Sir Alan Ferguson und schließlich, als das alles nichts nützte, den Baronet Sir Philip Gibbs und den heiligen Mann Hutton, den »Papst« der mährischen Brüder, einen alten Freund Franklins. Alle fragten ihn: »Wie sind Ihre Friedensbedingungen?« Allen antwortete er: »Die Unabhängigkeit.« Und alle, außer Hutton der geduldig war, hoben die Hände zum Himmel und fuhren wieder ab. Waren es vergebliche Schritte? Nicht für Franklin, der dafür sorgte, daß Vergennes davon erfuhr. Daher beschlossen Ludwig XVI. und Vergennes, die die amerikanische Gelegenheit nicht vorübergehen lassen wollten, trotz der bayrischen Angelegenheit, trotz Spaniens Zögern und entgegen der Meinung des Hofes kühn zu handeln. Am 6. Dezember 1777 sucht Gérard, der erste Beamte des Auswärtigen Amtes, Franklin in Paris auf und legt mit ihm die Grundlagen für einen Bündnis- und Handelsvertrag fest, der am 8. Februar 1778 in Paris im Hause des Auswärtigen Amtes, quai des Théatins, unterzeichnet wird. Es ist der erste von den Vereinigten Staaten unterschriebene internationale Vertrag. Als erster auf dieser Erde hat der Allerchristlichste König die Vereinigten Staaten anerkannt, verhandelt mit ihnen als Gleichberechtigten und erklärt sie zu seinen Verbündeten.

Diese wagemutige Handlung Ludwigs XVI. überrascht jedermann. Sein großer kontinentaler Verbündeter Österreich hat sich soeben in einen Krieg gegen Preußen und seine Satelliten eingelassen; sein großer atlantischer Verbündeter Spanien weigert sich, ihm zu folgen, und er geht vorwärts! Ludwig weiß, daß die einzige Art, Joseph II. zu zeigen, daß sein Übermut nicht imponiert, die Tat ist, und daß man Spanien nur mitreißt, wenn man ihm weit genug vorausgeht.

Die Kühnheit des Königs, wie sie jeder Mann der Tat gezeigt hätte, trägt den Stempel seiner Persönlichkeit. Ein Anmaßender hätte England ohne weiteres angegriffen, so wie England selbst es 1755 getan hatte; ein Schlaukopf hätte nichts gesagt und auf der Lauer gelegen. Ludwig XVI. unterzeichnet den amerikanischen Vertrag, setzt Karl III. in Kenntnis, sagt ihm, er könne sich ihm anschließen, wenn er wolle, und dann benachrichtigt er höflich England, ohne Schärfe oder Drohungen, wie ein ehrenwerter Mann, der seiner selbst und seines Gewissens sicher ist. Manche in Frankreich tadeln ihn; die Franzosen sind so intelligent, daß sie sich selten die Zeit nehmen, zu begreifen!

Aber die in den Vereinigten Staaten hervorgerufene moralische Wirkung ist ungeheuer. Wenn man sich Verbündete sichern will, so kann nichts Besseres ersonnen werden. In Europa hält man Ludwig XVI. für recht naiv oder für recht stark, daß er seine Karten so aufdeckt und England die Initiative überläßt, anzugreifen oder abzuwarten. Man denkt an Fontenoy*: »Meine Herren Engländer, schießen Sie zuerst!«

Um seinen Entschluß zu bekräftigen, ließ sich der König Franklin und seine Mitarbeiter vorstellen. Man hatte viel darüber beraten, wie das Protokoll zu gestalten sei, aber Franklin findet, nachdem er versucht hat, eine vorschriftsmäßige Perücke aufzusetzen, daß sein Kopf nicht hineinpaßt. Seine Bewunderinnen riefen: »Er hat einen dicken Kopf, und einen großen Kopf!« Er geht also nach Versailles so, wie

---

* Fontenoy, belgisches Dorf. Siegreiche Schlacht gegen die Engländer und Holländer am 11. Mai 1745. (Anmerkung des Übersetzers.)

man ihn immer sah: Anzug von dunkelbraunem Samt, Brille auf der Nase, graue Strümpfe, kleinen grauen Hut unter dem Arm, ungepudert und ohne Degen und Perücke.

So stellte er sich in Versailles dem König bei der Morgenaufwartung vor, inmitten einer Schar von begeisterten Höflingen, die murmelten: »Er ist als Quäker gekleidet!« Die vier anderen Vertreter des amerikanischen Kongresses, die ihm folgten, hatten ihren schönsten Staat angelegt und wirkten neben ihm wie seine Diener. Während die Trommeln den Präsentiermarsch schlagen, die königliche Fahne auf dem First sich senkt und das im Hof aufgestellte Hausregiment präsentiert, betreten die Amerikaner, geführt von Vergennes, die große Treppe. Oben öffnen sich die beiden Flügel der großen Tür zu den Gemächern des Königs vor ihnen, und der Major der Schweizergarde meldet: »Die Botschafter der dreizehn Vereinigten Provinzen.« Sie bahnen sich einen Weg durch das Gewühl der Höflinge und befinden sich dann, Tränen in den Augen, so sehr sind sie bewegt, vor dem König, der sie anredet: »Meine Herren, ich hoffe, daß dies zum Wohl der beiden Nationen geschieht; ich wünsche, daß Sie den Kongreß meiner Freundschaft versichern. Ich bitte Sie auch, ihn wissen zu lassen, daß ich mit Ihrem Verhalten während Ihres Aufenthaltes in meinem Königreich sehr zufrieden bin.« Hierauf kehrten sie heim, um sich auszuruhen. Der Königin, Monsieur, Madame, der Schwester des Königs, und den Ministern stellten sie sich erst am nächsten Tage vor. Der rednerisch begabte Buchhändler Hardy notiert in seinem »Journal«: »Seine Majestät wußte in der Person Franklins viel mehr das seltene Genie und das außerordentliche Verdienst zu empfangen als den Luxus und den Aufwand, der in unserer Zeit ebenso alltäglich ist, wie er mit den Gaben des Geistes nichts zu schaffen hat. Eripuit coelo fulmen, sceptrumque tyrannis.*« – Der Tyrann ist Georg III., der Engel der Freiheit Ludwig XVI.

Wie alle Engel hat Ludwig XVI. ein schwieriges und sehr tätiges Leben. Der Himmel belohnte ihn für seine Großmut gegenüber den Vereinigten Staaten dadurch, daß er ihm eine Nachkommenschaft gab. Mit einem Triumphschrei schrieb Marie-Antoinette am 19. April 1778 an ihre Mutter: »Madame, meine liebe Mutter, meine erste Regung, der vor acht Tagen nicht gefolgt zu haben ich jetzt bereue, war, meiner lieben Mama von meinen Hoffnungen zu schreiben... Ich

---

* Eripuit... Dem Himmel entriß er den Blitz, den Tyrannen das Zepter. (Anmerkung des Übersetzers.)

glaube gute Gründe zu haben, um Zutrauen dazu fassen zu können.«
Die Königin war wirklich schwanger. Die Freude Ludwigs XVI. schien
unglaublich zu sein, jede seiner Bewegungen verriet es.
Nach so vielen Beleidigungen, Beschimpfungen und Verleumdungen,
die seine Frau ihm eingetragen hatte, gewann Ludwig XVI. nun das
Ansehen wieder, das man ihm schuldete; seine lange Geduld war
belohnt worden. Sein gutes Volk, mit dem ihn ein so tiefes Gefühl
verband, begann ihm Gerechtigkeit widerfahren zu lassen und räumte
ihm wieder den ihm zukommenden Platz ein; denn nach der Meinung
des Volkes war die französische Monarchie ein Bund aller Familien,
die den Boden Frankreichs bearbeiteten und dabei zu Gott beteten und
dem König, ihrem Beschützer, dem Haupt der regierenden Familie,
dienten. Ein König ohne Kind kann kein wahrer König sein, weil für
die Monarchie alles auf der Gewißheit der Fortdauer beruht, so wie
bei anderen Regierungsformen alles auf die im gegebenen Augenblick
entwickelte Geschicklichkeit ankommt. Ludwig XVI. hatte endlich
das Bewußtsein, seine Pflichten gegenüber seinen Vorfahren wie auch
gegen sein Land und die kommenden Generationen zu erfüllen.
Dieses Kind konnte auch seine Mutter retten. Von nun an hatte Marie-
Antoinette die Gelegenheit und das Mittel, wieder zur Besinnung zu
kommen. Dieses Band, das sie mit ihrem Gatten und mit Frankreich
vereinte, konnte aus ihr eine neue Frau machen.
Leider wurde sie von ihrer Familie gequält, die von ihr verlangte,
sie solle Ludwig XVI. dazu bringen, Österreich zu helfen. Maria-
Theresia ließ ihr durch Mercy sagen: »Der König kann eine große
Hilfe für uns sein, wenn er entschlossen die Freundschaft zum Ausdruck bringt, die er für uns und unser Bündnis hegt.« Joseph erging
sich in Wehklagen. Da Friedrich Österreich den Krieg erklärt hatte
und es mit 160 000 Mann bedrohte, schrieb er: »Da Sie den Krieg
nicht verhindern wollen, werden wir uns als tapfere Leute schlagen;
und unter allen Umständen werden Sie, meine liebe Schwester, keinen
Grund haben, sich eines Bruders zu schämen, der immer Ihre Achtung
verdienen wird.«
Die fassungslose Königin konnte ihrerseits nicht weniger tun, als
Ludwig XVI. und Vergennes zu quälen. Joseph, der niemand um Rat
gefragt hatte, bevor er dieses tolle Durcheinander anrichtete, beschuldigte jetzt jedermann und besonders Ludwig XVI.! Diesmal war es
nicht der König von Frankreich, der einen dummen Eindruck machte,
sondern sein erlauchter Verbündeter, der Kaiser von Österreich.

Inzwischen war Ludwigs XVI. Lage recht mißlich geworden. Seine Frau, die durch ihn schwanger war, zitterte für den Bruder, den sie liebte. Ludwig wünschte weder die Niederlage Josephs noch den Verfall des österreichischen Bündnisses, denn dann fiele Österreich sofort in die Arme Englands, und man lief Gefahr, in schreckliche Abenteuer verwickelt zu werden. Die Königin mußte ihr Kind in aller Ruhe bekommen, Joseph mußte die Lehren aus seiner Unvorsichtigkeit ziehen, ohne zu sehr darunter zu leiden und ohne zu viele Federn zu lassen und zu sehr an Ansehen zu verlieren, und schließlich durfte England nicht die Gelegenheit haben, daß in Deutschland ein Krieg ausbräche, der Frankreich von seiner wirklichen Aufgabe abbringen müßte. Das war eine heikle Aufgabe, aber der König meinte sie zu einem guten Ende bringen zu können.

Er mußte die Königin beständig überwachen. Der Ruhm Voltaires, für den ganz Paris schwärmte, raubte ihr den Schlaf. Sie wollte Voltaire empfangen, wenigstens bei sich und in aller Verschwiegenheit, wenn es der König nicht tun wollte. Aber der König wollte auch das nicht. Sie dachte sich eine List aus, nämlich ins Theater zu gehen und sich Voltaire dort heimlich vorstellen zu lassen. Der König erfuhr es und schickte ein sehr energisches Schreiben in ihre Loge. Sie war darüber untröstlich, ebenso Voltaire, der Versailles und diesen volkstümlichen König sehen wollte. Aber Ludwig XVI. lehnte es ab. Jedoch ermächtigte er M. d'Angivilliers, bei Pigalle eine Statue Voltaires zu bestellen. Dieser benutzte es, um folgenden Sechszeiler auf Pigalle zu verfassen:

> Le Roi connaît votre talent:
> Dans le petit et dans le grand
> Vous produisez œuvre parfaite.
> Aujourd'hui, contraste nouveau!
> Il veut que votre heureux ciseau
> Du héros descende au trompette!

Auf solche Weise reihte Voltaire mit einem Lächeln Ludwig XVI. in seine Truppen ein, und der König konnte sich nicht enthalten, ebenfalls zu lächeln. Er hatte es zugleich vermieden, dem gottlosen Philosophen öffentlich zu huldigen und den Haß des giftigsten Pamphletschreibers dieses ganzen unverschämten Jahrhunderts auf sich zu ziehen.

Von Voltaire befreit, hatte er nun noch die Königin zu verwöhnen und zu leiten. Ihr Zustand ermüdete sie, und sie langweilte sich. Die Abwesenheit Vermonds (der über das kommende Kind unwillig war) machte sie fügsamer; sie hatte das Tanzen, die Besuche von Paris und das Billardspiel aufgegeben. Um die Langeweile zu vertreiben, sang sie, ließ sich Musik vorspielen oder plauderte mit ihren Günstlingen. Ihrem Gatten gegenüber kam Marie-Antoinette wieder auf die bayrische Angelegenheit zurück. Die preußischen und österreichischen Heere standen einander in Böhmen gegenüber, ohne sich in Gefechte einzulassen. Friedrich besetzte das Gebiet von Böhmen und Schlesien, reiche Länder, die er plünderte.

Joseph II. war darüber bekümmert. Er ärgerte sich über den Ton des französischen Botschafters in Wien und der französischen Diplomaten in Deutschland, die alle sagten: »Diese Angelegenheit geht Frankreich in keiner Weise an.« Er war beunruhigt über die Annäherungsversuche Friedrichs II. in Versailles, obwohl Ludwig XVI. dem Botschafter Preußens, dem Grafen von der Goltz, hatte antworten lassen: »Ich will mich nicht in die Angelegenheiten Ihres Herrn mischen.« Vor dieser Entschlossenheit des Königs wandte sich die Königin an Maurepas und Vergennes, die ihr auswichen. Da sie bei ihnen nichts erreichte, kam sie in Tränen wieder zum König.

Sie verlangte, er solle seine Minister zu einer Haltung zwingen, die dem Bündnis besser entspräche. Er wiederholte ihr die Beschlüsse des Staatsrates: »Der von Österreich geforderte Teil Bayerns wie auch seine Neuerwerbungen in Polen können nicht in die durch den Bündnisvertrag garantierten Besitzungen einbegriffen werden. Wenn aber Preußen die österreichischen Niederlande angreife, so werde Frankreich sie verteidigen." Sie mußte sich mit dieser Antwort zufriedengeben, denn er wollte nicht mehr darüber sagen. Er beherrschte sie und erinnerte sich an die Ratschläge Josephs, fest zu bleiben; als dieser sie gab, war er weit davon entfernt, anzunehmen, daß sie eines Tages Ludwig XVI. so gelegen kommen könnten, und ihm helfen würden, seinen Forderungen Widerstand zu leisten! Dieser Besuch des Schwagers war ohne Frage nützlich gewesen.

Es gibt auch nützliche Gegner, und zwar häufiger, als man denkt; es gibt nützliche Freunde, doch nicht so häufig, wie man glaubt, aber Franklin gehörte sicherlich zu den letzteren.

In diesen so heiklen Anfängen eines engen Bündnisses zwischen der ältesten katholischen Monarchie der Alten Welt und der jüngsten protestantischen Republik der Neuen Welt konnte der geringste Fehltritt alles verderben, und man streifte jeden Augenblick den verhängnisvollen Irrtum. Seit ihrer Gründung hatten die englischen Kolonien in Amerika Frankreich als ihren Hauptfeind betrachtet und den König von Frankreich als das Apokalyptische Tier (wofern dies nicht der Papst war, aber in diesem Falle war der König von Frankreich jenes gekrönte Haupt, das auf alten Miniaturen das Apokalyptische Tier auf dem Schwanz trägt). Um dieses Bündnis durchführen zu können, mußte man dieses Volk und seine Regierenden versöhnen. Der Kongreß, der zum großen Teil aus Kaufleuten bestand, war wohlgeneigt; sie rechneten damit, daß Frankreich ihren Handel fördern und neues Geld ins Land bringen werde. Dies war eines der ersten Ersuchen Franklins, und nach dieser Seite hin verbürgte die Freigebigkeit Ludwigs XVI. dem Bündnis eine sichere Zukunft. Aber die nach englischem Recht ausgebildeten Rechtsgelehrten, die antikatholischen Pastoren, die von der Überlegenheit des Englischen überzeugten Schullehrer und schließlich die Offiziere, die von 1700 bis 1763 gegen die französischen Kolonisten gekämpft hatten, blieben störrisch.

Was war vor allem von diesem Oberst Washington zu erwarten, der im Siebenjährigen Kriege zu den Schuldigen gehörte, die mitten im Frieden den Kommandanten eines französischen Forts, Jumonville, hatten ermorden lassen? Jetzt war er Oberkommandierender der amerikanischen Armee. In Versailles war man über seine Haltung beunruhigt, doch zu Unrecht. Als gutem Soldaten lag Washington daran, diesen Krieg gegen die Engländer zu gewinnen, so wie ihm daran gelegen gewesen war, den vorhergehenden gegen die Franzosen zu gewinnen.

Außerdem hatte das Schicksal die Gewogenheit gehabt, ihm den jungen Marquis de La Fayette beizugeben, der sich dort sehr gut und sehr geschickt verhielt. La Fayette, Vergennes und Ludwig XVI. sahen voraus, welche Haltung man einzunehmen hatte: eine schlichte, ehrliche und aufrichtige Haltung diente dem Bündnis besser als jede List, weil sie die Amerikaner mit Frankreich versöhnte. Die Wartezeit und die englischen Intrigen machten eine solche Haltung notwendig. Karl III. war im letzten Augenblick zurückgewichen, weil Floride-Blanche Aranda, der zum Kriege trieb, haßte, weil sich der König an die Ungeschicklichkeit Choiseuls in den Jahren 1756 bis 1762 erinnerte, weil die Flotte nicht bereit war und man einen Geleitzug aus Amerika erwartete, weil man die Aufständischen fürchtete und vor allem, weil Spanien nicht gedrängt werden wollte.

So sah sich Ludwig XVI. in die Arme der Amerikaner, deren einziger Verbündeter er war, getrieben. Um keinen Preis durfte man zulassen, daß sich die Amerikaner wieder zurückzogen. Nun hatte Lord North, der Premierminister Georgs III., sobald Saratoga und das französisch-amerikanische Bündnis bekannt wurden, im Parlament eine Gesetzesvorlage annehmen lassen, die ihm erlaubte, mit den Aufständischen neue Verhandlungen auf einer günstigeren und mehr entgegenkommenden Grundlage aufzunehmen. Gleichzeitig schickte er seinen Freund und Bankier William Pulteney, den Abgeordneten für Shrewsbury, nach Paris, um Franklin zu bedrängen, damit er im voraus die Friedens- und Versöhnungsangebote billigte, die die englischen Kommissare im Namen des Parlaments und des Königs nach Amerika bringen sollten.

Aber Franklin unterrichtete Vergennes davon und sagte zu Pulteney: »Erkennen Sie die Unabhängigkeit an? Nein? Nun gut, dann ist es zwecklos, weiterzureden.« Hierauf verabschiedete er ihn, so wie er auch den von George Hammond begleiteten Abgeordneten Hartley verabschiedete, die beide unablässig um seine Friedensvermittlung baten und sogar so weit gingen, ihm einen Dreibund vorzuschlagen; ebenso verabschiedete er Charles von Weißenstein, der eine englisch-amerikanische Versöhnung anregte mit der Schaffung von amerikanischen Pairs, zu denen Franklin und Washington gehören sollten.

Alles dies geschah ohne Gefahr, denn Franklin hielt treu zu seinem Lande und zu Frankreich. Er empfand für den König ein Gefühl persönlicher Achtung und Dankbarkeit und für Vergennes eine wirkliche Freundschaft, die dieser erwiderte. Ohne das wären die beiden Männer, die Hauptstützen des Bündnisses, wahnsinnig geworden, so sehr verwirrten sich die zu behandelnden Probleme. Man mußte mit den Launen der Menschen rechnen, mit der Veränderung der Winde, dem Kurs des Geldes – alles Dinge, von denen man sagen konnte, eines sei unbeständiger als das andere. Jedoch, es fing gut an. Die Engländer beriefen ihren Botschafter ab, der des Königs ging nach Paris zurück, und die meisten Franzosen kehrten, ohne daß eine allgemeine Maßnahme getroffen wurde, aus England heim.

Noch gab es weder Feindseligkeiten noch eine Kriegserklärung. Aber man neckte sich. Die Engländer beschlagnahmten französische Schiffe, die sie des Schmuggels beschuldigten; sie hielten andere Schiffe an, die sich weigerten, sich durchsuchen zu lassen, wie es La Motte-Picquet am 10. März geschah. Er antwortete den Engländern durch eine Breitseite seiner Kanonen, worauf die anderen von ihm abließen. Man mußte jetzt umfassendere Vorsichtsmaßnahmen treffen: der König ließ in Toulon ein Geschwader ausrüsten, das unter dem Kommando des Grafen d'Estaing den zum bevollmächtigten Minister des Königs in Philadelphia ernannten M. Gérard nach Amerika bringen und gegebenenfalls den französischen Antillen die notwendige Hilfe leisten sollte.

D'Estaing fuhr mit versiegelten Befehlen ab, die er erst nach seiner Abfahrt öffnen durfte. So erfuhr er erst auf hoher See, nach Durchfahrt durch die Meerenge von Gibraltar, wer Gérard in Wirklichkeit war, und daß er den ersten französischen Diplomaten nach Amerika brachte. Seine Flotte bestand aus zwölf größeren Kriegsschiffen und fünf Fregatten in ausgezeichnetem Zustande. Eine schönere Flotte fuhr nicht auf dem Ozean.

Wie die Wellen des Meeres, wenn sie nicht in einer Richtung laufen und mit jedem Winde wechseln, blieben die Ereignisse ungewiß; der König von Frankreich erklärte, er wolle keinen Krieg, der König von England gab seinem Parlament bekannt, er könne nicht die Verantwortung, einen Krieg zu beginnen, auf sich nehmen, der König von Spanien versicherte, er würde warten... Ebenso warteten alle Völker.

*

Am 22. Juni 1778 nahm das Warten ein Ende. In Versailles trafen in gestrecktem Galopp drei Kuriere ein: d'Estaing ließ den König wissen, daß er sich am 20. Mai auf dem 34. Breitengrade befunden habe und daß alles gut ginge. Der drei Wochen lang sehr besorgte König atmete auf, Sartine warf sich in die Brust. Der König von Spanien hatte dem französischen Botschafter Montmorin sagen lassen, er sei bereit, zu handeln, wenn der König von Frankreich es wolle und wenn seine Galionen angekommen wären; diese wurden in Cádiz jeden Augenblick erwartet.

Der dritte Kurier kam aus Brest und meldete, die Fregatte »La Belle Poule« unter Kapitän M. de La Clochetterie hätte eine englische Flotte beobachtet, die vor den Küsten der Bretagne kreuzte, und eine englische Fregatte habe sich ihr genähert. Nachdem sie sich erkundigt habe, zu welcher Nation das Schiff gehöre, habe sie dem französischen Kapitän befohlen, er solle mit dem Admiral sprechen. La Clochetterie anwortete, er habe keinen Befehl von seinem Hofe in dieser Hinsicht und könne daher der Aufforderung nicht Folge leisten. Auf diese Antwort hin schoß die englische Fregatte ihre ganze Breitseite auf die »Belle-Poule« ab, und der Kampf entbrannte, beinahe auf Pistolenschußweite. Er dauerte fünf Stunden; bei Einbruch der Nacht drehte der Engländer ab und floh in Richtung auf seine Flotte, ohne auf die fünfzig Kanonenschüsse zu antworten, die die »Belle-Poule« noch auf sein Heck abgab. An Bord der »Belle-Poule« war die Hälfte der Besatzung tot oder verwundet. Das durchlöcherte Schiff mußte sich an der bretonischen Küste auf Strand setzen. Der Engländer war außer Gefecht gesetzt.

Die Nachricht schlug in Versailles wie ein Blitz ein; von einem Ende des Schlosses bis zum anderen, in den Salons, in der Galerie und im Œil-de-Bœuf hörte man nur einen Schrei: »Krieg! Krieg!« Vergebens behauptete Maurepas, es handle sich nur um einen nebensächlichen Zwischenfall auf dem Meere: die Ereignisse der nächsten Tage zeigten, daß der Krieg begonnen hatte. Keppel nahm zwei Fregatten und einen französischen Lugger, denen er mit seiner Flotte begegnete. Sogleich befahl der König der Flotte von Brest, unter Segel zu gehen. Die zweiunddreißig Schiffe der großen Flotte Orvilliers' lagen nur noch vor einem Anker, ganz nahe der Hafeneinfahrt; sie machten sich ohne Verzug segelfertig. Am 8. Juli 1778 fuhr die Flotte aus. So entspann sich ein neuer Kampf. Seit mehr als zwei Jahren hatten der König und seine Minister ihn vorbereitet; man war also nicht unvorbereitet wie 1755. Die französische Flotte zählte zweihundertvierundsechzig Kriegsschiffe, davon achtundsiebzig Linienschiffe, statt fünfundzwanzig Schiffe und Fregatten, über die Ludwig XV. im Jahre 1756 verfügte. Im Jahre 1778 gab Frankreich für die Flotte 101 153 000 Franken aus. Es besaß gut ausgebildete Mannschaften und die besten technischen Dienste der Welt, denn Ludwig XVI. interessierte sich dafür und Sartine versäumte nichts. Man verdankte viel den Arbeiten der Marineakademie. Niemals besaß das Königreich ein schöneres Werkzeug in besseren Händen.

Ludwig XVI. war entschlossen, dieses Personal und Material mit Energie zu verwenden und sich von nichts und von niemand von der Sorge um den Sieg ablenken zu lassen. Mittlerweile war Friedrich II. am 5. Juli in Böhmen eingefallen, und Maria-Theresia weinte; Marie-Antoinette vergoß Ströme von Tränen. Doch der König wiederholte seiner Frau, daß er nie wegen Böhmen Krieg führen werde, und Vergennes versicherte dem König, es werde gelingen, diese Angelegenheit zu regeln, »falls man sie reifen lasse«.

Es ist nicht leicht, eine Sache reifen zu lassen, die die Gattin außer Fassung bringt und die Leidenschaften um einen herum entfesselt. Es war Sommer; der König hatte sich die Reise nach Compiègne aus Sparsamkeit versagt, und der Hof briet in der Hitze von Marly und dann im Backofen von Versailles. Um sich zu zerstreuen, erörterte man leidenschaftlich die Ereignisse der beiden Kriege.

Endlich, am 27. Juli um elf Uhr vormittags, trafen die beiden Flotten zwanzig Meilen von Ouessant aufeinander. Die Kanonade war heftig; die englische Linie begann, sich zurückzuziehen, aber Orvilliers, durch den hohen Seegang behindert, wollte mit den noch nicht kriegsgeübten Besatzungen nicht alles wagen und nutzte dies nicht aus. Der Artilleriekampf dauerte von elf Uhr morgens bis fünf Uhr nachmittags; die Engländer, die zu hoch in die Masten schossen, richteten auf den französischen Schiffen wenig Schaden an, während die englischen Schiffe Treffer in den Rumpf ihrer Fahrzeuge erhielten; dies lag an der Verschiedenheit des in dem einen und anderen Lande üblichen Schießverfahrens: die Engländer versuchten, die Schiffe zu nehmen, die Franzosen, sie zu zerstören.

Sobald die Dunkelheit gekommen war, entzog sich die englische Flotte dem Kampf, während Orvilliers' Flotte, alle Lichter brennend, die Nacht an Ort und Stelle verbrachte, in der Hoffnung auf eine Fortsetzung des Kampfes am anderen Tage. Der Kampf fand nicht statt. Die Flotte kehrte in guter Ordnung und guten Mutes nach Brest zurück. Siebenundzwanzig französische Schiffe mit neunzehnhundertvierunddreißig Kanonen hatten dreißig englische Schiffe mit zweitausendsiebenhundertachtundsiebzig Kanonen beherrscht. Orvilliers brachte hundertsechsundzwanzig Tote und vierhundertdreizehn Verwundete zurück, Keppel vierhundertsieben Tote und siebenhundertneunundachtzig Verwundete.

Nach so vielen Niederlagen, Mißerfolgen und Kränkungen während des Siebenjährigen Krieges begeisterte diese glückliche Begegnung mit der großen englischen Flotte die Nation. Allerdings grollte Sartine Orvilliers, weil er nicht weit genug vorgestoßen sei, um einen Sieg zu erringen, doch Ludwig XVI. erkannte die Klugheit des Admirals an, der dafür sorgte, zunächst seine Mannschaften an den Krieg zu gewöhnen, bevor er eine Seeschlacht wagte, bei der man alles verlieren konnte.

Die französische Überlegenheit wurde bald bestätigt, als man erfuhr, daß die englische Admiralität den Admiral Keppel wegen seines Verhaltens bei Ouessant vor Gericht gestellt habe.

In diesem heißen Sommer tauchten überall Gefahren auf, und der König mußte sich nach allen Seiten verteidigen; die Nachrichten trafen so langsam ein und waren – wenn überhaupt welche kamen – so unklar und einander widersprechend, daß nur eine Engelsgeduld daran hindern konnte, toll zu werden, nur Schlangenklugheit es ermöglichte, auf die im Fluß befindlichen Ereignisse einzuwirken. Die nach Brest zurückgekehrte Flotte stellte ihr Segelwerk wieder her und unternahm dann eine Kreuzfahrt im Ärmelkanal, die nicht viel ergab. Man erwartete vergeblich Nachrichten von d'Estaing, der vorsichtig und besorgt darum, das tun zu können, was er wollte, keine Nachrichten nach Versailles sandte, weil er befürchtete, sie könnten aufgefangen und nach London gesandt werden, oder, wenn sie Versailles erreichten, würde man sie ihm mit genaueren Anweisungen wieder zurückschicken.

Aus Amerika wußte man nur, daß der Kongreß soeben mit Begeisterung den Bündnisvertrag mit Frankreich bestätigt hatte und im Begriff war, einen anderen Vertreter nach Europa zu schicken, John Adams, einen Mann von gediegenster Intelligenz, von höchst achtenswertem Charakter, aber von unausstehlichem Temperament. Während dieser Zeit zogen der König und seine Minister eine Landungsarmee zusammen, die England bedrohen und gleichzeitig Frankreichs Küsten bewachen und beschützen sollte.

Ludwig XVI. wählte für das Kommando dieser Armee den Marschall von Broglie, in Erinnerung an die hohe Achtung, die sein Vater für ihn hatte, obwohl Maurepas andere Personen vorgezogen hätte, und trotz den Intrigen der Choiseulclique und dem Widerstreben Vergennes'. Als dies geregelt war, mußte Ludwig XVI. seinen Onkel in Madrid abschütteln; aus Spanien kam beständig aufreizende und sich widersprechende Post. Man konnte noch so viel Depeschen schicken, es nützte nichts. Um alle diese Sorgen zu vergessen, begab sich der König in die Gemächer der Königin oder zum Trianon, wohin sie sich flüchtete, um auszuruhen. Wie dem auch sei, in diesem Sommer wurde kaum Hof gehalten, seit man nicht mehr nach Compiègne ging. Marie-Antoinette schloß sich schläfrig in ihre Gemächer ein oder empfing irgendeinen Favoriten und ging nur abends aus.

Sie nahm die Gewohnheit an, jede Nacht von elf bis drei Uhr morgens auf der Terrasse umherzugehen; die Musiker des königlichen Orchesters

gaben dabei für sie, auf einer Stufe im großen Blumenbeet sitzend, ein Konzert mit Blasinstrumenten. Die Terrasse blieb dunkel und wurde nur von dem roten Schein der Kerzen in den Zimmern erleuchtet; hier und da erschienen die Büsche und großen Bäume im Schein der in großen Vasen steckenden Lichter oder der Laternen der Musiker. Die Königin, Mme. de Provence und Mme. d'Artois kamen in Kleidern aus Perkal, mit großen Hüten und Musselinschleiern auf die Terrasse. Im Halbschatten waren ihre ätherischen Formen kaum zu erkennen.
Das war köstlich, ging aber schlecht aus. Um bewundert zu werden, ließ sie das Publikum nahe herankommen, sie sogar umgeben. Dies gab zu Vertraulichkeiten Anlaß, über die sie sich entrüstete und die sie als Beleidigungen empfand. Sie ließ den Garten schließen, und nun beschimpfte man sie.
Selbstverständlich griff die englische Propaganda alles dies auf. Sie hätte es vorgezogen, den König anzugreifen, aber dabei kam wenig heraus. Zu Beginn des Jahres brachten »L'Espion anglais« und »London Chronicle« giftige Artikel gegen Ludwig XVI., Artois und Provence; in ihnen sagte man vom König: »Ludwig XVI. ist von Person sehr groß und dünn, aber mit seiner unbeholfenen Beschaffenheit scheint die Natur die Verhältnisregeln vergessen zu haben; sein Kopf fällt auf die Brust, beim Gehen wackelt er und zeigt ein so plumpes Sichgehenlassen, daß die Anwesenden überzeugt sein müssen, daß er niemals Anmut in seinen Manieren haben wird.« Jedoch erkennt man ihm Religion, Frömmigkeit, gesunden Menschenverstand und »eine auf das Gemeinwohl gerichtete Neigung« zu.
Diese Neigung konnte niemand leugnen, selbst die Königin nicht, die ihn zwar verachtete, ihn als kleinlich hinstellte und ihn in grausamer Weise neckte, aber ihn niemals getäuscht hatte.
Jedoch die Abende im Trianon und die Nachmittage bei Mme. de Guéménée hatten in der Königin seit einigen Monaten ein Gefühl erweckt, das sie vorher noch niemals empfunden hatte. Im Jahre 1774 auf dem Opernball hatte sie Auge in Auge dem bewundernswürdigsten Menschen gegenübergestanden, den sie je gesehen hatte; sie hatte ihn angeredet, sich mit ihm unterhalten und sich nach ihm erkundigt. Er hieß Graf Axel von Fersen und war ein vornehmer schwedischer Adliger, der Sohn des berühmten Kanzlers Fersen; alle waren des Lobes voll von ihm. Er hatte damals ihre Gefühle erregt, war aber dann abgereist. Aber 1778 war er nun wiedergekommen. Sie konnte sich nicht mehr verhehlen, daß sie endlich jemand liebte und daß

Fersen sie das lehrte, was sie kein anderer gelehrt hatte. Die Zurückhaltung und edle Schwermut des »Großen Axel« und der natürliche Stolz der Königin bewahrten sie 1778, wie schon 1774, vor jeder Torheit; aber dieses Bild erleuchtete an den langen Abenden im Trianon die Finsternis, während der König zu Bett ging, um früh aufstehen und arbeiten zu können.

Bei dem Gedanken an das Kind, das er nun bald würde lieben können, war der König vor Freude außer sich. Meist arbeitete er sich fast zu Tode, aber er jagte auch noch und erlegte Ende November einen Hirsch, der so alt war, daß er ein ganz weißes Maul hatte; er war sehr stolz darauf und bewahrte in seinem Zimmer einen Abguß in Gips, den alle besichtigten. Aber vor allem strömte er sein Glück an seine Umgebung aus in Gestalt von Huldbeweisen und Geschenken: seinen beiden Brüdern schenkte er ein schönes, den Engländern abgenommenes Kaperschiff; der Königin hatte er zu Anfang des Jahres ein goldenes, mit Brillanten und Rubinen besetztes Herz geschenkt, und jetzt überhäufte er sie mit kleinen Geschenken und mit Vergnügungen. Da sie zu ihm gesagt hatte: »In diesem Winter wird der Karneval nichts für mich sein, und ich werde nur abgelegte Masken sehen«, überraschte er sie damit, daß er sie eines Abends Anfang Dezember fragte, ob sie Masken sehen wolle: »Sehr gern«, sagte sie, »unter der Bedingung, daß der König mit mir geht und keine trägt.«

Der König betrat den Ball in seinem alltäglichen Anzug; ihm folgten Maurepas als Cupido mit Mme. de Maurepas als Venus, Vergennes mit einem Globus auf dem Kopf, einer Karte Amerikas auf der Brust und einer Karte Englands auf den Rücken, der Prinz von Soubise als Chinese, der Marschall Richelieu als Triton mit der ältlichen Marschallin von Mirepoix als Aurora; dieses Paar tanzte ein Menuett mit so viel Anmut und Leichtigkeit wie Kinder von zwanzig Jahren. Der Marschall Biron kam als Druide, der Marschall Brissac als Derwisch, der Herzog von Cossé als Wesir, Lauzun als Sultan, Fronsac als Beduine usw. Andere Herren und Damen bildeten Quadrillen von Rabbinern, Soldaten, Husaren, Matrosen, Jägern, Läufern usw., und die Pagen waren als Jockeis verkleidet.

Um ein Uhr morgens führte Ludwig XVI. die Königin in sein Zimmer und bewirtete die Teilnehmer mit einer heißen Schokolade auf Eis, die man sehr wohlschmeckend fand. »Dieses improvisierte elegante und prächtige Fest gefiel sehr und gab Anlaß zu der Meinung, der König verstehe es, Gesellschaften zu geben.«

In den Kirchen betete man für das zu erwartende Kind, und der Rabbiner Mardochée Venture ließ sogar seine jüdische Brüderschaft von Leuten aus Avignon, die in Paris wohnten, dafür beten, daß ein männliches Kind geboren werde; dies konnten die katholischen Priester nicht tun, weil, wie sie sagten, die Theologie lehre, daß das Geschlecht schon im Embryo gebildet wird.

Diese Freude und Erwartung fand überall ein Echo, nur nicht in den Häusern der beiden Brüder des Königs. Wenn die Königin einen Sohn hätte, würde Monsieur aufhören, Thronerbe zu sein, worauf er seit 1771 Hoffnungen hatte, und die beiden Söhne des Grafen von Artois hörten auf, »Enfants de France« zu sein und verlören so die Vorteile, Ehren und die Taschengelder, die ihnen zukamen. Artois nahm es ziemlich heiter auf und machte Scherz darüber; Monsieur war zwar zurückhaltender, hatte aber Mühe, seinen Verdruß und seine schlechte Laune zu verbergen.

Der König sah darüber hinweg und setzte die Vorbereitungen fort. Er ließ in den Gemächern der Königin eine Wohnung für ihren ersten Arzt und ihren Geburtshelfer einrichten. Er wollte auch den Kanzler Maupeou einladen, der, wie es der Brauch war, ein für die königlichen Geburten notwendiger Zeuge war. Er freute sich, diese Gelegenheit ergreifen zu können. Die Königin wollte nicht davon reden hören. Sie begriff nicht den ganzen Haß, den sie auf sich zog, wenn sie selbst so haßte.

Endlich kam das Kind zur Welt. In der Nacht vom 19. zum 20. Dezember kündigten sich die Wehen an; sie verbrachte eine ermüdende, aber nicht zu schmerzhafte Nacht. Die starken Wehen begannen um acht Uhr, und um elf Uhr wurde das Kind geboren. Seit zwei Uhr morgens waren der König, die Prinzen und Prinzessinnen von Geblüt und der ganze Hof auf den Beinen. Zimmer, Salons und Œil-de-Bœuf wimmelten von Menschen, als die beiden Flügel der Tür geöffnet wurden ...

Die Menge stürzte herein: zwei Savoyarden kletterten auf einen Tisch, um besser zu sehen. Das Kind war geboren, aber es schrie nicht. Schließlich schrie es, und alle Höflinge klatschten in die Hände. Die Königin glaubte einen Sohn zu haben und fiel vor Aufregung, Freude und Hitze in Ohnmacht. Man hatte das Kind in das Nachbarzimmer gebracht, und der König war gefolgt, glücklich, einen so kräftigen Säugling zu sehen. Man stellte fest, daß es ein Mädchen war, und die meisten Höflinge entfernten sich enttäuscht. Während dieser Zeit verdrehte die Königin die Augen und sagte: »Ich sterbe, beeilen Sie sich!« Sie war tatsächlich kalt und leblos. Der Geburtshelfer verlor nicht den Kopf; er ließ durch den Wundarzt sofort einen Aderlaß am Fuß vornehmen, und nach wenigen Augenblicken kam sie wieder zur Besinnung.

Sobald der König beruhigt sein konnte, begab er sich zur Messe; hierauf schickte er die unerläßlichen Boten an die Höfe ab und verfaßte die unzähligen Familienbriefe, die so langweilig, aber so notwendig sind, um die Tradition und die Einigkeit der Familie zu erhalten.

In Paris beeilte man sich zu illuminieren: das Rathaus, die Invaliden, das Palais-Bourbon und das Luxembourg zeichneten sich durch besonderen Glanz aus. Monsieur, freundlich und höflich, dankte Gott, daß er gewollt hatte, ihm seinen Rang zu erhalten, und beglückwünschte seine Schwägerin, indem er in allen Fenstern seines Hauses und an allen Ecken des Daches Lichter setzen ließ. Nur ein Gebäude in ganz Paris blieb dunkel. »Oh!« rief Mme. de Rostaing aus, als sie am Palais-Royal vorbeikam, »oh, mein Gott! Das ist eine Illumination, die aussieht, als ob sie schmollte!« Das Wort machte die Runde in der Stadt.

Im ganzen Lande und am Hofe herrschte indessen die Enttäuschung vor, aber man tröstete sich auf nette Weise. Denn die Franzosen waren in diesem Jahr guter Laune.

Der König auch. Er liebte seine Tochter sehr. Und man hatte endlich Nachrichten aus Amerika bekommen; sie waren mittelmäßig, aber durchaus nicht schlecht, denn d'Estaing hatte, wenn er auch keine glänzenden Leistungen vollbracht hatte, den Amerikanern gefallen, und das war wesentlich. Er war am 7. Juli am Delaware eingetroffen und war, nachdem er dort gut empfangen worden war, nach Newport weitergereist, wo es ihm nicht gelang, irgend etwas zu erreichen – was ihm Kritiken von amerikanischen Offizieren und Zeitungen eintrug. Beleidigende Artikel, eine Schlägerei in Boston, bei der einige französische Offiziere tätlich angegriffen wurden, erinnerten Seeleute und Soldaten daran, daß es erforderlich war, zu gleicher Zeit einen Sieg über die öffentliche Meinung wie einen militärischen Sieg zu erringen. Das war die Bilanz des ersten Kriegsjahres; sie war nur mittelmäßig, aber man hatte jede Schlappe vermieden, und als die Schiffe auf Engländer trafen, hatten sie eine sehr klare Überlegenheit gezeigt. Sartine machte große Anstrengungen, die Flotte zu vermehren, in der Erwartung, daß die Vereinigung mit der spanischen Flotte Frankreich eine

zahlenmäßig erdrückende Überlegenheit geben würde. Die Nation folgte dem König, und überall herrschte patriotischer Geist.
Über die Wiege gebeugt, waren König und Königin voller Freude. Da sie Lust zu einer Neuerung hatten, beschlossen sie, den Säugling nicht den üblichen Ansprachen durch die öffentlichen Körperschaften auszusetzen.
Man billigte es, aber es schien gewagt.

DER ARBEITSAME KÖNIG

Versailles blieb an diesem Jahresanfang von 1779 leer; die Winterstürme verwüsteten den Garten und den blätterlosen Park vollends. Jeden Morgen fand sich der König am Bett der Königin ein, um sich nach ihrer Gesundheit zu erkundigen; er verbrachte dort einen Teil des Vormittags, kam oft am Nachmittag wieder und blieb den Abend über da. Er wurde nicht müde, seine Tochter zu sehen.
Am 8. Februar fuhren sie mit großem Gepränge nach Paris, um in Notre-Dame Gott für die Geburt des Kindes zu danken. Auf ihrer Fahrt verteilten sie Geld, erhielten aber wenig Beifall. Die Orangenverkäuferinnen auf dem Pont-Neuf machten ein bemerkenswertes Kompliment. Sie lobten den König, einen Vorfahren gehabt zu haben, der ihnen die Möglichkeit gab, ihre Orangen im Schatten seines Denkmals zu verkaufen. Der Vorsteher der Kaufmannschaft redete zu lange, und die »Damen« der Halle waren ein wenig ungezwungen; aber alles verlief gut.
Der König hatte Sorge getragen, alles aufs beste zu regeln: Maria-Theresia von Österreich war Patin, Karl III. von Spanien Pate. Er schenkte der Königin für ihr Kindbett 120 000 Franken. Da er ihre Unerfahrenheit in Politik und ihre leidenschaftliche Heftigkeit in politischen Dingen kannte, richtete er sich nach der seit fünf Jahren angewandten Methode, die Maurepas so formulierte: »ihrer Leichtfertigkeit freien Lauf lassen«. Er begleitete sie zum Ball am Sonntag vor Aschermittwoch und ließ sie zum Fastnachtsball allein gehen. Aber es bekam ihr schlecht: ein Rad ihres Wagens brach, sie mußte eine Mietkutsche nehmen und kam sehr spät und allein zum Ball. Hier fand sie Fersen und ihre gewohnten Begleiter, die sich ihrer mit liebevoller

Sorgfalt annahmen. Das hinderte nicht, daß sie kurz darauf die Masern bekam. Sie mußte vom König und vom ganzen Hof isoliert werden, aber in einem lächerlichen Einfall bat sie ihren Gatten, ihr einige männliche Krankenwärter zu gestatten: Coigny, Besenval, Guines, Esterhazy. Ihre Zahl bot eine Bürgschaft für ihr Verhalten, und er war zu glücklich mit seiner Tochter, um irgend etwas zu verweigern. Jedoch erregte dies viel Anstoß.

Während dieser Zeit konnte der König arbeiten, und die Angelegenheiten, die ihn in Anspruch nahmen, waren zu schwerwiegend, um ihnen nicht seine ganze Aufmerksamkeit zu widmen. Auf den Antillen nahm Bouillé im September 1778 die Insel Dominica, aber zur selben Zeit bemächtigten sich die Engländer im Nordatlantik des kaum verteidigten Saint-Pierre-et-Miquelon. Die Vorbereitungen mußten vermehrt werden, und man mußte jede Hoffnung auf einen kurzen und leichten Krieg aufgeben.

England blieb nicht müßig; es rüstete neue Flotten aus und bereitete Armeen vor. Es versuchte, Spanien, das sich Hoffnung machte, als Vermittler dienen zu können, gegen Frankreich zu verwenden. Es übte einen Druck auf Holland aus, um es in sein Schlepptau zu nehmen, und der Statthalter, der mit der Schwester Friedrichs des Großen verheiratet war, bemühte sich, sein Volk unter Englands Einfluß zu bringen. Es gelang ihm übrigens nicht, denn der französische Gesandte im Haag, La Vauguyon, übte einen entscheidenden Einfluß auf die handeltreibenden Westprovinzen aus, die auf die Engländer neidisch und den Aufständischen gewogen waren. Doch man mußte diese Angelegenheit sehr genau verfolgen und sich mit Franklin verständigen, dessen Propagandanetz in den Niederlanden sehr wirksam war.

Die Angelegenheiten Deutschlands fingen an, sich befriedigend zu gestalten. Seit man eine Urkunde aus dem 15. Jahrhundert gefunden hatte, die Habsburgs Rechte auf Niederbayern entkräftete, und seit Maria-Theresias Beichtvater ihr gesagt hatte, die Ansprüche ihres Sohnes seien ungerecht, wollte sie den Frieden und ergriff dazu geeignete Maßnahmen. Friedrich II. seinerseits wagte nicht, seine Truppen während des Winters in Schlesien und Böhmen zu lassen und führte sie in die Heimat zurück. Eine Note Katharinas II. an Joseph II. brachte diesen vollends aus der Fassung. Er wußte nun, daß er allein in Europa dastand und nahm daher eine Vermittlung und einen Friedenskongreß an, der in Teschen zusammentrat. Frankreich und Rußland dienten als Vermittler. Österreich wurde auf dem Kongreß durch Baron von

Thugut vertreten, der seit langer Zeit ein bezahlter Agent Frankreichs war (Winter 1778/1779). Alles kündigte sich gut an.
Auch erklärte Necker, daß auf seinem Gebiet alles gut ginge. Er leitete seine Verwaltung als Geschäftsmann, der etwas von seinem Berufe versteht, und als gut unterrichteter Bankier, und nicht als Reformator oder Theoretiker wie Turgot. Seine erste Sorge war, die Kasse zu füllen. Er war auf den Gedanken gekommen, eine Lotterie einzurichten, die zwar ihren Zweck erfüllte, aber von Turgot, seinen Freunden und den Philosophen, die nicht bei Necker ihre Mahlzeiten einnahmen, als elendes Verfahren bezeichnet wurde, das des Königs von Frankreich unwürdig und im übrigen ebenso unmoralisch wie für das Volk entsittlichend sei. Den König bekümmerte das wenig, und er nahm sogar selbst an der Lotterie teil.
Aber Necker hatte noch viel kühnere Absichten. Er nahm die bisher verpachtete Post in Staatsverwaltung und hob die Pachtverträge auf. Er schaffte die Staatsdomäneneinnehmer und die Finanzintendanten ab und setzte die Zahl der Lotterieverwalter auf sechs herab. Pélisséri, der diese Maßnahmen kritisiert hatte, ließ er in die Bastille bringen. Trudaine, einer der abgesetzten Intendanten, besaß viele Freunde, die sich laut beklagten. Sartine verhehlte nicht, daß er Necker für einen verächtlichen Kerl hielt, und Vergennes, dessen Meinung über ihn noch strenger war, ließ sie nur nicht merken, um ihm besser schaden zu können. Maurepas tröstete sich über die Unzufriedenheit, die seine Wahl verursachte, damit, daß er sagte, man fiele jetzt aus der »Turgomanie« in die »Neckromanie«. Das Parlament von Paris lauerte auf eine Gelegenheit, und einige besonders ungestüme Mitglieder, wie Duval d'Esprémenil, wetzten schon ihre Messer. Aber der von Necker verfaßte Erlaß zur Auflegung einer Anleihe wurde vom Parlament registriert, und da alle Bankiers seine Verwaltung unterstützten, zeichneten die Parlamentsmitglieder selbst ohne weiteres die Anleihe. Dann spekulierten sie mit den Anteilen und beuteten das Publikum aus, so gut sie konnten. Alles dies ist zu allen Zeiten ganz natürlich und üblich.
Im Jahre 1778 gab Necker den Anstoß zu zwei weiteren, noch kühneren Neuerungen: er erreichte vom König die Schaffung von Provinzialversammlungen, deren erste in Berry wirkte. Diese vom König ausgewählten Spitzen der drei Stände, von denen aber der dritte Stand ebenso viele Sitze hatte wie die beiden anderen zusammen, sollten sich zunächst mit der Verteilung der Steuern beschäftigen und Anre-

gungen für die örtliche Verwaltung geben. Im Sinne Neckers sollten sie allmählich den vom Parlament im nationalen Leben angemaßten Platz einnehmen; aber er hatte das Pech, es zu deutlich zu sagen, so daß die Parlamentsmitglieder darum wußten. Doch war er auch heimlich mit ihnen im Bunde für die Rückkehr der Protestanten und ein Gesetz, das zu deren Gunsten erlassen werden sollte. Der König widersetzte sich dem nicht, weil er die Lage der Protestanten in Frankreich auf die Dauer für unerträglich hielt; da er jedoch die Geistlichkeit nicht dazu nötigen wollte, verzichtete er auf diese Maßnahme, als 1778 die Bischöfe ihn baten, nichts in dieser Sache zu tun. Er unterstützte Necker, der sehr ordentlich arbeitete und den er mitten in einem großen Kriege, der reichliche und regelmäßige Mittel erforderte, nicht entbehren konnte . . . Er ertrug ihn.

In allen Dingen zeigte der König ein heiteres Gemüt. Er empfing gleich freundlich d'Estaing, der unverrichteter Sache von den Antillen heimkehrte, Lauzun bei seiner Rückkehr vom Senegal, den er soeben mit Ungestüm erobert hatte, und La Fayette, der aus Amerika zurückkam; diesem gab er zunächst Hausarrest (eine Höflichkeit, die man seiner reizenden Frau schuldete, die er zu sehr vernachlässigt hatte) und empfing ihn dann mit großen Ehren in Versailles. Er hörte sich seine langen, begeisterten Erzählungen und seine wahnwitzigen Vorschläge an. Da dieser junge Held eine Flotte für die Vereinigten Staaten forderte, ohne die sie nicht siegen könnten, die Frankreichs aber in Frankreich, auf den Antillen, in der Levante, in Indien usw. beschäftigt sei, so schlug er vor, man solle vom König von Schweden acht große Kriegsschiffe leihen. Aber das gefiel weder dem König von Frankreich noch dem von Schweden. Dann wollte er mit dem »Ritter der Meere«, jenem seltsamen und wunderbaren John Paul Jones, dem schönsten Seeräuber des Jahrhunderts, einen Feldzug gegen die Küsten Englands vorbereiten. Aber das ließ sich schwer einrichten.

Alles ließ sich schwer einrichten. Jetzt, da Spanien sich entschlossen hatte, mit Frankreich zusammenzugehen, tauchten sonderbare Schwierigkeiten auf: Lord North behauptete, Spanien führe nicht wirklich Krieg mit England durch die Unterstützung Frankreichs mit seiner Flotte, es passe sich nur den Verpflichtungen des Familienpaktes an, und so sehe er keinen Grund dazu, den englischen Botschafter aus Madrid abzuberufen. Das hieß nur: zurückzuweichen, um besser springen zu können. Karl III. wünschte zwar durchaus, mit seinem Versailler Neffen zusammenzuarbeiten, aber er wollte nicht, daß sich seine Flotte

mit der Frankreichs in Brest vereinige, sondern verlangte das Zusammentreffen bei der Insel Sisargas, auf der Höhe von Coruña . . .
Alles dies führte zu unendlichen Erörterungen, die durch die lange Dauer des Kurierverkehrs zwischen Paris und Madrid noch verlängert wurden. Die Höflinge fluchten auf das spanische Bündnis, und es bedurfte der ganzen Geduld Vergennes', um nicht bei dem offiziellen Verkehr mit Aranda toll zu werden. Um Aranda zu beruhigen, brachte er ihn in seine Familie, wo man ihn verhätschelte. Er brachte auch viele Stunden damit zu, das Manifest des Königs von Frankreich über den Amerikanischen Krieg vorzubereiten; in diesem duldete der König nichts, was nicht der Wahrheit, der Schicklichkeit und der Höflichkeit entsprach, die er dem König von England gegenüber bewahren wollte. So fand das Manifest gute Aufnahme bei den Neutralen und war geeignet, die Meinung der Schwankenden für sich einzunehmen.
Am Anfang dieses Jahres 1779 begann Ludwig XVI. die Früchte seines klugen Verhaltens zu ernten. Er wünschte weder einen philosophischen Kreuzzug, wie ihn La Fayette und eine sehr kleine Gruppe von Adligen erträumte, noch die Vernichtung Englands. Er suchte Frankreich das in den Jahren 1762 und 1763 verlorene Ansehen wiederzugeben, seinen Handel zu erweitern und sich einen neuen, starken und günstig gelegenen Verbündeten zu verschaffen. Das, und nicht mehr.
Er mußte jedoch 1779 den spanischen Plan, den die öffentliche Meinung forderte, annehmen: nämlich den, England durch einen großen Seesieg einen tödlichen Schlag zu versetzen, und eine Invasion der Britischen Inseln. Daher die Vereinigung der Flotten, die Bildung einer Armee von 40 000 Mann in Saint-Malo und verschiedene Manöver.
Einige dunkle Punkte in diesem Plan machten dem König Sorgen: Zwischen den Spaniern und den Aufständischen bestand keinerlei Sympathie, es gab Konflikte in bezug auf territoriale Bestrebungen, Standpunkte und Temperamente. Beim Kongreß hatte Gérard keinen Erfolg gehabt; als er dies sah, wollte er Kongreßmitglieder kaufen. Einige gingen darauf ein, ohne jedoch die Vereinbarungen zu halten, die anderen tobten gegen ihn. Vergennes mußte ihn abberufen.
Der schwerstwiegende aller dunklen Punkte war der, daß man keinen genialen Menschen für das Kommando der Flotte finden konnte. Sonst war im Inneren des Landes in diesem Jahre 1779 alles in Ordnung: das Königreich wurde von der sachverständigsten Verwaltung,

Der arbeitsame König

die Frankreich je gesehen hatte, geleitet. Eine Aufeinanderfolge von arbeitsamen Ministern hatte die wichtigsten Dienststellen ersten Beamten übertragen, wie sie kein anderes Land besaß. Gérard, sein Bruder Gérard de Rayneval, Hennin, Genet (der Chef der Übersetzer) bildeten im Auswärtigen Amt einen Stab von seltener Qualität, und die zahlreichen bezahlten Agenten, die sie in den ausländischen Kanzleien unterhielten, wie Thugut in Wien, Samuel Cooper in Boston, Jean Luzac in Leiden verschafften vollständige Auskünfte. Im Finanzministerium war Necker nicht weniger gut versorgt; Coster war in Europa wegen seiner Sachkunde berühmt. Der Chevalier de Fleurieu ersparte Sartine jeden Irrtum, und so war es in allen Zweigen der Verwaltung. Die Minister selbst verstanden sich gut, trotz den heimlichen Reibereien, die immer bedeutende Männer in Gegensatz zu bringen pflegen; sie bildeten eine handfeste Mannschaft, besonders diejenigen, die die Kriegsoperationen leiteten: Maurepas, der alles anordnete, Sartine und Montbarrey, die Ausführenden, und Vergennes, der von Tag zu Tag den »Mentor« immer mehr ersetzte und die großen Linien der Operationen angab; denn der Krieg war immer nur ein Hilfsmittel der Diplomatie, und so war es denn auch ein höflicher, logischer und wohlüberlegter Krieg.

Da der Hauptkriegsschauplatz dreitausend Kilometer von den Generalstäben entfernt war und man mit den Streitkräften nur durch Fregatten in Verbindung stand, die dreißig bis hundert Tage bis zu den Antillen brauchten und ebensoviel für den Rückweg, so läßt sich denken, wie sorgfältig der ganze Apparat aufgezogen werden und wie elastisch alles sein mußte. Wenn England trotz seiner gewaltigen Überlegenheit über die Aufständischen die demütigende Niederlage von Saratoga hinnehmen mußte, so lag das an dem Mangel an Zusammenarbeit zwischen den englischen Armeen in Amerika und dem Mangel an Einvernehmen zwischen den englischen Ministern. Georg III. war wie Ludwig XVI. ein rechtschaffener, patriotischer und, was man auch darüber sagen mochte, intelligenter Mann; aber er hatte das, was Ludwig XVI. in vier Jahren hartnäckiger Arbeit verwirklicht hatte, weder zu tun verstanden noch tun können: eine gut zusammengesetzte, in volle Übereinstimmung gebrachte und gut eingeübte Maschinerie zu schaffen; um sie zu überwachen, mußte der König Tag und Nacht mit Vergennes arbeiten. Und das ging gut vonstatten.

Es fehlte ein genialer Führer. Mit Hilfe von Sartine, Montbarrey und Maurepas, die eine unendliche Zahl von Menschen kannten, hatte

Ludwig XVI. danach gesucht. Er hatte weder einen Tourville noch einen Duquesne gefunden. Er verfügte über gute, gewissenhafte, mutige und kluge Unterführer: Orvilliers, Guichen, La Touche-Tréville, La Motte-Picquet. Auf einer tieferen Stufe fanden sich zwei geniale Helden: Suffren und John Paul Jones, der vom Teufel besessene Provenzale und Schottisch-Amerikaner, den der Kongreß zum Kommodore gemacht hatte, der aber in Frankreich diente. 1779 begeisterte er die öffentliche Meinung durch seine Siege. La Fayette träumte davon, mit ihm Liverpool anzugreifen. Aber Jones segelte allein ab und lieferte eine zauberhafte Seeschlacht im Mondenschein angesichts von Hull. Doch dies war kein Ersatz für einen großen Admiral. Da man keinen hatte, mußte man durch die Methode siegen: im richtigen Augenblick an entscheidender Stelle stark zuschlagen. Von einer Landung in England erwartete Ludwig XVI. nichts, doch schenkte er dem dringenden Ersuchen La Fayettes Gehör, der französische Truppen für Amerika verlangte. Hier witterte er den Weg zum Siege, aber er bewahrte das Geheimnis für sich und Vergennes (Sommer bis Herbst 1779).

*

Necker konnte nicht zulassen, daß ihm irgend etwas verborgen bliebe. Nun enthielt ihm Sartine alles über die Kriegsunternehmungen vor, die laufenden sowohl wie die geplanten. Necker, von Zorn geschwollen, rief empört, in diesem Falle könne er seinen Beruf nicht mehr ausüben. Dies war das Problem des Sommers von 1779. Der Genfer fühlte sich mehr angegriffen und zugleich beliebter als jemals. Da er sich für den genialsten und gewissenhaftesten Mann in der Verwaltung hielt, schien es ihm seine Pflicht zu sein, sich zu verteidigen. Der Angriff ist die beste Verteidigung. So wurde es ein stürmisches Jahr. Der Hof griff ihn heftig an, die Banken verteidigten ihn heimlich, aber wirkungsvoll, und die Zeitungen »Mercure« und »Nouvelles« unterstützten ihn. Der Mittelpunkt des Streites hieß Sartine-Necker; Necker ließ wissen, daß die Marine 14 Millionen monatlich kostete, Sartine ließ sagen, Necker sei mehr englisch als französisch und tue alles, um den Krieg so bald wie möglich zugunsten Ihrer Britischen Majestät zu beenden.

Der König, der des Streites müde und von seiner Marine begeistert war, bemühte sich, Frieden zu stiften. Er duldete die Aufhebung zahlreicher Ämter seines Hofes: des Schatzmeisters seines und der

Königin Hofhalts, der drei Ämter der »contrôleurs généraux« usw. Er ließ das Amt des Oberhofmeisters aufheben, das der Prinz Condé innehatte. Alles dies fand Gefallen, untergrub aber die königliche Macht; es ist immer gefährlich, einen Herrscher inmitten seines Volkes zu isolieren. Ein übergroßer fürstlicher Hausstand ruiniert sogar ein reiches Land; daher folgte der König Necker auf diesem Gebiet. Den Provinzialversammlungen jedoch widerstrebte er mehr. Wenn Necker ihm sagte, man beklage sich über die Intendanten, so antwortete er: »Zu allen Zeiten hat man sich immer sehr über die Art der Verwaltung der Provinzen (die durch die Parlamente und die Provinzialstände verwaltet werden) beklagt; die geborenen Präsidenten, die Räte und die Stützen der Provinzen, aus denen sich ihre Einrichtungen zusammensetzen, machen die Franzosen in den Provinzen, die unter ihrer Verwaltung stehen, nicht glücklicher. Sicherlich ist die Bretagne mit ihren Ständen nicht glücklicher als die Normandie, die keine hat.« Als Necker hervorhob, wie vorteilhaft es für den König wäre, wenn er nicht mehr persönlich für die Verwaltung verantwortlich, sondern nur der Vermittler (»der Schiedsrichter«) zwischen den Provinzen und ihrer Bevölkerung sei, erwiderte der König entrüstet: »Es gehört zum Wesen meines Machtanspruches, nicht Vermittler zu sein, sondern an der Spitze zu stehen.« Er ließ daher den Versuch, Provinzialversammlungen einzurichten, zu, aber noch nicht ihre allgemeine Einführung. Necker war im Jahre 1779 nicht zu entbehren. Die menschliche Natur ist so eingerichtet, daß der wirtschaftende Mensch eher den Verlust seiner Kinder als den seines Geldes erträgt. Der Ruhm tröstet ihn über den Verlust jener, nicht über den des Geldes. Necker beschaffte Geld für den Krieg, ohne das Volk zu sehr zu belasten. Er schmeichelte der öffentlichen Meinung. Mit Erlaubnis des Königs hob er das Recht der Toten Hand auf und kündigte dies in einer schwülstigen Einleitung zu diesem Gesetz an. Die guten Seelen weinten vor Mitgefühl. Die der Toten Hand* Unterworfenen bedauerten recht häufig diese Maßnahme, die sie unüberwindlichen Schwierigkeiten auslieferte.

Dies beschäftigte die öffentliche Meinung, die in diesem Sommer sehr nervös war, weil man einen entscheidenden Sieg und das Ende des Krieges erwartete. Da sich nichts ereignete, wurde man ungeduldig. Die französisch-spanischen Flotten hatten sich wohl vereinigt, aber

---

* Tote Hand. Gemeinschaften, besonders kirchliche Anstalten, Klöster usw., deren Vermögen sich nicht vererbt, auch nicht leicht in andere Hände gegeben werden kann. (Anmerkung des Übersetzers.)

zu spät. Sie kämmten den Ärmelkanal durch, ohne auf Engländer zu treffen. Ein heftiger Windstoß zerstreute sie, und sie kehrten in Unordnung und ohne Sieg nach Brest zurück. Die spanische Flotte führte viele Kranke mit sich und war verärgert. Man wurde gereizt über diesen so kostspieligen Feldzug ohne entscheidende Ergebnisse.

Während dieser Zeit gelang auf den Antillen dem militärischen Genie des Grafen von Bouillé die Einnahme von Saint-Vincent und der Insel Grenada (August 1779). D'Estaing leistete den amerikanischen Nordarmeen Hilfe, erlitt aber vor Savannah eine Niederlage und wurde verwundet. Er kehrte ruhmreich und kleinlaut zugleich zurück. So endete der Feldzug von 1779.

Am Hofe murrte man und nahm wieder die schlechten Gewohnheiten an; den weitentfernten Krieg vergaß man. Es ist ein Nachteil des Seekrieges, daß er das Volk nicht so aufregt wie die Kämpfe zu Lande; man sieht ihm zu, als ob man im Theater wäre. So war es auch mit dem Krieg in Amerika, diesem »reizenden Kriege«, wie ihn La Fayette und seine Freunde nannten, der aber für Ludwig XVI. und Vergennes ein harter Krieg war. Auf den »Mentor« konnte man nicht mehr rechnen; seine Gicht, seine Ermüdung und Ironie nahmen zu. Beim Erhalt einer Nachricht, mochte sie gut oder schlecht sein, summte er eine spöttische Melodie. Wenn der König ihn um Rat fragte, antwortete er: »Es ist Zeit, Sire, daß Sie allein fertig werden!«

Als ob das so leicht möglich wäre! Der König soll alles wissen; man kommt mit allen Problemen zu ihm. Frankreich treibt einen blühenden Handel mit der Levante, der gegen die englischen Kreuzfahrten beschützt werden muß. Das gelingt auch, aber es müßte auch gelingen, den Krieg zu gewinnen. Der Fehlschlag des Feldzuges von 1779 überrascht Ludwig XVI. nicht sehr, aber er will den Sieg der Vereinigten Staaten sichern, an dem man 1779 zweifelte. Ihr Geld verliert an Wert; der Kongreß kann kein Geld mehr aus dem Lande ziehen. Washington kommt trotz seinem Mut mit seiner sich auflösenden Armee zu nichts, und die englischen Intrigen in Philadelphia stacheln eine Partei an, die ganz Kanada, Louisiana und die Länder im Westen verlangt. Wie könnten die Kanadier, wenn Frankreich Sieger bliebe, es dulden, Amerikaner zu werden? Das Bündnis würde daran zerbrechen.

Es wird zerbrechen, wenn man im Kongreß fortfährt, gegen Franklin zu intrigieren. Die Abgeordneten sind Kaufleute; sie können nicht zulassen, daß Franklin allein diesen einträglichen Posten innehat, auf dem man so gut mit dem Wechselkurs spekulieren kann. Der französische Hof verteidigt Franklin, den er schätzt, und fürchtet John Adams, der geschickt wurde, um ihm zu helfen, den aber Vergennes für einen Flegel hält und nicht empfängt. Der König teilt Philadelphia mit, daß er keinen anderen als Franklin empfangen werde, und ersucht, Adams anderswohin zu schicken. Man braucht Franklin um so nötiger, weil er ein wertvoller Helfer ist, um Österreich und Rußland loszuwerden, die danach trachten, Frankreich ihre Vermittlung aufzuzwingen. Maria-Theresia liegt kaum etwas daran, aber der Ehrgeiz ihres Sohnes, der sich seiner erbärmlichen Rolle, die er in Bayern gespielt hat, schämt, sucht diesen Erfolg und freut sich im voraus darauf, zwischen Ludwig XVI. und Georg III. den Schiedsrichter spielen zu können. Auch Katharina II., deren Handel durch die Seekriegsführung stark gestört wird, und die gern eine große Rolle im Westen spielen möchte, hegt diese Hoffnung. Man darf den ohnehin schlechtgelaunten Joseph II., dessen gesamter Hof seine Anglophilie nicht verbirgt, nicht noch mehr verstimmen, und es wäre töricht, Katharina II. zu beleidigen, um deren Sympathie und guten Dienste Vergennes dauernd wirbt.

In Kriegszeiten muß man sich mit jedermann gut stellen, besonders aber mit den Verbündeten, selbst wenn sie, wie Frankreichs spanische Freunde, mit der Blockade von Gibraltar beginnen und erklären, die Stadt sei schon ausgehungert und ihr Fall stehe bevor. Ludwig XVI. glaubt nicht daran, aber er stimmt zu. Es ist eine Familienfrage.

Obwohl diese Frage heikel ist, ist sie nicht die schwierigste. Marie-Antoinette bleibt das schwerste Problem. Sie versagt sich dem König nicht mehr, aber sie verweigert alle Vorsichtsmaßnahmen, was wiederholte Fehlgeburten zur Folge hat. Nichts macht ihr mehr Vergnügen, außer eine kleine Clique. Sie überwirft sich auch noch mit Guines, der ihr sagen wollte, was sie zu tun habe. Sie schwört nur noch auf die Gräfin Polignac; deshalb behält sie der König, aber es kostet ihm viel: 30 000 Franken monatlich während des Krieges an Vaudreuil, den Freund der Mme. de Polignac (seine Ländereien liegen auf Santo-Domingo, und er hat daher kein Einkommen mehr), und viele andere Huldbeweise.

Im Oktober, auf der Reise nach Marly, spielt Ludwig XVI. Marie-Antoinette zu Gefallen. Er verliert 59 394 Franken und begreift, was Spielen bedeutet. Am gleichen Tage verliert die Königin 1200 Louisdor und Chartres 11 000. Der Bankhalter gewinnt auf dieser einzigen Reise 19 000 Louisdor. Der König sagt sich, daß Soldini sich wohl geirrt haben müsse, als er ihm das Spiel als ein angemessenes Mittel empfahl, die Familien durch einen Zeitvertreib zusammenzuhalten. Er nimmt sich vor, hier Ordnung hineinzubringen.

Inzwischen muß er unzählige Schulden für die Königin zahlen, die durch ihre Mutterschaft noch überspannter geworden ist: 20 000 Franken für ihr Spiel, 14 250 an ihren Juwelier, 15 000 an ihren Schützling Esterhazy, und am Ende des Jahres 100 000 Franken, um sie wieder flott zu machen.

Das Jahr 1780 beginnt mit neuen Forderungen der Königin, deren Zivilliste verdoppelt werden muß (400 000 Franken monatlich; sie ist bereit, sich von dieser Summe nur 300 000 auszahlen zu lassen, solange der Krieg dauert).

Ludwig XVI. mußte alle seine Kräfte aufbieten, um den Ereignissen entgegenzutreten: Nassau war beim Angriff auf Jersey geschlagen worden, ebenso die spanische Flotte vor Gibraltar, und ein französischer Geleitzug von den Antillen war angesichts Frankreichs Küste in die Hände des Feindes gefallen. Alles dies mahnte, den Krieg schnell zu gewinnen, indem man England einen Hieb versetzte, der es niederwarf. Ludwig XVI. beschloß, alle Anstrengungen nach Übersee zu verlegen: Guichen wurde mit achtzehn Schiffen und viertausend Mann nach den Antillen geschickt, um Bouillé zu verstärken, in der Bretagne wurde in aller Stille eine Elitearmee unter dem Kommando von Rochambeau aufgestellt, vier Schiffe begleiteten die am 13. Januar 1780 wieder nach Cádiz ausgelaufene spanische Flotte, und Sartine beschleunigte alle Rüstungen.

Das war das wenigste, was man tun konnte, denn die englische Flotte rühmte sich, neunundachtzig Schiffe mit sechzig Kanonen und darüber zu haben, achtundzwanzig alte in den Häfen, siebenundzwanzig im Bau, ferner dreizehn Schiffe mit fünfzig Kanonen und neunundneunzig Fregatten.

Die spanische Flotte war weniger gut ausgerüstet, da es ihr an Segelwerk fehlte, um in See stechen zu können. Man arbeitete jedoch, mit der Geheimniskrämerei, auf die sich die spanischen Offiziere und Minister etwas zugute taten, an den Vorbereitungen zu einer großen Unternehmung, deren Bestimmung niemand kannte.

Alle diese Nachrichten und unzählige Vermutungen, von der Fülle ungenauer, falscher und erfundener Nachrichten gar nicht zu reden, nährten in Versailles eine fieberhafte Stimmung, die bei Marie-Antoinette noch durch den Kummer verstärkt wurde, daß sie Fersen mit der Armee Rochambeaus abfahren sah. Sie verbarg es, so gut sie konnte, aber sie fühlte sich geneigt, wegen des Einen allen große Gunst zu erweisen. Der König hatte zu dieser Zeit große Beförderungen in der Armee vorgenommen, um die Landtruppen, die bisher kaum ins Gefecht gekommen, aber durchaus nicht unnütz waren, nicht zu entmutigen. Er bemühte sich so sehr wie möglich, den Wünschen der Königin Rechnung zu tragen. Mercy schrieb an Maria-Theresia: »Die Gönnerschaft der Königin hat viel Einfluß auf die Wahl der höheren Offiziere gehabt, die während des nächsten Feldzuges in Europa oder Amerika verwendet werden sollen, besonders zugunsten des Marquis de La Fayette, des Vicomte de Noailles und des Prinzen Emmanuel von Salm . . .« Dies waren ständige Besucher des Salons der Mme. de Polignac. Der König liebte es, die hervorragendsten jungen Offiziere nach Amerika zu schicken, um sie an den Krieg und an die Bekämpfung Englands zu gewöhnen.

Man schickte sie nach Amerika, und alle verlangten danach, denn alle wußten, daß man auf eine Invasion Englands, von der man immer noch sprach, verzichtet hatte, und daß die Invasion Irlands, die Franklin immer noch befürwortete, wenig Aussicht hatte, zu gelingen.

Vergennes trug einen diplomatischen Sieg davon, bei dem Ludwig XIV. sich im Grabe umgedreht hätte. Er war ebenso der Klugheit Ludwigs XVI. wie der Geschicklichkeit Vergennes' zu verdanken. Katharina II. war von der Persönlichkeit des Königs beeindruckt und suchte Frankreich zu einer Zeit näherzukommen, in der es einen klugen und arbeitsamen König hatte; sie hatte schon Annäherungsversuche gemacht durch Vermittlung Lauzuns, des freiwilligen Amateurdiplomaten, der hoffte, bei dieser Gelegenheit einen Botschafterposten zu erlangen. Das scheiterte daran, daß Katharina und Lauzun sich Marie-Antoinettes bedienen wollten, deren leichtfertiger Sinn diese heikle Angelegenheit nicht eifrig genug zu betreiben vermochte und deren österreichisches Herz keinen Gefallen daran fand, eine französisch-russische Annäherung zu erleichtern. Aber Vergennes pflegte seinen Briefwechsel mit Rußland besonders sorgfältig, und seit er 1778 die Türkei und Rußland versöhnt hatte, schätzte ihn Katharina sehr. Und nun erfuhr man, daß sie im Laufe des März 1780 jedem der Kriegführenden gegenüber eine Erklärung abgegeben hatte: sie würde die kriegführende Macht als Feind betrachten, die darauf bestünde, Schiffe unter russischer Flagge zu durchsuchen. Zugleich rüstete sie ihre Flotte und schlug den anderen Seemächten Europas vor, eine Art Bund zur Verteidigung der Freiheit der Meere zu bilden.

Vergennes beeilte sich, auf ihre Absichten einzugehen. Dieser »Bund bewaffneter Neutralität« bedrohte tatsächlich England allein, denn Frankreich erkannte den Grundsatz an und wendete ihn auch an. So fanden sich alle Mächte, die der Aufforderung Katharinas folgten, auf dem Meere gegen England zusammen: Österreich, Spanien, Preußen, Portugal, Holland, die beiden Sizilien usw. Niemals seit 1700 hatte England eine solche diplomatische Niederlage erlitten. Aus diesem Siege zog Vergennes den besten Vorteil; er schrieb an Luzerne, den Nachfolger Gérards in den Vereinigten Staaten: »Der Gegenstand dieser Unterhandlungen ist für den Londoner Hof in hohem Maße ärgerlich. Was uns betrifft, so haben wir sie nicht nur mit Beifall begrüßt, sondern ich kann Ihnen auch anvertrauen, daß wir sie, so viel es in unserer Macht stand, gefördert haben, und unser Verhalten hat zur Folge gehabt, daß alle Mächte die Grundsätze, die den Staatsrat des Königs leiten, anerkannt haben, während sie immer mehr die Engländer als Tyrannen der Meere betrachten und als ehrgeizige Nation, die glaubt, daß ihr alle anderen tributpflichtig sind.« Die Gewandtheit Vergennes' hatte es vermocht, alle Hilfsmittel der französischen Diplomatie an allen Höfen Europas und selbst in den Vereinigten Staaten für den Plan Katharinas zur Verfügung zu stellen, ohne sie des Ruhmes zu berauben, an der Spitze dieses Bundes zu stehen, der grundsätzlicher Bürge der Freiheit der Meere und in Wirklichkeit gegen die unerträglichen Ansprüche der Engländer und ihre noch unerträglicheren Praktiken gerichtet war. Wenn der Krieg andauerte, konnten die Mitglieder dieses Bundes sehr wohl in den Kampf gegen Großbritannien hineingezogen werden; inzwischen bedrohten sie sein Ansehen und begrenzten die Handlungsfreiheit seiner Flotten.

So kam dieser diplomatische Sieg zur rechten Zeit; er beruhigte die öffentliche Meinung, die begann, des Krieges müde zu werden. Die gesamte öffentliche Meinung Frankreichs und Europas begrüßte dieses Werk als eine Meisterleistung Vergennes'. In den Vereinigten Staaten feuerte es den Patriotismus an in einem Augenblick, in dem sich das Land mit einer untätigen und auseinanderlaufenden Armee in einer finanziellen Krise wand. Auch Spanien, wohin Ludwig XVI. d'Estaing schickte, wurde angefeuert. Es rüstete in Cádiz eine schöne Flotte von vierzig Schiffen aus, die sich mit einer in Toulon in Ausrüstung befindlichen französischen Flotte vereinigen sollte. Man ließ verbreiten, daß diese große Unternehmung mit fünfzigtausend Soldaten unter dem

Kommando von Maillebois Irland, Schottland und England angreifen würde.

In Wirklichkeit segelte Guichen mit seinem Geleitzug ab und kam an seinem Bestimmungsort gut an; La Motte-Picquet, der einen Geleitzug von Martinique nach Santo-Domingo brachte, schlug eine an Zahl überlegene englische Flotte. Und schließlich, am 2. Mai 1780, fuhr der Chevalier de Ternay mit seinem großen Geleitzug ab, der die fünftausend Mann Rochambeaus, seinen Generalstab und Geld für die Vereinigten Staaten an Bord hatte und von sieben Linienschiffen begleitet war. Er trug die Hoffnung Frankreichs mit sich und auch die schönsten Namen Frankreichs, lauter Freiwillige: den Baron von Montesquieu, den Herzog von Lauzun, den Grafen Charlus, den Chevalier de Chastellux, den Vicomte de Noailles, den Grafen Fersen, den Herzog von Zweibrücken ... Man hatte sich darum gerauft mitzukommen.

Nun handelte es sich noch darum, anzukommen, über diesen von englischen Flotten durchfurchten, von Stürmen gepflügten Ozean. Der König war beunruhigt, Sartine schlief nicht mehr, Vergennes wurde gelb und Franklin verlor den Appetit. Nur Montbarrey blieb heiter, denn seine Mätresse hatte gute Laune. Alles lief gut ab. Am 11. Juli 1780 traf Rochambeau in den Vereinigten Staaten ein. Am 17. April 1781 schlug Guichen Rodney in den Gewässern von Santa Lucia. Bald darauf nahmen die Spanier auf der Höhe des Kaps Saint-Vincent einen englischen Geleitzug von siebenundfünfzig Segeln, der Truppen, Verpflegung und Geld nach Indien und den Antillen bringen sollte, und zu gleicher Zeit nahmen die Aufständischen in den amerikanischen Gewässern einen für Quebec bestimmten Geleitzug von fünfundzwanzig Schiffen.

Trotz dem Verlust von Charleston im Mai begann der Feldzug gut.

DER GEDULDIGE KÖNIG

Der Feldzug war nicht die einzige Sorge Ludwigs XVI. Er erkannte die Müdigkeit des durch einen langen Krieg geschwächten Landes; es wurde erzählt, die französischen Verluste auf dem Meer seien höher als die der Engländer; den Führern wurde Zaudern und Mangel an Schneid vorgeworfen, aber ihre Geschicklichkeit und Menschlichkeit wurden nicht erkannt. Vor allem fand man, alles koste viel zuviel Geld; man war unzufrieden. Der König wurde der Schwäche beschuldigt, und die Minister wurden kritisiert.

Dabei leitete Ludwig XVI. seine Minister mit fester Hand; im Mai 1780 hatte er Bertin entlassen, weil er zwar gute Dienste geleistet hatte, aber schwerfällig wurde. Der König gab ihm keinen Nachfolger, sondern übertrug seine Aufgaben anderen Ministern. Den Löwenanteil bekam Necker: die Bergwerke und die Fabriken.

Der Genfer erweiterte seine Stellung täglich mehr, und das geschah, da er sehr arbeitsam war und sein Fach verstand, ganz von selbst. Dem Finanzwesen gab er einen Anschein von Überfluß und Leichtigkeit, der allen zusagte. In Wirklichkeit belastete er die Zukunft; seine wiederholten Anleihen erforderten sehr hohe Zinsen. Dies verbarg er durch Großtuerei, durch kleine, wenig ergiebige Reformen, die er hochtrabend ankündigte, die Aufhebung von vierhundertsechs Stellen beim Hofhalt des Königs usw. Diese Leute mußten aber ausgezahlt werden, was sieben Millionen sofortige Ausgaben für zwei Millionen jährlicher Ersparnisse bedeutete. Das Ausland, die Provinz, die Philosophen zollten Beifall. Paris wimmelte von Unzufriedenen, die in den Cafés schimpften. Man zog viel über Necker her; die Prinzen von Geblüt grollten ihm wegen der Abschaffung der Obersteuereinnehmer, und Sartine beschuldigte ihn, er wolle England retten, indem er »den Krieg abwürge«, das heißt, indem er Sartine das für die Flotte unbedingt notwendige Geld verweigere. Ein Skandal schwelte.

Der König wie auch das Volk verabscheuten die philosophischen Priester. Im übrigen tat die Geistlichkeit nichts, um sich volkstümlich zu machen. Ihre in diesem Sommer 1780 zusammengetretene Versammlung bemühte sich so wenig wie möglich, zu dem im Gange befindlichen Kriege beizutragen, und endete damit, daß sie in einer Anwandlung von Begeisterung ein »freiwilliges Geschenk« bewilligte. Die Versammlung erhielt von allen Seiten Beschwerden der wahrhaft christlichen Gläubigen, die sich über ihre zu wenig christlichen Seelsorger beklagten. Eine gegen die Verderbtheit der Priester gerichtete Broschüre war im Umlauf, »Bittschrift der Gläubigen Frankreichs an die Allgemeine Versammlung der Geistlichkeit Frankreichs«. Der Verfasser wies darin auf alle Keime des Verderbens hin, die er beim Volk und bei der Geistlichkeit Frankreichs erkannt hatte. Er wagte sogar, zu prophezeien, daß das Königtum selbst darunter leiden werde.

Allerdings bat die Geistlichkeit, ohne jedoch ihre Sitten zu ändern, den König, die schlechten Bücher gerichtlich verfolgen zu lassen und die Religion zu beschützen; dies tat er ja unaufhörlich, aber solange die Geistlichkeit ein schlechtes Beispiel gab, blieb es ziemlich wirkungslos. Die Intelligentesten, von denen die anderen mitgezogen wurden, bemühten sich, Philosophen und Weltkinder zu werden, so wie sie zu anderen Zeiten sozial zu werden versuchen. Es handelt sich immer darum, sich nach der jeweiligen Zeit zu richten und sich ihr anzupassen. Der König dagegen, den Überlieferungen seiner Vorfahren getreu, suchte die Geistlichkeit an ihre geistliche Berufung zu mahnen. Auch versuchte er, in seiner Familie wirklich ein Familienleben zu führen. Die drei Zähne seiner acht Monate alten Tochter entzückten ihn, und er konnte ihrer nicht müde werden. Die Königin hingegen kehrte wieder zu ihren Neigungen zurück und schuf Moden: um ihren Haarausfall zu verbergen, brachte sie die »flachen, in einer wurstartigen Locke endenden Haarwülste, ähnlich der Perücke eines Abbés«, in Mode.

*

Bei den Ministern Ludwigs XVI. herrschte Krieg. Sartine und Necker haßten sich, griffen einander an und zerfleischten sich gegenseitig. Ein Stich der Zeit zeigt Necker, wie er mit einem Stock im Schlamm wühlt und Taler herauszieht, auf die sich Sartine sogleich stürzt ... um mit ihnen Butterbrote auf dem Wasser zu werfen. Dieses Bild war ein Teil der Neckerschen Propaganda. Aber es kam noch besser. Eines Tages zwang er mitten im Staatsrat seinen Kollegen, zuzugeben, daß er zehn Millionen Schulden zu den sechzehn Millionen, die er schon zugegeben hatte, über die jährlichen 120 Millionen seines Budgets hinaus gemacht hatte. Sartine schwor, daß es sich um das Wohl seiner Verwaltung gehandelt habe. Necker erwiderte, der Fehler sei offenbar, und mit solchen Verfahrensweisen steuere ein Staat geradewegs auf den Bankerott zu. Ludwig XVI. und Maurepas erkannten Sartines Unrecht an. Necker, der seit langer Zeit seinen Gegner belauerte, schonte ihn nicht. Er drang in Maurepas und den König, wobei er die Unterstützung der Königin fand. In einem langen Brief an Ludwig XVI. legte er dar, daß er seine Aufgabe nicht erfüllen könne, wenn die einzelnen Verwaltungszweige ohne sein Wissen so hohe Schulden machten; er schloß damit, daß er seine Entlassung einreiche (September 1780). In Wirklichkeit meinte er: »Ich oder Sartine!« Der König hätte es vorgezogen, Necker, dem er mißtraute, zu entlassen;

aber man konnte keinen Ersatz für ihn finden. Es war so, wie Maurepas gesagt hatte: »Nur ein Dummkopf oder ein Schurke könnte diesen Posten wünschen.« Am Hofe liebte und achtete man Sartine viel mehr als Necker, aber man konnte nichts gegen einen Finanzminister ausrichten, der eine Bilanz vorlegte, in der er – wobei er mogelte – nachwies, daß die Marine im Jahre 1780 180 Millionen gekostet hatte. Am 11. Oktober 1780 kam der König endlich nach Paris, um mit Maurepas zu arbeiten; sie beschlossen Sartines Entlassung.

Necker triumphierte, aber er sah weiter. Heimlich von Choiseul beraten, der in ihm ein nützliches Werkzeug zur Vernichtung des am Ruder befindlichen Ministeriums sah, und gut von der Königin unterstützt, schob er als Nachfolger von Sartine einen seiner Freunde, den ihm auch die Königin in einer geheimen Unterredung am Sonntag, dem 8. Oktober, empfohlen hatte, in den Vordergrund, den Marquis von Castries. Dann ging Necker zu Maurepas und sprach mit ihm in mehr spitzfindiger als ehrlicher Art über mehrere Offiziere, die als Nachfolger für Sartine in Betracht kommen könnten; er erwähnte d'Estaing, der nicht möglich schien; er erwähnte auch Castries, der möglich schien, und noch verschiedene andere, die je nachdem möglich schienen oder nicht gut geeignet waren. Von hier begab er sich unverweilt zum König und sagte ihm, er riete zur Wahl von Castries, womit auch Maurepas einverstanden sei. Der König, der übrigens Castries sehr schätzte und sich auf Neckers Angaben verließ, unterschrieb sofort die Ernennung; ohne noch zu warten, holte Necker Castries und stellte ihn dem König vor. Als sich später Ludwig XVI. mit Maurepas unterhielt, erfuhr und begriff er diese Hinterlist. Necker hatte ihm nichts ganz Falsches gesagt, aber das, was er gesagt hatte, war nicht ganz wahr; auf jeden Fall war es eine Unverschämtheit. Da weder der König noch Maurepas Castries einen Schimpf antun wollten, was dieser auch nicht verdient hätte, so schwiegen sie; aber sie dachten sich ihr Teil, und die anderen Minister, besonders Vergennes, der eine ausgesprochene Abneigung gegen Necker hatte, waren auf ihre Verteidigung bedacht.

M. de Montbarrey benahm sich sehr ungeschickt. Dieser freundliche und glückliche Mann, der, nachdem er sich gut geschlagen hatte, an seinem Amt die größte Freude hatte, ließ keine Gelegenheit vorübergehen, seine Mätresse zufriedenzustellen, und so hielt er sich für einen immer glücklichen Liebhaber mit einer immer zufriedenen Mätresse. Der König wußte das.

Dann ereigneten sich zwei Vorkommnisse nacheinander, die ihn um seine Stelle brachten. Zunächst hatte er Artois als Gesellschafterin für dessen Frau eine Dame empfohlen, von der sich bald herausstellte, daß sie eine Dirne war. Der König verlangte sofort, daß er sich bei Artois öffentlich entschuldige. Für die Besetzung eines Postens standen sich zwei Kandidaten gegenüber, ein sehr verdienter Offizier, und der Kandidat von Montbarreys Mätresse, ein guter Offizier. Montbarrey ernannte diesen, was seine erste Unklugheit war; die zweite bestand darin, daß sich die Dame dessen rühmte.

Mit den betreffenden Aktenstücken bewaffnet ging Marie-Antoinette klagend und erzürnt zum König. Ludwig XVI. tröstete sie, las die Akten und gab Montbarrey unrecht.

Diesmal unterhielt sich Ludwig XVI. selbst mit Maurepas über Montbarreys Nachfolger. Es wurde von mehreren Generalen gesprochen: Vogüé, Ségur und Puységur im besonderen, und Maurepas ließ den König zur Wahl des Letztgenannten neigen. Mme. de Polignac und die Königin unterstützten jedoch den Marschall von Ségur, einen sehr ehrenwerten Mann, guten Soldaten und des Postens durchaus würdig. In dieser Verlegenheit entsprach der König den Wünschen der Königin und dem Urteil mehrerer Ratgeber. Maurepas, der geglaubt hatte, den König überzeugt zu haben und den dieser zweite Verdruß sehr reizte, wollte seinen Abschied nehmen und ging zu diesem Zweck zum König und zur Königin. Nun traf es sich, daß gerade in diesem Augenblick der König eine Nachricht von Ségur erhielt, der sich entschuldigte, er sei von einer qualvollen Gicht befallen, und es sei ihm daher unmöglich, sofort nach Versailles zu kommen. Diese Verwirrung gab Anlaß zu einer zunächst aufregenden, dann gefühlvollen Szene. Die Königin schlug vor, man solle die Wahl Ségurs widerrufen, da er nicht in der Lage sei, sein Amt auszuüben. Sie beschwor Maurepas unter Tränen, zu bleiben, und der König schloß sich ihr an. Hierauf versprach Maurepas, ebenfalls unter Tränen, zu bleiben und bat inständig darum, Ségur, der ein guter Mensch sei und gediegenen Verstand besitze, zu behalten. So war alles wieder gut.

Aber Maurepas vergaß Necker nicht. Necker, der damit rechnete, daß Maurepas bald sterben werde, glaubte von nun an Herr der Lage zu sein. Die Königin stützte ihn; ebenso unterstützten ihn die Finanz, die Partei Choiseul, die Philosophen und jeder, den zum Freund zu gewinnen ihm der Mühe wert schien. Die »Nouvelles à la main« und die ausländischen Diplomaten sagten, die Königin habe soeben zwei

Minister gemacht, und sie halte von nun an die Regierung Frankreichs in ihren Händen. Alles dies schien einfach, logisch und vernünftig. Ein neuer Zwischenfall schien es zu bestätigen.

Anfang Dezember traf eine Depesche ein, die sofort dem König übergeben wurde: die Kaiserin Maria-Theresia war mit großem Mut und großer Frömmigkeit am Nachmittag des 29. Novembers in ihrem Palais in Schönbrunn gestorben, wo sie so lange Zeit Hof gehalten und gearbeitet hatte. Als der König diese Nachricht erhielt, war er sehr betrübt; Maria-Theresia war für ihn immer eine geachtete und sympathische Schwiegermutter und in Österreich die eifrigste Freundin Frankreichs und des Bündnisses gewesen. Wie sollte er nun der Königin diese Nachricht beibringen? Trotz seiner Abneigung ließ er den Abbé Vermond kommen; er übergab ihm den Brief und bat ihn, die Königin auf die schreckliche Nachricht vorzubereiten und ihr den Brief erst dann zu geben, wenn sie es ertragen könnte. Es war für sie ein entsetzlicher Schlag. Obwohl ihre Mutter sehr streng zu ihr gewesen war, liebte Marie-Antoinette sie wie sonst kein Wesen auf Erden. Sie, der es nicht gelungen war, einen Menschen in Frankreich tief zu lieben, und deren einziger Freund weit entfernt in Amerika weilte, empfand ihre Einsamkeit grausam. Der König bemühte sich, ihr beizustehen und näherte sich ihr wieder; ihre kleine Tochter half ihr, wieder Freude am Leben zu finden. Bald jedoch ließen die seichten Vergnügungen, der Lauf des täglichen Lebens und ihre Freude am Herrschen sie vergessen, daß sie unglücklich war, was dazu führte, daß sie schließlich nicht mehr unglücklich war. Der Hof legte für sechs Monate große Trauer um die Mutter an; die Höflinge, die hierdurch vieler Vergnügungen beraubt wurden, schnitten Gesichter, und die Kaufleute, die mit den Pariser Spezialitäten handelten, waren trostlos; diese gerade vor Neujahr und dem Karneval eintretende Trauer ruinierte sie. Der Kummer des Königs wurde noch durch tausend andere Sorgen schwerer. Am empfindlichsten war der Fehlschlag des Feldzuges von 1780; trotz ungeheuren Anstrengungen Frankreichs war man zu nichts gelangt. Die Armee Rochambeaus in Amerika war nicht in der Lage, etwas zu tun. Washington und Rochambeau begannen im geheimen miteinander zu streiten, und doch war es notwendig, sich zu verständigen, weil jeder allein zu schwach zum Handeln war. Man sprach davon, New York zu belagern und Georgia zu befreien. Der Sommer verstrich über Erörterungen mit den Amerikanern und Scharmützeln mit den Engländern. Am nützlichsten war die zwischen den Truppen und der

Bevölkerung schnell geschlossene Freundschaft. Den Offizieren gefiel
es in den Vereinigten Staaten: die amerikanischen Damen gefielen
ihnen und sie gefielen den Damen. So war eine gemeinsame Grundlage gegeben. Die Ehemänner standen im Heeresdienst, und damit war
das Feld frei. Die französischen Truppen gefielen sich darin und
achteten streng darauf, diszipliniert zu erscheinen, so daß sie die Zuneigung des Landes gewannen, und die Offiziere waren so reizend,
daß das Bündnis bei den höheren Ständen beliebt wurde. Doch
glaubte im Jahre 1780 niemand, daß dieses Ergebnis den Verlust von
Carolina und die Erschöpfung der amerikanischen Finanzen ausgliche.

Man war beunruhigt, zu sehen, daß der spanische Minister so begierig auf Frieden war. Die Engländer hätten daraus Nutzen ziehen
können, aber Georg III. wollte es nicht. Er war stolz darauf, einen
Krieg so gut geführt zu haben, der zuerst schon verloren schien, und
sich der britischen Überlegenheit zu sehr bewußt, so daß er Verhandlungen ablehnte. Er bereitete eine Unternehmung vor, von der er viel
erwartete; ihre Leitung übergab er dem General, zu dem er am
meisten Vertrauen hatte, dem Grafen Cornwallis, einem jungen,
kühnen und unerschrockenen Offizier.

Gegenüber allen diesen entmutigenden Tatsachen konnte Ludwig XVI.
nur einige günstige Ergebnisse anführen, die aber mehr Vergennes
als der Flotte und dem Heere zu verdanken waren. Holland hatte
nach manchen Winkelzügen gerade eine Abstimmung vorgenommen,
bei der der französische Standpunkt sich durchsetzte: vier Provinzen
gegen drei. Holland trat daher trotz dem Widerstande des Statthalters der »bewaffneten Neutralität« bei. Der Herzog von La Vauguyon, der im Haag mit großer Gewandtheit die französischen Interessen verteidigte, fand seinen besten Bundesgenossen in Georg III.
und seinen Seeleuten, deren Anmaßung und Begehrlichkeit sich auf die
holländischen Schiffe richteten, die eine reichere Beute als alle anderen
boten; die Folge war der Zorn der Reeder von Rotterdam, Amsterdam
und Friesland. Jeder drängte den anderen, und schließlich erklärte
England Holland den Krieg (20. Dezember 1780). Holland war keineswegs bereit und befand sich von Anfang an in sehr übler Lage, aber
es war trotzdem für Frankreich ein Verbündeter mehr, der einen Teil
der englischen Streitkräfte an sich ziehen und weitab von den Vereinigten Staaten festlegen würde. Bei einer solchen Bilanz wünschten
Necker, die Minister und fast der ganze Hof den Frieden.

Ludwig XVI. entschied sich für den Krieg. Als Gebiet seiner Hauptanstrengungen wählte er Amerika, um dort den entscheidenden Sieg zu suchen. Es war daher nötig, eine klare Überlegenheit zu Wasser und zu Lande zu besitzen. In diesem Sinn erteilte Ludwig XVI. seine Befehle an Castries und Ségur. Man mußte aber mit Karl III. rechnen, der von einem großen spanisch-französischen Unternehmen gegen Jamaika träumte. Ludwig XVI. tat so, als ob er sich dieser Idee anschlösse, damit Georg III. durch das umlaufende Gerücht getäuscht würde, und damit Spanien, das man nicht entbehren konnte, durch die Hoffnung darauf ermutigt würde. Sein großer Reichtum machte es zu einer Zeit, da Frankreich kein Geld hatte, wertvoll. Daher vervielfachte Ludwig XVI. seine Briefe an Karl III. und die Höflichkeitsbeweise für seinen Minister Floride-Blanche.

Zur selben Zeit bereitete er einen Ablenkungsangriff in Indien vor, mit dem der kampflustigste Offizier der Flotte, der Komtur Suffren, beauftragt wurde.

Ludwig XVI. und Vergennes arbeiteten Tag und Nacht, und Linguet schrieb über sie am 5. November 1779: »Unsere Marine ist zur Zeit stärker als sie je gewesen ist, sowohl wegen ihres Umfanges wie auch wegen des Wetteifers, der den Heldenmut hervorruft, und dies ist eines der Wunder unseres guten Königs Ludwig XVI. Bei seinem Regierungsantritt hatte er eine Marine vorgefunden, die ebenso uneins war wie die Nation, fast verfaulte Schiffe, und Herzen, die durch innerliche Entzweiung, finanzielle Unordnung, die vorausgegangenen Mißgeschicke und das allgemeine Mißtrauen verdorben und entmutigt waren; es ist ihm trotzdem gelungen, in so kurzer Zeit eine furchterregende Marine zu schaffen, mit der er trotz sechzehn Jahren eines entnervenden Friedens, und obwohl die Mehrzahl der Besatzungen niemals im Feuer gestanden hatte und wenig zur See gefahren war, bei jeder Gelegenheit einen stolzen und wegen seiner ersten Erfolge hochmütigen Feind geschlagen hat, den vier Jahre des Krieges mit den Aufständischen in Atem gehalten hatten.«

*

An diesem Jahresanfang »war der Hof sanftmütig und ziemlich ruhig«, meinte der Herzog von Croÿ, der etwas davon verstand, denn in ihm verbanden sich die Seele eines Türhüters mit der Intelligenz eines Weisen und der Weisheit eines Großvaters. Maurepas, der von der Gicht gequält wurde, erschien kaum noch bei Hofe. Der König blieb

immer der gleiche: Familie, Arbeit, Hetzjagd und ein wenig Schlosserarbeit als Leckerbissen und das Gebet als geheime Spannkraft. Er wurde übrigens in dem Maße, wie das Gewicht der Staatsgeheimnisse zunehmend auf ihm lastete, immer verschwiegener und immer einsamer, je mehr sich alle die von ihm fernhielten, die hohe Stellen erhofft hatten und nun sahen, wie sich die Regierung festigte, ohne daß man sie gerufen hätte. Mit diesem dahingeschwundenen Hoffnungstraum schien alles viel härter, die Haßgefühle verstärkten sich, und das Leben des Königs wurde herber. Aber er hatte zuviel Arbeit, um darunter zu leiden, und zuviel inneres Gleichgewicht, um viel davon zu halten. Hierin lag seine Stärke, aber auch die Gefahr.
Inzwischen erhoben sich um ihn Gefahren und Skandal. Die sehnsüchtige Königin verriet ihn schon. Ihr ganzes Herz war Fersen, dort drüben auf den Schlachtfeldern Amerikas, zugewandt. Sie sprach darüber mit Mme. de Polignac, und diese gab ihr Auskunft, dank allen den Briefschreibern, die sich bemühten, sie auf dem laufenden zu halten, damit sie der Königin Auskunft geben könne. Dieser Skandal war noch verborgen, aber man murmelte bereits darüber.
Der Skandal um La Fayette dagegen wurde laut hinausgetrompetet, zum Teil, um sich wegen seiner unerhörten Erfolge, seines Triumphs in der Oper und seiner Weltbeliebtheit an ihm zu rächen. Seine Mätresse Aglaé von Hunolstein, die so rasch bereit war, ihren schönen Körper dem Meistbietenden preiszugeben, gab nur zu sehr Gelegenheit zum Skandal. Man erzählte, sie habe La Fayette bei seiner Abreise davon überzeugt, er sei für eine Schwangerschaft, die plötzlich und unvermutet über sie gekommen sei, verantwortlich; in diesem Falle war er es der Ehre der jungen Frau schuldig, für diesen ungelegenen Sprößling eine Pension zu zahlen. So hatte La Fayette viele Monate lang bezahlt, um bei seiner Rückkehr festzustellen, daß das Baby nur wenige Wochen gelebt hatte.
Der König wußte von La Fayettes Mißgeschick und bedauerte ihn; es wäre besser gewesen, wenn der Held von Amerika nicht so einfältig gewesen wäre, aber er war dafür genügend bestraft. Besonders entrüstete sich der König über die Auswüchse des organisierten Spiels, bei dem es geschah, daß eine Familie in wenigen Stunden, ohne es zu ahnen, ruiniert wurde. Ein aufsehenerregender Vorfall hatte sich gerade ereignet: in einer einzigen Nacht verlor der Sohn des Grafen von La Haye beim Spiel 800 000 Franken bei M. de Genlis. Der König war der Meinung, daß man diesem Unfug ein Ende

setzen und die planmäßige Ausbeutung durch jene Leute, die ein Geschäft daraus machten, verhindern müsse; er ließ daher dem Parlament sagen, daß er es gern sehen würde, wenn man dahingehende Maßnahmen träfe.

Das Parlament ließ sich nicht bitten. Am 21. Februar 1781 trat es zusammen und beriet über diese Landplage. Die Brüder des Königs waren abwesend, was zu Geschwätz Anlaß gab. Einer der Eifrigsten war selbstverständlich der Herzog von Orléans; sein Eifer schien selbst seinem Sohne, dem Herzog von Chartres, der mit seiner gewohnten Frechheit ebenfalls anwesend war, etwas peinlich zu sein. Man verfaßte schließlich einen sehr strengen Erlaß gegen die Bankhalter und alle Eigentümer von Häusern mit Spielhöllen. Man bemühte sich auch, die ausländischen Gesandten davon abzubringen, den Spielern Unterkunft zu gewähren, wobei man darauf achtgab, sie nicht zu verletzen oder zu beleidigen.

Vom Parlament wurde der Erlaß dem König übersandt, der den gesamten Vorschriften zustimmte. Der Text erneuerte die alten Verordnungen, Kabinettsbefehle, Erlasse und Bestimmungen; als verbotene Spiele sah er alle an, die »ungleiche Möglichkeiten« hatten und der einen Partei gewisse Vorteile zum Nachteil der anderen Partei boten; er verbot allen Personen, welchen Ranges oder Standes sie auch seien, an irgendeinem privilegierten oder nicht privilegierten* Ort zusammenzukommen, um die genannten verbotenen Spiele zu spielen. Es waren Geld-, Leibes- und Ehrenstrafen vorgesehen. Der König verschärfte den Text des Parlaments noch, und das Volk wußte ihm Dank dafür, ebenso alles, was vom Adel noch gesund war, das heißt fast der gesamte Adel der Provinzen. Man bemerkte es um so mehr, als die Königin selbst einen Verweis erhielt.

Aus Ärger begann sie, Lotto zu spielen, und Chartres spielte mit Bauten. Er spielte mit einer wahren Wut, indem er das Palais-Royal umbaute, um einen Ertrag daraus zu ziehen. Es gelang ihm, sich beim ganzen Bürgertum und den kleinen Leuten von Paris verhaßt zu machen, weil er die prächtigen Gänge des Palais-Royal zerstörte.

Der ganze Frühling, Sommer und Herbst war voll von diesen Schikanen, die den Prinzen von Geblüt zum Abscheu der Pariser machten; dies focht ihn aber nicht im geringsten an, noch geruhte er, die Ausführung seiner Pläne auch nur um eine Woche zu verzögern. Wer ihn

---

* »Lieux privilégiés« waren die Gesandtschaften. (Anmerkung des Übersetzers.)

für einen schwachen Prinzen gehalten hatte, mußte seinen Irrtum einsehen. Aber das Publikum rächte sich in den Zeitungen, den »Nouvelles à la main«, und sogar an den Wänden des Palais-Royal hingen Plakate mit Beleidigungen. Stadt und Hof wendeten sich gegen die Orléans. Ludwig XVI. nahm nicht daran teil, wußte aber, woran er war.

Er wußte wohl um das Hin und Her ehrgeiziger Bestrebungen und die erneuerten Intrigen, die ministerielle Veränderungen mit sich brachten; überall erzählte man, von nun an herrsche die Königin, die anderen Minister würden auch bald gehen und Maurepas würde bald sterben, Vergennes wolle um seine Entlassung bitten, und bald würde Choiseul wiederkommen und Frieden machen, weil dies der Wunsch des Königs sei. Die Freunde von Maurepas rieten ihm, sich zurückzuziehen, aber obwohl er zustimmte, versäumte er, es zu tun. So stand es mit diesen Gerüchten, die alle falsch waren und durch das Stillschweigen des Königs, das Geschwätz der Königin und ihrer Umgebung, die Prahlereien Choiseuls und die Phantasie der Zeitungsschreiber Nahrung fanden.

In Wirklichkeit besaß Maurepas immer noch das Zutrauen und die Zuneigung des Königs, der auch Vergennes nach wie vor hochschätzte, was er durch die Verleihung des Heiligen-Geist-Ordens bezeugte. Ségur und Castries füllten ihre Posten gut aus, wobei sich Ségur bescheidener und Castries gewandter zeigte; dieser besuchte oft Necker und war häufiger Gast in den kleinen Kabinetten der Königin. Beide waren arbeitsam und sachverständig. Necker, der etwas abseits stand, aber überzeugt war, daß er dafür um so größer war, arbeitete mit großem Eifer und stellte dies gern zur Schau.

Eine üble Stimmung schwelte im Lande. Das Parlament der Bretagne empörte sich, um das Recht zu behaupten, seine Abgeordneten frei wählen zu können. Es schickte Abgesandte nach Versailles. Die nichtadligen Priester empörten sich gegen die Bischöfe und veröffentlichten »Bemerkungen über den zweiten Stand in der Körperschaft der Kirche«. Alle diese Leute mußte man wieder zur Ordnung bringen.

Auch mußte der Armee eine strengere Disziplin und festere Ordnung beigebracht werden. Zu diesem Zweck schuf der König einen »Beirat des Kriegsministers« (Pozanne für die Kavallerie, du Châtelet für die Infanterie, Besenval für die fremden Truppen, Esterhazy für die Husaren). Es war nötig, daß die Jungen begannen, etwas zu lernen und Verantwortung zu übernehmen.

So begann das Jahr 1781, und die ersten Nachrichten trafen ein: der Chevalier de Luxembourg war bei dem Versuch, Jersey zu nehmen, geschlagen worden, ebenso Rodney, als er versuchte, Santa Lucia wiederzunehmen. Welche Unparteilichkeit des Schicksals!

DER FLEISSIGE KÖNIG

Necker erbitterte Ludwig XVI. Die Geldfrage plagt einen König genauso wie seinen Kammerdiener. Um einen entscheidenden Krieg zu gewinnen, braucht man Gold. Und Gold, das heißt Necker. Der König kommt aus diesem Dilemma nicht heraus und ist darüber erzürnt.

Für sich selbst gibt er nichts aus; er besitzt kein neues Kleidungsstück, kein Galagewand, außer diesem schon alten mit Schwanenfedern, das ihm gefällt, und dabei muß er unaufhörlich Schulden für die anderen zahlen. Für die Königin zahlte er im Januar 1781 13 500 Franken an die Juweliere Böhmer und Bassenge; im Februar gibt er ihr 24 000 Franken für ihr Spiel, für das seine gibt er 16 Franken aus. Er bezahlt die Schulden von Artois, Elisabeth usw. Die ganze Familie saugt ihn aus.

Das Staatsbudget macht noch viel mehr Kummer. Die französische Marine und der Kongreß der Vereinigten Staaten scheinen beide unersättlich zu sein. Man wechselt vergebens Minister, die Lage ändert sich nicht; vergebens macht man am Anfang eines jeden Jahres mit großer Sorgfalt einen Voranschlag, übersieht keine Einzelheit und berechnet alles aufs genaueste – die Marine macht Schulden, und der Kongreß der Vereinigten Staaten klagt über große Not. Im Kongreß stehen sich zwei Parteien gegenüber: die der Freunde des Bündnisses und die Verteidiger der nationalen Würde. Die ersten lieben Frankreich so sehr, daß sie nicht zögern, riesige Summen von ihm zu verlangen, und die zweiten lieben es so wenig, daß sie es für unerläßlich halten, es müsse sich dadurch nützlich machen, daß es die genannten Summen zahle. Auf jeden Fall muß gezahlt werden.

Um zahlen zu können, braucht man Necker. Und Necker wird unerträglich durch seine plumpen Manieren wie auch durch die Zahl der Feinde, die er sich macht. Die Anhänger Neckers hören nicht auf, auszuposaunen, wie tüchtig sie sind. Necker hat am 20. Januar 1781 im Staatsrat eine Verordnung durchgebracht, die von den adligen Herren, die im Besitz von Krondomänen sind, Grundzins fordert. Er kündigt diese Verordnung wie folgt an: »Seine Majestät möchte keinem seiner Untertanen die Domänen, die sie in Besitz haben, entziehen und glaubt, sich darauf beschränken zu sollen, von ihnen einen jährlichen Grundzins zu verlangen, der, indem er ihnen die Nutznießung sichert, ein gleichmäßigeres Verhältnis zwischen den Finanzen des Staates und den Erträgen der Domänen schafft . . .« Boshafte Leute nennen das »den Dummen etwas weismachen« und behaupten, die großen Familien würden nie einen Sou zahlen. Mme. Necker läßt veröffentlichen, daß sie ein »Wohltätigkeitsbüro« geschaffen hat, das sich mit dem von ihr im Kirchspiel von Saint-Sulpice gegründeten Krankenhaus, dem »Hospice de Charité«, befassen wird. Die wackeren Leute sind sprachlos.

Am 19. Februar verbreitet Necker ein kleines Buch in blauem Umschlag, gedruckt in der Königlichen Druckerei; das Büchlein trägt den Titel »Rechenschaftsbericht für den König von M. Necker« und wird für einen Taler bei Panckoucke zum Besten der Stiftungen von Mme. Necker verkauft. Die Auflage beträgt dreitausend Stück, die im Nu verkauft sind, und bald hat man mehr als zwanzigtausend abgesetzt. Welch Vergnügen, zum ersten Mal das ganze Finanzgebaren des Königreichs offen dargelegt zu sehen, »der König legt gewissermaßen seinen Völkern Rechnung ab – und eine sehr genaue Rechnung«! Die Nachfrage ist unerhört groß; überall findet man das kleine blaue Buch, in den Cafés, in den Salons, in Versailles, im Palais-Royal und sogar in den Betten der Damen, denn die Frauen jener Zeit achten alles hoch, was sie nicht verstehen. Neckers Buch erregt ihre Bewunderung. Es ist so klar und gänzlich unverständlich, absolut genau und ganz falsch.

Aber schließlich handelt es sich hier um einen wohlberechneten politischen Streich, wenn ein so vorteilhaftes Ergebnis in dem Augenblick offen gezeigt wird, in dem eine lebenslängliche Anleihe von 60 Millionen aufgelegt wird, und das nach einem kostspieligen dreijährigen Kriege. Das nützt dem Lande und entmutigt England, das uns darstellt, als ob wir in den letzten Zügen lägen. Das hebt auch das Vertrauen zu dem König und bläst Necker auf. Im Augenblick fließt Necker von Patriotismus und Begeisterung für sein Werk über. Er zeigt, daß die französische Nation bereit ist, alle Reformen wohlwollend aufzunehmen, wenn sie bemerkt, daß sie reinen Absichten entspringen, und glaubt, daß man sie liebt. Er sagte: »Frankreich ist dankbar für das, was die Gutes schaffenden Minister tun und was sie tun wollen, und es trachtet danach, zur Arbeit für das Gemeinwohl zugelassen zu werden, wenigstens durch wahre und herzliche Anteilnahme.« Necker birst vor Eifer und Mitgefühl.

Maurepas, der ihm nicht untersagt hatte, seinen Rechenschaftsbericht zu veröffentlichen, benimmt sich, als ob er ihn durch einen Nadelstich zum Platzen bringen wollte. Er nennt das kleine Buch, sobald er es in seinem netten blauen Umschlag sieht, »ein blaues Märchen« und fügt freundlich hinzu: »Dieses Buch ist ebenso voller Wahrheit wie Bescheidenheit.« Nach alledem hatte er Necker die Erlaubnis, sich in voller Öffentlichkeit zu offenbaren, nur gegeben, weil er hoffte, hierdurch würde das Zeichen zur Sammlung seiner Feinde gegeben werden.

Und so ist es auch. Alle, die Necker aus ihren Ämtern gejagt, bedroht, besteuert, beiseite gesetzt oder vernachlässigt hat, vereinigen sich gegen ihn aus schlimmsten und besten Gründen: die großen Herren, die Intendanten, die Parlamentsmitglieder, die eifersüchtigen Finanzleute, die Freunde der alten Regierung, die Offiziere von Monsieur mit Monsieur, die des Grafen Artois mit Artois, alle verbünden sich gegen Necker, von allen Seiten sprühen Kritiken, Verspottungen und Lieder. Aus allen Ecken und Enden von Paris tauchen Broschüren auf, anonyme, pseudonyme und mit Verfassernamen, darunter die des M. de Bourboulon, des Finanzintendanten des Grafen Artois (die Necker empfindlich beleidigt); dann eine Flut von Schmähschriften wie »Brief eines Freundes an Herrn Necker«, »Bemerkungen eines Bürgers« mit der »Folge der Bemerkungen eines Bürgers« und der »Dritten Folge der Bemerkungen eines Bürgers«; alle werden verkauft wie warme Semmeln. Eine kleine heimliche Druckschrift von zweiundzwanzig Seiten wird an jeder Tür verteilt; sie heißt »Brief eines guten Franzosen« und ist eine Art Alarmglocke. Der Verfasser ruft aus: »Nachdem Sie wie Law begonnen haben, möchten Sie wohl wie Cromwell enden?«

Die Anhänger Neckers jammern vergeblich über Ungerechtigkeit; der am 22. März gestorbene Turgot lacht in seinem Grabe Hohn, weil er sieht, daß man seinem Nachfolger genauso das Bein stellt, wie dieser es mit ihm getan hatte. Weit mehr beunruhigt ist Necker durch den Feldzug, den die königliche Familie gegen ihn führt, besonders Monsieur, der sich in Schurkereien auskennt, denn der König legt Wert auf die Meinung der Seinigen, sobald er sie für vernünftig und ernsthaft begründet hält.

Aber der gefährlichste Schlag ist der, den ihm sein Kollege Vergennes versetzt, der dem König auf dessen Befehl eine »Denkschrift über den Rechenschaftsbericht Neckers« überreicht (3. Mai 1781). In ihr sagt er: »Eure Majestät hat mir befohlen, ganz offen zu sprechen; ich gehorche Ihr. Zwischen der Verwaltung Frankreichs und der Verwaltung Neckers ist ein Streit entstanden. Wenn seine Ideen über diejenigen die Oberhand gewinnen, welche eine lange Erfahrung am Beispiel Laws, Mazarins und der lothringischen Fürsten bestätigt hat, so ist Necker mit seinen Genfer und protestantischen Plänen ganz nahe daran, in Frankreich ein Finanzsystem oder ein Bündnis innerhalb des Staates oder eine Auflehnung gegen die bestehende Verwaltung zu schaffen ... Sein Rechenschaftsbericht ist letzten Endes ein reiner Aufruf an das Volk, und seine verderblichen Wirkungen auf diese Monarchie können jetzt noch nicht empfunden noch vorausgesehen werden ...« So wird Ludwig XVI. die Gefahr bewußt, in die Necker seine Dynastie und seine Krone bringt; und keine Schlußfolgerung hat so unmittelbaren Einfluß auf das Gemüt des Königs wie diese. Von jetzt an mißtraut er Necker, und wenn er ihn behält, so nur, um den Krieg siegreich zu beenden. Und er legt so großen Wert auf den Sieg, und die Stunde ist so kritisch, daß Necker, von zwei Ministern und der Königin unterstützt, sich halten kann, wenn er nur etwas Vorsicht und Bescheidenheit zeigt.

Doch Necker hat seine Bescheidenheit bei seiner Bank gelassen; er ist von der Selbstgefälligkeit, wie sie an den Höfen herrscht, erfüllt. Die Bemerkung, die die Königin in Marly fallen ließ, als sie einen Höfling beim Lesen von Neckers »Rechenschaftsbericht« sah, berauscht ihn: »Ah, Monsieur! Das ist das Werk eines Mannes, der sehr bemüht um den Ruhm des Königs und das Glück seines Volkes ist.« Sie hatte das ziemlich laut und vor genügend Leuten gesagt, um sicher zu sein, daß die Bemerkung Necker berichtet würde, und dieser sorgt unermüdlich für Verbreitung. Necker zögert nun nicht mehr, etwas Kühnes zu wagen; er rechnet dabei auf die Königin, auf seine Freunde von der Bank, auf die Noailles, die ihm sehr ergeben geblieben sind, auf die Schriftsteller, die bei ihm ihre Mahlzeiten einzunehmen pflegen, besonders auf den Abbé Raynal, auf Loménie, den Erzbischof von Toulouse und den berühmten Abbé Vermond, ferner auf die Protestanten, die in Frankreich zahlreicher und einflußreicher sind, als man denkt, auf

Choiseul und seine Clique, auf Castries, Du Châtelet, Beauvau und Adhémar – Ehrgeizige, die seine Sklaven sind –, und schließlich auf die leichte, flatternde glänzende Schwadron der Damen, die unermüdlich seinen Ruhm verkünden: die gebieterische Herzogin von Gramont, die stolze Gräfin von Brionne, die reizende Prinzessin von Beauvau, die verführerische Gräfin von Montesson die begeisterte Gräfin von Tessé, die liebliche Gräfin von Simiane, die gefährliche Marquise von Coigny und viele andere. Durch diese Schar von Bewunderern und besonders Bewunderinnen unterstützt und gestärkt, glaubt er, nun seinen kühnen Plan ausführen zu können.

Er sucht Maurepas auf. Nach Austausch der üblichen Höflichkeiten beklagt er sich über die Angriffe Bourboulons und verlangt die exemplarische Bestrafung der Schmähschriftenschreiber. Maurepas weist ihn mit aller Höflichkeit ab. Er geht nun zum Grafen von Artois, aber der Prinz fragt ihn, ob er nicht durch die Veröffentlichung seines »Rechenschaftsberichtes« gewünscht habe, daß das Publikum diesen erörtere. Bourboulon sei das Publikum, und er diskutiere. Artois bietet Necker an, eine Kommission zu berufen, die Bourboulons Schrift beurteilen solle, erst hiernach würde er zulassen, daß man Bourboulon bestrafe.

Gleichzeitig sieht sich Necker von einer anderen Seite angegriffen. Das Parlament gräbt eine Denkschrift des Ministers von 1778 aus, in der er »Provinzialversammlungen« vorschlägt, die die Parlamente, deren Fehler er übertreibt, ersetzen sollen. Jetzt nun protestiert das Parlament dagegen, und der König hat große Mühe, es zum Schweigen zu bringen.

Doch Necker hört nur auf seine Bewunderer. Sein »Rechenschaftsbericht« ist in alle Sprachen der Erde übersetzt worden; seine Umgebung hört nicht auf, ihm zu schmeicheln. Von so viel Weihrauch berauscht, zögert er nun nicht mehr. Er sucht wieder Maurepas auf, unter dem Vorgeben, ihn um Rat zu fragen. Er sagt, er könne seine Aufgabe nach so vielen Kritiken nicht fortsetzen, wenn man ihm nicht mehr Autorität übertrage. Er ersuche daher den König um ein öffentliches Zeichen seines Vertrauens: die Zulassung zum Staatsrat und die Möglichkeit, mit ihm allein zu arbeiten. Maurepas schreit auf: »Sie zum Staatsrat, Sie, der Sie nicht einmal zur Messe gehen!« Man kann einen Protestanten nicht in den Staatsrat aufnehmen; das Staatsgesetz untersagt es. Mit dem König allein arbeiten zu wollen hieße die Eifersucht der anderen Minister erregen und sie alle gegen sich verbünden.

Necker hört das mit Würde an, dann sagt er: »Sully, der nicht zur Messe ging, war im Staatsrat!« Er verweigert jede andere Lösung als diese und bricht die Unterhaltung ab. Ohne weiteres bittet er Maurepas, dem König einen Brief zu übergeben, und zieht sich zurück.
Maurepas hat redlich gehandelt, aber er freut sich auf eine solche Entscheidung. Weiß Necker denn nicht, daß er den König mit seinen Reden langweilt und daß er sich, wenn er eine derartige vertraute Stellung verlangt, einem »Nein« aussetzt? Als Maurepas Ludwig XVI. den Brief übergibt, ist dieser über eine so große Eingebildetheit entrüstet, und als die Königin sich ins Spiel mischt und ihn bittet, Necker zu willfahren, weist er sie kurz ab. Im Staatsrat geben alle Minister, außer Castries, zu erkennen, daß sie den lebhaften Wunsch haben, Necker abgehen zu sehen; sie mißtrauen ihm in jeder Weise, als Minister, als Finanzmann und als Patrioten. Alles und alle streiten gegen den Genfer, und nur die Klugheit und der Wunsch, gerecht zu sein, haben die Entscheidung des Königs aufgeschoben. Der unsinnige Brief Neckers lautet: »Sire, die Unterhaltung, die ich mit M. de Maurepas gehabt habe, erlaubt mir nicht, die Absicht, meine Abdankung in die Hände des Königs zu legen, noch aufzuschieben. Das Herz blutet mir dabei. Ich wage zu hoffen, daß Eure Majestät einige Erinnerung an die Jahre glücklicher, aber harter Arbeit bewahren wird, und besonders an den grenzenlosen Eifer, mit dem ich mich Ihrem Dienste gewidmet habe. – Necker.«
Der König liest diese Zeilen sorgfältig und bittet dann Maurepas, Necker die Nachricht zu übermitteln, daß er seine Abdankung annehme. Inzwischen zweifelt Necker, der auf die Unterstützung der Königin rechnet, nicht an seinem Erfolg. Er spricht am anderen Tage bei Maurepas vor. Dieser läßt ihn sofort eintreten, empfängt ihn mit seiner gewohnten Freundlichkeit und eröffnet ihm mit ruhiger Miene, der König geruhe, seine Abdankung anzunehmen. Necker wankt. Einige Augenblicke bleibt er sprachlos und bewegungslos, bis auf einige krampfhafte Gesten. Maurepas muß seine Diener rufen und ihnen sagen, sie sollten Neckers Diener benachrichtigen, daß dieser sofort wegzugehen wünsche. Auf diese Weise trennt man sich.
Die Aufregung am Hofe und in der Stadt ist ungeheuer. Die Königin weint, viele edle und reizende Damen haben Nervenkrisen, ein großer Teil der Herren sagt sich, daß Necker die falsche Karte ausgespielt hat und daß Maurepas trotz seinem hohen Alter ein durchtriebener Spieler bleibt. Choiseul, bestürzt und diesmal durch die Hartnäckigkeit des

Königs besiegt, schreibt sogleich an seinen Genossen: »Chanteloup, den 22. Mai 1781. – Nun ist es also geschehen, Monsieur, Sie verlassen uns. Sie nehmen Ihren Ruhm mit sich und lassen uns den Schmerz. Sie hatten uns viel Gutes getan, und Sie würden des Guten noch mehr getan haben. Ihr Rücktritt überläßt uns den schlimmsten Besorgnissen, die vielleicht durch die größten Übel gerechtfertigt sein werden . . .«

In anderen Kreisen dagegen, am Hofe, bei den Finanzleuten und im Parlament beglückwünschte man sich. Der König hatte zum Nachfolger Neckers einen Finanzmann gewählt, den ihm die öffentliche Meinung als klug, methodisch und erprobt bezeichnete: Joly de Fleury, den Sohn des Oberstaatsanwalts gleichen Namens. Dieser, der keinen Haß gegen Necker hegte, stellte sich mit allen Ministern freundlich. Da neue Steuern in der Kriegszeit nicht in Frage kamen, schöpfte er aus der ihm von seinem Vorgänger hinterlassenen, wohlgefüllten Schatzkammer und lavierte dann, wobei er sich bald mit Hilfe von Anleihen, bald mit Steuern durchhalf. Er war kein Genie, aber auch nicht eingebildet. Er tat, was es zu tun gab, und schwieg.

*

Als dies geregelt war, konnte sich der König mit dem Kriege und mit seiner Familie befassen, seinen beiden Hauptsorgen.

Die Königin war tatsächlich schwanger; da sie diesen Zustand, der sie langweilte, schlecht ertrug, mußte man sie ständig überwachen. Ludwig XVI. suchte sie bei ihrer Liebe für Edelsteine zu nehmen und schenkte ihr eine Diamantenkette, die Ludwig XV. für die Du Barry bestellt hatte, ein prachtvolles Schmuckstück, das 750 000 Franken wert war. Marie-Antoinette fand es eines Morgens auf ihrem Toilettentisch und erklärte, es sei »eine sehr angenehme Aufmerksamkeit«. In seiner Freude machte der König seiner einzigen Mätresse, dem französischen Volke, ein Geschenk. Die Oper war gerade abgebrannt; er befahl, sie auf seine Kosten neu zu erbauen. Mit seinen Geldern unterhielt er eine ganze Reihe armer Leute und alter Diener. Mit den jungen Leuten war er nicht weniger gut. Als er eines Tages seine Tanten im Schloß Bellevue besuchte, wo sie prächtig untergebracht waren und einen sehr guten Tisch führten, hörte man Lärm an den Gittern des Parks. Junge Leute vom Gymnasium in Harcourt hatten Bellevue erwählt, um dort einen Urlaubstag zu verbringen; sie wollten den Park betreten, woran sie von den Schweizern gehindert wurden.

Mesdames als gute Frauen ließen sie eintreten und wollten damit dem König ein Vergnügen bereiten; dieser ließ die Jünglinge gleich Barlauf spielen und gab den Schiedsrichter ab... Zur Stunde des Mittagessens verschwanden die jungen Leute und aßen im Wirtshaus, weil sie auf keinen Fall das Mahl, das die Prinzessinnen ihnen hatten bereiten lassen, annehmen wollten. Aber sie kamen nach dem Essen wieder. Der König zeigte ihnen, wie man Tricktrack spielt, und befragte dann einen nach dem anderen und wollte wissen, wie sie hießen. Alle trugen berühmte Namen. »Ich kenne alle diese Namen«, sagte der König, »sie erinnern mich an die Männer, die dem Staate gute Dienste geleistet haben; ich zweifle nicht daran, daß auch Sie das gleiche tun werden.« Dann unterhielt er sich ungezwungen mit ihnen, ließ ihnen ein Vesperbrot geben und bestellte sie für Montag, einen schulfreien Tag im Juni, wieder zu sich. Sie gingen entzückt nach Hause, und der König war noch mehr entzückt.

Ob er ebenso entzückt von seinem Schwager Joseph II. war, der ihnen mitten im Sommer einen kurzen Besuch von sechs Tagen in Versailles abstattete? Der Kaiser war bezaubernd und fuhr bezaubert wieder ab. Allerdings hatte er Ludwig XVI. nicht anvertraut, daß er gekommen war, um seiner Schwester zu empfehlen, ihr österreichisches Herz wohl zu bewahren und sich so viel wie möglich um die Regierung zu kümmern; er würde das bald für die großen Unternehmungen brauchen, die er vorbereitete. Er verbarg die Ratschläge für seine Schwester unter viel Liebe und das Stillschweigen gegenüber seinem Schwager unter viel Herzlichkeit.

Solche Besuche waren kurzweilig, aber der König hatte nicht die Muße, ihnen viel Zeit zu widmen, denn der Seekrieg und der diplomatische Krieg erwischten ihn jeden Morgen und quälten ihn bis zum Abend. In diesem Augenblick verteidigte er sich gegen Joseph II. und Katharina, die sich vereinigt hatten, ihm eine Vermittlung aufzuzwingen und abwechselnd von einem Kongreß in Wien oder in Antwerpen sprachen. Aber Spanien forderte für jeden Friedensschluß die Herausgabe von Gibraltar und Frankreich die Anerkennung der Freiheit der Vereinigten Staaten. Da England seinerseits keinesfalls einen Frieden annehmen wollte und sein König, voll Vertrauen auf Cornwallis und seine neue Armee, keine Lust hatte, die Freiheit der amerikanischen Kolonien zu gewähren, war es Ludwig XVI. leicht, jetzt diplomatische Verhandlungen zu vermeiden, die für Frankreich keinesfalls günstig hätten sein können, weil es noch keinen auffallenden

Erfolg gehabt hatte und Joseph II. ihm nicht das geringste Gute gönnte. Ludwig XVI. und Vergennes blieben weiterhin entschlossen, in Europa eine zentrale und beherrschende Stellung zu bewahren, die verhindern sollte, Katharina und Joseph das Vorrecht zu überlassen, die Angelegenheiten des Westens zu regeln. Die höfliche und fast geräuschlose Geschicklichkeit Vergennes' vermochte dies alles diskret und ohne Anstoß zu erregen zu erreichen.

Hernach handelte es sich darum, einen zwar sympathischen, aber unerfahrenen und nicht sehr höflichen jungen amerikanischen Offizier schonend abzuweisen; es war der Oberst John Laurens, der ohne vorherige Benachrichtigung als Sondergesandter des Generals Washington in Frankreich erschien und beauftragt war, dem König von Frankreich die Not der amerikanischen Truppen zu schildern und auf die dringende Notwendigkeit, sie mit Geld, Munition und Kleidung zu versehen, hinzuweisen. Vergennes, der bei dem mißlichen Stand der Finanzen und Frankreichs eigenen großen Bedürfnissen von diesen amerikanischen Bettlern genug hatte, schickte Laurens zu Franklin, dem man gerade ein Geschenk von sechs Millionen bewilligt hatte. Der Unglückliche flehte seit Monaten; er konnte nicht anders. Jedermann zog Wechsel auf ihn: der Kongreß, die Vertreter des Kongresses in Europa, sogar der amerikanische Bevollmächtigte auf den Antillen; und dabei hatte er doch keine Möglichkeit, sich Geld zu beschaffen, außer von der französischen Regierung. Laurens und er lieferten sich heftige Kämpfe um das französische Gold. Schließlich beseitigte Vergennes die Schwierigkeit, indem er die Konten Franklins durch den Bankier Grand in Ordnung bringen ließ und vom König erreichte, daß Washington persönlich ein Darlehn von zehn Millionen erhielt. (Wie hätte man dem Kongreß, der weder Kraft noch Ansehen besaß, etwas leihen können?) Ludwig XVI. dachte wie Vergennes und billigte dessen Erklärung: »Frankreich ist die notwendige und einzige Stütze der Vereinigten Staaten. Ihre Sache ist unsere Sache, und wenn sie unterliegen, werden wir notwendigerweise ihren Sturz verspüren.«

Um diesen Sturz, der in den vier ersten Monaten des Jahres 1781 nahe bevorzustehen schien, wurde ein wilder Kampf geführt, zu Wasser und zu Lande, und im Geist der Menschen durch eine Propaganda, die an Giftigkeit der Erbitterung der Kämpfe nichts nachgab. Dieser Kampf konnte nicht gewonnen werden ohne die Arbeitswut Ludwigs XVI. und Vergennes' Gewandtheit und schließlich durch den überlegen Scharfsinn Franklins, dessen angeborene Intelligenz es verstand, eine gewaltige Erfahrung und die unzähligen von der Freimaurerei gegebenen Hilfen auszunutzen.

Der Kampf wurde der Öffentlichkeit ganz einseitig dargestellt, denn ganz Europa und die von Weißen bewohnten Kontinente bezogen ihre Nachrichten nur aus englischen Zeitungen, die von den Kaufleuten gelesen wurden, oder aus holländischen Zeitungen, die, von französischen Protestanten verfaßt, dem Allerchristlichsten König aus Tradition feindlich waren. Es gab auch noch in Genf, Zweibrücken, Lüttich und Brüssel vielgelesene Zeitungen, aber alle verleumdeten Frankreich, denn der Genfer Calvinismus verzieh Frankreich nicht seinen Katholizismus, und die Feldzüge Ludwigs XIV. hatten in den an Frankreich grenzenden Gebieten unangenehme Erinnerungen hinterlassen. Während des Siebenjährigen Krieges hatte Genet, der Leiter des Übersetzungsbüros im Auswärtigen Amt, Ludwig XV. auf diese Gefahr aufmerksam gemacht und wollte gegen sie durch die Herausgabe einer »Übersicht über die englischen Zeitungen« zum Gebrauch für ein internationales Publikum wirken; diese Übersicht war selbstverständlich sehr kritisch, hatte aber wenig Erfolg.

In den Jahren 1778 bis 1781 behandelten der König und seine Mitarbeiter diese Frage mit mehr Sorgfalt. Von Jugend an las Ludwig XVI. die englischen Zeitungen, mehrere Blätter aus Holland, besonders das am besten redigierte von Luzac und die Zeitschrift von Linguet, dem glänzendsten und am besten informierten Polemiker der Zeit. Mit diesen Kenntnissen war der König gut gerüstet, um selbst, wie er es seit dem 11. Mai 1774 tat, die »Gazette de France«, für die er oft eigene Artikel verfaßte, zu überwachen und den Meinungsstreit zu leiten, den Ludwig XIV. und Ludwig XV. verloren hatten, während er ihn gewann. Einer der glänzendsten Siege wurde in Holland erfochten, wo Frankreichs Vertreter, der Herzog von La Vauguyon, es verstand, die holländischen Journalisten, die schon geneigt waren, die Aufständischen zu unterstützen, ganz für sich zu gewinnen, während John Adams mit Hilfe eines bemerkenswerten Agenten, Dumas, sie allmählich durch Schmeicheleien willfährig machte. Den Franco-Amerikanern gelang es, die mehr als ein Jahrhundert alte Lage zu wenden; statt immer den englischen Standpunkt zu vertreten, wurden diese Zeitungen, darunter die am meisten gelesene der Luzacs, ein Mittelpunkt des Krieges gegen England. In Genf gelang es der Arbeit der französischen Gesandten Hennin und Vergennes (des Bruders des Ministers) und der persönlichen Einwirkung Franklins auf gewisse vornehme Kreise wie die Cramer, den Ton des »Journal de Genève« umzustimmen.

Auf die Zeitungen im Deutschen Kaiserreich konnte man kaum einwirken, denn Joseph II. billigte die Aufständischen ebensowenig, wie es die oberen Schichten der Gesellschaft taten, und er war tonangebend in seinem ganzen Gebiet. Als jedoch die »bewaffnete Neutralität« geschaffen wurde, erhob sich in allen Teilen des kaufmännischen Europas, besonders in allen Hafenstädten, ein wahres Zetergeschrei gegen das despotische England.

Auf diese Entfesselung der Weltmeinung reagierte England vor allem mit zotigen Liedern und Schmähschriften, die Franklin als gewohnte Zielscheibe sowie seinen Freund Vergennes und den schwachen Punkt der französischen Monarchie, die Königin, in den Schmutz zogen. Was hätte man gegen den König sagen können? Man wiederholte die alte Leier der Choiseul-Clique: »Er ist schwach, dumm, plump, wird von seiner Frau geleitet und trinkt.« So erschienen nacheinander die »Grüne Kassette des Herrn von Sartine«, »Geschichte einer französischen Laus« und mehrere andere.

Franklin antwortete ihnen derb durch Schriften mit überraschend drolligen Einfällen. Sein Meisterstück war sein »Avis aux Hessois« (Rat für die Hessen); in dieser Schrift schildert er einen kleinen deutschen Fürsten, dem daran lag, Soldaten an England zu verkaufen, und der seinem Minister erklärte, wie man sich verhalten müsse, um den Handel so vorteilhaft wie möglich abzuschließen, besonders, wie wichtig es sei, daß die so verkauften Soldaten auch vom Feinde getötet würden, weil England in diesem Falle mehr bezahle. Diese Schrift machte die Runde durch Deutschland, England und Europa. Wenn man hierzu noch die unzähligen Liedchen rechnet und die Gespräche in den Salons, die Franklin von Passy aus lenkte, so kann man sich den Wirbelwind von Propaganda vorstellen, der alle Geister Europas und Amerikas im Jahre 1781 erregte.

Diese Geister waren in den ersten Monaten des Jahres 1781 fast nur von den Vorgängen um Necker erfüllt; das dauerte bis Mitte Juni. Das schöne Wetter und die Kriegsberichte erinnerten daran, daß der größte von Frankreich begonnene Seekrieg auf den sieben Ozeanen geführt wurde. Zunächst erlebte man eine kleine Freude: am 2. Mai hatte die französische Flotte Saint-Eustache, das die Engländer Holland weggenommen hatten, wiedergenommen, und ganz Holland war begeistert.

Dies war zu gleicher Zeit ein Seekrieg und ein moralischer Krieg, den man Propaganda zu nennen pflegt, und auf den sich Vergennes besonders gut verstand.

In Europa blockierten die Spanier immer noch Gibraltar und bereiteten den Angriff auf die Balearen vor, während Frankreich seine Flotte in Brest behielt, weil es vorzog, seine besten Schiffe und seine besten Admirale im Antillenmeer und in den amerikanischen Gewässern zu konzentrieren, wo sich das Schicksal dieses Krieges entscheiden sollte.

DER SIEGREICHE KÖNIG

Der Führer der großen Flotte in Amerika hieß Graf von Grasse-Tilly, aus dem Geschlecht der souveränen Grafen von Antibes; er war ein durch seinen Mut berühmter Edelmann, aber dies war sein erster großer Feldzug. Er verdankte seine Stelle der Freundschaft Castries', der ihm befohlen hatte, die Unternehmungen auf den Antillen energisch zu betreiben, damit er Zeit gewönne, die Truppen Rochambeaus und Washingtons auf dem Kontinent zu unterstützen.

Zunächst bedeutete das nichts. Nach manchen Zwistigkeiten beschlossen Washington und Rochambeau New York, den Schlüssel der englischen Besitzungen, anzugreifen. Ein Erfolg war nur durch eine Überrumpelung möglich. Das Schicksal wollte, daß die Engländer einen Kurier abfingen und alles erfuhren. Washington bestand trotz seiner stillen Wut auf seinem Plan. Zu diesem Zweck vereinigten sich die beiden Armeen am 5. Juli 1781 auf den »Weißen Feldern«. Sie verstanden einander gut; die Amerikaner fanden die Franzosen kräftig und diszipliniert, ganz das Gegenteil von dem, was sie ein Jahrhundert lang über sie gehört hatten, und die Franzosen fanden die Amerikaner sympathisch und kräftig, ganz das Gegenteil von dem, was man ihnen erzählt hatte. Das war gut, aber die Dinge nahmen keinen guten Ausgang. Die Verbündeten waren noch nicht zahlreich genug, um einen so starken, von Berufstruppen verteidigten Platz zu nehmen. Washington begriff das, als er an einem schönen Augusttage aus Europa den Geleitzug mit den englischen Verstärkungen ankommen sah, den kein französischer Admiral abgefangen hatte, weil er ihm nicht begegnet war. So hatte Clinton jetzt elftausend Mann, während Washington mit den französischen Truppen nicht mehr als zehntausend hatte. Der Angriff war unmöglich geworden. Der Feldzug von 1781 schien fehlgeschlagen zu sein; und wieder einmal sah man die Truppen mutlos werden, den Kongreß verzweifeln und den König von Frankreich sich auf den Frieden gefaßt machen.

Die Generale – und der König, der durch die Nachrichten, die ihm Rochambeau schickte, auf dem laufenden gehalten wurde – waren auf dem Tiefpunkt der Niedergeschlagenheit angelangt, als eine Nachricht eintraf, die sie vor Freude außer Fassung brachte. Grasse, der Brest am 22. März 1781 verlassen hatte, war am 28. April auf Martinique eingetroffen. Er suchte eine englische Flotte oder einen Geleitzug wegzunehmen, aber diese Versuche hatten keinen Erfolg. Während dieser Zeit wechselte er Briefe mit Rochambeau und Washington; Washington dachte nur an New York, Rochambeau wollte die Engländer im Süden, in der Chesapeake-Bai, angreifen, wo die Armee von Cornwallis alles verwüstete und eine ernsthafte Bedrohung zu werden drohte. Die beiden Generale schickten ihre Pläne und Argumente an Grasse; dieser hielt es für besser, in der Chesapeake-Bai anzugreifen. Er versprach, vierzehn Tage lang am Herbstanfang mit Truppen dort zu sein. Sobald Washington dies erfuhr, ergriff er mit jener Gefügigkeit gegenüber dem Schicksal, die genialen, für die Beherrschung der Völker bestimmten Männern eigen ist, alle erforderlichen Maßnahmen.

Es war »die erste Begegnung an der Chesapeake-Bai«. Der kommandierende General bemühte sich, seine Bewegungen zu verbergen, damit Clinton nicht vor ihm einträfe. Vor allem aber marschierte er sofort ab und ging mit einer Schnelligkeit und Vollkommenheit an das Unternehmen heran, wie man sie selten findet. Die Franzosen, denen diese neuen, noch nie von ihnen gesehenen Länder gefielen, und die stolz darauf waren, in ihren schönsten, aufs beste geputzten Uniformen vor den alten Herren des Kongresses und den hübschen Mädchen von Philadelphia vorbeizumarschieren, trafen ermüdet, aber voll Entschlossenheit am Treffpunkt ein.

Während dieser Zeit führte La Fayette – der mit seiner leichten Division Cornwallis fesseln und festhalten sollte – einen wunderbar geschickten, genau berechneten und schneidigen Feldzug. Im Besitz eines großen Vermögens und eines Instinkts für die Massen, gab La Fayette erhebliche Summen für Spione unter der Bevölkerung und im Rücken des Feindes aus; so wußte er immer, wo sich Cornwallis befand und wohin er zu gehen beabsichtigte. Cornwallis besaß zu seinem Unglück zu viel Geist, Kultur und Skepsis. Er hielt die Amerikaner für vom rechten Wege abgebrachte Kaufleute, die Franzosen für heimliche Liebhaber, reizend, aber nichtig. Er hegte kein Mißtrauen. Da er fand, daß seine Truppen ermüdet waren und er sich nach den von Clinton gegebenen Verhaltungsmaßregeln richten wollte, führte er sie nach Yorktown an der Chesapeake-Bai zurück; die Stadt lag am Meer, das, wie er nicht bezweifelte, von den Engländern beherrscht wurde. Er täuschte sich. Diesmal zeigten Grasse und auch Washington ihre geistigen Fähigkeiten. Die französische Flotte näherte sich der Chesapeake-Bai; auf ihrem Wege dahin traf sie die Flotte des Admirals Graves und schlug sie; es war einer der ersten vollständigen Seesiege, die Frankreich in diesem Kriege davontrug. Dann segelte Grasse geradewegs zur Chesapeake-Bai. Während dieser Zeit vereinigten sich Washington und Rochambeau in Eilmärschen mit La Fayette vor Yorktown und schickten Lauzun mit seiner Legion zur Überwachung des Brückenkopfes, den die Engländer auf der anderen Seite des Flusses angelegt hatten.

Die französische Flotte kam als erste zum Treffpunkt, und bald vereinigten sich die verbündeten Armeen mit ihr. Cornwallis machte sich wenig Sorge darum; er war sicher, bald die von Clinton versprochenen Verstärkungen zu erhalten; (er wußte nicht, daß der auf ihn eifersüchtige Clinton die Verstärkungen in New York zurückhielt).

Ihm gegenüber marschierten Washington, Rochambeau, Saint-Simon (der mit der französischen Flotte gekommen war) und La Fayette im Süden der Chesapeake-Bai auf; es waren vierzehntausend Mann, dazu im Norden Lauzun mit seiner Legion (achthundert Mann). Sie beherrschten die Lage.

Eine regelrechte Belagerung wurde eröffnet. Cornwallis, ein tapferer Führer an der Spitze von kriegsgewohnten Soldaten, verteidigte sich gut. Er wartete immer noch auf Clinton, der nun endlich seinen Abmarsch vorbereitete, da er den Washingtons bemerkt hatte. Cornwallis versuchte, zum Meere hin oder nach Norden zu entweichen, doch es gelang ihm nicht; überall war die Tür verriegelt. Die Verbündeten bereiteten einen ersten Sturm vor, der, kraftvoll geführt, eine große Zahl von Menschen kostete, aber noch mehr dem auf engem Gelände eingeschlossenen Cornwallis. Sie bereiteten einen zweiten Sturm vor, der, wie sie hofften, die Entscheidung bringen sollte.

In diesem Augenblick ereignete sich eine seltsame Episode. Lauzun, der sich nach einigen glänzenden Scharmützeln auf seinem Nordufer langweilte, hatte den Wunsch, von Rochambeau Instruktionen einzuholen und seine Freunde auf dem Südufer wiederzusehen, aber der Weg zu Lande war endlos. Er kam auf den Gedanken, Cornwallis zu bitten, ob er ihn nicht mit verbundenen Augen durch sein Lager lassen wolle. Cornwallis lud ihn mit der Höflichkeit eines Edelmannes ein, bei ihm mit offenen Augen zu Gaste zu sein! Nach einem sehr guten Mahl zeigte Cornwallis Lauzun im Augenblick, als dieser fortgehen wollte, einen kleinen Haufen Kanonenkugeln und sagte zu ihm: »Ich habe nur noch diese paar Kugeln und sehr wenig Pulver; wir werden sie noch abschießen, und dann werde ich morgen kapitulieren.«
Am anderen Tage, am 19. Oktober 1781, übergab der Vicomte von Cornwallis, der die englische Armee von Virginien kommandierende General, durch seinen stellvertretenden Offizier seinen Degen dem General Washington, Oberkommandierendem der verbündeten Armeen, der ihn an Rochambeau weiterreichte. 7050 Engländer ergaben sich 11200 Franzosen und 5100 Amerikanern. Die Südstaaten waren befreit, die englischen Truppen in Amerika entmutigt und jedermann wußte, daß von nun an die Vereinigten Staaten eine freie und unabhängige Nation bleiben würden. Am nächsten Tage brach Grasse zu seiner Aufgabe und zu seinem Schicksal auf. Clinton traf sechs Tage später ein und zog dann wieder ab. Das Spiel war gewonnen.
Um den Sieg zu verkünden, schickte Rochambeau eiligst den Herzog von Lauzun und den Grafen von Zweibrücken nach Versailles; sie brachten eroberte Standarten und Botschaften von Washington und Rochambeau mit.

*

In Versailles verlief der Sommer schwer von Erwartungen und Sorgen. Die Königin war schwanger, ebenso Mme. de Polignac. Der König pflegte beide und besuchte sogar Mme. de Polignac in Paris, was er noch nie für jemand getan hatte. Man zerstreute die Königin, soviel man konnte: durch Theaterspiel bei ihr und durch Besuche. Sie zeigte sich necksüchtig; sie fragte Monsieur geradezu, ob es wahr sei, daß Madame schwanger wäre. »Es gibt keinen Tag, an dem das nicht wahr sein könnte«, erwiderte der Prinz. Die Königin lachte laut und sagte: »Da Sie so gute Antworten geben, werde ich Ihnen keine Fragen mehr stellen.«

Sonst sprach man in Versailles von den Bäumen, die Chartres schlagen ließ, von den Kartoffeln, die Parmentier entdeckt hatte, von der Unordnung in der Oper, von einem berühmten Schwindler Cagliostro, der sich rühmte, drei- bis viertausend Jahre alt zu sein und mit Jesus gesprochen zu haben, oder von einem Arzt namens Mesmer, der eine geheimnisvolle Elektrizität in Mode gebracht hatte. Die Königin aber brachte oft das Gespräch auf den amerikanischen Krieg, bei dem sie einen so lieben Freund hatte; leider wechselten die Truppen so oft den Ort, daß kaum Nachrichten kamen und der König sorgenvoll blieb. Endlich, am 22. Oktober um eindreiviertel Uhr nachmittags, erfährt man, daß die Königin die ersten Wehen verspüre. Im Augenblick ist in ganz Paris und in Versailles alles durcheinander; in aller Eile holt man den König ins Gemach der Königin. Es gibt kein wüstes Durcheinander wie 1778, denn Ludwig XVI. hat den altmodischen Brauch, an einem solchen Tage die Tür offen- und jeden Beliebigen hereinzulassen, abgeschafft. Alles verläuft gut. Der Arzt nimmt das Kind und bringt es zum König. In dem stillen Raum hört man das gepreßte Atmen der von Angst gepeinigten Königin. Der König bricht das Stillschweigen und sagt: »Madame, Sie haben meine Wünsche und die Frankreichs erfüllt, Sie sind Mutter eines Dauphins.«

Alle erfahren es in einem Augenblick, und alle eilen herbei, um den König zu beglückwünschen, der mit Tränen in den Augen all und jedem die Hand drückt und stammelt: »Ja, hier ist mein Sohn. Sehen Sie sich den Dauphin an!« Sein Glück kommt in seinem ganzen Wesen zum Ausdruck; er ist ein neuer Mensch, voll Fröhlichkeit, Freundlichkeit und lustigen Äußerungen. Die wieder ins Bett gebrachte Königin will den Dauphin sehen. Inzwischen hat man den Dauphin in seine Wiege gelegt; die Besucher ziehen an ihm vorbei, die Glocken läuten im Schloß und auf den Kirchen von Versailles, und die Kanonen schießen ihre Salven. Um sechs Uhr schreitet der Vorsteher der Kaufmannschaft an der Spitze der städtischen Beamten in Prozession beim Schall einer weiteren Kanonensalve um ein Freudenfeuer. Eine Verordnung wird verbreitet, die eine allgemeine, dreitägige Illumination vorschreibt, doch schon hat ein großer Teil der Stadt freiwillig illuminiert.

Am 23. und 24. schießt die Artillerie um sechs Uhr morgens, mittags und um sechs Uhr abends; die Glocken läuten ohne Pause auf dem Schloß und auf dem Rathaus. An jedem Abend gibt es Illumination, Konzert auf der »place de Grève« und Verteilung von Lebensmitteln und Getränken; fast überall hält man das Tedeum, zuerst am Hofe, dann an der Oberrechnungskammer und schließlich über das ganze Land hin.

Das hübscheste Schauspiel bietet sich im Palais, als alle Zünfte sich dorthin begeben: in neuen Kleidern, die Werkzeuge ihres Gewerbes tragend, treffen sie, Musik an der Spitze, im Marmorhof ein und marschieren dort wie zu einer Parade auf; Seite an Seite sieht man die Kaminkehrer, gekleidet wie auf der Bühne; sie führen einen sehr schön geschmückten Kamin mit sich, auf dem oben der Kleinste von ihnen sitzt; neben ihnen die Sänftenträger, die eine sehr ausgeschmückte, ganz vergoldete Sänfte tragen, in der stolz eine dicke Amme und ein reizender kleiner Dauphin sitzen, dann kommen die Metzger mit ihren fetten Ochsen, die Zuckerbäcker, Maurer, Schlosser usw. Alle sind sie da; die Schmiede schlagen auf einen Amboß, die Schuhmacher beenden ein Paar kleiner Schuhe für den Dauphin, die Schneider eine kleine Uniform seines Regiments . . .

Der König sieht von der Höhe seines Balkons mit Tränen in den Augen lange Zeit zu. Bei seiner Geburt hat man nichts dergleichen getan; aber jetzt hat er einen Sohn! Sein Leben bekommt einen tieferen und freundlicheren Sinn, eine in die Ferne reichende Tragweite. Von allen Balkonen und allen Pforten betrachten die Höflinge das rührende Schauspiel, das sich lange hinzieht. Nur Madame Sophie empfindet eine unangenehme Furcht; um nicht vergessen zu werden, haben auch die Totengräber eine Abordnung in ihrer Tracht mit den Werkzeugen ihres Berufes geschickt: einen netten, kleinen Sarg und das übrige. Sie drängen sich nicht besonders vor, aber verstecken sich auch nicht. Als Madame Sophie über den Hof geht, trifft sie auf sie und bekommt einen Schock. Sie beklagt sich beim König, aber der kann nur lachen.

Für den König wie für die Königin sind es bezaubernde Tage. Die Königin fühlt sich in allem als die, die sie sein wollte. Der König dankt Gott und fragt sich, ob er vielleicht nun endlich hoffen kann, die so schwere Aufgabe, die ihm sein Vater und sein Großvater hinterlassen haben, vollständig zu erfüllen, eine Aufgabe, die ihm oft so erdrückend und maßlos erscheint. Höflinge, Hofdamen und die Dienerschaft bis zum kleinsten Lakaien sind eifrig und fröhlich, so daß Versailles, das seit fünf Jahren zu oft leer erschien, wieder zu einem glänzenden Wirbel geworden ist, weil jeder von dieser Geburt einen sofortigen oder späteren Nutzen erhofft.

Der einzige, der sich mit einem hämischen Lächeln, das er im Augenblick nicht beherrschen kann, abwendet, ist Monsieur, der nun nicht mehr Thronerbe ist. Was Artois betrifft, so nimmt er die Sache leichter, indem er ein Liedchen vor sich hin trällert und seinem zwölfjährigen ältesten Sohn, dem Herzog von Angoulême, der nun auch nicht mehr mutmaßlicher Thronerbe ist, empfiehlt, seinen Vetter zu besuchen. Am Abend fragt Artois ihn: »Nun, wie fanden Sie Ihren Vetter?« – »Ganz klein, mein Vater. Er ist ja so klein!« – »Ach, mein Sohn«, ruft Artois, »Sie werden ihn bald groß finden, wenn er Ihr König sein wird!«

Ganz Frankreich scheint seine Blicke beglückt auf diese Wiege zu richten. Das Kind behauptet sich ziemlich kräftig gegen die Flut von Beredsamkeit, Dichtkunst und Glückwünschen. Vierzehn Tage nach seiner Geburt wiegt es dreizehn Pfund und ist zweiundzwanzig Zoll lang. Er hat eine kräftige Amme, Mme. Poitrine genannt. Die Wackere hat sich, von einer unwiderstehlichen Berufung getrieben, aufgedrängt, ohne daß man sie gerufen hätte. Jetzt läßt man ihren Gaben Gerechtigkeit widerfahren; sie wiegt den Dauphin mit Meisterschaft nach der Melodie »Malbrouk s'en va-t-en-guerre«, die sie so wieder in Mode bringt.

Während dieser Zeit wurden dem Volk unentgeltliche Theatervorstellungen geboten. Die Comédie-Française gab »La Partie de chasse de Henri IV«, die sie seit der Entlassung Neckers nicht mehr aufgeführt hatte; sie fand frenetischen Beifall. Ludwig XVI. wurde entschieden ein zweiter Henri IV! In der Comédie-Italienne spielte man »Die beiden Sylphen« und sang dabei eine Improvisation:

> Je suis fée et veux vous conter
> Une grande nouvelle:
> Un fils de Roi vient d'enchanter
> Tout un peuple fidèle.
> Ce Dauphin que l'on va fêter
> Au trône doit prétendre.
> Qu'il soit tardif pour y monter...
> Tardif pour en descendre.

Die Oper, die neu erbaut worden war, gab ihre Hauptprobe als unentgeltliche Vorstellung. Man gab »La Tribu« von Rochon de Chabannes mit anmutigen Liedchen. An diesem Abend nahmen die Kohlenhändler die Königsloge, die Fischfrauen die der Königin ein; sie hatten darauf Anrecht, weil sie die beiden herrschenden Körperschaften ihrer Art waren. Diener in großer Uniform erwarteten sie am Eingang und ließen nicht zu, daß die Vorstellung ohne sie anfing. Als sich der Vorhang hob, hallte der ganze Saal wider von dem allgemeinen Schrei: »Es lebe der König, es lebe die Königin, es lebe der Herr Dauphin!« Dann ging die Aufführung inmitten größter Aufmerksamkeit vor sich. In der Comédie-Italienne wollte man sich dem Horizont des Publikums anpassen und spielte »Die beiden Geizigen« und »Der Waldgott und der Winzer«; aber das machte den Kohlenhändlern und Fischweibern weniger Vergnügen. Sie kannten das beschriebene Milieu zu gut und fanden mehr Geschmack an dem Glanz der Oper. Im geistlichen Konzert wurde eine Kantate auf die Geburt des Dauphins gesungen. So feierte Paris seinen Dauphin unermüdlich zwei Monate lang.

Die Provinz stand nicht nach: in Straßburg wurde die Hundertjahrfeier für die hundertjährige Wiederkehr der Annexion durch Frankreich vor dem unter einem Thronhimmel stehenden lebensgroßen Porträt des Königs begangen. In Rouen erschien am Ende der Aufführung der »Fête villageoise« ein gestiefelter Kurier auf der Bühne und sang die Strophen von »Par la P'tit' Poste de Paris« mit dem Kehrreim »Viv' l'Dauphin, Viv' l'Dauphin«, die vom Publikum mit tobender Begeisterung wiederholt wurden. In Limoges baute man einen schönen Brunnen, den man »Fontaine Dauphine« nannte, und dem Platz, auf dem der Brunnen stand, gab man den Namen »place Dauphine«.

Selbstverständlich fehlten bei diesen Freudenausbrüchen auch die Verse nicht, von denen, die den König als guten Gärtner lobten, der es verstanden habe, »die österreichische Rose auf den französischen Lorbeer zu pfropfen«, bis zu dem Stegreifgedicht des Gaskogners:

> Sandis, vous l'entendez, Rochambeau, La Fayette,
> Vous savez réunir les vaincus, les vainqueurs:
> La France à son Dauphin présente tous les cœurs,
> Et vous force l'Anglais à payer la layette.

In Frankreich gab es nicht genug Zucker noch Honig für den Dauphin, noch Glückwünsche für seinen Vater. Auch aus allen Teilen der Welt wurde Ludwig XVI. beglückwünscht, und selbst die beleidigenden

Lieder, die gegen ihn umliefen, konnten als eine Art Schmeichelei
gelten, weil sie Zeichen des Verdrusses ihrer Anstifter waren: Monsieur? Chartres? oder die Engländer? – Lauzun, Zweibrücken und
die Nachricht vom Siege von Yorktown trafen vierzehn Tage nach
der Geburt des Kindes ein; die Vaterfreude des Königs verband sich
mit der, daran zu denken, daß er Frankreich wieder in den Zustand
versetzt hatte, den Ludwig XIV. hinterlassen hatte.
Zum ersten Male seit sehr langer Zeit hatten die Bourbonen England
unter dem Beifall Europas geschlagen und ein wirksames Mittel gefunden, seine Macht zu begrenzen und sein Ansehen herabzusetzen.
Zum Unglück starb Maurepas gerade in dem Augenblick, in dem die
Nachrichten vom Sieg in Yorktown, von der Einnahme Floridas durch
die Spanier und von den französischen See-Erfolgen bei den Antillen
eintrafen. Am 10. November glaubte man, er würde sterben, und der
König hatte, als er es erfuhr, seine Jagd abbestellt; am 12. ging es ihm
besser; da sein Kopf freier war, spottete er in gewohnter Weise. Choiseul, der eiligst nach Paris gekommen war, um sich auf die Lauer zu
legen, machte eine armselige Figur. Aber vom 18. an ging es Maurepas
so schlecht, daß man ihm die Sterbesakramente geben mußte. Der Arzt
stellte Brand fest, und selbst die Kunst des berühmten Barthès aus
Montpellier vermochte nichts dagegen. Seine Arzneien gaben jedoch
Maurepas soviel Kraft, daß er noch den Adelsbrief für den Vater seines
Arztes erbitten konnte. »Er hat den richtigen Augenblick gewählt!«
rief der König aus, der ihm die Bitte nicht abschlagen konnte. Diese
kurze Besserung war das letzte Aufflammen seiner Lebenskraft. Am
21. November um elf Uhr abends starb der Graf von Maurepas. Der
König erhielt die Nachricht, als er zu Bett ging; als sein »Maître de la
garde-robe«, der Herzog von Estissac, ein Verwandter Maurepas',
einen schmerzlichen Seufzer ausstieß, für den er sich entschuldigte,
sagte Ludwig XVI. zu ihm: »Wenn Sie einen großen Verlust erlitten
haben, so ist meiner noch viel größer.«
In Maurepas verlor der König den Menschen, der es verstanden hatte,
ihm Mut und Selbstbewußtsein einzuflößen, seine Gedanken zu Ende
denken zu lassen und seinen Willen zu verwirklichen; er verlor in ihm
einen Mann, der Sinn für Frankreich, Neigung zu seinen Überlieferungen und Verständnis für seine Bedürfnisse besaß, einen Mann, der
stark war durch seine Geschmeidigkeit, großmütig durch sein umfassendes Verständnis, gut durch seine Skepsis, und der vor allem treu war.
Der König war noch ganz niedergeschlagen, als ein anderer Tod ein-

trat, der ihn eines weiteren zuverlässigen Ratgebers und einer festen Stütze beraubte.

Am 12. Dezember um elf Uhr abends starb Christophe von Beaumont, Erzbischof von Paris, nachdem er so lange Zeit und durch so große Stürme die Kirche von Paris geleitet hatte. Die Philosophen und Jansenisten stießen Freudenschreie aus, aber die Armen von Paris betrauerten ihn, und der König war untröstlich. Beaumont war einer der seltenen, wahrhaft frommen und guten hohen Geistlichen geblieben. Von seinen Einkünften in Höhe von 600 000 Franken verteilte er 500 000 an die Armen und behielt für sich und seinen Haushalt nur 100 000 Franken, von denen er auch noch einen Teil verschenkte. Am 17. Dezember wurde er begraben; eine ungeheure Menge von Armen wohnte dem Begräbnis bei.

Sogleich spannen sich Intrigen an, um den oder jenen philosophischen Priester auf diese Schlüsselposition zu bringen. Eines Tages glaubte man schon, Loménie de Brienne sei ernannt, so sehr war die von Vermond getriebene Königin für ihn eingetreten. Aber der König gab nicht nach; er wünschte einen frommen, glaubenseifrigen, intelligenten Bischof, aber er fand keinen.

Schließlich wählte er Juigné, den Bischof von Châlons, den Vergennes ihm als geeignet und sehr mildtätig empfohlen hatte.

Maurepas wurde nicht ersetzt. Necker und Choiseul boten sich an, bereit, sich für das Gemeinwohl zu opfern. Der König nahm Vergennes, denn Vergennes verdankte er den Sieg, der Frankreich wieder in die Höhe gebracht hatte.

DER GEWANDTE KÖNIG

Trotz Turgot, trotz Necker, trotz der Mehrheit der Minister, trotz dem Hofe, der Geistlichkeit und der Armee, trotz den Schöngeistern und der öffentlichen Meinung, die selbst im geheimen anglophil war, hatte der König Ludwig XVI. mit Hilfe von Vergennes den amerikanischen Krieg begonnen und ihn durch die Entscheidungsschlacht von Yorktown gewonnen. Wie immer schweigsam und verschwiegen, behielt er die Freude darüber für sich; das Volk teilte sie mit ihm.

Das Volk war entzückt; Schlag auf Schlag ein Dauphin, ein fast ohne Verluste errungener Sieg und schöne Feste, denn diesmal wollte der König nicht knausern. Er sagte dies dem Vorsteher der Kaufmannschaft, und alle arbeiteten geschäftig an den Vorbereitungen. Da der Winter kalt war, schlug man der Königin vor, die Feste zu verschieben; sie antwortete: »Wenn man Feste aus Freude über einen Dauphin gibt, soll man dann warten, bis das Neugeborene sie sehen und auf ihnen tanzen kann?« Man ließ sich das gesagt sein und beeilte sich, alles für Montag, Dienstag, Mittwoch, den 21., 22., 23. Januar 1782 vorzubereiten.

Vor allem wollte man Unfälle vermeiden. »Keine Toten für eine Geburt«, hieß das Losungswort. Der Herzog von Biron, Kommandeur der französischen Garde, der Chevalier Dubois, der die Scharwache kommandierte, und der Polizeipräfekt verständigten sich mit der Architektur-Akademie über den Aufbau, mit dem Feuerwehrdirektor Moret wegen etwaiger Brände und mit den Flußschiffern und Schwimmern, die in diesen Tagen alle auf dem Posten sein mußten, um notfalls Ertrinkende zu retten. Alle Kamine in der Umgebung wurden gekehrt, für die Wagen wurden Durchlaßkarten ausgegeben, die Zahl der Truppen, Polizisten und Gendarmen wurde vermehrt, da und dort wurden Ärzte, Chirurgen, ja sogar Hebammen aufgestellt, denn bei einer Menge kann alles vorkommen.

Da das Fest sich auf der place de Grève und auf der place de l'Hôtel-de-Ville abspielen sollte, hatte man die place de Grève mit einem schönen, dekorativen Zimmerwerk verkleidet und auf dem Hofe des Rathauses einen großen, reichgeschmückten Saal gebaut. Der König und die Königin nahmen ihre Mahlzeit öffentlich ein und wohnten dann einem prachtvollen Feuerwerk und einem großen Balle bei. Das Wetter war herrlich, alles verlief gut; das Volk war begeistert, die Leute von Geschmack maulten, die Veranstalter kamen vor Ermüdung und Besorgnis fast um, den Soldaten war es trotz der Kälte sehr warm, und der König wäre beinahe erdrückt worden. Im übrigen fand er viel Gefallen am Fest und an der warmen Anteilnahme, die das Volk ihm zeigte; man war von ihm entzückt und zeigte es ihm.

Den ganzen Tag über war er sehr huldvoll; die Königin, die wenig beachtet wurde, blieb ernst. Einige Tage später gab die Leibgarde ein Fest: es bestand aus einem Ball im Galaanzug am Abend mit dreitausend geladenen Gästen und einem Maskenball in der Nacht mit sechstausend geladenen Gästen. Der Maschinensaal, in dem er stattfand, schimmerte von tausend Lichtern, die Musik war gut und laut, die Uniformen prächtig und die Frauen glücklich. Der König tanzte nicht, aber er ging viel umher, unterhielt sich mit allen und erklärte, er habe nie einen schöneren Ball gesehen.

Zur großen Überraschung aller hatte der Tod Maurepas' nichts an der Lebensweise des Königs geändert; er ging zur Messe, zur Jagd und arbeitete zu den gewohnten Stunden. Um ihm beim Regieren zu helfen, hatte er weder Choiseul noch Necker, noch den Kardinal de Bernis berufen, von denen man jeden für den Posten des ersten Ministers ausersehen hielt. Mit jedem Minister sprach er über dessen Geschäftsbereich, und nur von ihm, ohne ihnen zu erlauben, auf etwas anderes einzugehen. Nur Vergennes wußte, wen der König in schwierigen Fällen um Rat fragte; aber Vergennes sprach nicht darüber, denn auch er war verschwiegen.

Im übrigen hatten der König und Vergennes zu viel Arbeit und zu viele Sorgen, um geschwätzig zu sein. Der Sieg ist ein zerbrechliches, unsicheres Ding, das man unverzüglich ausnützen muß, wenn man nicht will, daß es einem in den Händen verwelkt oder verdirbt. Für Vergennes gab es keinen Zweifel, daß von nun an Verhandlungen nicht weniger entscheidend seien als Kämpfe, und seine Agenten meldeten ihm aus England, daß es dort eine unwiderstehliche Friedensbewegung gäbe. Am 27. November hatte Lord Shelburne im Unterhause einen Vorschlag eingebracht, der die Unmöglichkeit, den Krieg fortzusetzen, erklärte. Charles Fox hatte dasselbe getan, und wenn auch North noch im Sattel blieb, so konnte das nicht lange dauern. Inzwischen mußte man daher den Krieg weiterführen, um dem Feinde den Frieden aufzuerlegen: Suffren schlug sich in Indien mit heldenhafter und glückbringender Erbitterung; Grasse bereitete seine Vereinigung mit einer großen spanischen Flotte, der er zahlreiche Verstärkungen brachte, vor, um Jamaika anzugreifen; Guichen war im Begriff, mit fünfzehn Schiffen und einem großen Geleitzug abzusegeln, um ihn zu unterstützen; die Spanier belagerten Gibraltar und hatten soeben Menorca und das Fort Saint-Philippe genommen. Man war also nicht müßig.

In Wahrheit wünschte Vergennes keine militärischen Siege mehr. Er hätte vorgezogen, daß der gesunde Menschenverstand bei jeder Nation wieder einkehre; aber die Führer der Nationen sträubten sich. Seit 1778 munkelten die Höflinge: »Der Graf von Vergennes ist recht stolz auf seine Bündnisse; er wird sehen, daß seine Verbündeten ihn den Frieden kosten werden«. Er fürchtete das selbst. Heute wurden seine Vermutungen Wirklichkeit: die Spanier verabscheuten die Amerikaner, die ihnen das hundertfach vergalten. Zuletzt empfing man in Madrid doch einen amerikanischen Gesandten, John Jay, einen intelligenten und höflichen Mann, aber er kam bei seinen Verhandlungen keinen Schritt weiter.

Die Amerikaner wünschten, Ellenbogenfreiheit zu haben, weil sie Amerikaner waren, und die Spanier wünschten, weil sie Amerika entdeckt hatten, nach ihrem Belieben darüber verfügen zu können. Sie hätten den Vereinigten Staaten das Gebiet der dreizehn verbündeten Kolonien zugestanden, unter der Bedingung, daß sie nicht weiter ins Land vordrängen, doch die Amerikaner forderten weit mehr. Die Kaufleute verlangten die Schiffahrt auf dem Mississippi, dem Fluß, den die Spanier als ihr Eigentum erklärten, und die Pflanzer, darum besorgt, immer neues Land für ihre Tabakpflanzungen, die sich schnell erschöpften, zur Verfügung zu haben, behaupteten, das Recht zu haben, weiter nach Westen vorzustoßen, den die Spanier als ihr Eigentum geltend machten. Dies behaupteten auch die Engländer und forderten diese Gebiete für sich – Gebiete, in denen die Franzosen als erste angekommen waren, so daß man sie normalerweise mit Louisiana und Kanada in Verbindung brachte. Aber die Amerikaner wollten auch Kanada haben! Nur in einem Punkt war man einig: niemand kümmerte sich um die Indianer, die Eigentümer dieses Bodens, die ihn seit Jahrhunderten bewohnten.

Vergennes wußte, daß Spanien Gibraltar als Bedingung sine qua non des Friedens forderte, während die Vereinigten Staaten davon nicht einmal sprechen hören wollten. Und doch war es nötig, gemeinsam über den Frieden zu verhandeln, weil sonst England den Frieden gewonnen hätte, nachdem es den Krieg verloren hatte. Daher verdoppelte Vergennes seine Aufforderungen zur Einigkeit sowohl in Madrid wie in Philadelphia. Sein Gesandter in der Stadt, La Luzerne, hatte guten Erfolg; er traf in dem Augenblick ein, als der Sekretär des Kongresses, Thomas Paine, von einigen anderen unterstützt, Lärm schlug, indem er mehrere Mitglieder des Kongresses beschuldigte, sich an Frankreich verkauft zu haben, was übrigens übertrieben war. La Luzerne kaufte sogleich Paine, und die Ruhe war wiederhergestellt. Der Kongreß genehmigte durch Abstimmung, daß seine Delegierten sich mit Vergennes zu verständigen, im Einvernehmen mit ihm zu verhandeln hätten und ihm nichts verbergen sollten. Auf dem Papier war das sehr schön; leider waren seine Delegierten, besonders Adams, dem Vergennes mißtraute, und John Jay, dem er nicht mißtraute, fest entschlossen, nur nach ihrem Kopfe zu handeln, oder »nach ihrem Gewissen«, was auf dasselbe herauskam. Vergennes' Aufgabe wurde hierdurch nicht erleichtert.

Kann man wohl sagen, daß das im englischen Parlament herrschende Chaos sie ihm erleichterte? Den beiden Führern der Whigs, Lord Shelburne und Charles Fox, war es endlich gelungen, Lord North, den sie beide haßten, zu stürzen (Juli 1782). Aber unter sich haßten sie sich noch mehr, und der König empfand für sie keine anderen Gefühle. Fox schien ihm ein Besessener zu sein und Shelburne ein »Jesuit« (was in seiner Vorstellung ein Heuchler und verdorbener Mensch war). Im übrigen zog er Shelburne vor. Höflicherweise verzuckerte man ihm die Pille, indem man Rockingham an die Spitze des Kabinetts stellte, der nicht fähig war, die geringste Autorität über einen der beiden auszuüben; und so bereitete man sich munter darauf vor, zu verhandeln.

Fox wollte als Außenminister über den gesamten Frieden verhandeln und damit beginnen, sich mit den Vereinigten Staaten durch Anerkennung ihrer Unabhängigkeit zu versöhnen. Er schickte Thomas Grenville nach Paris; er befürwortete auch ein Bündnis mit Frankreich und Holland. Shelburne, Minister für die Kolonien, beabsichtigte mit den dreizehn Kolonien zu verhandeln, die aufständisch, aber in den Augen des Königs immer noch Kolonien waren; hierin gab ihm der König recht. Er weigerte sich, ihre Unabhängigkeit anzuerkennen, um darüber weiterhin mit ihnen zu verhandeln und sie ihnen recht teuer zu verkaufen. Zur Verhandlung schickte er einen alten Freund Franklins, Oswald, nach Paris. Sein Plan war logisch, der von Fox auch, aber da sie sich gegenseitig alles verhehlten und ihre Abgesandten Geheimniskrämerei trieben, begriffen die Franzosen und Amerikaner überhaupt nichts. Vergennes mit allem seinen Scharfsinn floß von Argwohn über.

Indessen arbeitete er; er hatte täglich mit dem König mehrere Besprechungen (natürlich mit Ausnahme der Jagdtage), um dieses Gespinst zu entwirren. Um etwas Öl in das knarrende Räderwerk zu gießen und besser unterrichtet zu werden, schickte Ludwig XVI. seinen Bruder Artois zur Belagerung von Gibraltar; so sollten die Spanier, falls sie Gibraltar beim Friedensschluß nicht bekommen sollten, sehen, daß man nichts versäumt hatte, es ihnen zu verschaffen. Mit der französischen Flotte und Armee, die schon dort waren, bedeutete das eine imponierende Kundgebung. Auch zärtliche Briefe wurden gewechselt, voll von Mitgefühl für die arme Sophie, die Tante Ludwigs XVI., die am 3. März ganz plötzlich in Versailles gestorben war, wie auch für die tröstlichen Aussichten der Infantin Louise. An sie schreibt Ludwig XVI.: »Meine Frau Schwester und Base, mit starkem Empfinden habe ich die Beileidsbezeigungen für den soeben erlittenen Verlust meiner Tante Sophie erhalten; es bedurfte nur dieses neuen Beweises, um nicht an dem Interesse zu zweifeln, das Sie an dem, was mich betrifft, nehmen. Mein Onkel, der König, benachrichtigt mich soeben von Ihrer glücklichen Schwangerschaft und bittet mich gleichzeitig, Pate des zu erwartenden Kindes zu sein; ich habe mit großer Freude das Angebot angenommen. Ihre Wünsche werden erfüllt werden, wenn alles so kommt, wie ich es wünsche. Ich freue mich sehr, meine Schwester und Base, daß Sie mit den Porzellanen, die ich Ihnen geschickt habe, zufrieden waren. Ich bitte Sie, immer auf meine beständige Freundschaft zu zählen und auf das Interesse, das ich an allem nehme, was Sie betrifft. – Ludwig.«

Das in Spanien sehr geschätzte Sèvresporzellan half, die Herzlichkeit der Familienbeziehungen aufrechtzuerhalten, und Ludwig XVI. sparte nicht damit. Aber mit Verwandten muß man sich vorsehen; man meldete ihm, daß sein Schwager Joseph einen Streich nach seiner Art gegen Holland vorbereitete. Von ihm war alles zu erwarten, und sein Besuch im vergangenen Sommer, wenn er auch herzlich war, ließ nichts Gutes ahnen. Der Baron von Breteuil mußte genau alles beobachten, was in Wien und im Osten geschehen würde.

*

Aus dem Osten trafen mit einem prächtigen Gefolge der Graf du Nord und seine Gemahlin ein. Unter diesem imposanten Namen verbarg sich der Zarewitsch Paul, Sohn der bewunderungswürdigen und gefürchteten Katharina II. Er war mit einer Prinzessin von Montbéliard-Württemberg verheiratet, und beide ergriffen die Gelegenheit einer Reise durch Europa, um sich zu vergnügen und dabei zu unterrichten. Versailles bot ihnen eine Überfülle von Unterricht und Vergnügen. Sie kamen am 20. Mai um halb ein Uhr nachmittags an, im großen »öffentlichen Inkognito«, das nichts verhinderte und alles erlaubte.

Der Zarewitsch wurde als »privater Standesherr« vorgestellt und nur ein Flügel der zum König führenden Tür wurde für ihn geöffnet. Aber der Prinz von Poix, der ihn hineinführte, machte bei der Vorstellung eine sehr tiefe Verbeugung. Der russische Botschafter Fürst Bariatinsky begleitete den Zarewitsch. Der König empfing ihn, wie üblich, in seinem Ratskabinett. Der Graf du Nord sprach gut Französisch und strahlte vor Freundlichkeit. Bei der Königin und bei den Brüdern des Königs, die er danach besuchte, machte er einen ebenso guten Eindruck. Seine Höflichkeit und achtungsvolle Zurückhaltung standen im Gegensatz zu seiner Kleinheit und seinem recht wenig einnehmenden Gesicht; bei seiner Fahrt durch Lyon hatten alle Frauen gerufen: »Ach, ist er häßlich!«, was ihn zu der Bemerkung veranlaßte: »Endlich ein Land, in dem man mich nicht verwöhnt; ich bin glücklich, hier zu sein!« Er war es auch tatsächlich. Vom ersten Diner an überhäuften der König und die Königin ihn mit zarten Aufmerksamkeiten; man aß an einem runden Tisch, damit es keine Mitte gab, der Graf du Nord neben der Königin, der König neben der Gräfin du Nord, einer großen beleibten Frau mit viel Geist und Güte. Am Abend gab es ein Konzert und festliches Zeremoniell. Der Graf du Nord fand Ludwig XVI. bei den Empfängen kalt, im vertraulichen Umgang herzlich und bei politischen Gesprächen vorsichtig. Die Gräfin du Nord verstand sich gut mit dem König; beide waren kurzsichtig und hochherzig. Die Königin erschien in ihren prächtigsten Kleidern; sie war schön wie ein Engel und benahm sich im Umgang mit dem Grafen du Nord sehr gewandt. Auch Ludwig XVI. sah sehr vornehm aus in seinem »Rock aus apfelgrünem Samt-à-la-reine mit reicher Stickerei aus Silberperlen und mit farbigen Flittern, die Weste und die Aufschläge aus weißem Samt-à-la-reine, sehr reich und eng bestickt wie der Rock«.

Der französische Hof blieb der eleganteste Europas; die Russen sahen es auf dem Galaball, der bald folgte, und sie wurden davon überzeugt bei ihrem Besuch in Chantilly, der sie in solches Staunen versetzte, daß der Zarewitsch dem Prinzen Condé erklärte: »Ich würde gern ein Bourbon oder Condé sein!« – »Oh, Sire«, erwiderte der Prinz gewandt, »Sie würden dabei zu viel verlieren und Ihr Volk noch mehr.«

Der König gab noch zwei Schauspiele für sie; sie gingen auch zu den Orléans, zu einer Sitzung der Académie française, zu einem Konzert, das Artois in Bagatelle für sie gab, auf den Opernball usw. Der immer bedächtige Herzog von Croÿ notierte: »Dieser Name Graf du Nord ist ein wenig stark, denn die Könige von Schweden und Dänemark sind auch keine Nullen, und das läßt fast vorausahnen, daß sie sich eines Tages bei den schnellen Fortschritten dieser Macht Grafen von Europa nennen werden.« So prophezeite Croÿ.

Das hinderte nicht daran, besonders jenes Fest vom 8. Juni zu bewundern, das, von dreitausend Kerzen und unzähligen Diamanten erleuchtet, der schönste Galaball des Jahres war; die Königin – in einem Kleide, das sie nach dem der schönen Gabriele* hatte anfertigen lassen – tanzte mit dem Marquis La Fayette einen Kontertanz, der allgemein bewundert wurde. Die Beliebtheit des jungen Marquis' war aufs höchste gestiegen; Der König und die Königin überhäuften ihn mit Wohlwollen. Der König hatte ihn am Tage seiner Rückkehr nach Frankreich zum Brigadegeneral vor allen seinen Kameraden gleichen Ranges ernannt, ohne daß er vorher eine Brigade kommandiert hatte; am gleichen Tage, am Schluß des Festes für den Dauphin, hatte ihn die Königin selbst zum Hôtel de Noailles zu seiner Frau gebracht; hier hatten sie einige hundert Fischweiber vorgefunden, die die Tür belagerten und Kränze und Lorbeerzweige darboten. Das ganze Land fand Freude daran, aus ihm einen Helden zu machen.

Er verdiente es auch durch seinen Mut in den Schlachten und mehr noch durch seinen Sinn für die königliche Politik. Er fast allein hatte vorhergesehen, daß, um das Bündnis mit Amerika wirklich wirksam zu machen, Frankreich dort populär werden mußte. Er blieb eines der nützlichsten Werkzeuge Vergennes', der ihn dadurch belohnte, daß er ihn mit der vornehmen Jugend Frankreichs nach Gibraltar schickte, um sich dort zu schlagen. Er machte ihm auch Komplimente: »Ihr Name wird verehrt. Wenn Sie auch nicht das Oberkommando dieses großen Unternehmens gehabt haben, so wurde doch durch Ihr kluges Verhalten und Ihre vorhergehenden Manöver sein Erfolg vorbereitet.« Unter einer starken Regierung war La Fayette eine glanzvolle Zierde Frankreichs und ein wertvoller Agent. Er gehörte auch zur Gesellschaft der Mme. de Polignac.

Da es ein Jahr des Ruhmes und Prunks war, lud der König den ganzen Hof ein, mit ihm nach Compiègne zu kommen. Dort gab es für sie alle nur Erholung und Vergnügen. Man stand um acht Uhr auf; wenn es schön war, ging man auf die Jagd; wenn Regen drohte, ließ man die Pagen auf den Rasenplatz kommen; hier wurden Bockspringen, Barlauf und alle die anderen Belustigungen gespielt, an denen ge-

---

* Gabrielle d'Estrées, Favoritin Heinrichs IV.

wandte und behende junge Leute Gefallen finden. Dann fuhr man mit den Damen aus. Nach der Rückkehr spielte man Billard und Tricktrack, vermied es aber, um Geld zu spielen, aus Furcht, der König könnte es sehen und den Einsatz für die Armen beschlagnahmen. Dann aß man zu Abend, und spät in der Nacht ging man zu Bett. Der König ging zur Jagd und arbeitete.

Er arbeitete mehr als je zuvor. Um den Sieg zu sichern, bedurfte es noch einer großen Anstrengung. Der Admiral Grasse hatte gerade alles dadurch gefährdet, daß er die größte Seeschlacht des Krieges verloren hatte.

Nachdem er mit Bouillé, der sich dabei auszeichnete, Saint-Eustache, Montserrat und Lévis genommen hatte, vereinigte er sich mit der spanischen Flotte, um einen Geleitzug von hundertfünfzig Lastschiffen dorthin zu führen. Diese Vereinigung sollte die Überlegenheit der Verbündeten auf den Antillen und die Einnahme Jamaikas sicherstellen. Er war schon nahe bei Dominika und den Spaniern, als er am 9. April 1782 auf die Nachhut Rodneys traf; er versäumte es, sie anzugreifen, obwohl es der Wind erlaubt hätte. Dies war sein erster Fehler. Der zweite bestand darin, daß er am 11. abends eines seiner Schiffe, die »Zélée«, die bei einem Zusammenstoß beschädigt worden war, statt sie aufzugeben, ins Schlepptau genommen und so die Fahrt des ganzen Geschwaders verlangsamt hatte. Von Rodney erwischt, der ihm an Zahl (fünfunddreißig gegen zweiunddreißig) und in der Ausrüstung (alle englischen Schiffe waren mit Kupfer beschlagen, von den französischen Schiffen nur die Hälfte) überlegen war, nahm er die Schlacht an; dies war der dritte Fehler. Dank der Tapferkeit der Führer und Mannschaften hätte er sie noch gewinnen können. Ein Umspringen des Windes schnitt sein Geschwader in drei Teile, und daher wurde trotz wiederholten Signalen ein richtiges Manövrieren unmöglich. Grasse verteidigte sich auf seinem Admiralsschiff »la Ville de Paris« gut, aber es wurde mit ihm und noch vier anderen Schiffen genommen (ein Schiff sank). Die Schlacht tobte elf Stunden lang. Die zu sehr mitgenommene englische Flotte konnte weder ihren Sieg ausnutzen, noch die Verfolgung der französischen Flotte aufnehmen, noch eine französische Insel angreifen.

Für den Feind war es ein taktischer Sieg ohne strategische Folgen, aber mit unermeßlichen moralischen Rückwirkungen. In England ein Freudengeheul; in Frankreich ein Schrei des Zornes und der Entrüstung, gefolgt von großer patriotischer Begeisterung. Überall legten die

Städte Subskriptionen auf, um dem König neue Schiffe zu schenken; in wenigen Tagen bot man ihm statt der sechs verlorenen zwölf neue Schiffe an, deren Bau er sofort befahl. Um sich an dem Admiral zu rächen, sagte die Menge: »Sans l'action de Grasse*, nous aurions eu un Te Deum.« Die Pariser fügten hinzu: ‚Das Schiff, das Paris dem König schenkt, wird die Inschrift tragen: Vaincre ou mourir. Point de Grasse.**‹ – Sogar die Frauen beteiligten sich. Sie trugen damals auf der Brust goldene, von einem Herzen gekrönte Kreuze, die man »jeannettes« nannte. Man fertigte jetzt solche »nach Art von Grasse« an, das heißt »sans cœur« (ohne Mut). Auch der Herzog von Richelieu ließ sich eine so gute Gelegenheit zu einem Wortspiel nicht entgehen. Als man ihm mitteilte, d'Estaing würde ein Geschwader in Cadiz kommandieren, rief er: »Après avoir rendu Grasse à Dieu, nous allons nous remettre au d'Estaing!***« Durch diese, in jener Zeit so beliebten Wortspiele hindurch erkennt man das Erwachen des Nationalgeistes. Alle Franzosen forderten Rache für die Schlacht bei Saintes. Die Freimaurer beschlossen in ihren Logen, dem König ein Schiff zu schenken; doch eine, die am meisten philosophische Loge, protestierte, und nach vielen Erörterungen endete es damit, daß nichts geschah.

Die Franzosen blieben leichtsinnig. Wenn es eine Familie gab, die seit einem Jahrhundert sich die Wohltaten des Königs zunutze gemacht hatte, so war es die der Rohan. Trotz seinen großen Fehlern war der Prinz Soubise der beste Freund Ludwigs XV. gewesen, und Ludwig XVI. achtete ihn; eine Rohan hatte die Kinder Ludwigs XIV. erzogen, eine andere die Kinder Ludwigs XV. und seine Enkel, eine weitere, die Prinzessin Guémenée, die Kinder Ludwigs XVI. Sie war eine der vertrautesten und am meisten verhätschelten Freundinnen der Königin, die trotz den Bitten ihrer Mutter und dem beißenden Spott ihres Bruders nie aufgehört hatte, sie fleißig zu besuchen, und ihr sogar die Erziehung ihres einzigen Sohnes, des Dauphins, anvertraut hatte. Ihr Gatte, der Prinz Guémenée, nutzte die Gunst, in der seine Frau und sein Schwager standen, gründlich aus. Sein Haus war eines der glänzendsten in Paris; er hatte eigene Schauspieler und Musiker. Seinen Freunden bot er Gastmähler, Konzerte und Theater, seine Frau verleitete sie zum Spiel.

---

* Wortspiel: action de grâce = Danksagung.
** Wortspiel: point de grâce = keine Gnade!
*** Wortspiel: Nachdem wir Gott Dank gesagt haben, übergeben wir uns dem Schicksal (destin). (Anmerkungen des Übersetzers.)

Eines schönen Tages aber, am 30. September 1782, erfuhr man, daß der sehr edle und sehr erlauchte Prinz Rohan-Guémenée Bankrott gemacht hatte; seine fortwährenden Anleihen hatten sich so aufgehäuft, daß er in Konkurs geriet. Man sprach von mehr als dreitausend Gläubigern; es waren vor allem kleine Leute, Diener, Türsteher, Musiker, aber auch Schriftsteller, die heftig Lärm schlugen, wie Rousseau aus Toulouse, Roger, der Abbé Delille und Leute von Stande wie der Marquis de Villette, der ihm Rentenbriefe im Betrage von 28 000 Franken anvertraut hatte und nun gegen ihn tobte ...

Die Entrüstung brachte die kleinen Leute von Paris auf. Man scheute sich nicht, Guémenée einen Dieb zu nennen, und auch der König dachte so. Er ließ sogleich Guémenées Haushofmeister und seinen Notar verhaften und ersuchte ihn selbst, auf dem Lande auf seinem Gut in Navarra zu bleiben. Die Prinzessin mußte ihren Posten als Erzieherin der Enfants de France aufgeben und sich auf ein Gut ihres Vaters zurückziehen, wo sie sich, wie man sagte, tausend Überspanntheiten hingab. Jedermann wandte sich gegen sie, die großen Herren und der Hof, die auf das Vermögen der Rohan neidisch waren, wie auch das entrüstete Bürgertum und das wütende Volk. Der Tänzer Vestris sagte zu einem seiner Söhne, der in Schulden geraten war: »Ich will keinen Guémenée in meiner Familie!« Der Skandal wurde riesengroß; um zu verhindern, daß er sich noch mehr ausbreitete, gab der König den Guémenées drei Monate Aufschub und traf Maßnahmen, die Liquidation auf gütlichem Wege zu erledigen, ohne gerichtliches Einschreiten, wodurch auch das, was noch übrig war, aufgezehrt worden wäre; man erzählte sogar, Soubise habe auf seine kleinen Mätressen von der Oper verzichtet, was allerdings ihm schmeicheln hieß.

Der Zorn des Königs konnte nicht mehr gesteigert werden. Wie sollte man diesen Leuten ihre Pflichten begreiflich machen, da sie es nicht einmal verstanden, ihre Vorrechte richtig anzuwenden? Guémenée hatte Paris und die Bretagne gegen sich aufgebracht; zu gleicher Zeit ließ Chartres für seine finanziellen Spekulationen die schönsten Bäume von Paris fällen und verwandelte das Palais-Royal, das noch vor kurzem der schönste Spazierweg von Paris gewesen war, in eine Art von pomphaftem Gefängnis. Man verfluchte seinen Geiz und wünschte ihn zum Teufel. Jetzt war er auch noch auf den Gedanken gekommen, seinen Kindern als Erzieherin seine Mätresse, die Gräfin Genlis, zu geben! Von Paris bis Versailles gab es nur ein Hohngelächter; sie wurde besungen, ausgepfiffen und verhöhnt, aber sie ging erhobenen Hauptes darüber hinweg, denn in ihr vereinigten sich Unverschämtheit mit Schamlosigkeit. Doch sie war nicht die einzige; noch näher bei sich sah der König, wie die Gräfin Artois zwischen zwei Schwangerschaften mit dem Leibgardisten Desgranges, der sich dessen noch rühmte, schlief. Die Bastille brachte ihm Stillschweigen bei. All diese ganz offenkundige Liederlichkeit versetzte das Volk in Aufregung. Selbstverständlich wurde dies von den Parlamenten mißbraucht. Das von Bordeaux hielt nicht mehr Gericht, unter dem Vorwande, der König wolle ihm den Präsidenten Dupaty aufzwingen; das von Besançon weigerte sich, die Verordnung über das dritte Zwanzigstel der Grundsteuer zu registrieren, was den Gouverneur de Vaux fast zum Wahnsinn brachte. In der Bretagne stellten die vom Adel geführten Stände höhere Forderungen und sandten dem König (im Dezember) einen Brief, der ehrerbietig war, weil sie ihn »Vater Ihrer Völker« nannten, aber auch vermessen, weil sie ihn beschuldigten, sich an den von seinen Vorfahren immer geachteten Rechten der Bretagne zu vergreifen, indem er die Stände hinderte, ihre Abgesandten frei zu wählen, und sie zwang, den Erlaß vom 4. November 1780 zu registrieren, was sie verweigerten.

Sie wagten sogar, Abgesandte nach Versailles zu schicken. Ludwig XVI. schrieb ihnen energisch: »Nichts kann meine Untertanen von dem Gehorsam entbinden, den sie mir schulden. Die Stände meiner Provinz Bretagne hätten im Jahre 1780 beginnen sollen, Abgeordnete in der durch die Verordnung meines Staatsrates vom 11. Februar des gleichen Jahres vorgeschriebenen Form zu wählen, und dieser Akt der Ergebenheit hätte mich bei ihren Vorstellungen nichts als den Ausdruck ihres Diensteifers erblicken lassen, nicht aber einen Widerstand gegen meinen Willen, den zu dulden mir die Gerechtigkeit und die Aufrechterhaltung meiner Autorität nicht erlauben.« Die Stände hörten dies mit gesenktem Haupt an, waren aber mehr bestürzt als besiegt.

*

Der König mußte viel Geduld haben. Nach schönen Wildschweinjagden in Fontainebleau, wo der Hof zahlreich war und es dauernd regnete, richtete man sich in Versailles für den Winter ein und fand dort die brennenden Sorgen um die Friedensverhandlungen wieder vor.

Die spanischen Minister in Madrid, die amerikanischen Abgesandten in Paris, die englischen Minister in London und ihre Streitereien machten dem König und Vergennes viel Kopfzerbrechen bereitende Arbeit. Tag und Nacht trafen bedrückende Nachrichten ein. Man konnte den spanischen Ministern nicht vorwerfen, daß es ihren Ideen an Folgerichtigkeit fehlte: sie wollten Gibraltar haben und hörten nicht auf, Gibraltar zu fordern. Sie verstanden nicht, daß man sich auch um anderes zu kümmern hatte, und wollten wegen Gibraltar alles aufschieben. Die Amerikaner widersetzten sich dem. Jay traf im August 1781 aus Madrid ein; er brachte einen kräftigen Haß auf Spanien mit und einen starken Argwohn gegen Vergennes, der sich auch auf seinen Kollegen Franklin erstreckte, den er beschuldigte, Vergennes gegenüber zu schwach zu sein. Nach manchen geheimen Unterredungen ermahnten Adams und Jay Franklin, sich ihren Standpunkt zu eigen zu machen: von nun an unmittelbar mit den Engländern zu verhandeln, ohne Vergennes um Rat zu fragen, oder wenigstens ihm nicht alles zu sagen, was zwischen ihnen und Oswald geschah. Sie warfen tatsächlich Vergennes vor, er habe sie dadurch getäuscht, daß er heimlich den besten seiner hohen Beamten, Gérard de Rayneval, nach London geschickt habe, um unmittelbar mit dem englischen Ministerium zu verhandeln. Die Tatsache stimmte, aber die Auslegung war falsch; Vergennes hatte Rayneval nach London geschickt, um sich mit Shelburne zu unterhalten, der seit dem Tode Rockinghams (1. Juli 1782) und dem Abgang von Fox der Leiter der englischen Regierung war.

Vergennes wollte den Vereinigten Staaten nicht schaden, sondern nur die Lage klären. Er mißtraute Shelburne, der soeben einen neuen Unterhändler, Fitzherbert, geschickt hatte, und den der Erfolg der Schlacht bei Saintes etwas berauscht hatte. Rayneval war beauftragt, ihm zu sagen: Frankreich verlangt die Anerkennung der amerikanischen Unabhängigkeit und läßt die Amerikaner alles übrige mit den Engländern erörtern. Für sich selbst genügen ihm: die Rückgabe aller seiner Handelsniederlassungen in Indien mit dem Recht, sie zu befestigen und andere zu gründen, der Besitz von Senegal und Gorea, die Lauzun wiedererobert hatte, und der Ile Royale, eine gerechte Regelung des Fischfangs bei Neufundland, Entschädigung für die vor Eröffnung der Feindseligkeiten erbeuteten Schiffe und die vollständige Rückgabe von Dünkirchen. Frankreich besaß schon fast alles, was es forderte. Das Wichtigste war, die Aufrichtigkeit Shelburnes festzustellen. Seine Winkelzüge bei den Verhandlungen ließen daran zweifeln; aber das lag am englischen König, der sich bemühte, den Frieden zu verhindern oder zu verzögern.

Shelburne, der tatsächlich aufrichtig war, freute sich darüber, beargwöhnt zu werden. Welch Vorteil in der Diplomatie, wenn der Gegner nicht weiß, was du wünschst! Vergennes verdächtigte also Shelburne zu Unrecht, und die Amerikaner verdächtigten Vergennes zu Unrecht. Der Unterhändler Oswald zog daraus Nutzen; er stachelte die Amerikaner an, indem er ihnen den aufgefangenen Briefwechsel des französischen Geschäftsträgers in Philadelphia zeigte, der die Gier der Amerikaner nach Gebietserweiterung kritisierte, und er beschleunigte die Verhandlungen.

Shelburne und die Führer der Whigs (die die englische Kaufmannschaft vertraten) träumten davon, mit den Vereinigten Staaten einen Handelsvertrag abzuschließen und sogleich die wirtschaftliche Überlegenheit in der Neuen Welt zu gewinnen. Um dies zu erreichen, gab Oswald in allem nach: freie Schiffahrt auf dem Mississippi, das Recht auf die Gebiete des Westens, die Fischfangrechte bei Neufundland, die Vertreibung ohne Entschädigung aller Anhänger der britischen Regierung in Amerika usw. Von Ende September bis zum 30. November wurde der Vertrag eilig zurechtgepfuscht und am 30. November unterzeichnet.

Hierauf beauftragten die amerikanischen Delegierten Franklin, das Vertragsdokument Vergennes zu überbringen und dabei gleich 20 Millionen zu erbitten, die der Kongreß brauchte. Vergennes hatte während seiner Laufbahn schon manchen Schock erlitten, aber dieser ließ ihn taumeln, denn er glaubte an die Freundschaft Franklins. Er verbarg dem Doktor nicht, daß es für ein solches Verfahren im Französischen eine Bezeichnung gäbe, und zwar eine wenig ehrenvolle. Franklin senkte den Kopf; dann wies er Vergennes, mit der Stimme eines Großvaters, der sich etwas geärgert hat, behutsam darauf hin, daß die Unterschrift noch nicht endgültig sei, daß der amerikanische Vertrag erst am Tage der Unterzeichnung des französischen Vertrages in Kraft trete, und daß die Engländer sich für besonders schlau hielten, Amerikaner und Franzosen entzweit zu haben, daß es aber nur von Vergennes und Ludwig XVI. abhinge, daß dem nicht so sei, und daß schließlich, wenn man sich verfeinde, man die Engländer das Spiel gewinnen ließe, obwohl sie doch geschlagen worden waren. Vergennes atmete tief auf und gewann die Heiterkeit seines Gemüts, wenn auch nicht das Vertrauen wieder. Franklin sah in dieser Sache richtig. Während der übrigen

Unterredung, die nur kurz war, blieb Vergennes höflich, jedoch war er den ganzen Tag sehr nachdenklich. Hatte nicht Montesquieu gesagt, zum Wesen der Republiken gehöre die Tugend? Auf jeden Fall hatte Vergennes, so erfahren er auch schon war, etwas dazugelernt.

Er berichtete sofort dem König über alles. Ludwig XVI. wußte seit seiner Kindheit alles, was man über das Kapitel »Enttäuschungen« wissen muß. Er stimmte der Meinung Franklins zu: nach außen hin keine Unzufriedenheit, einen Brief an den französischen Gesandten in Philadelphia, damit er Frankreichs Freunden im Kongreß die beim König durch diese ebenso ungehörige wie ungerechtfertigte Handlung verursachte Unzufriedenheit bekanntgebe, und dann ein Darlehn von 12 Millionen, von denen Spanien 6 gibt, zu fünf Prozent, weil sie sich ohne ein Darlehn nicht behelfen können. Natürlich war der Kongreß entrüstet über seine Beauftragten, erteilte ihnen ein Tadelsvotum und erneuerte seine Versicherungen der Treue zum König von Frankreich. So wurde das englische Manöver vereitelt, und zwar hauptsächlich durch Georg III., der Shelburne noch mehr mißtraute, als es die Franzosen taten, und jeden Handelsvertrag mit den Vereinigten Staaten ablehnte. Man zog sich also aus diesem ärgerlichen Zwischenfall heraus, so gut man konnte; aber was blieb, war, daß England, nachdem es seine Gegner entzweit und Amerika Zugeständnisse gemacht hatte, die es bedauerte, nun suchte, sich an den Verbündeten schadlos zu halten.

Diese ließen sich das keineswegs gefallen. Karl III. hatte nicht die Absicht, seine Ansprüche herabzuschrauben; er erinnerte Ludwig XVI. daran, daß sein Großvater ihn 1759 in einen unheilvollen Krieg verwickelt hatte, und Georg III., daß England ihn diesmal gezwungen habe, ihm trotz seinem Friedenswillen den Krieg zu erklären. Daher forderte er, seines guten Rechtes sicher, das westliche Florida, Menorca, die Bucht von Honduras, Gebiete, die er schon wiedererobert hatte, ferner das Land der Mosquitos (Nicaragua), und als Bedingung sine qua non verlangte er Gibraltar. Georg III., der über die amerikanische Unabhängigkeit entrüstet war, erkannte die augenscheinlichen Rechte Spaniens auf Gibraltar an und hätte es ihm gern zurückgegeben, aber Shelburne und die Whigs waren mit Entschiedenheit dagegen. »Holt es euch!«, wiederholte Shelburne den Spaniern. Frankreich hatte Truppen, Flotten und schwimmende Batterien dorthin geschickt; alles vergebens. Die Engländer hatten schließlich die schwimmenden Batterien in Brand gesteckt und die Spanier äscherten sie vollends ein.

In Paris sagte man: »Die Trojaner haben das Trojanische Pferd verbrannt.«

Am 20. Oktober 1782 schickte der König d'Estaing nach Madrid; er sollte dort mit dem König von Spanien sprechen, bevor er das Kommando über eine französisch-spanische Flotte übernahm, die Jamaika angreifen sollte. Da Karl III. d'Estaing schätzte, gab ihm Ludwig XVI. einen Brief mit, in dem er sagte: »Mein Herr Bruder und Onkel, indem ich den Grafen d'Estaing nach Cádiz schicke, um das Kommando über mein dort versammeltes Geschwader zu übernehmen, habe ich ihn beauftragt, sich Eurer Majestät vorzustellen, und ihm ausdrücklich empfohlen, sich mit Ihren Ministern über die auf den Antillen vorzunehmenden Unternehmungen zu verständigen, damit der Krieg glücklich beendet und mit einem ruhmreichen und für jedermann gerechten Frieden gekrönt werde. Ich weiß, wie huldvoll Eure Majestät bei seiner ersten Reise für ihn waren, und das hat mich veranlaßt, gerade ihn mit dem wichtigen Auftrag zu betrauen. Er kennt die enge und vertraute Bindung, die zwischen uns herrscht, und den Nutzen, der hieraus für unsere Königreiche entspringt. Möge Eure Majestät nicht an der aufrichtigen und wahrhaften Freundschaft zweifeln, mit der ich, mein Herr Bruder und Onkel, Eurer Majestät guter Bruder und Neffe bin. – Ludwig.«

D'Estaing sollte dem König von Spanien zu verstehen geben, daß Gibraltar nicht die Toten eines neuen Kriegsjahres wert wäre. Karl III. antwortete ebenso freundlich wie hartnäckig, er habe mehrere Unterredungen mit d'Estaing gehabt, alles sei zur gegenseitigen Zufriedenheit geregelt, und der Admiral fahre ab, um in Cádiz alles zu beschleunigen. Da der Friede tatsächlich ein wesentliches Gut war, bestand die erste Pflicht darin, die kriegerischen Vorbereitungen zu beschleunigen.

Auf dieses Schreiben vom 2. Dezember 1782 antwortete Ludwig XVI. umgehend gegen den 18. desselben Monats, er freue sich über das gute Verhalten des Herrn von Estaing und darüber, daß das Geschwader von Brest nach Cádiz abgesegelt sei und alle Vorbereitungen beschleunigt würden; er kam auf das Friedensbedürfnis Frankreichs zurück und hierbei schrieb er als wichtigsten Satz: »Die letzten Vorschläge Großbritanniens scheinen wirksam dieses erwünschte Ziel zu erstreben, und das in einer ehrenhaften Weise für den Ruhm unseres Hauses, der immer mein Hauptanliegen sein wird.« Und dann bat er den Himmel, daß Karl III. endlich begreifen möge.

Während dieser Zeit erklärte Aranda, er sei »festgefahren«. Der erschöpfte Vergennes, dessen gute Laune allmählich verging, erklärte in vertrautem Kreise, »der spanische Botschafter sei ein wahrer Dreckknüppel, man wisse nicht, wo man ihn anfassen solle«. Inmitten dieser Verwicklungen blieb die Eile ein Hoffnungsschimmer, die Shelburne an den Tag legte. Dieser Minister kannte den lebhaften Wunsch, den sein König wie auch sein Parlament hatten, ihn zu stürzen. Vor ihnen mußte er sich mehr hüten als vor den Franzosen, Spaniern und Amerikanern. Da ihm an dem einträglichen Ruhm lag, durch einen raschen Frieden als Friedensstifter zu gelten, wollte er diesem dummen Kriege ein Ende setzen, und hier begegnete er sich mit Vergennes und Ludwig XVI.

Dieser plagte sich ab. Die Höflinge sagten, er »hielte alles in bester Ordnung«; überall, wo er erschien, jauchzte man ihm zu.

*

Der Friede mußte sehr bald geschlossen werden. Die Soldaten lassen sich nicht gern totschießen, wenn sie fühlen, daß der Friede dicht bevorsteht. Suffren kämpfte erbittert, aber überall sonst lief man die Gefahr einer Überraschung. Shelburne konnte gestürzt werden und damit der Streit wieder auf Jahre hinaus aufflammen. Man mußte auch Katharina mißtrauen, die zusammen mit Joseph einen großen Streich auf Kosten der Türkei ausgeheckt hatte: sie wollten ein Land Dazien (Bessarabien, Moldau, Walachei) schaffen, das Katharina schützen zu wollen geruhte; Joseph sollte Dalmatien und Belgrad an sich raffen, aus Griechenland wollte man philosophische Republiken machen. Joseph, ein Strohkopf auf einem Körper von Eisen, entflammte sich an diesem Traum.

Ludwig XVI. wußte, daß es dringend nötig wurde, ihm einen Eimer Wasser auf den Kopf zu gießen. Der beste Eimer Wasser würde der Friede sein, denn sobald dieser einmal unterzeichnet war, würde sich England mit Frankreich vereinigen, um die Türkei zu retten.

Graf Aranda war, sobald man ihm schmeichelte und er sich wichtig machen konnte, nicht schwer zu behandeln. Ludwig XVI. und Vergennes begannen, ihn regelrecht zu belagern (November 1782). Da Aranda Philosoph war, lieferte ihm Vergennes eine Beweisführung in drei Punkten. Erster Punkt: Gibraltar kann mit Gewalt nicht genommen werden. Am Donnerstag, dem 28. November, erörterten Vergennes und Aranda das Problem Gibraltar. Vergennes sagte, die Spanier hielten mit ihrem Gibraltar alles auf. »Sie fordern es, die Engländer wollen es Ihnen nicht geben. Was können wir dagegen tun?« – »Wir können es nehmen!« erwiderte Aranda mit einer langen Rede. Vergennes hob die Arme zum Himmel und fragte ihn, ob er Mittel kenne, um die Festung zu nehmen, und ob er sie billige. Aranda entgegnete, er kenne keine, aber er vermute, daß es welche gebe, da sein Hof die Hoffnung nicht aufgebe.

Vergennes zählte sie auf: Männer, die in ledernen Anzügen (man nennt sie Schwimmwesten, und der Abbé La Chapelle hat sich ihrer bedient) unter Wasser schwimmen; sie müßten in den Hafen eindringen, die Schiffe anzünden und die Tore der Zitadelle aufbrechen, – oder auch Wasserbomben, um Gibraltar zu überschwemmen, – oder auch von Katapulten geschleuderte Mörtelbomben, mit erstickendem Rauch gefüllt, – oder auch Minen, die in den Felsen eindringen und dank einem geheimnisvollen Wasser oder Essig den Stein zerfressen und ihn in Sand verwandeln. Hierzu bemerkte Aranda, man verwende schon Minen, aber das ginge recht langsam vor sich und es sei schwierig, diese Arbeit durchzuführen. Was die verpestenden oder erstickenden Bomben betreffe, so habe er davon schon seit Wochen sprechen hören, aber weder die Religion des Katholischen Königs noch seine, Arandas, eigene unmaßgebliche Meinung könnten solche Mittel dulden, die sogar friedliche Familien in ihrem Heim in Gefahr brächten, wenn man sie anwende. Die Schwimmwesten kenne er wohl und habe sie erproben lassen, sie schienen ihm jedoch nur für Flüsse geeignet, nicht für das Meer – und danach wußte der edle Spanier nichts mehr zu sagen, und man sprach von anderen Dingen. Schließlich erkannte er an, daß man keinerlei geeignete Waffen besäße, um Gibraltar zu nehmen, und er war so ehrlich, dies seinem König zu schreiben. Dies war der erste Punkt der Beweisführung.

Der zweite Punkt betraf die Engländer. Vergennes schickte zum zweiten Mal Gérard de Rayneval, der Shelburne und das englische Milieu gut kannte, nach London, damit er alle Mittel versuchte und ihm Bericht erstattete. So gesichert, zeigte Vergennes mit ehrenhafter Verschlagenheit Aranda alles. Welch endlose Sitzungen hatte das zur Folge! Eine von ihnen dauerte von zehn Uhr morgens bis fünf Uhr abends. Aranda begann, schwach zu werden; das Manöver der Amerikaner machte Eindruck auf ihn; es ließ ihn die Geschicklichkeit Shelburnes ermessen und seine List, sich gegenüber den Franzosen und Spaniern in eine günstige Lage zu versetzen. Vergennes ließ nicht nach, ihn mit Geduld zu bearbeiten, Ludwig XVI. verhätschelte ihn, beide schmeichelten ihm und benutzten ihn als Angelpunkt der ganzen Unternehmung.

Endlich gab er nach, und da er die Vollmacht seines Königs besaß, stieß Vergennes einen Seufzer der Genugtuung aus: der Frieden würde unterzeichnet werden! Ludwig XVI. unterstützte die Bemühungen durch liebevolle und friedliche Briefe an seine Vettern und Basen in Spanien. Karl III. antwortete endlich Anfang Januar. Er billigte den Frieden unter der Voraussetzung, daß er ihm Gibraltar wiedergäbe. »Lassen wir uns nicht eine Gelegenheit entgehen, die vielleicht niemals wiederkehren wird«, so schrieb er, und fügte hinzu, er habe den Krieg nicht gesucht, aber er sei bereit, ihn zu verlängern, wenn es sein müsse, um einen gerechten und dauerhaften Frieden zu erlangen. Er schloß wie folgt: »Obwohl mein Botschafter, der weiß, wie liebevolle Gefühle mein Herz Ihnen gegenüber hegt, sich dazu hergegeben hat, in Überschreitung seiner Befehle die Friedensverhandlung fortzusetzen, ohne auf der Abtretung Gibraltars zu bestehen, wäre es mein Wunsch, zu versuchen, hier noch Abhilfe zu schaffen. Wenn aber an der Sache durchaus nichts mehr zu ändern ist, und wenn die inneren Angelegenheiten Eurer Majestät ihr nicht gestatten, gegenwärtig allen Verpflichtungen nachzukommen, werde ich nicht darauf bestehen, Eure Majestät in eine Lage zu versetzen, die für sie und ihre Untertanen äußerst mißlich wäre. Es ist ein Opfer, das meine liebevolle Zuneigung ihrer Person bringt.«

Dieser von Floride-Blanche vorbereitete, vom König verbesserte und unterzeichnete Brief befriedigte Vergennes, war aber für Ludwig XVI. schmerzlich. Er hatte sein ganzes Ansehen einsetzen müssen, um, Floride-Blanche und der öffentlichen Meinung zum Trotz, den Verzicht auf Gibraltar zu erreichen. Der Onkel tröstete sich über seinen verletzten Stolz, indem er den Neffen demütigte. Als Neffe nahm Ludwig XVI. den Verweis entgegen, seiner königlichen Würde bewußt, nahm er sich aber vor zu antworten. Vorher aber mußte der Frieden ins reine gebracht werden.

Man zählte auf Aranda, der nun überzeugt und im übrigen entzückt war, Floride-Blanche entgegengearbeitet zu haben; die Amerikaner hatte man in der Hand wegen der Darlehen, wegen einer Nachlässigkeit in ihrem Vertrage (sie hatten vergessen, einen das Datum der Beendigung der Feindseligkeiten betreffenden Punkt zu regeln) und wegen der Anweisungen des Kongresses. Endlich ging man an die

Unterzeichnung. Ludwig XVI. antwortete nun Karl III. Er tat es mit der Energie und Klugheit, die er auf alles verwandte:

»Mein Herr Bruder und Onkel, ich bin sehr gerührt durch das Zeichen des Vertrauens, das Eure Majestät mir gibt, und durch die Gerechtigkeit, die sie der Beharrlichkeit und Entschlossenheit meiner Anordnungen erweist, die den Ruhm unseres Hauses aufrechterhalten und zur persönlichen Genugtuung Eurer Majestät beitragen sollten. Der Frieden ist ohne Zweifel für unsere beiden Völker notwendig; sie brauchen eine Erleichterung nach einem Kriege, der kostspieliger war als alle vorhergehenden. Nichtsdestoweniger hätte ich mich entschlossen, ihn fortzusetzen, wenn ich über die Absichten Eurer Majestät besser unterrichtet gewesen wäre, und wenn ich hätte annehmen können, daß ein glücklicheres Geschick als das, welches wir beim letzten Feldzug erlitten haben, es unserem Feind erleichtert hätte, Gibraltar wieder abzutreten. Eure Majestät ist über die sehr bedeutenden Opfer unterrichtet, die ich gebracht habe, um die Wiedergewinnung dieser Festung zu ermöglichen; ich habe hierfür nicht nur alle meine Eroberungen auf den Antillen hingegeben, sondern auch eines meiner wichtigsten Gebiete abgetreten. Die Engländer, weit davon entfernt, damit zufrieden zu sein, forderten noch andere Abtretungen, die mich wichtiger Besitzungen beraubt und die Sicherheit der Besitzungen Eurer Majestät auf den Großen Antillen in Frage gestellt hätten.

Eurer Majestät Botschafter hat diese Gefahr gefühlt, und deshalb hat er sich entschlossen, von den Befehlen Eurer Majestät vom vergangenen 23. Oktober Gebrauch zu machen. Von diesem Augenblick an mußte die Verhandlung ein ganz anderes Gesicht bekommen, und die englischen Minister, die sich offenbar nur deshalb in der Frage der Abtretung Gibraltars unvernünftig zeigten, weil sie an der Möglichkeit, sie auszuführen zweifelten, entschlossen sich, so vorteilhafte Bedingungen anzubieten, daß der Botschafter Eurer Majestät sich für verpflichtet hielt, sie anzunehmen. Hierzu hat ihn nichts bestimmt als sein eigenes Gewissen. Fest entschlossen, meine Verpflichtungen gegenüber Eurer Majestät zu erfüllen, habe ich mir nicht einmal eine Andeutung erlaubt, die dies hätte beeinträchtigen können. Wie die Dinge stehen, betrachte ich es als unmöglich, jetzt den Plan der Verhandlung zu ändern, ich bin sogar der Meinung, daß es zu großen Unzuträglichkeiten führen würde, es nur zu versuchen. Das englische Ministerium würde sich nicht mehr dazu hergeben, und da wir durch einen solchen Versuch den Widerspruch der Nation erregen würden, könnten wir sie dazu bringen, die Regierung derart zu binden, daß zu keiner Zeit mehr über diesen Gegenstand verhandelt werden könnte. Sollten uns neue Umstände in die Lage bringen, uns später wieder damit zu beschäftigen, so würde Eure Majestät mich immer durchaus geneigt finden, auf ihre Absichten einzugehen und sie zu unterstützen, aber die Erfahrung dieses Krieges zeigt uns, daß Gibraltar keinesfalls in Europa erobert werden kann. Ich werde gern alles anhören, was der Botschafter Eurer Majestät beauftragt ist, vorzuschlagen, und mich an allem, was von mir abhängen kann, beteiligen. Mein Wunsch ist immer der, unsere Verbindung enger und unverletzlicher zu gestalten. Ich bitte Eure Majestät, hiervon ebenso überzeugt zu sein wie von der leidenschaftlichen und aufrichtigen Freundschaft, mit der ich bin . . .

Ludwig XVI., der den ausgedehntesten Krieg gewonnen hatte, den Frankreich jemals gewonnen hat, war zu allen großmütig, sogar zu Aranda.

DER GLÜCKLICHE KÖNIG

Der amerikanische Krieg wurde in Versailles durch die Unterzeichnung der Friedenspräliminarien im Büro von Vergennes am 20. Januar 1783 beendet. Die französischen, spanischen, amerikanischen und englischen Bevollmächtigten, das heißt der Graf von Vergennes, der Graf Aranda, John Adams, Benjamin Franklin, John Jay und Fitzherbert tauschten zwischen elf Uhr vormittags und ein Uhr die Unterschriften aus und setzten ihre Siegel auf die verschiedenen Abschriften des Vertrages, der noch nicht endgültig war, aber das Ende der Feindseligkeiten festlegte. Von diesem Tag an hörten die Menschen auf, sich zu töten. Von diesem Augenblick an begann eine neue Freude. Sie verbreitete sich bei dem Mahl, das Vergennes allen Bevollmächtigten in seinem hübschen Haus in der Avenue de Versailles gab; sie verbreitete sich in Paris, weil der Polizeipräfekt beauftragt war, um drei Uhr nachmittags dem Volke das glückliche Ereignis zu verkünden. Ludwig XVI. wünschte aus Sparsamkeit keine großen Feste, aber das Volk gab sich nach Herzenslust dem Singen und Trinken hin; es war eine Gelegenheit, die viel Lärm und viel Wein wert war. Die Nachricht war schon erwartet worden, denn einige Tage vorher konnte Artois beim Ballspiel sich nicht enthalten, es seinen Mitspielern anzudeuten. Aber man war deshalb nicht weniger entzückt. Man erblickte darin auch eine Versöhnung mit England, weil die »ehrgeizigen Absichten des Nordens« oder vielmehr Katharinas und Josephs, beide Länder einander näherbrachten. Das war auch die Meinung des Königs.

Auch Karl III. war damit zufrieden und schrieb an Ludwig XVI. einen herzlichen Brief (6. Februar 1783): »Ich habe so viel unzweideutige Beweise meiner Mäßigung bei meinen Handlungen und der Anteilnahme gegeben, die ich immer für das Wohl des Menschengeschlechts gehabt habe, daß es bei der derzeitigen Lage der Dinge kaum nötig sein dürfte, Eurer Majestät den Trost zum Ausdruck zu bringen, der mein Herz erfüllt hat, als ich sah, daß der Jammer des Krieges beendet ist.« Er ging so weit, ihn als »guten Friedensstifter und Arbeiter für das Wohl unserer beiden Kronen« zu loben. Der Ärger, den Katharina und Joseph nicht einmal zu verbergen suchten, zeigte, wie günstig der Frieden war. Joseph II. schrieb an seinen Bruder Leopold: »Der Frieden ist in einem üblen Augenblick gekommen... Die große Macht, die bisher ein Gegengewicht gegen Frankreich bildete, ist jetzt vollständig und endgültig zu Fall gebracht.« In Schönbrunn, in Florenz und bei allen Habsburgern beweinte man das traurige Los Englands. Ludwig XVI. und Vergennes erblickten hierin eine Verschönerung des Sieges.

Das Beste war die Freude des Volkes. Während des ganzen Verlaufs der Verhandlungen war Paris in beständiger Aufregung; man hatte einige Exempel statuieren müssen, die Polizei durchsuchte einige Cafés und brachte lästige Schreihälse und zu neugierige Zeitungsschreiber ins Gefängnis. Jetzt hatte man sie wieder freigelassen. Die kleinen Leute sangen einen Gassenhauer auf die Engländer:

> Vous serez bien battus, si vous voulez la guerre;
> Si vous voulez la paix, vous serez bien bernés.

La Fayette wurde zugejauchzt, Franklin von allen gegrüßt. Vor allem sang man das Lied von »Malbrouk«, das wieder in Mode gekommen war durch Mme. Poitrine, die berühmte Amme des Dauphins, dieses von allen Franzosen so geliebten Kindes, das die alten Höflinge nicht sehen konnten, ohne zu weinen, und nach dem die Tuchhändler von Lyon eine Seide »Farbe Dauphinkacke« genannt hatten.

Der König und die Königin wollten also, dank Mme. Poitrine, auch »Malbrouk« singen; sie brachten es den Höflingen bei, dann folgte Paris dem Beispiel, und in diesem Frühling 1783, dem Frühling des Sieges, des Friedens und der Freude, herrschte »Malbrouk« überall. Audinot und die großen Tänzer des Königs tanzten eine etwas schlüpfrige Pantomime, die Bäckerburschen und Kaminkehrer entzückte: »Malbrouk s'en va-t-en guerre.« Nicolet spielte eine andere, noch schnurrigere. Im Karneval stellten die Masken Malbrouk dar; an allen Straßenecken sah man Leichenwagen mit Malbrouk und Hunderte verschiedener Possen, immer auf Malbrouk. Selbstverständlich gab es auch Hüte, Hauben und Kleider à la Malbrouk für die Damen.

Die Malbroukmode wurde so groß, daß die Herzogin von Marlborough, seine Enkelin, davon erfuhr und sich durch einen Freund aus Frankreich alle Auskünfte über die Lieder, Possen und Kleider, die ihrem Vorfahren gewidmet waren, kommen ließ.

Der Frieden brachte Frankreich und England plötzlich einander näher. Die hübschesten Damen des Hofes, geführt vom Marquis de Coigny, besuchten England. Die Croÿ und der höchste Adel machten sich eine Ehre daraus, Engländer in Paris zu empfangen. Auf den Boulevards war die am meisten, besonders von jungen Frauen besuchte Vorführung die eines Engländers Astley, der wunderbare Pferde zeigte, und einen blonden, gelenkigen jungen Sohn, den die Französinnen noch wunderbarer fanden; der Saal wurde nicht leer.

Im übrigen war der Karneval prachtvoll; die Ansammlung von Masken, zu Fuß und im Wagen, füllte die ganze rue Saint-Antoine aus und erstreckte sich bis zur Barrière du Trône. »In dieser glänzenden, buntscheckigen Menge, die aus den größten Herren des Hofes und sogar Prinzen von Geblüt, begleitet von Pagen und prächtigen Wagen, bestand, fuhren neue, seltsam aussehende Wagen; das Ganze glich einem riesigen öffentlichen Ball und einer Sommerspazierfahrt. Das Ende der Regierung Ludwigs XV., das traurig und sorgenvoll war, hatte den Karneval getötet; die Gutmütigkeit Ludwigs XVI. und das Glück des Friedens erweckten ihn wieder zum Leben.«

Der König arbeitete, um den Sieg zu sichern. England, das Holland gern gerupft hätte, war noch widerspenstig, und der neue englische Botschafter, der Herzog von Manchester, erwies sich als vollendeter Ränkeschmied. Alles zog sich in die Länge.

*

Man konnte indessen die französische Verwaltung nicht in der Luft schweben lassen. Maurepas mußte ersetzt werden; für die Wahl schien augenscheinlich und rechtmäßig Vergennes in Frage zu kommen. Trotz seiner Bescheidenheit und seiner zurückgezogenen Lebensweise bewunderten ihn alle.

Instinktmäßig scharten sich alle Minister um ihn; der listige Miromesnil, der noch vor kurzem Mme. de Maurepas eifrig den Hof gemacht und für sie Theater gespielt hatte, übertrug seinen Eifer auf Mme. de Vergennes und spielte mit ihr Pikett; so fand ihn Vergennes, wenn er heimkehrte, zu Hause vor und machte ihn zu seinem Vertrauten. Ségur begriff trotz seinem anfänglichen Auftreten den Wert Vergennes' und machte Annäherungsversuche, die der Außenminister höflich dadurch erwiderte, daß er den Eintritt des jungen Ségur in den diplomatischen Dienst vorbereitete und ihm eine glänzende Laufbahn in Aussicht stellte. Castries ahmte klug seinen Kollegen vom Kriegsministerium nach und alle anderen folgten dem Beispiel. Ohne daß irgend etwas Offizielles verlautbart wurde, war Vergennes von nun an Hauptminister. Am 23. Februar 1783 leistete er den Eid als Präsident des Rates der Finanzen (was ihm 60000 Franken im Jahr einbrachte).

Der Augenblick schien günstig; Anfang März 1783 ließ der König den Text der »Verordnung für die Verwaltung vom 26. Februar« drucken und weit verbreiten. Diese sah die Schaffung von zwei Ausschüssen (comités) vor: der eine war der »Große Ausschuß« (der König, Vergennes, Miromesnil und der Oberaufseher des Finanzwesens Fleury), der andere der »Kleine Ausschuß« (Bourgade, Le Clerc, d'Harveley und Darsez, alle Finanzbeamte und erfahrene Leute). »Das Ziel der Verordnung ist, die Völker die Vorteile des Friedens genießen zu lassen, indem ihnen wirkliche und dauerhafte Erleichterungen verschafft werden. Um dahin zu gelangen, muß man den Betrag der Ausgaben kennen, deren Zahlung die Dauer des Krieges verzögert hat, und unveränderlich und mit strengster Sparsamkeit einen Ausgabenvoranschlag für alle zahlungsanweisenden Verwaltungsabteilungen aufstellen. Hierauf muß man sich mit den Mitteln beschäftigen, die am meisten drückenden Steuern zu beseitigen, die Form und Natur einiger Steuern ändern und die Erhebungskosten verringern und vereinfachen. Der betreffende Ausschuß muß sich mit diesen großen Zielen mindestens einmal wöchentlich beschäftigen. Der Finanzminister wird dort den Geschäftsbericht erstatten und die Beschlüsse Seiner Majestät, über die er Buch führen muß, ausfertigen . . .« Dies sollte nichts an dem Königlichen Rat der Finanzen und an seiner Wirksamkeit ändern, aber tatsächlich gab es Vergennes die Oberhand über die Geschäftsführung seiner Kollegen und die Leitung der Reformpläne.

Joly de Fleury sah dies scheelen Auges; er ließ es auch fühlen, und da der König mit seinen Diensten nicht sehr zufrieden war, suchte man einen jüngeren, nachgiebigeren Mann, der es verstünde, sich einzuarbeiten. Ludwig XVI. hatte oft mit dem Staatsrat M. d'Ormesson zu tun gehabt, der unter seiner Leitung die Finanzen von Saint-Cyr verwaltete; er war jung, anmutlos, kurzsichtig, und man hielt ihn weder für scharfblickend noch für einen überlegenen Geist. Seine Familie und er selbst scheuten die Verantwortung und führten seine Jugend ins Feld. »Aber damit machen Sie mir indirekt ein schlechtes Kompliment«, sagte Ludwig XVI. lachend, »denn ich bin jünger als Sie!« Dann stellte ihn der König vor: »Madame, das ist ein Mann, der gute Sitten hat.«

Calonne, dessen Intelligenz man rühmte, Foulon und Le Fèvre d'Amécourt, den Vergennes unterstützte, hatte er abgelehnt. Er rief aus: »Diesmal wird man nicht sagen, dieser Mann sei durch eine Intrige zu seinem Posten gekommen!« Fleury entließ der König auf höfliche Art: »Unter dieser Regierung geschieht alles mit Anstand«, stand in den »Mémoires secrets«; »Ludwig XV. entließ seine Minister in schroffer Weise, fast immer kam zur Ungnade noch die Verbannung hinzu . . . Heute gibt es keine Verbannung, sondern Komplimente und leider auch zu viel Geld.« – Der König gab Fleury 34000 Franken als Geschenk und eine Pension von 20000 Franken.

Ségur und Castries schmollten auch. Sie behaupteten, durch die neue Verordnung über die Finanzen schwer beleidigt zu sein, weil sie, wie sie sagten, nun gezwungen wären, ihre Ausgaben Vergennes vorzulegen. Vergennes ging vergebens mit gutem Beispiel voran, es bedurfte erst eines Zornausbruchs und ausdrücklichen Befehls des Königs, um sie zum Gehorsam zu bringen. Schließlich legte Castries dem Rat der Finanzen die Abrechnung des amerikanischen Krieges vor. Alle billigten sie und lobten ihn, aber er wollte trotzdem den Abschied einreichen, hätten ihn nicht der König und die Königin beruhigt!

Der König mußte unablässig eingreifen; seine Autorität blieb die starke Triebkraft des Staates in einem Augenblick, als Vergennes unter heftigen Nierenkoliken litt und, wie er sagte, »ganze Nächte wie aufs

Rad geflochten verbrachte«. Die Verhandlungen zogen sich hin. »Der Herzog von Manchester ist ebenso verschlagen wie unbedeutend und, ich kann wohl sagen: gefühllos. Die Schuld daran liegt bei den Göttern«, erklärte Vergennes, der in diesen Monaten vergebens alle Kräfte aufbot, um den Holländern Négapatam zurückzugeben, damit sie den Vertrag mit den Kriegführenden und den Vermittlern (der Kaiserin von Rußland und dem deutschen Kaiser) unterzeichnen könnten.

Er scheiterte. Aranda, den er beauftragt hatte, Manchester im Laufe der großen Festessen, die man in diesem Verhandlungssommer wechselseitig gab, auszuholen, berichtete ihm über die englischen Gründe: »Ich sagte ihm, als ob es von mir käme: Warum weigern Sie sich, Négapatam den Holländern zurückzugeben, und bedenken Sie nicht, daß dieser phlegmatischen Republik etwas zu geben oder zurückzugeben nicht der vielen Sorge wert ist, weil es nicht dasselbe ist wie bei uns anderen Mächten? Und wenn sie wirklich Négapatam hätten, so würde sie das doch für uns andere Mächte nicht furchterregender machen.« Aber Manchester hatte bei seiner Weigerung einen Grund: »England kann nicht den Anschein erwecken, es gebe nach. Das würde heißen, es erkenne die wohltätige Wirkung Frankreichs an (sic)«. Unter dem Kauderwelsch des erlauchten Botschafters errät man den Gedanken Manchesters: »Warum Holland eine Kolonie zurückgeben, die es dann Frankreich verdanken würde, und die dann als Unterpfand eines französisch-holländischen Einvernehmens diente?«

Manchester gab nicht nach; der Frieden wurde in Versailles am 3. September 1783 unterzeichnet – ohne Holland, das seinen Frieden einige Monate später unter Verzicht auf Négapatam unterzeichnete, was Vergennes' Freude etwas dämpfte. Aber der Eindruck in der ganzen Welt war gewaltig. Vergennes erklärte in einer Unterhaltung mit Croÿ seinem Gesprächspartner, der zu ihm gesagt hatte: »Ich bürge nicht für die Ehre, die Ihnen dieser Frieden *jetzt* macht, wohl aber in hundert Jahren!« – »Ich rechne mindestens mit dieser Zeit.«

Er hatte alle Ziele erreicht, die sich Frankreich 1778 gesetzt hatte: Unabhängigkeit der Vereinigten Staaten, öffentliche und wirkliche Demütigung Englands, das er sogar isoliert hatte, Wiedergewinnung von Saint Pierre-et-Miquelon und der französischen Fischergründe bei Neufundland, Eroberung von Tabago und des Senegals. Der Artikel des Vertrages, der ihm am meisten Freude machte, war: »Vollständige Aufhebung aller auf Dünkirchen bezüglichen Artikel seit dem Vertrag von Utrecht, und diesen inbegriffen.« Zum ersten Male seit 1715 war der Boden Frankreichs frei von jeder englischen Aufsicht; die von Ludwig XIV. erlittenen Demütigungen waren ebenso getilgt, wie die, die Ludwig XV. in den Jahren 1762/63 so bedrückt hatten.

Der König, die Seeleute und das Volk empfanden darüber eine tiefe Freude. Selbstverständlich meinten die Schöngeister und die Gesellschaft um die Königin, man hätte es besser machen können, der Krieg habe zuviel gekostet und nichts Greifbares verschafft. Sie vergaßen, daß er weniger als dreißigtausend Menschenleben gekostet hatte, die schwächsten Verluste, die Frankreich jemals in einem großen, internationalen Kriege gehabt hatte, wohingegen er Frankreich zugleich das Ansehen, die internationale Autorität und das Mittel wiedergegeben hatte, das Land durch einen Handel zu bereichern, der von nun an über Stützpunkte verfügte, die über alle Ozeane verteilt waren. Trotz der Niederlage bei Saintes hatte die französische Marine der britischen Flotte überall siegreich die Stirn geboten. Hätte Ludwig XVI. über einen genialen Admiral wie Rodney verfügt, wäre der Sieg noch glänzender gewesen. Doch hatte er verläßliche Admirale und vortreffliche Kapitäne gefunden: Du Couëdic, La Clochetterie überragten das, was die Engländer hatten; man kann hier auch noch John Paul Jones nennen, der unter französischer Flagge kämpfte.

Das schönste Ergebnis dieses Krieges war die moralische Überlegenheit, die Frankreich in der ganzen Welt errungen hatte. Zum ersten Mal seit einem Jahrhundert wendeten sich alle kleinen Nationen an Frankreich, um bei ihm Gerechtigkeit und Unterstützung zu suchen. Die großen König- und Kaiserreiche waren gezwungen, bei allen Unternehmungen mit ihm zu rechnen.

*

Dies war eine sehr große Stärke, die den Fähigkeiten des Königs und dem Aufschwung der Nation zu verdanken war. Trotz einer wirtschaftlichen Krise, die etwa von 1770 an dauerte und den Preis des Weins 1781 und den Getreidepreis 1780 auf den niedrigsten Stand gebracht hatte, bestand das Land die Probe des langen Krieges und seiner riesigen Kosten. Der größte Teil der Bauern lebte fast ganz vom Ertrag des Bodens und litt nicht zu sehr an dem Mangel an barem Gelde, und der Handel in den Städten blühte. Das Ministerium hatte den Vereinigten Staaten von 1776 bis 1782 an Geschenken und Darlehen achtzehn Millionen geben können (davon sechs Millionen allein im Jahre 1782). Dank den Methoden Neckers und Joly de Fleurys hatte man dies leisten können, ohne die Steuerzahler allzusehr zu belasten. Über den normalen Staatshaushalt hinaus mußten für den Krieg jährlich 150 bis 160 Millionen aufgebracht werden. Panchaud, der sich mit dieser Frage 1781 beschäftigte, stellte diese Lage der Englands gegenüber, wo die öffentliche Schuld von 16 Millionen Pfund Sterling im Jahre 1700 auf 177 Millionen im Jahre 1780 angestiegen war.

In England zogen die Steuern jedes Jahr fast 13 Millionen Pfund Sterling aus dem Lande und die Anleihen ebensoviel, wobei die Bevölkerung Großbritanniens nicht ein Drittel der Frankreichs betrug, wo das Volk jährlich 585 Millionen Franken an Steuern zahlte. Daher hatte seit 1777, nach Panchaud, der Kredit Englands nicht aufgehört zu fallen – und der Frankreichs zu steigen. Die Leichtigkeit, mit der die Nation im Jahre 1782 für den König in wenigen Wochen die für den Bau von zwölf Kriegsschiffen erforderlichen Summen aufzubringen vermochte, bestätigte diese Ansicht. Von 1778 bis 1782 ging es den Hafenstädten außerordentlich gut, und sie verbreiteten um sich eine Zone des Wohlstandes. Als der Frieden gekommen war, begannen sie, sich zu beklagen; doch der auf den Antillen und besonders in Santo Domingo wiedererstehende Wohlstand ließ große Gewinne am Kaffee und Zucker erhoffen.

Der Anblick der Städte, besonders von Paris, enthüllte die Bereicherung der Nation; überall und in allen möglichen Formen breitete sich der Luxus aus. Für schöne Möbel, schöne Stoffe und den gesamten Handel mit eleganten Dingen war Frankreich damals der Mittelpunkt. Wenn es ihm mangels moderner Maschinen nicht gelang, mit den billigen Erzeugnissen von Birmingham und Amsterdam zu konkurrieren, weil dort die hohen Kosten der Handarbeit durch »ungewöhnliche Werkzeuge« ersetzt wurden, so übertraf Frankreich alle auf dem Gebiete der Qualitätsfabrikation. »Die französische Nation«, sagte ein Blatt der Zeit, »schafft im allgemeinen weniger Neues, sie vervollkommnet es vielmehr; von Venedig hat es seine Spiegel, von Italien seine Seidenstoffe entlehnt. Das Languedoc versorgt die Levante mit den »landrins« genannten Stoffen; die »Utrechter Samt« genannten Stoffe werden von unseren Handwerkern hergestellt; dagegen findet man wenig Beispiele von Künsten, die in Frankreich erfunden und im Ausland vervollkommnet wurden.«

Paris war allen Städten der Welt überlegen in der Schneiderei, in schönen Anzügen für die Männer und Kleidern für die Damen, in

Hüten, Schmuck, Kunstgegenständen und Möbeln. Die oberen Schichten der Gesellschaft Europas versorgten sich in Paris. Ohne diesen wertvollen Vorteil aus den Augen zu lassen, war die Stunde gekommen, eine große Industrie aufzubauen und in Frankreich die Methoden einzuführen, die in den am meisten Handel treibenden Ländern Erfolg gehabt hatten, in England und Holland. Die Regierung und die hellsten Köpfe unter den Privatleuten beschäftigten sich damit. Es ist die Zeit, da der Chevalier de Wendel d'Hayange als Vorkämpfer für große Hüttenwerke auftritt und eines in Le Creusot schaffen will; die Zeit, in der man in den französischen Fabriken die Maschinen von Arkwright und Crompton für die Baumwollbearbeitung einzuführen sucht und um die Wette schnellere und leichtere Wagen baut, um die Reisen zu beschleunigen.

*

Der König ist gegenüber den Privatleuten nicht im Rückstande; obwohl er Frankreich als ein Ackerbauland betrachtet, wünscht er, daß es auch eine blühende Industrie und einen blühenden Handel habe. 1782 bis 1783 läßt er die Landstraßen, den Ruhm Ludwigs XV., die 1777 bis 1781 vernachlässigt worden waren, ausbessern; er erläßt strenge Vorschriften, damit die Fuhrleute und Lastwagen sie nicht beschädigen; vor allem sucht er Frankreich mit einem Netz von Binnenschiffahrtsstraßen zu versehen, die eine lebhafte Industrie und ein blühender Handel nicht entbehren können.

In Paris fehlt das Holz, und die Wälder der Umgebung lassen sich nicht noch mehr ausbeuten. Deshalb braucht man Kanäle, um das Holz aus anderen Provinzen nach Paris zu schaffen, ebenso die Kohle, deren Verwendung sich zu verbreiten beginnt. Man kann sich vorstellen, wie dieses Problem die Pariser bewegt, die in den kalten und langen Wintern dieser Jahre vor Kälte zitterten. Selbst das Parlament kümmert sich darum.

Daher läßt Ludwig XVI. durch die Intendanten ein umfassendes Programm für den Bau von Kanälen aufstellen. Frankreich besitzt vier große Kanäle: Briare, Orléans, Picardie und den königlichen Kanal von Languedoc; man hat vor, einen zu bauen, der Rhein-Saône-Rhône verbinden soll. Die Stände von Burgund bieten dem König im September 1778 den Plan für einen anderen Kanal an: den Kanal von Burgund. Ludwig XVI. stimmt beiden Ideen zu, und Roguet-Brancion wird mit der schnellstmöglichen Ausführung beauftragt.

Für die Bretagne beschäftigt sich die Regierung mit der Möglichkeit eines Kanals von Rennes nach Saint-Malo.

Da es gleichzeitig nötig ist, den Ertrag der französischen Bergwerke zu verbessern und eine größere Zahl von Ingenieuren auszubilden, errichtete Ludwig XVI. durch einen Erlaß des Staatsrats vom 19. März 1783 eine Bergakademie (École des Mines), entsprechend der von Ludwig XV. gegründeten Straßenbauakademie (École des Ponts et Chaussées). Man beschäftigt sich auch mit einem Programm der Neugestaltung und Verbesserung der großen Häfen. Unverzüglich beginnt man mit den Arbeiten in Le Havre: eine neue Stadt und ein königliches Hafenbecken; ebenso in Dieppe. Das endlich von der englischen Vormundschaft befreite Dünkirchen wird seine Festungsanlagen wieder aufbauen, da es eine Grenzstadt ist, und ein Hafenbecken ausheben, um das zu ersetzen, dessen Zerstörung der Vertrag von Utrecht erzwungen hatte: man beginnt damit, niedrige Molen und einen Kai zu bauen. In La Rochelle und Marseille, besonders aber in Cherbourg werden noch wichtigere Einrichtungen vorbereitet. Die Nation ermutigt den König durch fieberhaften Wetteifer. Die Zeitungen jener Zeit melden aus allen Provinzen eine allgemeine Bewegung zugunsten des Handels. Es ist schön, nach einem Kriege, der nichts zerstört hat, zu sehen, wie alle Franzosen begierig sind, aufzubauen und zu schaffen.

Das ist besser als Reichtum, das ist Kraft, und auch Güte; in ganz Frankreich baut man Hospize und Krankenhäuser, wie es M. und Mme. Necker in Paris getan haben. Was aber die nach Frankreich kommenden Fremden am meisten beeindruckt, ist das Bemühen um Schönheit, Schönheit der Städte, Häuser und Kleider. Paris scheint gegenüber Bordeaux und Nancy noch im Rückstand zu sein, aber auch hier wird hart gearbeitet: Säuberung der Brücken durch Aufhebung der kleinen Krambuden. Ludwig XVI. gibt Befehle, die Arbeit an der Erneuerung seiner Hauptstadt zu beschleunigen. Schon läßt sich die Anlage der Champs-Elysées und der heutigen place de la Concorde erkennen, der schönsten Anlagen Europas. Es gibt keinen Engländer, der nicht Schloß Bagatelle besuchen will.

Dieser Ort, an dem alles auserlesen ist, entzückt die Phantasie der Zeit. Die Königin hat in Trianon etwas Ähnliches geschaffen, in jener aus Wien stammenden warmen Farbgebung, die sie allem gibt, mit dem sie in Berührung kommt; Madame Elisabeth hat sich hierdurch für ihr Gut in Montreuil anregen lassen. Es gibt keinen feinsinnigen

Herrn, der nicht sein »Bagatelle« besäße, von Laborde in Méréville
bis zu Gustav III. in Stockholm. Auf diesen Besitztümern herrscht das
Auserlesene, und das ist der Unterricht, den das Frankreich Ludwigs XVI. Europa erteilt. Die Frauen folgen der Königin, die ihnen
ein denkwürdiges Beispiel gibt; seit sie sich für alt hält, wird ihr
Geschmack einfach und verfeinert; daher besteht die Mode für die
jungen Frauen in großen Schürzen und weiten Busentüchern um den
Hals, die ihre Frische hervorheben und ihre Harmlosigkeit unterstreichen. Die Kopfbedeckungen, die man trägt, wenn man ausgeht,
sind nach wie vor überspannt; von den Hüten »à la Malbrouk« bis zu
den Frisuren »à la Victoire« atmet alles Eleganz und Heiterkeit.
Ebenso ist es mit den Männern; seit der Frieden gekommen ist, verzichten sie darauf, den Degen zu tragen; die Adligen gehen ohne
Waffen spazieren. Der Luxus und die Gesuchtheit in der Kleidung
sind allgemein.
Die französische Zivilisation besitzt Geschmack und Farbe.

*

Sie besitzt auch ein gewisses Etwas an Fieberhaftem, über das sich der
König beunruhigt. Das Spiel wird zügellos fortgesetzt, selbst bei der
Königin; seine Schwester Elisabeth macht unaufhörlich Schulden; in
den Abrechnungen des Königs findet man jedes Vierteljahr »Schulden
Elisabeths«. Elisabeth ist recht unvernünftig; sie läßt sich von ihrem
Bruder Artois verblenden und in den von der Königin bezauberten
Kreis ziehen, der eine kleine dem König feindliche Gesellschaft bildet
und voller Intrigen ist. Von nun an handelte es sich nicht mehr darum,
Choiseul zurückzubringen, der zu verbraucht war, aber man kritisierte
jede Wahl, die der König traf, man förderte Necker und Loménie de
Brienne, den schlechten Priester, den der immer noch den Geist der
Königin beherrschende Vermond nicht aufhörte zu beschützen. Man
nannte diese Clique die »Gesellschaft der Königin«, und die Minister
fürchteten sie; um sie zu beschwichtigen, ernannte Ségur Besenval zum
Kommandanten der Armee von Paris, und Vergennes schickte Adhémar
an die Botschaft in London. Castries war als Freund Neckers in diesem
Kreise gern gesehen.
Diese Manöver und Intrigen schadeten der königlichen Macht; Ludwig XVI. duldete sie jedoch als ein kleineres Übel. Er hatte seine
Frau nicht gewählt. Seit dreizehn Jahren lebte er mit ihr und duldete

Zusammentritt der Generalstände
in Versailles am 5. Mai 1789.
Gemälde von Auguste Couder,
um 1836/1840.

Ballhausschwur in Versailles
am 20. Juni 1789.
Kopie nach einem Gemälde von Jacques-Louis David
(Ausschnitt).

Rechts:
Sturm auf die Bastille am 14. Juli 1789.
Ausschnitt einer zeitgenössischen Radierung.

Gefangennahme des Königs zu Varennes
am 22. Juni 1791.
Ausschnitt einer Radierung, 1817.

sie; er überwachte sie und half ihr. Jetzt rechnete er darauf, daß die größerwerdenden Kinder einen beruhigenden Einfluß auf sie ausüben würden. Seine Anhänglichkeit und Güte, seine Achtung vor der Familie und die politische Klugheit diktierten sein Verhalten. Seine Arbeit gab ihm Trost in allem, selbst hierin.

Aber die überall zunehmende Sittenlosigkeit erschreckte ihn. Im Palais-Royal führte sie zu ärgerlichem Aufsehen: die Herzogin von Chartres mußte ihre Hofdame, die Gräfin von Hunolstein, die teure Aglaé La Fayettes, entlassen, so sehr wurde sie von ihr hintergangen. Sie machte in der Nacht Jagd auf Unbekannte in der Nähe des Palais-Royal. Sie hatte ein Kind von einem Lakaien. Ihre Mutter zeigte sie an, und sie wurde schnell in ein Kloster in Nancy geschickt. So wurde La Fayette zum Witwer seiner Mätresse und machte sich lächerlich, weil er sie verteidigte. Die Königin und der ganze Hof wurden von Mitleid ergriffen und wählten die reizende Gräfin Simiane, die Schwester Rogers von Damas, zur Nachfolgerin Aglaés bei La Fayette. Sie war seine Base und Anhängerin der Philosophen. Außerdem besaß sie Geist, wodurch La Fayettes Persönlichkeit in glücklicher Weise ergänzt wurde.

Die bei der Geistlichkeit herrschende Unsittlichkeit war recht beunruhigend. In den Jahren 1781 bis 1783 trat sie besonders zutage. Die Zeitungen sprachen von einer Nonne, die aus Saint-Mandé geflohen war und am Eingangstor von Saint-Antoine Zuflucht gesucht hatte, von dem schändlichen Treiben im Orden von Saint-Maur und vor allem von dem schönen Streich, der den philosophischen Prälaten soeben gelungen war, indem sie zu »Generalagenten der Geistlichkeit« die Herren Boisselin und Talleyrand wählten, zwei junge Abbés, die wegen ihrer schlechten Sitten berüchtigt waren! Was konnte das Volk davon begreifen? Das auf dem Lande wußte nichts; das in den Städten urteilte nach dem Augenschein. Es vergaß die Tausende von frommen Priestern und tugendhaften Adligen und entrüstete sich über die räudigen Schafe der beiden von ihm beneideten Kasten. Niemals liefen die Schmähschriften so zahlreich um wie 1783, trotz den Anstrengungen, trotz den Bemühungen des Oberaufsehers des Buchhandels und des Polizeipräfekten. Um diesen einträglichen Handel zu hemmen, war eine brutale, sogar grausame Überwachung nötig, die der König nicht wünschte. Man hätte die Käufer bestrafen müssen. Diese Broschüren lagen aber meistens offen auf den Verkaufstischen und gelangten dann in die Bibliotheken der Großen; nur diese konnten sie kaufen, denn sie blieben teuer: einen Louisdor das Stück oder mehr. Aber sie kauften sie: die Rohan, weil es Mode war, die Noailles, um sich zu unterrichten, die Montmorency, weil sie den Bourbonen grollten, selbstverständlich auch die Orléans und die Bouillon, alle diese Familien, die einst geherrscht hatten und Richelieu, Ludwig XII. und Ludwig XIV. nicht verziehen hatten. Diese alte Entrüstung nährte die junge Entrüstung der Schmähschriften schreibenden »Philosophen«. Natürlich kaufte der größte Teil der Adligen diese von Beleidigungen Gottes, des Königtums und ihrer selbst strotzenden Broschüren aus Neugier und aus Eitelkeit. Es gehörte zum guten Ton.

Der gute Ton in Frankreich bestand darin, unter dem Vorwand der Philosophie alles zu kritisieren, auf das man neidisch war oder was man nicht verstand. Die Schmähschriften dieser Jahre 1782 und 1783 sind unflätig und lassen verdächtige Komplotte ahnen. Man sieht nur wenige, die einem aufrichtigen, leidenschaftlichen Eifer oder einem Aufschrei des Herzens entstammen. Immerhin bewahrten sie noch Achtung vor einigen von allen geachteten Personen, vor allem vor dem König, dann vor Vergennes, La Fayette und Suffren. Aber die Königin mußte gehässige Beleidigungen in schändlichen Liedern und gemeinen Broschüren aushalten: »Das Leben Antoinettes« und »Ergänzung zum Englischen Spion«. Für die Übelwollenden war es ein leichtes, ihre Leichtfertigkeit aufzubauschen und ihre Fehler zu übertreiben. Die preußische Partei zahlte; sie bediente sich des »österreichischen Aufsehers des ausländischen Buchhandels« in Brüssel, Jacquet de La Douay, als Hersteller und Verbreiter. Es gelang, ihn zu verhaften.

Mehr Mühe hatte man, Miromesnil zu beschützen, den Philosophen und Orleanisten haßten, weil er sich seit 1774 als geschickt in der Leitung und Beherrschung der Parlamente gezeigt hatte. Von 1782 bis 1784 richtete sich gegen ihn ein Trommelfeuer von abscheulichen Schmähschriften. Die Polizei wußte nicht, wo sie zuschlagen sollte. In Paris gab es für solche Schriften richtige Werkstätten, von denen lange Zeit hindurch der Prinz Conti bezogen hatte und Necker, stets besorgt, daß man günstig von ihm sprach, immer noch bezog. 1783 und 1784 schwieg Genf, aber London und vor allem Brüssel, Lüttich und Zweibrücken wimmelten von Schmähschriftenschreibern und englischen Agenten, die zu behindern Joseph II. sich hütete. Daher vereinigten sich dort auch große und kleine Philosophen, um auf Gott und den König zu schimpfen. Eybel (»Was ist der Papst?«) und Lauraguais (»Die Rechte der Franken«) ragten weniger hervor neben Koryphäen wie Mercier (»Die Vernichtung der Liga«), besonders aber Graf Mirabeau (»Les Lettres de cachet«) und Linguet (»Memoiren über die Bastille« und »Briefe über die Lettres de cachet des Grafen Mirabeau«). Die beredte, reiche, mehr hochtönende als gepflegte Sprache dieser beiden Autoren machte sie zu modernen Demagogen. Linguet hatte am Anfang seines Buches einen Kupferstich gebracht, der eine Statue Ludwigs XVI. auf den Trümmern der Bastille darstellte. Auf dem Sockel stand: »Ludwig dem Sechzehnten auf der Stelle, wo die Bastille stand«. Hierauf griff er die Willkür der »Lettres de Cachet« (Verhaftungsbefehle des Königs) und die Härte des Gefängnisses an. Mirabeau war geschickter; er lobte Le Noir, der ihn gut behandelt hatte, wetterte aber im allgemeinen gegen die Staatsgefängnisse. Beide gaben jedoch die Nützlichkeit dieser Gefängnisse zu, aber das Publikum, das ihr Privatleben nicht kannte, wurde von ihrer Philosophie gerührt und hielt Mirabeau für einen Engel, der neue Zeiten verkündete.

Dieses glückliche Zeitalter glaubte an »neue Zeiten«. Franklin sagte im Alter von achtzig Jahren: »Ich möchte noch hundert Jahre leben, so großartig werden die Fortschritte des Menschen sein«, und die gesamte Jugend empfand diesen Schauer begeisterter Erwartung, die allen Marktschreiern erlaubte, ihre Ware zu verkaufen. Durch »Vernunft« wurden die Philosophen zu Schwärmern und Mystikern. Die Freimaurerei breitete sich aus und änderte sich, seit Orléans sie beherrschte und seine Schwester (die Herzogin von Bourbon) und seine Schwägerin (die Prinzessin Lamballe) mit Begeisterung an ihr teilnahmen. Sie bildete einen sozialen, fast öffentlichen Kult mit einem geheimen Hintergrund. Im Vordergrund vermehrte man die »Museen« und dann die »Lyzeen«, die ihren Mitgliedern – Freimaurern wie Laien – alle nützlichen und angenehmen moralischen und philanthropischen Kenntnisse zur Verfügung stellen sollten. In Paris gab es etwa zehn, die sich um Chartres, Monsieur und jeden, der sie fördern wollte, gruppierten. Es waren freimaurerische Ausstrahlungen, so wie die »Werke der Barmherzigkeit« katholische Ausstrahlungen sind.

Zu dieser Zeit begann die Freimaurerei sich auch unmittelbarer mit Politik zu befassen; war es nicht Pflicht eines guten Freimaurers, seinem Vaterlande zu dienen? Man schuf innerhalb der Logen politische Klubs, und die Anregung hierzu kam geradewegs von Chartres und seiner Umgebung. Man schuf solche Klubs auch außerhalb der Logen, so die berühmte »Bretonische patriotische Gesellschaft«, die ein Knotenpunkt der freimaurerischen und politischen Betätigung in der Bretagne war, und das »Politische Museum« oder den »Klub nach englischer Art«, den die Herren de Noli, de Lambert und Magon ins Leben gerufen hatten. Diese ganze Organisation begann, eine Macht im Staate zu bilden. Da die Freimaurerei eine umfassende Kameradschaft war, »lanzierte« sie Männer wie Franklin, das glänzendste Beispiel der Art, oder sie richteten andere zugrunde. Sie konnte auch jedem, der ihr mißfiel, den Mund verbieten; als 1783 der Baron von Mariwetz und M. de Gouffier eine dem König gewidmete »Physik der Welt« veröffentlicht hatten, wollte keine Zeitschrift, keine Akademie darüber sprechen, weil Lalande, der große wissenschaftliche Freimaurer, sie gewarnt hatte, dieses Buch zu fördern. So wurde die Freimaurerei in der französischen Gesellschaft zu einer starken Macht, die zu einer Veränderung der Ideen und ihrer Richtung beitrug, das heißt zum Kampf gegen die Kirche und die Grundsätze der Monarchie. Wenn sie sich auch in sinnbildliche Formen hüllte, war die Staatsverwaltung doch darüber beunruhigt, und der König sah sich vor.

Der König sah in der französischen Monarchie nicht nur eine politische Regierungsform und eine große Tradition, sondern auch eine Kultur, und er wußte, daß sie nicht überleben würde, wenn man ihre Grundlagen zerstörte. Als König war er der Hüter der Gesetze, der Einrichtungen und der Sitten zugleich, und er war und blieb dafür vor Gott verantwortlich.

Alles, was auf den Umsturz der katholischen und Familienordnung Frankreichs abzielte, traf ihn, selbst wenn man, wie es die Freimaurerei 1783 tat, behauptete, man wolle seine Macht nicht angreifen. In Frankreich eine nur auf Nützlichkeit abzielende Moral, einen »philosophischen« Glauben und republikanische Sitten einführen, das hieß die Wurzeln der königlichen Autorität abschneiden. Da er aber der Allerchristlichste König und kein Tyrann war, bemühte er sich, das gesamte Erbgut, das ihm anvertraut worden war, nicht mit Gewalt zu verteidigen, sondern durch verständige und beharrliche Arbeit, eine aufrichtige Liebe zum Volk und durch gute Sitten.

*

Die Wahl d'Ormessons zum Finanzminister erklärte sich daraus, daß der König ihn für fähig hielt, das Finanzwesen Frankreichs zu leiten zu einer Zeit, in der der Sieg zwar die Steuerlast vermehrte, weil die Kriegskosten zu bezahlen waren, aber die Steuerzahler doch geneigter machte, es ohne Murren zu tun, weil die Vortrefflichkeit der Regierung und die Wirksamkeit des Ministeriums bewiesen war. In einigen Provinzen, wie in Flandern, blieb die allgemeine Gesinnung gut und erkannte die Bemühungen des Herrschers und die Erfolge seiner Regierung an; weit entfernt, ihnen entgegenzuarbeiten, beteiligte sich das Parlament von Flandern willig an der Verwaltung seines Gebietes und an der Erhebung der Steuern.

In Paris war es nicht so; hier erregten der Parteigeist, alteingewurzelte Haßgefühle und die Machtgier eine ganze Menge von ehrgeizigen Standespersonen und anderen aufgeputzten, Perücken tragenden Ehrgeizigen. Man ließ den jungen Minister nicht einmal sechs Monate in Frieden. Ludwig XVI. hatte ihn gewählt, weil er keine ausgeprägte Persönlichkeit war und sich daher eher der kühnen Politik anpassen würde, die er im Hinblick auf England treiben wollte: nämlich wirtschaftliche Annäherung auf Grund eines Vertrages und einer Herabsetzung der Zolltarife.

D'Ormesson hatte eine schwierige Aufgabe vor sich; mit sehr wenig Geld in den Kassen und Einnahmen (aus Steuern, Anleihen, Domänen usw.) von 525 Millionen stand er einer Schuldenlast von 646 Millionen und Verpflichtungen von 205 Millionen gegenüber. Der junge Minister zeigte sich in den Ratssitzungen und bei Debatten recht gewandt, aber er besaß weder eine lange Erfahrung noch weitverzweigte Verbindungen wie Joly de Fleury und Necker, die ihm erlaubt hätten, versteckte oder neue Hilfsquellen aufzufinden. Er begann damit, bei der Diskontokasse Geld zu leihen; dies war eine private Gesellschaft, deren sich der Staat bediente, um seine Zahlungen zu leisten. Die Nachricht wurde durch geschwätzige Angestellte ruchbar, und seine auf der Lauer liegenden Feinde nutzten dies aus; Ende September begann eine Panik um die Diskontokasse. Alle gingen daran, sie anzugreifen, Liedersänger, Journalisten und Philosophen; hierzu kam noch die Spekulation. Um die Kasse zu retten, ließ d'Ormesson den Staatsrat einen Beschluß fassen (30. September 1783), der der Diskontokasse Erleichterungen gewährte. Er verzögerte die Auszahlung der Renten und nahm eine Anleihe von 24 Millionen auf. Hierdurch gewann er Zeit. Dann aber beging er einen verhängnisvollen Fehler: auf den Rat des ersten Beamten Coster, eines geachteten und sachverständigen Mannes, schlug er dem König einen »Erlaß des Staatsrates« vor, der die »Umwandlung der Pachtkontrakte in eine Verwaltung mit Anteil am Gewinn vom 1. Januar 1785 an« entschied. Er versicherte dem Staatsrat, die Pachtverträge enthielten eine Klausel, die eine solche Operation zuließe. Er erlangte die Zustimmung des Staatsrates und die Billigung des Königs.

Schon am anderen Tage protestierten die Generalpächter der Steuern. Der Erlaß drückte sie auf den Rang von Beamten herab, weil er ihnen sehr viele indirekte oder versteckte Gewinne entzog, die den sichersten Bestandteil ihrer Einnahmen bildeten. Sie bewiesen, daß ihre Pachtverträge keine Klausel enthielten, die einen einseitigen Bruch rechtfertigte, und daß, wenn man dies täte, ein feierlicher Vertrag gebrochen würde. Dies war keineswegs Ludwigs XVI. Absicht; er versteifte sich nicht auf den Erlaß, sondern entließ d'Ormesson. Diese falsche Maßnahme schien ihm zu schwerwiegend, um verziehen zu werden, und er sah, daß die Feinde der Regierung nicht abrüsteten und ihm trotz dem Siege jeden Kredit verweigerten. Er suchte einen Mann, der fähig wäre, dieser Bande von Strandräubern die Stirn zu bieten, aber dabei bei der Regierung und im Lande jene Atmosphäre von Güte und Glück aufrechtzuerhalten vermöchte, die einer mächtigen und siegreichen Nation geziemt. Er wies Necker zurück, den ihm die Gesellschaft der Königin, die Frauen des Hofes und alle philosophischen Salons aufzudrängen suchten; auch Foulon wünschte er nicht, der ein intelligenter, aber strenger Intendant war, und den Monsieur und Mesdames förderten.

Er mußte sich vor den zu alten hüten, die man zu gut kannte, und vor den zu jungen, die man zu wenig kannte. Seine Wahl fiel auf Charles-Alexandre de Calonne, Chevalier, Graf von Hannonville, achtundvierzig Jahre alt, aus einer parlamentarischen Familie des Nordens; er war mit einer Tochter des berühmten Bankiers Marquet (der dank den Duverney reich geworden war) verheiratet gewesen, wurde dann Witwer, blieb aber noch immer eng verbunden mit seinen Schwiegereltern, die man beschuldigte (zweifellos zu Unrecht), die Panik um die Diskontokasse hervorgerufen zu haben. Calonne gelangte dank seiner Arbeit und seiner Persönlichkeit zur Macht. In den Angelegenheiten der Bretagne verhandelte er mit La Chalotais und erreichte einige Ergebnisse, besonders den Haß La Chalotais' und der Parlamentsmitglieder. Zum Intendanten von Metz ernannt, hatte er dort gute Erfolge und gewann viele Freunde.

Calonne gefiel; seine schwarzen Augen im hellroten Gesicht hatten einen so dunklen und fröhlichen Glanz, daß man sich nicht davon losreißen konnte, der feingeschnittene Mund, die kräftige Nase und das gutgeformte Kinn vermittelten einen Eindruck von Kraft und Feinheit zugleich. Die Eleganz seiner Kleidung, seiner weißen Perücke und seiner Hände bestätigte diesen ersten Eindruck, und die Kunst seiner Unterhaltung überzeugte vollends. Mit seinem rasch auffassenden Geist und fröhlichen Herzen fühlte er sich anderen überlegen und erstrebte eine große Zukunft; er wich weder vor der Arbeit noch vor Schwierigkeiten zurück, aber er zog ihnen die Macht vor, und der Macht zog er noch die Freude zu gefallen vor. Meist gelang ihm dies, und daher haßten ihn alle die, bei denen er keinen Erfolg hatte, oder sie waren neidisch auf ihn. Gegen einen Feind, den man geliebt weiß, gibt es kein Mittel des Hasses, der Falschheit und Verleumdung, das anzuwenden man sich scheut. So war es mit Calonne. Aber Ludwig XVI. kümmerte sich nicht darum, weil er auf die Gespräche der Salons und Vorzimmer nicht hörte, ebenso wenig Vergennes, der sie nicht beachtete.

Calonne machte sich gleich nach seiner Ernennung, von Vergennes unterstützt und des Vertrauens des Königs sicher, an die Arbeit. Ohne sich um die Verleumdungen zu kümmern, die man gegen ihn ausstreute, überredete er den König dazu, den die Pachtverträge aufhebenden Erlaß des Staatsrates zurückzuziehen, seine unverbrüchliche Aufrichtigkeit zu verkünden und den ersten Beamten Coster zu entlassen, der die freiwillige oder unfreiwillige Ursache des Irrtums d'Ormessons gewesen war.

Als dies geschehen war, blieb nur noch übrig zu tanzen, denn Weihnachten, gefolgt vom Karneval, nahte. Der König tanzte nicht. Der Minister von Paris, Amelot, mußte ersetzt werden; er war ein guter Diener des Königs und der Damen gewesen, die ihn mißbraucht hatten.

Als Ersatz für ihn dachte man an Le Noir, den ausgezeichneten Polizeipräfekten. Doch der von der Königin und Vergennes geförderte Baron von Breteuil trug den Sieg davon. Seit langer Zeit wünschte Breteuil, dessen Tätigkeit als Botschafter in Wien alle lobten, nach Paris zurückzukehren; er hätte einen wichtigeren Posten gewünscht, aber er war nicht der Mann, ihn auszuschlagen, um so mehr, als er wußte, daß der König beschlossen hatte, das Gehalt für ihn zu erhöhen, und er hielt sich für fähig, den Posten noch zu erweitern. Die Wahl wurde gebilligt, weil man Breteuil für sehr intelligent hielt; der König wußte, daß er energisch war, und die Gesellschaft der Königin hielt ihn für willfährig. Es ist angenehm, jedermann und seiner Frau zu gefallen. Das Jahr 1783 endete wohlausgefüllt: der allgemeine Frieden, zwei neue Minister, die Finanzen auf gutem Wege ... Der König spielte, um sich zu erholen, mit dem Dauphin, den er unermüdlich in seinem hübschen, dunklen Matrosenkleidchen mit einem hellblauen Gürtel betrachtete. Das Kind war lachlustig und nett zu allen und fand Gefallen daran, mit seinem Vater, der ihm nicht imponierte, lustig herumzutoben. Und in dem so glücklich endenden Jahr schien dies ein lebendiger und wahrer Traum vom Glück.

DER SCHIEDSRICHTER DER WELT

In diesem Winter von 1783 auf 1784 zitterte man in Versailles vor Kälte, und die Kapelle schien der Nordpol zu sein. Es war eine Kasteiung für die alten Höflinge, störte die Jagden des Königs und beunruhigte Calonne.

Er hatte gerade die Diskontokasse saniert (Zurücknahme der von d'Ormesson unklugerweise zugestandenen Vorrechte, Kapitalvermehrung, Wiederherstellung der Reserven usw.), ohne sie zu schließen, wie es die Gegner verlangt hatten. Als die Kasse wieder Gewinn brachte, mußte er die Staatskassen füllen. Aber die Kälte behinderte alles.

In Paris irrten die Armen umher und suchten einen warmen Winkel; man vermehrte die großen Feuer, die die Prinzen, wie üblich, vor ihren Palais und die anderen Herren vor ihren Häusern anzünden ließen, damit die Lastträger, Kaminkehrer, Droschkenkutscher und alle die anderen Unglücklichen, die auf den Straßen bleiben mußten, nicht vor Kälte starben. Auf Befehl des Königs ließ Le Noir durch die Pfarrer Beihilfen verteilen, die dazu bestimmt waren, »den verschämten Armen Kohle, Holz und Brot zu liefern«. Die Polizei verschaffte den Handlangern und Tagelöhnern Arbeit und Lohn. Ebenso wurden in den Provinzen »Notstandsarbeiten« eingerichtet. Während dieser beiden Monate hörte man nur von dem allgemeinen Elend sprechen, von großem Unglück, überschwemmten Dörfern, weggerissenen Brücken und verzweifelten Bauern, die alles verloren hatten und sich nun zusammenrotteten, um die glücklicheren Nachbarn zu bestehlen. Der König bewilligte zunächst zur Herabsetzung der Steuern und für

»Notstandsarbeiten« einen Betrag von drei Millionen für das laufende Jahr und hierauf drei weitere Millionen für Hilfeleistungen auf dem Lande, »die vor allem für den Ankauf von unumgänglich notwendigen Lebensmitteln, für den Ersatz von Vieh oder für die Landwirtschaft notwendigen Dingen und als Beitrag für den Ersatz von Wohnstätten zu verwenden sind«.

Das normale Budget für Brücken und Chausseen wurde um eine Million für dringende Arbeiten vermehrt. Um diese unerwarteten Ausgaben decken zu können, nahm der König Streichungen an den Ausgaben des Königlichen Haushalts vor, setzte den Etat für Bauten herab, machte Ersparnisse im Kriegswesen und auf anderen Gebieten, indem er ein Jahr lang keine neuen Gnadenbeweise gab und andere erlöschen ließ, und schließlich durch Abzüge von den Pensionen über 100 000 Franken.

Der Oberaufseher der Finanzen fand die Last schwer; aber das Volk, zumal die kleinen Leute, waren dem König dankbar, daß er so menschenfreundlich war.

Der König half den kleinen Leuten, soviel er konnte; als man gegen die plündernden Bauern streng vorgehen wollte, sagte er im Staatsrat: »Man muß sie leben lassen und nicht töten. Verschaffen wir ihnen rechtmäßige Einkünfte, das ist das beste Mittel, sie von Verbrechen abzubringen.«

Die Menschlichkeit Ludwigs XVI. bezauberte die kleinen Leute, die seine Größe ahnten. In diesen Jahren strahlte die Volkstümlichkeit des Königs überallhin. Ein ausländischer Diplomat sagte: »Der König von Frankreich hat einen redlichen Sinn und ein ausgezeichnetes Herz, mit Eifer greift er nach allem, was ihm für sein Volk nützlich zu sein scheint. Der Frieden draußen ist ihm ebenso wertvoll wie der Frieden im Inneren des Landes, für den er viel opfert.« Ebenso erklärte Prinz Heinrich von Preußen (1783): »Dieser Fürst besitzt viel Gerechtigkeitssinn und Seelengröße.«

Der Abbé de Véri und der Justizminister Miromesnil vervollständigen diese Urteile durch ein ausführlicheres Charakterbild, wenn es auch parteiischer ist, weil es von beteiligten Vertrauten stammt: »Sicherlich kann nicht der geringste Verdacht von Unaufrichtigkeit auf den König fallen, doch kann man vom äußeren Schein nicht auf sein Inneres schließen. Seine Seele ist gut und mitleidig; wenn man zu ihm über Unglücksfälle oder Verwundungen spricht, bemerkt man auf seinem Gesicht immer einen Ausdruck des Mitgefühls, und doch ist seine Stimme schroff, seine Antworten sind oft hart, und seine Miene hat nichts Empfindsames. Bei allen Entscheidungen, die er im Kabinett treffen muß, ist er entschlossen und mutig. Empfindungen der Furcht oder Besorgnis haben auf seine Entscheidungen keinen Einfluß.« Dann zitieren sie die Denkschrift des Königs aus dem Jahre 1782, die das Parlament veranlassen sollte, ein drittes »Zwanzigstel« anzunehmen.

Zu dieser Zeit, da alle Männer von Geist ihre guten Gefühle deklamieren, statt sie zu leben, nimmt sie der König wahr und lebt sie als Mensch von unversehrten Instinkten in einem Lande, das von vernunftwidriger Vernunft phantasiert. Seine große Stärke, der Ursprung seines Ansehens, liegt nicht in einer spitzfindigen, intellektuellen Logik noch in ausgeklügelten Berechnungen, sondern in seinen tiefen, wohldurchdachten und wirksamen Auffassungen, die allein er in seinem Jahrhundert mit Friedrich II. und Washington zu verwerten weiß. Das gibt ihm oft den Anschein eines menschenscheuen Menschen, aber es gibt ihm auch eine normale Vernunft, und es macht aus ihm einen volkstümlichen König, der besser als jeder andere in seinem Staatsrat ahnt, was sein einfaches Volk denkt und wünscht.

Es besteht kein Zweifel, daß im Jahre 1784 eine tiefgehende Übereinstimmung zwischen dem König von Frankreich und seinem Volk herrscht. Er ist volkstümlich und macht alles, was ihn umgibt, volkstümlich, den Dauphin, dessen Anmut und gute Erziehung man lobt, Mesdames, Artois . . . Nur die Königin sieht einen zunehmenden Haß gegen sich gerichtet, in Paris, wo die Damen ihr wegen ihrer Frostigkeit grollen, und in ganz Frankreich, wo sich ein tückisches Murren ausbreitet.

Sie ist immer noch tonangebend für die Mode; die Schäfereien in der Art von Trianon findet man überall, und jedermann singt die Romanze von Fabre d'Eglantine:

> Il pleut, il pleut, bergère,
> Rentre tes blancs moutons,
> Allons à ma chaumière,
> Bergère, vite, allons . . .

Die Zeitungen vergleichen den Verfasser mit Theokrit. Aber noch ein anderer Ton gefällt den Schönen im Jahre 1782, »Das Lied des Pagen«:

> Mon coursier hors d'haleine
> Que mon cœur, que mon cœur a de peine,
> J'errais de plaine en plaine,
> Au gré du destrier ...

Die Sehnsucht nach dem Rittertum taucht aus der Vergangenheit auf und kündigt sich für die Zukunft an.
Der größte Erfolg jedoch (1782 bis 1784) ist der anstößige Roman von Choderlos de Laclos »Die gefährlichen Liebschaften« (1782). Er läßt die »Bekenntnisse« von Rousseau (1781 bis 1782) fast in Vergessenheit geraten trotz der Begeisterung, mit der sie aufgenommen wurden, weil er mehr dem Geschmack der Zeit entspricht.
Von Ludwig XVI. war man ausgegangen, man endete beim Marquis de Sade. Ohne die Religion, die allein die Gefühle bis zu den letzten Dingen führen kann, werden sie verwässert, oder sie brauchen, um sich zu erhitzen, Sinnlichkeit und ehebrecherische Verbindung, und enden beim Sadismus. 1784 ist man noch bei Ludwig XVI., den man in der Trunkenheit des jungen Sieges den »menschlichen König« nennt, aber Choderlos de Laclos und Marquis de Sade warten auf ihre Stunde.

*

Ludwig XVI. weiß wohl, wie brüchig das moralische Gleichgewicht des französischen Volkes und wie unsicher sein Sieg ist. Jetzt, nachdem er Frankreich seine Weltüberlegenheit wiedergegeben hat, denkt er über eine Reform der Einrichtungen und Sitten nach. Um sie zu vollenden, bedarf er des Friedens.
1784 und 1785 treibt Friedrich II. die Türken zum Kriege. Ludwig XVI. gelingt es dank der Tätigkeit des französischen Botschafters Saint-Priest, sie zu beruhigen. Wieder einmal scheint das Ottomanische Reich gerettet zu sein; Europa findet seine Ruhe wieder. Ludwig XVI. begibt sich an seine Arbeit. Die französische finanzielle Maschinerie arbeitet schlecht; sie muß vernünftiger, einfacher und gerechter gestaltet werden, damit sie einen größeren Ertrag erzielt, ohne die Franzosen zu sehr zu belasten. Dies ist das Ziel, aber inzwischen muß man Calonne versuchen lassen, auf normalem Wege eine Kasse zu füllen, die sein Vorgänger fast geleert hat und die die Unbilden des Winters vollends leeren werden.

Während Calonne, unter Zustimmung der einen und Anzüglichkeiten der anderen, mit allen Kräften sich abmüht, findet der König Gefallen daran, eine Umfrage bei den kleinen Leuten zu halten; gekleidet wie ein einfacher Edelmann geht er mit dem Kapitän seiner Garde, der ebenso gekleidet ist, auf die Landstraßen, in die Herbergen, auf einen Bauernhof; er unterhält sich mit dem oder jenem. Diese Besuche und Spaziergänge erinnern ihn an die seiner Jugend.

Aber jetzt fällt es ihm leichter, sich mit den Leuten zu unterhalten. Manchmal trat das Abenteuer von selbst an ihn heran. Eines Tages kehrte er durch ein Wäldchen in der Nähe von Versailles allein zu Pferde von der Jagd zurück. Ein junger Bauer, der nicht wußte, wer er war, trat an ihn heran und bat dringend um ein Almosen: »Mein Vater und meine Mutter sind krank«, sagte er, »wir haben seit zwei Tagen kein Brot.« Trotz der schneidenden Kälte hält der Monarch an und will die Wahrheit wissen: »Du machst mir vielleicht etwas weis? Und du tust nichts, als ein Klagelied wiederholen, das man dir eingeflüstert hat, um die Mildtätigkeit der Vorüberkommenden zu mißbrauchen.« – »Ach, mein Herr, ich spreche die Wahrheit.« – »Wo wohnst du?« – »Im Dorf ganz in der Nähe.« – »Führe mich dorthin.« Sie gehen zusammen hin, und der König findet ein nur zu wirkliches Elend vor. Er leert seine Börse und unterrichtet sich über die Ehrlichkeit der Unglücklichen, die er besucht hat. Nach seiner Rückkehr nach Versailles stellt er ihnen eine ausreichende Pension für den Rest ihrer Tage sicher. Diese Stichproben beim französischen Volk beruhigen Ludwig XVI. und spornen ihn an. Aber er kann sich nicht dabei aufhalten. Der Hof verlangt nach ihm.

Im Juni 1782 stellt sich Suffren, der aus Indien zurückgekehrt ist, in Versailles vor. Als er im »Œil-de-Bœuf« erschien, nahm ihn der Marschall de Castries bei der Hand und sagte sehr laut: »Meine Herren, hier ist Monsieur de Suffren.« Sofort drängten sich alle um ihn, um ihn zu feiern; die Leibgarden ließen ihre Musketen stehen und bildeten ein Ehrengeleit. Beim König blieb er länger als zwei Stunden. Ludwig XVI. kannte alle Einzelheiten seiner Feldzüge; er befragte ihn lange hierüber und sprach dann von der Zukunft der französischen Flotte und dem Führer, den sie brauchte. »Sire«, erklärte Suffren, »ich sehe nur Herrn d'Estaing, der Ihre Marine führen könnte.« – »Und Sie?« antwortete der König geradeheraus. So wurde Suffren »gewaltig gefeiert«; er bekam den Heiligen-Geist-Orden und die anderen Orden des Königs, den ständigen Zutritt beim König und vor allem eine vierte

Stelle als Vize-Admiral, die für ihn geschaffen wurde. Jedesmal, wenn sich Suffren in der Öffentlichkeit zeigte, bestätigte das Volk diese Wahl durch seine Beifallskundgebungen.

Inzwischen setzte Ludwig XVI. seine Spaziergänge und Jagden fort. Er nahm Aufenthalt in seinem neuen Schloß Rambouillet, wo er eines Abends ein Essen geben wollte. Ein Kurier mit einem dringenden Brief traf unvermutet ein: Gustav III. war soeben inkognito unter dem Namen eines Grafen von Haga in Versailles angekommen, und man erwartet den König zum Diner. Er ließ Monsieur zu seiner Vertretung in Rambouillet und kehrte schleunigst nach Versailles zurück, wo er sich in Eile umkleidete, wobei ihm einige Türhüter halfen, weil sein Hofstaat sich in Rambouillet befand.

Als er erschien, brach die Königin in lautes Gelächter aus und fragte ihn, ob er heute abend einen Ball gäbe und schon mit der Maskerade begonnen habe, oder ob er dem Grafen von Haga ein Bild französischer Eleganz bieten wolle. Er trug einen Schuh mit rotem Absatz, einen mit silbernem, eine Seite war gepudert, die andere nicht, und so weiter.

Hernach sprach man von Geschäften. Gustav III. wollte eine Antilleninsel haben, Hilfsgelder und eine kräftige Unterstützung durch Frankreich. Marie-Antoinette wollte Fersen haben, und Necker für den Baron de Staël, einen schwedischen Diplomaten in Paris, der Germaine Necker heiraten sollte, eine Mitgift, die Pariser Botschaft und die Zusicherung, daß er immer dort bleiben könne. Gustav hatte einigen Erfolg, wenigstens, was das Geld betraf, aber er mußte Fersen abtreten, der ein Regiment bekam, 20000 Franken Pension, eine Wohnung bei Hofe und alle denkbaren Komplimente.

Die Königin verlor den Kopf, wofür übrigens ihr Bruder Joseph II. verantwortlich war. Er war neidisch auf Ludwig XVI., Katharina II., Friedrich und Alexander und brauchte Ruhm und Gebietserwerbungen. Im Osten war er dank Vergennes zurückgewiesen worden; nun intrigierte er im Westen, um zur Abrundung seiner Erbstaaten die österreichischen Niederlande gegen Bayern auszutauschen. Um Antwerpen wertvoller zu machen, strebte er danach, die Freiheit der Schelde zu erlangen. Die Holländer widersetzten sich dem, zunächst in Worten, dann mit Gewalt: Joseph brach die Verträge von Münster (1648) und Utrecht (1713). Ludwig XVI. machte, von Katharina II. und Friedrich II. unterstützt, dem Streit ein Ende und zwang seinem Schwager seine Vermittlung auf.

Joseph gab nach, nahm aber den Gedanken eines Austausches der österreichischen Niederlande gegen Bayern wieder auf; er wollte dafür Luxemburg und die Gegend um Namur Frankreich als Trinkgeld geben. Das Angebot schien verlockend, aber nach reiflicher Überlegung lehnte Ludwig XVI. es ab, weil er sich mit den deutschen Fürsten und Friedrich II., die dem Plan feindlich waren, nicht verfeinden wollte.
Die Königin wußte es. Sie ließ Vergennes zu sich kommen und fragte ihn in ihrem hochmütigsten Ton: »Haben Sie vergessen, mein Herr, daß ich die Schwester des Kaisers von Österreich bin?« Vergennes verbeugte sich: »Ich werde niemals vergessen, Madame, daß Sie die Schwester des Kaisers von Österreich sind, aber ich meine vor allem, daß Sie die Mutter des Dauphins von Frankreich sind.« Dann zog er sich zurück und bot dem König seinen Abschied an. Krank und ruhmreich, hatte er den Wunsch, sich auszuruhen.
Der König verweigerte den Rücktritt.

*

Vergennes, Calonne und Miromesnil schienen Ludwig XVI. unentbehrlich für die politische und moralische Erneuerung des Landes zu sein, die täglich dringender wurde.
Die Geistlichkeit verkam. Die anonym erschienene, gut geschriebene Broschüre »Die geheimen Briefe über die Religion«, die man dem Bischof von Arras zuschrieb, entlarvte Pfründenkäufer und Freigeister. Im Jahre 1784 verbargen die Jansenisten nicht mehr ihre Verbindung mit den Philosophen, und viele von ihnen fühlten sich den Protestanten viel näher als den »Ultramontanen«, wie sie sie nannten. Mit den Parlamenten verbündet kämpften sie offen gegen die königliche Macht und gegen die Bischöfe. Die Freimaurerei stützte sich auf sie; das Parlament hatte die Freimaurerei dadurch unterstützt, daß es die Registrierung der gegen sie gerichteten päpstlichen Bulle verweigerte. Daher strömten 1780 bis 1785 die Priester den Logen zu, von denen viele kirchliche und ordensgeistliche Würdenträger zu ihren Mitgliedern zählten, wie die in Fécamp, Beauvais, Chalons-sur-Saône, Glanfeuil*, Luise, Narbonne usw. Der Abbé Talleyrand leitete eine Loge. Die so eingereihten Priester waren für die Kirche verloren.

---

* Uralte Benediktinerabtei, die im 18. Jahrhundert Mittelpunkt des Ordens von Saint-Maur war, des großen Benediktinerordens der Zeit.

Die am meisten bloßgestellten Geistlichen gehörten den höchsten Klassen an. Diese trugen kein Bedenken, ihre jüngeren Söhne auf die Seminare zu schicken, um ein Bistum zu bekommen. Solange die Bischöfe gläubig waren, hielten sie sich gut. Aber von 1760 an war die große Mehrheit des Hofes ungläubig und philosophisch. Die adligen geistlichen Würdenträger, ohne innere Berufung Priester geworden, verloren jede Scham . . .

Ludwig XVI. rief sie als erste zur Ordnung. Am 16. Oktober 1784 ließ er an jeden Bischof einen »Ministeriellen Brief« schicken. Die wichtigste Stelle darin besagte: »Der König hat seine besondere Aufmerksamkeit auf die Wichtigkeit Ihrer Amtstätigkeit gerichtet, wie auch auf die vielfältigen Vorrechte, die sein Dienst wie der der Religion mit sich bringt, auf das gute Beispiel, das Sie zu geben haben, und auf die guten Dienste, die Sie täglich zu verrichten haben. Seine Majestät befiehlt mir daher, Sie darauf hinzuweisen, daß sie wünscht, Sie sollen sich viel an Ihrem ständigen Wohnort aufhalten und Ihre Diözese niemals verlassen, ohne Erlaubnis erhalten zu haben...« – Dieser Brief erregte bei den Bischöfen und den Abbés des Hofes großes Ärgernis. Es wurden sogar freche Antworten veröffentlicht, deren Ursprung man nicht kannte. Die »Verwaltungsbischöfe« fanden die Maßnahme sehr hart.

Auch viele Adlige fanden Ludwig XVI. zu »hart«. Er versuchte, das öffentliche Ärgernis einzudämmen. Vom Herzog von Chartres wurde bekannt, daß er seine Finanzoperationen bis zur Gaunerei und seine Ausschweifungen bis zur Gemeinheit trieb. Seine Abendessen mit nackten Mädchen in seinem Haus in Monceau waren in ganz Europa berüchtigt; die Wahl seiner Mätresse zur Erzieherin seiner Kinder hatte ihn mit seiner Frau entzweit und allgemein scharfe Mißbilligung gefunden.

Der junge Adel folgte seinem Beispiel und häufte Tollheiten auf Tollheiten, Unanständigkeiten auf Unanständigkeiten; sein Gebetbuch war das Buch »Erotika Biblion« von Mirabeau oder »Felicia« vom Chevalier de Nerciat, zwei der schmutzigsten Bücher, die jemals veröffentlicht worden sind. Im gleichen Jahr 1784 führte auch Mirabeau, im Einverständnis mit Franklin, unter dem Vorwand, den neuen »Orden der amerikanischen Ritterschaft«, die »Cincinnati«, anzugreifen, einen stürmischen Angriff auf den Adel, auf den Grundsatz der Erblichkeit und auf die ritterliche und monarchistische Tradition. Das gut geschriebene Buch, in dem die Geschicklichkeit Franklins und

Mirabeaus Beredsamkeit zur Geltung kamen, hatte ein weitgestecktes Ziel. Sie behaupteten, auf mathematischem Wege die Torheit der Erblichkeit zu beweisen, weil das Blut der Vorfahren sich in der Aufeinanderfolge der Generationen immer mehr verdünne. Diese (falsche) Schlußfolgerung gefiel; die Adligen kauften das Buch um die Wette. Vor allen Dingen benahmen sie sich schlecht. Guéménée wollte an den Hof zurückkehren, als das Aufsehen um seine Angelegenheit sich verschlimmert hatte. Man beschuldigte ihn, er hätte zur Ankunft der Fischerboote in den Häfen der Bretagne Agenten geschickt, die den Matrosen ihren Lohn abschwindeln sollten. Der König weigerte sich, ihn zu empfangen, aber er kaufte Lorient, ein Besitztum der Guéménée, um die Liquidation zu beschleunigen. Den Marquis von Louvois, einen Schöngeist, der sich lustig und munter ruiniert hatte, verbannte er auf seine Güter. Den Sohn des Grafen von Choiseul-Meuse, der einen Droschkenkutscher wegen einer Kleinigkeit getötet hatte, ließ er in Pierre-Encise* einsperren. Trotz der Berühmtheit seiner Familie verbannte er den Herzog von La Trémoille in seine Provinz und sagte: »Wenn der Herzog von La Trémoille seine Schulden vollständig bezahlt haben wird, wird es Zeit sein, wieder an ihn zu denken.«

Der König versuchte, diesen leichtsinnigen Leuten den Sinn für Würde und die Achtung vor ihren Traditionen wiederzugeben. Das war bei keinem leicht, und noch am wenigsten bei Chartres. Im März 1783 wollte Chartres in London wohnen und sich dort mit Frau und Kindern niederlassen. Er bat den König um Erlaubnis hierzu. Dieser bekannte, daß er ihn gern entbehren könne und »daß es der Herzogin von Chartres durchaus freistehe, dorthin zu gehen, wenn ihr dieser Aufenthalt zusage; was die Kinder betreffe, so frage er ihn, welche Absichten er in dieser Hinsicht habe.« Und als der Herzog von Chartres erwidert hatte, er wolle sie nach englischer Art erziehen, wurde ihm vom König, entrüstet über diese unschickliche Äußerung, entgegnet, sie gehörten dem Staat und er sei dagegen, daß man sie ins Ausland bringe.

Chartres hielt sich schließlich nicht lange in England auf. Im Juni 1784 war er wieder im Palais-Royal, und an dem Abend, als der Graf von Haga zum Opernball ging, befahl er, daß alle Cafés des Palais-Royal offenblieben; er lud die Masken ein, zu jeder Stunde der Nacht dort-

---

* Pierre-Encise, Burg in der Gegend von Lyon, diente im 18. Jahrhundert als Gefängnis, in das man die im Rhonetal und im Massif Central verhafteten Gefangenen aus den höheren Ständen schickte.

hin zu kommen. Aber der König hatte es erfahren, untersagte es und ließ das Palais-Royal in dieser Nacht schließen, weil er keine Orgien vor dem König von Schweden wünschte. Manchmal scherzte er auch; als man ihm erzählt hatte, daß Chartres die Läden des Palais-Royal mit Waren fülle, sagte er zu ihm: »Mein Vetter, ich fürchte, daß man Sie nur noch sonntags bei Hofe sehen wird, jetzt, wo Sie einen Laden haben.« Natürlich waren solche Dinge nicht geeignet, sehr herzliche Familienbeziehungen zu pflegen.

Trotzdem blieb der König gut mit Chartres wie mit allen anderen. Als Chartres Geld brauchte, um die Arbeiten am Palais-Royal fortsetzen zu können, schoß er ihm vier Millionen auf die Erbschaft der Orléans vor, die an dem Tage, an dem keine männlichen Erben mehr vorhanden waren, an die Krone fallen mußte. Ein Gnadenbeweis. Nicht weniger freundlich war der König gegenüber seinem alten Feinde Choiseul, dessen Angelegenheiten immer mehr in Verwirrung gerieten; er schoß ihm vier Millionen vor und hatte bei dieser Gelegenheit mehrere freundschaftliche Unterhaltungen mit ihm, die glauben ließen, Choiseul würde wieder zur Macht kommen. Dies war keineswegs der Fall, sondern einfach ein Beweis der großen Güte des Königs.

Ludwig XVI. diente Gott zu einer Zeit, in der der Teufel großen Zulauf hatte, in den man geradezu vernarrt war. Monsieur beschwor ihn mit seinem Hofherrn M. de Modène. Der Herzog von Chartres hatte Begegnungen mit ihm in den Steinbrüchen von Montrouge oder auf den Ebenen im Norden von Paris dank den Zaubereien der Magier Chavigny und Beauregard, die auch für den Prinzen von Ligne und den Herzog von Fitz-James arbeiteten, aber besonders dank dem »Großen Etteilla«, der ihm das Königtum versprach und ihm ein teuflisches Amulett gab. Dies war zweifellos nur ein Spiel, aber wenn man mit dem Feuer auch nur spielt, so kann man sich verbrennen. Das Volk war noch nicht so weit gekommen. Es zog die Wunder der Hexerei vor. Der Schachspielautomat des Herrn von Kempelen und »der sprechende Kopf« des Abbés Miolis bezauberten es. Vor allem aber war man von diesen mit warmer Luft aufgeblasenen Luftkugeln begeistert, die die Brüder Montgolfier erfunden hatten und aufsteigen ließen.

Man glaubte auch an Mesmer. Der gute, 1778 aus Wien gekommene Doktor lehrte die Anwendung des »tierischen Magnetismus« und heilte die Leute. Er elektrisierte jedermann, selbst die Bäume, aus denen die

Armen die magnetische Strömung schöpfen konnten. Man sah daher überall Leute, die mit der Elektrizität Mesmers arbeiteten. Ein Franziskanermönch und bekannter Prediger, der Père Hervier, der sich Eingeweihter Doktor Mesmers nannte, wendete seine Methode an, schrieb eine Broschüre zu ihrer Verteidigung und endete damit, daß er vom Erzbischof von Paris mit dem Interdikt belegt wurde. Es fehlt niemals an Priestern, die ihr Eifer dazu treibt, die Schrullen ihrer Pfarrkinder anzunehmen. Mesmer verdiente viel Geld, weshalb die Fakultät Verdacht schöpfte. Der König setzte eine Kommission ein, die Mesmer in wissenschaftlicher Weise für unzüchtig erklärte.

Mesmer beeilte sich, zur Brunnenkur nach Spa zu fahren, und überließ seinen drei besten Schülern, dem Dr. Deslon, dem Advokaten Bergasse und dem Marquis La Fayette die Sorge, seine Erfindung auszubeuten. Alle drei hatten die Enthüllung recht teuer bezahlt (100 Louisdor). Er trieb die Schlauheit und Kühnheit so weit, daß er eine philosophische und politische Vereinigung um sich und seine Lehre gründete, die »Gesellschaft der Harmonie«. Sie verband sich mit der Freimaurerei, und das wurde ihr Verderben. Der Magier der französischen Freimaurerei, der gleichzeitig protestantischer Pastor war, Court de Gébelin, Verfasser des Buches »Die Urwelt«, hatte sich, als er sehr krank war, von Mesmer behandeln lassen. Welche Freude! Mesmer heilte ihn. Court de Gébelin teilte dies allen Freunden mit, und während er seine Briefe schrieb, starb er. Sofort reiste Mesmer nach Österreich ab.

Bei soviel philosophischer Tollheit behielt Ludwig XVI. seinen klaren Kopf. Er zuckte oft die Achseln; man grollte ihm deswegen. Aber kann man ihn tadeln? Versailles selbst nahm an dem allgemeinen Wahnsinn teil, vor dem er sich zu bewahren suchte: Sein treuer Kammerdiener Thierry wollte ihm ein Mätresse verschaffen. Man flüsterte, die Schwiegertochter des Grafen von Grasse habe es ihm angetan! Aber er feilte seine Schlösser; Grasse verbannte er auf seine Güter, weil man in London und Paris zu viel davon gesprochen hatte. Er nahm den Kardinal Rohan gegen den Zorn des Pariser Parlaments in Schutz, das diesen beschuldigte, das Blindenhospital schlecht zu verwalten, und suchte das Parlament der Bretagne zu beruhigen, das bereit war, ganz Frankreich aufzuwiegeln, weil der von der Verwaltung gelieferte Schnupftabak schlecht roch!

Das ist der Beruf eines Königs!

III. TEIL

TYRANN ODER MÄRTYRER?

GRÖSSE UND ELEND
DES KÖNIGREICHS FRANKREICH

Januar 1785. Der Sieg vereinigt um Frankreich und seinen König die Geister und Herzen. In Berlin setzt die Akademie einen Preis aus für eine Arbeit über »Die Weltgeltung der französischen Sprache«, den Rivarol mit einer Denkschrift gewinnt, die die Überlegenheit der französischen Sprache zugleich beweist und darlegt. In der Bretagne, der schwierigsten Provinz Frankreichs, streiten sich Brest, Rennes und Nantes um die Ehre, die von den Ständen durch Abstimmung genehmigte Reiterstatue Ludwigs XVI., des Siegreichen, aufzustellen.
Ludwig XVI. hat Freude an seiner Volkstümlichkeit, die seine Stärke ist; diesen Augenblick will er ergreifen, um die seit zwanzig Jahren unerläßlichen Reformen durchzuführen. Nach den Diensten, die er geleistet hat, muß sein Volk Vertrauen zu ihm haben und ihm folgen. Doch kennt er wohl die Schwierigkeit des Unternehmens, die Widerstände, denen er begegnen wird, und die Abneigung der höheren Stände gegen Reformen. Verlangt nicht sogar in der Ordensgeistlichkeit selbst der geistliche Orden von Cluny, der berühmteste Frankreichs, einstimmig seine Säkularisierung! Unterdessen erheben sich in den Freimaurerlogen, die einst gottesgläubig waren, Stimmen, die den Atheismus predigen, wie besonders Jérome Lalande und Sylvain Maréchal. Das Volk auf dem Lande bleibt seinem König und seinem Gott treu, aber es hört offenen Mundes die Advokaten der Städte an, und merkwürdige Missionare, die vom Palais-Royal kommen, ziehen durch Frankreich.
Paris ist der Herd aller wissenschaftlichen Streitereien, und sie alle werden immer bissiger, immer maßloser. Überall entstehen Klubs, Vereinigungen, Gesellschaften; Flugblätter laufen um mit wohl-

wollender Unterstützung der Zensoren, die alle Philosophen sind.
Wenn man handeln will, muß man sich beeilen!
Gewisse Einrichtungen arbeiten schlecht: die Justiz und die Finanzen.
Sie müssen umgestaltet werden, ohne das Land zu erschüttern und
seiner international anerkannten Autorität zu schaden. Ludwig XVI.
ist gegen Gewaltsamkeit; seit seiner Kindheit erzählt man ihm von
Karl I. von England und seinem unheilvollen Beispiel. Ludwig will
die Verwaltung im Einverständnis mit der Elite des Landes und zum
Wohl des Volkes umgestalten. Seiner geleisteten Dienste und seiner
Liebe zu Frankreich bewußt, will er nicht mehr länger zögern.

*

Das Jahr 1785 fing gut an: der Herzog von Zweibrücken, der festgestellt hatte, daß weder Frankreich noch Preußen daran lag, daß Joseph II. Bayern erwarb, hatte sich geweigert, sich zu dem Tausch herzugeben.
Joseph II. hatte entschieden keine glückliche Hand; alles, was er anfaßte, entglitt ihm, alles, was er erträumte, verging, und alles, was er anfing, scheiterte. In Versailles freute man sich darüber, nur nicht in der Umgebung der Königin. Ihre große schuldhafte Liebe und der Schmerz, ihre Familie gedemütigt zu sehen, machte sie heftiger, schwieriger und anspruchsvoller. Der König bemühte sich vergebens, sie zu beruhigen.
Auch Aranda mußte beruhigt werden. Er war aus Spanien mit einer jungen Frau und einem alten Groll zurückgekehrt. In Madrid hatte er seine Frau im Sterben liegend vorgefunden; sie starb, er ließ sie mit großem Prunk begraben und heiratete einen Monat später eine junge, gerade dem Jungfrauenalter entwachsene Verwandte. Als er in Paris, sehr stolz auf seine Erwerbung, mit großem Troß ankam, erklärten die Höflinge, Madame d'Aranda sei sehr mager, sehr brünett, habe einen kleinen Schnurrbart, aber sie sei jung und man würde in Versailles nicht verfehlen, ihre Erziehung zu vollenden. Aranda wußte das und ließ sie nicht einen Schritt aus den Augen.
Weiter erinnerte sich Aranda, daß ihm ganz Spanien die Aufgabe von Gibraltar vorwarf, und er schrieb an den Schuldigen, Vergennes, folgende rachsüchtige Zeilen: »Es ist so, mein Herr, daß ich in allen persönlichen Dingen von Ihrer Seite eine Gleichgültigkeit empfunden habe, die ich nicht verdient zu haben glaube. Oft schien es mir, daß

Sie Schwierigkeiten ausgewichen sind, um sie nicht beseitigen zu müssen, und daß Sie mehr suchten, mich loszuwerden als mir Genüge zu tun ...« Als Aranda diese Wahrheit entdeckt hatte, überwarf er sich mit Vergennes; kein Lottospiel mehr bei Mme. de Vergennes, keine vertraulichen Mitteilungen mehr, keine enge Freundschaft.

Der König scherzte mit Vergennes darüber, aber dieser fühlte sich etwas gekränkt, daß sein guter Wille falsch aufgefaßt worden war. Er hatte vergeblich eine unendliche Geduld aufgebracht, aber das genügte niemals. Am Anfang des Jahres 1785 erforderte die Verhandlung mit Holland viel Geduld; man mußte sich hüten, in ein Wespennest zu greifen. Die Holländer wünschten ein Bündnis mit Frankreich, eine Bürgschaft für die Unverletzlichkeit ihres Gebiets, militärische Hilfe und einen französischen General. Der Marquis de La Fayette, der erhobenen Hauptes durch die Welt spazierte und Revolutionen witterte, wünschte, nach Irland zu gehen, um dieses gute Volk mit Hilfe Sir Edward Newenhams aufzuwiegeln, oder eine Armee in Holland zu kommandieren, um den Statthalter daraus zu verjagen. Er hätte sich auch nicht geweigert, nach der Moldau, nach Griechenland oder Patagonien zu gehen, es mußte sich nur darum handeln, Rebellen zu unterstützen und eine Republik zu gründen. Der König, der verhindern wollte, daß er Irrtümer zum Schaden des Landes beginge und sich in persönliche Katastrophen stürzte, schob ihn beiseite und den Marschall de Maillebois, dem die Holländer eine goldene Brücke bauten, in den Vordergrund; 800 000 Franken für seine Ausrüstung, 100 000 Taler für jeden Feldzug und 100 000 lebenslängliche Pension am Ende des Krieges, falls es einen Krieg gäbe; er sorgte noch dafür, daß sich seine Abreise etwas verzögerte, um nicht den Anschein zu haben, den armen Joseph zu beleidigen.

Ludwig XVI. suchte, sich versöhnlich zu zeigen; er vermied es, die Kraft seines Wesens und die Strenge seines Urteils in Erscheinung treten zu lassen. Necker war auf den freundlichen Gedanken gekommen, dem König und der Königin schöngebundene Exemplare seines großen Buches »Über die Verwaltung der Finanzen Frankreichs« zu übersenden. Die Königin, die sich hütete, es zu lesen, gab mit großer Begeisterung einem Höfling, der Calonne und Necker vergleichen wollte, zur Antwort: »Der eine ist ein Hexenmeister, der andere ist ein Zauberer.« Der König las das Buch, versah es mit Bemerkungen und sagte nichts, aber in seinen Gedanken notierte er das Wort: »Marktschreier«.

Ludwig XVI. suchte Marie-Antoinette zu beruhigen; sie gab sich allen Dingen mit so großer Leidenschaft hin, und die Streitereien zwischen Frankreich und Österreich hatten sie so sehr aufgeregt! Am Anfang des Jahres 1785 bemerkte der König, daß sie beunruhigt und verstört war. Zwar nahm ihre Schwangerschaft normale Fortschritte, aber sie wurde so ungeheuer dick, daß es sie behinderte und beunruhigte. Sie wurde ängstlich. Sie, die sonst kaum Priester aufsuchte, wollte zwei- bis dreimal hintereinander beichten. Man begriff nichts davon. In Wahrheit ermaß Marie-Antoinette, die durch ihren Zustand in ihren Gewohnheiten gestört wurde, die Schwere ihres Verrats am König. Darauf entstand eine Art Skandal.

Der Chronist Métra schrieb (24. Februar 1785): »Die Königin hatte kürzlich einige Tage lang einen Anfall von Frömmigkeit infolge der Furcht, die ihre Schwangerschaft bei ihr hervorrief. Inmitten aller Anmut bemerkte man auf dem Gesicht dieser reizenden Fürstin eine tiefe Schwermut, die nichts vertreiben konnte; die Höflinge ergingen sich in Mutmaßungen. Die übertriebene Frömmigkeit Ihrer Majestät setzte jedermann in Erstaunen und ließ die Scheinheiligen triumphieren. Seit der Königin zur Ader gelassen wurde, haben die Frömmigkeit und Traurigkeit der Heiterkeit und allen Vergnügungen Platz gemacht, die ein vorübergehendes Unwohlsein verscheucht hatten.«

Inzwischen begann die Königin, wieder Furcht zu haben; ihre Vertrauten und alle atmeten auf, als sie vom Morgen des Sonntags, des 25. März, an kleinere Wehen fühlte, die ihre baldige Niederkunft anzeigten. Gegen sechs Uhr wurden alle Symptome bemerkbar, und nach Wehen von etwa einer Stunde gebar sie einen wohlgestalteten und sehr kräftigen Prinzen. Ihr Geburtshelfer Vermond strahlte und die Königin atmete auf. Sobald sie gewaschen worden war, verlangte sie den Säugling zu sehen; er wurde ihr durch die Herzogin von Polignac, die Erzieherin der Enfants de France, begleitet von drei Untererzieherinnen, gebracht. Zwei Stunden später wurde er getauft: Monsieur war sein Pate, Madame Elisabeth in Vertretung der Königin von Neapel seine Patin. Er erhielt die Namen Ludwig-Karl und der König verlieh ihm den Titel eines Herzogs der Normandie, den seit Ludwig XI. niemand mehr getragen hatte. Darauf wurde der junge Prinz in seine Wiege gebracht, und M. de Calonne, Großschatzmeister der Orden des Königs, brachte ihm Band und Kreuz des Heiligen-Geist-Ordens, wie es der König befohlen hatte. Ludwig XVI. schien sehr glücklich zu sein; er wohnte dem Tedeum in der Schloßkapelle

bei, ließ den Stadtmagistrat von Paris benachrichtigen und beauftragte Vergennes, die Nachricht allen ausländischen Höfen zu übermitteln.
Am anderen Tage beglückwünschten die Prinzen von Geblüt den König. Das Kind gedieh gut, und die Königin war rasch wiederhergestellt. Anfang Juni konnte sie ihren Einzug in Paris halten und in Notre-Dame dem Himmel für die Geburt ihres Sohnes danken. Der König begleitete sie nicht; sie erhielt daher auch keine Beifallskundgebungen. Bei ihrer Vorüberfahrt blieb die Menge stumm. Die Geistlichkeit fand es anstößig, daß sie schon am Abend dieser der Frömmigkeit gewidmeten Fahrt in die Oper ging. Alles dies gab Anlaß zu unzähligen Klatschereien und sogar zu einer Schmähschrift: »Antwort, die die Königin auf eine Rede gegeben hätte, die der Pfarrer ihr bei ihrer Fahrt nach Sainte-Geneviève gehalten hätte«; eine Unverschämtheit mehr!
Die Königin war davon sehr betroffen und suchte, wie immer in solchen Fällen, beim König Trost. »Aber was habe ich ihnen denn getan?« rief sie. – »Ich weiß nicht, wie *Sie* es machen«, erwiderte ihr erlauchter Gatte, »jedesmal wenn *ich* nach Paris komme, schreien sie, daß ich fast betäubt bin«.
Trotz diesem Scherz suchte er, ihr zu helfen und ihr Freude zu machen. Nach langen Verhandlungen mit den Orléans schenkte er ihr Saint-Cloud und die sechs Millionen, um es zu bezahlen. Sie war ganz verliebt in diese »Einsamkeit« und zu sehr von Fersen in Anspruch genommen, um von nun an die Gesellschaft der Mme. de Polignac zu genießen, die ihrerseits von der Vaudreuils in Anspruch genommen war. Sie gingen beide ohne Zwist und Groll auseinander, und Vermond beglückwünschte sich dazu. Die Königin fühlte sich schwermütig, empfindsam und hatte Sehnsucht nach Einsamkeit und nach Wäldchen ... Sie weigerte sich, auffallende Kleider zu tragen, und befahl Mme. Bertin, »Blumen, Federn, große Halskragen, Überröcke, polnische, türkische, zirkassische Kleider usw. zu verbannen«; sie wollte ernsthaft, fast würdig erscheinen.
Auch der König empfand das Bedürfnis nach Ruhe nicht weniger als sie. Er hatte schon während seines ganzen Lebens gearbeitet, aber jetzt ging er gewissermaßen in seiner Arbeit auf. Das war nicht sehr gut für ihn, denn er wurde zu dick, und die Ärzte fanden kein Mittel, dem vorzubeugen. Das sächsische Erbe machte sich aufs stärkste bemerkbar. Er bedauerte das, ohne sich darüber zu beunruhigen, da er sich nie sehr bemüht hatte, dem reizendsten Geschlecht zu gefallen,

und jetzt hatte er, obwohl man ihm eine Liebschaft mit Mme. de Grasse nachsagte, einfach darauf verzichtet. Er arbeitete; mit Vergennes bereitete er ausführlich alle diplomatischen Depeschen vor, die man an alle Enden der Welt wegen der holländischen Angelegenheit schicken mußte, oder wegen der ewigen Orientfrage, die von neuem die Gemüter zu bewegen schien. Er ging seltener zur Jagd und schien weniger Freude daran zu haben, aber er widmete sich leidenschaftlich allem, was es im Staatsrat zu behandeln gab. Man bemerkte dort, daß er mehr als er es jemals getan hatte Ideen verkündete, auf die seine Minister nicht gekommen wären. Kritische Geister schlossen daraus, er habe von neuem einen geheimen Informator, einen Nachfolger des verstorbenen Pezay; gescheitere Leute meinten, seine Persönlichkeit werde in dem Maße stärker, wie sich sein Urteil auf eine umfassendere Erfahrung stütze.

Dies war nicht die Meinung von Monsieur, der fand, daß sein Bruder seit Maurepas' Tode zu vereinsamt sei, und die Güte hatte, ihm seine Hilfe anzubieten. Er übergab ihm Ende Februar 1785 eine Denkschrift, in der er darlegte, wie notwendig es sei, daß der König im Staatsrat ein »anderes Ich« habe, das ihm helfen und ihn aufklären könne. Der Dauphin war zu jung, und Artois war unfähig, wen auch immer aufzuklären; daher bliebe für diese menschenfreundliche und brüderliche Aufgabe nur er, der Graf von Provence. Die Sache wurde ruchbar, und das Gerücht verbreitete sich, die Jesuiten hätten diesen neuen Streich geplant, um ihr Auge im Staatsrat zu haben. Ludwig XVI. kümmerte sich nicht darum; er mißtraute den Intrigen seines Bruders und seiner Neigung, alle Finanzminister anzugreifen, als ob er den schwachen Punkt der Regierung und der Verwaltung suchte. Der ältere Bruder antwortete dem jüngeren Bruder, er bedürfe seiner im Staatsrat nicht.

Das war ein Feind mehr für Calonne und für den König. Der Finanzminister wurde stark angegriffen. Man warf ihm seine Handlungen vor, das heißt die 225 Millionen betragenden beiden Anleihen, die er bei allen Körperschaften, bei denen es möglich war, aufgenommen hatte, 18 Millionen bei den Ständen des Languedoc, 6 bei denen der Bretagne, 10 beim Kollegium von See-Flandern, 4 durch Neuschaffung von Rentenzahlmeister-Stellen; man rechnete, im ganzen, 50 Millionen an »außerordentlichen Mitteln«. Man warf ihm seine Freundschaften vor: Panchaud, sein Ratgeber und intimer Feind der Necker, die Damen, die er zu gut behandelte und die es ihm zu gut wiedervergalten, und Vergennes, den er in seiner unnachgiebigen Politik gegen Österreich unterstützte. Daher erfreute er sich im Staatsrat des zähen Widerstandes von Castries, des Freundes der Necker, des starken Hasses von Breteuil und am Hofe der unerbittlichen, von Vermond sorgfältig geschürten Feindseligkeit der Königin. Im Februar glaubte man ihn schon verloren, aber Vergennes legte dem König eine »Rechtfertigungsdenkschrift des Verhaltens von Calonne« vor, und Ludwig XVI., der den Mut und die Heiterkeit, wie auch die klare Intelligenz seines Finanzministers bewunderte, behielt ihn gern auf seinem Posten.

Das war durchaus nicht im Sinne der Königin, die von den Freunden Neckers und Loménie de Briennes geplagt wurde, die sich wie eine Meute bissiger Hunde an alle Schritte Calonnes hängten. Seit der »große Genfer« sein Meisterwerk in drei Bänden »Über die Verwaltung der Finanzen in Frankreich« veröffentlicht hatte, hielt man seine Wiederkehr für sicher; las der König dieses Buch nicht sorgfältig, dreimal hintereinander, von vorn bis hinten, und machte er nicht auf jeder Seite Anmerkungen? Hierin sah man ein deutliches Zeichen. Die Intrigen arbeiteten mit aller Kraft für Necker, und die Baronin von Staël-Holstein, seine Tochter, trieb trotz ihrer schüchternen Miene am Tage ihrer Vorstellung bei Hofe großen Aufwand und veranstaltete in der schwedischen Botschaft üppige Empfänge; alle ihre Bemühungen galten ihrem »verehrten Vater«. Feurig und schlau nahm sie die Damen des Hofes für sich ein; wie sollte Gott nicht wollen, was so viele Frauen wollten?

Falls es Gott nicht etwa vorzog, seine Diener zu unterstützen? Dem trefflichen Abbé de Vermond, der sich seit zehn Jahren bemühte, seinen Helfershelfer und Freund Loménie de Brienne, Erzbischof von Toulouse, zur Macht zu bringen, war es schon gelungen, die Königin und die elegantesten Kreise des Hofes von dessen Fähigkeiten zu überzeugen. Man sprach nur noch von der Zulassung dieses Kirchenfürsten zum Staatsrat. Auch die Philosophen fanden Vergnügen an dem Gedanken, diesen schändlichen Bischof ans Ziel gelangen zu sehen, sei es auch nur um das Vergnügen, ihn dann in seinen eigenen Schmutz zu stürzen. Ein geschickt genährtes Gerücht ließ ihn schon als sicheren Nachfolger Calonnes erscheinen. Allein der Widerwille des Königs gegen die schlechten Priester und sein Abscheu vor diesen »wertlosen Menschen in der Soutane« blieben eine unübersteigbare Schranke. Man rechnete mit dem Einfluß der Königin, um sie zu übersteigen; aber der König drehte ihr den Rücken zu und ging an die Arbeit. Er unterzeichnete den Erlaß, der den Besitzern schwarzer Sklaven auf Haiti unter Androhung schwerer Strafen untersagte, ihnen mehr als fünfzig Peitschenhiebe zu geben; er nahm die Akten über die Angelegenheiten Deutschlands vor oder er ruhte sich aus, indem er die Fahrt einer von La Pérouse geführten Flottille um die Welt vorbereitete.

*

Die Übelwollenden sagten, er habe in diesem Frühjahr noch eine andere Freude gehabt, den Tod des Herzogs von Choiseul, und La Harpe, der sich nicht besonderer Gutmütigkeit rühmte, feierte diesen Tod:

> Ci-gît Choiseul. »Ah! qu'il est bien!«
> Dit tout bas le Roi Très Chrétien.

Doch man war gezwungen, anzuerkennen, daß Ludwig XVI. ihm, als er in Schwierigkeiten war, geholfen hatte. Die Königin, die ihn einst so gut leiden mochte, vergaß ihn schnell und fand in ihren Vergnügungen gleich Trost. Ihre augenblickliche Liebhaberei bestand darin, in Saint-Cloud einen Garten nach englischer Art anlegen zu lassen, in dem sie ihren Schwermutsanfällen nach englischer Art nachhängen konnte, während Mesdames nach Vichy ins Bad gingen und der König jagte. Die großen Umzüge waren ihr zuwider, besonders der nach Fontainebleau, wo sie gezwungen war, ein zu großes Haus zu machen. Sie zog Trianon vor; im August genoß sie dort einen reizenden Aufenthalt. Ein großes Zelt war errichtet worden, unter dem sie Tanzvergnügungen gab; es war fast ein dauernder Ball.

Mitten in diesen schönen Sommer platzte eine ungeheure Bombe. Am 15. August um elf Uhr vormittags, als der Kardinal Rohan in seiner schönen Soutane aus scharlachfarbenem Moiré mit dem prunkvollen Chorhemd aus englischen Spitzen Gottesdienst halten wollte und das Kabinett des Königs in Versailles betrat, wurde er vom König zu einer Erklärung aufgefordert und gefragt: »Mein Vetter, was bedeutet dieser Kauf eines Diamantenhalsbandes, den Sie im Namen der Königin vorgenommen haben sollen?« Auf diese Frage hin wurde Rohan totenblaß. »Sire«, stammelte er, »ich sehe es ein, ich bin betrogen worden. Aber ich habe nicht betrogen.« Der König erwiderte gütig: »Wenn es so ist, mein Vetter, so brauchen Sie nicht beunruhigt zu sein. Aber sprechen Sie sich aus . . .«

Und als Rohan die Augen hob, die er zunächst gesenkt hatte, sah er vor sich die Königin, mit erhobenem Haupt, wie zum Kampf aufgerichtet und mit funkelndem, harten Blick; sie schien vor Zorn und Verachtung zu sprühen. Unter diesem Blick fühlte sich der schöne Rohan, dieser Prälat, der als der imposanteste wie bedeutendste Edelmann der französischen Geistlichkeit galt, zerschmettert.

Er wußte seit einigen Tagen, daß er bei dieser Sache von einer Intrigantin betrogen worden war, aber er, Rohan, hatte eine solche Szene nicht erwartet. Der König sah seine Verwirrung: der Prälat erstickte fast, war dunkelrot, und man hatte das Gefühl, er würde gleich hinfallen.

Nach einigen verwirrten Sätzen empfand Ludwig XVI. Mitleid mit ihm und sagte mit freundlicher Stimme: »Schreiben Sie das auf, worüber Sie Rechenschaft zu geben haben.« Dann führte er ihn, von der Königin gefolgt, in die Bibliothek, in der sich auch Breteuil und Miromesnil befanden. Er ließ ihn an einem Tisch Platz nehmen, auf dem ein großer Bogen weißes Papier und ein Schreibzeug lagen.

Dann gingen alle hinaus, um ihn in Ruhe das schreiben zu lassen, was er zu sagen hatte. Rohan blieb allein mit diesem Blatt, allein mit seinem zusammengebrochenen Leben. Er war vollständig zerknirscht. Er schrieb sein Bekenntnis, wie es die Kinder tun . . .

Einer Frau, einer Frau niederer Herkunft, die behauptete, sie habe Valoisblut in ihren Adern und stamme durch ihren Vater von ihnen ab, die aber vornehmlich Bettlerin gewesen und eine hysterische Intrigantin geworden war, war es gelungen, Rohan einzureden, sie sei eine Freundin der Königin und die Königin habe ihr den Wunsch anvertraut, das prachtvolle Halsband zu besitzen, das die Juweliere Böhmer und Bassenge einst für die Du Barry gearbeitet hatten, das aber durch den vorzeitigen Tod Ludwigs XV. in den Händen der Juweliere geblieben war. Er hatte es geglaubt . . .

Die Frau wirkte überzeugend; sie brachte ihm Briefe der Königin, und er hatte, um der Königin einen Dienst zu leisten, ihr dieses Halsband, das sie wünschte, verschaffen wollen; alle wußten, daß sich die Königin die schönsten Diamanten der Welt wünschte. Nach dem Kauf des Halsbandes (zu dessen Bezahlung, nach Mme. de La Motte, die Königin sich verpflichtet hatte) übergab er die Steine Mme. de La Motte-Valois als der Freundin der Königin. Jetzt erst bemerkte er, daß er betrogen worden war, daß diese Frau ihn zu einem Dummkopf, zu einem Opfer, ja fast zu einem Staatsverbrecher gemacht hatte, der die Königliche Majestät geschädigt hatte. Aber das hatte er sicherlich niemals gewollt, niemals . . .

Der Kardinal verließ das Zimmer, sein Bekenntnis in der Hand. »Wer ist diese Frau?« fragte der König. – »Sire, ich weiß es nicht.« – »Haben Sie das Halsband?« – »Es ist in den Händen dieser Frau.« Der König bat ihn nun, in das Kabinett zurückzukehren und zu warten. Während er wartete, beriet Ludwig XVI. mit seinen Ministern: Was sollte man tun? Rohan hatte wie ein Irrer gehandelt, aber war er ein Verbrecher? Bei diesem Wort richtete sich die Königin auf und blickte ihren Gatten so beleidigend an, daß die Minister die Augen abwendeten. Breteuil schlug eine Untersuchung vor und sagte, nach seiner Meinung erfordere es die Ehre der Königin, dieser Angelegenheit bis auf den Grund zu gehen; Rohan wäre diesmal zu weit gegangen. (Breteuil, der sein Nachfolger in Wien gewesen war, haßte ihn.) Dies war jedoch weder die Meinung des Königs noch des Justizministers, aber Marie-Antoinette wäre tödlich beleidigt gewesen, wenn man sich Breteuils Meinung nicht angeschlossen hätte.

Der König kehrte daher, von der Königin und den Ministern gefolgt, in sein Kabinett zu Rohan zurück. Breteuil las die Denkschrift der beiden Kaufleute vor, die die Königin erhalten hatte. Er fragte Rohan: »Wo sind die angeblich von der Königin geschriebenen und unterschriebenen Ermächtigungsbriefe, von denen in der Denkschrift der Juweliere die Rede ist?« – »Sire, ich habe sie, sie sind gefälscht.« – »Das glaube ich wohl, daß sie gefälscht sind« – »Ich werde sie Eurer Majestät bringen.« – »Und dieser Brief, den Sie an die Kaufleute geschrieben haben und der ebenfalls in der Denkschrift enthalten ist?« – »Sire, ich erinnere mich nicht, ihn geschrieben zu haben, aber ich muß ihn wohl geschrieben haben, weil sie eine Abschrift geben. Ich werde das Halsband bezahlen.« Ein Schweigen trat im Zimmer ein; alle atmeten schwer. Dann sagte der König: »Mein Herr, ich kann nicht darauf verzichten, Ihr Haus gerichtlich versiegeln zu lassen und mich Ihrer Person zu versichern. Der Name der Königin ist mir kostbar. Er ist bloßgestellt worden, ich darf nichts vernachlässigen.«

Rohan empörte sich mit großer Würde; er erinnerte den König an das Datum, 15. August, Fest der Heiligen Jungfrau, an die Umstände, an die ganze versammelte Menge, er rief ihm seine Kindheit ins Gedächtnis, Mme. de Marsan, die Freundschaft Ludwigs XV. für seinen Onkel Soubise, er sprach sogar von der Größe des Namens Rohan. Ludwig XVI. hätte nachgegeben, aber die vor Entrüstung kochende

Königin griff ein. »Wie ist es möglich, Herr Kardinal, daß Sie, den ich seit acht Jahren nicht gesprochen habe, haben glauben können, daß ich mich Ihrer Vermittlung bedienen würde, um den Kauf des Halsbandes abzuschließen?« Und dann begann sie, da sie eine Frau war, natürlich zu weinen. Dem König blieb nichts übrig, als mit einer Träne im Auge zu sagen: »Ich werde versuchen, Ihre Verwandten zu trösten, so viel ich kann. Ich wünsche, daß Sie sich rechtfertigen können. Ich tue das, wozu ich als König und Gatte verpflichtet bin.«

Breteuil öffnete die Tür und erschien hinter Rohan, der aufrecht und blaß daherging, in der Galerie; mit seiner lautesten Stimme rief Breteuil dem Herzog von Villeroi, dem Kapitän der Leibgarden, zu: »Verhaften Sie den Herrn Kardinal!« Erhobenen Hauptes durchschritt Rohan die Reihe der Säle, die voll von Höflingen in ihren schönsten Kleidern waren; beim Eintritt in das »Œil-de-Bœuf« wurde er verhaftet. Villeroi setzte ihn in eine Postkutsche und brachte ihn zur Bastille.

Die ganze Stadt sprach nur vom Kardinal und vom Halsband. Aber man wußte nichts Genaues. In Versailles zeigte die Königin ein seltsames, strahlendes und hartes Gesicht, Breteuil war purpurrot vor Freude, der König verbarg sich in seiner Werkstatt, und die Masse der Höflinge strömte geschlossen zu den Rohan, besonders, versteht sich, Mme. de Marsan und der Prinz Soubise. In weniger als einer Woche waren der ganze Hof, die gesamte Geistlichkeit, die Mehrheit des Parlaments und die öffentliche Meinung für Rohan günstig gestimmt. »Gewiß«, sagte man, »er hat wie ein dünkelhafter Tropf gehandelt, aber ist er es nicht? Die Königin, sie hat immer unter der Herrschaft ihres Hochmuts und Hasses gehandelt. Diese »Österreicherin« trägt kein Bedenken, den schönsten Namen des französischen Adels und den edelsten Prälaten der französischen Geistlichkeit zu beschmutzen!«

Miromesnil, der Justizminister, hatte es dem König in der geheimen, eiligst einberufenen Zusammenkunft vom 15. August gesagt: »Das ist eine unglückselige Angelegenheit; wir wollen so wenig Lärm wie möglich darum machen.« Aber auch er hatte, vom Blick der Königin niedergeschmettert, schweigen müssen. Vergennes war sehr betrübt, als der König mit ihm darüber sprach; er liebte die Rohan sehr und verabscheute den Skandal. Er riet dem König, sich außerhalb des Prozesses zu halten und diesen auf den geringsten Umfang zu beschränken. Er selbst setzte alle seine Spürhunde für die Suche nach La Motte ein, der mit dem Halsband nach England gegangen war, um es dort bestmöglich zu verkaufen; seine Agenten versuchten auch die unzähligen Polemiker zum Schweigen zu bringen, die in London die Gelegenheit benutzten, um Frankreich, den König, die Königin, die Geistlichkeit und den Katholizismus zu beschmutzen. Eine undankbare Aufgabe; selbst in Paris gelang es nicht, die Schmähschrift- und Zeitungsschreiber zum Schweigen zu bringen.

Die Angelegenheit war sogleich zu einem typischen Fall geworden. Man kann sagen, daß sie den ganzen Winter ausfüllte. Rivarol schrieb: »Breteuil hat den Kardinal aus den Händen der Mme. de La Motte genommen und ihn auf dem Gesicht der Königin zerdrückt, das damit gebrandmarkt bleibt.« Fréteau de Saint-Just, einer der Kühnsten und Einflußreichsten der Opposition im Parlament, rief aus: »Eine große und glückliche Sache! Ein Kardinal als Gauner! Die Königin in eine Fälscheraffäre verwickelt! ... Welcher Schlamm auf Bischofsstab und Zepter! Welcher Triumph für die Idee der Freiheit! Wie wertvoll für das Parlament!«

Vor allem welche Schwelgerei für die Neuigkeitskrämer aller Art! Sie verbreiteten in ganz Paris die Nachricht, Mme. de La Motte sei die Mätresse Rohans; die Königin hätte das Halsband gewünscht und Rohan im Stich gelassen, als sie sah, daß die Sache schlecht ausging; der immer verschuldete Rohan hätte Fälschungen begangen, um das Halsband zu bekommen und es zu seinem Vorteil zu verkaufen usw. Es war wie der wunderbarste Text für ein komisches Bühnenstück, den man je in Paris gesehen hatte, und trotz der Einbildungskraft Beaumarchais' erschien »Der tolle Tag oder die Hochzeit des Figaro« flach dagegen. Das Pittoreske dieser Angelegenheit berauschte die ganze Welt, sogar den jungen Goethe in Frankfurt.

Tatsächlich war es nur eine alltägliche Gaunerei, die von einer gerissenen Frau ausgeführt und durch die buntbewegte Atmosphäre des Augenblicks aufgebauscht wurde. Eine Zeit, in der man, ohne lange zu suchen, an jeder Straßenecke fünf bis sechs Hochstapler, Gauner oder Abenteurer findet, die bereit sind, bei einer Intrige mitzuwirken, macht ein solches Spiel leicht, und manche Leute nutzen das aus; Mme. de La Motte hatte es ausgenutzt. Sie hatte kein Geld und wollte welches haben; sie hatte sich die Dummheit des Kardinals zunutze gemacht, der von dem Gedanken besessen war, sich mit der Königin auszusöhnen, um erster Minister zu werden, und die Habgier der Juweliere, die die einzige Sorge hatten, um jeden Preis dieses Halsband zu verkaufen, das auf ihnen lastete und ihre Kapitalien festlegte. Bei jedem der Beteiligten hatte sie den Wunsch, hervorzustechen, ausgenutzt und das jedem Franzosen angeborene Bedürfnis, etwas anderes zu sein, als er ist. Das Ergebnis lag zu Tage: eine verworrene, das Königshaus beschmutzende Angelegenheit.

Welcher Taumel für das Publikum, zu sehen, wie in einunddieselbe Skandalgeschichte verwickelt sind: eine Bettlerin aus königlichem Geschlecht, die aber Diebin ist, die Königin von Frankreich, der an Würde wie an Prunk höchststehende Kirchenfürst, der zweideutigste Zauberer (denn Cagliostro war als Ratgeber Rohans verhaftet worden), ein Bürger von Saint-Omer, Militärarzt, eine kleine Dirne vom Palais-Royal, ein betrügerischer Baron usw.! Welcher Glücksfall für die Schwätzer, Philosophen und Kritiker und welche Unzuträglichkeiten für die Politik und das königliche Ansehen! Ludwig XVI. gab sich Rechenschaft darüber, um so mehr als er sehr bald die Ungeschicklichkeit und Brutalität Breteuils in dieser Angelegenheit erkannt hatte; der ganze Hof warf sie ihm vor, und er hatte so den gesamten hohen Adel gegen sich und die Königin verbündet. Selbst die, welche Marie-Antoinette am nächsten standen, wie Mme. de Brionne, zogen jetzt am heftigsten gegen sie los. Nachdem alle Mitwirkenden in der Bastille eingesperrt waren, fragte der König Rohan, wie er abgeurteilt werden wolle: von ihm allein, von einer Kommission oder vom Parlament (Ende August 1785)? Rohan, der fühlte, wie sich die öffentliche Meinung ihm zuwendete und sich für die üble Art, in der man ihn behandelt hatte, rächen wollte, wählte das Parlament. Nun war das große Aufsehen nicht mehr zu vermeiden.

Für Ludwig XVI. wurde dies eine schwere Sorge; die Geistlichkeit protestierte auf ihrer im Augenblick des Skandals tagenden Versammlung im Namen der Standesrechte gegen die Behandlung, die man Rohan hatte zuteil werden lassen, auch Rom erhob Einspruch und sagte, ein Kardinal müsse in Rom abgeurteilt werden. In allen diesen Dingen mußte man mit großer Vorsicht handeln, und dabei mußte man sich noch mit dem Dauphin, der geimpft wurde, beschäftigen, und vor allem mit Joseph II., der mit Holland um den Betrag der Entschädigung feilschte, die er dafür forderte, daß er das Land in Ruhe ließe. Man war glücklich, die holländische Angelegenheit dadurch zu beenden, daß man einen Vertrag schloß, der Holland unsere Hilfe und Freundschaft gewährleistete, ferner einen Vertrag zwischen Holland und dem Kaiserreich unter dem Schiedsspruch Frankreichs, das vier von den zehn Millionen Gulden zahlen sollte, die Joseph erhielt. Der

König war mit seinem Schwager unzufrieden, aber Vergennes dafür
dankbar, daß er diese unangenehme Sache gut zu Ende geführt hatte.
Welcher Triumph! Frankreich war jetzt mit Holland verbündet, das
seit mehr als einem Jahrhundert sein erbitterter Feind gewesen war!
Konnte man einen glänzenderen Beweis für die Überlegenheit Frankreichs in Europa führen?
Die öffentliche Meinung beachtete das kaum. Sie regte sich zu sehr
über die Halsbandgeschichte auf. Die unzähligen Memoiren, die Schlag
auf Schlag Rohan, Mme. de La Motte, Cagliostro, Bette d'Etienville,
der Baron de Fages, Mlle. Leguet, genannt Baronin von Oliva, und die
anderen Beteiligten veröffentlichten und alle Einzelheiten, die die
Zeitungen brachten, besonders die »Gazette de Leyde«, nahmen die
Aufmerksamkeit des Publikums in Anspruch. Die Stimmung in Paris
begünstigte endgültig den Kardinal; man trug Bänder und Hüte,
»rot auf gelb«, die man »Kardinal auf Stroh« nannte. Alle Damen
des Hofes waren für ihn, ebenso die eleganten Frauen von Paris. Die
Königin schien keine Empfindung dafür zu haben. Sie schleppte den
König nach Saint-Cloud, das ihm nicht gefiel, weil das Schloß vom
Pariser Pöbel überschwemmt wurde. »Man sieht hier nur Lumpenkerle
und Dirnen!« rief er aus. Schließlich (am 10. Oktober) brachte er
die Königin nach Fontainebleau zurück. Sie fuhr zu Wasser dorthin,
auf einem reizenden für sie gebauten kleinen Schiff. Die Hofhaltung
war dort sehr glänzend; die »Penelope« von Piccini und Marmontel
fand starken Beifall.

Zu gleicher Zeit, am 18. November, wurden der Vertrag zwischen
Holland und dem Kaiserreich und am 10. der französisch-holländische Vertrag unterzeichnet. Dann mußte man nach Versailles zurückkehren, um die Geschäfte aus größerer Nähe betreiben zu können.
Am 23. Dezember hielt der König einen feierlichen und symbolischen
Großen Gerichtstag. Seit sechs Monaten war Calonne von allen Seiten
angegriffen worden. Necker durch sein dickes Buch und unzählige
versteckte Unterstellungen, Loménie de Brienne durch einen mit
Feuereifer geführten Feldzug seiner Bewunderinnen versuchten, den
König zu umgarnen. Dazu kam, daß das Parlament, übelwollend wie
immer, sich weigerte, eine Anleihe von 80 Millionen zu neun Prozent
lebenslänglichen Zinsen, die tatsächlich den Staat sehr belastete, zu
registrieren. Es handelte sich darum, Schulden der Marine zu
tilgen, und daher mußte ein Großer Gerichtstag gehalten werden.
Nachdem der König energisch zu den in Versailles versammelten

Parlamentsmitgliedern gesprochen hatte, fügte er hinzu: »Übrigens will ich, daß man weiß, daß ich mit meinem Finanzminister zufrieden bin und nicht dulden werde, daß durch mangelhaft begründete Beunruhigungen die Durchführung der Pläne, die das Wohl meines Staates und eine Erleichterung für meine Untertanen erstreben, gestört wird.« Die Parlamentsmitglieder ließen die Ohren hängen.
Wenn der König eine Angelegenheit gründlich geprüft hatte, war sein Urteil klar und wurde mit großer Sachkenntnis zum Ausdruck gebracht, aber er arbeitete nicht schnell und brauchte zuverlässige und kluge Mitarbeiter; außer Vergennes besaß er keine. Mit der Halsbandgeschichte war er überrascht und durch die Pflicht, die er seiner Frau schuldete, hineingezogen worden. Doch war er den Rohan gegenüber rücksichtsvoll; gleich am Tage nach der Verhaftung schrieb er an den Prinzen Soubise, um ihm zu versichern, daß es sich bei dieser Angelegenheit nicht um die Frage eines Staatsverbrechens handle; er befahl, daß der Kardinal in der Bastille so gut wie möglich behandelt werde und daß man ihm nichts verweigere, was seiner Verteidigung oder seiner Gesundheit dienen könne. Als ihm jedoch Mme. de Marsan einen Brief Rohans brachte, in dem er an des Königs Güte appellierte, ihn doch nicht vor dem Parlament erscheinen zu lassen, da seine Unschuld bewiesen sei, wies er sie ab; vergeblich weinte sie und erinnerte ihn an die Zeit seiner Kindheit, er blieb fest. Er kannte das französische Volk zu gut; wenn er selbst Rohan abgeurteilt hätte, so wäre er immer verdächtigt worden, den Kardinal seiner Frau geopfert zu haben, und von der Königin hätte man behauptet, sie hätte sich zu schuldig gefühlt, um wagen zu können, einem Urteil des Parlaments die Stirn zu bieten. Wie unangenehm es auch sein mochte, dieser Körperschaft die Entscheidung zu überlassen, es war noch das geringere Übel.
Aus der Flut von Schmähschriften und den öffentlichen Erörterungen ging zum mindesten klar hervor, daß der mit »Marie-Antoinette« unterzeichnete Brief eine Fälschung war, daß die Zusammenkunft des Kardinals mit der Königin – der wesentlichste Punkt des Prozesses – eine Machenschaft der Mme. de La Motte war, die Rohan zum Entschluß bringen sollte, und daß an jenem Abend Mlle. Leguet, vielleicht ohne es zu wissen, die Rolle der Königin gespielt hatte. Auf dieser Seite war also das Wesentlichste gerettet. Ludwig XVI. hatte nicht verhindern können, daß sich die Königin unerbittlich und leidenschaftlich zeigte und keine Rücksicht auf einen Erzbischof noch auf einen

der ältesten Namen Frankreichs nahm. Die Königin hatte niemals die Ratschläge, die man ihr gab, ernst genommen.

Sie wurde grausam bestraft. Das Parlament erklärte mit einer Mehrheit von sechsundzwanzig Stimmen gegen zweiundzwanzig den Kardinal als »von jeder Beschuldigung entlastet«, was einem vollständigen Freispruch gleichkam; diese Ehre teilte er mit Cagliostro, was seine Freude wohl etwas dämpfte. La Motte wurde in Abwesenheit zu lebenslänglicher Galeerenstrafe verurteilt. Mme. de La Motte wurde dazu verurteilt, mit einem V (voleuse) gebrandmarkt und öffentlich ausgepeitscht zu werden und für immer im Arbeitshaus zu bleiben. Das Urteil hob die völlige Unschuld der Königin hervor. Und doch war sie es, die durch den Freispruch des Kardinals verurteilt schien, und Breteuil war es ganz deutlich; er wurde zu einem der unbeliebtesten Männer Frankreichs. Der Prinz von Condé, dessen Frau eine Rohan war, suchte ihn, um ihm Beleidigungen zuzufügen. In Paris gab es nichts als lärmendes Getümmel; die vor Begeisterung rasende Menge geleitete unter Schreien und immer wiederholten Beifallskundgebungen Rohan wieder zur Bastille, wo er noch eine Nacht verbringen mußte. »Es lebe das Parlament! Es lebe der unschuldige Kardinal!«, so heulte man (22. Mai 1786).

Am 2. Juni herrschte Ruhe, als Breteuil Rohan einen königlichen Befehl überreichte, der ihn auf seine Abtei La Chaise-Dieu verbannte und ihm befahl, sofort alle seine Hofämter und -würden niederzulegen. Eine bittere Erniedrigung für ihn und für alle Rohan; aber nichts war gerechter. Wenn Rohan auch kein Verbrechen begangen hatte, so hatte er doch bewiesen, daß es ihm an Würde, Urteilsfähigkeit und Anstand fehlte, um die hohen Ämter, die er innegehabt hatte, zu bekleiden. Das Volk lachte darüber: »Le Parlement l'a purgé, et le Roi l'envoie à la Chaise.«*

---

* Wortspiel: »purgé« = gerechtfertigt und = ein Abführmittel gegeben. »la Chaise« = die obengenannte Abtei und = Nachtstuhl. (Anmerkung des Übersetzers.)

DIE KÖNIGLICHE REVOLUTION

Zwei Tage weinte die Königin viel, dann hob sie wieder das Haupt; die Maßnahmen, die der König in der Angelegenheit getroffen hatte, beruhigten sie; wenigstens würde man nicht mehr von Rohan sprechen hören. Als sich am Pfingsttage eine unerhört große Menge in Versailles drängte, schien sie strahlender Laune zu sein, aber von nun an war diese Haltung für sie nur eine Art Trotz gegen ihre Unbeliebtheit. Die schmutzigen Lieder und noch gemeineren Schmähschriften fuhren fort, sie als Mätresse Rohans hinzustellen; aber eine andere, noch schwerere Verleumdung lief um: Das Gold, das Calonne in aller Stille aus Frankreich nach Österreich geschickt hatte, um die Joseph II. gegenüber entstandene Schuld abzudecken, galt als ungeheure Summe, die die Königin heimlich an ihren Bruder schickte, um Frankreich zu ruinieren und Österreich zu bereichern. Dies nahm man ihr noch mehr übel als ihre angebliche »Geilheit«. Übrigens ging der Kardinal, allen Beifallskundgebungen zum Trotz, nicht weniger beschmutzt aus der Angelegenheit hervor. Man zweifelte nicht daran, daß die Königin, Mme. de La Motte, Mlle. Leguet, Mme. de Cagliostro seine Freundinnen wären, und daß er in Paris zwölf kleine Häuser unterhielt, in denen er abwechselnd Orgien feierte, deren Einzelheiten, wie man sagte, selbst »die unzüchtigste Seele empörten«; die antiklerikale Propaganda hatte da ein schönes Thema zur Hand und beutete es aus. Manchmal schien es dem König, daß dieser so glücklichen Gesellschaft daran lag, sich selbst zu beschmutzen, als ob sie nicht sogar in ihrer Mitte Neider und Feinde hätte.

Die französische Monarchie war eine Vereinigung von Familien, die sich um die königliche Familie scharte. Ohne Achtung vor der Familie und vor sich selbst gab es keine Monarchie. Ohne Achtung vor der Ordnung keine Monarchie. Ludwig XVI. wußte das so gut, daß er sich immer wieder damit befaßte, den Leuten Moral zu predigen. Wieviel gute Lehren hatte er seinem Vetter Chartres gegeben! Und der Geistlichkeit! Die von den großen Herren und Bischöfen so gründlich ausgeübte Liederlichkeit verbreitet sich im Volk, das immer begierig die oberen Schichten nachahmt.

Die Savoyarden von Paris hatten sich empört, weil der Minister einer Gesellschaft ein Vorrecht, und keineswegs ein ausschließliches Vorrecht, verliehen hatte, Besorgungen und Transporte von Paketen mit Kutschen zu erledigen, statt zu Fuß wie die Savoyarden. Daher Geschrei, Schlägereien, Aufruhr und schließlich ein Marsch von eintausendfünfhundert Savoyarden nach Versailles. Sie ließen sich durch nichts aufhalten, weder durch Ratschläge noch Versprechungen. In Versailles angekommen, benahmen sie sich übrigens gut; vor den geschlossenen Gittern übergaben sie ihre Bittschrift in anständiger Form dem Prinzen von Poix, dem Gouverneur, einem sehr höflichen Edelmann. Aber dem König gefiel es nicht. Er gewährte den Savoyarden nichts. Man durfte solche Unordnung nicht ermutigen, denn wohin sollte das führen?

*

Diese Unordnung, die überall entstand, mußte bekämpft werden; Unordnung in den Sitten und den Familien, Unordnung der Geister und Einrichtungen und auch internationale Unordnung, die durch England und seine Geheimagenten, durch Joseph II. und seinen händelsüchtigen Geist geschürt wurde, eine Unordnung, die der Geist des Jahrhunderts zu sein schien. Ludwig XVI. nahm dies zu sehr wahr, um nicht zu versuchen, dagegenzuwirken. Es war unumgänglich notwendig, in allen Angelegenheiten Frankreichs Ordnung zu schaffen, und um damit zu beginnen, wollte er nachprüfen, ob die Verteidigung gegen England stark genug wäre, denn die Gefahr konnte nur von dort kommen. Kein König in Europa hätte gewagt, das bei Yorktown siegreich gewesene Frankreich anzugreifen; nur England konnte Vergeltung suchen. Der König begann mit der Normandie und nahm sich vor, auch die Bretagne zu besuchen, sobald sie ruhiger und günstiger gestimmt sein würde.

Er verließ Rambouillet am 2. Juni um fünf Uhr morgens in Begleitung des Marschalls Ségur und des Marschalls Castries mit einem für die Gewohnheiten der Zeit kleinen Troß. »Seine Majestät wird wenig Gefolge und nur sechsundfünfzig Pferde haben«, schrieben die Zeitungen, dreiundzwanzig Personen im ganzen, ohne die beiden »Hofstallmeister« und das militärische Geleit zu rechnen. Der König war einfach gekleidet, in einem Reiserock von scharlachrotem Tuch mit der Stickerei der Generalleutnante und eingewebten, goldgestickten Lilien. Er fuhr fröhlich ab und hatte bei sich im Wagen den Prinzen von Poix, seinen Gardekapitän, den Herzog von Villequier, seinen ersten Kammerherrn, und den Herzog von Coigny, seinen Oberstallmeister. Er reiste in einer viersitzigen »Allemande«, gefolgt von drei Berlinen, einem Postwagen, einem zweisitzigen Landwagen, einem Kabriolett, einem vierrädrigen Wagen mit Gabel, einem zweirädrigen Wagen, im ganzen dreiunddreißig Reitpferde, sechsundsechzig Zugpferde, und vor seinem Wagen ritt eine Abteilung Kavallerie. Die Königin, die hochschwanger war, gab ihm nur besorgte Empfehlungen mit auf den Weg: »Überqueren Sie keinen Fluß mit einem Boot. Lassen Sie nicht auf dem Schiff, auf dem Sie sich befinden, mit Kanonen schießen...«

Die erste Etappe war Harcourt, wo die Herzogin von Harcourt den König mit schlichter Würde und großem Aufwand empfing. Er war davon entzückt; schon am ersten Tage hatte er das Vertrauen seines Volkes zu ihm empfunden. Beim Aufenthalt in Houdan während des Pferdewechsels warf sich ihm eine Frau zu Füßen und weinte, weil sie so glücklich war »ihren guten König zu sehen«. Der König hob sie mit einer freundlichen Geste auf. Die Frau küßte ihn freudetrunken; der König lachte und erwiderte den Kuß auf der anderen Wange, und die Bewohner des Städtchens, die sich um die Wagen versammelt hatten, jauchzten ihm mit einstimmigem und immer wiederholtem Freudengeschrei zu.

In Caen, wo er am zweiten Abend eintraf, ließ er seinen Wagen im Schritt fahren und schickte das militärische Geleit fort, damit das ganze Volk zu ihm kommen und ihn sehen konnte. Der Bürgermeister und die Schöffen hielten eine Rede und übergaben ihm die Schlüssel der Stadt, auf denen man den Wahlspruch las »Apertis cordibus«, »Mit offenen Herzen«. Hierauf kam er nach Cherbourg, dem Ziel seiner Reise. Hier erschien die Freude des Königs in ihrer ganzen Aufrichtigkeit. Man konnte ihn nicht auf dem Lande zurückhalten, er mußte unbedingt ein Schiff besteigen. Er sah zu, wie das Übungsgeschwader vor ihm manövrierte; es stand unter dem Befehl des Eliteoffiziers Albert de Riom, der diese Elitetruppe kommandierte. Der König erklärte, nächst dem Krönungstage sei dieser Tag der schönste seines Lebens gewesen. Unaufhörlich erteilte er Huldbeweise; als mehrere Arbeiter beim Setzen eines Pfeilers für den neuen Deich verletzt worden waren, ergriff der König einen schwatzend umherstehenden Arzt beim Ärmel und schickte ihn zur Arbeit. Er war wie bezaubert, und das Volk war es nicht weniger. Unermüdlich wurde gerufen: »Es lebe der König!«, und von Zeit zu Zeit, wenn die Rufe besonders aufgeregt waren, wandte er sich um und rief: »Es lebe mein Volk!«

In Cherbourg blieb er drei Tage; von dort fuhr er nach Honfleur, wo er von neuem das Übungsgeschwader manövrieren sah; dort setzte er über die an diesem Tage sehr stürmische Seine auf einer von La Touche kommandierten Korvette mit einer Besatzung von Offizieren der Handelsmarine. Als dem Kommandanten das Manövrieren zu langsam vorkam, begann er zu fluchen; plötzlich bemerkte er den König und beeilte sich, sich zu entschuldigen: »Das ist nicht weiter schlimm«, erwiderte der Herrscher, »das ist die Berufssprache, ich hätte es genauso gemacht.«

In Le Havre brachte er die Nacht zu und sah dann die großen begonnenen Arbeiten an. Von dort begab er sich nach Rouen. Diese Stadt empfing ihn mit höchster Begeisterung: ein Triumphbogen, eine zahllose Menge, Beifallsrufe ohne Ende, die vom Donner der Kanone des alten Palastes und dem Läuten aller Glocken aller Kirchen unterstrichen wurden. Auf dem Fluß hatten alle Schiffe über die Toppen geflaggt. Das Domkapitel begrüßte ihn mit einer »eleganten, kurzen Rede«, die ihm gefiel, und überreichte ihm, wie es der Brauch war, sechs Brote und zwölf Flaschen Wein; der Höchste Gerichtshof wurde ihm durch den Herzog von Harcourt und den Marschall de Castries vorgestellt. Das Mittagsmahl nahm der König in einem Saale des erzbischöflichen Palastes ein, dessen Türen geöffnet blieben, damit das Volk ein- und ausgehen und alles sehen konnte. Nach der Mahlzeit ging er die rue Grand-Pont hinunter und sah, als die Zugbrücke gehoben war, ein Schiff vorbeifahren. Erst spät am Abend begab er sich nach Gaillon, wo ihm eine Minute nach Mitternacht der Erzbischof ein köstliches Abendessen mit Fleisch gab, da der Fasttag beendet war. Am anderen Tage kehrte er nach Versailles zurück.

Es war der 28. Juni. Die Reise war wunderbar gewesen. Überall auf seiner Durchreise hatte der König Gnadenbeweise ausgeteilt, jeder Standesperson und den Offizieren vom Dienst ein herzliches Wort gesagt; man war überrascht und bezaubert von seiner Güte. Calonne hatte mit seiner unermüdlichen Höflichkeit viel dazu beigetragen. »Mit ebenso gefälliger wie wohltuender Phantasie hatte er in aller Stille für den König eine Karte des Weges, den Seine Majestät nehmen sollte, entwerfen lassen; sie war nach den neuen Karten Frankreichs gezeichnet, die, wie man weiß, die Dörfer, Schlösser, Gutshäuser, sogar die Gebüsche zeigen. M. de Calonne hatte die Namen der Besitzer beifügen lassen und einen geschichtlichen Überblick, der dem König einen Anhalt geben konnte, die von den Besitzern geleisteten Dienste hervorzuheben oder ihnen Gnadenbeweise zu verschaffen...« Die Höflinge konnten nicht begreifen, wie der König, der zum ersten Mal die Normandie bereiste, sich benahm, als ob er schon alle Normannen gekannt hätte. Zu den Informationen Calonnes kam seine natürliche Güte. Da La Fayette sich »zufällig« in Cherbourg befand – ein Zufall, wie er nur bei ganz dummen oder sehr geschickten Leuten vorkommt – nahm ihn der König für die Rückreise mit in seinen Wagen. Welch ein Gunstbeweis für einen Höfling von kaum dreißig Jahren, dessen Familie seit drei Jahrhunderten nichts mehr bedeutet und den man kaum bei Hofe gesehen hatte! Aber der König schätzte ihn wegen seiner Leistungen in Übersee.

Besonders dankbar war der König Calonne gegenüber. Bei solchen Reisen ist es für einen König wichtig, jedem Untertanen zu beweisen, daß er sich persönlich für ihn interessiert. Ludwig XVI. hatte sich Sorgen darum gemacht; dank Calonne hatte er vollen Erfolg gehabt. Die Zeitungen brachten Verse des Marquis von Frelay, die den Eindruck der Normannen zusammenfaßten:

> Qu'écrit-on de Cherbourg? Que des Rois bienfaisants,
> Que des Rois bien-aimés, Louis est le modèle,
> Que le bonheur le suit. Parbleu! belle nouvelle;
> On sait cela depuis douze ans.

Auch ein Ausländer, Herr von Metternich, sagte (30. September 1785): »Ludwig XVI. ist (von Saint-Cloud) nach Compiègne abgereist inmitten der Beifallsrufe einer ungeheuren Menge, die nach Saint-Cloud gekommen war. Er nahm von seiner Familie am Fuße der Schloßtreppe Abschied; als er die Königin und seine Kinder küßte, waren die Beifallskundgebungen gewaltig. Ich habe viele Personen vor Freude weinen sehen. Das ließ mich Betrachtungen anstellen, und ich sagte mir: Auf Erden gibt es keinen glücklicheren Monarchen als den der Franzosen; er braucht sich nur zu zeigen, und die ganze große Nation, die er beherrscht, verehrt ihn abgöttisch...«

Die Königin hatte am 9. Juli 1786 ein sehr großes, aber etwas mißgebildetes Mädchen zur Welt gebracht, das in Erinnerung an die Tante des Königs Madame Sophie genannt wurde. Marie-Antoinette war für das Unglück ihres Kindes verantwortlich; man hatte von ihr nie erreichen können, daß sie während der Schwangerschaft auf ihr Korsett verzichtete. Marie-Antoinette, die noch unter dem Eindruck der peinlichen Ereignisse des Sommers stand, hatte dadurch einen neuen Kummer bekommen; ihre Schwester und ihr Schwager, die Herzogin und der Herzog von Sachsen-Teschen, Gouverneur der österreichischen Niederlande, waren zu einem nur kurzen Besuch gekommen, um sie zu trösten. Der König ging wieder an die Arbeit; er wollte das Vertrauen, das ihm das Volk soeben durch so rührende Beweise geschenkt hatte, sogleich nutzbar machen.

*

Ein wahres Gewimmel von Ärgernissen erwartete ihn: In Metz hatte der Prinz von Vaudémont, der dort seinen Dienst als Offizier ableistete, einen Lieferanten, dem er Geld schuldete, so sehr geschlagen, daß er halbtot war, und das wütende Volk wollte ihn beim Parlament gerichtlich belangen. In Paris hörten die Rohan nicht auf, seine Milde zugunsten des Kardinals anzurufen, der sich in La Chaise-Lieu langweilte. In Remiremont war Christine von Sachsen gestorben, und die Stiftsdamen waren ohne Äbtissin; sie wünschten Madame Elisabeth, die es nicht wünschte. Der König bestimmte Mlle. Bourbon-Condé, einen edlen Charakter und eine erhabene Seele; sie wurde einstimmig gewählt und die beste Äbtissin.

In Versailles mußte man an einen Erzieher für den Dauphin denken, der bald in das kritische Alter kam; im geheimen hatten schon mehrere große Herren sich um dieses Ehre bringende und so einträgliche Amt beworben. Der Graf Montmorin, ehemaliger Botschafter in Madrid und vor allem früherer Junker des Königs, schien der am meisten Unterstützte zu sein. Ludwig XVI. bestimmte den Herzog von Harcourt. Es gab eine allgemeine Enttäuschung; Harcourt war nicht häufig am Hofe gewesen. Das war gerade einer der Gründe des Königs; außerdem lag ihm daran, seine treuergebene Provinz, die Normandie, für den Empfang, den sie ihm bereitet hatte, zu belohnen, und weil sie eine der am meisten an Zucht und Ordnung gewöhnten und arbeitsamsten Provinzen Frankreichs war. Und dann zog er auch den Provinzadel dem Hofadel vor und war durch die natürliche Würde des Herzogs von Harcourt beeindruckt worden. Man fragte ihn, wen er zum Lehrer ernennen wolle, denn dieses Amt erhielt immer ein Prälat von hohem Rang, und die Geistlichkeit legte Wert auf dieses Vorrecht. Aber der König ernannte keinen Lehrer; er kannte keinen Prälaten, dem er dieses Amt hätte anvertrauen wollen. Er nahm einen unscheinbaren Priester, den er selbst überwachte.

Die Priester mußte man unablässig überwachen. Das Ärgerlichste war die »Versammlung der Geistlichkeit«. Diese Herren hielten es für richtig, zu ihrem Vorsitzenden den Prunkliebendsten und am wenigsten Frommen von ihnen allen, den Erzbischof Dillon von Narbonne, zu wählen. Die »Verwaltungsprälaten« besaßen von nun an den Haupteinfluß; daher Streitigkeiten mit der Regierung über ihre Lehnsgüter, Klagen über die Unzulänglichkeit und geringe Zahl der Professoren, und aus bösem Willen keinerlei Anstalten, endlich das »dürftige Einkommen« (Gehalt der Landpfarrer) zu erhöhen, wie es der König verlangte.

Die vierte zu behandelnde Frage war der Kampf gegen die Gottlosigkeit. Bis dahin hatte man die kirchlichen und Laienschriftsteller dazu angeregt, sich ihm zu widmen. »Die Verwaltungsbischöfe trugen den Sieg über die Eiferer davon, und man kam überein, alle geistlichen Pedanten, alle fanatischen Scheinheiligen, alle Autoren dieser Art, die über das Dogma, die Liturgie, den Glaubensstreit und alle diese ewig wiederholten Dinge schrieben, beiseitezuschieben. Man wird nur noch die Schriftsteller berücksichtigen, die sich mit Moral, Philosophie, Erziehung und wahrhaft nützlichen Dingen beschäftigen...« Man gab zu, daß die Philosophen gewonnen hatten, und daß man sich ihrer »Nützlichkeitsmoral« anschloß und Jesus nur noch stillschweigend als Verzierung bewahrte.

Weiter bemühte man sich, den König daran zu erinnern, daß er sich mit der »Religion« seines Sohnes befassen und einen Lehrer nehmen müsse. Aber der König war entschlossen, die Religion seines Sohnes dadurch zu beschützen, daß er keinen Lehrer nahm. In der Angelegenheit der Domänen gab er der Geistlichkeit nach, indem er den Domäneninspektoren den Befehl gab, jede Verfolgung gegen die ordensgeistlichen Domänen einzustellen. Aber für die übrigen Domänen hütete er sich, irgend etwas einer Geistlichkeit zu gewähren, die an nichts dachte, als sich ebenso weltlich wie die Weltlichen, ebenso eigennützig wie die Finanzleute und ebenso philosophisch wie die Philosophen zu gebärden. Der Regierung gelang es, für die dürftigen Einkommen der Landpfarrer eine fühlbare Erhöhung zu erreichen: statt 500 Franken jährlich für die Pfarrer 700, für die Vikare 350. Ludwig XVI. bewunderte diese bescheidenen Priester, die die »Versammlung der Geistlichkeit« in die Arme der Philosophen werfen zu wollen

schien, und aus denen man »savoyardische Vikare« zu machen wünschte.*
Es gibt Zeiten, in denen die Geistlichkeit unter dem Vorwand, nicht die
Fühlung mit dem Jahrhundert, dem sie das Evangelium predigen sollte,
zu verlieren, sich den schlimmsten Tollheiten der Zeit anschließt und
dabei den Sinn für seine Berufung verliert. Die französische Geistlichkeit des 18. Jahrhunderts war dahin gelangt.

Des Beistandes der Geistlichkeit beraubt, suchte Ludwig XVI. eine
Stütze. Wohl hatte er noch Vergennes, diesen großen Geist, der bei all
seiner Vorsicht so gescheit und männlich war, aber Vergennes alterte,
war krank und wurde wochenlang von Schmerzen gepeinigt. Nach Vergennes blieb nur Calonne. Der König hatte ihn sehr gern, aber mit
einigen Zweifeln: Calonne hatte etwas anrüchige Freunde, Artois,
Besenval usw. Doch er arbeitete mit Leichtigkeit und Klugheit und bewahrte die Formen der Höflichkeit, die wenige Minister, wenn sie
einmal im Amt waren, beibehielten, und diese Höflichkeit schien nicht
in Schlauheit, sondern in seiner seelischen Veranlagung begründet zu
sein. Er besaß Heiterkeit und Mut.

Der König hatte keine Zeit, zu träumen. Calonne, auf den er als auf
einen guten Diener große Stücke hielt, hatte viele Angriffe auszuhalten, und die Staatsfinanzen blieben schlecht. Der Kampf mit dem
Parlament im Dezember 1785 hatte Calonne gezeigt, daß er keine
großen Anleihen mehr aufnehmen konnte. Er hatte sich mit der Anwendung kleiner Mittel begnügen müssen und hatte sich von der Bretagne 6 Millionen, von Flandern 10 und von der Stadt Paris 24 Millionen leihen lassen ...

Einen anderen Gewinn verschaffte er sich durch Umschmelzung des
Geldes, was man seit 1726 nicht mehr getan hatte. Der Preis des Goldes war seit dieser Zeit gestiegen und die Spekulation hatte sich auf
unsere Louisdors geworfen, die man ins Ausland brachte, um sie dort
zum Goldgewicht zu verkaufen. Man entschloß sich, sie umzuschmelzen, damit ihr Goldwert ihrem Nominalwert entspräche. Der immer
gewissenhafte König verlangte, daß jeder Besitzer eines Goldstückes
seinen Anteil am Gewinn habe. Dagegen war nichts zu sagen, und
doch gab es ein Zetergeschrei: die Entrüstung des Parlaments unterstützte die der Rivalen Calonnes, und der Abbé de Vermond, der

---

* savoyardisch. Gemeint ist „proletarisiert", weil die Savoyarden in großer Zahl aus ihrem armen Land auswanderten und in Frankreich in untergeordneten Berufen tätig waren, in Paris z. B. als Kaminkehrer und Lastträger. (Anmerkung des Übersetzers.)

immer auf der Jagd für Loménie de Brienne war, half aufs eifrigste bei diesem Feldzug und ließ auch die Königin dabei helfen. Selbstverständlich beteiligte sich auch Monsieur an diesem Spiel. Calonne hatte eine ganze Meute auf seinen Fersen. Alle meinten, sein Sturz stehe bevor. Aber der König rettete ihn; er antwortete energisch auf die Vorstellungen des Parlaments. So wurde zwar die Krise vermieden, aber das Finanzministerium geriet immer mehr in eine Zwangslage. Trotz seiner Geschicklichkeit wußte der Minister, daß er auf diese Weise nicht aus ihr herausbekommen könne, und entschloß sich, da er das Vertrauen des Königs und die wirksame Unterstützung Vergennes' und durch diesen die Miromesnils besaß, dem Herrscher einen kühnen Plan vorzulegen.

Am 20. Dezember überbrachte er dem König eine Denkschrift über die von ihm bisher geleistete Arbeit, über die Hilfsquellen, die er für die Auffüllung der Staatskasse gefunden, und über die Ordnungsmäßigkeit, mit der er alle Finanzoperationen des Staates ausgeführt hatte; er fügte hinzu: »Man muß gestehen, Sire, daß Frankreich sich nur durch eine Art Kunststück aufrechterhält. Mit einem Fehlbetrag von 100 Millionen im Jahr kann man nur große Mittel anwenden, und damit sie nicht dem Herzen Eurer Majestät widerstreiten, dürfen sie nicht die Steuerlast vermehren, es ist sogar notwendig, diese zu verringern.«

Er bereitete also einen umfassenden Plan vor, um zu diesem Ziele zu gelangen. Hierbei diente ihm Panchaud als Ratgeber; der Advokat Gerbier, Du Pont de Nemours, der Abbé Talleyrand und einige unterrichtete Finanzleute halfen ihm. Er hatte den König um ein Jahr oder wenigstens sechs Monate Zeit gebeten, um den Plan auszuarbeiten, aber jetzt beendete er ihn in einigen Wochen. Es handelte sich darum, 1. die Mängel der Verfassung zu verbessern, 2. alle Parteien zu gleichartigen Grundsätzen zu bringen, 3. die Veranlagung zur Grundsteuer zu berichtigen und sie auf die gesamte Fläche des Königreichs auszudehnen, ohne irgendwelche bevorrechtigten Ausnahmen, 4. eine Form nationaler Beratung zu bilden, die die Autorität des Staates nicht beeinträchtigte.

Der König nahm an; er wünschte keine Generalstände, weil er voraussah, daß dies nur eine lärmende Versammlung sein würde, in der die weniger anständigen Leute die Oberhand hätten, aber er nahm eine beratende Versammlung der Notabeln an. Das war eine kühne Politik, aber Ludwig XVI. fühlte sich in wagemutiger Stimmung. Der am 26. September unterzeichnete Handelsvertrag mit England war ein weiterer kühner Streich: er sollte England für die französischen landwirtschaftlichen Erzeugnisse und Weine öffnen und Frankreich für die Fabrikerzeugnisse Englands. Die französischen Fabriken würden zwar einige Zeit darunter leiden, aber schließlich würden sie doch ihren Vorteil darin finden, denn sie würden gezwungen, sich umzugestalten und zu vervollkommnen und dazu gelangen, die Engländer auf den Weltmärkten einzuholen und zu übertreffen.

Im Alter von einunddreißig Jahren entschloß sich Ludwig XVI., eine wirtschaftliche und politische Reform des Landes vorzunehmen, und zu gleicher Zeit vermehrte er seine Bemühung um eine moralische Reform. Das Wagnis war ungeheuer, denn die seit 1774 in Schach gehaltenen Kräfte schienen sich von neuem zu organisieren, um die finanziellen Schwierigkeiten Frankreichs dazu zu benutzen, die ältere Linie der Bourbonen zu verjagen. Wenn man den ersten Schlag nicht energisch und schnell führte, verlor man alles. Die königliche Revolution mußte so schnell wie möglich Erfolg haben.

In Fontainebleau prüfte der König von neuem den Plan mit Calonne, Vergennes und Miromesnil. Calonne bestand darauf, daß ohne Zögern eine Versammlung der Notabeln einberufen würde. Er verlangte ihren sofortigen Zusammentritt, der nötig sei, um einen Bankrott zu vermeiden, denn ein großer Teil der im voraus errechneten Geldmittel stamme aus Steuern in Naturalien, die nur langsam eingebracht und zu Geld gemacht werden könnten. Um nicht ein ganzes Jahr zu verlieren, »darf kein Tag verloren werden«, so erklärte er.

Daher bestand er auf dem Datum des 24. Januar »und auf der schnellen Versendung der Einberufungsbriefe«. Die vier hauptsächlichen Maßnahmen, die die Notabeln zu bestätigen hatten, sollten sein: 1. der Plan der außerordentlichen Grundsteuer (Steuer auf alle Landgüter, selbst die der Adligen und der Geistlichkeit), 2. die Schaffung von Provinzialversammlungen, 3. eine Verordnung über den Getreidehandel (den man von allen Fesseln befreien wollte), 4. eine Verordnung über die Frondienste, die aufgehoben werden sollten. Um diese Pläne, bei denen die Schnelligkeit eine Hauptrolle spielte, zu verwirklichen, mußte man unverzüglich die Einberufung ankündigen und die Einladungen sofort verschicken. Die Versammlung der Notabeln sollte einhundertsiebenundvierzig Mitglieder haben.

Am 29. Dezember hielt der König einen Großen Staatsrat ab, der fünf Stunden dauerte. In Übereinstimmung mit seinen drei Ministern Calonne, Vergennes und Miromesnil nahm er den Plan an. Am nächsten Tage verkündeten die »Nouvelles à la main«: »Es gilt als gewiß, daß der König gestern nach einem zu diesem Zweck gehaltenen Großen Staatsrat erklärt hat, er habe soeben den Beschluß gefaßt, eine Versammlung der Notabeln seines Königreiches einzuberufen.« Und am 31. veröffentlichte das »Journal de Paris« folgende Note: »Der Beschluß, den der König gefaßt hat, einer Versammlung der Notabeln seines Königreichs die großen Absichten mitzuteilen, mit denen sich Seine Majestät für das Wohl seines Staates und für die Erleichterung seiner Untertanen beschäftigt, kann nur allgemeinen Beifall finden. Die Nation wird mit Begeisterung sehen, daß ihr Herrscher geruht, ihr näherzukommen und sich immer mehr mit ihr zu vereinen. Nichts ist geeigneter, die Gefühle, von denen sie bereits durchdrungen ist, bis zum Enthusiasmus zu steigern; nichts kann dem Patriotismus mehr Schwung geben... Alles rechtfertigt die Erwartung, sich die besten Ergebnisse davon zu versprechen; niemals hat eine Nachricht größeres und begründeteres Interesse hervorgerufen. Man sagt, daß die Liste aus etwa einhundertvierzig Personen besteht, die aus den geeignetsten und aufgeklärtesten der Geistlichkeit, des Adels, des Richterstandes und der größeren Städte ausgewählt wurden. Die ersten Präsidenten und Staatsanwälte der höchsten Gerichtshöfe werden dazu berufen.« Calonne erreichte mit diesem Artikel, der von ihm stammte und von zahlreichen Zeitungen gebracht wurde, sein erstes Ziel: das Aufsehen war groß, und das Publikum erklärte ihn für meisterhaft geschickt. Er schien Necker, Loménie de Brienne und alle seine möglichen Mitbewerber besiegt zu haben. Überall wirkte die Schnelligkeit des Unternehmens wie ein Blitz in der Nacht.

*

Und dann begann der Kampf.
Calonne hatte Trümpfe in der Hand, mit denen er rechnete: die Beliebtheit des Königs, der von dem Plan begeistert war (in der darauf folgenden Nacht schloß Ludwig XVI. kein Auge: «Ich habe nicht geschlafen«, so erklärte er, »aber vor Freude«); dann Vergennes (Vergennes genoß großes Ansehen und besaß eine gründliche Kenntnis des Hofes und der Parlamente, bei denen er Verwandte hatte, und hatte Journalisten an der Hand, die er fast alle besoldete; unverzüglich trat er an Calonne seinen ersten Beamten Hennin ab, einen Mann von bemerkenswertem Geist und sehr bekannten Philosophen), und

schließlich Miromesnil (der seit zwölf Jahren das Parlament niederhielt!). Dann rechnete er auch noch auf die junge Generation der mit Panchaud befreundeten Finanzleute, die hier große Gewinne witterten, und auf die Vorsichtigen, Weisen und Feigen, denen er eine Reform ohne Erschütterung, ohne Vergeudung und ohne Unruhe verbürgte, und vor allem rechnete er auf sich selbst.

Calonne hatte gegen sich die Aufgewiegelten, das Kartell seiner Nachfolger, das Parlament, das durch seine Pläne zu einer bescheidenen Rolle erniedrigt wurde, diejenigen, die keine Reform wollten, und die, die eine revolutionäre Reform wünschten. Seine Gegner suchten jenen der Nation angeborenen Trieb zur Unruhe und zum Fieberhaften auszubeuten. Trotzdem mußte er sie besiegen.

Doch zunächst wendete sich das Glück gegen ihn; Vergennes starb (am 13. Februar 1787), und er selbst wurde schwerkrank; die Überanstrengung rächte sich. Selbstverständlich verbreitete man das Gerücht, die Krankheit sei nur ein Vorwand, um die Eröffnung der schlecht vorbereiteten Versammlung zu verschieben.

Calonne verlor an Vergennes seine beste Stütze; er war es, der die Treue Miromesnils verbürgte. Diese Verzögerung um einen Monat machte die Gegner kühner; sie ermöglichte es ihnen, die Notabeln an sich zu ziehen, die sich in Versailles schon eingefunden hatten, neugierig darauf, den König, den Hof, die Theater, die Salons, die Cafés und die Freimaurerlogen zu sehen, alles Orte, an denen man Calonne haßte. Man predigte ihnen, sie seien Tribunen und nicht »wackelnde Köpfe«; man stachelte ihre Eitelkeit an, eine in Frankreich sehr starke Leidenschaft. Calonne trotzte allem. Sobald er wieder auf den Beinen war, am 22. Februar, versammelte er die Notabeln zur Eröffnungssitzung in einem Nebengebäude des »Hôtel des Menus Plaisirs« (Palais für die Hoflustbarkeiten), das man für diesen Zweck in Eile gebaut hatte. Der Saal war prächtig, mit den schönsten Wandteppichen der Krone geschmückt, der Boden mit Teppichen der »Savonnerie«* belegt; auf den Bänken mit Lilien verzierte Stoffe; die Decken des Saales waren mit allegorischen Szenen bemalt; in den vier Ecken standen große Öfen.

Die Notabeln waren mit Umsicht und mit dem Wunsch, auch der Gegenseite zu gefallen, ausgewählt worden; sie umfaßten alles, was Frankreich an großen Fähigkeiten und auserlesenen Geistern besaß,

---

* Savonnerie, königliche Teppichmanufaktur in Chaillot.

Ludwig XVI. im Temple –
der König als Gefangener im Staatsgefängnis der Revolution.
Holzstich, um 1850.

11. Dezember 1792 bis 20. Januar 1793:
Prozeß gegen den König im Nationalkonvent.
Zeitgenössischer Kupferstich
(Ausschnitt).

Ludwig XVI.
mit seiner Familie im Temple.
Holzstich, um 1880
(Ausschnitt).

Hinrichtung Ludwigs XVI.
am 21. Januar 1793 auf der Place de la Revolution
in Paris.
Zeitgenössische Lithographie (Ausschnitt).

und es fehlten auch nicht offenbare Gegner und Feinde Calonnes, die der König hören wollte, um zu wissen, was alle Teile dachten. Er verlangte nur Aufrichtigkeit und Liebe zum Lande, und das hieß: viel erwarten.

Ludwig XVI., mit allen Attributen der Königswürde angetan, wohnte der Eröffnungssitzung bei und sprach als erster. »Meine Herren!« sagte er, »ich habe Sie aus den verschiedenen Ständen des Staates ausgewählt und habe Sie um mich versammelt, um Ihnen meine Pläne kundzugeben. Das gleiche haben mehrere meiner Vorgänger getan ... Die Pläne, die ich Ihnen mitteilen werde, sind groß und wichtig. Da sie alle das Gemeinwohl erstreben, und da ich den Eifer kenne, der Sie für meinen Dienst beseelt, so habe ich kein Bedenken getragen, Ihren Rat für ihre Ausführung zu erbitten ...« Dann nahm der Justizminister das Wort zu einer hochtrabenden Rede und einer faden Schmeichelei für den König. Nun war die Reihe an Calonne. Gleich zu Anfang war er so klug und wahrheitsliebend, seine Pläne als vom König gewollt zu bezeichnen. Er erinnerte an den traurigen Zustand der Finanzen im Jahre 1783 und gab einen kurzen, glänzenden und für ihn schmeichelhaften Überblick über seine Amtsführung, sowohl vom finanziellen Gesichtspunkt aus als auch für das Wirtschaftsleben Frankreichs. Und dann kam er zu dem Hauptpunkt, dem finanziellen Fehlbetrage. Weit entfernt, ihn als Kleinigkeit zu behandeln, stellte er ihn vielmehr offen zur Schau. Dies war die zusammengeballte Beweisführung, auf die er zählte: »Der Fehlbetrag überstieg 74 Millionen, als der Abbé Terray die Verwaltung übernahm; als er sie verließ, betrug er noch 40 Millionen ... Die Finanzen blieben dann in etwa dem gleichen Zustande bis 1776, einer Zeit, zu der der Fehlbetrag von dem, der kurz darauf mit der Leitung des Finanzwesens beauftragt wurde, auf 37 Millionen geschätzt wurde ... Der Fehlbetrag stieg dann vom Mai 1781 bis zum Dezember 1783 weiter an, und man darf darüber nicht erstaunt sein, weil die während dieses Zeitraums aufgenommenen Anleihen etwa 450 Millionen betragen. Ich habe festgestellt, daß der Fehlbetrag sich Ende 1783 auf 80 Millionen belief; außerdem gab es noch 176 Milionen Vorgriffe auf künftige Einnahmen. Das macht insgesamt 604 Millionen Schulden im Jahre 1783 und 1 250 Millionen Anleihen von 1776 bis 1786. Wahrlich eine schwere Belastung! Jedoch 250 Millionen waren schon zurückgezahlt worden, und in weiteren zehn Jahren würden noch 400 Millionen zurückgezahlt werden.« – Aber Calonne hielt es für unmöglich, den Staat bis Ende 1797 in der drohenden Gefahr zu lassen, der ihn ein solcher Fehlbetrag aussetzte. Als Calonne diesen Hieb versetzt hatte, änderte er den Ton und gab den Willen des Königs bekannt, Abhilfe für diese Lage zu schaffen. Er wollte aufhören, Anleihen aufzunehmen, vorzugreifen, ja sogar die Steuern zu erhöhen; er wollte suchen zu sparen, wie er schon immer nie aufgehört hatte, zu sparen, aber alles dies bliebe ungenügend »und könne nur als ein zusätzliches Mittel betrachtet werden«. Das wahre Heilmittel sei in der Unterdrückung der »Mißbräuche« zu suchen. Frankreich wimmele von Mißbräuchen: geldliche Vorrechte, Ausnahmen vom gemeinen Recht, ungerechte Befreiungen von Pflichten, Mißverhältnisse in der Besteuerung der verschiedenen Untertanen und der verschiedenen Provinzen, Binnenzölle, die den Handel störten. Um dem nach so vielen vergeblichen gelehrten Streitschriften ein Ende zu setzen, könne nur, so versicherte der Finanzminister, eine »durchgreifende Operation« Erfolg haben.

Er bot nicht ein System dar, das immer gefährlich ist, nicht Neuerungen, die immer einen Anstrich von Marktschreierei an sich haben, sondern die Zusammenfassung, die »Wiedervereinigung« der Pläne für den öffentlichen Nutzen, die seit langer Zeit von den gewandtesten Staatsmännern gefaßt wurden, aber deren Ausführung noch nicht versucht worden war. »Es blieb«, so fügte er hinzu, »einem jungen, tugendhaften Monarchen, der keine andere Leidenschaft hat als das Glück seines Volkes, vorbehalten, nach reiflicher Prüfung das zu unternehmen und mit unerschütterlichem Willen durchzuführen, was keiner seiner Vorgänger zu tun vermocht hat.« – Dann nannte er wieder alle beabsichtigten Maßnahmen: Schaffung von »Provinzialversammlungen«, Gleichförmigkeit und verhältnismäßige Gleichheit in der Veranlagung der Grundsteuer, Zurückzahlung der Schulden der Geistlichkeit, Reform der Kopfsteuer, des Getreidehandels, Aufhebung des Frondienstes, Abschaffung der Binnenzölle usw. – »Sie müssen daran denken«, sagte er zum Abschluß, »daß es sich um das Schicksal des Staates handelt, und daß die gewöhnlichen Mittel ihm weder das Gute verschaffen, das der König ihm antun will, noch ihn vor den Übeln bewahren können, denen er vorbeugen will ... Andere mögen an jenen Grundsatz unserer Monarchie erinnern: »Was der König will, will das Gesetz«; der Grundsatz Seiner Majestät ist: »Was das Glück des Volkes will, will der König.«

Die Rede war prachtvoll; Calonne besaß eine melodische Stimme, ein sehr stattliches Aussehen und noble Gebärden. Die Begründung war unwiderlegbar; die Autorität des Königs, die er mit diesem Plan verband, verschaffte ihm Achtung. Die unparteiischen und überlegenden Leute dachten wie Besenval: »Calonne, ein Mann, der sich stets zu helfen weiß, hat meiner Meinung nach den schönsten Plan entworfen, den ein Minister je ausgeheckt hat.« Leider handelten die Notabeln, als Versammlung, weder unparteiisch noch überlegt. Hätten sie Sinn für ihre Interessen gehabt, so hätte dies alles gerettet, wären sie beunruhigt gewesen, so hätte dies alles gerettet; aber am 22. Februar bestand die Überraschung, mit der Calonne gerechnet hatte, nicht mehr, und die Eigenliebe spielte, zusammen mit dem Wunsch zu glänzen, bei jedem der Mitglieder wie bei der ganzen Versammlung eine große Rolle. Glänzen konnten sie aber nur auf Kosten Calonnes. Hinzu kam, daß jedes Mitglied sich durch die »öffentliche Meinung« und eine geheime Gruppe überwacht wußte. Ein Blatt war im Umlauf, das eine kritische und bedrohliche Beschreibung eines jeden Mitgliedes gab.

Ein gutes Beispiel hierfür liefert der Fall La Fayette. Der König hatte ihn nicht in die Liste der Notabeln aufgenommen, doch dank Polignac schmuggelte er sich hinein. Das übrige besagte der Zettel: »Von sanftem und schüchternem Charakter, wenig gebildet; man kann nicht viel von ihm erwarten. Von den Noailles beeinflußt, wird ihm geraten, sich zur Hofpartei zu schlagen und sich nicht bloßzustellen. Man hört übrigens, daß er selbst Calonne sehr gebeten hat, ihn auf die Liste der Notabeln zu setzen, und daß er ihm gesagt hat, er ersehne diese Gunst ebensosehr wie den Marschallstab von Frankreich. Der Minister habe ihm geantwortet, er sei noch recht jung, habe noch keinerlei Kenntnisse in der Verwaltung bewiesen und besitze auch noch kein Ehrenamt, das ihn geeignet erscheinen ließe, in diese Versammlung berufen zu werden; aber da er durch seine Persönlichkeit sehr empfehlenswert sei, so habe er nichts dagegen einzuwenden, ihn dem König vorzuschlagen, und er zweifle nicht, daß der König zustimmen werde. Er bäte ihn aber, wohl zu beachten, daß er damit die Verpflichtung einginge, allen Plänen des Königs für das Wohl seiner Untertanen beizutreten.« Nachdem La Fayette auf solche Weise ins Licht der Öffentlichkeit getreten war, hätte er, dessen Frau und Mätresse beide Philosophinnen waren, weder in der Gesellschaft noch zu Hause, noch in seinen Betten ein erträgliches Leben gehabt, wenn er nicht seinen Oppositionsgeist auffallend bekundet hätte.

Auf solche Weise waren die einhundertsiebenundvierzig Namen der Notabeln in diesem Blatt katalogisiert und zur Schau gestellt und jedem war ordentlich die Wahrheit gesagt worden; man behielt ein wachsames Auge auf sie. Unter diesen Bedingungen konnte nur das Ansehen des Königs alles retten.

Die Versammlung wurde in sieben Ausschüsse von einundzwanzig Mitgliedern aufgeteilt, deren Vorsitz die Prinzen von Geblüt hatten und die alle schon einen Spitznamen trugen: Ausschuß der Weisen (Monsieur), Ausschuß der Freimütigen (Artois), Ausschuß der Geizigen (Orléans, der einzige der Prinzen von Geblüt, der im Januar und Februar in Versailles nicht offene Tafel gehalten hatte), der Ausschuß der Falschen (Condé), der Ausschuß der Naiven (Bourbon), der Ausschuß der Nullen (Conti) und der Ausschuß der Geistlosen (Penthièvre). Gleich am Tage nach der Eröffnung wurden den Ausschüssen vom Finanzminister verfaßte Denkschriften vorgelegt. Zunächst prüfte man die Denkschrift über die Provinzialversammlungen, die dem Plan Turgots entsprach und wie die Turgots von Du Pont de Nemours verfaßt worden war. Die Eigentümer, die ein Einkommen von 600 Franken und darüber hatten, sollten Abgeordnete wählen, die zusammentreten sollten, um die Veranlagung der Steuern festzusetzen und Ungleichheiten bei der Steuerveranlagung vorzubeugen.

Der von Monsieur geleitete Ausschuß war, von diesem angestachelt, der erste, der sich heftig beklagte. Er erklärte, die Versammlungen seien »gegen die Verfassung gerichtet, gefährlich und nutzlos«. Als die anderen Ausschüsse sahen, daß sie durch den Bruder des Königs gedeckt waren, bliesen sie ins gleiche Horn; es war ein Aufstand der Bevorrechtigten gegen die Monarchie und das Volk. Nach ihrer Ansicht zerbrächen die Versammlungen »die Rangordnung, die für die Aufrechterhaltung der Autorität des Monarchen und für die Existenz der Monarchie notwendig wäre«. Orléans fügte hinzu, das würde ihn 300 000 Franken Rente kosten. Man wollte auch keine Grundsteuer und griff sie auf Umwegen an, indem man die Erhebung in Naturalien beanstandete. Calonne sah, daß dies einen schlimmen Ausgang nehmen würde, und bat den König um Hilfe, der sogleich eine »Ergänzung zu den Anweisungen« verfaßte, in der er sagte: »Diese Bedingungen sind die unveränderlichen Grundlagen des Plans, den Seine Majestät sich vorgenommen hat ... Sie unterliegen keiner Erörterung, und Seine Majestät hat die Versammlung der Notabeln nicht zu Rate gezogen, um über diese Bedingungen zu diskutieren, sondern über die Mittel, sie zu erfüllen.«

Diesmal hatte Calonne eine Trumpfkarte ausgespielt. Aber die von Monsieur geführten Notabeln bäumten sich auf, an erster Stelle die hohe Geistlichkeit. Die Aufsässigsten erklärten: »Wir wollen alles erörtern!« Calonne verhandelte nun. Er suchte die Erzbischöfe auf und sagte ihnen: »Wenn dieses Unternehmen scheitert, muß jeder zittern; es ist ein letztes Hilfsmittel . . . « Er flehte Loménie an: »Sehen Sie doch, Monseigneur, gewähren Sie mir für die ganze Zeit der Versammlung der Notabeln einen Waffenstillstand. Lassen Sie uns doch nur für den König und Staat sein . . . Treffen wir ein Abkommen, wir beide: Unterstützen Sie mein Unternehmen und treten Sie dann an meine Stelle!« Von Vermond angetrieben lehnte Loménie ab; er fühlte seine Stunde nahen. Und tatsächlich ließen die Minister den von allen Seiten beschuldigten Calonne im Stich.

Nur der König blieb ihm treu. Mit seiner Zustimmung berief Calonne für den 5. März eine Konferenz ein, zu der die Vorsitzenden und fünf Mitglieder jedes Ausschusses geladen waren. Fünf Stunden lang nahm er alle Fragen und alle Beleidigungen entgegen, er antwortete auf alles; er leistete Wunderbares an Geschmeidigkeit, Genauigkeit und Überredungskunst und Würde und erinnerte immer wieder daran: »Es handelt sich darum, den Staat zu retten.« Er hatte nichts als Lärm, Selbstgefälligkeit und Bitterkeit gegen sich, und er scheiterte.

Das Palais-Royal, die Salons, alle Philosophen und die Fabrikanten von Westen schwärmten voller Begeisterung für die große Seele der Notabeln; es war eine Blütezeit unendlich vieler Lieder und von »Notabeln-Westen«, auf denen die Versammlung mit dem König in der Mitte dargestellt war. Die Hand des Königs war so angebracht, daß sie in der Tasche des Westenträgers zu wühlen schien. In Paris gärte es. Es blieben nur zwei Lösungen: die Truppe oder das Eingeständnis der Niederlage. Aber der König wollte weder das eine noch das andere, weil er sich weigerte, brutal zu sein, und weil er nicht zugeben wollte, daß die Elite der Franzosen die Anarchie vorzog, statt Opfer zu bringen. Man fuhr also mit dem Wortstreit fort. Die Notabeln warfen Calonne vor, er habe den Fehlbetrag mit 80 Millionen angegeben und habe dann von 113 Millionen gesprochen. Er erwiderte, die Ausschüsse hätten soeben einen von Necker in seinem »Bericht« begangenen Irrtum berichtigt. Necker war entrüstet und verlangte das Wort, Calonne bat den König, ihn eine öffentliche Diskussion mit dem berühmten Genfer halten zu lassen, denn er hätte ihn leicht in Verlegenheit gebracht. Der König verweigerte es, weil er fand, das hätte einem Kasperletheater geglichen. Die Zeitungen schrien, Calonne habe gelogen, und die Salons wiederholten es.

Monsieur machte sich das zunutze; sein Ausschuß beschloß, jede neue Besteuerung zu verweigern, solange man ihnen nicht amtliche Beweise vorlegte »über die Notwendigkeit und das Ausmaß der Besteuerung«. Der Ausschuß wollte das Wort »Fehlbetrag« nicht mehr nennen hören. »Man soll den Fehlbetrag decken, aber ihnen nicht mehr von Steuern sprechen.«

Einer der Pläne Calonnes nach dem anderen wurde verworfen, mit Ausnahme der beiden, die sich auf den Getreidehandel und den Frondienst bezogen.

Der Erzbischof von Narbonne, der zum Vorsitzenden der Versammlung gewählt worden war, führte den Angriff; im Namen der Geistlichkeit verwarf er heftig jedes Zugeständnis.

Angesichts solcher Unverschämtheit versuchte es Calonne in der dritten Sitzung mit Schmeicheleien. Er lobte den Eifer der Notabeln, dankte ihnen für ihre Mitwirkung und ihre Bemerkungen, »die die wesentlichen Punkte des Ziels, das sich Seine Majestät gesetzt habe, nicht durchkreuzten«. Dann ging er zu etwas anderem über. Er legte die Pläne für die Aufhebung der Binnenzölle, die Herabsetzung der Salzsteuer usw. vor. Die Notabeln waren zunächst überrascht und glaubten, er mache sich über sie lustig (es ist immer gefährlich, höflicher zu sein als der Gesprächspartner). Man erbat eine »Informationsergänzung« zu der ersten Denkschrift. Bei Behandlung der zweiten Denkschrift ergriff La Fayette die Gelegenheit, sich bei den Philosophen auf Kosten Calonnes, der nunmehr in einer verzweifelten Lage war, wieder zu Ehren zu bringen. Er verlangte die Aufhebung der Salzsteuer und die Freilassung der wegen Schmuggelei bestraften Gefangenen. Calonne war besiegt.

Ein Zwischenfall warf ihn vollends nieder. Spekulanten, die er beauftragt hatte, den Kurs der Staatspapiere während der Sitzungsdauer der Versammlung aufrechtzuerhalten, hatten Mißbrauch damit getrieben. Man erfuhr es. Mirabeau, der von Calonne besoldet wurde, schleuderte eine flammende Schmähschrift gegen den Börsenwucher und gegen Necker, den er mit versteckten Worten beschuldigte; doch die Worte waren so sehr verhüllt, daß man glaubte, er beschuldige Calonne.

Trotz diesem Skandal ging Calonne auch zur vierten Sitzung der Notabeln. Er legte die Opfer dar, in die der König für seine Domänen eingewilligt hatte. Man zollte ihm Beifall. Dann schloß er mit einer

»Ankündigung«, die der Advokat Gerbier für ihn verfaßt hatte und die er für die Nation bestimmte. Nach einer Zusammenfassung der Pläne des Königs und einer Widerlegung der Kritiken sagte er: »Vorrechte werden geopfert, ja, die Gerechtigkeit will es, die Not fordert es. Wäre es vielleicht besser, die Nichtbevorrechtigten noch mehr zu belasten?« Der Hieb saß. Wütend ergingen sich die Notabeln in Protesten und Beleidigungen und schließlich in Schmähschriften. Der König widersetzte sich dem nicht. Er hatte die Notabeln versammelt, um ihre Meinung zu hören. Indessen geriet Calonne ins Wanken. La Fayette mit seinem angeborenen Instinkt für Popularität versetzte ihm nun einen kräftigen Stoß; er fragte die Regierung, warum sie den Börsenspekulanten kürzlich mehrere Millionen gegeben habe, unterzog dann jeden Tausch und alle Käufe und Verkäufe der königlichen Domänen einer Prüfung, wobei er die Vernünftigkeit und Ehrenhaftigkeit der wichtigsten leugnete, indem er bestreitbare, aber genaue Zahlen nannte, was auf eine Versammlung immer Eindruck macht. Zum Schluß wies er auf das Elend aller derjenigen hin, welche die zur Bezahlung dieser unklugen Ausgaben nötigen Steuern bezahlt hatten. Am Ende seiner so philosophischen Rede erhielt er lebhaften Beifall.

Calonne fühlte, daß man damit zu Ende kommen mußte. Die Versammlung wurde zu einem Chaos. Seine Lage wurde unhaltbar. Ausgenommen Artois, Besenval und die Polignac, verbanden sich alle gegen ihn; die Geistlichkeit brutal, das Parlament heimlich, ferner Necker, Loménie, Orléans, Monsieur (der Führer der ganzen Intrige), seine Kollegen im Ministerium und schließlich auch die von Vermond angestachelte Königin, die von nun an seine erbitterte Feindin war.

Am treulosesten zeigte sich Miromesnil. Calonne benutzte die Ferien der Karwoche, um Ludwig XVI. aufzusuchen. In seiner Gegenwart entlarvte er den stammelnden Justizminister und verlangte dann, daß ein Exempel statuiert werde. Sobald Miromesnil gegangen war, versprach der König Calonne, er werde sofort Breteuil zu Miromesnil schicken, um ihm die Staatssiegel abzunehmen und sie Lamoignon zu geben, den Calonne vorgeschlagen hatte. »Endlich ein Erfolg!« sagte er sich.

Tatsächlich wurde es sein Verderben. Als Breteuil und seine Kollegen sahen, daß der König Miromesnil Calonne opferte, bekamen sie Furcht. Sie steckten alle bis zum Hals in der Intrige gegen den Finanzminister. Von der Königin und von Monsieur unterstützt, erklärten sie dem König, solange Calonne an der Macht bliebe, würde das Reformprogramm niemals angenommen werden; die Königin, die dem König seit zwei Monaten unaufhörlich mit Kritiken an Calonne in den Ohren gelegen hatte, ließ ihrer ganzen Heftigkeit freien Lauf, und zum ersten Mal antwortete ihr Ludwig XVI. im gleichen Ton und drehte ihr dann den Rücken. Monsieur war geschickter. Er sagte seinem Bruder, wenn Calonne abginge, könne er das Programm vom 22. Februar zur Annahme bringen. Der König setzte sich an den Tisch und unterzeichnete den Befehl, der Calonnes Abdankung verlangte, aber er bezeigte ihm seine Freundschaft und sein Festhalten an dem gemeinsam aufgestellten Programm und bat ihn, einen Mann zu finden, der seine Aufgabe in Übereinstimmung mit ihm fortsetzen könne. Ludwig XVI. verzichtete auf Calonne nur, um sein Programm zu retten, weil er fest davon überzeugt war, daß ohne es die Monarchie zugrunde gehen würde. (8. bis 10. April 1787.)

Auf diese Nachricht hin brach in Paris eine bestialische Freude aus; die Parlamentsschreiber und der Straßenpöbel, immer auf der Suche nach Radau, erfüllten die Straßen mit Schreien und Liedern gegen den Finanzminister und verbrannten sein Bildnis an den Straßenecken. Die Salons waren kaum weniger zurückhaltend; hier wurden die Ereignisse und ihr Held La Fayette laut gefeiert.

Der König allein begriff und hatte Furcht.

DIE ARISTOKRATISCHE REVOLUTION

Der König hatte erklärt, daß er weder »Neckeraille« noch »Prêtraille« wünsche. Die Königin wagte daher nicht, auf Loménie zu bestehen. Die Minister Castries, Montmorin und Ségur sprachen vergeblich für Necker, dem der immer heftige Breteuil sich heftig widersetzte. Man suchte also; die Königin stellte dem König in seinem Kabinett M. de La Millière vor, dem man Geist nachsagte; er besaß davon zuviel, um den Ministerposten in einem solchen Augenblick zu übernehmen, und lehnte ab. Man sprach von M. de Fourqueux, einem ehrenwerten, bedächtigen Mann von Belang. Er sagte Calonne zu, dessen Ideen zu folgen er versprochen hatte, und der Posten gefiel seiner Frau, die Lust hatte, den Hof zu sehen. So wurde die Sache also beschlossen; Fourqueux bekam den Stab mit dem Rabenschnabel, das Abzeichen der Finanzminister. Etwas anderes hatte er übrigens nicht, denn er besaß weder die Kenntnisse noch die Tatkraft noch die Autorität, die notwendig waren, um das Ruder in einem so kritischen Augenblick zu führen.

Erschreckt vom »Zorn des Volkes«, der so geschickt angefacht worden war, wollten Fourqueux und Lamoignon die Notabelnversammlung schließen, wie man ein Wespennest ausräuchert, und das Reformprogramm dem Parlament vorlegen. Ludwig XVI., der soeben Calonne verbannt hatte, um ihn in Sicherheit zu bringen, der aber seinen Plan weiter verfolgen wollte, bestand darauf, die Notabeln beizubehalten. Diese nahmen ihre Sitzungen am 23. April 1787 wieder auf. Sie triumphierten. Eine geschickte Rede des Königs ließ sie vor Rührung weinen. Aber die Ansprache Lamoignons, der Disziplin forderte und den Erzbischof von Narbonne abkanzelte, entrüstete sie. Entgegen den Versprechungen Monsieurs – Betrüger oder Betrogener? – dauerte der Widerstand an. Inzwischen brach die ohne Aufsicht gelassene Börse zusammen, die Staatskasse war leer und die Katastrophe stand unmittelbar bevor, wie Calonne es prophezeit hatte.

Vermond hielt den Augenblick für günstig, Loménie de Brienne einzuführen. Mme. de Staël intrigierte für ihren Vater (damals in der Verbannung, in die ihn der König geschickt hatte, um seinen Streitereien mit Calonne Einhalt zu tun). Vermond kam ihr zuvor; von ihm angeleitet, kam die Königin weinend zum König; auch Montmorin und Lamoignon kamen zu ihm und klagten ihre Not. Der zur Verzweiflung gebrachte König, der glaubte, sie wollten Necker wiederhaben, rief: »Nun gut! Also holt ihn!« Er war erleichtert, als man ihm Brienne nahelegte. »Er gilt als unruhiger und ehrgeiziger Charakter«, sagte er, »aber die letzten Denkschriften, die er mir überreichen ließ, sind vernünftiger.« Und er gab nach.

Loménie de Brienne wurde am 3. Mai als Leiter des Rates der Finanzen und Mitglied des Staatsrates angekündigt. Brienne war ein schlechter Priester, ein leichtsinniger Verwalter, ein boshaftes Weltkind und anmutloser Wüstling. Sein Gesicht trug die Spuren schmutziger Ausschweifungen, und die Flechten, die seinen Körper bedeckten, waren so unsauber, daß der König schließlich die Papiere nicht mehr berühren wollte, die Seine Exzellenz in der Hand gehabt hatte. Im übrigen war die öffentliche Meinung ganz für ihn eingenommen. La Fayette, der in seiner Beurteilung der Menschen sonst immer gescheit war, schrieb an seinen großen Freund Washington: »Der Erzbischof von Toulouse besitzt außerordentliche Fähigkeiten und ist einer der ehrenwertesten Männer, die man an die Spitze der Verwaltung stellen konnte. Er wird großen Einfluß auf alles haben und wir können auf ihn als einen zugleich aufgeklärten wie liberalen Menschen zählen.« Das bedeutete, daß er nicht an Gott glaubte, daß er die Messe so selten wie möglich und dann nur aus Vorsicht las, und daß er versprochen hatte, den Verschworenen zu gehorchen.

Dieser heilige Prälat, der seine Verwendung seit zwölf Jahren erwartet und nichts vernachlässigt hatte, um sie zu erlangen, verbarg seine Freude darüber vor dem König, der Königin und seinen Vorgesetzten unter einer scheinheiligen Demut, vor allen anderen unter abstoßender Anmaßung. Der weniger schlaue Abbé Vermond war im siebenten Himmel (falls es für eine so abscheuliche Person einen Himmel gibt). Alle beide begannen die Lage reichlich auszunutzen. Das war leicht. Man mußte aber auch regieren. Das war schwerer. Trotz seiner Versprechungen legte Loménie keinen eigenen Plan vor, außer dem, die Notabeln nach Hause zu schicken.

Mit diesen Leuten zu regieren war unmöglich. Alles schien mißlich zu sein. Im Staatsrat wich Castries Loménie aus Liebe zu Necker aus, ebenso Ségur, weil er ihn verabscheute; beide wollten ihren Abschied nehmen. Sie gaben den Bitten des Königs nach und blieben, kamen aber in den Staatsrat wie bestrafte Kinder. Loménie, der die Gefahr witterte, heuchelte eine große Liebe zu Necker, von dem er Ratschläge erbat und dem er täglich recht auffällig einen Kurier schickte.

Fourqueux benutzte das, um zu verschwinden. Seine Frau hatte schnell festgestellt, daß der Hof nicht das war, was man ihr erzählt hatte, und er, daß das Leben eines Ministers gerade das war, was er sich vorgestellt hatte; er schlich sich sobald wie möglich fort und hatte nur den einzigen Wunsch, in Vergessenheit zu geraten. Man ersuchte daher Laurent de Villedeuil, sein Nachfolger zu werden. Er machte zunächst Schwierigkeiten. Niemand fand in dieser Zeit Gefallen an der Ehre, unter einem Priester, selbst unter einem schlechten Priester, zu dienen. Er willigte schließlich ein, mit dem König in Gegenwart des Erzbischofs zu arbeiten und immer nur dann, wenn es das Staatswohl erforderte, vorausgesetzt, daß er es freiwillig tun konnte.

Als dies erledigt war, beschäftigte man sich mit den Notabeln, die während dieser Zeit viel Papier verschrieben und sich über den König aufregten; um dem ein Ende zu machen, sandte Ludwig XVI. an Monsieur, den eigentlichen Führer aller Notabeln, einen wohlabgewogenen Brief, in dem er ihm sagte, er habe alle seine Denkschriften gelesen, es sei ihm unmöglich, jede von ihnen in allen Einzelheiten zu beantworten, und er habe beschlossen, noch 40 Millionen an Ersparnissen bei seinen Ausgaben, denen des Hofes, seiner Brüder usw. einzubringen. Er fügte hinzu: »Diese 40 Millionen werden das immer größer werdende Loch des Fehlbetrages nicht zustopfen; es sind neue Hilfsquellen nötig, also eine Anleihe.« Er sagte ihnen einige Artigkeiten und erinnerte sie höflich an die Grundsteuer, die dieses Loch verstopfen könnte, ferner an die Stempelsteuer, die sie prüfen sollten. Er forderte zwei Abgeordnete jedes Ausschusses auf, sich bei Monsieur einzufinden, um die Mittel zu besprechen, alles aufs beste in Ordnung zu bringen. Der Schluß des Briefes war liebenswürdig und schmeichelhaft: »Die Abgeordneten, die an dieser Erörterung teilgenommen haben, werden dem betreffenden Ausschuß darüber berichten, und ich zweifle nicht an dem Eifer der Notabeln, ihr Werk zu vollenden und den Augen der Welt zu zeigen, wie ich es ihnen in der letzten Sitzung gesagt habe, wie groß der Vorzug ist, den ich habe, einer mächtigen und treuen Nation zu gebieten, deren Hilfsquellen wie auch die Liebe zu ihren Königen unerschöpflich sind.« Amen... Diese frommen, vom Erzbischof verfaßten Sätze hatten keinen Erfolg. Die Notabeln taten das, was ihnen gefiel, und nichts anderes; in ganz Paris waren Abschriften der Briefe des Königs, von den Ministern mitgeteilte, vertrauliche Dokumente und die geheimsten Aktenstücke im Umlauf. In den Augen der Notabeln war Loménie nicht besser als Calonne, weil er Minister war.

Loménie erschien vor den Notabeln, lustlos und ohne Programm. Er verteidigte den Plan Calonnes, ohne ihn zu kennen und ohne Erfolg. Die handgeschriebenen Zeitungen meldeten diese jämmerliche Niederlage: »Es scheint, daß die Sitzung vom Mittwoch nicht den glücklichen Ausgang genommen hat, den der König sich versprochen hatte; daß der Erzbischof von Toulouse sich dabei wütend mit den Notabeln und sogar mit seinem eigenen Orden gezankt hat; daß ihm vor allem der Bischof von Nevers eine energische Rede gehalten hat, in der er ihm vorgeworfen hat, sehr schnell seine Haltung und seine Grundsätze geändert zu haben, und daß er sich schon im Widerspruch mit seinen eigenen Vorschlägen befinde, die in den Registern der Notabeln und besonders in denen seines Ausschusses niedergelegt seien. Man versichert, daß diese Rede so heftig war, daß der Prälat klug genug war, niemand eine Abschrift davon zu geben, nicht einmal seinem intimen Freunde, dem Bischof von Autun (Marbœuf). Hieraus sind neue Beschlüsse der Ausschüsse entstanden, die dem König höchst mißfallen haben. Was den Erzbischof von Toulouse betrifft, so ist er sozusagen schon mehr verhaßt als M. de Calonne, weil er außer dessen Anhängern, die ein Interesse daran haben, ihn in Verruf zu bringen, sogar auch die Notabeln zu Feinden hat und die Patrioten, die entrüstet sind, ihn die gleiche Doktrin wie sein Vorgänger predigen zu hören: Steuer und Unterwerfung.«

Loménie fühlte sich verloren. Er stützte sich auf Lamoignon und erhielt vom König die Ermächtigung, die Versammlung der Notabeln aufzulösen.

Der König nahm dies als eine Niederlage hin. Er kannte die schurkische und verheerende Rolle, die Monsieur spielte, und verbarg es nicht. Als ein Höfling sich mit ihm über den Herzog von Biron unterhielt und dessen Freude, an der Parade teilzunehmen, um sich zeigen zu können, erwiderte Ludwig XVI.: »Er hat immer den Prunk geliebt, so wie mein Bruder die Ausschüsse liebt.« – »Zum Henker! Ich nicht«, antwortet ihm Artois, »mich langweilen sie sehr.« Die Spötter sagten: »Wenn der König den Krieg in Amerika gewonnen hat, so hat Monsieur den der Notabeln gewonnen«, und die Leute, die Bescheid wußten, meinten, er habe sich mit einer einzigartigen Geschicklichkeit für die Weigerung seines Bruders und Calonnes, ihn zum Staatsrat zuzulassen, gerächt.

Die Notabeln wurden am 25. Mai 1787 zu Grabe getragen. Der König hielt vor der Versammlung ohne Überzeugung eine von Loménie de Brienne vorbereitete Rede, und Lamoignon tadelte ohne Umschweife »ihre vergeblichen Wortgefechte, die sich als nutzlos erwiesen«. Er erinnerte an das Programm des Königs und schloß: »Die Völker sollen sich mit Fügsamkeit und Ergebenheit leiten lassen, und die Provinzialversammlungen sollen Zucht und Ordnung halten.« Loménie de Brienne entwickelte die gleichen Ideen weniger gut, aber mit einer kleinen Lobrede auf die Königin. Und dann war es zu Ende.

*

Das Leben nahm seinen Lauf wie vorher; man sprach von Opern, von neuen Büchern und vom Wetter, aber für Frankreich und für den König hatte sich Wesentliches verändert. Zum ersten Mal seit Beginn seiner Regierung griff man den König direkt an, und zwar täglich.

Das Meisterstück der Gegenpartei war, die Geistlichkeit zu benutzen, um die Umgestaltung der Verwaltung und die Erneuerung der Monarchie zu verhindern. Hierdurch wurde es Orléans ermöglicht, gleich nach den ersten Sitzungen zu verschwinden und sich trotz den Vorwürfen seines Ausschusses zu weigern, wiederzukommen; Orléans war Sachverständiger in Alibis. La Fayette sandte an Washington, der ihn nicht verstand, eine Erklärung seines Verhaltens. Man könne nicht leugnen, daß die vorgeschlagenen Maßnahmen gut seien, aber man habe ihnen trotzdem Widerstand leisten müssen, weil man den Sturz Calonnes sichern und etwas Vollständigeres erreichen wollte, nämlich eine Revolution. Washington war übrigens darüber entrüstet.

Die Entrüstung des Königs verbarg sich hinter einem ruhigen Gesicht. Er arbeitete, zeichnete Karten, hämmerte Schlösser und ließ die Kinder studieren. Am 1. Mai 1787 wurde der Dauphin mit den üblichen Zeremonien den Männern übergeben; er besaß einen vollständigen Hofhalt ohne Prälaten. Auch mußte der König für das Porträt sitzen, das die Stadt Caen erbeten hatte. Die patriotischen Zeitungen wetterten gegen diese »unnütze Ausgabe«.

Inzwischen übte der König seinen Beruf aus. Er unterwies den Nachfolger Vergennes', Montmorin, einen Ehrenmann und guten Verhandler, der früher sein Junker gewesen war; als Botschafter in Spanien hatte er sich als gewandt bewiesen, aber er war zu leicht beeinflußbar und zu schüchtern. Der König mußte auch Loménie überwachen, dessen Laufbahn sich schwierig anließ.

Dieser Minister legte dem Parlament die Pläne Calonnes zur Registrierung vor und erreichte ohne Mühe die Annahme der vollständigen Freiheit des Getreidehandels, den Ersatz der Fronarbeit durch eine Steuer und die Schaffung von Provinzialversammlungen. Aber das Parlament lehnte den Erlaß ab, der die Stempelsteuer erhöhte (22. Juli 1787), und verlangte Bekanntgabe des Standes der Finanzen (6.–8. Juli). In dieser Debatte verlangte der Abbé Sabatier de Cabre die »Generalstände«*. Am 6. August erlegte der König auf Verlangen Lamoignons, Breteuils und Briennes dem Parlament die Stempelsteuer und die außerordentliche Grundsteuer auf. Am 7. erklärte das in Paris zusammengetretene Parlament diese Akte für nichtig und ging, von der Menge unterstützt, zum Angriff über. Am 10. verlangte Adrien Duport (der Hauptverschworene) eine »strafrechtliche Untersuchung der Veruntreuungen Calonnes«. Am 13. nahm das Parlament inmitten einer Menge von zwanzigtausend Personen die Erörterung der Steuern wieder

---

* Etats Généraux, Versammlung der drei Stände: Adel, Geistlichkeit, Bürger. (Anmerkung des Übersetzers.)

auf. Der Herzog von Nivernois, bekannt durch seine Klugheit und
Mäßigung, erhob sich, um daran zu erinnern, daß es alle Pflichten versäumen
hieße, wenn dem König nicht das für die Verteidigung Frankreichs
notwendige Geld gegeben würde, gerade in dem Augenblick,
da die Preußen in Holland eingedrungen waren und die Engländer eine
Flotte ausrüsteten. In einer flammenden Rede erklärte Duval d'Eprémenil,
der von internationalen Angelegenheiten nichts verstand, alle
diese Befürchtungen für unbegründet und verurteilte die Erlasse als
»den Rechten der Nation« zuwiderlaufend. Das Parlament gab ihm
mit achtzig gegen vierzig Stimmen recht. Brienne mußte nun handeln.
Am Vorabend von Mariä Himmelfahrt, am 14. August 1787, erhielt
jedes Mitglied des Parlaments einen königlichen Befehl, der es nach
Troyes verbannte.

Von Troyes aus begannen die Parlamentsmitglieder noch einmal zu
erklären, daß »allein die Generalstände die dem Staat geschlagenen
Wunden untersuchen und heilen und Steuern auferlegen könnten«.
Zu gleicher Zeit erklärten sich alle parlamentarischen Körperschaften
Frankreichs und die ganze Masse der Parlamentsangestellten mit dem
Pariser Parlament solidarisch. Am 17. August verweigerten das Obersteueramt
und die Oberrechnungskammer, denen Provence und Artois
die Erlasse zur Registrierung vorlegten, diese mit Nachdruck, und eine
Menge von zehntausend Personen machte Miene, den Prinzen zusammenzuhauen.
Seine Leibgarde trat dazwischen und befreite ihn,
aber es ging nicht ohne Tote und Verletzte ab. Man zollte Provence,
dem Helden der Notabeln, Beifall. Das Obersteueramt registrierte
nicht, sondern verlangte die Generalstände. In Paris beherrschte der
Aufruhr die Straße, die jungen Leute unter den Parlamentsangestellten
machten Jagd auf die Polizisten, auf die Verkäufer königsfreundlicher
Schriften und von Texten königlicher Erlasse; bei Gelegenheit plünderten
sie auch Läden, bedrohten die Soldaten und verbreiteten überall
beleidigende Plakate gegen den König, die Königin und die
königliche Familie. Die Ladenbesitzer wurden ängstlich. Breteuil, von
Biron unterstützt, der Truppen kommen ließ und Militärstreifen in
der Stadt einrichtete, stellte die Ordnung in sechs Tagen wieder her.
Diese Tragödie fand schnell ein Ende. Die Parlamentsmitglieder langweilten
sich in Troyes. Durch Vermittlung einer »Dame« brachte Brienne
alles in Ordnung. Das Parlament durfte nach Paris zurückkommen
und registrierte am 9. September einen Erlaß, der für fünf Jahre
eines der aufgehobenen Zwanzigstel der Grundsteuer verlängerte und

das andere Zwanzigstel für eine unbegrenzte Zeit. Statt einer vom König angebotenen, für das Volk günstigen Maßnahme, erhielt der Erlaß eine Steuer aufrecht, die allein den dritten Stand belastete.

So endete der Kampf und ließ die königliche Verwaltung an allen Gliedern gelähmt. Man hatte das Schlimmste gefürchtet: die Wiederkehr einer von Monsieur geführten Fronde*. Als dieser sich eines Tages weigerte, zum Obersten Rechnungshofe zu gehen, sagte der König zu ihm: »Möchten Sie vielleicht die unglückseligen Ereignisse der Regierungszeit Karls VI. erneuern, die Liga und die Barrikaden?«, und dabei machte er eine so heftige Handbewegung, daß Monsieur sofort gehorchte. Seine Intrige fiel ins Wasser. Besser gelang die von Brienne. In der kritischsten Zeit erreichte die Königin, daß er »Hauptminister« wurde und daß man die Reise nach Fontainebleau opferte und einige Ämter im Hofhalt des Königs und der Königin aufhob. Für geringe Ersparnisse schuf der König auf diese Weise eine Leere um sich, ohne doch die öffentliche Meinung zu beruhigen. Der Weggang Ségurs und Castries', die Brienne nicht mehr zu ertragen vermochten, betrübte ihn. Alles betrübte ihn damals, und seine einzige Hilfe war die Jagd, der er sich mit verhängtem Zügel bis ans Ende seiner Kräfte hingab. Aber auch das diente noch zu seiner Verleumdung. Wenn man ihn vor Ermüdung schwanken sah, sagte man, er sei betrunken, ja, versoffen. Die Verleumdung stürzte sich auf ihn, sogar in seinem Haus. Die von Mercy aufgereizte Königin grollte ihm, weil er Brienne nicht das Außenministerium anvertrauen wollte, die einzige Abteilung, die er ihm verweigert hatte.

Die internationale Lage bekümmerte den König sehr. Großbritannien und der neue König von Preußen machten sich die Meuterei der Notabeln und die Verwirrung in Frankreich zunutze und setzten sich ins Einvernehmen, um Frankreich sein Übergewicht in Holland zu rauben. England rüstete eine Flotte aus, und Preußen drang am 13. September 1787 in das Gebiet der Niederlande ein, unter dem Vorwand, die Gattin des Statthalters, eine preußische Prinzessin, sei von den holländischen Behörden nicht gut behandelt worden. Selbstverständlich beriefen sich die Holländer auf den kürzlich abgeschlossenen Vertrag und verlangten die sofortige Hilfe der französischen Armee, aber trotz einem Beschluß des Staatsrates, eine Armee um

---

* Fronde. Aufständische französische Adelspartei, die während der Minderjährigkeit Ludwigs XIV. den Hof, besonders Anna von Österreich und Mazarin, bekämpfte. (Anmerkung des Übersetzers.)

Givet zusammenzuziehen, vernachlässigte es Brienne, den Beschluß auszuführen. Nachlässigkeit? Furcht vor Krieg? Wie dem auch sei, Holland wurde im Stich gelassen, die Patrioten kapitulierten, der Adel wendete sich gegen Frankreich, und der wieder in seine Rechte eingesetzte Statthalter wurde von neuem zum treuen Diener Englands. In den Straßen der großen holländischen Städte wurde jeder, der die französischen Farben trug, bespieen. Das war das einzige greifbare Ergebnis der Versammlung der Notabeln. Vielleicht wäre es zu einem Kriege mit England gekommen, hätte der König nicht Suffren nach Brest geschickt, um die Flotte vorzubereiten, und wäre Castries nicht schnell darangegangen, ein Geschwader auszurüsten. Gleichzeitig wirkte Ludwig XVI. auf den König von Spanien ein und erreichte, daß dieser sich mit Frankreich solidarisch erklärte. Pitt, der das in Holland gesuchte Ergebnis erreicht hatte, willigte ein, seine Rüstung auf sechs Kriegsschiffe zu begrenzen wie Frankreich auch, und das bedeutete Frieden. Am anderen Ende Europas hatten England und Preußen die Türken dazu bestimmt, von sich aus mit dem Angriff zu beginnen, trotz den beschwichtigenden Ratschlägen unseres Botschafters. Katharina II. und Joseph II. nahmen schnell tätigen Anteil. Joseph wollte einen Handstreich auf Belgrad unternehmen, der natürlich scheiterte. In diesem Falle hatte Montmorin das Schlimmste vermieden: Frankreich blieb neutral.

*

Im Inneren wußte Brienne nicht mehr, wie er aus den Schwierigkeiten herauskommen sollte. Auch sein Ministerium, das er durch seinen Bruder (Kriegsminister), Malesherbes und Nivernois (Staatsminister) ergänzt hatte, wußte es nicht. Lamoignon und Breteuil verlangten einen Gewaltstreich in der Art Maupeous, Brienne und die anderen träumten von Versöhnung. Der König schwieg, weil er nicht genug Vertrauen zu Brienne besaß, um zu sprechen. Die Rückkehr des Parlaments klärte die weisen Geister auf. Während des Aufruhrs hatte man die Bildnisse Calonnes, Breteuils und der Mme. de Polignac verbrannt; die lange Zeit beschimpfte Puppe der Königin entging dem gerade noch. Die Klügsten im Parlament und in der Freimaurerei begannen, Furcht zu haben. Der Herzog von Luxembourg und Huguet de Sémonville und danach Duval d'Espréménil statteten Brienne und Lamoignon heimlich einen Besuch ab. Brienne war erschrocken und lehnte ab. Lamoignon verständigte sich mit Duval. Das Parlament sollte 500 Millionen gestaffelter Anleihen annehmen; der König sollte die Generalstände versprechen.

Die Sitzung fand am 19. November in Paris statt. Lamoignon hatte sich ausgedacht, die Form einer »königlichen Sitzung« wieder zu erneuern, bei der jeder nach Belieben sprechen konnte, wobei aber nicht abgestimmt wurde; er wollte einen »Großen Gerichtstag«, der vom Parlament nicht gern gesehen wurde, und die Heftigkeiten einer normalen Sitzung vermeiden. Auf Wunsch Briennes sprach der König, der dieser ganzen Mache müde war, mit einer gewissen Härte. Lamoignon war brutal, weil das in seiner Natur lag. Er erinnerte daran, daß der König der Herr sei, zählte die finanziellen Pläne auf und erklärte dann nebenbei, der König würde, wenn die »Erneuerung der Finanzen« vollendet sei, seinen Generalständen eine Bilanz vorlegen. Die Rede war nicht geschickt, doch wurde das Abkommen von der »Oberkammer« des Parlaments eingehalten, die sich für die bedingungslose Registrierung erklärte.

Hierauf beschimpften in einer Lawine von Reden mehrere die Minister und den König. Duval d'Eprémenil wollte alles durch einen Appell an den König wiedergutmachen, aber dieser sagte kein Wort, weil er es Brienne versprochen hatte. Im Fall einer Abstimmung schien die Mehrheit gesichert zu sein, aber die »königliche Sitzung« sah eine Abstimmung nicht vor. Murren wurde laut, und in dem allgemeinen Lärm erhob sich Orléans, erklärte, die Registrierung sei ungesetzlich, und forderte, man solle genau festlegen, daß sie auf ganz ausdrücklichen Befehl des Königs erfolgte. Der König antwortete ihm: »Jawohl, es ist gesetzlich, weil ich es will!« Sobald der König gegangen war, ließen die »Patrioten der Enquêtes«* durch Abstimmung genehmigen, daß der Protest Orléans' in die Register eingetragen werden sollte; Sabatier ließ verordnen, die Form der Sitzung und die Registrierung seien ungesetzlich. Orléans verließ das »Palais de Justice« auf den Schultern der Menge. Von nun an war er an Stelle von Monsieur der Führer der »Patrioten«. Der König verbannte ihn am anderen Morgen auf sein Schloß in Villers-Cotterêts, damit er dort über die Gefahren der Volkstümlichkeit nachdenken und auf die Hetzjagd gehen könne. Die ungestümsten Parlamentsmitglieder wurden auf dem Schloß von Doullens und Sabatier auf dem Mont-Saint-Michel gefangengesetzt. Das Jahr 1787

* (Chambre des) Enquêtes, Parlamentskammer zur schriftlichen Verhandlung von Berufungen in Prozessen erster Instanz. (Anmerkung des Übersetzers.)

endete in Geschrei und Streitereien. Vier Monate lang vervielfachte das Parlament seine Proteste und Appelle an den König, um die Freilassung der beiden Gefangenen zu erreichen. Ludwig XVI. gab nicht nach und ließ auch die Klubs nicht wieder öffnen, die auf seinen Befehl im August 1787 geschlossen worden waren. Nur über das »Toleranzedikt« (Februar 1788), das den »Nichtkatholiken« (Protestanten, Juden usw.) einen Personenstand und einen Rechtsstand, der dem der Katholiken entsprach, gewähren sollte, konnte man sich einigen; nur der Zugang zur Regierung blieb ihnen verschlossen.

So endete ein langer Feldzug, den Malesherbes seit mehr als zwanzig Jahren zusammen mit dem Pastor Rabaut-Saint-Etienne und der Loge von Annonay, dem Mittelpunkt des philosophischen Protestantismus, geführt hatte. La Fayette, der nicht umhin konnte, sich auch in diese Dinge hineinzumischen, und Necker, als eifriger Protestant, spielten nur eine Nebenrolle. Seit langer Zeit war dem König diese Maßnahme gerecht und notwendig erschienen; die Anwesenheit eines philosophischen Prälaten in der Regierung machte sie leichter. Die Bischöfe protestierten; die Marschallin Noailles und Mme. de Genlis, zwei heilige Frauen, jede nach ihrer Art, wetterten, aber das Publikum zollte Beifall.

Diese Beifallskundgebungen vermochten Ludwig XVI. nicht über das Chaos zu trösten, in dem der Staat zugrunde ging; nichts mehr wurde getan, das Parlament und die Monarchie versetzten sich gegenseitig Hiebe, von denen sie sich nicht mehr erholen konnten; die Unordnung verbreitete sich im ganzen Lande.

Der König litt so sehr darunter, daß er eine heftige Rose mit Fieber bekam und sich ins Bett legen mußte; das war für ihn eine Art Ausruhen, aus dem ihn der Tod der Madame Louise, die plötzlich in ihrem Kloster in Saint-Denis gestorben war, wieder heraus riß. Soubise starb am 19. Juni 1787, Richelieu lag im Sterben, Mme. de Marsan sah man nicht mehr. Rohan war in Vergessenheit geraten, und selbst Beaumarchais gelang es nicht mehr, von sich reden zu machen. Die Vergangenheit schien wie ein Traum.

Weder Weihnachten noch der Neujahrstag brachten etwas in Ordnung; ein Parlament nach dem anderen protestierte gegen die Erlasse und Strafmaßnahmen vom 19. November. Die Anleihe brachte nichts ein, die Erörterung wurde zusammenhanglos. Brienne meldete in seinem letzten Bericht einen Fehlbetrag von 161 Millionen für 1788 und erklärte, das sei nicht gefährlich.

Die aristokratische Revolution 369

Das Parlament von Paris griff von neuem an. Am 11. April 1788 bereitete es Vorstellungen gegen die »königliche Sitzung« vor und überreichte sie dem König am 13.; in ihnen wurde die an jenem Tage vorgenommene Registrierung noch einmal für ungesetzlich erklärt. Am 17. April antwortete der König, wenn es für ihn einer Mehrheit im Parlament bedürfe, um eine Verordnung zu erlassen, so wäre »die Monarchie nichts weiter als eine Aristokratie von Justizbeamten, die den Rechten und Interessen der Nation ebenso nachteilig sei wie denen meiner Souveränität«.

Am 4. Mai kam das Parlament auf den Gedanken, zu verlangen, die Erhebung der Zwanzigstel dürfe nur auf Grund der bestehenden Steuerrollen ohne Veränderungen erfolgen. Der Gedanke stammte von Goislard de Montsabert, Mitglied der »Enquêtes«, in der die Hitzköpfe, die den Ton angaben, versammelt waren; der durch Abstimmung angenommene Text stellte fest, der König könne Steuern nicht ohne Prüfung durch die Gerichte erheben und keine neuen Steuern schaffen ohne die Genehmigung der Generalstände. Das hieß die Souveränität der Nation verkünden. Das Ministerium bereitete eine kräftige Entgegnung vor. Das Parlament erfuhr davon und kam ihr zuvor. In der Sitzung vom 5. Mai gab es auf Vorschlag von Duval d'Éprémenil eine Grundsatzerklärung ab: Frankreich ist eine erbliche, von den Bourbonen regierte Monarchie; nur die Generalstände können Steuern bewilligen; der unabsetzbare Richterstand ist allein Richter über die Rechtmäßigkeit der Gesetze; die Provinzen müssen ihre Vorrechte behalten und die Bürger durch ihre natürlichen Richter abgeurteilt werden. Sie wollten also die überlieferte Monarchie durch eine gemischte, vom Parlament beherrschte Regierungsform ersetzen.

Als Antwort darauf befahl das Ministerium die Verhaftung der beiden heftigsten Parlamentsmitglieder: Duval d'Éprémenil und Goislard de Montsabert. Trotz den Drohungen der Menge, trotz dem Widerstand des Parlaments, das sich einunddreißig Stunden lang weigerte, seine beiden Mitglieder herauszugeben, verhaftete sie der Marquis d'Agoust. Als dies geschehen war, hielt der König am 8. Mai in Versailles einen Großen Gerichtstag für die Registrierung von sechs Erlassen ab. Der erste schuf siebenundvierzig Appelationsgerichte, »Grands Baillages« genannt, die über ganz Frankreich verteilt waren; Das Parlament hatte nur noch die Geistlichen und Edelleute in erster Instanz abzuurteilen und war nur noch für Berufungen in Zivilsachen über 20 000 Franken zuständig. Zwei andere Erlasse hoben die Sondergerichte auf, das »Verhör auf dem Sünderstühlchen« und die vorgängige Folter. Der vierte setzte die Zahl der Parlamentsmitglieder und ihrer Stellen herab (auf siebenundsechzig); die aufgehobenen Stellen sollten ausbezahlt werden. Der fünfte schuf eine Versammlung der Lehnsträger, um die für das ganze Königreich gemeinsamen Gesetze zu registrieren; sie bestand hauptsächlich aus hohen Würdenträgern des Hofes mit der Oberkammer des Parlaments. Der sechste schickte das Parlament in die Ferien. Die Erlasse waren von Loménie verfaßt worden und waren ganz vernünftig, aber es fehlte die Kraft, sie anzuwenden, wie auch der Zusammenhang in der Regierung.

Loménie de Brienne sah in diesen Maßnahmen den Anfang einer großen Politik, dazu bestimmt, den dritten Stand an die Macht zu bringen und ihn mit den Philosophen zu versöhnen. Lamoignon dagegen hatte die Wiederherstellung einer starken Monarchie im Auge; Breteuil, am Ende seiner Geduld, war abgegangen. La Luzerne richtete sich im Marineministerium ein, allerdings nicht ohne Mühe, und Montmorin suchte aus den Schwierigkeiten herauszukommen, die durch die Siege Katharinas und ihre Annäherungsversuche an Frankreich hervorgerufen wurden. Die Königin dachte nur daran, Brienne zu helfen, der immer noch von Vermond begönnert wurde. Und der König nahm schweigsam die höheren Interessen Frankreichs wahr.

Loménie beging eine Dummheit mehr. Orléans, der sich in Villers-Cotterêts langweilte, während er doch so viel in Paris zu tun hatte, behauptete, er müsse ins Palais-Royal zurückkehren, um seinen Kanzler zu ersetzen. Der Graf du Crest, Bruder der Mme. de Genlis, der bisherige Kanzler, war verbraucht und gefiel nicht mehr. Orléans flehte daher den König an, der freundlich nein sagte. Er bat die Königin, die seinen Abgesandten kalt empfing. Brienne ließ sich überlisten und ermächtigte seinen schlimmsten Feind, sich inmitten seiner Truppen niederzulassen.

Es gab weder Fontainebleau noch Feste; überall war man in Erregung. Die Parlamente in ganz Frankreich waren in Bewegung geraten; Parlamente und Freunde des Parlaments begannen offen zu revoltieren. Ohne Richter wurden die Provinzen zum Schauplatz von Unruhen und schändlichsten Veruntreuungen. In der Gegend von Paris allerdings wurden Ruhe und Gehorsam leidlich aufrechterhalten; aber es war schwierig, die neuen Einrichtungen zu schaffen. Die neuen Richter, durch ein Trommelfeuer von Schmähschriften, Plakaten und direkten Drohungen usw. eingeschüchtert, waren unschlüssig. Manchmal erhielten die Parlamentsmitglieder sogar die Unterstützung der Edelleute und Bauern. Toulouse, Dijon, die Dauphiné und die Bretagne waren hauptsächlich die Mittelpunkte des Widerstands. Die bretonischen Adligen verweigerten unter Berufung auf ihre provinziellen Freiheiten den Gehorsam und schlugen sich mit den Offizieren des Königs. In Grenoble trieb die Menge die Truppe zurück (7. Juni 1788). Die in Vizille vereinigten Provinzstände verlangten die Generalstände und die Bewilligung der Steuern durch sie. Das verursachte viel Lärm und sogar Aufruhr; hierdurch wurde zum Sinken des Kurses der Staatspapiere beigetragen und eine Wirtschaftskrise geschaffen: Verkauf der Erzeugnisse unter dem Wert, Schleichhandel usw. Die Zuchtlosigkeit schlich sich überall ein, sogar in die Truppen, wo die Unteroffiziere darüber klagten, nicht mehr bezahlt zu werden, während die Offiziere, Mitglieder der zweihundert militärischen Freimaurerlogen, sich weigerten, die Meuterer anzugreifen. Diese Anarchie konnte nicht dauern, ohne alles zugrunde zu richten.

Brienne war in verzweifelter Lage und wollte nun seinen Plan verwirklichen, die Unterstützung des dritten Standes zu suchen. Am 5. Juli 1788 veröffentlichte er einen Beschluß des Staatsrates, der Generalstände vorsah und alle Franzosen, die etwas davon verstanden, bat, ihm Auskünfte und Ratschläge über die Art, Generalstände abzuhalten, zu schicken oder zu veröffentlichen. Keine Zensur mehr! Eine Flut brach über ihn herein, aber vor allen Dingen Beschimpfungen des Ministeriums und der königlichen Familie. Am 8. August kündigte er schließlich das Zusammentreten der Generalstände für den 1. Mai 1789 an. Aber er hatte kein Geld, um bis dahin auszureichen. Die Geistlichkeit, seine letzte Hoffnung, hatte ihm bei ihrer Versammlung im Sommer die 18 Millionen verweigert, die er brauchte, um auszuhalten; sie tadelte die von der Regierung am 8. Mai getroffenen Maßnahmen und verlangte die Generalstände. Daher stellte Brienne am 16. August für sechs Wochen die Zahlungen des Staates ein und sagte, er würde sie dann zum Teil in bar, zum Teil in Noten wiederaufnehmen.

Das war der Bankrott. Der König schien entschlossen zu sein, Brienne wegzujagen; Mme. de Polignac erleichterte ihm die Aufgabe dadurch, daß sie der Königin sagte, ihr Schützling müsse sofort verschwinden, wenn sie nicht wollte, daß er und sie beide in kurzer Zeit gehängt würden. Die Königin gab, empört, aber auch in Schrecken gesetzt, nach. Um Brienne zu trösten, schenkte sie ihm ihr mit Diamanten geschmücktes Bild und ernannte seine Nichte, Mme. de Canisy, zur Hofdame bei Madame Royale*. Brienne hatte übrigens Sorge getragen, sich schadlos zu halten, indem er sein Erzbistum von Toulouse gegen das von Sens und einige fette Abteien getauscht hatte. Der König, wie immer freigebig und in diesem Falle mit dem Wunsch, daran zu erinnern, daß die Unordnung in den Staatsangelegenheiten von den Gegnern und nicht von dem Minister herrührte, schenkte ihm sogar einige kleine Kanonen, um sein Schloß Brienne zu schmücken, ein sinnreiches Geschenk eines Allerchristlichsten Königs an einen Erzbischof, der keiner war.

Die Menge wollte ihn hängen, ihm die Eingeweide herausreißen, seinen Wagen anzünden und in den Fluß werfen; sie verbrannte sein Bildnis zusammen mit dem der Königin. Eine Art Wut gegen sie erhob sich von allen Seiten, selbst am Hofe. Diese Entrüstung begann, sich Haß zu nennen, denn die Zeit des Hasses war gekommen.

*

Malesherbes, der gern die Ereignisse, auf die einzuwirken er weder Lust noch die Macht hatte, verstehen wollte, unterhielt sich mit Ludwig XVI. über diesen Gestank von Haß, der von überall emporstieg. Er schloß sich immer mehr an den Monarchen an und war über dessen Zukunft beunruhigt. »Ich kenne keine unangenehmere Stellung«, so sagte er zu ihm, »als die eines Königs in Ihrer gegenwärtigen Lage. Sie sagen, Sie hätten mehrere Fehler begangen. Das ist wahr. Aber Sie haben einen Trost, und das ist der, daß Sie immer der Meinung gewesen sind, recht getan zu haben und nur die Ratschläge befolgt zu haben, die Sie für gut hielten. Der größte von allen Fehlern zum Beispiel, der noch viele Schwierigkeiten verursachen wird, war der, die Notabeln einberufen zu haben... Sie lesen viel, Sire, und sind gebildeter, als man glaubt. Aber das Lesen bedeutet nichts, wenn es nicht von Nachdenken begleitet ist. Ich habe kürzlich in der ‚Geschichte Englands' von David Hume den Abschnitt über Karl I. nachgelesen. Lesen Sie ihn noch einmal mit Überlegung. Ihre und seine Lage gleichen sich. Dieser Fürst war sanft, tugendhaft, hielt an den Gesetzen fest, war keineswegs hart oder tollkühn, sondern gerecht und wohltätig, und doch endete er auf dem Schafott. Und der Grund hierfür ist, wie ich glaube, folgender: Er gelangte in dem Augenblick auf den Thron, als

---

* Madame Royale, Tochter Ludwigs XVI. (Anmerkung des Übersetzers.)

sich der Streit über die Vorrechte der Krone und die der Nation erhob. Hätte er seine Vorrechte abgetreten, wäre er in den Augen derer, die sie von Jugend an und auf Grund der Vorteile, die der Adel von ihnen hatte, als geheiligt betrachteten, verächtlich gewesen. Aber andererseits war er im Laufe des Streites, bei dem man ihm jeden Augenblick ein neues Zugeständnis entriß, sehr schwach. Wäre er fünfzig Jahre früher geboren, hätten ihn seine Tugenden zum Vorbild der Könige gemacht; wäre er fünfzig Jahre später zur Regierung gekommen, als die gegenseitigen Rechte ohne Hindernis zur Geltung gelangt waren, so hätte er sie nicht übertreten und seine Regierung wäre lang und glücklich gewesen. Ihre Lage ist die gleiche. Die Frage, die sich erhebt, ist der Unterschied zwischen den früheren Gebräuchen bei Ausübung der Autorität und den Forderungen der Bürger! Glücklicherweise sind keine Religionsstreitigkeiten damit verbunden.« – »O ja! Was das betrifft, so kann man wohl sagen, sehr glücklicherweise«, sagte der König und nahm mich beim Arm. »Deshalb wird auch die Grausamkeit nicht die gleiche sein.« –»Übrigens sichern Sie die gemilderten Sitten gegen die Ausschreitungen jener Zeit. Aber man wird Ihnen allmählich mehrere Ihrer Vorrechte abnötigen. An Ihnen liegt es, in Ihrem Staatsrat einen festen Plan auszuarbeiten über die Zugeständnisse, die Sie dem allgemeinen Wohl machen müssen, und über die, bei denen Sie niemals nachgeben dürfen. Nur Ihre Festigkeit kann das Gelingen eines solchen Planes entscheiden; ohne sie kann man nichts Gesichertes voraussehen. Ich möchte gleichwohl dafür einstehen, daß es nicht bis zum Schicksal Karls I. kommen wird, aber für alle anderen Ausschreitungen möchte ich nicht einstehen; Sie müssen sich damit beschäftigen, ihnen vorzubeugen.«

Malesherbes war einer der klarsten Geister des 18. Jahrhunderts und einer der am meisten Verantwortlichen für den heraufziehenden Sturm. Der König hörte auf ihn; entschlossen, weder französisches Blut zu vergießen noch Karl I. nachzuahmen, zählte er bei dem furchterregenden Lauf der Ereignisse auf seine Mäßigung, seine Vorsicht und seine Geduld.

Vor allem aber zählte er auf die göttliche Barmherzigkeit.

DIE ORLEANISTISCHE REVOLUTION

Zwölf Jahre lang hatte Ludwig XVI. nur den einen Schrei gehört:
»Es lebe unser vortrefflicher junger König!«
1787, gegen Ende der Versammlung der Notabeln, brachte man ihm folgende Verse, die auf die Phantasie der Leute Eindruck zu machen schienen:

>   Qu'aujourd'hui dans mes vers, les Muses, une fois,
>   Au lieu de les flatter, épouvantent les rois.
>   Stupides citoyens et lâches que nous sommes!
>   Un homme ose braver tant de millions d'hommes!
>   Du front de l'artisan, du front du laboureur,
>   Il croit que pour lui seul doit couler la sueur,
>   Que les peuples sont faits dans nos tristes contrées
>   Pour payer des hochets à d'augustes poupées,
>   Et que tout doit souffrir, afin qu'à Trianon
>   Nos maux fassent danser l'Autrichienne Toinon.
>   Claude sur les Français règne; de Messaline
>   L'âge accroît tous les jours la fureur utérine...
>   Croit-il parler en maître à ces peuples conquis?
>   Croit-il?... Mais à ses Francs, Clovis,
>   S'il eût dicté pour loi sa volonté suprême,
>   La massue à leurs pieds l'eût étendu lui-même.
>   Apprends, mon cher Louis, mon gros benêt de roi,
>   Que »tel est mon plaisir« n'est pas »telle est la loi«,
>   Rends compte, et l'on veut bien encor payer ta dette,
>   Mais sois poli du moins, en faisant une quête!
>   D'un gueux, dit Salomon, l'insolence déplaît,
>   Et c'est au mendiant à m'ôter son bonnet!

Der junge unbekannte Advokat und Verfasser dieses bösen Gedichtes hieß Camille Desmoulins; wenn er es wagen konnte, diese Verse zu dichten und in Umlauf zu bringen, so war es, weil sie dem Geist der Zeit und der augenblicklichen Stimmung entsprachen. Ein Sturm von Haß ging über ganz Frankreich und wehte solche Strophen Ludwig XVI. ins Gesicht.

Ludwig XVI. erkannte in all dem den gleichen Ton und die gleichen Redensarten wieder, die man 1771 bis 1774 gehört hatte, als die verbündeten Parlamente und Philosophen gegen Maupeou, Ludwig XV. und die Monarchie Krieg geführt hatten. Aber 1788 trat eine neue Schärfe, eine neue Lust an Beschimpfungen zutage; man hätte meinen können, es seien Barbaren beim Anblick einer riesigen, reichen Stadt, die in ihrer Gewalt sei und die sie plündern wollen. Alle Schätze der Geistlichkeit, ihrer Klöster und Kirchen, deren baldige Beschlagnahme »für die Nation« man ankündigte, die Monarchie und ihre Paläste, die man als »Mißbräuche« hinstellte und die man als Beute begehrte! Der große Schauder, der von dem noch unbekannten Desmoulins bis zu dem wenig bekannten Mirabeau umgeht, von La Fayette mit flatternder Perücke bis zu dem in seinem Palais-Royal kauernden Orléans ist nur eine gierige, böse Lust nach den Gütern dieser Erde. Und alle Advokaten, alle Schmähschriftenschreiber des dritten Standes wie alle überspannten Köpfe der drei Stände nehmen an diesem Rausch teil. Aber es ist noch mehr: Chamfort sagte zu Marmontel: »... Diese verwegene Klasse, die sieht, daß sie bei einer Änderung nichts zu verlieren hat, vielmehr glaubt, alles dabei zu gewinnen, flößt (den Schwachen) Angst ein. Um sie aufzuwiegeln, hat man die kräftigsten Beweggründe: Teuerung, Hunger, Geld, alarmierende und erschreckende Gerüchte und den Fieberwahn der Angst und der Wut, mit dem man die Gemüter erfüllt... Das Geld und die Hoffnung, plündern zu können, sind bei diesem Volk allmächtig... Man wird unermeßliche Kräfte haben und kann eine unermeßliche Menge von Helfershelfern bekommen.«

»Alles kündigte die Gewitter an, von denen die Monarchie heimgesucht werden sollte«, sagte der Herzog von Montmorency-Luxembourg, der Gründer und Generalsekretär des Groß-Orients von Frankreich, des Mittelpunktes der französischen Freimaurerei, »ich kannte sehr wohl die Hand, die das Volk unterstützte...; die Unklugheit... begünstigte die Ansichten einer neuen Religion und einer Lehre, die man in besonderen Unterweisungen und Vereinigungen vorbereitete.« Diese neue Sekte, die gestern seine große Hoffnung war und ihn heute erschreckte, konnte als ein Zweig des Christentums gelten; wie dieses predigte sie die Barmherzigkeit, nannte sie aber Wohltätigkeit oder Brüderlichkeit; wie dieses hoffte sie, daß sich alle Seelen in einer göttlichen Gleichheit zusammenfinden würden, aber sie verstand darunter eine greifbare Gleichheit in der Gesellschaft; wie dieses glaubte sie an

eine göttliche, freie und schöpferische Seele der Welt und jedes einzelnen. Aber für sie mußte die Freiheit unmittelbar und sozial sein, denn sie leugnete das geistige Leben des Katholizismus. »Freiheit, Gleichheit, Brüderlichkeit« galten als Paßworte der »neuen Religion«. So setzte sie sich in Widerspruch zu dem auf Tradition beruhenden, katholischen, in Rangordnungen eingeteilten Frankreich. Sie war aus England gekommen und erkannte nur eine Aristokratie an, die auf dem Verdienst beruhte und deren Mittelpunkt sie sein würde.
In Frankreich leitete Orléans, Großmeister des Groß-Orients und der anderen Freimaurerlogen, diese Gesellschaft; er hatte ihr einen seiner Sekretäre zugeteilt, zunächst Leray de Chaumont, den Freund Franklins, dann andere. Ohne sich selbst bloßzustellen, bediente er sich dieser mächtigen Organisation gegen den »Dummkopf von König«, Ludwig XVI., an dessen Stelle er treten wollte.
Welch ein Freudenausbruch, welches Gelächter unter den unzähligen Helfershelfern dieser Verschwörung, die nahe daran war, zum Ziel zu gelangen! Man hatte lange gewartet, aber nun war der König gerade von denen, denen er dienen wollte, im Stich gelassen, verloren.

*

Ludwig XVI. kannte die Gefahr nur zu gut. Als der Genfer triumphierend am 26. August 1788 in Versailles erschien, sah er ihm voll ins Gesicht und sagte: »Ah! Monsieur, seit wievielen Jahren habe ich nicht einen Augenblick des Glücks gehabt.« Necker antworte mit dem breiten Lächeln eines befriedigten Appetits: »Nur noch kurze Zeit, Sire, und Sie werden nicht mehr so sprechen.« Necker vermochte nicht, daran zu zweifeln, daß, sobald er, Necker, an der Macht wäre, alles gut gehen würde und vor allem nach seinem Willen.
Ludwig XVI. liebte Necker, den Protestanten, Republikaner und Geldmann, nicht. Er hatte herausgefunden, daß er ein guter Beamter, aber schlechter Vorgesetzter war. Doch heute mußte er ihn als Hauptminister annehmen, um die bedrohliche öffentliche Meinung zu beruhigen. Da die Elite der Nation und die Bevorrechtigten sich weigerten, das Haus in Ordnung zu bringen, mußte er sich auf das Volk stützen, um die unerläßlichen Reformen durchzuführen. Der demokratische Bankier würde es vielleicht verstehen, zum Volk zu sprechen, mit ihm umzugehen und es nutzbar zu machen. In wenigen Wochen hatte er die leere Kasse gefüllt.

Demütig erkannte der König seine Niederlage an. Obwohl er Frankreich höher gehoben hatte als irgendeiner seiner Vorfahren, war es ihm nicht gefolgt. Man nahm ihm übel, daß er nicht fade Komplimente an die angesehensten Höflinge verschwendete, daß er nicht das Geld »königlich« ausgab wie seine Brüder und seine Frau, daß ihm der Umgang mit den kleinen und einfachen Leuten gefiel und daß er die Staatsgeheimnisse für sich behielt. Besonders aber nahm man ihm übel, daß er beim Regieren einzig und allein von der Sorge um sein Land beseelt war, ohne irgendeinem Privatinteresse Rechnung zu tragen. Da er die Ansichten der anderen nicht teilte, sagte man, er habe beschränkte Ansichten, da er schweigsam war, sagte man, er sei dumm; da er seine Meinung im Staatsrat mit Vorsicht äußerte, nannte man ihn schwach! Weder die beredte Freundlichkeit Thiards noch die liebenswürdige Höflichkeit Montmorins, noch der oft ungeschickte Eifer Thierrys konnten es ihm verbergen, und jeder von diesen Vertrauten, wenn sie ihm das am Hofe Gesprochene wiedererzählten, zeigte ihm das gleiche Bild von sich selbst: ein guter, dicker, unbeholfener Mensch mit schwerfälligem Geist. Alle Menschen von Geist im Königreich hatten diese Vorstellung von ihm; selbst Necker behandelte ihn wie einen anständigen, aber wenig begabten Schüler. War es sein Fehler oder ein Versagen des Nationalgeistes? Wer täuschte sich? Er bedauerte nicht, den aufgeklärten Despotismus, den ihm Turgot vorgeschlagen hatte, abgelehnt zu haben. Er wollte alles tun, um die Monarchie nach englischer Art, von der Necker träumte, zu vermeiden. Jetzt mußte er sich den Forderungen und der Wichtigkeit des Genfers beugen; es war sogar gut, zuzulassen, daß er sich in den Vordergrund schob und mit seinem Ansehen auch seine Verantwortlichkeit zur Schau trug, aber wenn das Erbe Hugo Capets gerettet werden sollte, durfte er ihn nicht lange Zeit behalten. Das war der feste Wille des Königs.

Ludwig XVI. hatte für sich die Festigkeit seines Geistes und Mutes und seine Beliebtheit beim Volk. Die 22 Millionen Franzosen auf dem Lande und in den kleinen Städten liebten ihn, wie auch er sie liebte. Aber er konnte weder auf seine Frau rechnen, die auf Vermond und Mercy eingeschworen war, noch auf Monsieur, der eher wünschte, an seine Stelle zu treten als ihm zu helfen, noch auf den zu leichtsinnigen Artois. Orléans blieb sein Feind von ihren ersten Kinderspielen an und war jetzt sein unmittelbarer Rivale. Die Geistlichkeit, deren Unterstützung Hugo Capet und seinen Nachkommen erlaubt hatte, eine nationale Dynastie zu werden und innezuhaben, machte gemeinsame Sache mit den Philosophen und verriet ihn. Mit ihrem Einkommen von 140 Millionen bezahlte die Geistlichkeit nur 4 Millionen für die Zwanzigstel der Grundsteuer statt 12 oder 13 Millionen, die sie an den Staatsschatz hätte abführen müssen; in ihrer Versammlung hatte sich die Geistlichkeit geweigert, der königlichen Regierung die Summe zu leihen, die dem Herrscher erlaubt hätte, das Datum der Einberufung der Generalstände ohne Zwang oder Gefahr festzusetzen. Die Geistlichkeit verbündete sich mit den »Patrioten« (so nannten sich die Gegner) und schien seit dem Tode Christophes von Beaumont nur noch an ihre materiellen, unmittelbaren Interessen zu denken. Die großen Familien taten es ihnen nach, wie man bei der Versammlung der Notabeln gesehen hatte. Eine ungeheure Menge von privaten Interessen war entfesselt worden.

Die Königin hatte Furcht vor dieser Gefahr. Sie wagte nicht mehr, nach Paris zu kommen; man hatte ihr gesagt, das Gold der Orléans und der Engländer würde ausgegeben, um das Volk gegen sie aufzuwiegeln; Schmähschriften und gemeine Lieder folgten nacheinander. Alles ging schlecht; der Dauphin schien immer mehr krank zu werden. Rachitisch, mit gebeugtem Rücken und blassem Gesicht, unfähig zu gehen, ohne von zwei Personen gestützt zu werden, schleppte er sich durch die Korridore von Versailles. Er litt, wandte sich von seiner Mutter ab und weigerte sich, ihr zuzulächeln, mit ihr zu sprechen, sie zu sehen. Wenn Mme. de Polignac ihn besuchen wollte, schickte er sie wieder weg. Der König, der bei seinem Sohn Stunden zubrachte, die herzzerreißend, aber voller Zärtlichkeit waren, konnte dem Kinde das Geheimnis nicht entlocken. Was wußte es, was verbarg es? Manchmal schien es Marie-Antoinette, daß ein Fluch auf ihr laste. Sie mied den König, Mme. de Polignac, ihre alten Freunde und bewahrte ihre Zärtlichkeit für Fersen und ihre Höflichkeiten für Mercy. Da sie sich nicht gesund genug fühlte, schlief sie nicht mehr mit dem König.

Versailles machte einen düsteren Eindruck. Am 10. August 1788 blitzten für den Empfang Tippu Sahibs noch einmal die Diamanten, und Tausende von Kerzen ließen Tressen und Edelsteine funkeln. Seitdem gab es nur noch geheime Zusammenkünfte und Diskussionen. Wo sollte man die Generalstände abhalten und in welcher Form? Sollte man den dritten Stand »verdoppeln«? Im ganzen Lande fanden Erörterungen darüber statt, und eine Flut von Schmähschriften ergoß sich. Fast alle lobten den dritten Stand übermäßig, auch die Damen; und die feurigste von ihnen, Mme. de Staël, verschwendete ihren Geist und ihr Geld für diese Sache. Aus Haß auf die Bevorrechtigten befürwortete auch die Königin die Verdoppelung des dritten Standes. Die Gesellschaft der Mme. de Polignac und Artois waren fast die einzigen, die auf die Gefahr hinwiesen, sich der Willkür des dritten Standes auszuliefern. Der König sah diese Gefahr, aber er sah ihre zwei Seiten: verdoppelte man den dritten Stand, so lief man Gefahr, die Generalstände unter die Vormundschaft der Advokaten zu bringen; tat man es nicht, so hieß das die Bevorrechtigten schützen, die sich seit zwei Jahren unheilbar egoistisch und blind zeigten. Trotz der Reden, die seine Tochter hielt, war Necker selbst beunruhigt.

In der Kälte dieses schrecklichen Winters, in dem es mehr Schnee gab als Frankreich seit Menschengedenken gesehen hatte, berief er die Notabeln, um sie um ihre Meinung zu fragen. Von neuem eilten Kutschen, Postkutschen, Kabrioletts, Rumpelkästen und Droschken nach Versailles; von neuem erschallten schöne Reden in den liliengeschmückten Sälen. Aber diesmal war es einfacher; wie sie einig gewesen waren gegen das Königtum und das Ministerium, von denen sie hofften, sich einen Teil der Macht aneignen zu können, so waren sie auch gegen den dritten Stand, ihren großen Rivalen, einig. Mme. de Staël wußte das wohl, sie hielt eine zu gute Tafel, um es nicht zu wissen. Und da sie es wußte, richtete sie die ganze Heftigkeit ihres stürmischen Temperaments gegen ihren Vater, und Necker mußte gesenkten Hauptes zu Monsieur gehen. Monsieur war eine große Hilfe für ihn, weil er alles begriff und vor keiner Kombination zurückschreckte, die ihm nützen und seinem Bruder schaden könnte. Mit Mühe erhielt er in seinem Ausschuß eine Mehrheit von drei Stimmen für die Verdoppelung des dritten Standes. Hiermit hielt er Ludwig XVI. für verloren und meinte, man würde nun endlich zu einem intelligenten Fürsten Zuflucht nehmen. Necker kündigte zur Freude seiner Tochter an, daß man auf den Rat »einer imposanten Minderheit von Notabeln« die Generalstände einberufen würde, bei denen der dritte Stand verdoppelt sein würde.

Man schenkte dem dritten Stande Vertrauen; er durfte nicht dadurch verstimmt werden, daß der Ort des Zusammentritts der Stände zu weit von Paris oder Versailles, fünfzig Meilen von der Hauptstadt, verlegt wurde. War es nicht das klügste, ihn in dem imposanten Rahmen von Versailles zu empfangen?

Am 8. August war der Erlaß des Staatsrates erschienen, der die Generalstände für den 1. Mai 1789 berief. Als die Notabeln auseinandergingen, veröffentlichten sie einen feierlichen Protest gegen die Verdoppelung des dritten Standes. Die Parlamente, mit Ausnahme des Pariser, tobten in Entrüstungsschreien gegen diese Neuerung, und auch der Adel klagte fast überall. Das hinderte Necker nicht, dem Staatsrat am 21. Dezember einen Bericht vorzulegen, ein Meisterstück, in dem man die Hand seiner Tochter erkannte; in ihm verteidigte er die Verdoppelung des dritten Standes, die Zulassung der Pfarrer zum Stande der Geistlichkeit und die Einführung des »protestantischen Anteils« in die Vertretung des dritten Standes. »Die Sache des dritten Standes«, so sagte Necker, »wird immer die öffentliche Meinung für sich haben ... Die Stimme des dritten Standes wird, wenn sie einstimmig ist und den Grundsätzen der Rechtlichkeit entspricht, immer die Stimme der Nation heißen und sie heiligen; das Urteil Europas wird sie ermutigen ... Ich sage also nach Pflicht und Gewissen und bin als treuer Diener Eurer Majestät entschieden der Meinung, daß Eure Majestät in die Generalstände eine Anzahl von Abgeordneten berufen kann und muß, die gleich der Zahl der Abgeordneten der anderen vereinigten Stände ist; nicht um die Beschlußfassung pro Kopf zu erzwingen, wie man zu fürchten scheint, sondern um dem allgemeinen Wunsch der Gemeinden des Königreichs zu entsprechen.« Necker redete »pro domo« und tat dies mit solchem Gewicht und so ungetrübter Vermessenheit, daß der aus Leuten von Geist bestehende Staatsrat überzeugt wurde und sich beugte. Der König unterzeichnete (27. Dezember 1788). Es war seltsam, zu sehen, wie er sich damit der Meinung von Monsieur und des Herzogs von Orléans, seiner Rivalen, anschloß, aber das konnte ein Mittel sein, ihnen die Stirn zu bieten, das Vertrauen des Volkes zu bewahren und den seit achtzehn Monaten so widerspenstigen Notabeln sein Mißfallen zu zeigen. Das Volk konnte doch nicht so töricht sein wie sie?

*

Das Volk geriet in Erregung, sobald es die Nachricht bekam. In der Bretagne forderte der dritte Stand sofort seine Verdoppelung in den Ständen, die gerade tagten. Der Adel leistete Widerstand. Es kam zu Schlägereien, wobei Adlige getötet wurden. Die halbe Hungersnot, die in dieser und in vielen anderen Provinzen herrschte, weil die Ernte schlecht gewesen war und die strenge Kälte den Transport des Getreides auf den zugefrorenen Kanälen und schneeverwehten Landstraßen hinderte, verschlimmerte alle Streitigkeiten. In den Cafés der Städte, den Schenken der Marktflecken und den Dorfkneipen erfüllte tobender Wortstreit den Saal und seine Umgebung mit Lärm. Die zahlreichen Arbeitslosen dieses Winters trugen mit ihren Besorgnissen und ihrer Unzufriedenheit dazu bei. Seit achtzehn Monaten gab es in Frankreich keine Regierung mehr, die fähig gewesen wäre, sorgfältig und kraftvoll zu verwalten, und die englischen Kaufleute benutzten das, um mit dem Handelsvertrag von 1787 Mißbrauch zu treiben; überall verkauften sie ihre Waren zu Spottpreisen und zwangen so die französischen Fabriken, zu schließen oder Arbeiter zu entlassen, 15 000 in Abbéville, in Lyon 20 000 von den 58 000 der Stadt, ebenso in Troyes und Sedan, alles in Industriezentren. In die Bretagne schickten sie, im Geist herzlicher Nachbarschaft, Tausende von billigen Flinten.

Dieser Geist beherrschte von nun an ganz Frankreich. Seit den achtzehn Monaten, in denen die Notabeln und Parlamentsmitglieder in ständiger Aufregung waren, begannen die Leute, sich zu beunruhigen. Als die Pfarrer von den Kanzeln die großen Geistesergüsse des Herrn Necker verlesen hatten, gab es einen schönen Wirrwarr; alle Eitelkeiten erwachten. In den vornehmen Salons von Paris schwatzten die spitzzüngigen Damen darüber; die Marquise von Coigny war die heftigste in ihrem Haß auf Marie-Antoinette, die Gräfin Simiane die eifrigste für die Freiheit, die Gräfin Beauharnais die angriffslustigste. In allen Klubs, in den Cafés, in den Läden und auf den öffentlichen Plätzen wurde geschimpft. Das unaufhörliche Steigen des Brotpreises steigerte die Erregung noch: in Paris stieg der Preis eines Laibes von vier Pfund im Januar 1789 von elf auf vierzehn Sous; bald empörte sich die ganze Provence, so sehr fürchtete die Bevölkerung die Hungersnot. Überall führten die Erregung und das Leiden zu Gewalttätigkeiten.

Die Intendanten in der Provinz wußten nicht aus noch ein, die Pariser Polizei war überlastet. Bei Verstößen und kleinen Vergehen, deren Bestrafung sie nicht für unumgänglich notwendig hielt, war sie immer duldsam gewesen, und dieses Entgegenkommen hatte ihr durch eine Art immer eingehaltenen, stillschweigenden Vertrages die Mithilfe aller Einwohner eingebracht, wenn es galt, ein Verbrechen zu verhindern, einen Mörder zu fassen oder die Ordnung wiederherzustellen. Vom Herbst 1788 an hörte dieses Übereinkommen auf, zu wirken; das Bündnis der Unzufriedenen, Unglücklichen und Übeltäter überflügelte die Polizei so sehr, daß sie den Kampf aufgab und sich hinter ihren Verwaltungsaufgaben verschanzte. Paris wäre daher in diesem furchtbaren Winter von 1788 auf 1789 zu einer Mördergrube geworden, wenn die private Wohltätigkeit und die allerorts verbreitete Furcht nicht überall vor den Palais des Adels große Feuer hätte anzünden lassen und Hilfeleistungen aller Art vervielfältigt hätte. Es war ein Winter fieberhafter Wohltätigkeit; in allen Palais und vornehmen Häusern gab es gedeckte Tische für jeden, der kam; riesige Öfen heizten die für alle geöffneten Säle; die Herzogin von Infantado gab 300 000 Franken dafür aus, der Erzbischof von Paris sein ganzes Einkommen und vierhunderttausend Franken, die er geliehen hatte; aber am prunkvollsten war der Herzog von Orléans. Am 20. Dezember 1788 kündigte er im »Journal de Paris« an, daß er sich verpflichte, täglich tausend Pfund Brot an die Armen von Saint-Eustache zu verteilen, alle Wöchnerinnen unentgeltlich ärztlich behandeln zu lassen und die verschämten Armen bis zum Eintritt des Tauwetters zu unterstützen.

Orléans verschwendete Millionen. Er vereinigte Volksredner und Truppen um sich. Alle sprachen von Gewalt, als ob der monarchische Staat eine Zwingburg gewesen wäre! In Wirklichkeit verfügte dieser Staat über geringe physische Kraft und regierte das Land seit acht Jahrhunderten durch seinen moralischen Einfluß. Daher waren seine gefährlichsten Feinde diejenigen, die den Kult des Nützlichen verbreiteten, der das Privatinteresse über das allgemeine Interesse stellte und die Religion weit von sich wies. Die Advokaten taten sich dabei besonders hervor. In allen Städten und bis auf die Dörfer führten sie einen Feldzug für den dritten Stand und für Orléans. Adel, Geistlichkeit, Parlamente, Notabeln, alle waren zerbrochene Werkzeuge; man warf sie weg, um geradewegs auf das Ziel loszugehen: die Macht des Volkes am Gängelbande von Orléans. Mirabeau schloß sich ihnen an, als er sah, daß die königliche Regierung nicht mehr genug bezahlte (er hatte von Montmorin die Botschaft in Konstantinopel verlangt, die ihm verweigert wurde). Da sein Idealismus ohne Unterstützungsgelder nicht auskommen konnte, wendete er sich an Orléans.

Philippe d'Orléans spielte vorsichtig. Als ihn Ludwig XVI. aus der Verbannung zurückrief, hatte er ihm einige kräftige Wahrheiten gesagt und ihn mit neuer Verbannung bedroht, wenn sich seine Umgebung nicht ruhiger verhielte. Orléans entließ daher Du Crest, nahm La Touche, der zurückhaltender war, und verband sich mit einem jungen Parlamentsrat unter seinen Freunden, Adrien Duport; dieser war ein höflicher, verschwiegener Mann, klug im Gerichtssaal und sehr zurückhaltend im Privatleben der in seinem Hause im Marais seit mehr als anderthalb Jahren eine an Zahl beschränkte, sehr verschwiegene, aber sehr wirksame »Gesellschaft« gebildet hatte. Mit den aktiven Elementen, die man den verschiedenen Logen entnehmen konnte, brachte er eine Kampfmannschaft zusammen, die »Gesellschaft der Dreißig«, die zuerst zwölf, dann dreißig, später mehr Mitglieder zählte. Alle waren voller Eifer und kampfliebend: Sieyès, Sillery und Biron vertraten hier Orléans und sicherten die Verbindung mit ihm, Montmorency-Luxembourg vertrat die orthodoxe Freimaurerei. Der Herzog von La Rochefoucauld war wertvoll durch seinen unermüdlichen Eifer, seinen großen Reichtum und seinen einflußreichen Salon; Condorcet war sein Schützling. La Fayette und der Vicomte de Noailles vertraten die Clique Noailles, der Marschall Beauveau die lothringische Clique, Talleyrand die Geistlichkeit, der Abbé Louis das Parlament, Target die Advokaten, Lacretelle die Schriftsteller, die beiden Trudaine die Intendanten und Mirabeau das Genie, das Abenteuer, die Kühnheit usw. Diese Vereinigung bot alles: Talent, Beziehungen, Geld, Ansehen, soziale Macht, philosophische Grundsätze, Eifer. Zur Aufnahme in sie bedurfte es der Einstimmigkeit aller Mitglieder, die Versammlungen fanden statt am Sonntag, Dienstag und Freitag von fünf bis zehn Uhr abends.

Der von der Versammlung gewählte Präsident setzte sich an einen Tisch und leitete die Arbeit. »Die Sitzung wurde mit einem Bericht über die Stimmung der Gemüter, das Verhalten der Notabeln und der Minister und die verteilten Flugschriften eröffnet; dann legte man die von der Versammlung einzunehmende Haltung fest und besonders die Mittel, mit denen man die öffentliche Meinung so leiten könnte, daß die Ereignisse zwangsweise nach ihren Ideen ablaufen müßten. Man erörterte ausführlich alle Mittel, und jeder Apostel wurde beauftragt, eine Doktrin vorzubereiten, die, sobald sie in den Gemütern zum Keimen und dann zur Gärung gebracht wäre, die ersehnte Revolution herbeiführen sollte.« – Im Winter 1788 auf 1789 schickte man Volney nach Rennes, wo eine sehr tätige Loge wirkte; er begann dort mit viel Leidenschaft und Talent »Die Schildwache des Volkes« zu veröffentlichen. Er trug nicht wenig dazu bei, die Erregung der Gemüter zu steigern, und war würdig, anderen Schmähschriftschreibern als Vorbild zu dienen. Die »Gesellschaft der Dreißig« bemühte sich, in Frankreich eine weit ausgedehnte Teilnehmerschaft zu schaffen, die das ganze Land überzog, um die Regierung von überallher zu gleicher Zeit angreifen zu können und Parolen in allen Winkeln der Provinzen zu verbreiten. Die Freimaurerlogen bildeten in diesem Augenblick mit der königlichen Verwaltung und der katholischen Hierarchie das einzige vollständige Netz. Orléans bediente sich seiner wie es ihm beliebte. Jede Broschüre, die er veröffentlichen ließ, war daher eines Widerhalls sicher, wie ihn kein anderer erreichen konnte.

Um nicht nur von der »Gesellschaft der Dreißig« abzuhängen, hielt er in Viroflay mit einem Teil desselben Personals entsprechende Versammlungen ab und richtete schließlich in Verbindung mit ihnen im Palais-Royal selbst den »Club de Valois« ein, wo die gleichen Führer andere Truppen abrichteten: Montmorency-Luxembourg, La Rochefoucauld, Condorcet und Sieyès nahmen daran teil. Er stand im Briefwechsel mit der »Gesellschaft beim Bankier Kornmann«: La Fayette, Bergasse, Brissot, Carra, Gorsas (sie waren die Reste der alten »Gesellschaft der Eintracht« Mesmers), ferner mit der »Gesellschaft der Freunde der Schwarzen«. La Fayette hatte eine Gruppe von Finanzleuten und Polemikern vereinigt, die entschlossen waren, überall die Freiheit zu verteidigen: die Brüder Lameth, der Herzog von La Rochefoucauld, der gelehrte Finanzmann Lavoisier, Condorcet, Clavière, Lacépède, Brissot und Mirabeau gehörten zum Generalstab dieser Gesellschaft, die von England durch philantropische Mittelspersonen gefördert wurde. Andere, weniger glänzende, aber wirksame Gruppen trugen mit Eifer zum »Erwachen Frankreichs« bei: beim Abbé Morellet das, was von den alten Ökonomisten übriggeblieben war, mit einigen Finanzleuten, Talleyrand, Roederer, dem Bankier Laborde de Méréville, de Vaines, Dufresne Saint-Léon usw.; im »Salon des Arts«: Holbach, Bailly...
Dank seiner Stellung als Prinz von Geblüt, Hauptkapitalist Frankreichs, dank dem Besitz einer Festung in der Mitte von Paris, des Palais-Royal, in dem die Polizei nichts zu sagen hatte, dank der Einrichtung eines Sekretariats, in dem Choderlos de Laclos, der anstößige Verfasser der »Liaisons dangereuses«, Mittelpunkt und Schrittmacher war, dank Mme. de Genlis, die Philippe in der rue de Bellechasse verschwiegene Zusammenkünfte mit denen ermöglichte, die man nicht bloßstellen durfte, Mirabeau, Desmoulins, Danton usw., – dank all diesem blieb der Herzog von Orléans Herr des Spiels.

Von Januar bis Mai 1789 bestand das Spiel darin, sich und seine Freunde in die Generalstände wählen zu lassen und die Gemüter auf ein kühnes Unternehmen vorzubereiten. Orléans ließ mit Sorgfalt für alle seine Güter ein »cahier« zusammenstellen, das er mit Hilfe seiner Korre-

spondenten über ganz Frankreich verbreiten ließ, denn die Bauern und
Städter wußten nicht, was sie in diese »Beschwerdehefte (cahiers de
réclamations)« schreiben sollten, die sie für die Generalstände abfassen
sollten. Das Unternehmen glückte trotz dem auf dem Lande herrschenden Traditionsgeist, der diese Bauern dazu trieb, die Monarchie
zu loben. Natürlich protestierten alle gegen die Adelsrechte und andere
Lasten, vor allem gegen die Salzsteuer. Je nach der Gegend kam diese
oder jene Forderung häufiger vor, aber bei all diesem war kein revolutionärer Hauch zu spüren. Die Bauern wünschten Land; sie besaßen
bereits mehr als die Hälfte und suchten nach Mitteln, auch den Rest
zu erwerben. Im übrigen wünschten sie vor allem, daß man sie in Ruhe
ließe. Um sie zu erschüttern, mußte man erst die Städte erschüttern.
Daher die Millionen von Flugschriften, die nun in allen Städten auftauchten, besonders aber in Paris. Die heftigste war die des Grafen
d'Entraigues, aber die überzeugendste die des Abbés Sieyès: »Was ist
der dritte Stand?« Er kündigte die einzelnen Abschnitte seines
Themas wie folgt an:

1. Was ist der dritte Stand? – Alles!
2. Was ist er bis jetzt in der politischen Ordnung gewesen? – Nichts!
3. Was verlangt er? – Etwas in ihr zu werden!

In klaren Worten legte Sieyès in seiner Schrift das »Programm der
Patrioten« dar: die Bevorrechtigten zu beseitigen, die Rechte der Krone
zu beschränken, das Ministerium dem Willen des Volkes zu unterwerfen und das Schicksal der Nation dem dritten Stand anzuvertrauen,
der die Nation ist:
»Wer also würde es wagen, zu behaupten, der dritte Stand habe nicht
alles in sich, was nötig ist, eine vollständige Nation zu bilden? Er ist
wie ein starker, kräftiger Mensch, dessen einer Arm noch angekettet ist.
Wenn man den bevorzugten Stand wegnähme, so wäre die Nation nicht
etwas weniger, sondern etwas mehr. Was ist also der dritte Stand?
Alles, aber ein gehemmtes und unterdrücktes Alles. Was wäre er ohne
den bevorzugten Stand? Alles, aber ein freies, blühendes Alles. Nichts
kann ohne ihn geschehen, alles ginge unendlich besser ohne die anderen...«
Unzählige Ballen von Broschüren verließen das Palais-Royal und das
Haus Duports. In jeder Sitzung des Klubs der »Dreißig« freute man
sich, die Temperatur in Frankreich, und besonders in Paris, steigen zu
sehen. Aber das genügte nicht.

Das Volk wird nur dann wirklich zum Aufstand gebracht, wenn es Blut sieht. Laclos wußte es und Orléans begriff es. Nun, nichts war leichter. Im Jahre 1789 war es leicht, sich dazu zu verhelfen: die einst vom Parlament unterhaltenen Aufwiegler waren vorhanden. Durch die Arbeitslosigkeit und die schlechte Ernährung in den Provinzen füllte sich Paris mit hungrigen Arbeitern, die Gelegenheit zu Schlägereien suchten: am 27. April setzte die Menge die Fabrik Révillons in Brand. Dieser Industrielle galt als rechtschaffener Mann, war Philanthrop, der seine Arbeiter gut bezahlte, und ein Philosoph, der den Montgolfiers bei ihren aeronautischen Versuchen geholfen hatte. Aber er hatte das Unrecht begangen, sich zu den Generalständen an Stelle eines Kandidaten, den Orléans begönnerte, wählen zu lassen. Orléans tat ihm übrigens die Ehre an, bei der Rückkehr vom Rennen in Vincennes an seinem Hause vorbeizufahren, um zu sehen, ob auch alles gut voranging. Alles ging gut voran; das Militär, das in Eile herbeigerufen worden war, aber von Besenval, dessen Vorsicht seiner Voraussicht gleichkam, kommandiert wurde, vermied es einzugreifen. Am zweiten Tage, als alles niedergebrannt war und die Teilnehmer die zwölf Franken für jeden, die ihnen für diese Heldentat bewilligt waren, verdient hatten, war alles wieder in Ordnung. Hierdurch wurde Mirabeaus Meinung bestätigt: »Für hundert Louisdors kann man einen sehr schönen Aufruhr haben.«

*

In dieser Atmosphäre von Ruhe und Eintracht traten die Generalstände zusammen. Schon seit mehreren Wochen strömten die Provinzbewohner, Adlige und vor allem Bürger, nach Versailles; sie waren schon vorher gekommen, um eine Wohnung zu finden, sich Freunde zu schaffen, die Versailler Luft zu genießen, die Schönheiten von Versailles zu bewundern und, wenn möglich, seine Geheimnisse kennenzulernen. Bei ihrer Ankunft waren sie dem König wohlgeneigt, aber voller Vorurteile gegen die Königin. Viele besuchten Trianon, um dort das »Diamantenzimmer« zu sehen, das die Schmähschriften ihnen geschildert hatten als ganz mit Diamanten bedeckt und mit gedrehten Säulen, die mit eingelegten Edelsteinen verziert waren. Da sie das Zimmer nicht sahen, waren sie über eine solche Geheimniskrämerei entrüstet.

Ihre Feindseligkeit verschlimmerte sich. Der König bereitete sich auf die Heimsuchung vor, indem er mit seinen Ministern den politischen

Horizont abtastete; trotz den Aufforderungen Katharinas II. konnte man sich auf ein Bündnis nicht einlassen; in Frankreich wankte alles, die inneren Wirren zwangen dazu, auf diese Gelegenheit, die wertvoll gewesen wäre, zu verzichten. Der König besuchte sein armes krankes Kind und ging auf die Jagd.

Endlich, am 3. Mai, verkündeten prunkvoll gekleidete Herolde durch ganz Versailles die Prozession der Generalstände für den nächsten Tag, einen Sonntag. Sie war sehr schön; in der strahlenden Maisonne funkelten Diamanten und goldene Tressen. Orléans, der an alles dachte, hatte nicht versäumt, eine Anzahl von Frauen zu dingen, die bei der Vorüberfahrt der Königin heulen mußten: »Es lebe der Herzog von Orléans!« Marie-Antoinette war tief erschüttert und wäre beinahe in Ohnmacht gefallen, dann schämte sie sich ihrer Schwäche und richtete sich hoch auf.

Am anderen Tage fand die Eröffnung der Generalstände in dem für sie hergerichteten großen Saale statt; er war zwanzig Fuß breit und siebenundfünfzig lang, umgeben von kannellierten ionischen Säulen; die Decke hatte eine ovale Öffnung, durch die das Tageslicht drang; die stufenweise erhöhten Bänke standen die Seiten entlang, und das Podium für den König befand sich am äußersten Ende des Saales unter einem prächtigen, mit langen Goldfransen geschmückten Thronhimmel. Der ganze Fußboden war mit den schönsten Teppichen aus der »Savonnerie« bedeckt.

Der König, die hohen Würdenträger und dann die Stände nahmen mit Gepränge im Saal Platz. Orléans setzte sich statt zu den Prinzen von Geblüt mitten unter den Adel und schob beim Eintreten einen Pfarrer seiner Ballei Villers-Cotterêts vor sich her; die Menge jubelte ihm zu. Der König nahm davon Kenntnis. Dann erhob er sich. Er hatte seine Rede bis in die geringsten Modulationen der Stimme seit langer Zeit vorbereitet; er sagte: »Meine Herren! Der Tag, den mein Herz seit langer Zeit erwartete, ist endlich da, und ich sehe mich von den Vertretern der Nation umgeben, über die zu herrschen mir eine Ehre ist...« Dann sprach er von der »ungeheuren« Schuld, die der »kostspielige, aber ehrenvolle« Krieg vermehrt habe, von der Unruhe, die im Lande herrsche, und von dem Bedürfnis nach Ruhe, das dieses habe; er erwähnte die Opfer, die die beiden bevorrechtigten Stände zu bringen bereit waren, und jene, die er selbst gebracht hatte; er bat die Stände, sich mit den Finanzen zu beschäftigen, »um eine dauernde Ordnung hineinzubringen und den Staatskredit zu festigen«. Dieses große und heilsame Werk, »welches das Glück des Königreichs im Inneren und sein Ansehen nach außen sichern wird, soll Sie im wesentlichen beschäftigen... Möge, meine Herren, eine glückliche Eintracht in dieser Versammlung herrschen... Das ist der Wunsch meines Herzens, der heißeste meiner Wünsche, und schließlich ist es der Lohn, den ich für die Redlichkeit meiner Absichten und meine Liebe für die Völker erwarte.«

Diese kurze, verständige und vorsichtige Rede wurde sehr gut aufgenommen, mit Beifallklatschen und Tränen. Leider erschien die Rede des Justizministers seicht und die Neckers, die das Hauptstück sein sollte, weitschweifig und gewunden. Drei Stunden lang verlor er sich in Einzelheiten. Im übrigen hegten die Rädelsführer andere Pläne als den, zu gehorchen.

Orléans und die »Dreißig« wollten an die Macht durch eine demokratische Verfassung, bei der der dritte Stand die Vorherrschaft hätte und sie regierten. Geld würde man finden, indem man die Güter der Geistlichkeit verstaatlichte. Die Torheit Neckers und die Eitelkeit seiner Tochter erleichterten das Unternehmen. Ludwig XVI. blieb das Haupthindernis. Ein unvermutetes Ereignis übermannte ihn: am 4. Juni starb der Dauphin nach einem grausamen Todeskampf. Der König war davon so erschüttert, daß er sich einige Tage zu Hause einschließen wollte, um allein zu weinen. Eine Abordnung der Generalstände verlangte ihn zu sehen und ließ sich nicht abweisen; sie hatten Reden ausgearbeitet und wollten sie von sich geben. »Gibt es denn keine Väter in dieser Versammlung?« rief Ludwig XVI., dann empfing er sie trockenen Auges. Aber einige Tage hatte er Mühe, sich zu überwinden.

Während dieser Zeit lieferten sich die drei Stände eine seltsame Schlacht. Die Generalstände waren keineswegs eine feststehende Einrichtung; ihre Formen veränderten sich je nach den Jahrhunderten und den Umständen. Um den Vorwurf des Despotismus zu vermeiden, stimmte Ludwig XVI. dem Beschluß Neckers zu: die Stände selbst ihre Machtbefugnisse prüfen und ihre Beratungen organisieren zu lassen. Leider begannen die Stände gleich zu Anfang, sich zu streiten. Die fünfhundertsiebenundfünfzig Mitglieder des dritten Standes nannten sich sofort »les Communes« (Unterhaus), was den Adel (zweihundertsiebzig Mitglieder) ärgerte, und die Geistlichkeit (zweihunderteinundneunzig Mitglieder), die sich immer dem Schicksal fügt, wurde nachdenklich. Ihr gehörten zweihundertacht Pfarrer an, die sich den zweihundertzweiundsiebzig Advokaten nahestehen fühlten, die den dritten Stand mit ihrer Mitgliedschaft beehrten. Der Kardinal La Rochefoucauld, der Vorsitzende der Geistlichkeit, hatte neben dem Bischof von Autun, Talleyrand, wenig Gewicht. Der dritte Stand mußte gewinnen. Die Klugheit Ludwigs XVI. zeigte, daß er es voraussah. Die Wahl Neckers, die ihm durch die Umstände aufgezwungen worden war, begriff von selbst den Vorrang des dritten Standes mit ein. Thierry und einige seiner Vertrauten erblickten hierin ein Versprechen von Glück für die Monarchie und Frankreich. Der König bezweifelte es; er hörte die düsteren Prophezeiungen Artois' und der Polignac, die sich seit Dezember wegen der Verdoppelung des dritten Standes entzweit hatten. Die Krone, die ihrer Kräfte und Wirkungsmöglichkeiten beraubt war, konnte nichts dabei tun; es war besser, sich zurückzuhalten. Jedoch der durch seine Isolierung erschreckte Adel suchte eine Stütze. Die großen Familien ließen ihren Stand im Stich und schmeichelten dem dritten Stand. Die Rohan, die noch die einzige Stütze gewesen waren, blieben durch den Bankrott Guéménée und die Halsbandgeschichte, auf die der Tod Soubises folgte, in Verruf. In dieser Bedrängnis ersetzten die in Versailles vereinigten Adligen ihren alten Präsidenten Montboissier durch den Herzog von Montmorency-Luxembourg, der sich auch dazu hergab. Hofften sie, sich mit der Freimaurerei auszusöhnen? Zu spät! Orléans ließ sie im Stich, und die »Gesellschaft der Dreißig« übermannte sie.

Trotzdem hatte Montmorency die Aufforderung, Präsident des Adels zu werden, angenommen (aus Eifersucht auf Orléans, aus Besorgnis vor der Zukunft oder auf Grund der verspäteten Erinnerung daran, daß er der »Erste Christliche Baron Frankreichs« war?). In dieser Eigenschaft suchte er Ludwig XVI. auf. Trotz der alten Gegnerschaft der Montmorency gegen die Bourbonen nahm ihn der König gut auf. Er hatte mit dem König eine Reihe von erschütternden Unterhaltungen. Als er gegen die Vereinigung der Stände mit dem dritten Stand wetterte, nahm der König ihn beim Arm und sagte: »Sie haben sie gewollt, Sie haben sie verlangt, diese Generalstände. Nun gut! Jetzt haben Sie sie.« – »Nein, Sire«, erwiderte er leidenschaftlich, »sie existieren nicht, diese Stände ... Die Generalstände wären durch eine gerechte Verteilung ihrer Befugnisse mit dem König und mit Frankreich verbunden worden, sie hätten Ihnen dann nur ihre Beschwerdeschriften überreicht, die Sie mit Klugheit erwogen und erörtert hätten. Aber Sie haben eine Versammlung gefördert, deren Gewicht und deren

Anmaßung Sie nicht ermessen haben ...« Vor dieser Flut von Worten, die aus dem Mund eines aktiven Mitglieds der »Gesellschaft der Dreißig« sonderbar klangen, erklärte Ludwig XVI.: »Ich werde niemals meinen Adel noch meine Autorität preisgeben, darauf können Sie sich verlassen!«

DER REVOLUTIONÄRE ANSTURM

Die Ereignisse schritten schnell voran. Der energisch gelenkte dritte Stand verlor keine Zeit. Trotz Versöhnungsversuchen in Besprechungen und Verhandlungen, deren Vorsitz Barentin führte, gelang es, die Verantwortlichkeit für die Verhinderung der Beschlußfassung dem Adel zuzuschieben; ferner verschafften vertrauliche Verhandlungen mit der Geistlichkeit dem dritten Stand noch die Stimmen von etwa zwanzig Pfarrern. Am 12. Juni nahm er daher allein die Prüfung der Vollmachten der Abgeordneten der drei Stände vor und stimmte mit 490 Stimmen gegen 90 Stimmen dafür, als Nationalversammlung zusammenzutreten. Er behauptete, er allein vertrete gemäß der These von Sieyès die ganze Nation, und er fügte hinzu, falls irgendein Grund die Abgeordneten zwänge, sich zu trennen, würde die Erhebung der Steuern eingestellt werden. Das war ein unmittelbar gegen die Regierung geführter Schlag. Am 17. Juni machten es die Abgeordneten des dritten Standes noch besser: sie »beruhigten« die Gläubiger des französischen Staates, indem sie sie unter den Schutz der französischen Ehre stellten und dem König das Recht absprachen, sein Veto gegen ihre Beschlüsse einzulegen.

Angesichts einer so großen Kühnheit zögerten die Abgeordneten der Geistlichkeit nicht länger. Am 19. Juni beschlossen sie mit 149 Stimmen gegen 137, sich mit dem dritten Stand zu verbinden. Wenn der König dieses Spiel nicht ernst nahm, so lief er Gefahr, binnen kurzem im Namen der Nation, die damit in den offenen Bürgerkrieg gestürzt würde, abgesetzt zu werden. Seine Familie, Luxembourg, die Erzbischöfe und die Mehrheit der Parlamentsmitglieder, die sich endlich der Gefahr bewußt wurden, flehten ihn an, zu handeln. Er versuchte sein Ansehen auszunützen. Er hatte ja so wenig Kraft! Am 19. abends erklärte er die Beschlüsse des dritten Standes für ungültig und ließ den

Sitzungssaal schließen. Am nächsten Morgen begaben sich die Abgeordneten des dritten Standes, als sie die Tür geschlossen und Soldaten zu ihrer Bewachung vorfanden, zum Ballspielsaal (Salle du Jeu de Paume), der offengeblieben war, und schworen dort mit großer Begeisterung, »sich niemals zu trennen und sich überall da, wo es die Umstände erforderten, zu versammeln, bis die Verfassung eingeführt und auf feste Grundlagen gesetzt sei«. Hierauf vereinigte sich am 22. Juni die Geistlichkeit mit dem dritten Stande in der Kirche zu Saint-Louis (fünf Bischöfe und einhundertvierundvierzig Pfarrer).
So verstärkt, war der dritte Stand bereit für die königliche Versammlung, die am 23. Juni im Saal der Generalstände stattfand. Es regnete; die Truppe, die um die Eingänge geschlossen aufmarschiert war, schien furchterregend, ohne es zu sein. Der dritte Stand fand die Rede des Königs scharf. Ludwig XVI., der über die Angriffe des dritten Standes gegen seine Autorität entrüstet war, widerrief seine Erlasse, versprach zwar die Gleichheit aller vor der Steuer, forderte aber Achtung vor den bevorrechtigten Ständen, vor ihren uralten Eigentumsrechten, den Zehnten und den Lehnspflichten. Er wiederholte sein Versprechen, die Generalstände von nun an in Finanzdingen zu befragen, und legte ein zusammenhängendes und begrenztes Reformprogramm vor. Und dann drohte er: »Wenn Sie durch ein Verhängnis, das meinen Gedanken fernliegt, mich bei einem so schönen Unternehmen im Stich lassen sollten, dann würde ich allein das Wohl meiner Völker zustandebringen und ich würde mich allein als ihr wirklicher Vertreter betrachten.« Er forderte, daß sie auseinandergingen und nach Ständen getrennt weiterberieten.
Von den »Dreißig« angefeuert, weigerten sich die Abgeordneten des dritten Standes. Necker hatte an der Sitzung nicht teilgenommen; sie folgerten daraus, daß er sich dem König nicht anschloß. Der Adel und ein Teil der Geistlichkeit gingen hinaus, und der dritte Stand blieb allein Herr im Saal. Brézé erinnerte Bailly, den Präsidenten der Versammlung, an den Befehl des Königs; Bailly antwortete ihm mit hochmütigem Stolz, »die versammelte Nation könne keinen Befehl entgegennehmen«. Und Mirabeau ergriff endlich die seit langer Zeit erwartete Gelegenheit und rief mit seiner Stentorstimme: »Sagen Sie denen, die Sie schicken, daß wir hier durch den Willen des Volkes sind und unsere Plätze nur durch die Gewalt der Bajonette räumen werden!« Von Barnave und Sieyès unterstützt, ließ Camus eine Verfügung annehmen: »Die Nationalversammlung besteht auf ihren Beschlüssen.«

Dann ließ Mirabeau, der die Gefängnisse gut kannte, vorsichtig und kühn zugleich, beschließen, daß die Mitglieder der Versammlung unverletzlich seien, und daß jeder, der es wagen sollte, diese Unverletzlichkeit anzugreifen, ein todeswürdiges Verbrechen begehe. Hierdurch wurden die Rädelsführer geschützt; aber es war die Zeit der Heißsporne, und so wurde die Verordnung angenommen. Auf diese Nachricht hin befahl Ludwig XVI., den Saal räumen zu lassen. Die Garde ging vor; aber als sie einen Anschein von Widerstand bei einigen Adligen (La Rochefoucauld, Liancourt, La Fayette, d'André und den beiden Crillon) fand, erbat sie neue Befehle. Eine drohende Menge, die bereit zum Aufstand war, erfüllte Versailles. Der König befahl der Truppe, sich zurückzuziehen; er wollte kein Blutvergießen.

Der dritte Stand triumphierte über den Adel und die Monarchie. Er brachte Frankeich die Anarchie und gab es so der Willkür seiner Feinde preis. Dieses glückliche Ergebnis verdankte man den »Dreißig« und ihrer neuen Tochtergesellschaft, dem Klub der bretonischen Abgeordneten. Nach diesem ersten Akt vollendete ein zweiter, unter den gleichen Bedingungen organisierter, das Unternehmen: Orléans, der mit schlauer Berechnung beim Adel geblieben war, ließ ihn jetzt im Stich und zog etwa fünfzig Abgeordnete mit sich. Angesichts des Zerfalls des Adels nahm es der König auf sich, die Lage gutzuheißen, und befahl allen Abgeordneten des Adels, sich dem dritten Stand anzuschließen. Die »Patrioten« hatten gesiegt. Der dritte Stand war als »die Nation« anerkannt.

*

Der König ermaß die Gefahr für die Krone und für das Land. Er wollte kein französisches Blut vergießen, aber die Ordnung aufrechterhalten und die Meuterer einschüchtern. Durch die Vereinigung starker Streitkräfte um sich hoffte er, die Versammlung ohne Gewalttätigkeit auflösen zu können. Am 26. Juni gab er den Geheimbefehl, zwanzigtausend Mann, hauptsächlich fremde Truppen, um Versailles zusammenzuziehen. Am 11. Juli entließ er in aller Stille Necker, den er ohne Aufsehen an die Grenze bringen ließ.

Keine dieser Maßnahmen war den Spionen seiner Feinde entgangen. Sie waren entschlossen, Gewalt gegen Gewalt zu setzen, und fürchteten kein Blutvergießen. Eine Börsenspekulation ging neben der Tätigkeit der Massen her: gute Patrioten, die Finanzleute der Hauptstadt, brachten im Juni die Kurse unaufhörlich zum Fallen. Die Banden ihrerseits bereiteten sich vor; das Palais-Royal wurde nicht leer und man schimpfte dort auf die »Minister«; im Rathaus vereinigten sich die »Wähler«, um eine Bürgermiliz vorzubereiten.

Andere Patrioten verleiteten die Soldaten zum Abfall, zunächst die französische Garde, die durch die strenge Disziplin, die ihr neuer Oberst, der Herzog du Châtelet, auferlegte, verärgert war. Am 30. Juni befreite eine aus »Stammgästen des Palais-Royal« zusammengesetzte Menge etwa zehn in der Abbaye wegen schlechter Mannszucht eingesperrte französische Garden. Die zur Wiederherstellung der Ordnung geschickte Kavallerie weigerte sich anzugreifen. Aus Versailles meldete man Unschlüssigkeit in allen Kasernen. Das Eintreffen von Regimentern auf den Höhen um Paris verstärkte die Gärung. Im Palais-Royal und bei Mme. de Genlis sprach man offen davon, Ludwig XVI. zu entthronen und durch Orléans zu ersetzen. Am 8. Juli forderte die Versammlung den Abzug der Truppen; der König antwortete, daß sie seine Sicherheit gewährleisteten, daß er aber nichts dagegen habe, die Versammlung nach Noyon oder Soissons zu verlegen. Als man am 12. Juli die Entlassung Neckers erfuhr, schlossen die Makler die Börse.

La Fayette und Bailly gingen frühmorgens zu Orléans und trafen dort die letzten Maßnahmen. Mit der finanziellen Unterstützung dieser Herren und befreundeter Bankiers (Delessert, Prévoteau, Coindre, Boscary) verleitete man die Soldaten des Königs zum Abfall und schuf Volksbataillone, eine Bürgergarde, die durch die Angestellten der Herren von der Finanz ausgerüstet wurden. Im Palais-Royal brodelte die Unruhe; Camille Desmoulins stieg auf einen Stuhl, verteilte an alle die von Necker gelieferte grüne Kokarde und predigte die Revolution; in ganz Paris trug man Büsten von Necker und dem Herzog von Orléans umher; die Theatervorstellungen wurden mit Gewalt geschlossen. Am 13. dauerte den ganzen Tag über die Bewaffnung an; »man« nahm das Invalidenhaus, 28 000 Gewehre und einige Kanonen. Zu gleicher Zeit beschloß die Versammlung, eine Adresse an Necker zu richten, in der sie ihr Bedauern zum Ausdruck brachte und verkündete, daß sie die neuen Minister für die Ereignisse verantwortlich mache.

Am 11. hatte La Vauguyon Montmorin ersetzt, Broglie Puységur. La Luzerne und Saint-Priest gingen ab, Breteuil übernahm die Finanzen und sollte Präsident des Staatsrates werden, denn er hatte die Unternehmung aufgezogen. Der passive Widerstand Besenvals, des »Kommandanten von Paris«, verdarb alles. Am 14. ermordeten die »Patrioten« Flesselles, den Vorsteher der Kaufmannschaft, und bildeten im Rathaus einen »ständigen Ausschuß«, der vom Gouverneur der Bastille die Auslieferung der Waffen verlangte. Dieser weigerte sich, schoß mit der Kanone, verhandelte dann und kapitulierte schließlich. Die Menge riß ihn in Stücke; die meisten Offiziere wurden getötet, ebenso die Invaliden, die nicht schnell genug vorbeimarschierten; andere wurden mit gefesselten Händen den ganzen Tag wie Siegeszeichen durch die Stadt geschleppt, begleitet von einer heulenden Menge, die den bluttriefenden Kopf Launays, des Gouverneurs der Bastille, vorantrug. Es war heiß; im Palais-Royal herrschte eine Atmosphäre des Triumphs.

In Versailles trafen die durch den Schrecken der einen und die Arglist der anderen noch übertriebenen Nachrichten ein. Weder Breteuil noch Broglie wagten, einen Kampf mit Gewalt zu beginnen. Die Milizen von Paris taugten nichts, und ein Straßenkampf ist gefährlich; Artois und die entsetzte Königin flehten den König an, sich nach Rambouillet oder Rouen zurückzuziehen. Aber das hätte bedeutet, die Regentschaft an Orléans auszuliefern. Der König blieb.

Er blieb, um wieder einmal nachzugeben. »Sie zerreißen immer mehr mein Herz«, sagte er zu Parlamentsmitgliedern, die ihn aufgesucht hatten, »durch das, was Sie mir von dem Unglück in Paris erzählen. Es ist unmöglich, zu glauben, daß die Befehle, die ich den Truppen gegeben habe, daran schuld sind!« Die Versammlung erblickte darin ein Hindernis für jede Verständigung. Der König ließ das Champ-de-Mars von den Truppen räumen. Aber die Spannung und der Schrecken dauerten in Paris an. Das Palais-Royal feierte nicht, und man sprach nur noch von Ächtung. Das geflossene Blut hinterließ seinen Geruch in der ganzen Stadt, die von einer dumpfen Panik erfüllt war. In Versailles wie in der Versammlung wurde die Beunruhigung unerträglich, die Nachrichten betrübten den König aufs tiefste und verbreiteten in der Versammlung Furcht, Zorn und Hoffnungen.

Ein alter Freund des Königs, der Herzog von Liancourt, ging, ohne seine Kollegen in Kenntnis zu setzen, ins Schloß und überzeugte Ludwig XVI., er allein könne die Lage entwirren und verhindern, daß Ströme von Blut flössen. Er brachte ihn zur Versammlung, die ihn stehend und schweigend empfing (Mirabeau hatte das so verlangt: »Das Schweigen der Völker ist eine Lehre für die Könige«). In einer einfachen, kurzen, aber ergreifenden Rede sagte Ludwig XVI.: »Meine Herren, ich habe Sie versammelt, um mich mit Ihnen über die wichtigsten Angelegenheiten des Staates zu beraten. Es gibt keine dringendere und mehr mein Herz bewegende Angelegenheit als die schrecklichen Unruhen, die in der Hauptstadt herrschen...« Er bat sie, eine Abordnung nach Paris zu schicken und zu vermitteln. Zweifellos war dies eine unerläßliche Maßnahme, die ihn mit der Versammlung versöhnte, aber diese zum Schiedsrichter machte.

Die Abgeordneten geleiteten ihn in Prozession bis zum Palais, inmitten der Zurufe und des Beifalls der Menge. Die beunruhigte Königin trat mit dem neuen Dauphin auf den Balkon, um ihren Gatten zu erwarten; sie wurde mit Beifall begrüßt. Indessen näherte sich eine Frau dem König und rief ihm zu: »Du hast wieder einmal deine Meinung geändert! Bist du aufrichtig und wirst du dich nicht noch einmal umstimmen lassen?« Eine andere beschimpfte Artois und sagte: »Es lebe der König, was du auch denken magst!« Doch die Ruhe kehrte wieder ein, aber diese Besänftigung kostete viel: man mußte die Truppen wieder in ihre Garnisonen zurückschicken, Necker wieder kommen lassen, Bailly als »Bürgermeister von Paris« und La Fayette als »Kommandanten der Nationalgarde« anerkennen, wozu man ihn im Rathaus ausgerufen hatte.

So ging die Macht in die Hände der Revolutionäre über, und ein neuer »Patriotismus« entstand, den der 14. Juli hatte triumphieren lassen: der Patriotismus erschien nun nicht mehr als Liebe zum Boden, zu den Überlieferungen, den nationalen Interessen und zum König von Frankreich, sondern als Liebe zu einem im Volk von Frankreich verkörperten politischen Ideal. Der wirkliche Held dieses von den Philosophen und den Freimaurerlogen geformten Patriotismus war nicht etwa Orléans, sondern La Fayette. Selbst als Führer der revolutionären Partei, selbst als Großmeister des Großorients blieb der erste Prinz von Geblüt ein Prinz von Geblüt und ein Skeptiker; das Verschwinden der monarchischen Gebräuche schadete ihm mehr als es ihm diente: er beunruhigte das Bürgertum und die Bankiers. Die Macht ging nicht aus den Händen des Königs in die der Banden Philippes von Orléans über, sondern an die Nationalgarde La Fayettes, die vom ganzen Geld und von allen Befürchtungen des Bürgertums unterstützt wurde. Der »Held von Amerika« verband mit zuviel Anpassungsvermögen einen zu lebhaften politischen Instinkt, um es nicht zu merken.

Am 17. Juli begab sich Ludwig XVI. nach Paris, allein, ohne bewaffnetes Geleit, um sich mit seiner guten Stadt auszusöhnen, aber auch, um dort das Werk des Aufruhrs zu bestätigen, denn das war der Preis der Versöhnung. Er wurde gut aufgenommen; sein Wagen, von den zur Nationalgarde gewordenen französischen Garden begleitet, brachte ihn zum Rathaus, das er besuchte. Ein »Stahlgewölbe« (über seinem Haupt gekreuzte Degen nach Freimaurerart) empfing ihn bei seinem Eintritt. Bailly überreichte ihm eine dreifarbige Schärpe, nunmehr die Farben der Stadt, und La Fayette hielt ihm eine Rede: »Meine Herren, endlich ist nun der von der Nationalversammlung am meisten gewünschte Augenblick gekommen; der König war getäuscht worden, er ist es nicht mehr. Er ist heute in unsere Mitte gekommen, ohne Waffen, ohne Truppen, ohne diesen für gute Könige unnötigen Pomp . . .« Lally, der zu der Abordnung der Versammlung gehörte, fand Beifall, als er den Frieden und das Ende der Ächtungen verkündete. »Es lebe der König!« riefen alle Anwesenden, »Es lebe der Frieden!« Das war in der Tat der Wunsch der großen Mehrheit des Landes und der reichen Bürger, die die Revolution gemacht hatten, um daraus Nutzen zu ziehen. Da Necker zurückgekommen war, richtete sich ihre Partei darauf ein, zu regieren.

Der König stellte sein Ministerium gemäß den Wünschen der Sieger wieder her; er rief Montmorin, der jedermanns Freund war, zurück. Für das Kriegsministerium berief er La Tour du Pin, einen guten Freund von Germaine de Staël, als Justizminister Cicé, Erzbischof von Bordeaux, für die Pfründen Pompignan, Erzbischof von Vienne, beide Anhänger La Fayettes, für Paris Saint-Priest, einen Vertrauten La Fayettes, und für die Finanzen Lambert, der bei allen wohlangesehen war. Der Marschall von Beauvau wurde Minister ohne Portefeuille, und alle waren Minister ohne Autorität. Necker selbst zählte nicht mehr; die Kasse war leer; er wollte eine Anleihe aufnehmen und verlangte 30 Millionen zu fünf Prozent. Man gewährte ihm nur 24 Millionen und rechnete auf einen »patriotischen Beitrag«, um die Löcher zu stopfen. Die Versammlung allein besaß die Amtsgewalt, unter der Bedingung, daß die öffentliche Meinung und die Verschworenen ihrer Meinung waren. La Fayette ließ eine »Erklärung der Rechte« annehmen, die idealistisch und bürgerlich und ein Symbol des neuen Patriotismus war, aber in der das Eigentum als unverjährbares Recht bezeichnet wurde und der Katholizismus seine Oberherrschaft bewahrte. Niemand hatte ein soziales Recht oder das Recht der Vereinigung. Die Revolutionäre schrien. Der König weigerte sich, die Erklärung zu bestätigen.

*

Am 4. August leisteten der Vicomte de Noailles und der gesamte Adel der Versammlung sowie die gesamte Geistlichkeit in einem Rausch von Idealismus Verzicht auf ihre Lehnsrechte. Allerdings waren sie realistisch genug, eine Ablösung wenigstens der lehnsherrlichen Renten vorauszusetzen. Indem sie die an der Person haftenden Rechte opferten, hofften sie die an den Landgütern haftenden Rechte zu retten. Diese Maßnahme kam zur rechten Zeit, um die Provinzen zu beruhigen, in denen sich die Unruhe wie ein Lauffeuer verbreitet hatte. Die Bauern, die sich nicht für dümmer als die Städter hielten, richteten ihre Anstrengungen auf das, was sie drückte: die Schlösser und besonders die Archive der Schlösser, in denen alles, was sie zu zahlen hatten, aufgezeichnet war. Als ihnen gesagt wurde, alles dies würde abgeschafft werden, beruhigten sie sich nach und nach; die Nacht des 4. August war mit List gefärbte Großmut.

Der König war jedoch nicht bereit, diese übereilten Maßnahmen ohne gründlichere Prüfung zu bestätigen, und die »Patrioten« tadelten ihn deswegen; das immer gerüstete Palais-Royal schrie und drohte. Orléans hielt sich für den Betrogenen vom 14. Juli. Der Streit aus der Jugendzeit mit La Fayette wegen Aglaé hatte Spuren hinterlassen; Orléans belauerte den »Helden der zwei Erdteile« ebensosehr wie den König. Dieser dagegen begann zu hoffen; um die alten Revolutionäre wie Mounier, Lally und Bergasse hatte sich eine gemäßigte Partei gebildet. Während die am meisten bloßgestellten und hellsichtigsten unter den Adligen, Artois und Luxembourg, sofort ausgewandert waren, scharten sich die Reste der royalistischen Gruppen um diese Verteidiger ihres Standes.

Als Berichterstatter des Verfassungsausschusses schlugen Mounier und Lally zwei Kammern, darunter eine erbliche, vor und das unbedingte Veto des Königs bei allen ihren Beschlüssen. Der 14. Juli hatte diese reichen Bürger, die von Necker und Cicé unterstützt wurden, erschreckt. Aber ihnen gegenüber richtete sich drohend der Bretonische Klub auf (Erbe der nun zerstückelten »Dreißig«), der Mittelpunkt der revolutionären Tätigkeit.

Von seinen Rednern aufgereizt, lehnte die Versammlung das Oberhaus am 10. September ab (mit 849 Stimmen gegen 89) und nahm ein nur aufschiebendes Veto an (673 Stimmen gegen 325) und nur für zwei Legislaturperioden (vier Jahre). Barnave erreichte die Zustimmung seiner Freunde zu dieser Maßnahme, im Tausch gegen das von Necker gegebene Versprechen, der König würde die Beschlüsse vom 4. August annehmen, und Mirabeau ließ seine Freunde dafür stimmen, weil er sich nicht mit dem Hof überwerfen wollte.

Der fast ganz orleanistische bretonische Klub hörte nicht auf, den König anzugreifen; Chapelier, der Abgeordnete für Rennes, glich die Unternehmungen in der Bretagne denen des Parlaments an. Auf seine Veranlassung protestierte Rennes gegen das Veto; in Verbindung mit ihm wiegelte Mirabeau, der Orléans' Geld verteilte, die Pariser Stadtbezirke auf. Am 30. und 31. August versuchten Camille Desmoulins und Saint-Huruge diese nach Versailles zu schleppen, um Ludwig XVI. »den Willen des Volkes« aufzuzwingen (Annahme der Beschlüsse vom 4. August, Verbringung des Königs und der Versammlung nach Paris usw.). La Fayette und seine Nationalgarde hatten größte Mühe, sie aufzuhalten. Dieser begann die Nachteile eines Gendarmenberufes zu spüren: er verlor seine Volkstümlichkeit und beschuldigte Orléans freiheraus, Unruhen zu erregen, Lameth, seine Stelle haben zu wollen, den König, ein Geheimniskrämer zu sein, und Mme. de Simiane, sie verstünde ihn nicht.

Als Mounier sah, daß La Fayette so nervös wurde, beunruhigte er sich. Er legte dem König nahe, die Versammlung wäre besser in Soissons oder Compiègne untergebracht; der König witterte die Gefahr und willigte nicht ein; als einzige Vorsichtsmaßnahme wollte er das Regiment Flandern nach Versailles kommen lassen.

Auch das war noch zuviel. Das Fest, das die Leibgarde dem Regiment Flandern gab und an dem der König und die den Dauphin haltende Königin teilnahmen, glich in nichts einer Schwelgerei, aber man sang auf ihm »Ô Richard, ô mon Roi, l'univers t'abandonne...« und beschimpfte die Patrioten. Der König sah die Gefahr voraus.

Er täuschte sich nicht. La Fayette nahm es ihm übel, daß er ihn nicht vorher benachrichtigt hatte; die »bretonischen« Abgeordneten der Versammlung schrien »Herausforderung!« In Paris war es schlimmer. Die Stadt hatte kein Brot; vor den Bäckereien standen die Leute Schlange und fluchten dabei. Marat, der heftigste der Schmähschriftenschreiber, hatte gerade die Zeitschrift »L'Ami du Peuple« gegründet und Loustalot »Les Révolutions de Paris«. Der bedrohte La Fayette kam nach Versailles, um zu jammern.

Mirabeau, der sich an einen einsamen Ort in Versailles zurückgezogen hatte, bereitete mit Camille Desmoulins den Meisterstreich vor, der seinen Gönner zum Regenten Frankreichs und ihn selbst zum Minister machen sollte. Schriftsteller und Verschwörer zugleich, verfaßte und druckte er in aller Eile eine Flugschrift, in der die Kandidatur Orléans' für die Regentschaft, sobald Ludwig XVI. geflohen sei, angepriesen wurde: »La Royauté d'après Milton ...«

Am 3. Oktober geriet das Palais-Royal in Glut und tobte gegen die Verschwörungen des Hofes; am Sonntag, dem 4. Oktober, klagten Marat und Loustalot die Intrigen der Aristokratie an, riefen die Stadtbezirke zu den Waffen und forderten sie auf, mit ihren Kanonen nach Versailles zu ziehen. Im Bezirk der »Cordeliers« forderte Danton, ein Agent Orléans' und der Engländer, die Stadtgemeinde auf, La Fayette zu befehlen, er solle am nächsten Tage vom König den Rückzug der Truppen fordern. Paris war im Aufruhr.

Paris, die Hauptstadt des europäischen Luxus, fand sich durch diese endlosen Revolutionen, die die Besucher abschreckten und die Adelspalais schlossen, seiner schönsten Gewinnmöglichkeiten beraubt. Man hoffte, der König würde Ordnung und Wohlstand wiederherstellen; die Beweggründe des Aufruhrs entstammten wohl dem Volk, aber zugleich wurde das Übel, über das es sich beklagte, dadurch verschlimmert.

Das Unternehmen schien übrigens gut angelegt zu sein. Früh am Morgen nahm eine Menge von Frauen aller, besonders der untersten Stände, unter die sich verkleidete Männer gemischt hatten, das Rathaus ein, ohne Widerstand zu finden. Einer der »Sieger der Bastille«, der Gerichtsdiener Maillard, setzte sich an ihre Spitze und führte sie nach Versailles. Sie kamen am Nachmittag dort an, ohne daß sie jemand aufgehalten hätte.

Einige Stunden später ließen die Grenadiere der Nationalgarde La Fayette die Wahl, ihnen entweder nach Versailles zu folgen oder aufgehängt zu werden. La Fayette ging nach Versailles ab. Er ließ sich durch die Stadtgemeinde dazu ermächtigen und marschierte schleunigst mit seinen Truppen ab. Wenn er zu spät kam, konnte er die Königin ermordet, den König auf der Flucht und Orléans als Regenten vorfinden.

In Versailles hatte Mirabeau den bretonischen Klub benachrichtigt, aber die Versammlung und der Hof wußten nichts; der König war auf der Jagd. Als die Frauen vor den Gittern ankamen (um fünf Uhr nachmittags), wurde es Nacht. Die Nationalgarden von Versailles vereinigten sich mit ihnen.

Der König beriet sich nach der Rückkehr von der Jagd mit einigen Mitgliedern der Versammlung und den Ministern; man riet ihm, nach Rambouillet oder Rouen zu fliehen. Die Wagen wurden vorbereitet,

aber der König weigerte sich abzufahren. Er hätte Orléans damit in die
Hände gespielt.
La Fayette traf mit einem anderen Haufen ein, seinen Nationalgarden,
die er unterwegs abgekanzelt hatte. Er ging sofort zum König und bat
ihn dringend, zu bleiben; dann ging er zur Versammlung. Um Mitternacht verteilte er seine Nationalgarden, für die er verantwortlich war,
auf die Außenposten des Schlosses. Die Leibgarde besetzte die Innenposten. Die Soldaten des Regiments Flandern schliefen mit den
Mädchen von Paris, von denen sie verführt worden waren. Und jedermann schlief, nur nicht die Agenten Orléans'.
La Fayette schnarchte, als man ihn aus dem Schlaf rüttelte. Die Morgendämmerung graute eben erst auf den Straßen, im Schloß war sie rot;
die Menge hatte eine offene Tür »gefunden«, war eingedrungen und
stürzte geradewegs auf die Wohngemächer der Königin zu; zwei überraschte Leibgarden wurden niedergemetzelt. Die Königin floh in aller
Hast in das Zimmer des Königs. Der König, trostlos und beschämt,
sein Volk so grausam zu sehen, sah unsagbar traurig aus.
Die ganze Familie und einige treue Höflinge waren im Zimmer versammelt. Die Königin, die sich wieder gefaßt hatte, sagte lächelnd:
»Herr von Fayette schläft gut...« Der König befahl der Leibgarde,
sich zurückzuziehen und sich zu verstecken. Um halb acht Uhr besetzte
die Nationalgarde alle Posten. La Fayette beherrschte wieder einmal
die Lage. Auf dem Hofe schrien fünftausend Personen, Männer und
Frauen und alle bewaffnet, aus vollem Halse: »An die Laterne oder
Brot!« La Fayette, der nun vollständig wach war, verhandelte mit der
Menge, die zu ermüden begann; er versprach, daß der König und die
Königin Versailles nicht verlassen würden. Die wütende Menge verlangte nun, Ludwig XVI. und seine Frau sollten auf dem Balkon des
Marmorhofes erscheinen und versprechen, sogleich nach Paris zu kommen. Um ein Viertel neun gehorchten sie. Stimmen heulten: »Die
Königin allein!« Sie erreichte vom König, daß er hineinging, und sie
stand allein, hochaufgerichtet, auf dem Balkon der Menge gegenüber.
Sie wurde mit Rufen »Es lebe die Nation! Nieder mit den Aristokraten!
Die Pfaffen an die Laterne!« begrüßt; darunter mischten sich auch Rufe:
»Es lebe die Königin!« Dann wurden 30 000 bis 40 000 Gewehrschüsse
abgegeben, wie zu ihrer Begrüßung. Ein Rieseln von zerbrochenen Fensterscheiben war die Folge, aber die Königin blieb unversehrt und
lächelte während der ganzen Zeit. In einem Fensterwinkel dicht hinter
ihr standen der Herzog von Duras und der Herzog von Orléans »in

einem Rock von grau- und weißgestreiftem Kaschmir«. Duras fand, daß Orléans' Gesicht einen seltsamen Ausdruck zeigte. War er mehr von der Demütigung der Königin entzückt oder mehr bestürzt über den Zusammenbruch seiner Pläne?

*

Um halb zwei Uhr, als der König bereit war, setzte sich der Zug in Bewegung. An der Spitze marschierte das Gros der Nationalgarde, jeder Soldat trug ein Brot auf der Spitze seines Bajonetts; die Fischweiber, voll von Freude, Wut und Wein und mit Bändern geschmückte Zweige tragend, folgten; zu betrunken, um gehen zu können, saßen die einen rittlings auf Kanonen, die anderen, mit der den gefangenen Leibgarden abgenommenen Beute, Kürassen und Hüten, spreizten sich auf den Pferden ihrer Opfer; die Menge der Pariser Arbeiter und Patrioten umgaben sie singend, schreiend und kreischend. Dann kamen die mit Laub bedeckten Karren voll Getreide und Mehl, die man aus Versailles mitgenommen hatte; die Grenadiere, die die gefangenen Leibgarden, barhäuptig und zu Fuß, mit sich führten, begleiteten sie; Dragoner und Hundertschweizer umgaben den Wagen des Königs und der Königin, die ihren Sohn auf den Knien hielt. Der Abmarsch wurde durch allgemeines Abschießen aller Gewehre der anwesenden Truppen gefeiert. Von Zeit zu Zeit hielt man an, um neue Salven abzufeuern. Die Fischweiber umtanzten im Schlamm den Wagen des Königs und sangen:

> Die Bäckerin hat Taler,
> Die sie kaum etwas kosten ...

Dann schrien sie: »Seht hier den Bäcker, die Bäckerin und den kleinen Bäckerburschen!« Sie küßten jeden, der ihnen in die Hände fiel. Es war dunkel und kalt, und der Regen goß in Strömen. So ging es sechs Stunden lang.

In Paris begab man sich zum Rathaus, wo Bailly eine lange Ansprache hielt, in der er den König lobte und die Minister tadelte. Dann übergab er Ludwig XVI. eine dreifarbige Kokarde, die der König an seinen Hut steckte, wobei er einige mutige Worte sprach: »Ich habe auf die Anhänglichkeit und Treue meines Volkes gerechnet und habe mich mit vollem Vertrauen in die Mitte meiner Untertanen begeben.« Das Volk draußen verlangte zu wissen, was nun käme. Sogleich wurden die

Fenster des Saales geöffnet, und der König und die Königin zeigten sich auf dem Balkon zwischen zwei großen Fackeln, die ein fahles Licht auf ihre Gesichter warfen. Vom Platz, auf dem die Menge sich drängte, stieg ein ungeheurer Schrei empor: »Es lebe der König!« So hatte man doch etwas gerettet.

Von dort fuhr das Königspaar zu den Tuilerien; schon am Morgen hatte ein Kurier aus Versailles den Befehl gebracht, »eiligst die Tuilerien herzurichten, um am gleichen Abend Seine Majestät dort zu empfangen«. Nun war aber das Palais voll von Leuten, die die königliche Freigebigkeit ermächtigt hatte, dort zu wohnen. In zwölf Stunden mußte man etwa hundert Zimmer räumen, reinigen und möblieren. Alle Beamten des Hofes kamen mit dem Herrscher, und sie brauchten Zimmer. In der feuchtkalten Nacht stritten sich alle diese betreßten, vor Ermüdung und Furcht schwitzenden Leute um die viel zu geringe Zahl von Zimmern. Für den König und die Königin war es wieder ein neues Leiden bis spät in die Nacht.

Endlich brachte die tiefe Nacht etwas Ruhe, und der Morgen kam mit seiner Frische. Madame Elisabeth, die im Erdgeschoß wohnte, bemerkte eine Gruppe von Gaffern auf dem Hofe; als sie sie sahen, klatschten sie Beifall und riefen: »Es lebe der König!« – »Wollt ihr den König sehen?« fragte sie. – »Ja!« schrien die Gaffer. »Es lebe der König!« Sie lief, um die Königin zu holen, die mit ihrer Tochter kam und mit Beifall begrüßt wurde; dann kam der König mit dem Dauphin. Ein Beifallssturm empfing ihn. »Mein Gott, Mama!« rief das Kind, »ist denn heute noch gestern?«

Heute war nicht mehr gestern, aber was würde morgen sein? Das fragte sich der König, als er seine auf den Garten gehende Wohnung bezog; man hatte ihm dort ein Kabinett, ein Prunkzimmer und ein Schlafzimmer eingerichtet und daran anschließend zwei Zimmer für den Dauphin und Madame Royale. Diese Wohnung lag in einer Flucht mit den Prunksalons und, um die Atmosphäre von Versailles zu wahren, hatte man das zweite Vorzimmer »Œil de Bœuf« genannt. Den Angestellten der königlichen Gerätekammer war es gelungen, diesen Zimmern eine vornehme Ausstattung zu geben; das Prunkzimmer war mit rotem, golddurchwirktem Brokat bespannt; das Bett und die beiden Fenster hatten Vorhänge vom gleichen Stoff; im Schlafzimmer war das in einer Nische stehende Bett unter Vorhängen von geflammter Pekingseide verborgen. Um den im Nebenzimmer untergebrachten Dauphin überwachen zu können, ließ der König ein Schiebefenster anbringen, dessen Griff er selbst geschmiedet hatte; so konnte er das mit grünem Damast mit Goldfransen behängte Bett des Kindes sehen. Um soviel Leiden und Schande überstehen zu können, war es gut für ihn, von der Wärme derer, die er liebte, umgeben zu sein. Zur Königin, die im Erdgeschoß nach dem Garten hinaus wohnte, gelangte man über Korridore und verschwiegene Treppen, die voll von Erinnerungen an Ludwig XIV. und an den Herzog du Maine waren.

Die Anwesenheit eines anderen plagte sie: La Fayette. Am 7. Oktober hatte er zum König gesagt, diese Tage hätten ihn zum Royalisten gemacht und er würde von nun an für die Versöhnung des Volkes mit dem Herrscher arbeiten. Er war aufrichtig; niemand liebt es, gehängt zu werden, und La Fayette zog Ludwig XVI., den er achtete, Orléans vor, den er seit Aglaé haßte.

An diese Frage ging er ohne Zögern heran. Als er Orléans bei Mme. de Coigny traf, riet er ihm, so schnell wie möglich zu verschwinden, falls er sich nicht eine strenge Bestrafung zuziehen wolle. Orléans war nicht feige, aber er fühlte sich verwundbar. Ludwig XVI. hatte die öffentliche Meinung wieder für sich gewonnen, und vereint mit La Fayette und Bailly konnte er ihn zu einem Zeitpunkt vernichten, an dem seine Geldkästen durch die »politischen Ausgaben« von drei Jahren leer waren und seine enttäuschten Mitarbeiter ihn im Stich gelassen hatten. Der König half ihm aus den Schwierigkeiten heraus. Für ihn war es ein fester Grundsatz, über die Ehre seiner Familie zu wachen; Orléans war sein Vetter, und ein Skandal mußte verhütet werden. Auch La Fayette wünschte keine öffentlichen Erörterungen; Orléans und er hatten zusammen so manches getan, das zu enthüllen noch zu früh war. Da Orléans sich bereit erklärte, fortzugehen, zeigte sich La Fayette vornehm.

*

Seit Anfang 1788 beunruhigte eine etwas verworrene Revolution die österreichischen Niederlande. La Fayette hatte dort schon vor Oktober 1789 allerlei Fäden gesponnen, aber jetzt war die französische Regierung zu »beschäftigt«, um sich hineinzumischen, und La Fayette hatte etwas Besseres vor. Warum sollte man nicht Orléans, der so sachverständig für Revolutionen war, beauftragen, in London mit dem König von England zu versuchen, ob man nicht in Holland für ihn ein Königreich oder eine Statthalterschaft herausholen könne? Philippe verstieß Laclos, Mirabeau, die Genlis, alle diese Leute, die ihn vorwärtstreiben wollten, um selbst voranzukommen. Er gab sich seiner neuen Liebe, Mme. de Buffon, hin und ging nach England, zugleich gezwungen und zufrieden, auf die Hochzeitsreise oder in die Verbannung. Er führte einen liebenswürdigen Brief bei sich, den ihm Ludwig XVI. für Georg III. mitgegeben hatte. Nachdem er eine recht kostspielige Rolle gespielt hatte, würde ihn ein wenig Vergnügen ausruhen lassen.

DIE BÜRGERLICHE REVOLUTION

Orléans überließ seinen Platz dem anderen Thronkandidaten, Monsieur. Mehrere Male hattte dieser geglaubt, seine Stunde sei gekommen. Seine »patriotische« Haltung während der Versammlung der Notabeln hatte ihm eine wertvolle Gefolgschaft gebracht, die er nicht vernachlässigte: Mirabeau, Talleyrand, Sémonville und andere, die ihm weniger gefielen. Am Anfang des Winters 1789 auf 1790 hielt er Orléans für erledigt (durch seine Unvorsichtigkeit und Heftigkeit zu Fall gebracht) und Ludwig XVI. für verloren (kann man einem besiegten König treu bleiben?). La Fayette hielt er mit Recht für einfältig, aber zu Unrecht für ungeschickt. Die öffentliche Meinung, so sagte er sich, ist der Gewalttaten müde, die Mehrheit des Volkes will Ordnung und eine starke Regierung haben; warum sollte er also seinen Bruder nicht »retten«, indem er ihn aus Paris verschwinden ließ und ihn dann als Regent ersetzte? Der Marquis von Favras, einer seiner Schweizergarden, verband großen Mut mit großer Tollkühnheit; er beauftragte ihn, das Unternehmen vorzubereiten und 30000 Mann zu dingen. La Fayette, als erfahrener Verschwörer, fand Zeugen, die bereit waren, zu beschwören, daß Favras ihn töten wollte; er ließ Favras sofort verhaften und fand bei ihm einen Brief, der Monsieur bloßstellte. Auf Grund dieses Briefes zwang er Monsieur, vor dem Gemeinderat eine demütigende Erklärung abzugeben, und ließ Favras dann hängen.

Monsieur war nun kaltgestellt. Mehr noch als Ludwig XVI. verabscheute er das Blut; und in Revolutionszeiten kommt man zu nichts, ohne Blut zu vergießen. La Fayette, in Amerika belehrt, wußte das; er wußte auch, wann man damit aufhören mußte. Er rechnete es sich zur Ehre an, den Aufruhr im Oktober niedergeschlagen und die Aristokratie durch die Liquidierung Favras' der Spitze beraubt zu haben. Im Lauf einer warmherzigen, aber wenig überzeugenden Unterhaltung bot er dem König einen Pakt an, wenn er sich der »Nation« anschlösse; er versprach ihm eine schöne Zukunft als verfassungsmäßiger Herrscher (Oktober 1789). Man sprach nicht mehr von »königlicher Demokratie«: Nur der König eines freien Volkes ist ein mächtiger König.

Mit seiner Zivilliste von 25 Millionen Franken und dem Einkommen aus seinen Domänen und Forsten blieb der König reich; er durfte seine sechs Minister ernennen, er behielt die Initiative der Diplomatie, ernannte Generale und Botschafter; was wollte er noch mehr? Ein Egoist hätte sich damit abgefunden, keineswegs aber Ludwig XVI., der geboren war, um seinem Lande zu dienen und die Überlieferungen seines Geschlechts aufrechtzuerhalten. Seinen Ministern konnte er Befehle geben, aber sie waren vor der Versammlung verantwortlich. Jede Entscheidung mußte in ein Register eingetragen werden; ohne die Gegenzeichnung eines Ministers galt die Unterschrift des Königs nichts. Alle Richter, Gemeindebehörden und Provinzbehörden wurden gewählt. Keine Intendanten mehr. Frankreich wurde eine Anhäufung kleiner Republiken unter einer händelsüchtigen Nationalversammlung und einem Schattenkönig.

Überzeugt, daß dieses Hirngespinst nicht von Dauer sein könne, verfuhr der König mit äußerster Vorsicht, um nicht seine Volkstümlichkeit zu verlieren und um jeden Zwischenfall zu vermeiden. Im November, Dezember und Januar lebten er und die Königin ganz zurückgezogen in den Tuilerien. Für die unerläßlichen Geschäfte sah er oft La Fayette, manchmal alle Tage. Mit seinen Ministern unterhielt er höfliche Beziehungen und unterschrieb, was sie ihm vorlegten; aber die von der Versammlung für die Behandlung aller Fragen gewählten Ausschüsse faßten ihre Beschlüsse und schickten dem König ihre Texte; er unterschrieb sie. Ohne Macht und immer bedroht, lehnte er Diskussionen ab. Necker, der sich immer noch für wichtig hielt, erging sich im Staatsrat in langen Erörterungen der vorgeschlagenen Texte; der König hörte zu und unterschrieb.

Sein zurückgezogenes Leben verschaffte ihm wenigstens eine neue, innige Vertrautheit mit seinen Kindern; er genoß sie in tiefer, mit Unruhe vermischter Freude. Wenn die Nerven zu angespannt waren, spielte er mit Monsieur, Madame und der Königin Whist. Er hatte sich auch wieder auf seine Schlosserarbeit besonnen, aber die Mehrzahl seiner Stunden verbrachte er in Betrachtungen über die Mittel, die ihm noch blieben, die Monarchie wieder aufzurichten, das Königreich vor der Anarchie zu retten und seine Dynastie zu erhalten. Obwohl er sich von nun an »Ludwig XVI., König der Franzosen« nannte, hatte er auf seine Tradition weder verzichtet noch sie verleugnet. Er schickte in diesem Herbst den Abbé de Fonbrune zum König von Spanien, um ihn für sein Schicksal zu interessieren und im voraus gegen jede Unterschrift zu protestieren, die man ihm abnötigen würde. Er erhielt die Familienbande und den Familienpakt aufrecht.

Am 10. Oktober schloß er mit La Fayette eine Art Bündnis, indem er ihm das Kommando über die regulären Truppen im Umkreis von fünfzehn Meilen von der Hauptstadt übergab. Er duldete die Kontrolle, die dieser Tribun über seine Minister ausübte. Doch La Fayette konnte sich mit Mirabeau, Duport, Barnave und Lameth nicht darüber verständigen, ein neues »patriotisches« Ministerium zu bilden und Mirabeau zum Botschafter zu ernennen. Mirabeau wich aus, die Triumvirn zauderten, der König bremste, und die neidischen Abgeordneten beschlossen eine Verordnung, die den Abgeordneten untersagte, Minister zu werden.

Ein seltsames Geschick verband diese zerstörerische Versammlung mit dem König, den sie besiegt hatte, aber nicht entbehren konnte. In Versailles allein gelassen, erklärte sie, sie könne nicht von der Person des Königs getrennt bleiben; am 19. Oktober siedelte sie nach Paris über in den großen Saal des Erzbistums, nahe Notre-Dame; da aber eine mit mehreren Personen belastete Estrade auf die Köpfe von drei Abgeordneten gefallen war, beschloß man, sich in der Reitbahn der Tuilerien, nahe dem König, niederzulassen.

Eine Art bürgerlicher Reaktion beherrschte jetzt die Versammlung; da Orléans nicht mehr bei ihnen war, hörten sie auf die Aufforderungen der ordnungliebenden Männer; hieraus ergab sich der Zuwachs an Autorität für La Fayette, der aus diesem Jahr 1790 das schönste Jahr seines Lebens machte. Auch die Provinz beruhigte sich; erschreckt, sich isoliert zu sehen, und ohne Verwaltungsbeziehungen zur Hauptstadt, begannen die Städte sich zu »verbünden«. Für die neuen Behörden war dies ein Mittel, ihre Wichtigkeit zu bestätigen und zu genießen, und für die Bevölkerung das beruhigende Gefühl, daß Frankreich trotz allem eine einzige und geeinte Nation blieb. Nach so vielen Unruhen ergossen sich die großen Grundsätze und langen Phrasen in Strömen. Diese Ruhe der Nation war ein Seitenstück zu der Ruhe des Auslandes; Rußland war damit beschäftigt, seine türkischen Eroberungen zu festigen und die in Polen vorzubereiten. Joseph II., der von den Türken besiegt war und im Sterben lag, mußte sich mit den Aufständischen in den Niederlanden und in Ungarn beschäftigen. Preußen schielte nach Polen. England erwartete seine Stunde. Eine Art Gleichgewicht herrschte; es war ungesund, aber bequem.

Bei dieser allgemeinen Ruhe hörte der König auf La Fayettes Vorschläge; sobald sein »Majordomus« die Linke schwach werden sah, fühlte er das Bedürfnis, seine Einigkeit mit dem König zu betonen. Dies war damals der Fall. Der König gab dem Drängen La Fayettes nach und begab sich am 4. Februar 1790 zur Versammlung. Er erschien dort mittags, ohne Leibgarde, von seinen Ministern und einigen Offizieren seines Gefolges begleitet. Lang anhaltender Beifall begrüßte ihn; er sprach stehend, denn die Versammlung hatte, um ihm zu zeigen, auf welchen Rang sie Anspruch machte, für ihn einen Lehnstuhl in gleicher Höhe mit dem des Präsidenten hinstellen lassen.

Ohne Gemütsbewegung und in väterlichem Ton, der es zu keinem Zwischenfall kommen ließ und jede Erklärung überflüssig machte, sagte er: »Es ist Zeit, meine Herren, daß ich mich eingehender, nachdrücklicher und offenkundiger an der Durchführung und dem Gelingen alles dessen beteilige, was Sie zum Vorteil Frankreichs verabredet haben...« Dann kam er auf die Vergangenheit zurück, zählte seine Bemühungen um eine Reform des Landes auf und verpflichtete sich, alle Bemühungen zu unterstützen, die der allgemeinen Glückseligkeit dienen könnten. Geschickt mißbilligte er die Emigranten und die Verbitterten: alle müßten sich für das Staatswohl um die Versammlung scharen. »Sie, die Sie durch so viele Mittel Einfluß auf das öffentliche Vertrauen haben, klären Sie dieses Volk, das mir so teuer ist, und von dem man mir versichert, daß es mich liebt, wenn man mich über meine Sorgen trösten will, über seine wirklichen Interessen auf.«

Die Abgeordneten waren entzückt, viele weinten und Barère rief: »Ah, welch guter König!... Ja, man muß ihm einen Thron aus Gold und Diamanten errichten.« Die Anspielungen auf den Dauphin, auf die patriotische Erziehung, die er erhielt, bezauberten diese ebenso »gefühlvollen« wie »tugendhaften« Gesetzgeber; da sie außerdem auch Demagogen waren, benutzten sie die Gelegenheit, jedem Bürger, der zu einem öffentlichen Amt zugelassen wurde, einen Eid aufzuerlegen, der dem des Königs entsprach.

Hierauf schickten sie eine Abordnung, um dem König für seinen Besuch zu danken; sie begegnete der königlichen Familie, die dem König entgegenkam. Die Königin sagte zu ihnen: »Ich teile alle Gefühle des Königs und bin mit Herz und Seele mit dem Schritt einverstanden, den zu tun die Liebe zu seinem Volk ihm diktiert hat...« Dann zeigte sie ihnen ihre Kinder, die reizend waren. Nach so vielen Aufregungen und Schrecken fanden die Abgeordneten Gefallen an dieser anmutigen Szene; sie weinten ein wenig und erstatteten der Versammlung einen sehr ergreifenden Bericht. Der Erfolg des Unternehmens nahm noch durch die Genugtuung La Fayettes zu, dessen Bescheidenheit damit fürlieb nahm, überall zu wiederholen, daß der König sich so gut erwiesen habe, weil er seinen Ratschlägen gefolgt sei, und daß man, wenn er so fortfahre, aus ihm noch einen guten, verfassungsmäßigen König machen werde. Außerhalb des Kreises der Aufwiegler und Aufgewiegelten bewahrte der Herrscher eine so große Volkstümlichkeit, daß die Versammlung, wenn sie sich mit ihm im Einvernehmen hielt, dabei mehr gewann als sie gab. Die Umgebung des Königs in den Tuilerien von den untersten Dienern bis zu den Prinzen konnte ihn nicht genug loben. Zu den beiden Empfängen, die er wöchentlich gab, kam man in Menge, und am Donnerstag, wenn er öffentlich speiste, drängte man sich, ihn zu sehen.

Orléans' Absicht, ihn zu demütigen, hatte ihm Gelegenheit gegeben, den Mut und die Redlichkeit seines Herzens zu zeigen, seine Seelengröße und seine Standhaftigkeit.

*

Ludwig XVI. und Marie-Antoinette begannen auch wieder in Paris umherzugehen; die Bevölkerung, Kaufleute, Bürger und kleine Leute, sparte nicht mit Beweisen ihrer Zuneigung. Von neuem klatschte man der Königin in der Oper Beifall; als eines Tages in »Iphigenie« das Lied vorkam »Chantons, célébrons notre Reine«, gab es die gleiche Begeisterung wie 1774. Der König und die Königin hörten es mit zugeschnürter Kehle an; wie kann ein Vergnügen so bitter sein? Auf der Straße bot man jeden Tag schmutzige Broschüren über sie zum Verkauf aus, und La Fayette ließ sie in der Stadt nur noch von Offizieren seiner Nationalgarde umgeben umhergehen, sei es, um sie zu beschützen, zu ehren oder zu überwachen.

Diese Vorsichtsmaßnahme hinderte keineswegs die Veröffentlichung des »Livre rouge« oder »Carnet«, das Ludwig XVI. für das Aufschreiben seiner geheimen Ausgaben bestimmt hatte. Von 1774 bis

1789 beliefen sie sich auf etwa 228 Millionen, von denen elf und eine halbe Million Ausgaben des Königs und seiner Familie waren. Der Ausschuß für Pensionen, der zusammen mit ihm dieses Buch geprüft hatte, ließ Abschriften davon anfertigen, und die Folge war eine höchst giftige Schmähschrift gegen den Herrscher. Das schlimmste war, daß man durch die Enthüllung der Namen aller deutscher Fürsten, denen die Monarchie Pensionen gezahlt hatte, Frankreichs Freunde beleidigte und seinen Feinden Waffen in die Hand gab. Gewisse Abgeordnete tobten vor Wut, ihre Namen hier wiederzufinden, wie die Brüder Lameth, deren Erziehung die Königin bezahlt hatte: 60 000 Franken. Diese schmutzigen Streitereien machten das Dasein zu einem ständigen Kampf.

So waren König und Königin glücklich, als beschlossen wurde, nach Saint-Cloud zu gehen, um dort frische Luft zu schöpfen. Der lange Winter in der lärmenden Stadt hatte sie erschöpft und ermüdet. Saint-Cloud war zwar nicht die Freiheit, man mußte darauf gefaßt sein, am Ende jeder Allee einen Nationalgardisten und im freien Felde Reiter La Fayettes zu finden, die sie überwachten, aber man hatte dort frische Luft, etwas weniger gemischte Gesellschaft, angenehme Erinnerungen und einige Hoffnungen. Der König konnte die langen Stunden zu Pferde wieder aufnehmen, die er liebte, und Marie-Antoinette ihre Spaziergänge mit Fersen, der sich ihr nach der Rückkehr aus dem russischen Kriege wieder angeschlossen hatte, obwohl er seine Pension und sein Regiment verloren hatte. Um Fersen empfangen zu können, nahm sie die Mitwisserschaft La Fayettes in Kauf, der ihn zu jeder Stunde des Tages und der Nacht in den Tuilerien umhergehen ließ. Daher verachtete La Fayette sie höflich, und sie haßte ihn leidenschaftlich.

Sie hatte unrecht; sie hätte La Fayette mißtrauen müssen; die freundschaftliche Haltung des Königs zu ihm war ratsamer. Bei den Jakobinern, die einen immer lauteren Ton anschlugen, beunruhigten Barnave, die Lameth und Robespierre La Fayette, dessen Vorschlägen in der Versammlung sie entgegenarbeiteten. Wenn er auch den »Klub von 1789« gegründet hatte, um eine rivalisierende Macht zu schaffen, so behielten die Jakobiner (dies war der endgültige Name des bretonischen Klubs) doch einen großen Vorsprung durch ihre Mitgliederzahl, ihre in allen Städten gebildeten Ausschüsse, ihre stürmischen Führer und ihre Spione in allen Verwaltungen. Von Mirabeau, den Jakobinern und ihren Freunden angegriffen, von den Blättern Marats und den besten Journalisten beschimpft, antwortete La Fayette, so gut er konnte; er hielt sich ein gutes Netz von Spionen, aber weder Schmähschriftenschreiber noch Volksredner.

Seit die Versammlung die »Güter der Kirche verstaatlicht hatte« (2. November 1789), »was die Börsenwucherer und Kapitalisten brennend gewünscht hatten«, hatte Talleyrand mehr Interesse an Spekulationen als an der Politik. Die Schaffung von Assignaten, einer Art von Papiergeld, das eine Rente abwarf und beim Verkauf der Kirchengüter eingelöst werden sollte, erleichterte den Börsenwucher, der sich jetzt entfesselte. Das auf drei Milliarden geschätzte Eigentum der Kirche deckte die Schulden des Staates, der die Kosten des Kultus zu seinen Lasten nahm. Mit einem Federzuge verlor die Geistlichkeit ihre Unabhängigkeit, und die Finanz gewann einen ungeheuren Einsatz. Zunächst wurden 400 Millionen Assignaten (Dezember 1789) ausgegeben, am 25. September 1790 1200, dann am 18. Mai 1791 600 Millionen usw., in anderthalb Jahren 2500 Millionen. Dieses Papiergeld schmolz in dem Maße dahin, wie man es ausgab, der Unterschied zwischen ihm und den Louisdors wurde immer größer. In diesem Loch verschwand jede mögliche Berechnung. Diese Frage war einer der Hauptgegenstände der Erörterungen in der Versammlung. Der König mischte sich nicht hinein, denn er konnte doch nichts dazu tun.

Er mischte sich in nichts hinein; in seiner Zurückgezogenheit beobachtete er den Aufstieg der Jakobinerpartei in Paris. Im Auslande lieferten die Ungeschicklichkeiten seines Bruders Artois, der alle ausländischen Herrscher für die französische Monarchie zu Hilfe rief, seinen Feinden schreckliche Argumente. Er hoffte nur noch auf Gott und auf die Rückkehr der Franzosen zu klarer Einsicht. Er bat diejenigen, die ihn um Rat fragten, keinesfalls auszuwandern: Rußland hatte dem Marschall de Bouillé, dem Kommandanten von Metz, angeboten, ihn in seine Dienste zu nehmen; auf Verlangen Ludwigs XVI. blieb er.

Der König beschränkte sich auf eine passive Verteidigung. Da er nicht in der Lage war, den im Lager von Jalès versammelten royalistischen Nationalgarden des Languedoc Hilfe zu leisten, beschränkte er sich darauf, Mirabeau nur dafür zu bezahlen, daß er seine heftigsten Angriffe einstellte, ohne mehr von ihm zu wünschen oder zu erwarten (Ende 1789). Die von Furcht gepeinigte und von Mercy geführte Königin schloß mit Mirabeau einen anderen Pakt (Juni 1790). Der Tribun leistete übrigens geringe Dienste. Er konnte nicht verhindern, daß die Versammlung dem König das Recht nahm, über Frieden oder Krieg zu entscheiden; ihm blieb nur das Vorschlagsrecht für beide.

Dem von Spanien reich besoldeten Mirabeau mißlang es auch, dem Appell dieses Landes im Streit mit England um die Insel Vancouver Gehör zu verschaffen; die Jakobiner siegten immer.

Doch Ludwig XVI. blieb volkstümlich. La Fayette hatte in Paris ein großes »Bundesfest« vorbereitet, um den 14. Juli zu feiern und dort Abordnungen aller Nationalgarden des Königreichs zu versammeln. Er war darauf vorbereitet, sich zu seiner eigenen Vergötterung herzugeben, selbst auf Kosten des Königs.

Das Gegenteil wurde daraus: der König errang einen gewaltigen Erfolg. Sobald die Abordnungen in Paris ankamen, wollten sie ihn sehen. Selbst das große Zelt mit dem allen zur Verfügung stehenden Tisch mit Speisen und Getränken, das La Fayette in seinem Garten hatte aufstellen lassen, kam erst an zweiter Stelle.

Einer nach dem anderen kam jeder der Bünde zum Herrscher, um ihm seine Liebe und Treue zu bezeigen. Am 13. Juli kamen sie gemeinsam, um den König zu begrüßen; La Fayette führte sie und ließ die Gelegenheit zu einer Rede nicht vorübergehen: »Sire«, sagte er, »im Lauf der denkwürdigen Ereignisse, die uns unverjährbare Rechte wiedergegeben haben, da die Tatkraft des Volkes und die Tugenden seines Königs den Nationen und ihren Führern so große Beispiele gezeigt haben, verehren wir gern in Eurer Majestät den schönsten aller Titel, den des Oberhauptes der Franzosen und des Königs eines freien Volkes.«

Ludwig XVI. erwiderte, ohne seine Bewegung zu verbergen: »Möge der feierliche Tag, an dem Sie gemeinsam Ihren Eid auf die Verfassung erneuern, jede Uneinigkeit verschwinden sehen, die Ruhe wieder zurückbringen und die Gesetze und die Freiheit im ganzen Königreich herrschen lassen!« Dann stellte man ihm jeden Bund vor; es war ein Wettstreit rührender Beteuerungen.

Der 14. Juli wurde auf dem zu einer Art Zirkus gestalteten Champ-de-Mars gefeiert; in der Mitte stand der Altar des Vaterlandes, rundherum Galerien und ein Thron für den König und eine Tribüne für die Königin. Es regnete; die Bundesmitglieder saßen auf den Stufensitzen; der für diesen Tag zum obersten Führer der Nationalgarden ernannte König erschien noch einmal mit allen Abzeichen der Königswürde. La Fayette, auf den er sein Kommando übertrug, begrüßte ihn und ließ dann von den Bundesmitgliedern verschiedene Manövrierbewegungen ausführen. Dann las Talleyrand die Messe; der König leistete den Eid auf die Nation und das Gesetz, und die anderen taten es ihm nach. Kanonendonner ertönte, und plötzlich erschien die Sonne, wie um zu grüßen.

Die Königin erhob sich auf ihrem Podium, nahm den Dauphin und streckte ihn der Menge entgegen. Der Schrei, der aufstieg: »Es lebe die Königin! Es lebe der Herr Dauphin!« klang wie das Zärtlichkeitsgebrüll eines wilden Tieres. Alle dachten, Frankreich habe noch ein royalistisches Herz.

Eine seltsame Feier, bei der ein Bischof zu Gott, dem er nicht diente, betete, bei der ein durch seine Elite vertretenes Volk den König, den es seit drei Jahren beschimpfte, in den Himmel hob, bei der man einer Messe beiwohnte, ohne zu wissen, daß man sie las, und ohne sich darum zu kümmern, daß sie eine Gotteslästerung war; eine Feier, bei der große und aufrichtige Bemühungen, dem wiedererwachenden Patriotismus einen heroischen Glanz zu verleihen, auf einen possenhaften Jahrmarkt unter strömendem Regen und auf die Apotheose eines abgesetzten Königs hinausliefen. Ein gefährlicher Tag, der die ordnungliebenden Leute über ihre Zahl, La Fayette über seine Kraft und den König über seine Volkstümlichkeit täuschte. Die Leute, die ihm Beifall zollten, waren aufrichtig, aber untätig in einem Land, in dem einzig die Jakobiner handelten.

Das machte sich sogleich bemerkbar. Orléans, in London schlecht aufgenommen, in seinem Ehrgeiz enttäuscht und Mme. de Buffons überdrüssig, kehrte mit frischem Geld nach Paris zurück. Er fürchtete weder La Fayette, der nicht gewagt hatte, den Prozeß gegen ihn zu betreiben, noch den König, der keinen Wert darauf legte, ihn zu empfangen. Er traf Anfang Juli ein.

Auf dem Champ-de-Mars spielte er eine armselige Rolle; man drehte ihm den Rücken. Dann ging er, den König zu begrüßen; Ludwig XVI. war höflich: »Lernen Sie von Ihrem König, wie man Franzose sein muß, und wie man würdig ist, aus dem Geschlecht dessen zu stammen, der sie regiert«, so hatte er ihm geschrieben; jetzt wünschte er weder einen Bruch noch Zwist. Seine Umgebung entrüstete sich darüber. Alle wollten ihren Anteil am Haß haben, selbst die Königin, nicht aber der König. Seine Rolle bestand darin, auszuharren und die Hoffnung Frankreichs zu bleiben, in der Hoffnung, daß die Franzosen endlich das Leid begriffen, das sie sich selbst antaten. Man teilte ihm mit, daß die Versammlung vom 19. bis 23. Juli mit überschäumender Begeisterung die Aufhebung aller Adelstitel angenommen habe; nicht ein Zug seines Gesichts rührte sich; er unterschrieb. Nichts ist wertloser als eine

Gemütsbewegung, nichts vergeblicher, die Fahne zu retten, wenn die Festung verloren ist. Necker war darüber entrüstet.

*

Necker fühlte sich nicht wohl. Er hatte gar keine Bedeutung mehr; die Versammlung zog die hauptsächlichen finanziellen Angelegenheiten an sich, seit sie eine »Kasse für Außerordentliches« geschaffen hatte, die sie selbst verwaltete. Die Aufhebung des Edikts von Nantes war widerrufen, die Klöster waren geschlossen worden (man duldete nur noch die im Lehrberuf oder in Krankenhäusern tätigen Mönche und Nonnen). Die Priester waren zur Vernunft gebracht worden, seit sie vom Staat besoldete, vom Volk gewählte Beamte waren (Zivilverfassung der Geistlichkeit, 12. Juli 1790). Weniger angenehm war es, daß in Nancy die Truppen meuterten; in Brest vermochten die Offiziere der Marine nicht mehr die Disziplin aufrechtzuerhalten. Man wußte nicht, ob der Gärungsstoff aus London oder von den Jakobinern kam; doch Flotte und Armee waren nicht mehr zuverlässig. Auch das Geld war es nicht mehr. Der Assignatenkurs sank täglich. Necker war überarbeitet und beschloß, nach Coppet zu gehen, um sich zu Hause auszuruhen. Die Versammlung war mit wenig höflicher Eile damit einverstanden; er verschwand mit einer Bereitwilligkeit, die nicht heldenhaft, aber klug war.

La Fayette war nicht so klug. Ausgescholten von seiner Frau, die weiterhin fromm war, von seiner Mätresse, die Ordnung wünschte, und von seiner Tante, die beunruhigt war, beschuldigte er Orléans des Verrats und den König wegen seiner Zurückhaltung, die doch recht angebracht war. Die Versammlung erörterte die Bildung der zukünftigen Garde des Königs; La Fayette wollte sie aus seiner Nationalgarde bilden und schickte an Ludwig XVI. den Entwurf eines Briefes, damit dieser eine geeignete Antwort gäbe; der König benutzte den Entwurf, änderte jedoch das La Fayette eigene Gendarmenfranzösisch in eine höfliche und klare Sprache um. Die Königin sprach deutlicher: »Was sollen wir, mein Herr, denen antworten, die erstaunt sind zu sehen, daß der König für seine private Garde die französischen Garden nehmen soll, die ihn am 14. Juli verraten haben?« – »Eure Majestät«, erwiderte er mit der ihm eigenen dünkelhaften Kälte, »werden sie an den Dienst erinnern, den sie ihr am Morgen des 6. Oktober zu erweisen das Glück hatten.« Hierauf gingen beide, jeder wütend und stolz, von dannen.

Verständigerweise hatte der König den Brief unterschrieben, aber vergeblich, denn die Versammlung ließ ihn liegen.

Die Angelegenheit der Minister war schwerer wiegend. Die Meuterei der Flotte in Brest beunruhigte die öffentliche Meinung in Frankreich und in Europa. Frankreich, das gestern noch souverän war, blieb England gegenüber ohne Verteidigung. Die Versammlung bemühte sich, die Verantwortlichkeit der »vollziehenden Gewalt« festzustellen, also des Königs und der Minister – tatsächlich waren es nur die Minister, denn der König war der Versammlung nicht verantwortlich. »Charles de Lameth behauptet recht munter, die vollziehende Gewalt stelle sich tot«, schrieb damals La Fayette; aber Lameth wäre gescheiter und weniger munter gewesen, hätte er festgestellt, daß »die vollziehende Gewalt tot *war*«. Was blieb, war eine Diktatur der Versammlung mit einer von La Fayette kommandierten Prätorianergarde. Die Jakobiner bildeten Zellen in allen Regimentern, und um die Ordnung aufrechtzuerhalten, mußte man sein Leben aufs Spiel setzen, wie es Bouillé in Metz und Nancy tat. Wenige Offiziere besitzen diesen Mut.

Mirabeau benutzte das, um die Minister zu beschuldigen, die er zu stürzen und zu ersetzen hoffte. Es mißlang ihm am 20. Oktober 1790. Aber sie hatten begriffen; einer nach dem anderen trat ab, am 28. Oktober La Luzerne, am 16. November La Tour du Pin, am 22. Champion de Cicé. Übrig blieb nur Montmorin, der vertraute Freund des Königs und die »Schildwache« La Fayettes im Staatsrat. Dieser drängte Ludwig XVI., indem er sie in Vorschlag brachte, Freunde auf, um das Ministerium zu vervollständigen. Ein ehrenwerter Mann ohne besondere Eigenschaften, aber fachkundig, bekam die Marine; ein Jakobiner, Duportail, das Kriegsministerium, ein Freund Montmorins, Duport-Dutertre, das Justizministerium. Saint-Priest behielt bis zum Ende des Jahres das Ministerium des Inneren. Ludwig XVI. hatte so wenig Zutrauen zu dieser seltsam zusammengesetzten Gemeinschaft, daß er im Staatsrat so wenig wie möglich sprach und in allen gefährlichen Fällen so tat, als ob er schliefe.

Doch die Stunde kam, in der es unmöglich wurde, auszuweichen. Man hatte ihn aller seiner Funktionen, des Erbes seiner Vorfahren beraubt, man hatte deren Werk mit dem seinigen zerstört, ohne daß er es verhindern konnte. Jetzt stellte er sich gleichgültig, obwohl er nicht ohne Schauder sehen mußte, wie Frankreich in dreiundachtzig Departements zerstückelt war, wie die Finanzen dem Börsenwucher ausgeliefert waren, wie die Armee durch Zuchtlosigkeit zerstört wurde und die schönste Flotte, die Frankreich jemals besessen hatte, dazu bestimmt war, in den Häfen zu verfaulen. Und doch war alles dieses nichts, verglichen mit der »zivilrechtlichen Konstituierung der Geistlichkeit«: ein Monstrum von liberalem Idealismus und kanonischer Unwissenheit. Die einst so hochmütigen, jetzt so demütigen Bischöfe wollten sie annehmen und baten den Papst, sie dazu zu ermächtigen. Der Nuntius hatte in diesem Sinne nach Rom geschrieben. Die beiden Bischöfe, die der Papst dazu bestimmt hatte, Ludwig XVI. in religiösen Dingen zu beraten, der Bischof von Pamiers und der von Langres, hatten dem König gesagt, er möge seine Bestätigung nicht verweigern, und er hatte sie am 28. Juli gegeben. Seitdem war er der Meinung, daß man ihn irregeführt hätte. Die Verhandlungen mit dem Papst, die sich in die Länge zogen, die zunehmende Gereiztheit der Versammlung, in der Jansenisten, Protestanten und Gottesleugner wetteiferten, um die Geistlichkeit zu unterjochen, den Papst vor den Kopf zu stoßen und den Gläubigen Ärgernis zu geben, plagten den König. Die Einverleibung Avignons* in Frankreich verschlimmerte alles. Als die Abgeordneten beschlossen, alle Geistlichen zu zwingen, den Eid auf die Zivilverfassung zu leisten, ohne die Antwort des Papstes abzuwarten, empörte sich das Gewissen des Königs: »Dieses Gesetz«, so sagte er zu seiner Umgebung, »verletzt meine religiösen Anschauungen; ich sehe in ihm das Signal zu endlosen Verfolgungen in meinem Königreich.« Um ihn zur Bestätigung des Gesetzes zu bringen, mußten ihm seine beiden geistlichen Ratgeber beweisen, daß er, falls er sich weigere, die Geistlichen unerbittlichen Verfolgungen durch die Klubs und den Pöbel aussetze. Aber diesmal empörte sich sein ganzes Wesen in einer Aufwallung von Angst und Abscheu. Sein Leben lang hatte er die Ratschläge seines Lehrers, Mgr. de Coëtlosquet, und dann die jenes Beichtvaters, der sein moralisches Gewissen geformt und sein geistiges Leben zur Entfaltung gebracht hatte, des Abbés Soldini, befolgt. Er schämte sich vor ihnen. Dieser Schmerz war zu tief und zu persönlich, um durch irgend jemand gemildert werden zu können; er ließ ihn fühlen, wie dringend es war, sich der Sklaverei der Versammlung zu entziehen, und hierbei konnten ihm seine Freunde helfen. Schon im Herbst, im Einverständnis mit La Fayette, war die Rede von einer Reise nach Compiègne gewesen; er hatte beabsichtigt, nach Metz zu gehen, wo er Bouillé wiedergetroffen hätte. Das Publikum erfuhr davon, und er verzichtete darauf. Aber er

* Avignon war seit 1348 päpstlicher Besitz. Von 1309 bis 1376 residierten hier die Päpste. 1791 wurde es Frankreich einverleibt. (Anmerkung des Übersetzers.)

fuhr fort, seine Flucht mit Hilfe seiner wirklichen Freunde vorzubereiten. Er mußte sich vor La Fayette hüten, der wegen seines Bedürfnisses nach Volkstümlichkeit immer unzuverlässiger wurde, und vor Montmorin, der zu schwach war, um die Last solcher Geheimnisse tragen zu können. Der König war Arnaud de Laportes, der mit den Finanzen und dem Nachrichtendienst betraut war, sicher; er war von allen der Treueste. Durch ihn und durch Talon wurden Gelder unter den Abgeordneten verteilt, die sie gern annahmen, auch die Jakobiner, und auch die royalistischen Zeitungen wurden mit Geld unterstützt. Auch Montmorin verwendete, im Einverständnis mit La Fayette, 1790 einen Teil dieser Gelder. Durch den Abbé de Fonbrune, den er nach England geschickt hatte, durch Breteuil, den er Ende Oktober 1790 an die befreundeten Höfe (Österreich, Schweden, Sardinien) schickte, damit er die Mittel zu einem internationalen Einschreiten in Frankreich zur Wiederherstellung der Ordnung und der Monarchie prüfe, suchte er draußen Stützen. Der Bischof von Pamiers, d'Agoust, der aus der Schweiz zurückgekehrt war, um ihn zu sehen und zur Tätigkeit anzutreiben, erhielt einen ähnlichen Auftrag. Es gelang auch, in einigen Zeitschriften des Verlegers Panckoucke die Notizen zu veröffentlichen, die er wünschte. Alles dies war wenig und kostete viel.

Es nützte nichts, die Abgeordneten der Linken zu kaufen; Orléans erschien mit einem höheren Gebot. Seine Mannschaft war wieder aufgestellt; Laclos, der Redakteur der »Zeitschrift der Freunde der Verfassung« (Zeitschrift der Jakobiner) geworden war, und Chabroud, der Präsident der Jakobiner, sicherten eine enge Verbindung zwischen den Jakobinern und dem Palais-Royal. La Fayette wurde ohne Gnade angegriffen, und ein niederträchtiger Feldzug begann, um die Königin zu zwingen fortzugehen, sich scheiden zu lassen oder ihr Leben aufs Spiel zu setzen. Sie hatte sich trotzdem geweigert, den König und ihre Kinder zu verlassen, aber sie konnte sich nicht dazu verstehen, La Fayette höflich zu behandeln. Besser fand sie sich mit Mirabeau ab, an dem sie zum mindesten das Benehmen eines entfesselten Stieres bewunderte. Die Last, alle diese Interessen zu versöhnen und auf einen Nenner zu bringen, fiel auf den König.

*

Der König mußte auch noch seine Tanten beraten. Die alten Damen zeigten wahren Mut und wirkliche Geschicklichkeit seit dem Beginn der Revolution. Da sie zu ihrer Umgebung immer gut gewesen waren und sich mit rechtschaffenen Leuten umgeben hatten, litten sie weniger als andere. Eine zur rechten Zeit gegebene patriotische Schenkung und eine unerschütterliche Kaltblütigkeit verschafften ihnen Frieden. Die religiöse Frage beunruhigte sie.

Seit die Versammlung den Eid befohlen hatte, verweigerte ihn die große Masse der guten Priester in Frankreich, und auf diese Weise verwirklichte die Versammlung durch ihr Sektierertum das, was dem König mit seinem Eifer niemals gelungen war: die Kirche Frankreichs reinigte sich von ihren schlechten Priestern, den Loménie, den Talleyrand, den Fauchet, die alle den Eid auf die Verfassung geleistet hatten. Diese Auslese sicherte die Wiederaufrichtung der Kirche Frankreichs, rief aber für den Augenblick unzählige Wirren hervor; die Versammlung entzog den Priestern, die den Eid nicht geleistet hatten, ihre Ämter und ihre geistlichen wie auch zivilen Rechte. Bei diesem Programm fand der ganze fortschrittliche Flügel der Revolutionäre seinen Eifer und seine Kraft wieder. Der Gedanke, die Kirche könne sich der Revolution nicht beugen, sie verweigere den Bruch mit der Vergangenheit und könne selbst eine ununterbrochene Tradition sein, schien den revolutionären Führern unerträglich. Vergeblich erinnerten die »Liberalen« wie La Fayette und La Rochefoucauld sie daran, daß die »Erklärung der Rechte« die Freiheit der Religion und des Kultus sichere; sie antworteten darauf mit den Rechten des Volkes und den widerrechtlichen Aneignungen des Papstes, eines fremden Herrschers. Mesdames wollten mit den »schlechten« Priestern nichts zu tun haben, sie zogen es vor, fortzugehen. Sie fragten den König um Rat und vertagten ihre Entscheidung vom 21. Januar bis zum 15. Februar. Schließlich beschlossen sie, im Einverständnis mit ihm, sich nach Rom zu begeben, den Papst zu sehen und ihren Freund, den Kardinal Bernis, wiederzutreffen.

Der König half ihnen. Er ließ durch den Minister des Auswärtigen einen Paß vorbereiten; das Ministerium des Inneren benachrichtigte die großen Gemeinden von ihrer Durchfahrt und bat sie, sie gut zu behandeln (9. Februar 1791). Sofort entfesselte sich ein von den Jakobinern geführter Feldzug gegen sie; man beschuldigte sie, den Dauphin mitnehmen zu wollen. Die Marktweiber keiften. Adelaïde begriff. Sie kündigte ihre Abreise für einen bestimmten Tag an, aber sie fuhren schon am Vorabend fort. Die gegen sie aufgebaute Kriegsmaschine brach zusammen. Vergeblich versuchte man, sie zurückzuholen; sie kamen durch. Endlich überschritten sie Le Pont-de-Beauvoisin und hatten die unsägliche Traurigkeit, frei und glücklich auf fremdem Boden angelangt zu sein!

In Paris entstand über diese Angelegenheit unglaublicher Lärm. Der unterdrückte Bürgerkrieg flammte wieder auf. Am 28. Februar 1791 erfuhr La Fayette von seinen Spionen, daß ein großer Aufruhr gegen das Schloß von Vincennes in Vorbereitung war: man behauptete, es sei mit den Tuilerien durch einen unterirdischen Gang verbunden! Man munkelte, die orleanistische Clique habe einen Hinterhalt gelegt, um La Fayette zu ermorden, oder es sei ein geheimer royalistischer Anschlag.

La Fayette stieg auf seinen Schimmel, ritt nach Vincennes und unterdrückte mit harter Hand einen schweren Aufruhr, bei dem auf zwei seiner Adjutanten Schüsse abgefeuert wurden. Dann kehrte er eiligst in die Tuilerien zurück, wo eine Gruppe von Adligen sich um den König geschart hatte, um ihm ihre bewaffnete Hilfe anzubieten. Rechtzeitig benachrichtigt, ließen sie die schweren Waffen verschwinden, aber La Fayette fand sie vor, wie sie den König, mit Dolchen und alten Rapieren bewaffnet, umgaben. Er ließ ihnen diesen ganzen Trödelkram entreißen, ihn durch seine Soldaten vor dem König zerbrechen und erteilte dann mit der kühlen Anmaßung, die er an großen Tagen zeigte, dem Herzog von Villequier und dem Herzog von Duras, den Vorstehern des Königlichen Hofstaates, einen Verweis. Diese Stunden brachten ihm mehr Haß ein als seine ganze frühere Laufbahn.

Der König war über diese Szene erschüttert. Jetzt, da er keinen Seelenfrieden mehr hatte, wurde er schwach. Die Nachrichten aus Rom meldeten, daß der Papst die »zivilrechtliche Konstituierung« abgelehnt hatte; von nun an wurde der religiöse Krieg, den der König vermeiden wollte, verhängnisvoll und brachte blutige und verderbliche Spaltungen mit sich. Der Feind würde daraus Nutzen ziehen; dieses durch zehn Jahrhunderte stetiger Arbeit so stark und ruhmreich gewordene Königreich setzte alles aufs Spiel, selbst sein Leben.

Am 4. März 1791 mußte sich Ludwig XVI. mit Fieber zu Bett legen. Einen Monat lang blieb er im Bett; er hustete, spie Blut und war unfähig, die Krankheit zu überwinden. Obwohl er unschuldig war, verzieh er es sich nicht, die zivilrechtliche Konstituierung angenommen zu haben. Sein empfindliches Gewissen dürstete nach Erlösung, ohne den Weg zu finden. Er wollte entfliehen, aber Leopold II., dessen Mitwirkung notwendig war, antwortete nicht oder weigerte sich, darauf einzugehen. Ludwig XVI. konnte jedoch auf die Unterstützung der österreichischen

Armee nicht verzichten, wenn er nach Malmédy in die Nähe von Bouillé flüchten wollte. Der großmütige, aber ungeschickte Gustav III. hatte sich in Spa niedergelassen, versuchte aber vergeblich, seine große Nachbarin Katharina II. in Bewegung zu setzen; sie war zu sehr damit beschäftigt, die Annexion Polens vorzubereiten. Die Engländer versprachen ihm wenigstens ihre Neutralität (Mission Champcenetz). Das Gefährlichste war, daß die Menge von der Absicht zu wissen und gegen eine Flucht des Königs die Stimme zu erheben begann.
Er drehte sich im Bett hin und her; die Fastenzeit hatte begonnen, bald war Ostern. Konnte er es wagen, nach dem, was er getan hatte, das Abendmahl zu nehmen? Und konnte er es aus der abtrünnigen Hand eines Priesters nehmen, der den Eid auf die Verfassung geschworen hatte? Sein Beichtvater, der Abbé Poupart, Pfarrer von Saint-Eustache, hatte den Eid im Februar geleistet; an ihn wollte er sich nicht mehr wenden. Er betete zu Gott. Er rief das Heilige Herz Jesu an, die Andachtsübung der einfachen Leute, die er angenommen hatte. In Versailles hatte sein Vater in der Schloßkapelle dem Heiligen Herzen einen Altar weihen lassen, worüber die Philosophen lachten. Er selbst hatte die Lehren des heiligen Jean Eudes, eines der Apostel des Heiligen Herzens, kennengelernt.
Der König stellte sich und sein Königreich unter den Schutz des Heiligen Herzens und verpflichtete sich, ihm einen Tempel zu errichten und ein feierliches Fest zu seiner Ehre zu schaffen, sobald er in der Lage wäre, dies zu erfüllen. »Ich verspreche feierlich«, so sagte er, »selbst, in eigener Person, binnen drei Monaten vom Tage meiner Befreiung an, in die Kirche Notre-Dame de Paris oder in irgendeine andere Hauptkirche des Ortes, an dem ich mich befinde, zu gehen und an einem Sonn- oder Festtage am Fuße des Hauptaltars nach dem Offertorium und in die Hände des die Messe lesenden Priesters einen Akt der Weihe an das Heilige Herz Jesu abzulegen, mit dem Versprechen, allen meinen Untertanen ein Beispiel des Kultus und der Andacht zu geben, die diesem anbetungswürdigen Herzen geschuldet werden.«
Diese Entscheidung gab ihm den Mut zur Gesundung; er verließ das Bett. Während man die Gebäude und Straßen von Paris für seine Genesung illuminierte, ging er wieder an die harte Arbeit, zu der ihn das Schicksal zwang: die schmutzige und geheime Arbeit, gemeine Agenten mit gemeinen Mitteln anzuwerben (Mirabeau hatte sich endlich zu einem regelrechten Kauf bereitgefunden, dessen Bedingungen Laporte dem König vorlegte); der demütigende Schein des Anstandes, der ihn

zwang, die hochmütige Rücksichtnahme und die versteckten Abweisungen seines Beschützer-Kerkermeisters La Fayette zu ertragen, das herzzerreißende Glück, seine Kinder über das traurige Schicksal unterrichten zu müssen und dabei zu versuchen, ihnen das Entsetzen zu ersparen, und schließlich, wenn er ein wenig Luft schöpfen und sich körperliche Bewegung machen wollte, überall mit Kummer ein Volk zu sehen, das aus einer hohen geistigen und nach Rangordnungen eingeteilten Kultur in die Erniedrigung einer materialistischen, von Neid geplagten und vom Haß beherrschten Welt gefallen war.

DIE RELIGIÖSE REVOLUTION

Am 14. April traf in Paris die Nachricht ein, daß der Papst die zivilrechtliche Konstituierung der Geistlichkeit abgelehnt hatte. Der Papst hatte gesprochen; von nun an kannte Ludwig XVI. die Aufgabe, die ihm zufiel: die Aufhebung dieses kirchenspalterischen Gesetzes zu erreichen. Um in geistiger Gemeinschaft mit der Kirche zu handeln, suchte er einen anderen Beichtvater als den, an den er sich seit fünfzehn Jahren wandte, den Abbé Poupart, den Pfarrer von Saint-Eustache. Entschlossen, niemand bloßzustellen und sein Vertrauen nur mit gutem Vorbedacht zu schenken – denn für ihn war sein Beichtvater sein geistiger Vater –, wählte er einen Ordensgeistlichen, dessen Werk und Persönlichkeit ihn seit 1786 bis 1787 interessierten, den Pater Hébert, einen Eudisten*, der mit einem männlichen Herzen eine geistliche Seele vereinte. Ludwig fragte ihn um Rat über den Fluchtplan und seinen Plan für die spätere Wiederherstellung der Religion in Frankreich. Er fragte ihn, ob er trotz seiner – unfreiwilligen – Teilnahme an einem ketzerischen Gesetz das Abendmahl nehmen könne.

Pater Hébert antwortete, daß ihm diese Gefühle zu genügen schienen: der König könne zu Ostern zur Beichte und Kommunion gehen. Da Ludwig aber bei den treuen Christen keinen Anstoß erregen wollte, schrieb er am 15. April an Bonal, den Bischof von Clermont.

Der Bischof von Clermont antwortete am nächsten Tag unter Rückgabe des Briefes, es sei vorzuziehen, nicht zu kommunizieren, da er sein Wort

---

* Eudisten. Nach Jean Eudes (1601–1680), einem religiösen Erneuerer Frankreichs, genannt. (Anmerkung des Übersetzers.)

nicht öffentlich zurücknehmen könne, »ohne sich sehr großen Unzuträglichkeiten auszusetzen«.
Ludwig und Bonal ermaßen die Gefahr. Die Revolution hatte sich festgefahren. Nachdem die Adligen aller ihrer Vorrechte beraubt waren und dem König jede Macht genommen worden war, stellte man fest, daß alles schlechter ging: der Handel stockte, das Geld war unbeständig, die Unsicherheit und schlechte Stimmung waren allgemein. Etwa zehn Tribunen stritten sich um die Macht, ohne sie auszuüben. Der begabteste von ihnen, Mirabeau, starb am 2. April 1791, und man beeilte sich, ihn mit Pomp zu begraben, um ihn nicht in den Kot ziehen zu müssen. Als einziges blühte der Börsenwucher, die einzigen Unverschämten waren die Jakobiner. Man wußte nicht, wie man die Revolution wieder in Schwung bringen sollte.

*

Man tat es durch den Religionskrieg. Sobald man von der Weigerung des Papstes erfuhr, wollten die Jakobiner und »Patrioten« dem König den Verfassungskultus aufzwingen. Auf den Rat seines Beichtvaters ging er zur Messe in die Kirche Saint-Germain-l'Auxerrois, die zur verfassungsmäßigen Pfarrei geworden war. Man wollte ihn zwingen, aus den Händen eines auf die Verfassung eingeschworenen Priesters das Abendmahl zu nehmen; aber der König gab nicht nach. Die Geistlichen seiner Kapelle verweigerten alle den Eid.
Die Zwischenfälle begannen. Die von den Jakobinern gehörig beeinflußten und belehrten Soldaten der Garde weigerten sich, der Messe des Königs beizuwohnen. La Fayette zwang sie dazu, worauf sie die Prediger beleidigten. Alles kündigte eine Meuterei an. Der König verzichtete darauf, nach Saint-Cloud zu gehen; La Fayette bestand darauf, daß man den Plan wieder aufnahm. Er wollte an die Freiheit des Königs glauben lassen. Die Jakobiner verbreiteten das Gerücht, er wolle heimlich kommunizieren.
Am 18. April (Montag der Karwoche) um elf Uhr bestieg der König mit fünf Hofkavalieren seinen Wagen. Sofort meuterten die Nationalgarden, schlossen die Tore und brüllten Drohungen. Sie beleidigten La Fayette, der sie zum Gehorsam bringen wollte. Nach zwei Stunden Geschrei verließ der König den Wagen und kehrte in seine Gemächer zurück. Er wollte nicht aus einem so törichten Grunde französisches Blut vergießen lassen. Auch mißfiel ihm, daß diese schamlose Revolte

vor aller Augen die Gefangenschaft, in der man ihn hielt, an den Tag legte.

La Fayette grollte dem König wegen dieser Haltung; er sagte, Ludwig XVI. habe die Revolte begünstigt. Doch waren die Nationalgarde und der Pöbel, die am Nachmittag auf der Suche nach nicht eingeschworenen Priestern das Schloß durchsuchten, nicht vom König eingeladen worden. Der Schritt des Direktoriums von Paris vom gleichen Tage erklärte das Manöver: dem König wurde eine von Talleyrand verfaßte Zuschrift vorgelesen: das Volk von Paris beunruhige sich, ihn von ungehorsamen Priestern umgeben zu sehen; um es zu beruhigen, bedürfe es »eines freimütigen und entschiedenen Schrittes, indem er von seiner Person alle die fernhalte, die als Feinde der Verfassung betrachtet werden könnten, und dadurch den Nationen Europas zeige, daß er der Revolution aufrichtig zustimme, da er nur noch von ihren Freunden umgeben sei«. Zu gleicher Zeit kündigten Plakate und Schmähschriften eine allgemeine Niedermetzelung der Priester und Aristokraten an, wenn der König nicht nachgäbe. Eine tragische Lage für den König! Eine unangenehme Lage für La Fayette! Orléans rächte sich. Die Intrige der vereinigten Orleanisten und Jakobiner wurde mit solcher Heftigkeit und mit so großen Geldmitteln durchgeführt, das Land war so zerstückelt und die vollziehende Gewalt so geschwächt, daß das Leben des Königs und der Seinigen jeden Augenblick in Gefahr war. Der König wußte das wohl; daher entließ er die Hauptbeamten der Krone: Duras, Villequier und seine ersten Almoseniere; die Königin tat das gleiche mit Mme. de Chimay. Zu gleicher Zeit reichte La Fayette, über die Undankbarkeit seiner Nationalgarde entrüstet, seine Entlassung ein und nahm sie dann edelmütig zurück; seine große Seele konnte dies den reumütigen und warmherzigen Soldaten nicht versagen. Der immer nach Stellungen und Geld begierige Talleyrand versuchte, die Krise zu benutzen, um sich dem König aufzudrängen; er spann im Einverständnis mit La Fayette eine Intrige, die ihn bei den Massen »volkstümlich machen« und ihm beim König eine Anstellung verschaffen sollte. Sie gaben dem König zu verstehen, wenn er sich mit der Versammlung versöhne, das heißt, indem er ihren Wünschen entspreche und als Großalmosenier einen eingeschworenen Priester, zum Beispiel seinen ehemaligen Beichtvater, den Abbé Poupart, nehme, dann könne er die Freiheit für die orthodoxen Katholiken und für sich selbst den Schutz seiner Person, seiner Autorität und seiner Volkstümlichkeit erhalten.

Auf den Rat des Paters Hébert begab sich Ludwig XVI. am 19. April in die Versammlung und sagte: »Ich komme in Ihre Mitte mit dem Vertrauen, das ich Ihnen immer bezeigt habe. Sie sind über den Widerstand unterrichtet, den man gestern meiner Abreise nach Saint-Cloud entgegengesetzt hat. Ich habe nicht gewollt, daß man ihn mit Gewalt breche, weil ich gefürchtet habe, ein hartes Einschreiten gegen eine getäuschte Menge hervorzurufen, die glaubt, zugunsten der Gesetze zu handeln, während es sie verletzt.« Dann forderte er: »Es ist für die Nation wichtig, zu beweisen, daß ich frei bin« und erklärte, er werde zu diesem Zweck nach Saint-Cloud gehen, aber im übrigen werde er alle seine Eide halten, einschließlich des für die Aufrechterhaltung der zivilrechtlichen Konstituierung abgelegten Eides. Er schloß, indem er daran erinnerte, daß sein einziger Wunsch »das Glück des Volkes« sei. Diese geschickte Rede beunruhigte die Versammlung; wenn sie sagen ließ, der König sei Gefangener, so verlor sie das Gesicht. Sie antwortete damit, daß sie die Jakobiner beschuldigte und zwang den König, einen Brief an die auswärtigen Mächte zu unterschreiben, in dem er erklärte, er sei frei. Er mußte sogar der Messe des verfassungstreuen Pfarrers von Saint-Germain-l'Auxerrois, seines Kirchspiels, beiwohnen. Aber er lehnte es ab, dort zu kommunizieren und Poupart als Großalmosenier zu nehmen.

Für diese Opfer erhielt er eine Waffenruhe für die nichtvereidigten Priester und für die orthodoxen Katholiken. Am 7. Mai nahm die Versammlung ein Gesetz an, das die vom Direktorium des Pariser Departements anerkannte und geregelte religiöse Toleranz ebenfalls anerkannte und bestätigte. La Fayette hatte hart gearbeitet, um diese Abstimmung zu erreichen; seine fromme Frau hatte sie nicht weniger als der König verlangt. Seine Freunde La Rochefoucauld und Sieyès, die der Idee der Freiheit ergeben waren, erleichterten ihm die Aufgabe beim Direktorium des Departements. Talleyrand half, da es sein Plan war.

Jedoch schwoll eine fürchterliche Flut orleanistischen Jakobinertums an. Orléans hatte seiner Partei Geld und Hoffnungen mitgebracht. Die vereidigten Priester, die Jansenisten, Protestanten und Gottesleugner verbanden sich mit den Jakobinern gegen den Katholizismus. Die Vereidigten waren beunruhigt, zu sehen, wie ein orthodoxer Kultus neben dem ihren aufkam und ihnen den größten Teil der Gläubigen wegnahm und träumten daher nur von Maßnahmen gegen ihre ehemaligen Kollegen; für sie blieb der König für die Lage verantwortlich, und daher wurden um ihn herum Gotteslästerungen und Schmähungen ausgestoßen.

All diese Unordnung, der Weggang und die Ächtung eines seiner treuen Diener, Angivilliers, und vor allem die Haltung der Versammlung trieben zur Flucht an. Die Abgeordneten berieten über die Versammlung, die auf die ihre folgen sollte, sie erklärten alle Bullen des Papstes, denen die Versammlung und der König nicht zustimmen wollten, für ungültig.

Alle, die es konnten, beschäftigten sich damit, ins Ausland zu gehen... Es war sehr warm...; Madame Elisabeth war sehr aufgeregt, als sie sah, wie alle Freunde sie verließen.

Die Königin überwand ihre Nervosität durch die Beschäftigung mit den Vorbereitungen; sie schickte ihre Diamanten nach Brüssel, ihr Reisenecessaire nach Wien, Koffer mit Kleidungsstücken und Wäsche für sie und die Kinder nach Brabant, kurz alles, was eine gute Familienmutter gern auf die Reise mitnimmt und was geeignet war, sie in Verdacht zu bringen.

Der König blieb ruhig. Im Einverständnis mit seinem Schwager Leopold II., gesichert durch eine Heeresgruppe österreichischer Truppen nahe der Nordostgrenze und durch 15 Millionen Franken, sobald er frei sein würde, gab er heimlich seine letzten Befehle, verfaßte einen für die Versammlung bestimmten Brief und benachrichtigte seine Ratgeber Laporte und Hébert. Da es unvermeidlich war, unterzeichnete er alles, was ihm die Versammlung schickte. Für das übrige betete er zu Gott.

*

Der König hatte die Abreise nach Malmédy auf den 19. Mai festgesetzt; Monsieur fuhr am gleichen Tage nach Belgien ab. Die Abfahrt mußte auf den 20. Juni verschoben werden, um die gefährlichste der Pflegerinnen des Dauphins zu täuschen. In den Plan waren nur sichere Leute eingeweiht worden. Die Abreise erfolgte durch die Wohnung des Herzogs von Villequier, die leer war und deren auf die Höfe gehende Tür nie bewacht wurde.

Gegen elf Uhr abends kam Mme. de Tourzel heraus, mit ihr Madame Royale und der als Mädchen gekleidete Dauphin. Sie stiegen in den Wagen, eine Art alter Droschke, in dem Fersen, als Droschkenkutscher verkleidet, sie erwartete. Er fuhr dann mit dem Wagen etwas umher, damit man sie nicht bemerkte und um dem König, der Königin und Madame Elisabeth Zeit zu geben, einzutreffen.

Gegen halb zwölf Uhr kam Madame Elisabeth, um zwölf Uhr der König. Bailly und La Fayette, die zur Abendaudienz gekommen waren, hatten ihn aufgehalten. Die Königin kam eine Viertelstunde später, weil sie sich in diesem Teil von Paris, den sie nicht kannte, verirrt hatte; der Wagen La Fayettes war an ihr vorbeigefahren, ohne daß er sie gesehen hatte.

Sie waren frei. Bei einer Flucht ist die schwierigste Anstrengung die, sich den täglichen Gewohnheiten der Knechtschaft zu entreißen. Sobald dies geschehen ist, scheint alles leicht, die Welt offen und befreundet. Alle im Wagen umarmten sich. Der König dankte Gott. Aber man mußte sich beeilen, um aus der Reichweite La Fayettes und der Versammlung zu kommen.

Fersen, der Paris schlecht kannte, fuhr durch die rue Saint-Honoré und über die Boulevards; das war ein Umweg. Endlich fand man jenseits der Schranke von Saint-Martin die Berline mit dem schwedischen Postillion und den drei Leibgardisten. Mit von Fersen beschafften russischen Pässen versehen, kam die königliche Familie ungehindert durch die Schranke; einer der Schrankenwärter feierte gerade mit großem Lärm seine Hochzeit.

Dann fuhr man so schnell wie möglich davon, und Fersen kehrte nach Paris zurück. Obwohl die Pferde auf den schlüpfrigen Straßen stürzten und die Stränge in Eile mehrmals geflickt werden mußten, kam man in der Richtung auf Malmédy vorwärts; überall erhielten sie Pferde und man fragte nicht nach ihren Pässen. In Châlons, wo sie am 21. gegen vier Uhr nachmittags eintrafen, ging alles gut.

Man plauderte in der Berline: »Nun bin ich aus dieser Stadt Paris«, sagte der König, »in der ich soviel Bitterkeit erfahren habe. Ihr könnt überzeugt sein, sobald ich erst wieder einmal zur Ruhe gekommen bin, werde ich ein ganz anderer sein als der, den ihr bisher gesehen habt.« Er freute sich besonders darauf, frei zu den Franzosen sprechen und die Religion wiederherstellen zu können.

»La Fayette«, sagte er, »wird augenblicklich nicht wissen, wie er sich benehmen soll.« Hierüber mußte die Königin lächeln; sie war mehr dazu geneigt, von einer Regentschaft zu träumen, bei der sie den Franzosen ihre Energie zeigen könnte. Madame Elisabeth dachte daran, daß allein Artois, ihr ritterlicher und kühner Bruder, sie alle retten würde. So träumte jeder, und die Stunden gingen vorüber.

In Paris gab es am Morgen des 21. zunächst höchstes Erstaunen; niemand hätte gedacht, Ludwig XVI. könne den Mut haben, fortzugehen. Dann verbreitete sich, von den Jakobinern aufgepeitscht, die Wut. Der unglückselige Kerkermeister La Fayette wurde bedroht. Er wehrte sich dagegen mit einer Phrase, die genial war, weil sie so viel Erdichtetes enthielt und die Menge wie auch die Versammlung zufriedenstellte, und abgedroschen, wenn man daran denkt, daß man diese gleiche Formel seit fünfzig Jahren wiederholt hatte: »Der König ist getäuscht und entführt worden.« Das rettete ihn. Er schickte sogleich Kuriere aus, um Ludwig XVI. einzuholen und zurückzubringen. Die Versammlung war mehr fassungslos als wütend. Am Nachmittag brachte man ihr die Erklärung des Königs, in der er gegen alles protestierte, was seit dem 6. Oktober 1789 getan und ihm aufgezwungen worden war. Er erklärte alle Unterschriften, die er seit dieser Zeit gegeben hatte, für ungültig, weil sie erzwungen worden waren. Nur die Anarchie, die Frankreich zerfleische, habe ihn genötigt, fortzugehen und zu sprechen. Dann gab er eine Übersicht über alle Opfer, denen er seit Mai 1789 zugestimmt hatte, und endete mit seiner Gefangenschaft und dem Chaos, einem Ergebnis der Verfassung, die den revolutionären Klubs zu Gefallen verfaßt war und Frankreich zugrunde richtete. Er versprach eine allgemeine Amnestie, eine in Freiheit angenommene Verfassung, den Frieden in Freiheit, die Wiederherstellung der Religion mit der Sicherheit der Besitztümer. Er verbot den Ministern, inzwischen irgend etwas in seinem Namen zu unterschreiben.

Die Versammlung hörte die Verlesung dieser Erklärung schweigend an. Weit davon, etwa in Wut zu geraten, empfanden alle diese bestürzten Tribunen eine Art von Erleichterung; würde man endlich diese Revolution, die sie in den Abgrund führte, im Zaum halten? Wenn dem König das gelänge, würden sie sich um ihn scharen. Heimlich sprach man davon, eine große Abordnung von sechzig Mitgliedern an den König zu schicken. Hätte La Fayette nicht Boten auf die Suche nach dem König abgeschickt, würde niemand daran gedacht haben.

Nur die »Cordeliers«*, eine Versammlung von Jakobinern und Orleanisten, sandten ihre Mitglieder aus, um überall die königlichen Abzeichen und die Lilien abzureißen. Paine und Duchatelet ließen ein

---

* Cordeliers wurden vor der Revolution die Mitglieder des Franziskanerordens genannt. Der Klub der Cordeliers hielt seine Versammlungen in einem alten Franziskanerkloster ab.
Auch die Jakobiner trugen ihren Namen nach einem Jakobinerkloster (Jakobiner = Dominikaner). (Anmerkung des Übersetzers.)

Plakat anschlagen, auf dem sie die Republik forderten, Condorcet veröffentlichte eine Schrift, in der er die Absetzung des Königs verlangte, und Laclos bereitete die Regentschaft von Orléans vor. Beim Herzog von La Rochefoucauld diskutierte man über die Republik.

Am 22. abends erfuhr die Versammlung von der Verhaftung des Königs in Varennes. Bouillé hatte die Böswilligkeit der Maasbevölkerung, die schon von den Jakobinern zersetzt war, unterschätzt; der König war bei der Ankunft in Sommevelles den erwarteten Truppen nicht begegnet.

Er drängte zur Weiterfahrt, wurde aber vom Sohn des Postmeisters, Drouet, erkannt und in Varennes verhaftet. Eine düstere, drohende und unaufhörlich anwachsende Menge drängte sich um die Berline. Einige Reiter von Bouillé waren auch anwesend, aber Ludwig XVI. wollte kein Blutvergießen. Er gab es auf.

Und nun kam der Rückweg. Keine Demütigung wurde ihnen erspart, aber ihr Leben wurde geschützt. Umgeben von Mitgliedern aller Klubs der Umgebung und fünfzig Pionieren, voran einhundertfünfzig Dragoner, so fuhr der Wagen ab. Man trieb die Pferde zur Eile an; eine erstickende Hitze herrschte; in den Dörfern wurden sie von der Menge beschimpft, und die Ortsbehörden boten dem König bei der Durchfahrt aus Spott die Schlüssel an.

Ludwig XVI. hörte seinen Sohn und seine Tochter weinen; er lächelte mit einer unglaublichen Freude. Er war immer nur ein König gewesen; jetzt litt er an einem himmlischen Schmerz.

DIE REVOLUTION AN DER MACHT

Eine bleierne Sonne lastete auf Paris. Eine gewaltige Wolke heißen Staubes zog langsam die Champs-Elysées hinunter. Man hörte nichts als den Marschtritt der Soldaten und die Hufe der Pferde. Kein einziger Schrei. Eine unendliche Menge bildete, ohne die Hüte abzunehmen, Spalier und betrachtete den stummen Zug. An den Mauern angeschlagene Plakate verkündeten: »Wer dem König Beifall zollt, erhält Stockschläge, wer ihn beschimpft, wird gehängt.« Hierin war der Stil La Fayettes zu erkennen; die Jakobiner hätten jeden Beifallspender gehängt und jeden, der geschimpft hätte, belohnt. Als sich der

Zug den Tuilerien näherte, sah man einen Wald von Bajonetten, der zwei Wagen umgab. Auf dem Bock des ersten Wagens drei entwaffnete Leibgardisten, an den Rädern Blut. Nahe den Tuilerien brachen die abscheulichsten Beschimpfungen, Verwünschungen und Drohungen hervor wie ein Feuerwerk von Dreck. Alle in den beiden Wagen hatten das Gefühl der Todesgefahr. Die Gewehrkolben nach oben bildete die Nationalgarde ein dreifaches Spalier der Schande. Dennoch hatte der Mut der Königin einen der Kommissare der Versammlung, Barnave, der den Schutz der Gefangenen überwachte, gerührt. Zwei andere Mitglieder der Versammlung, der Vicomte de Noailles und der Herzog von Aiguillon, hatten Wert darauf gelegt, anwesend zu sein – war es der Gipfel der Beleidigung durch zwei erbitterte Feinde oder eine geheime Sühne zweier verräterischer Freunde? Der König stieg schwitzend und mit beschmutzten Kleidern hocherhobenen Hauptes und mit leuchtenden Augen aus und sagte zu den Abgeordneten: »Als ich geglaubt hatte, mich von Paris entfernen zu müssen, war es niemals meine Absicht, Frankreich zu verlassen. Ich wollte mich an einer der Grenzen niederlassen und als Vermittler bei den täglich zunehmenden Streitigkeiten in der Versammlung dienen; vor allem wollte ich in aller Freiheit und ohne jede Ablenkung am Glück meines Volkes, dem beständigen Ziel meiner Sorge, arbeiten.« – Dann betrat er, von nun an ein Gefangener, das Schloß.
Sechsunddreißig von La Fayette ausgewählte Nationalgardisten überwachten den König und die Seinen, die, immer in Sichtweite bewacht, nur die von La Fayette als »sicher« zugelassenen Besucher sehen durften: die Brüder Crillon und Liancourt. Der König erlaubte den Wachen nicht, den Dauphin fortzunehmen; er ließ ihn durch seinen Kammerdiener Hue in seine Gemächer bringen. Das Kind fragte ihn: »Gleich nach unserer Ankunft in Varennes hat man uns wieder zurückgeschickt. Ich weiß nicht, warum? Wissen Sie es?« – »Pst! Still!« murmelte Hue. Tatsächlich wußte es das Kind. Morgens beim Aufstehen sagte es zu den Wächtern: »Ich habe einen schrecklichen Traum gehabt; um mich herum waren Wölfe, Tiger, wilde Tiere, die mich fressen wollten.« Die Abordnungen der Sektionen, die immer kamen, um die Anwesenheit des Königs nachzuprüfen, sahen allerdings so aus. Der König beschäftigte sich friedlich und vor aller Augen damit, das Leben Karls I. zu lesen.
Während dieser Zeit erörterte und beschloß die Versammlung, daß »der König vorläufig der Funktionen der Königswürde enthoben

werde«, und »daß er, seine Frau und alle, die an der Flucht nach Varennes teilgenommen hatten, interniert und verhört werden sollten«. Dieser Beschluß wurde sogleich unter Trompetenschall in allen Vierteln der Hauptstadt verkündet. Paris war unruhig.

Frankreich befand sich im Zwist mit dem Papst und wurde bedroht von Gustav III., der seine Untertanen aus Paris zurückrief, durch Spanien, das rüstete, durch Katharina II., die Frankreichs Vertreter Genet beleidigt hatte, und durch den Kaiser, der von Padua aus alle Herrscher aufforderte, »die Freiheit und die Ehre des Allerchristlichsten Königs und seiner Familie zu verlangen« und sich zu vereinigen, um die französische Revolution wieder zur Vernunft zu bringen. Die Versammlung beeilte sich, Rochambeau zur Übernahme des Kommandos der Armee nach Flandern zu schicken und die Verteidigung der Grenzen zu organisieren. Alle mußten einen neuen Eid leisten. Versammlung, Minister und Departements arbeiteten, von Furcht elektrisiert, überall so gut sie konnten; alles ging vor sich wie in einer Republik und kündigte eine Republik an.

Die republikanische Partei bildete sich. Bei La Rochefoucauld fanden endlose geheime Zusammenkünfte statt; Condorcet trieb zum Zustandekommen der Republik, La Fayette leistete Widerstand; er wünschte keine von Orléans beherrschte Republik. Barnave, Duport und die Lameth, diese erbitterten Feinde der Monarchie, klammerten sich jetzt an sie und vereinigten sich mit La Fayette, um Orléans zu verhindern, General zu werden.

Sie ließen daraufhin die Versammlung ein Gesetz annehmen (16. Juli 1791) für die Aufrechterhaltung Ludwigs XVI. auf dem Thron. Hierzu trug die geschickte und aufrichtige Denkschrift des Königs bei, vor allem aber ein tiefes Schuldgefühl bei dieser einem bewaffneten Europa entwaffnet gegenüberstehenden Versammlung. Die Furcht ist eine mächtige Gottheit. Sie zählten mehr auf Ludwig XVI. als auf sich selbst, um Frankreich zu retten, und faßten daher diesen Entschluß trotz dem Geheul der Jakobiner, den Drohungen der »Cordeliers« und den Predigten Robespierres.

Sobald der Beschluß vom 16. Juli bei der Menge in den Klubs bekannt wurde, am Freitagabend, tobten Orleanisten und Republikaner, im gleichen Zorn einig, in den Cafés, Klubs und im Palais-Royal. Überall wurden Ludwig XVI., die Versammlung und La Fayette beschuldigt.

Das Wetter war abscheulich, die Straßen voller Aufregung. Die Garde mußte Gesindel zurückdrängen, das die Schließung der Theater erzwingen wollte. Bei den Jakobinern schrien alle, man wolle keinen König mehr; eine von Robespierre, Pétion und Laclos unterstützte Abordnung der »Cordeliers« verkündete es. Man beschloß, auf dem Champ-de-Mars auf dem Altar des Vaterlandes einen Aufruf niederzulegen, den alle unterzeichnen sollten, und der dann in den Provinzen umlaufen sollte, um die Versammlung einzuschüchtern. Am Samstag zog daher eine Menge von Arbeitern, »Briganten« und Fremden zum Champ-de-Mars.

Danton und Brissot, zwei von Orléans Besoldete, hatten versucht, einen orleanistischen Antrag annehmen zu lassen, in dem »die Absetzung des Königs und seine Ersetzung durch verfassungsmäßige Mittel«, das heißt eine Regentschaft, gefordert wurde; überstimmt, mußten sie einen republikanischen Antrag annehmen; Orléans war gescheitert. Die Versammlung bekam Angst; im Gros-Caillou, einem volkreichen und erregten Stadtviertel, hatten sich Unruhen ereignet. Die Versammlung befahl dem Bürgermeister von Paris, den Auflauf auf dem Champ-de-Mars zu zerstreuen. La Fayette marschierte an der Spitze einer Abteilung der Nationalgarde mit Kanonen auf. Vor dieser Drohung zog sich die Menge zurück, aber ihre Führer gaben sich nicht besiegt. Den ganzen Samstag über bemühten sie sich, »das Volk zur Empörung zu bringen«.

Am Sonntag, dem 18., morgens, zerstreute La Fayette eine erste Zusammenrottung von »Briganten« auf dem Champ-de-Mars. Als am Abend die Bewegung wieder begann, verkündete die Stadtbehörde das Standrecht, entfaltete die rote Fahne und schickte La Fayette mit seinen Truppen zum Champ-de-Mars. Die Menge bombardierte sie mit Steinen und gab Gewehrschüsse ab. Nach einiger Zeit gab die überreizte Nationalgarde Feuer und schoß etwa fünfzig Personen nieder. Die Kavallerie ging zum Angriff vor, und die Meuterer flüchteten. Am Abend wurde die Stadt illuminiert.

*

Die Versammlung machte Miene, die revolutionäre Waffe zu zerbrechen; sie nahm eine Verordnung an, die es gestattete, Hunderte von Führern zu verhaften und unter Anklage zu stellen; ihre Zeitungen wurden verboten. Der Feuillantinerklub wurde gegründet zur Gegenwirkung gegen den Jakobinerklub, aus dem die bekanntesten Abgeordneten austraten. Die Feuillantiner* wollten »Achtung vor der Verfassung und vor der Revolution, Einvernehmen mit dem König, sozialen Frieden, Krieg den Jakobinern«. War man im Begriff, sie zu vernichten?

Auf nur einige Führer beschränkt (Robespierre, Pétion, Danton usw.), bewahrten die Jakobiner ihre Verbindungen über das ganze Land, ihre Wühlarbeit und ihre Begierden.

Die Feuillantiner waren saturierte und erschreckte Leute. Sie hatten Furcht vor ihrem eigenen Werk: dem Untergang der Kultur, aus der sie hervorgegangen waren. La Fayette bewahrte seine Macht besser, denn er betete »das Lächeln der Menge« (und Mme. de Simiane) an. Ohne zu ahnen, wie gefährlich es ist, sich auf einen König zu stützen, den man beleidigte, und eine Menge niederzumetzeln, der man geschmeichelt hat, wünschte er einige Sicherheit. Die Abgeordneten auch. Ihr Werk, ein Chaos von Hirngespinsten, Gehässigkeiten, Grundsätzen, guten Absichten und Treulosigkeiten, setzte sie in Schrecken. Sie wollten sich verstecken (durch den Stimmzettel, indem sie die Wiederwahl untersagten) und sich beschützen. Der König blieb die beste Stütze.

Trotz der Unschlüssigkeit der Versammlung ließen La Fayette und die Triumvirn die Revision der Verfassung annehmen. Der Verfassungsausschuß griff gründlich durch und machte aus dem unförmigen Ungetüm, das man ihm vorlegte, etwas, das sich sehen lassen konnte, wenigstens bei verständigen Leuten. Die zivilrechtliche Konstituierung der Geistlichkeit wurde auf den Rang eines einfachen Gesetzes beschränkt und kein Grundgesetz daraus gemacht; so hatte die Flucht nach Varennes wenigstens hierzu gedient. Im übrigen erschien dieser Staat eher wie ein Mythos als ein souveräner Staat; in ihm war die vollziehende Gewalt – in der Theorie – einem erblichen, unverletzlichen König anvertraut, der aber nicht in der Lage war, weder die gesetzgebende Gewalt (die gänzlich dem Volk entstammte und gewählt wurde) noch die rechtsprechende Gewalt (die gleichfalls gewählt wurde) zu beeinflussen, und der nur ein aufschiebendes Veto besaß, das ihm erlaubte, die Anwendung eines von der gesetzgebenden Versammlung beschlossenen Gesetzes während zweier Legislaturen (vier Jahre) zu verzögern. In einem bewaffneten Europa und für ein Volk in voller Revolution schien seine Macht recht schwach zu

---

* Feuillantiner. Nach einem alten Kloster des Feuillantinerordens. (Anmerkung des Übersetzers.)

sein, und besonders war die seit fünf Jahren angenommene Gewohnheit, sie noch mehr zu schwächen, zu befürchten.

Niemand traute dem König, im übrigen beeilten sich die Adligen, die kurze Ruhe zu benutzen und zu fliehen. Die Jakobiner bereiteten die Wahlen und den Angriff vor, entschlossen, nicht die vorgesehenen dreißig Jahre zu warten, um die Verfassung umzustürzen; die schlechte Ernte, die bedrängte Lage und die allgemeine Armut führten ihnen Truppen zu.

La Fayette, unvorsichtig und schlau zugleich, unterstützte ein Gesetz, das das Kommando der Nationalgarde umbilden sollte: von nun an sollte jeder Legionsführer der Reihe nach das Kommando haben. Das hieß die Nationalgarde von Paris enthaupten. Er dachte daran, sich zum Bürgermeister von Paris wählen zu lassen. Sein Finanzverwalter hatte ihm gesagt, daß sein Einkommen von 200 000 im Jahre 1788 auf 40 000 gefallen sei. Die Meutereien am Beginn der Generalstände hatten viel gekostet, ebenso der 14. Juli und das übrige.

Weniger enttäuscht als beunruhigt, dachte er an die Zukunft; wenn der König die Verfassung ablehnte, so war das der Abgrund. Daher ging er immer häufiger in die Tuilerien und belästigte den König mit übertriebenen Höflichkeitsbezeigungen und Ratschlägen, deren Drohungen durch Ehrerbietigkeit verhüllt wurden. Jedesmal, wenn er eintrat, bekam die Königin einen Nervenschock, und der König brachte Gott dieses Opfer.

Des Königs ganze Kraft ruhte in Gott. Sein Mißgeschick hatte diese Kraft vertieft, ohne etwas in ihm zu ändern. Seit seiner Kindheit hatte man ihm die Revolution angekündigt; er sah sie ohne Haß, aber mit zunehmendem Schmerz: die Arbeit von neun Jahrhunderten war verloren, Frankreich war unter die anderen Nationen zurückgesunken und entwaffnet. Er schloß sich selbst nicht aus von der großen Scham, die er für die Schuldigen empfand. Entschlossen, seine Bemühung, Krone und Land zu retten, bis zum Ende aufrechtzuerhalten, betete er und dachte nach. Die Königin war entrüstet und entfernte sich immer mehr von ihm, denn ihre Liebe zu Fersen nahm sie ganz in Anspruch. Elisabeth, die Artois vollkommen ergeben war, mißbilligte die »Schwäche« des Königs. So blieben Ludwig XVI. nur seine beiden Kinder: Madame Royale, stumm in einer Art Todesqual mit lichten Augenblicken; der Dauphin, reizend und lachlustig, der über das Blut und den Schmutz hinweghüpfte und seinen Vater fragte: »Warum?«, wie man es in diesem Alter tut. Wenn die Menschen wahnsinnig sind, was können die Kinder davon begreifen?

Das seltsame Schauspiel spielte sich in gegensätzlichen Wechselfällen ab; Muguet de Nanthou, Abgeordneter und Freund von Barnave, der mit dem Bericht über Varennes beauftragt war, schob die Schuld auf Bouillé. Und der König und die Königin wurden weißgewaschen; in den Tuilerien konnte man eine gewisse Entspannung spüren. Am 3. September kam La Fayette feierlich ins Schloß. Er wurde in das Zimmer des Staatsrates geführt und sagte zum König: »Sire, die sehr baldige Überreichung des Verfassungsaktes ermächtigt mich, die für Ihre Person bestimmten Wachen zurückzuziehen.« Der König antwortete: »Die Versammlung hat sie aufstellen lassen, also kommt es der Versammlung zu, sie zurückzuziehen.« La Fayette zog sich fassungslos zurück. Er begriff niemals, daß ein noch so pomphafter Kerkermeister immer verhaßt bleibt. Die Wachen wurden noch am gleichen Tage zurückgezogen.

Am nächsten Tage, dem 4. September, überbrachte eine von Thouret geführte Abordnung der Versammlung um sieben Uhr abends mit großer Feierlichkeit die Verfassung. Die Abordnung, der Fackeln vorangetragen wurden, zog an zwei Spalieren von Nationalgardisten vorbei und betrat das Schloß durch die »Portes du Carrousel«; der König empfing sie, umgeben von seinen Ministern und den hohen Würdenträgern des Hofes. »Sire«, sagte Thouret, »die Vertreter der Nation überbringen den Verfassungsakt zur Annahme durch Eure Majestät; er bestätigt die unverjährbaren Rechte des französischen Volkes, gibt dem Thron seine wahre Würde und ordnet die Regierung des Reiches.« Wieder einmal lag das Schicksal des Landes in den Händen dieses Königs, den vor sechs Wochen alle hängen oder verbrennen wollten.

Der König antwortete: »Ich werde die Verfassung, die die Nationalversammlung mir vorzulegen Sie beauftragt hat, prüfen. Ich werde der Versammlung meine Entschließung in der kürzesten Frist, die die Prüfung eines so wichtigen Gegenstandes erfordert, mitteilen. Ich habe mich entschlossen, in Paris zu bleiben, und werde dem Generalkommando der Pariser Nationalgarde die Befehle geben, die ich für den Dienst meiner Garde als angemessen erachte.«

Von diesem Tag an hatte der König seine Garde wieder und gab ihr die Weisungen. Ein schwaches Vorrecht, das von seiner Entscheidung abhing. Montmorin, von Morris und Pellenc angetrieben, drang darauf, daß der König die Verfassung nur mit Abänderungen annähme. Die anderen Minister und die von Barnave gedrängte Königin rieten zu einer schnellen, bedingungslosen Annahme.

Die Verfassung war ein Hirngespinst; man hätte sie gänzlich umarbeiten müssen, aber das hätte man nicht erreichen können. Es war also besser, sie anzunehmen und sich auf die günstige, aber schwankende augenblickliche Mehrheit zu stützen. Wenn die Feuillantiner, die die Verfassung umgeändert hatten, die Legislative beherrschten, würde man mit ihnen arbeiten können. Eine zweifelhafte, aber die einzige Aussicht.

Der König nahm daher an. Am 14. September ging er in die Versammlung, um ihr die Annahme mitzuteilen; er wurde mit Beifalls-, aber keinen Höflichkeitsbezeigungen empfangen; er und der Präsident nahmen den gleichen Rang ein. Das hinderte ihn nicht, eine gemessene Rede zu halten, in der er die Fehler des Textes nicht verhehlte, ihn aber so, wie er war, annahm. Er versprach, die Verfassung einzuhalten und dabei zu versuchen, sie zu verbessern. Er forderte eine allgemeine Versöhnung und erreichte eine Amnestie für alle, die wegen Varennes im Gefängnis saßen. Wieder einmal hatte er die Rachsucht überwunden.

*

»Das Leben ist ein Rondo«, sagte der Prinz von Ligne. Wiederum rief man: »Es lebe der König!« Am 14. September abends brachte die Versammlung, voran ihr Präsident, den König ins Schloß, unter dem Freudengeschrei einer unzähligen Menge und begleitet von kriegerischer Musik und dem Krachen von unaufhörlich aufeinander folgenden Artilleriesalven. Die Stadtgemeinde krönte den Tag durch ein öffentliches Fest, das der König, die Königin und die königliche Familie mit ihrer Anwesenheit beehrten. Durch die große Allée du Cours begaben sie sich bis nach Chaillot. La Fayette wich nicht von ihrer Wagentür. Ein feierliches Tedeum, prunkvolle Feste und glänzende Illuminationen feierten das Ereignis; überall erhielten der König und die Königin Beifall. In den Tuilerien bildete sich wieder ein kleiner, die Formen beobachtender Hof. Die Königin erschien wieder in der Oper. Eines Tages wurde sie in der Comédie-Française mit Beifall empfangen und man verprügelte ihr zu Ehren die anwesenden Jakobiner.

Die Revolution an der Macht

Der hauptsächlichste Dorn war die gesetzgebende Versammlung. »Sie ist fast ganz von den Jakobinern gewählt worden und die Hälfte ist protestantisch«, schrieb Madame Elisabeth an ihre liebe Freundin Mme. de Bombelle. Von den 745 Abgeordneten ließen sich nur 136 bei den Jakobinern einschreiben, gegen 264 bei den Feuillantinern und 345 bei den Unabhängigen. Aber die Furcht beherrschte das Land und besonders die Versammlung; und die Jakobiner blieben die Herren der Furcht und hatten damit die Unabhängigen in der Hand. Die Feuillantiner litten unter dem Mangel an Führern; Barnave war in seine Dauphiné zurückgekehrt, Lameth nach Metz und La Fayette ruhte sich in der Auvergne aus. Außerdem stritten sie untereinander, wodurch ihre Truppen in Fayettisten und Anhänger der Triumvirn geteilt waren. La Fayette blieb im stillen der Königin und dem Hofe feindlich, während die Lameth und Barnave, die klarblickender und weniger auf Volkstümlichkeit aus waren, ihre Irrtümer einsahen und den Wunsch hatten, wieder zu einer echten Verfassung mit zwei Kammern zu kommen.

Die Jakobiner folgten zwei Tribunen, Brissot und Condorcet. Brissot war Demokrat von Anfang an und ein ewig Besoldeter (Amerikaner, Engländer, das Auswärtige Amt, La Fayette, Orléans hatten ihn, einer nach dem andern, mit Geld »unterstützt«; ehrgeizig, wenig gebildet, von plebejischem Aussehen und mit einer schwülstigen Redeweise, gefiel er den Republikanern); Condorcet, mit dem Funken des Genies, einem schönen Stil und gierigen Leidenschaften, ergänzte Brissot gut. Turgot, La Rochefoucauld und La Fayette hatten ihn gefördert und ihn dann, von seinem Haß erschreckt, verlassen. Hierin lag die Kraft der Jakobiner, und in Robespierre, der sich in Paris niedergelassen hatte und den Klub beeinflußte und beherrschte.

Wenn man das Netz der angeschlossenen Gesellschaften, die Zeitungen, die ihnen zuströmenden Denunziationen und die Wahl Pétions, eines ihrer Tribunen, zum Bürgermeister von Paris hinzunimmt, so ist ihre Überlegenheit erklärt. Als einzige fest organisierte Partei mit zu allem bereiten Kämpfern war ihr jeder Aufruhr von Nutzen. Gegenüber einer in Auflösung befindlichen Armee, einer gelähmten Polizei und einer verdächtigten, ohnmächtigen vollziehenden Gewalt stellten sie die einzige Kraft dar.

Die Versammlung selbst stellte nichts dar. Um wählen zu können, mußte man mindestens den Wert von drei Arbeitstagen als Steuer zahlen: von fünfundzwanzig Millionen Franzosen wählten 4 298 360. Die

Klubs übten einen dauernden Druck auf die reichen und in Furcht gesetzten Wähler aus. Es wurden wenig Stimmen für die Legislative abgegeben und später noch weniger. Pétion wurde am 16. November 1791 mit 6728 Stimmen gegen 3126 Stimmen für La Fayette auf 80 000 eingeschriebene Wähler zum Bürgermeister von Paris gewählt! Weit davon, etwa die Diktatur der großen Zahl zu sein, erschien die Revolution von 1789 bis 1792 viel mehr als das Werk einer organisierten Minderheit, die das Land durch Hoffnung und Furcht leitet. 1791 tauchte eine andere Furcht auf, die vor der Wirtschaftskrise: schlechte Ernte, teures Brot, Zucker, Kaffee und Rum teurer (das unkluge Gesetz der verfassunggebenden Versammlung führt in Santo Domingo zu Rassenunruhen, dann zu Metzeleien und schließlich zum Ruin des Handels), führen zu Arbeitslosigkeit und Elend in den Hafenstädten. Seit Ende 1791 plündern die Bauern die Märkte. Im Januar 1792 plündert in Paris die Menge die Kaufmannsläden. In Dünkirchen (Februar 1792) Tumulte, 74 Tote und Verwundete; in Noyon halten dreißigtausend bewaffnete Bauern die Getreideschiffe an; Meutereien von Holzfällern in den Wäldern von Compiègne usw.

Die Politik verschlimmert alles. Im Languedoc und im Massif Central brandschatzen protestantische Milizen die Schlösser; in Lozère brandschatzen die Bauern die Jakobiner von Mende. Überall Unordnung und Habsucht, die durch die Liquidation der Güter der Geistlichkeit und der Ausgewanderten angestachelt werden. Nur die Schlauesten, Großbürger und unterrichtete Abgeordnete, Talleyrand, Beaumetz, Talon, ermessen die Gefahr. Aber sie denken mehr daran, sich selbst davor zu bewahren, als zu kämpfen. Die Folge sind vervielfachte Auswanderungen; das Land wird von oben her leer.

Inmitten dieses Taumels ist die Moral des persönlichen Interesses das höchste Gesetz, das durch die »Erklärung der Menschenrechte« bestätigt zu werden scheint. Die Revolution erscheint wie eine ungeheure Lotterie, bei der jeder gewinnt: der Bauer auf Kosten des Gutsherrn und der Geistlichkeit, der Städter auf Kosten des Staates, dessen Vorrechte er sich anmaßt. Für diese Entfesselung böser Triebe gibt es nur eine Hemmung: die Furcht. Dies ist ein normales Geschehen, wenn die inneren Bindungen nachlassen und die Zivilisationen zusammenbrechen. Denn die überlieferte französische Kultur stürzt ein; mit der Autorität des Königs, des Priesters und des Familienvaters geht der Sinn für die Künste dahin, einst der Ruhm Frankreichs; Kirchen, Paläste und Schlösser werden geplündert und verbrannt, Gegenstände aus edlem Metall werden zerbrochen und eingeschmolzen. Die schönste Kirche der Welt, die Abteikirche von Cluny, wird verlassen; ihre Steine dienen zum Häuserbau. Überall wütet man gegen altertümliche Dinge, gegen alles, was an die Religion und an die Vergangenheit erinnert. Dieses Volk, in einem Rausch, sich selbst zu verleugnen, geht plötzlich vom Köstlichen, von dem unvergleichlichen Gipfel, auf den es seine Kultur von 1730 bis 1783 gebracht hatte, zum Entsetzlichen über, und wälzt sich beim Gesang der »Carmagnole« und des »Ça ira« im Kot. Das ist der »Patriotismus« oder vielmehr diese »Religion«, deren Mittelpunkt Frankreich ist. Man will eine neue Welt schaffen, die den gleichen und freien Menschen gewidmet ist, die allein Herren ihrer selbst sind, die »Zeit der Rhea«.

*

Während alles in Erregung ist, herrscht in den Tuilerien eine wohlgepflegte Ruhe. Ebensosehr der Würde wegen, wie auch, um seine Freunde zu sehen und die treugebliebenen Höflinge nicht aufzugeben, hält der König Hof, der durch die Diplomaten und die mutigsten Pariser vergrößert wird. Die Morgenaufwartung und die Morgenaudienzen finden statt wie in Versailles. Keine Jagd mehr, aber wenn das Wetter und die Umstände es erlauben, geht der König um halb zehn Uhr fort, um sich im Bois de Boulogne zu ergehen. Mittags kehrt er zur Messe heim, die in der stark verfallenen Kapelle der Tuilerien gelesen wird; er hört sie von einer Seitenempore des Chors. Er begibt sich dorthin in einem Anzug »von Myrtenblattfarbe, ohne Kragen, mit einer grünen, schmalen Stickerei am Saum«. Seine weißseidene, weißgestickte Weste, die Kniehosen aus schwarzer Seide, die weißen Strümpfe und die Schuhe mit goldenen Schnallen zeigen deutlich, wie wenig sorgfältig er sich kleidet. Er kommt zur Messe, um zu beten, und er betet. Um halb zwei Uhr wird das Mittagsmahl im Familienkreis eingenommen. Dann folgen die Arbeiten des Tages, die langen Unterredungen mit den Ministern, die verstohlen mit den Getreuen gewechselten Worte... Um halb zehn Uhr das Abendessen. Nach dem Mittag- und nach dem Abendessen spielt der König mit Elisabeth Billard, um etwas Bewegung zu haben. Um elf Uhr geht alles schlafen; der König arbeitet allerdings oft noch spät in der Nacht.
Er arbeitet für das von überallher angegriffene Frankreich; er arbeitet allein mit seinen beiden treuen Dienern, Breteuil im Ausland, Arnaud

de Laporte in Frankreich. Er weiß sich vom Tode bedroht und bereitet sich sichtlich darauf vor. Mit der Königin, die von ihrer Liebe zu Fersen besessen ist und in der Politik von Mercy beherrscht wird, verbindet ihn keine Vertraulichkeit mehr. Vermond ist glücklicherweise geflohen; aber sie bleibt ihrem Gatten, den sie verachtet, fremd und treibt ihre eigene Politik, die sie ihm verbirgt: Freundschaft mit Barnave, Zusammenarbeit mit den Triumvirn, Aufrufe zur Gewalttätigkeit gegen Frankreich in ihren Briefen an Gustav III., Leopold II. und so weiter.

Auch seine Brüder und die Emigranten kämpfen gegen den König; sie träumen nur von Rache und von der Wiedereroberung Frankreichs. Sie verlangen von ihm die Regentschaft und Vollmachten; sie intrigieren an allen Höfen, um einen Kreuzzug gegen Frankreich zustandezubringen. Ludwig XVI. allein ist es, der sich an das Land klammert, ja sogar an seine Verfassung, die er als einziger achtet. Er bedauert die Auswanderung, lehnt Gewalttätigkeit ab und tut alles, um den Bürgerkrieg zu vermeiden. Von Leopold II. und den anderen Königen erbittet er einen »bewaffneten Kongreß«, ohne Einmarsch, an der französischen Grenze, um die Aufwiegler einzuschüchtern, die guten Bürger zu ermutigen, die Furcht zu verscheuchen und ihm zu gestatten, als Schiedsrichter zu wirken.

Welch ein Wunder! Leopold, der einzige intelligente Habsburger, begreift es; trotz dem Wirrwarr geheimer Briefwechsel stimmt er Ludwigs Plan zu, erkennt die neuen französischen Landesfarben an, empfängt den französischen Botschafter und verfaßt in Pillnitz mit Friedrich Wilhelm II. eine friedliche Erklärung.

Ludwig XVI. muß allen mißtrauen. Jede seiner Gesten wird belauscht, die geringste Unvorsichtigkeit kann ihn zugrunde richten. Sein Verfassungsgeist wird nach der Wahl seiner Minister beurteilt. Sie dürfen weder der Mehrheit noch der Minderheit mißfallen, müssen dem König gegenüber redlich sein, und auch sie müssen bei jedem ihrer Schritte vorsichtig und ihren Untergebenen gegenüber argwöhnisch sein. Den Jakobinern ist es gelungen, ihre Spione unvermerkt als hohe Beamte unterzubringen (wie zum Beispiel Bonjour, einen abgefeimten Spitzel, bei der Marine). Um seinen Minister willfährig zu machen, beginnt Bonjour jeden Morgen die Arbeit damit, daß er mit ihm in einem Winkel des Büros eine gute Flasche alten Wein trinkt.

Der König will sich von Anfang an mit der Versammlung auf guten Fuß stellen. Er läßt Montmorin gehen, der zu schwach und zu sehr

bloßgestellt ist und selbst den Wunsch hat, abzugehen. Er will Moustier, einen zuverlässigen Mann, nehmen; er wird ihm verweigert, weil er Aristokrat ist; dann Barthélemi, der ablehnt; auch Ségur lehnt wegen der Königin ab. Montmorin wird selbst als Minister ohne Portefeuille nicht angenommen. Schließlich nimmt er Lessart, den er kennt und achtet.
Für die Marine beruft er Bertrand de Molleville, der sich für nicht zuständig erklärt. »Woher soll ich denn meine Minister nehmen?« sagt der König barsch zu ihm. »Und was soll aus mir werden, wenn die Personen, die mir zugetan sind, mir ihre Dienste verweigern und mich im Stich lassen?« Bertrand nimmt an.
Für die Finanzen nimmt er Tarbé des Sablons, einen Freund Ormessons. Eine Intrige der Mme. de Staël zwingt ihn, gegen seinen Willen, zum Kriegsminister Narbonne zu ernennen, einen eleganten, ehrgeizigen und intelligenten Mann, der ebenso leichtsinnig wie eitel ist. Die Führer der Feuillantiner überreden ihn, als Innenminister Cahier de Gerville zu nehmen, einen plumpen, beschränkten Dickwanst, der aber wegen seiner Beziehung zur Stadtgemeinde für nützlich erachtet wird.
In dieser Gruppe gibt es nur einen zuverlässigen Freund, Armand de Laporte, Minister der Zivilliste; er hat, angeekelt von allem was er sehen muß, den König gebeten, ihn gehen zu lassen. Als er aber Tränen in den Augen seines Herrn sah, warf er sich ihm zu Füßen und versprach, bis zum Ende zu seiner Verfügung zu bleiben. Ludwig XVI. ist einer der Vorgesetzten, denen man nicht dienen kann, ohne sie zu bewundern und zu lieben.
Ludwig XVI. stützt sich auf einen Geheimdienst; er hilft den Feuillantinern, unterstützt ihr Blatt »Le Logographe« und hält sich durch fünfunddreißig Spione über die Jakobiner auf dem laufenden (sie erhalten drei bis zehn Franken täglich; die Jakobiner zahlen ihren Kämpfern drei bis fünf Franken). Diese Männer wohnen den Sitzungen der Versammlungen und der Klubs bei und besuchen das Palais-Royal, die Tuilerien, die Cafés und die Kneipen. Sie klatschen Beifall oder pfeifen oder bringen in den Klubs Anträge ein und verfassen dann einen Bericht für den König. Ihr Führer heißt Clermont.
Durand leitet ein anderes Netz; er will Brissot, Isnard, Vergniaud, Guadet und Fauchet für sechstausend Franken monatlich kaufen, so wie man Danton 1790 für hunderttausend Taler gekauft hatte. Lessart

findet sie zu teuer. Es ist leicht, Politiker zu kaufen, aber schwierig, genug Geld dafür zu haben.
Man darf nicht glauben, daß Ludwig XVI. gezwungen war, Unschuldige zu bestechen. England verteilt sein Gold durch seinen Agenten Miles an die Jakobiner, so wie es Preußen durch den Juden Ephraim tut. Danton war von England bezahlt, und Lebrun ist es noch. Talleyrand nimmt von jedermann bei jeder Gelegenheit. Gewisse Vermittler zeigen Möglichkeiten, ganze Gruppen von Abgeordneten zu kaufen, so wie es Brémond mit dem Gouverneur Morris, dem Minister der Vereinigten Staaten, tut. Ludwig XVI., La Fayette und Robespierre nehmen von niemand etwas. Man weiß das, und es bedeutet viel.
Es gibt auch freigebige Leute; der Bankier Laborde schreibt und verbreitet eine royalistische Zeitung in den Freimaurerlogen, um diese der Monarchie zuzuführen!

ÜBERALL REVOLUTION

Die Abgeordneten waren in schlechten Ruf geraten, und sie kannten den Grund ihres Verrufs; um in den Augen des Publikums wieder besser zu erscheinen, war es am einfachsten, den König, den von der Nation am meisten geachteten Mann, herabzusetzen. Von Anfang an hatte die Versammlung verordnet, »sie sei unabhängig vom Willen des Königs, wenn er bei ihr wäre, und infolgedessen würden sie sich setzen, bevor sich der König gesetzt habe; er würde auch keinen von dem des Präsidenten verschiedenen Sessel haben, und man würde ihn nicht mehr mit »Sire« oder »Majestät« anreden, sondern wenn man mit ihm spräche, würde man immer sagen »König der Franzosen«.
Dies waren durchaus keine gleichgültigen Maßnahmen, denn der Mensch handelt schließlich immer, wie er denkt, und denkt, wie er handelt.
Als dies geregelt war, zogen die siebzig vereidigten Priester der Versammlung in den Krieg gegen ihre nichtvereidigten Kollegen. Alle waren damit einverstanden: die Jakobiner aus Haß auf das Christentum, die Feuillantiner aus Liebe zur Verfassung und die Royalisten, um das Volk aufzuwiegeln. Die Versammlung erlegte den Nichtvereidigten einen neuen Eid auf; leisteten sie ihn nicht, wurden sie des

Landes verwiesen. Dieser Eid war aber schismatisch. Die in Paris versammelten unvereidigten Bischöfe ersuchten den König, die Genehmigung zu verweigern. »Man kann sicher sein, daß ich dies nicht genehmigen werde«, antwortete Ludwig XVI. erregt. Auf den Rat der Minister legte er gegen das Gesetz sein Veto ohne weitere Erklärung ein. Cahier de Gerville riet ihm, vereidigte Schloßkaplane zu nehmen, um den Übelwollenden den Mund zu stopfen. »Nein!« rief der König, »nein, sprechen Sie mir nicht davon; man soll mich mit dieser Sache in Ruhe lassen. Als man die Freiheit des Kultus einrichtete, hat man sie allgemein gemacht, also muß auch ich sie genießen.«

Das Jahr ging schlecht zu Ende. Der König wußte, daß im Fall eines auswärtigen oder Bürgerkrieges für ihn, für seine Familie und für die Tradition alles verloren war. Aber alle wünschten Krieg: die Emigranten, um die Revolution zu zerschlagen, die Jakobiner, um die Macht zu ergreifen, die La-Fayette-Anhänger, um ihren Helden, dessen Siege ihn auf den Gipfel des Ruhms tragen würden, aufzudrängen... Die einzigen, die dem Taumel widerstanden, waren Lameth, Barnave und Duport, alle drei verständige Männer, und Robespierre aus genialem Instinkt. Unglücklicherweise erblickte die Versammlung in einem Kriege die Ausflucht, die sie in einer durch sechs Jahre voller Aufstände unentwirrbar gewordenen Lage notwendig brauchte.

Unter den Herrschern verbreitete sich ein ähnlicher Taumel. Katharina II., die im Begriff war, Polen zu schlucken, wünschte, daß die anderen Mächte sich anderweitig beschäftigen. Friedrich Wilhelm II. besaß ein zu schönes Heer, um nicht Nutzen daraus zu ziehen; England behauptete, obwohl es die Jakobiner, die Führer der Revolutionäre und die Abgeordneten mit Geld unterstützte, es wolle sich keineswegs in die Angelegenheiten Frankreichs mischen. Welches Glück für Pitt, wenn ihn die Franzosen von seinem gefährlichsten Gegner, Ludwig XVI., befreiten! Leopold, der intelligenteste unter den Herrschern, zog den Frieden vor; er unterzeichnete ihn mit der Türkei und schonte Frankreich, aber er konnte für die Hilferufe seiner Schwester nicht unempfindlich bleiben. Nacheinander wies er, wie es die Gesetzgebende Versammlung forderte, die Emigranten aus dem Rheinland aus und kündigte an, er würde die deutschen Fürsten beschützen, die Besitzungen in Frankreich hatten und ihrer durch die französischen Gesetze beraubt waren (10. Dezember 1791); er teilte Frankreich mit, seine in den Niederlanden stehenden Truppen würden gegebenenfalls Trier schützen (21. Dezember), und er brandmarkte die Jakobiner. So machte er es niemand recht und verzögerte den Krieg nur, ohne ihn zu vermeiden.

An den langen Winterabenden beschäftigte sich der König immer wieder mit diesen Problemen. Der Frieden war das größte aller Güter; aber konnte es in Europa Frieden geben, solange Frankreich keinen inneren Frieden hatte? Frankreich war zu mächtig, als daß sein Fieber nicht die Nachbarn beunruhigt hätte, und zu reich, um nicht durch seine Unruhen die Raubvögel anzuziehen.

Bei dieser Gefahr war allein der König darauf vorbereitet, die auswärtige Politik Frankreichs zu leiten. Condorcet und die unterrichteten Leute in der Versammlung wußten das, aber die Eifersucht der Abgeordneten ließ es nicht zu. Man hinderte ihn fortwährend. Im September 1791 veröffentlichten die Emigranten einen heftigen Protest gegen ihn und seine Entscheidung, die Verfassung angenommen zu haben. Der König antwortete sogleich durch eine Proklamation, die die Franzosen zum Frieden und die Emigranten zur Rückkehr nach Frankreich aufforderte. In ihr lobte er die Duldsamkeit und die soziale Eintracht. Monsieur kümmerte sich nicht darum; er forderte die Regentschaft, damit sich Orléans nicht durch einen Gewaltstreich ihrer bemächtige. Calonne, der nunmehr sein »Minister« war, hörte nicht auf, gegen Breteuil zu arbeiten. Die Versammlung jedoch befahl am 30. Oktober den Prinzen, innerhalb von zwei Monaten nach Frankreich zurückzukehren, und belegte ihr Vermögen mit Beschlag. Am 9. November erließ sie eine Verordnung, die den Emigranten befahl, sich zu zerstreuen; man entfachte das Nationalgefühl gegen sie.

Vor dem aufsteigenden Sturm bedurfte der König einer zuverlässigen Garde. Die Verfassunggebende Versammlung hatte ihm eine solche bewilligt, aber aus Vorsicht hatte sie beschlossen, die Hälfte der Mannschaft aus der Armee, die andere aus der Nationalgarde zu nehmen; jedes Departement sollte ihm drei oder vier von ihren Kameraden ausgewählte Leute schicken. Eine Flut von Forderungen war die Folge. Die Jakobiner ließen in den Departements, die sie beherrschten, jakobinische Soldaten wählen, um den König besser bespitzeln zu können. Die Nationalgarde von Paris, die den König seit Oktober 1789 bewachte, erklärte, sie sei beleidigt. Der König schloß einen Vergleich, indem er diesen Soldaten die Wachtposten im Schloß gemeinsam mit der neuen Garde ließ; er mußte sogar an ihr Herz appellieren, um sie zu überreden. Jedoch konnte er über ihre Liebe zu ihm Zweifel haben:

Ende November kam eines Tages ein Korporal auf den Gedanken, den König und die Königin zwei Tage hintereinander von neun Uhr abends bis neun Uhr morgens nicht aus ihren Zimmern zu lassen, ohne daß er etwa diese Maßnahme angekündigt hätte. An boshafte Behandlung gewöhnt und zu stolz, um zu protestieren, schwiegen sie; es hätte lange so dauern können, wenn nicht ein braver Grenadier den Kapitän benachrichtigt hätte. Der Korporal hatte ohne Befehl gehandelt und wurde bestraft.
Auf einen Hofhalt verzichtete Ludwig XVI. Die hierfür bewilligten Mittel hätten es ihm erlaubt, aber die meisten Höflinge und Hofdamen waren geflohen; unter den Treugebliebenen befanden sich Frauen von Emigranten. Man hätte gern gesehen, daß er sich einen neuen Hof geschaffen hätte, und er hätte vielleicht gut daran getan; aber er hatte weder Muße noch Lust dazu: »Man kann nicht verlangen«, sagte er, daß sich die Königin eine Gesellschaft aus den Damen Pétion, Condorcet und anderen dieser Art bildet! Was mich betrifft, so haben die meisten von denen, deren Dienst mir in meinem alten Hofstaat am angenehmsten war, mich verlassen, und unter denen, die mir geblieben sind, gibt es welche, die mir das Leben zur Qual machen . . .« Er dachte dabei an Chauvelin, der immer um ihn war, um ihn zu bespitzeln, und den er nur loswerden konnte, indem er ihn als Botschafter nach England schickte, wo sich Talleyrand niedergelassen hatte. Man hatte diesen dort schlecht aufgenommen, und Chauvelin diente ihm als Schutzschild; so waren alle zufrieden, besonders Ludwig XVI.
Seine Minister drängten ihn, einen Hofstaat zu bilden. So viele einträgliche Stellen waren für sie verlockend! Der König mußte List anwenden, um Zeit zu gewinnen; er bat jeden, einen Bericht zu verfassen, der im Staatsrat besprochen werden sollte. Inzwischen spann Narbonne Intrigen, um Minister des Auswärtigen oder erster Minister zu werden. Mme. de Staël und La Fayette, den er mit Rochambeau und Luckner zum Kommandierenden je einer der drei französischen Armeen ernannt hatte, unterstützten ihn. Aus Ärger über seinen Mißerfolg enthüllte Narbonne einen Plan seiner Kollegen, der dem König die Mehrheit in der Versammlung verschaffen sollte. Hieraus entstand ein Streit mit Bertrand, den Duport unterstützte. Brissot trat kräftig gegen Bertrand auf; die Generale erklärten sich für Narbonne. Der König entzog sich diesem Wirrwarr, indem er erst Narbonne, dann Bertrand entließ (9. März).

Am 10. traf die Antwort des Königs ein, in der er der Versammlung mitteilte, er hielte Bertrand trotz aller Beschuldigungen nicht für schuldig. Gleichzeitig kam die Nachricht von der Entlassung Narbonnes.

Sofort erhob sich ein Sturm; Brissot und die Girondisten ließen einen Beschluß annehmen, der besagte, die Nation bedaure das Ausscheiden Narbonnes. Zu gleicher Zeit beschuldigte Narbonne Lessart in verleumderischer Weise und erreichte von der Versammlung einen Verhaftungsbeschluß. Der Unglückliche wurde sofort nach Orléans gebracht, um sich dort vor dem Obersten Nationalen Gerichtshof zu verantworten. Die anderen Minister reichten, von Furcht gepackt, sogleich ihre Entlassung ein.

Die Minister hatten bei ihrem Weggange so große Furcht, daß sie übereinkamen, dem König ein girondistisches Ministerium zu empfehlen. Das war der Zusammenbruch der Triumvirn, der Schutzherrn dieser Männer, und eine neue Niederlage für Ludwig XVI. Dabei fehlte es ihm nicht an Waffen gegen Narbonne, da er alle Beweise für seine Intrigen und Diebereien in der Hand hatte. Während seines kurzen Verweilens im Ministerium hatte dieser junge Mann alle seine Schulden, die ihn drückten, bezahlt. Aber der König versagte es sich, diese Dokumente zu enthüllen, um nicht eine schon gespannte Lage noch mehr zu verwirren; er bemühte sich im Gegenteil darum, sie zu entwirren.

Er kannte einen intelligenten, tatkräftigen und wohlunterrichteten Offizier, M. Dumouriez, der einst von Ludwig XV. für seinen geheimen Briefwechsel verwendet worden war. Ein Abenteurer, aber Nichtdemokrat, hatte er eine royalistische (aber im übrigen unbeständige) Seele. Sein Scharfblick und seine Beziehungen zu den Führern der Jakobiner machten ihn wertvoll. Am 30. Oktober 1791 hatte Laporte dem König einen kühnen Plan von Dumouriez vorgelegt, den Ludwig XVI. zunächst für übertrieben hielt; aber da die Umstände ihm recht gaben, berief er lieber ihn, statt den Gewaltstreich zu versuchen, den ihm die Triumvirn nahegelegt hatten. Da er keine Waffen mehr besaß, um seine Feinde zu schlagen, versuchte er, sie mit Hilfe Dumouriez' zu versöhnen.

Der Schwung dieses an militärische Disziplin gewöhnten Offiziers, die Klarheit seiner Anschauungen und die Besonderheit seiner Darlegungen nahmen den König, der sich in Menschen auskannte, für ihn ein. Man hatte zuerst an Danton und an Collot d'Herbois gedacht, aber der erste war englischer Agent gewesen und der zweite schien etwas verrückt zu sein. So nahm man also Clavière für die Finanzen, Roland für das Innere, Duranthon für die Justiz, Lacoste für die Marine, den Chevalier de Grave für den Krieg und für die Auswärtigen Angelegenheiten Dumouriez, den starken Mann des Ministeriums; er versprach, die Schmähschriftenschreiber, die die königliche Familie beleidigten, zum Schweigen zu bringen und die Familie wirksam zu verteidigen.

Seit einigen Tagen waren nämlich neue Beleidigungen und Drohungen zu hören: »Der Schrecken muß jetzt in den Palast eindringen, aus dem er so viele Male hervorgegangen ist«, sagte Vergniaud in der Versammlung (10 März). »Alle, die darin sind, sollen zittern; es gibt keine einzige unverletzliche Person.« Die Abgeordneten schrien: »Lessart wird davonkommen, aber die Königin wird nicht davonkommen!« Es ging das Gerücht, die Königin würde angeklagt, der König abgesetzt und der Dauphin zum König ausgerufen werden. Ohne zu zögern ging Dumouriez daran, diesen Ton zu ändern; mit einer roten Mütze auf dem Kopf, besuchte er die Jakobiner und zeigte sich mit ihnen verbrüdert. Um seine Leute in der Hand zu haben, verschaffte er den größten Schreiern und den Bedürftigsten Stellen: Bonne Carrère, ehemals Präsident des Verbindungsausschusses der Jakobiner, wurde Verwaltungsdirektor im Auswärtigen Amt; der Journalist Lebrun (Söldling des englischen Agenten Miles) und Noël (Freund von Danton) wurden Bürochefs im Auswärtigen Amt und Pache und Lanthenas Bürochefs im Ministerium des Innern. Diese Männer schienen richtig ausgewählt zu sein, um ihn selbst im Mittelpunkt des Geschehens zu lassen. Er hatte die Frauen vergessen, besonders Mme. Roland (die auch Frau von vielen anderen war). Sie erwies sich bald als Herrin dieses Kabinetts. Sie hielt offene Tafel, verschloß nie ihre Tür und war immer bereit zu reden. Ihr geistloser, aufgeblasener Gatte störte sie nicht. Als glühende Demokratin und auf Marie-Antoinette neidisch, war sie die Seele der Gruppe.

Während dieser Zeit hatte Brissot seinen Schützling Biderman, einen Abenteurer, als Schatzmeister im Auswärtigen Amt untergebracht. Mit Hilfe der Geheimfonds dieses Ministeriums unterstützten sie die Klubs, und besonders die Klubs der ausländischen Revolutionäre, die seit dem Frühjahr 1789 nach Paris strömten. Hierdurch verschaffte sich Clavière eine ihm ergebene Miliz, den Klub der Ausländer, früher Helvetischer Klub genannt.

Die Girondisten schöpften mit vollen Händen aus dem königlichen Schatz und aus dem Staatsschatz. Im Staatsrat hielt Roland langweilige Moralpredigten und Dumouriez manövrierte. Er wünschte den Krieg, natürlich einen siegreichen, um diese delirierende Versammlung zu erledigen. Der König hörte zu, erklärte die Angelegenheiten, denn er allein verstand etwas von seinem Beruf, und übersetzte englische und deutsche Depeschen. Die Minister hörten ihn mit Wohlgefallen, aber argwöhnisch an. Dann aßen sie bei Roland zu Abend und hörten der lyrischen Politik seiner Frau zu, oder sie waren bei Dumouriez mit leichten Mädchen.

Da sie fühlten, daß Robespierre ihnen hart zusetzte, wünschten sie schnell einen Krieg. Im Herbst 1791 hatte Robespierre allein ihre Doktrin und ihre Organisation aufrechterhalten. Seitdem wuchs sein Ansehen täglich. Durch seinen Freund Couthon suchte er von der Versammlung die entschädigungslose Aufhebung der nicht durch Urkunden begründeten Lehnsrechte zu erreichen. Hierdurch nahm seine ländliche Anhängerschaft zu. Jetzt trat er vor den Jakobinern als Kritiker der Girondisten, als Verteidiger des Friedens und tödlicher Feind des Königtums auf. »Man will euch«, sagte er, »zu einem Übereinkommen verleiten, das dem Hof eine größere Ausdehnung der Macht verschafft. Man will einen Scheinkrieg beginnen, der zu einer Kapitulation Anlaß geben kann.« Brissot antwortete ihm: »Wollen Sie mit einem einzigen Schlage die Aristokratie, die Widerspenstigen und die Unzufriedenen vernichten? Vernichten Sie Koblenz...*.« Für beide handelte es sich darum, die Revolution zu retten. Für Ludwig XVI. handelte es sich um Frankreich.

Im September 1791 schrieb er an seine Brüder:

»Gewalt kann nur von ausländischen Heeren angewendet werden, und das einzige Hilfsmittel hierfür ist der Krieg. Kann ein König es sich erlauben, ihn in seine Staaten zu bringen? Und ist das Heilmittel nicht schlimmer als die Krankheit?... Ich weiß, daß die Könige es sich immer zur Ehre angerechnet haben, das, was man ihnen entreißen wollte, mit Gewalt wiederzugewinnen, und daß man die Furcht vor diesem Unglück Schwäche nennt. Aber ich gestehe, daß solche Vorwürfe mich weniger bewegen als das Unglück des Volkes, und mein Herz empört sich, wenn ich an die Schrecken denke, deren Ursache ich sein würde.«

* Koblenz war Sammelplatz und Hauptquartier der Emigranten. (Anmerkung des Übersetzers.)

Am 1. März starb plötzlich Leopold II. Das war ein Unglück für Ludwig XVI., dessen Plan er zugestimmt hatte. Sein Sohn Franz galt als brutal. Die Ermordung und der Tod Gustavs III. von Schweden beseitigten den einzigen entschlossenen Feind der Revolution, während Österreich und Preußen langsam einen Feldzug gegen Frankreich vereinbarten. Kühn gemacht, verlangte die Versammlung den Krieg, und die Klubmitglieder forderten ihn heulend vor den Fenstern des Königs. So bedrängt suchte Ludwig XVI. die Sache zu verzögern; er befragte den Staatsrat, hörte den Bericht Dumouriez', der den Krieg verlangte, und forderte die schriftliche Meinung jedes Ministers. Alle wollten den Krieg. Der König gab nach. Am 20. April ging er in die Versammlung und schlug die Kriegserklärung gegen den König von Böhmen und Ungarn vor. Er sprach mit dumpfer und entstellter Stimme. Ohne den Feuillantiner Becquey, den einzigen, der zu protestieren wagte, anzuhören, stimmte die Versammlung für den Krieg.

Trotz allen Prahlereien Narbonnes, der behauptet hatte, die Armeen seien geübt und an Zucht und Ordnung gewöhnt, und die Arsenale seien voll, begann der Krieg mit schweren Rückschlägen. Die Armee, die Flandern, dessen Erhebung man erwartete, angriff, konnte nicht vorrücken; in Quiévrain und Tournay flohen die Truppen in grundloser Panik und töteten ihren Führer, Théobald Dillon. Am 6. Mai liefen das Regiment »Royal Allemand« und am 12. Mai das Husarenregiment »Sachsen« zum Feind über. Trotz der Einnahme von Porrentruy durch Custine enthüllte dieser Anfang die Ohnmacht der französischen Armee und gab das Gebiet Frankreichs für den Einmarsch des Feindes frei.

Die 100 000 Mann der französischen Armee waren unfähig, 41 000 Österreicher zu besiegen. Die Generale mißtrauten den Soldaten, die Soldaten den Generalen. In Flandern hatte Rochambeau dem Befehl des Ministers, anzugreifen, nur ungern gehorcht. La Fayette, der sich in Amerika glänzend bewährt hatte, zögerte. Zahlreiche Offiziere wurden fahnenflüchtig. Rochambeau ersuchte dringend um seine Entlassung. Eine Armee ohne Disziplin ist nichts als ein ohnmächtiger Haufen. Nun hatten die Revolutionäre seit 1786 den Soldaten die Zuchtlosigkeit gepredigt. Im Jahre 1792 wollte sich keiner von ihnen in einem Kriege töten lassen, der in Paris von Machthabern, die sie nicht achteten, beschlossen worden war für Ziele, die sie nicht begriffen.

*

Dumouriez war bestürzt; er hatte mit dem kämpferischen Instinkt des Franzosen gerechnet; aber Ludwig XVI. hatte diese Niederlage und ihre unheilvollen Folgen, die sich sogleich bemerkbar machten, vorausgesehen. Die Parteien tobten und suchten sich gegenseitig die Verantwortlichkeit für die Schlappen zuzuschieben. Robespierre schrie: »Nein, ich verlasse mich auf keinen Fall auf die Generale« und sagte, daß sie, mit einigen ehrenvollen Ausnahmen, sich fast alle nach der alten Ordnung der Dinge und den Gunstbeweisen, über die der Hof verfügt, zurücksehnen; »ich verlasse mich nur auf das Volk, auf das Volk allein!« Wie Ludwig XVI. wußte auch er, daß ein verfassungsmäßiges Königtum, ein Meisterwerk des Geistes, nur durch den Frieden leben kann; es kann Kolonialkriege aushalten, aber keine nationalen Kriege. Er zeigte Frankreich die Jakobiner und ihre Banden und rief: »Da ist das Volk!«, und weil der Gehorsam der Truppen nicht mehr durch die alte Ergebenheit für den König erreicht werden sollte, wollte er den »Schrecken«, das einzige wirksame Mittel, um in die Massen eine allgemeine Idee einzupflanzen.

*

Robespierre, einst ein phrasendreschender Advokat, erschien von nun an als Verkörperung der unerbittlichen, aber schöpferischen Philosophie. Einsamer als die anderen Tribunen, geriet er seltener in Verwicklungen und ging weiter als sie. In dieser tragischen Stunde wollte er mit Blut, Schrecken und Logik ein ideales Frankreich schaffen. Marat half ihm dabei; dieser mißgestaltete Schweizer, der eine Begabung für Grausamkeit besaß, brüllte bei den Cordeliers »Verrat!«
Von seiner Verantwortung erdrückt, nahm der Kriegsminister de Grave den Abschied. Mme. Roland ließ ihn durch Servan ersetzen, einen heftigen Girondisten, der entschlossen war, den Sieg zu erzwingen. Da aber lehnten sich die Generale auf, unter anderen auch La Fayette. Die Brissotanhänger versuchten, ihn zu beschwichtigen, indem sie Marat vor den Staatsgerichtshof stellten und Royou ins Gefängnis setzten, ein Gesetz über militärische Disziplin annahmen und die Mörder Dillons gerichtlich verfolgten. Aber La Fayette wollte nichts davon hören.
Seit September 1791 hatte La Fayette zu viele Beleidigungen aushalten müssen. Die Ernennung Servans, die erfolgt war, ohne daß man ihn um Rat gefragt hatte, gab ihm eine andere Richtung; da er fühlte, daß er damit getroffen werden sollte, war er beleidigt und wandte sich gegen

die Jakobiner. Er versöhnte sich mit den Duport und Lameth, die er in seine Armee aufnahm (Mai 1792). Im Einverständnis mit ihnen schickte er den Jesuiten Lambinet erst zu Mercy, dann nach Brüssel. Er ersuchte den Kaiser um einen Waffenstillstand und eine Neutralitätserklärung, um mit seiner Armee auf Paris zu marschieren, den Jakobinerklub zu schließen, die Nationalgarde aufzuheben, die Emigranten zurückzurufen und ein wahres, verfassungsmäßiges Königtum zu errichten. Er fand keinen Anklang. Die Verbündeten erkannten die Schwäche Frankreichs und wollten es schlagen, und Mercy, der Ratgeber der Königin, teilte ihren Haß auf La Fayette. Er bedeutete La Fayette auf seine Vorschläge lediglich, er müsse sich damit direkt an die Regierung in Wien wenden.

Die drei kommandierenden Generale beschlossen nun, die unglückselige Offensive einzustellen. Aber Roland hörte nicht gut auf diesem Ohr. Da er die Generale nicht zwingen konnte, wandte er sich gegen Ludwig XVI., wozu ihn seine Frau antrieb. Auf Veranlassung der Girondisten ließ die Versammlung die Erklärung des Königs, er habe de Fleurieu zum Lehrer des Dauphins gewählt und erbitte die Zustimmung der Versammlung, unter den Tisch fallen. Man hörte dort wütende Beschuldigungen gegen den »Österreichischen Ausschuß«, der, wie man sagte, unter der Leitung der Königin den Sieg des Feindes vorbereite. Dieser Angriff – der gerechtfertigt war, denn die Königin unterrichtete Mercy ohne Wissen des Königs über die Absichten der französischen Führer – wurde unter unglaublichem Aufsehen verbreitet.

Am 27. Mai beschloß die Versammlung, um den König zu treffen, eine neue Verordnung gegen die nichtvereidigten Priester, um die zu ersetzen, gegen die er im Dezember sein Veto eingelegt hatte. Am 29. verkündete sie die Auflösung der Garde des Königs und zog ihren Führer, den Herzog von Brissac, vor den Staatsgerichtshof. Um La Fayette zu treffen, verfolgte man den König.

Da Ludwig XVI. keine Macht über seine Generale hatte, war dieses Vorgehen verfehlt. Servan dachte sich etwas Besseres aus: nämlich die Zusammenziehung von zwanzigtausend Bundesgenossen* aus den Departements in Lager bei Paris, um die Hauptstadt gegen den Feind oder gegen La Fayette zu verteidigen. Der Vorschlag wurde am 8. Juni angenommen. Ludwig XVI., der durch seine Agenten benachrichtigt war,

---

* Bundesgenossen, die Teilnehmer am Bundesfest (Föderationsfest) am 14. Juli 1790. (Anmerkung des Übersetzers.)

erblickte hierin den Zündstoff zu einem Staatsstreich und die Gewißheit von Unruhen. Auf den Rat Duports, mit dem Laporte gesprochen hatte, legte er sein Veto ein.

Der König fühlte, wie das Fieber stieg, und wollte um jeden Preis standhalten, um zur Stelle zu sein, wenn das wiedergenesende Frankreich eine Stütze suchte. Um den Jakobinern und ihren bezahlten Aufrührern zu antworten, gelang es ihm, mit Hilfe von Bertrand und seinem Agenten Buob, einem Friedensrichter aus dem Elsaß, der Friedensrichter in der Sektion Poissonnière geworden war, eine Einrichtung zu schaffen, die es gestattete, die gefährlichsten jakobinischen Aufwiegler und die Rädelsführer der Cordeliers anzuklagen und zu verurteilen (durch Buob). Der Richter Larivière wagte es, den Journalisten Carra zu verurteilen, einen der berüchtigsten Söldner Orléans', der den König, die Königin und die Mitglieder des »Österreichischen Ausschusses« beleidigt hatte. Larivière hatte auch den Mut, Vorführungsbefehl gegen Basire, Chabot und Merlin zu erlassen, die drei Führer der radikalen Jakobiner in der Versammlung, die die gleiche Sprache führten.

Dieser unvorhergesehene Schlag brachte alle Jakobiner wieder zusammen. Vereint, ließen sie die Überführung Larivières nach Orléans zur Verantwortung vor dem Staatsgerichtshof beschließen, sowie die Auflösung der Garde des Königs, die dieser nicht verteidigen konnte, weil sich kein Minister fand, um ihn zu unterstützen. Dumouriez allein empörte sich, als er von dem Plan des Lagers bei Paris erfuhr, den Servan beschlossen hatte, ohne ihn um Rat zu fragen. In seiner Wut balgte er sich mit Servan und gab Ludwig XVI. seine Gegenzeichnung, (die nach der Verfassung notwendig war, um die Unterschrift des Königs gültig zu machen) zum Veto gegen diesen Plan. Duport und seine Agenten hatten ihm die Größe der Gefahr bestätigt.

Entrüstet über diese Halsstarrigkeit schickte ihm Roland eine von seiner Frau verfaßte, beleidigende Moralpredigt (10. Juni). Zu gleicher Zeit erfuhr der König von einer Verschwörung zu dem Zweck, ihn zu entführen und im Languedoc unter die Überwachung der protestantischen Nationalgarden zu stellen. Empört entließ er Roland, Clarière und Servan; er bat Dumouriez, mit Lacoste und Duranhon zu bleiben. Vor dem Zorn der Versammlung, die einen Beschluß faßte, wonach »die Nation mit Bedauern die drei Minister ausscheiden sehe«, und die Dumouriez heftig auspfiff, bekam dieser Furcht und flehte den König an, die berüchtigte Verordnung zu bestätigen, falls er nicht ermordet werden wollte. Ludwig XVI. hing nicht am Leben. Er blieb fest und ersetzte Dumouriez, der seinen Abschied nahm, und die Girondisten durch vier Feuillantiner, die ihm Duport vorschlug (Lajard: Krieg; Chambonas: Auswärtige Angelegenheiten; Terrier de Monciel: Inneres; Beaulieu: Finanzen). Lacoste, Duranthon und Laporte blieben. Die Wut der verdrängten Girondisten entlud sich in unsinnigen und verleumderischen Gerüchten, wie: der König bereite den Frieden mit Österreich vor (16. Juni); der König verlange eine Amnestie für die Emigranten usw. La Fayette, der glaubte, den König damit zu unterstützen, schickte ihm und der Versammlung einen Schmähbrief gegen die entlassenen Minister, gegen Dumouriez und gegen die Klubs. Als der Brief am 18. Juni in der Versammlung verlesen wurde, rief er eine dumpfe Wut hervor. Die Girondisten, die lange Zeit die Helfershelfer und Söldlinge La Fayettes gewesen waren, wagten nicht, sich gegen ihn zu wenden, weil er außerhalb ihrer Reichweite, in der Mitte seiner Truppen und im Besitz unzähliger Beweise ihrer Bestechlichkeit war. Da sie ihn nicht erreichen konnten, wollten sie ihm eine Lehre geben, indem sie den König mit Füßen traten.

Am 16. Juni wiegelte man unter dem Vorwand, den Eid im Ballhaus zu feiern und gegen die Flucht nach Varennes zu protestieren, die Vorstädte Saint-Antoine und Saint-Marceau auf. Die Meuterer beschlossen am Mittwoch, dem 20. Juni, bewaffnet zu den Tuilerien zu ziehen und dem König entsprechende Gesuche zu überreichen. Der Generalrat untersagte es, aber der Bürgermeister ermutigte dazu. Drei städtische Beamte baten den König um Erlaubnis, den Zug im Garten vorbeiziehen zu lassen. Der König antwortete, sie sollten ihn längs der Terrasse der Feuillantiner vorbeiziehen lassen. Aber trotz den gegebenen Befehlen wurden die Tore des Gartens geöffnet, und um drei Uhr nachmittags wollten die Aufrührer das große Tor aufbrechen, das dann die drei städtischen Beamten öffneten. Ein Strom von Sansculotten und Frauen drang in die Zimmer ein; im ganzen Palast hörte man das Krachen eingeschlagener Türen.

Acloque, der Führer der diensthabenden Nationalgarde, riet dem König, sich allein zu zeigen. Ludwig XVI. begab sich daher in sein erstes Vorzimmer; er stieg auf einen Koffer am Fenster. Um ihn waren nur der alte Marschall de Mouchy, Hervilly, Acloque und ein Dutzend Grenadiere; etwas entfernt preßte sich Elisabeth gegen die Tür; sie war nur durch die Gruppe der Minister und einige Gardisten beschützt. In einem Augenblick hatten die Sansculotten und die Frauen das Zimmer gefüllt; mit Spießen bewaffnet, bedrohten sie die königliche Familie, stießen Beleidigungen und Drohungen gegen den König aus und forderten die Wiederberufung der Minister und die Genehmigung für das Lager der Bundesgenossen.

»Was wollt ihr?« fragte Ludwig XVI. Er war so ruhig und erschien so groß und unbesorgt, daß alle diese bewaffneten Leute vor ihm zurückwichen. Wieder einmal besiegte der Blick des Königs den Haß.

Er wollte dies benutzen, um mit den Leuten zu sprechen. Aber die Rädelsführer mengten sich ein und begannen zu schreien: »Nieder mit Veto! Nieder mit Madame Veto und ihrer ganzen Sippschaft!« – »Wo ist er, daß ich ihn töte?« heulte ein Pikenträger und richtete die Spitze seiner Waffe gegen ihn. Ein Grenadier schob die Waffe zur Seite und rief: »Unglückseliger! Das ist dein König! Wagst du überhaupt ihn anzusehen?« Und ein anderer sagte zum König: »Sire, verlassen Sie sich auf uns, haben Sie keine Furcht...« – »Furcht?« rief der König. »Legen Sie Ihre Hand auf mein Herz und fühlen Sie, ob es stärker schlägt.« Die zuerst Gekommenen wurden von der Festigkeit des Königs beeindruckt und beruhigten sich. Aber eine neue Flut von Pikenträgern stürzte ins Zimmer, sie heulten und fuchtelten mit den Händen. Die Grenadiere antworteten mit dem Ruf: »Es lebe der König!«, der sich aber im Lärm der unaufhörlichen Beleidigungen verlor. Wie einen Kehrreim hörte man immer wieder den Ruf: »Rufen Sie die Minister zurück!« – »Genehmigung für die Bundesgenossen!« Der Vorbeimarsch dauerte vier Stunden. Aus Hohn oder zum Schutz hatte man dem König und Madame Elisabeth rote Mützen zugeworfen, die sie sich aufsetzten. Der geringste Zwischenfall hätte ihren sofortigen Tod herbeigeführt. Aber die Ruhe des Königs und der Mut Elisabeths imponierten allen. Vergeblich hielten Vergniaud und Isnard Ansprachen an die Menge und sagten, sie solle sich zurückziehen; man hörte sie nicht an. Endlich erschien Pétion. Er beglückwünschte den Volkshaufen zu der Ordnung und Würde, mit denen er marschiert sei, und veranlaßte sie, sich zurückzuziehen. Da er der Arbeitgeber war, gehorchte man ihm. Der Palast leerte sich.

Ludwig XVI. hatte die Menge durch seine Hoheit beherrscht; viele Sansculotten wurden zum Mitleid bewegt; Frauen weinten. Der König konnte wieder zur Königin gehen, die, nervöser als ihr Gatte, an einer anderen Stelle des Palastes belagert worden war. Aber man beruhigte sie. So ging alles ohne Blutbad zu Ende; aber dieser Aufstand kündigte andere an; man fühlte es von einem Ende des Landes bis zum anderen. Diesmal schien sich die öffentliche Meinung zu empören. Das Departement Paris, das aus Feuillantinern bestand, bekundete seine Entrüstung durch die Enthebung Pétions und Manuels von ihren Ämtern. Abgeordnete kamen in die Tuilerien und baten den König, er solle sich, sobald er Gefahr sähe, in die Versammlung begeben; sie versprachen ihm den Schutz ihrer Körperschaft. Aus den Provinzen kamen Ergebenheitsadressen in Mengen in den Palast, und die Versammlung wurde von Eingaben überflutet, die die Schließung des Jakobinerklubs verlangten; in Paris trug eine von ihnen, die beim Notar Guillaume hinterlegt wurde, mehr als zwanzigtausend Unterschriften. Zahlreiche Departementsversammlungen rügten Pétion und seine Horden. In der Ardèche und in der Nieder-Bretagne erhoben die Royalisten das Haupt und bildeten bewaffnete Gruppen.

La Fayette kam am 28. Juni selbst nach Paris, um die Versammlung aufzufordern, die Jakobiner aufzulösen und die für den 20. Juni Verantwortlichen zu bestrafen. Er fand sehr starken Beifall bei den Abgeordneten, die mit 339 gegen 234 Stimmen einen gegen ihn eingebrachten Tadelsantrag ablehnten. Das Schicksal schien die Geduld des Königs zu belohnen und ihm die Herzen der Franzosen wieder zuzuführen. Er gewann wieder die Hoffnung, durch Ausdauer zu siegen, wenn er sich an das Volk hielt. Sollten sie wirklich so töricht sein, sich durch diese Furcht fortreißen zu lassen, in der die Revolutionäre, nachdem sie das Land ruiniert, erniedrigt und in die Niederlage geführt hatten, das letzte Mittel erblicken, um Frankreich zu einer Demokratie zu machen, oder würden sie wieder zur Besinnung kommen? Hierfür stieg das Gebet des Königs zum Himmel.

Dieses eine Mal noch verloren die Parteien alles. La Fayette beabsichtigte einen Gewaltstreich; im Lauf einer Truppenschau wollte er die Nationalgarde gegen die Jakobiner aufwiegeln. Pétion wurde durch die Königin, die ihren ehemaligen Kerkermeister haßte, benachrichtigt und sagte die Truppenschau ab. Als der General am Abend in den Champs-Elysées zu einer Zusammenkunft geladen hatte, kamen nur hundert Menschen! Es war ein verfehlter Streich, der jetzt nur dazu führte, den König, den man als seinen Helfer betrachtete, bloßzustellen und Jakobiner und Girondisten zusammenzuschweißen.

Die mehr redseligen und habgierigen als geschickten Girondisten wollten den König zwingen, ihnen ihre Ministerposten wiederzugeben. Am 28. Juni forderten Brissot und Robespierre gemeinsam von den Jakobinern die Bestrafung La Fayettes. In der Versammlung schritten die Girondisten zu schwerwiegenden Maßnahmen: sie drohten den

Feuillantiner-Ministern, sie unter Anklage zu stellen; sie unterwarfen sich alle Verwaltungskörperschaften, indem sie sie zwangen, nur noch öffentliche Sitzungen abzuhalten, die von den Klubs beherrscht wurden. Am 2. Juli schließlich beschlossen sie eine Verordnung, die die Nationalgarden der Provinzen ermächtigte, für die Feier des 14. Juli nach Paris zu kommen; sie bewilligten ihnen hierfür die Reisekosten und Quartiere in Paris. So war das Veto des Königs abgewendet. An die Klubs der Departements ausgegebene Parolen vervollständigten diese Mobilisierung.

Zu der politischen Unruhe kam noch das Fieber des Krieges. Die Preußen zogen ihre Truppen am Rhein zusammen. Luckner, der eine Offensive in Belgien versucht hatte, nahm Courtrai, verlor es wieder und zog sich auf Lille zurück; in Frankreich war der Feind eingedrungen. Am 6. Juli wies der König die Versammlung auf die Gefahr hin; er hatte sich dorthin begeben, um mitzuteilen, daß der Herzog von Braunschweig und der König von Preußen mit einer Armee von Preußen, Österreichern und französischen Emigranten im Anmarsch wären. Die Versammlung, in der Vergniaud den König direkt als Verantwortlichen für die Untätigkeit der Generale beschuldigt hatte (3. Juli), faßte endlich, am 10., den Beschluß, »das Vaterland sei in Gefahr«. Alle Verwaltungskörperschaften mußten Dauersitzungen abhalten, alle Nationalgarden wurden einberufen und Freiwilligenbataillone aufgestellt. In Paris meldeten sich fünfzehntausend in wenigen Tagen. Ganz Frankreich war im Fieberzustand.

*

Der König sah die Gefahr. Ende Juni schrieb er an Pater Hébert: »Kommen Sie heute zu mir; ich habe mit den Menschen abgeschlossen, ich brauche nur noch den Himmel.« Aber doch kämpfte er, ohne den Tod zu fürchten. Er schickte den Schweizer Mallet du Pan zu seinen Brüdern und zu den verbündeten Herrschern; er sollte seinen Brüdern sagen, sie möchten sich zurückhalten, den Bürgerkrieg vermeiden und sich auf ihn verlassen; den Mächten sollte er sagen, sie möchten sich stark und gemäßigt zeigen und eine Proklamation erlassen, in der sie versprächen, die Unversehrtheit des Königreichs, die nationale Unabhängigkeit und das Privateigentum zu achten, und erklärten, daß sie nur gegen eine »antisoziale Partei« wären, daß aber die Versammlung, die Klubs oder Einzelpersonen, soweit sie Angriffe gegen den König und seine Familie gerichtet hätten, bestraft werden sollten, und schließlich, daß sie versprächen, nur mit dem König zu verhandeln und seine Freiheit zu verlangen. Es war ein geschickter Plan. Bei der Ermüdung, die das französische Volk ergriffen hatte, konnten diese Worte eine entscheidende Wirkung haben.

Der König predigte tauben Ohren. Die Emigranten, die sich von den Verbündeten unterstützt fühlten, ergingen sich in Drohungen; die Königin ermutigte sie durch ihre heftigen Briefe an Fersen. In Frankreich herrschte eine ebenso heftige, aber entgegengesetzte Wut. Die Versammlung erhielt aus allen großen Städten von den Jakobinern verfaßte Zuschriften, in denen der König bedroht und seine Absetzung gefordert wurde. Die Minister hatten vom König verlangt, er solle die Aufwiegler bei der Versammlung anklagen; da sie ihn nicht dazu überreden konnten, reichten sie alle zusammen am 10. Juli ihre Entlassung ein. Nach Paris kamen jeden Tag immer mehr kleine Gruppen von »Bundesgenossen«, die sogleich von den Klubs angeworben wurden. Die Cordeliers nahmen die Leute aus Marseille auf, die sie gründlich aufhetzten. Am 13. Juli hob die Versammlung die Amtsenthebung Pétions auf und setzte ihn wieder in sein Amt ein; hierdurch konnte der erbittertste Gegner des Königs wieder gegen ihn auftreten.

Angesichts so vieler Gefahren schlugen La Fayette und Luckner Ludwig XVI. vor, ihn am 15. Juli fliehen zu lassen. Die Kavallerie sollte seine Flucht in der Richtung auf das Schloß von Compiègne decken. Dann würde die Armee ihn unter ihren Schutz nehmen, und man würde mit dem Ausland Frieden schließen. Die Königin bekämpfte diesen Plan aus Haß auf La Fayette, und der König verzichtete schließlich darauf, weil er ihn nicht gut genug ausgearbeitet fand. Er bot also dem Bund der Linken ganz allein die Stirn, ohne anderen Rückhalt als seinen Glauben an Gott.

Noch am gleichen Tage wurde der König Herr eines schrecklichen Aufruhrs. Zu seiner Bewachung hatte er das monarchistische Bataillon der Filles-Saint-Thomas, das nicht aufhörte, ihn zu beschützen. Im übrigen imponierten seine Ruhe, der Reiz Elisabeths und die Schönheit des Dauphins allen. Nur Madame Royale, deren kleines Gesicht von Angst verzerrt war, und die zitternde Königin gaben sich einige Blößen. Man mußte sich, wie 1790, zum Champ-de-Mars begeben. Der lange Vorbeimarsch einer heulenden Menge, eine schwülstige, leere Zeremonie und ein fürchterlicher, sinnloser Eid, der unter dem Krachen von vierundfünfzig zu gleicher Zeit abgeschossenen Kanonen geleistet wurde, alles dies wäre nichts gewesen, wenn die Menge nicht eine Stunde lang geheult hätte: »Es lebe Pétion, es leben die Armen, es leben die Räuber! Nieder mit Madame Veto, nieder mit der Österreicherin!« Der König leistete den Eid; als man ihn aber fragte, ob er Feuer an einen Baum legen wolle, der mit blauen und roten Bändern, mit Wappenschildern und Kronen geschmückt war und das Sinnbild des Feudalsystems darstellen sollte, antwortete er, dem Präsidenten in die Augen blickend: »Es gibt kein Feudalsystem mehr.« Dann ging er wieder zur Tribüne, wo seine Gattin und die Kinder ihn erwarteten. Während des Vorbeimarsches erwiesen ihm nur die Truppen – aber alle Truppen – ihre Achtung. Sie riefen alle: »Es lebe der König!«, als sie sahen, wie er wohlbehalten in den Hof der Militärschule zurückkehrte. Sie bewunderten seine Rettung – wie ein Wunder.

Am nächsten Tage flammte das Komplott wieder auf: Die Versammlung verordnete, die Linientruppen und die Schweizertruppen sollten sich aus Paris zurückziehen; einige Antragsteller verlangten die Absetzung des Königs und die Anklage gegen La Fayette; ein Abgeordneter beantragte, die ganze Armee anzuklagen; er fand Beifall.

Indessen hatte die Abdankung der Minister die Girondisten von neuem zu Monarchisten gemacht. Der gute Thierry, der schlechte Beziehungen hatte, und der Maler Boze brachten dem König Briefe von Vergniaud, Gensonné und Gadet, die der König und die Königin dann bei sich sahen. In der Versammlung wendeten sich die Girondisten gegen die Aufwiegler. Brissot rief »das Schwert des Gesetzes auf die herab, die unter Verletzung der Verfassung die Republik errichten wollten«.

Es war zu spät! Robespierre hatte das Spiel in der Hand. Es war warm, die Bundesgenossen tranken, der »Unbestechliche«* sprach vom Verräter La Fayette, von der so schlaffen Versammlung. Er forderte die Absetzung des Königs, die Auflösung der Versammlung und eine von den Bürgern gewählte Verfassunggebende Versammlung, um eine demokratische Verfassung zu geben. Er fand rasenden Beifall; die Sektionen tagten dauernd und bildeten einen Zentralausschuß. Der Gewaltstreich bereitete sich ganz offen vor.

In diese Gewitterstimmung brach das von Fersen verfaßte »Manifest« des Herzogs von Braunschweig wie ein Donnerschlag. Sein anmaßender Ton, seine brutalen Drohungen, sein Anspruch, in Frankreich die absolute Monarchie wiederherzustellen und die Schuldigen »mit Eisen

---

* Der »Unbestechliche« (l'incorruptible), Beiname Robespierres. (Anmerkung des Übersetzers.)

und Feuer« zu bestrafen, konnten die französischen Gemüter nur empören und den Revolutionären eine mächtige Waffe in die Hand geben. Ludwig XVI. war entrüstet und begriff nicht, wie man seinen Gedanken so hatte entstellen können; am 3. August schrieb er an die Versammlung, um den Tatbestand richtigzustellen und an sein Verhalten bei allen diesen Dingen zu erinnern: »Frankreich sieht sich durch eine große Vereinigung von Kräften bedroht. Wir wollen alle das Bedürfnis, einig zu sein, anerkennen. Die Verleumdung wird kaum an die Traurigkeit meines Herzens angesichts der bestehenden Uneinigkeit und des sich vorbereitenden Unglücks glauben. Aber diejenigen, die wissen, wieviel in meinen Augen das Blut und das Glück des Volkes bedeuten, werden an meine Beunruhigung und an meinen Kummer glauben. Ich habe den Thron mit friedlichen Gefühlen bestiegen, weil der Friede, der das erste Bedürfnis der Völker ist, auch die erste Pflicht der Könige ist.«

Nachdem er daran erinnert hatte, was er alles getan hatte, um den Krieg zu vermeiden, schloß er: »Ich habe für das Glück des Volkes arbeiten müssen; ich habe getan, was meine Pflicht war; das ist genug für das Herz eines Ehrenmannes. Niemals wird man sehen, daß ich, wenn es sich um den Ruhm und die Interessen der Nation handelt, nachgebe oder Befehle von Ausländern oder von einer Partei annehme. Der Nation bin ich verpflichtet, und ich bin eins mit ihr. Kein Interesse, welches es auch sei, könnte mich von ihr trennen, nur auf sie werde ... ich hören. Bis zum letzten Atemzug werde ich die nationale Unabhängigkeit aufrechterhalten. Persönliche Gefahren sind nichts gegen das öffentliche Unglück, und was sind übrigens persönliche Gefahren für einen König, dem man die Liebe des Volkes nehmen will! Das ist es, was mein Herz wirklich verwundet ...« Ludwig XVI. erhob seine Stimme über den Aufruhr, und sein letzter Anruf an die Menge, die ihn beleidigte, war der Anruf eines Vaters.

Seine Umgebung hielt das Spiel für verloren und wollte ihn in Sicherheit bringen. La Fayette hielt seine Kavallerie so nahe wie möglich bei Compiègne und schickte einen anderen Agenten, Masson de Saint-Amand, nach Brüssel, um einen Waffenstillstand und dann eine spanische Vermittlung für den Frieden zu erbitten. Duport kaufte Pétion, Santerre und Delacroix für eine Million. An Danton wurden fünfzigtausend Taler bezahlt. Fabre d'Eglantine verhandelte wegen seiner Neutralität, und Brémond, von Morris unterstützt, warb eine Art königlicher Armee an, die er aus den heftigsten Revolutionären nahm; sie sollte den Weggang des Königs decken oder, wenn er sich wieder weigerte zu fliehen, den Aufrührern eine Schlacht liefern. Eine Summe von 550000 Franken in Louisdors wurde in kleinere Beträge aufgeteilt und so verteilt.

Robespierre wußte durch seine Spione alles; am 4. August brachte er eine Verschwörung des Hofes für die Flucht des Königs zur Anzeige. Ein geheimes Direktorium war gebildet worden, um den Angriff zu leiten. Auch dies sickerte durch. Die vor Furcht zitternde Versammlung beeilte sich, sich wieder zu versöhnen; am 7. August umarmten sich alle. Am 8. August erklärte die Versammlung La Fayette endgültig für unschuldig; ihre Abstimmungen waren nur noch ein Zittern. An allen Straßenecken von Paris wurde der Aufruhr gepredigt.

Die Bewohner des Schlosses konnten nicht mehr ausgehen. Große Tafeln mit Inschriften waren aufgestellt worden: auf der Terrasse der Feuillantiner »Land der Freiheit«, im Tuileriengarten »Land Koblenz«. Sobald die königliche Familie erschien, wurde sie überall ausgepfiffen. Die vor Angst zitternde Königin schrieb an Fersen flehende Briefe: »Das Leben des Königs ist offenbar bedroht ... ebenso das der Königin ...« – »Die Truppe der Mörder nimmt unaufhörlich zu ...« – »Ein Aufschub von nur einem Tage kann unberechenbares Unheil hervorrufen ...«

Am 3. August forderte Pétion die Absetzung des Königs, unzählige Gerüchte liefen um. Man sagte, der Pöbel würde die Versammlung zwingen, die Absetzung des Königs zu erklären, und in Paris würde es einen Aufstand geben. In der Nacht vom 4. zum 5. August hörte man im Schloß einen ungewöhnlichen Lärm. Der König wurde davon benachrichtigt. »Was wollen sie denn noch von mir?« rief er. »Sie sollen doch kommen! Ich bin seit langem auf alles gefaßt.« Er verbot, die Königin zu wecken, und schlief wieder ein. Die »Bundesgenossen« hatten nur ihre Quartiere gewechselt.

Am 7. und 8. August war es heiß und ruhig. Ging der Aufruhr an sich selbst zugrunde? In diesem Falle zweifelte niemand, daß die Monarchie wieder aufleben würde. Oder würde der Aufruhr den König vernichten? Auf beiden Seiten bereitete man sich vor. Der König prüfte mit den militärischen Führern die Verteidigungsmittel des Schlosses. Die Jakobiner waren schneller als er. In der Nacht vom 9. zum 10. brachten Carra, Chaumette, Santerre und Alexandre die »Bundesgenossen« zum Aufstand.

Die Sturmglocke läutete. Pétion und seine Bande wurden durch einen revolutionären Magistrat, die »Kommune«, ersetzt. Der Kommandant der Nationalgarde, Mandat, wurde ins Rathaus berufen, vor Gericht gestellt und verurteilt; er war Royalist. Als man ihn ins Gefängnis brachte, wurde er ermordet. Die Verteidigung des Schlosses hatte keinen Führer mehr. Der Magistrat ernannte Santerre zum Führer der Miliz.

Der von seinen Kundschaftern unterrichtete König alarmierte das Departement und teilte ihm mit, wenn er seiner Garde den Befehl gäbe anzugreifen, würden die mehr lärmenden als heldenhaften »Bundesgenossen« sich zerstreuen und die Vorstädte wieder zur Ordnung zurückkehren. Die Mitglieder des Departements antworteten, nachdem sie sich mit der Garde beraten hatten, man dürfe sich verteidigen, aber nicht angreifen.

Die Versammlung beriet, ohne einen Beschluß zu fassen; im Schloß schlief niemand; die Minister verbrachten dort die Nacht. Die Königin ging nervös von einem Zimmer ins andere. Der König ruhte sich, nachdem er gebetet hatte, in seinem Zimmer aus, doch sorgte er dafür, daß ein Bote zur Versammlung geschickt wurde, um sie zu bitten, einige ihrer Mitglieder zu ihm zu senden; er erhielt keine Antwort.

Um fünf Uhr wachten die Kinder auf, und um sechs Uhr ging der König auf seinen Balkon, wo ihn gewaltige Beifallsbezeigungen der treuen Truppen begrüßten; er ging in den Hof hinunter und schritt die Reihen der Truppen ab. Als er sich gegenüber der Porte du Carrousel befand, sahen ihn die »Bundesgenossen« und heulten: »Nieder mit dem König! Es lebe die Nation!« Eine stürmische Aufregung verbreitete sich im ganzen Viertel.

Roederer, der Oberstaatsanwalt des Departements, hielt eine Ansprache an die Truppen, um sie aufzufordern, den König, das Gesetz und sich selbst zu verteidigen. Ein geringer Teil der Nationalgarde zeigte sich dazu entschlossen, aber als einzige Antwort nahmen die Kanoniere die Ladung aus ihren Geschützen; so war die Verteidigung unmöglich geworden. In der Versammlung warteten furchterstarrt die Abgeordneten.

Von treuen Freunden umgeben, wollte sich der König mit ihnen töten lassen. Man teilte ihm die Ermordung Mandats mit; kurz darauf kam Roederer wieder mit einer Abordnung der Leitung des Departements. »Die Verteidigung ist unmöglich«, sagte er. »Wenn Sie Ihre Person, die Ihrigen und alle diese braven Leute retten wollen, so flüchten

Sie in die Versammlung. Verlassen Sie dieses Schloß, es ist kein Augenblick zu verlieren!«

Ludwig XVI. hätte den Tod vorgezogen; aber der Anblick seiner Kinder, Freunde und Diener brachten ihn zum Entschluß. Wieder einmal ließ er die Menschlichkeit über seine anderen Gefühle siegen. Gefolgt von seinen Ministern, etwa zwanzig Herren seines Hofes, und seine Gattin und seine Kinder so gut wie möglich beschützend, überschritt er die Terrasse der Feuillantiner.

In der Versammlung sagte er: »Ich bin hierher gekommen, um ein großes Verbrechen zu verhüten, und ich denke, daß ich nirgends in größerer Sicherheit sein könnte, als in Ihrer Mitte, meine Herren.« Guadet, der Präsident der Versammlung, antwortete ihm nachdrucksvoll und freundlich.

Er ließ dann den König und seine Familie in die für den Redakteur der Zeitschrift »Le Logographe« bestimmte Loge führen. Als Nationalgarden gekleidete Edelleute wachten an den Türen. Draußen hörte man die Schlacht toben.

Die Aufrührer wollten Blut sehen. Die Nationalgarde, die Sektionen und die Artillerie hatten das Schloß verlassen. Trotzdem griffen die »Bundesgenossen« es an. Schweizer und Edelleute verteidigten sich gut. Das Blut strömte.

In einer Apotheose des Entsetzens endete die Herrschaft Ludwigs XVI. Die Herrschaft des Schreckens begann.

DIE REVOLUTION ODER DER TOD

In der engen Loge eingeschlossen, ohne Schutz vor der Sonne und schlaftrunken, litt die königliche Familie. Die Kanonenschüsse rissen den König aus seinem stillen Gebet. Er hatte schon Befehl gegeben, das Feuer einzustellen. Zum zweiten Mal gab er diesen Befehl schriftlich: die Schweizer sollten das Schloß verlassen und ihre Führer zu ihm flüchten. Die »Bundesgenossen« töteten in den von ihnen eingenommenen Tuilerien jeden, dem sie begegneten: Garden, Schweizer, Diener, Frauen und Küchenjungen, mehr als neunhundert Menschen; alles wurde geplündert. In ganz Paris werden die Denkmäler der Könige umgeworfen, ihre Insignien werden zerstört; die Straßen werden umbenannt, Verdächtige werden verhaftet. In der Versammlung hält nur ein Drittel der Mitglieder Sitzungen ab; durch die Stadtschranken strömen »Patrioten« mit den Überresten der Plünderung, Edelsteinen, Silbergeschirr, Assignaten, Wertpapieren, und stoßen immer wieder Beschuldigungen gegen den König aus. Die Versammlung hört stumm und schreckerfüllt zu. In der Loge des »Logographen« herrscht durch die körperliche Anstrengung und den Schmerz Niedergeschlagenheit. Von Zeit zu Zeit bringt ein Getreuer etwas Wasser mit Mandelmilchsirup oder eine Nachricht.

Dies dauerte vierzehn Stunden. Nach Mitternacht kündigt Vergniaud im Namen des Außerordentlichen Ausschusses den baldigen Zusammentritt eines »Nationalkonvents« als Organ des Volkswillens an, sowie die »vorläufige Amtsenthebung« des Leiters der Ausübenden Gewalt (d. h. des Königs), der ein vorläufiges Gehalt bekommen soll, aber keine »Zivilliste« mehr. Er würde im Luxembourg untergebracht werden, und man würde ein neues Ministerium bilden. Die Gesetzgebende Körperschaft ist besiegt und läßt das Königtum im Stich! Frankreich, nun ohne Gesetzgebende und Ausübende Gewalt, unterwirft sich der Diktatur der Jakobiner, die durch die Furcht herrschen. Diese Diktatur ist es, die Vergniaud sprechen läßt, die die Abgeordneten zwingt, an allen Straßenecken Plakate ankleben zu lassen: »Der König ist abgesetzt; seine Familie und er bleiben als Geiseln.« Der König allein hat keine Furcht. Für die Nacht wird er mit den Seinigen in vier miteinander in Verbindung stehenden Zellen im Kloster der Feuillantiner eingeschlossen; er sagt zu Tourzel und Aubier: »Man bedauert, daß ich die Rebellen nicht habe angreifen lassen, bevor sie in das Arsenal eindrangen; aber abgesehen davon, daß die Nationalgarden sich nach den Bestimmungen der Verfassung geweigert hätten, die Angreifer zu sein, was wäre das Ergebnis dieses Angriffs gewesen? Die Maßnahmen waren zu gut getroffen, als daß meine Partei, selbst wenn sie nicht das Tuilerienschloß verließ, siegreich sein konnte. Vergißt man, daß in dem Augenblick, als der aufrührerische Magistrat Mandat ermorden ließ, er alle Verteidigungsmaßnahmen, die dieser getroffen hatte, unnütz machte?« Überzeugt davon, daß er immer nur seinem Gewissen gehorcht hatte, bedauerte der König nichts. Er fand sogar Genuß an diesem Schicksal, wie an einem schrecklichen Geschenk Gottes. Amor fati.

Das entrüstete Europa erkannte in dieser Untat ein göttliches Zeichen. Ludwig XVI. war mit Heinrich IV. der einzige Bourbone, der immer volkstümlich geblieben war, nur für das Volk, das er liebte, gearbeitet hatte, ohne sich durch das Hofleben ablenken oder beschmutzen zu lassen, und auch der einzige, der immer siegreich gewesen war – und dieser König erlitt eine so entsetzliche Strafe. Gefangener einer Versammlung, die Gefangene der Jakobiner war, klagte man ihn als Schuldigen am Aufruhr des Volkes an, den »er durch seine Gesetzesverletzungen hervorgerufen hätte«. Und dabei war er der einzige im Lande, der dieser wahnsinnigen Verfassung gehorchte, die von der Gesetzgebenden Körperschaft vollends dadurch ruiniert wurde, daß sie den revolutionären Magistrat, die Kommune, bestätigte, einen nach dem allgemeinen Wahlrecht gewählten »Konvent« berief und den König bis zum Zusammentritt des Konvents, der endgültig beschließen sollte, absetzte! Sie hatten noch nicht genug Angst, um neunhundert Jahre Geschichte zu verleugnen.

Von nun an war der König von Frankreich in der Gewalt des niedrigsten Pöbels, ein Geächteter, ohne Geld, Brot zu kaufen, ohne Wäsche, sich und seine Kinder zu kleiden. Aus Mitleid sandten ihm die Offiziere der Hundertschweizer einige Hemden, die Herzogin von Gramont und die englische Botschafterin gaben Kleidungsstücke für die Königin und den Dauphin.

Drei Nächte lang schliefen sie bei den Feuillantinern; den Tag brachten sie in der Loge des »Logographen« zu, wo sie dauernd Beleidigungen auszuhalten hatten. Man ernannte sechs Minister: Roland (Inneres), Clavière (Finanzen), Monge (Marine), Danton (Justiz), Lebrun (Auswärtiges); die beiden letzten waren ehemalige Söldner im Dienst Englands. Der wahre Führer blieb der Magistrat, der von Robespierre beherrscht wurde, und der verlangte, die königliche Familie als Pfand und Siegeszeichen und als wertvolles Werkzeug für die Verbreitung von Furcht zu behalten!

Die Versammlung wollte den König im Palais de Luxembourg und dann in der Staatskanzlei internieren; der Magistrat wählte den Temple. Auf seinen Befehl verweigerte man dem König die zehn Diener, deren Namen er für seine Bedienung angegeben hatte. Sein Drängen schüchterte jedoch seine Kerkermeister ein; man bewilligte ihm sechs Diener für die ganze Familie. Der Bürgermeister und der Staatsanwalt des Magistrats, die die königliche Familie zum Temple brachten, taten sich etwas darauf zugute, vor Ludwig XVI. den Hut aufzubehalten und ihn nur »Monsieur« zu nennen. Man ließ seinen Wagen einen Augenblick auf der Place Vendôme halten, damit er das umgestürzte, zerbrochene und von der Menge mit Füßen getretene Denkmal Ludwigs XIV. sähe: »So werden die Tyrannen behandelt!« schrien die Sansculotten. Die ungeheure Zerstörung Frankreichs begann an seinen Palästen und Kirchen. Die neue Religion ließ keine andere Schönheit zu als die bürgerliche. Im Temple glaubte Ludwig XVI. noch, das Palais – in dem die Conti und dann Artois gewohnt hatten – würde seine Wohnstätte sein. Man hütete sich wohl, ihm seinen Irrtum zu benehmen, damit der Schlag um so härter träfe. Die Zimmer waren voll von Schildwachen, die die königliche Familie nicht aus den Augen ließen. Um zehn Uhr wurde kurz zu Abend gegessen, und die Vertreter der Stadt zogen sich zurück. Der König war der »Kommune« ausgeliefert. Um elf Uhr abends führte man ihn und seine Familie in den Turm, der ihre Wohnung sein sollte. Das Zimmer des Königs befand sich im zweiten Stockwerk; es war nur ein durch ein einziges Fenster erleuchteter Raum, dessen Möbel aus einem schlechten Bett und drei Stühlen bestanden; im Alkoven, der keine Vorhänge hatte, lag ein altes, von Ungeziefer wimmelndes Weidengeflecht. Der König zeigte weder Überraschung noch üble Laune. Nachdem er gebetet hatte, nahm er einige Kupferstiche von den Wänden, weil er sie wenig anständig fand, und legte sich schlafen. Er schlief gut. Alle Stunden hörte man den schweren Schritt der Posten vor der Tür, die sich ablösten; sie sahen zur Überwachung fortwährend ins Zimmer.

*

Vom ersten Tage an stellte sich Ludwig XVI. einen Zeitplan auf. Sobald er angekleidet war (um sechs Uhr), betete er und las dann in dem an sein Zimmer angrenzenden Türmchen. Um neun Uhr Frühstück. Dann besuchte er seine Familie, führte zwischen ein und zwei Uhr die Kinder im Garten spazieren und aß dann mit ihnen zu Abend. Hierauf kehrte er in den Turm zurück und las. Um elf Uhr ging er zu Bett. Er las die »Nachfolge Christi«. Der Tag wurde im Zimmer der Königin verbracht, das im ersten Stock auf den Garten hinaus lag.
Täglich wurde die Behandlung härter: verhängte Fenster, ständige Überwachung usw. Immerhin bereitete der Tafeldienst noch ihre Mahlzeiten, die Königin bekam neue Kleider, dreißig Näherinnen arbeiteten für sie; Ludwig XVI. wurde eine Zivilliste von 500 000 Franken bewilligt, die man ihm aber nicht auszahlte. Pétion schrieb

manchmal sogar »Sire«. Oft zeigte ihnen ein Soldat seine Zuneigung, und draußen sang eine Stimme ein royalistisches Lied. Aber die Garde präsentierte die Waffen mit dem Kolben nach oben. Wenn man die Familie von draußen bemerkte, wurde geschrien: »Es lebe Pétion! Nieder mit der Österreicherin!« Das größte Leiden eines Gefangenen besteht darin, daß man ihn der Einsamkeit beraubt.

In der Nacht des 29. August nahm man ihnen ihre letzten Diener, die gefangengesetzt wurden, mit Ausnahme von Hue, der im Dienst des Königs blieb. Die Revolution wurde immer fieberhafter: die Versammlung beschloß einen neuen Eid für die Beamten und Priester, die Stadtbehörden wurden verpflichtet, Verdächtige zu suchen und zu verhaften; die Minister und die Verwalter der Departements Rhône und Loire, Mosel, Somme... wurden verhaftet.

Mit dem Eindringen des Feindes wuchs die Furcht; die Verbündeten hatten Thionville eingeschlossen und Longwy genommen (27. August). Um Furcht zu erregen, schuf die Versammlung einen Außerordentlichen Gerichtshof, den die Kommune gefordert hatte. Die Lage verschärfte sich: Belagerung von Verdun, Aufstand in der Vendée, royalistische Bewegung im Dauphiné, Gärung in der Bretagne. Roland und Servan wollten sich hinter die Loire zurückziehen, Danton wollte in Paris bleiben. Sein Element und seine Stärke war die Menge. Schlimmstenfalls hatte er Freunde bei den Verbündeten! Inzwischen ordnete er Haussuchungen an, um damit das Eintreffen von Ulanen in den Argonnen zu beantworten und das bedrohte Paris anzustacheln.

Hue gelang es, durch zuverlässigere Posten und durch Anhören der Zeitungsausrufer auf der Straße Nachrichten zu beschaffen. Er teilte sie Madame Elisabeth mit, die weniger belauert wurde als der König, und so erfuhr der Bruder, wenn er ans Fenster der Schwester trat, die großen Ereignisse: die Fahnenflucht La Fayettes, die Abstimmungen der Versammlung, die militärischen Niederlagen, den Tod Laportes, der am 24. August enthauptet wurde ... Alles war unheimlich wie sein Leben: unerbittlich wurden seine Taschen untersucht, sein Degen wurde ihm genommen, er durfte nicht den Arzt für seine Kinder kommen lassen, und man drohte, ihn von seinen Kindern zu trennen. Am 2. September, während man in allen Gefängnissen von Paris Priester, Adlige, Verdächtige und Unschuldige niedermetzelte, nahm man ihm seinen getreuen Hue...

Ein städtischer Beamter trat bei ihm ein und sagte: »Sie wissen nicht, mein Herr, was vorgeht. Das Vaterland ist in der größten Gefahr, der

Feind ist in die Champagne eingedrungen, der König von Preußen marschiert auf Châlons. Sie werden für all das Unheil, daß daraus entsteht, verantwortlich gemacht werden. Wir wissen, daß wir, unsere Frauen und unsere Kinder zugrunde gehen werden. Aber das Volk wird gerächt werden, und Sie werden vor uns sterben. Indessen noch ist Zeit, und Sie können...« Der König unterbrach ihn und sagte kraftvoll, aber ohne Härte: »Ich habe alles für mein Volk getan, ich habe mir nichts vorzuwerfen.«

Kurz danach sah der König vor seinem Fenster einen blutigen Kopf am Ende einer Pike; von blonden, noch gelockten Haaren umrahmt, bewahrte er eine gräßliche Anmut. Er erkannte Mme. de Lamballe. Die Königin sah sie nicht. Aber draußen dauerte der Lärm an und nahm zu; im Hause gab es ein wildes Durcheinander, so daß der König glaubte, man bereite ihre Ermordung vor. Die Posten sagten ihm, die Menge wolle sie am Fenster sehen, aber man würde es nicht zulassen. Man hörte eine große Menschenversammlung. Ein Mitglied des Magistrats, das im Zimmer umherging, sagte zur Königin: »Man will Ihnen das Haupt der Lamballe verbergen, das man zu Ihnen gebracht hat, damit Sie sehen, wie sich das Volk an seinen Tyrannen rächt; ich rate Ihnen zu erscheinen, wenn Sie nicht wollen, daß das Volk hier heraufkommt.« Bei dieser Nachricht fiel die Königin in Ohnmacht. Der König ließ sich durch keine Grausamkeit erschüttern. Durch den Zufall einer Unterhaltung erfuhr er die Abschaffung der Monarchie. Weder im Gesicht noch in der Haltung ließ er etwas merken. Am 20. September erfuhr Cléry, der Nachfolger des verhafteten Hue, von einem Stadtbeamten, daß man den König von seiner Familie trennen werde. Tiefbekümmert, hielt er es für seine Pflicht, seinen Herrn zu benachrichtigen; er tat dies so schonend wie möglich. »Sie können mir keinen größeren Beweis Ihrer Anhänglichkeit geben«, sagte der König, »ich erwarte von Ihrer Ergebenheit, daß Sie mir nichts verbergen, ich bin auf alles gefaßt. Versuchen Sie zu erfahren, an welchem Tage diese schmerzliche Trennung stattfinden soll, und unterrichten Sie mich davon.« Sie fand am 29. September statt, nachdem man das Papier, die Federn und die Tinte des Königs beschlagnahmt hatte.

September 1792: Wahlen zum Konvent. Sie werden von der Furcht beherrscht; nur die Jakobiner, ihre Freunde und die von ihnen Terrorisierten wählen. Die 750 Gewählten sind entschlossen, dem Antrieb vom 10. August zu folgen. Die Lage zwingt sie dazu: das Geld schmilzt dahin, die Arbeitslosigkeit breitet sich aus, die Häfen leeren sich, das

Brot mangelt und steigt im Preise. Überall Unruhen. Überall wird das Leben so schwierig und die Machtlosigkeit der Regierung so offenbar, daß das Land bereit ist, sich dem ersten hinzugeben, der es wagt, zu regieren.

Hätte der König die Katastrophe vom 10. August verhindern können, so wäre es seine Stunde gewesen; die freiwillige Übergabe der Städte des Ostens war ein sicheres Anzeichen, und die harte Behandlung, die man ihm auferlegte, lieferte den Beweis. Wäre er nicht ein gefährlicher Gegner gewesen, hätte man dann daran gedacht, ihn einzukerkern, zu verfolgen und vielleicht zu töten? Man begann damit, seine Mitarbeiter hinzurichten, wie Laporte, oder seine Anhänger, wie Du Rozoi, Cazotte d'Angremont. Aber die Gironde, die wieder in Massen im Konvent vertreten war, schien für Ludwig XVI. eine solche Lösung nicht zu wünschen. Die Führer dieser Partei waren mehr Nutznießer der Revolution als Revolutionäre. Sie kannten den König, und er imponierte ihnen. Nach allen den Verhandlungen, Machenschaften und Geschäften mit dem Hofe, denen sie zugestimmt hatten, fürchteten sie Enthüllungen, die sie zugrunde gerichtet hätten. Daher schob Garat, der Justizminister, den Prozeß des Königs so gut er konnte hinaus. Der Gesetzgebungsausschuß befaßte sich mit der Frage am 16. Oktober und wählte Mailhe zum Berichterstatter. Am 7. November legte dieser seinen Bericht der Versammlung vor, der dahin lautete, daß man das Recht habe, den König zu richten, weil er die Verfassung, die ihn für unverletzlich erklärte, verletzt habe. Im übrigen machte der Zusammentritt des Konvents diese Verfassung ungültig. Seit dem 10. August war Ludwig ein einfacher Bürger geworden, der sich vor dem Strafgesetzbuch wie alle anderen zu verantworten hatte. Er mußte durch die gesamte Nation abgeurteilt werden; da der Konvent diese Nation zusammenfaßte und vertrat, mußte er über ihn zu Gericht sitzen. Mailhes Bericht schloß damit, daß er verlangte, drei Kommissare sollten die Beweise für die Ludwig XVI. zur Last gelegten Verbrechen zusammentragen und die Anklageschrift abfassen. Saint-Just brachte diesen Beschluß durch eine feurige Rede zur Annahme. Aber Buzot und Danton versuchten ein Ausweichmanöver, indem sie verlangten, alle Bourbonen sollten abgeurteilt werden.

Théodore de Lameth kam aus London und benutzte die Habsucht Dantons für die Rettung des Königs (Oktober 1792). Danton schwor, alles zu tun, um den Prozeß zu vermeiden, denn, wie er sagte, »wenn der Prozeß beginnt, ist er tot«. Er bereitete eine Intrige vor, doch am

20. November hielt ihn eine andere zurück: man legte Papiere Ludwigs XVI. vor, die angeblich von Gamain, seinem Schlosser, geliefert waren und aus einem geheimnisvollen Versteck stammen sollten. Die auf Mirabeau, Talon, Talleyrand... bezüglichen Dokumente bewiesen die Bestechlichkeit des revolutionären Personals. Sie ließen den Haß wieder aufflammen. Am 21. November schuf der Konvent einen Ausschuß von zwölf Mitgliedern, um den Bestand dieser Papiere aufzunehmen. Die Montagnards* hetzten die Sektionen** auf, die gegen die schleppende Behandlung der Angelegenheit protestierten und Roland beschuldigten. Erschreckt gaben die Girondisten nach; am 3. Dezember verlangte Barbaroux, daß der König unter Anklage gestellt werde, Robespierre forderte sogleich den Tod: »Ein entthronter König in einer Republik ist nur zu zwei Dingen nütze, entweder die Ruhe des Staates zu stören und die Freiheit zu erschüttern, oder das eine und das andere zu gleicher Zeit zu festigen... Welches ist nun der Entschluß, den eine gesunde Politik vorschreibt, um die werdende Republik dauerhaft zu festigen? Es ist der, tief in die Herzen die Verachtung des Königtums einzugraben und alle Anhänger des Königs vor Schrecken erstarren zu lassen...« Er forderte ein rituelles Verbrechen, um die Republik zu stärken.

Diesmal hatte die Gironde zuviel Furcht. Buzot antwortete dem »Unbestechlichen«, diejenigen, die wünschten, den Prozeß des Königs zu überstürzen, hätten zweifellos ein Interesse daran, zu verhindern, daß er spräche. Als Marat sah, daß die Girondisten so hartnäckig waren, kam er auf den Gedanken, sie dem Pöbel zu unterwerfen. Auf seinen Vorschlag beschloß der Konvent, alle Abstimmungen im Prozeß hätten namentlich stattzufinden. So konnte Robert am 9. Dezember der Versammlung einen vom Ausschuß verfaßten Bericht über die Verbrechen Ludwigs XVI. vorlegen.

*

Der König, den man ohne Zeitungen, ohne Verbindung mit der Außenwelt in enger Haft hielt, wußte nichts von diesen Erörterungen. Man hatte ihn wieder mit seiner Familie vereint, und seine große Freude bestand darin, seinem »kleinen Liebling« Stunden zu geben.

---

* Montagnards, die Konventsmitglieder der «Bergpartei», so genannt, weil sie im Konvent auf den obersten Bänken saßen. (Anmerkung des Übersetzers.)
** Sektionen. Die Ausschüsse der 48 Sektionen von Paris bildeten den Gemeinderat (die »Kommune«). (Anmerkung des Übersetzers.)

Besonders gern lehrte er ihn Geographie, wobei er ihm Karten zeichnete. Je grausamer eine Gefangenschaft ist, desto stärker werden in ihr die kleinen Freuden empfunden.

Am 7. Dezember benachrichtigte ihn Clérys Frau vom nahen Bevorstehen der Gefahr und von den Bedingungen, unter denen der König verhört werden würde. Während Cléry seinen Herrn auskleidete, sagte er ihm, sein Prozeß würde in vier Tagen beginnen, und er würde von den Seinen getrennt werden. Am anderen Tage sprach Ludwig XVI. mit Marie-Antoinette darüber, die sich gegen diese neue Tücke auflehnte. Weniger stark als er, hatte sie immer noch Hoffnung; sie rechnete auf Braunschweig. Sein geheimnisvoller Rückzug versetzte sie in Kummer. Ludwig XVI., der von den Menschen nichts mehr erhoffte, vermochte ihre Ränke nicht mehr zu fürchten. Am 11. Dezember, um fünf Uhr morgens, wurde in Paris der Generalmarsch geschlagen, und man brachte Geschütze in den Hof des Temple. Um elf Uhr spielte der König mit seinem Sohn »Siam«*; man nahm ihm das Spiel weg. Um zwölf Uhr mittags kamen der Bürgermeister, der Staatsanwalt der Kommune und einige andere Magistratsmitglieder und brachten Ludwig XVI. zum Konvent, wo Barère ihn verhörte. Aus Vorsicht für sich und andere antwortete er nur mit Verneinung oder Zweifeln. Die Montagnards versuchten vergeblich, ihn aus der Fassung zu bringen, seine Ruhe und Freundlichkeit imponierte allen. Trotz seinem vier Tage alten Bart und seinen schmutzigen Kleidern beherrschte er das Verhör und die Versammlung. Tribunen und Abgeordnete waren außer Fassung. Nach Beendigung des Verhörs verlangte der König eine Abschrift der Anklageschrift, die Mitteilung der Aktenstücke und einen Rechtsbeistand. Er wurde in den Temple zurückgebracht. Allein in seinem schmutzigen Turm, von wachsendem Haß umgeben, sagte er mit einem matten Lächeln zu Cléry: »Ich rechne auf keine Rücksicht, auf keine Gerechtigkeit, aber warten wir ab.« Er war daher überrascht, am Nachmittag eine Abordnung der Versammlung zu empfangen und zu erfahren, daß man ihm einen Rechtsbeistand gewährte. (Der Konvent fürchtete weniger die Worte eines Advokaten als die des Königs.) Er erklärte, Target oder Tronchet oder alle beide zu wählen, falls der Konvent zustimmte. Am 13. morgens sagte man ihm, daß Target abgelehnt habe, aber daß sich Huet, Sourdet, Guillaume und Malesherbes angeboten hätten, ihn zu verteidigen. Auch Nicolaÿ, Lally-Tollendal, Malouet

---

* Siam; ein Spiel mit Kegeln und einem Kreisel. (Anmerkung des Übersetzers.)

und Mounier ersuchten um diese Ehre und um diese tödliche Gefahr. Das Angebot Malesherbes' erfüllte den König mit Freude; er schätzte und liebte ihn. Trotz einem sehr verschiedenen Äußeren und natürlichen Gegensätzen glichen sie sich in sehr vielen Charakterzügen: das gleiche Gefallen an alten Sitten, Verachtung nichtiger Eleganz, Liebe zur Tradition, vereint mit wohlwollendem Sinn für geistige Neuerungen und für die jungen Leute, das ernsthafte, verständige Wesen und Freundlichkeit des Charakters; und schließlich fanden beide das gleiche Vergnügen daran, Gutes zu tun. Zu diesen Eigenschaften, die sie beide verbanden, kamen beim König praktischer Sinn, Mut des Handelns und eine tiefe Liebe zu Gott, die Malesherbes fehlte und ihn oberflächlich, widerspruchsvoll und wunderlich erscheinen ließ.

Die Gefahr, in der der König schwebte, erweckte bei Malesherbes die Eigenschaften seiner Rasse. Sobald er von der Versammlung die Erlaubnis erhalten hatte, eilte er zum Temple. Sein Erscheinen belebte den König. Die Niederträchtigkeit seiner Kerkermeister, die Herabwürdigung seines Volkes waren für ihn quälende Schmerzen, die ihn an den Rand der Verzweiflung brachten. Der Anblick eines unbescholtenen, liebenden Wesens bewies ihm, daß seine Vergangenheit und sein Kampf einen Sinn gehabt hatten. Mit Tränen in den Augen sagte er zu seinem alten Freunde: »Ach, Sie sind es, mein Freund! Sie sehen, wohin mich mein Übermaß an Liebe zum Volk und diese Selbstverleugnung geführt haben, die mich der Entfernung der Truppen zustimmen ließ, die dazu bestimmt waren, meine Macht und meine Person gegen die Unternehmungen einer aufrührerischen Versammlung zu verteidigen. Sie kommen, um mir mit Ihren Ratschlägen zu helfen, und fürchten sich nicht, Ihr Leben aufs Spiel zu setzen, um meines zu verteidigen; aber alles wird unnütz sein.« – »Nein, Sire, ich setze mein Leben nicht aufs Spiel, und ich wage sogar, zu glauben, daß Eure Majestät keine Gefahr laufen. Ihre Sache ist so gerecht, und die Mittel der Verteidigung versprechen den Sieg!« – »Nein«, erwiderte der König, »sie werden mich umbringen. Aber was liegt daran? Eine makellose Erinnerung zu hinterlassen, heißt auch, meinen Prozeß zu gewinnen. Beschäftigen wir uns mit meinen Verteidigungsmitteln.«

Zusammen prüften sie die Verteidiger: Tronchet und de Sèze, die er gewählt und die der Konvent angenommen hatte. Mitgerissen vom König, zeigten sie sich seiner würdig. An einem Prozeßtage hörte Treilhard die Advokaten den König mit »Sire« und »Eure Majestät«

anreden. Er sprang entrüstet auf und sagte zu Malesherbes: »Was macht Sie so kühn, hier Worte zu gebrauchen, die der Konvent geächtet hat?« »Verachtung für Sie«, antwortete Malesherbes, »und Verachtung für das Leben!« Solchen Männern gegenüber konnte Ludwig XVI. seine Gedanken enthüllen; vom gegenwärtigen Krieg erhoffte er nichts. »Der mit Gewalt wiedereroberte Thron würde täglich neue Erschütterungen erleiden ... Für mich wäre es glücklicher und für die Ruhe des Staates sicherer, wenn ich die Wiederkehr meiner Autorität der Liebe der Franzosen verdankte.« Selbst angesichts des Todes hinderte ihn die Liebe zu seinem Volk daran, irgend etwas anderes zu wünschen, als von ihm geliebt zu werden.

Das Leben des angeklagten Königs wurde grausamer, doch weniger hart. Mit seiner Familie hatte er, abgesehen von heimlichen Briefen durch Cléry und den Diener Turgy, keine Berührung. Aber man gab ihm Tinte, Papier, Federn und Rasiermesser wieder ... Jeden Abend von fünf bis neun Uhr sah er ohne Zeugen seine Rechtsbeistände, die ihm Zeitungen brachten und ihn unterrichteten. Jeden Morgen besuchte ihn Malesherbes. Der natürliche, durch ständiges Gebet unterstützte Mut des Königs wappnete ihn gegen seine Leiden, aber nicht gegen die seiner Frau. Er verteidigte sie und war ihretwegen beunruhigt. »Die Aufrührer«, sagte er, »bringen diese Erbitterung, sie zu verleumden und anzuschwärzen nur auf, um das Volk darauf vorzubereiten, sie umkommen zu sehen: ihr Tod ist eine beschlossene Sache. Wenn man ihr das Leben ließe, würde man befürchten, daß sie sich räche. Unglückliche Fürstin! Unsere Heirat versprach ihr einen Thron, welche Aussicht bietet sich ihr heute?«

In seinem schweren Unglück bedauerte er die Leiden der anderen, nicht die seinigen. Mit achtunddreißig Jahren, in einem Alter, in dem der Mann am meisten auf Lebensfreude erpicht und für sie empfänglich ist, legte Ludwig XVI. keinen Wert mehr auf menschliche Dinge. Als Malesherbes versuchte, in ihm Gefallen am Herrschen wiederzuerwecken, erwiderte er: »Aus Gefallen daran, nein; aus Pflicht, ja.« Und er stellte noch zwei Bedingungen: »daß die katholische Religion fortdauere ..., daß sie die Staatsreligion sei ..., daß der Bankrott (der Revolution) durch die thronräuberische Macht erklärt werde«. Hierauf legte er großen Wert; gleich am ersten Tage, an dem er Malesherbes sah, hatte er ihn gebeten, sich zu versichern, ob der Pater Edgeworth von Firmont, ein guter und frommer Priester, den ihm Madame Elisabeth genannt hatte, bereit sein würde, ihm in seinen letzten

Augenblicken beizustehen; er hatte ihm einen Brief für Edgeworth mitgegeben, in dem er diesen bat, ihm als Gunst und »letztes Unterpfand seiner Anhänglichkeit an ihn« diesen letzten Dienst zu erweisen; er stellte ihm aber anheim, einen anderen Priester zu nennen, falls ihm der Mut fehle.

Trotz seiner dürftigen Lage bewahrte der König seinen Stolz. Da er ohne alle Mittel war, verweigerte er, daß man ihm ohne Bezahlung half oder ihn bediente. Für den Konvent hinterließ er eine Notiz, in der er diesen bat, seine Schulden zu bezahlen; er litt darunter, daß er de Sèze nichts geben konnte. Auf den Tod gefaßt, wußte er, daß er unschuldig war. In einer Zeitung schalt man ihn einen Tyrannen: »Ich ein Tyrann!« sagte er stark und ruhig zu Malesherbes. »Ein Tyrann bezieht alles auf sich; habe ich nicht beständig alles auf mein Volk bezogen? Wer haßt mehr die Tyrannei, sie oder ich?« Seine Barmherzigkeit hinderte ihn daran, zu hassen; sein Abscheu vor seinen Verfolgern bewahrte jene feine Spur des Erstaunens, das man Höflichkeit der Verachtung nennen könnte. Es war ihm an nichts mehr gelegen, er lebte schon im Tode. Er fragte Malesherbes, ob er vielleicht eine weiße Dame habe umhergehen sehen. »Wissen Sie nicht«, sagte er zu ihm, »daß nach der Volksmeinung, wenn ein Fürst meines Hauses sterben wird, eine weißgekleidete Frau im Schloß umherirrt?« Er erlaubte sich nie, mit sich selbst Mitleid zu empfinden, noch andere mit ihm Mitleid empfinden zu lassen. Als de Sèze ihm seine Verteidigungsrede vorlas, in der einige Stellen ihn ergriffen hatten, sagte Ludwig XVI. zu ihm: »Diese Stellen muß man weglassen, ich will auf keinen Fall jemand zum Mitleid bewegen.«

Vielleicht aber hätte er damit Erfolg gehabt? Valmy, Jemmapes und der Rückzug der Eindringlinge nützten seiner Sache. Man raunte, Braunschweigs Rückzug sei auf sein geheimes Eingreifen zurückzuführen. Alle hielten ihn für unschuldig, und die Gironde wollte ihn retten. Um die Aufmerksamkeit abzuwenden, griff sie Philippe Egalité an; aber Chabot trat dazwischen und wies darauf hin, daß die Verfassung untersage, einen Abgeordneten zu verbannen. Egalité war verbannt, und der Konvent schützte ihn. Die bloßgestellte und besiegte Gironde bekam von neuem Furcht.

Auch andere wollten den König retten. Godoy, der erste Minister des Königs von Spanien, suchte Pitt für die Rettung Ludwigs XVI. zu interessieren und mit ihm zusammenzuarbeiten, um Danton, der dazu bereit war, zu kaufen. Die Führer der Whigs baten Pitt, etwas zu tun, um Ludwig XVI. zu retten, und Noël, ein Agent Dantons, brachte eine Zusammenkunft von Pitt und Talon zustande, bei der über die Angelegenheit verhandelt wurde. Danton verlangte 40 000 Pfund Sterling. Pitt lehnte ab.

Die Spanier machten nun einen direkten Versuch: der Chevalier d'Ocariz, der spanische Geschäftsträger in Paris, erhielt den Befehl, alles zu unternehmen, um ein Todesurteil zu verhindern, oder, wenn es erfolgte, die Begnadigung gegen ein diplomatisches Eintreten für den Frieden und eine spanische Vermittlung zu erkaufen. Am 26. Dezember 1792 schrieb er an Lebrun, wies ihn auf die Regelwidrigkeiten des Prozesses hin, erinnerte ihn daran, daß die Masse der Franzosen nach wie vor ihre Liebe zu Ludwig XVI. bewahrte, und bat ihn, die königliche Familie ins Ausland zu verbannen. Am 31. Dezember wiederholte er das Angebot. Aber alles war vergeblich, ebenso wie die unzähligen Verschwörungen, die angezettelt wurden, um einen Gewaltstreich zugunsten des Königs vorzubereiten, vergeblich waren.

*

Am Weihnachtstage betete Ludwig XVI. lange, beendete sein Testament und las Tacitus. In seinem Testament verzieh er allen, seinen Feinden, seinen falschen Freunden, seiner Frau, »falls sie glaubte, sich etwas vorwerfen zu müssen«, und ganz Frankreich. Er erbat die Verzeihung aller derer, die er ohne es zu wollen beleidigt hatte, und sagte: »Ich empfehle meinem Sohn, falls er das Unglück haben sollte, König zu werden, daran zu denken, daß er ganz und gar für das Glück seiner Mitbürger arbeiten muß, daß er allen Haß und jedes Rachegefühl vergessen soll, besonders das, was sich auf das Unglück und den Kummer, den ich erleide, bezieht, daß er das Glück der Völker nur erlangen kann, wenn er unter Befolgung der Gesetze regiert, aber daß zu gleicher Zeit ein König die Achtung vor den Gesetzen nur erlangen kann und das Gute, das er in seinem Herzen birgt, nur dann tun kann, solange er die nötige Autorität besitzt: allenfalls wäre er in allem, was er tut, behindert und, da er dann keine Achtung einflößt, mehr schädlich als nützlich.« Seine Erfahrung hatte ihm gezeigt, in welche Abgründe ein Land stürzen kann, das die Autorität nicht anerkennt, und ein Führer, der sie nicht besitzt. Hiernach blieb ihm nur übrig, sich vor seinem Tode an Gott zu wenden: »Ich glaube fest und bekenne alles, was in dem Glaubensbekenntnis und in den Geboten Gottes und der Kirche enthalten ist, die Sakramente und das Meßopfer, wie sie die katholische Kirche lehrt und immer gelehrt hat. Ich habe niemals in Anspruch genommen, mich als Richter aufzuwerfen über die verschiedenen Arten, die Dogmen auszulegen, die die Kirche Jesu Christi zerreißen, aber ich habe mich immer und werde mich immer, wenn Gott mir das Leben gewährt, auf die Entscheidungen berufen, welche die kirchlichen, in der Heiligen Katholischen Kirche vereinten Oberen geben und geben werden, gemäß der seit Jesus Christus befolgten Lehre der Kirche ... Ich schließe, indem ich vor Gott, und bereit, vor ihm zu erscheinen, erkläre, daß ich mir keines der Verbrechen, deren ich beschuldigt werde, vorzuwerfen habe. In doppelter Ausfertigung, im Turm des Temple, am 25. Dezember 1792. – Ludwig.«

Für die zweite Gerichtsverhandlung bereitete er sich mit mehr innerer Ruhe als Vertrauen vor. »Wir tun hier«, so sagte er, »das Werk Penelopes; unsere Feinde werden es bald wieder aufgetrennt haben; aber fahren wir trotzdem weiter fort damit, obwohl ich für meine Handlungen nur Gott Rechenschaft schuldig bin.« Er verteidigte sich nicht etwa in der Hoffnung, freigesprochen zu werden, oder in dem Glauben, er sei der Nation Rechenschaft schuldig, sondern nur, um vor Gott nicht des Selbstmordes schuldig zu werden.

Am 26. Dezember um zehn Uhr vormittags wurde er vor die Schranke des Konvents gebracht. Alle diese blassen, von aus Überreizung oder Furcht entstandenem Haß verzerrten Gesichter erschreckten ihn nicht. Seine Ruhe brachte den Konvent in Verlegenheit. De Sèze verteidigte ihn mit Talent, Wärme und jener Kunst, vergebliche Worte mit der Eleganz zu sagen, über die die Advokaten verfügen. Er wies auf die Ungesetzlichkeit des Prozesses hin, die zu offenbar war, als daß man sie leugnen konnte. Aber es war gut, daß eine für die Nachwelt bestimmte Verteidigungsrede diese Wahrheit feststellte, die von den Menschen leicht vergessen wird, wenn es sich um Starke handelt, die die Schwachen unterdrücken. Er bewies, daß alle gegen Ludwig XVI. gerichteten Anklagen ihm nicht zur Last fielen oder falsch waren. Seit drei Jahren besaß der König keine Macht mehr; es war lächerlich, ihm diese Anhäufung von Verbrechen zu unterschieben! Als einziger Konservativer unter allen Revolutionären hatte er eine Verfassung beachtet, die sie selbst verfaßt hatten, ohne an sie zu glauben und ohne ihr zu gehorchen.

Zum Abschluß rief er: »Hören Sie, was die Geschichte zu seinem

Ruhm sagt: Ludwig bestieg den Thron mit zwanzig Jahren; mit zwanzig Jahren gab er auf dem Thron ein Beispiel für die Sitten; er brachte auf den Thron keine schuldhafte Schwäche noch verderbliche Leidenschaft mit; er war sparsam, gerecht und streng und bewies sich als beständiger Freund des Volkes...; den Wünschen des Volkes kam er durch zahllose persönliche Opfer entgegen. Und doch, im Namen dieses selben Volkes fordert man heute...! Bürger, ich beende den Satz nicht...! Ich mache vor der Geschichte halt. Denken Sie daran, welches Ihr Urteil und welches das seinige in den Jahrhunderten sein wird!« Ein Schauder überlief die Versammlung; dann faßte sie sich wieder.

Nun sagte Ludwig XVI.: »Während ich vielleicht zum letzten Male zu Ihnen spreche, erkläre ich Ihnen, daß mein Gewissen mir nichts vorwirft und daß meine Verteidiger Ihnen nur die Wahrheit gesagt haben. Ich habe niemals gefürchtet, daß meine Führung öffentlich untersucht würde, aber es zerreißt mir das Herz, in der Anklageschrift die Beschuldigung zu finden, ich hätte das Blut des Volkes vergießen wollen, und besonders, das Unglück des 10. August sei mir zuzuschreiben. Ich bekenne, daß die vielfachen Beweise, die ich jederzeit für meine Liebe zum Volk gegeben und die Art, in der ich mich immer verhalten habe, mir zu beweisen scheinen, daß ich wenig gefürchtet habe, mich einer Gefahr auszusetzten, um dem Volk Blut zu ersparen, und daß dies für immer eine derartige Beschuldigung von mir fernhalten müßte.«

Unabhängige und Girondisten waren fassungslos. Der König hatte niemand beschuldigt, um sich zu verteidigen! Lanjuinais wollte dies benutzen, um die Anklage zurückziehen zu lassen. In seiner Begeisterung griff er die Rädelsführer vom 10. August an. Das war eine Unklugheit! Die Montagnards protestierten wütend, und Lanjuinais mußte seine Worte zurücknehmen. Vergniaud berief sich auf die Unverletzlichkeit des Königs, Brissot und Salle wiesen auf die Entrüstung Europas hin und verlangten einen Aufruf an das Volk. Lebrun selbst las den Brief von Ocariz vor. Sein Vorschlag wurde an den Diplomatischen Ausschuß überwiesen. Es blieb noch die Hoffnung auf eine Verbannung nach den Vereinigten Staaten, die Paine, Genet und die beiden Roland, unterstützt von der amerikanischen Regierung, empfahlen. Sie hatten Furcht. Doch selbst bei den Jakobinern trat Louis Robert dafür ein, daß eine weise Politik dazu zwinge, die Verurteilung Louis Capets aufzuschieben!

Robespierre setzte sich über solche Schwächen hinweg. Vom Geist der Philosophie und von seinem jakobinischen Eifer angetrieben, hielt er am 28. Dezember eine entscheidende Rede. Da er wußte, daß eine Volksabstimmung Ludwig XVI. retten würde, bot er alles, vor allem die Furcht auf, um sie zu vermeiden. »Der Sieg wird entscheiden, ob ihr Rebellen oder Wohltäter der Menschheit seid, und der Sieg wird durch die Größe eures Charakters entschieden.« Im Namen der nationalen Gefahr und der Tugend, »jener Tugend, die auf der Erde immer in der Minderheit war«, wollte er Blut. Seine Kollegen vom »Berg« vervollständigten seine Arbeit: Gasparin enthüllte, daß Vergniaud, Guadet und Gensonné vom 5. bis 9. August 1792 mit dem Hof verhandelt hatten; als Boze an die Schranke gerufen wurde, war er ein schwer belastender Zeuge. Am nächsten Tage, dem 4. Januar, erklärte Barère, den man verpflichtet hatte, mit gewissen Enthüllungen aus dem »eisernen Kasten« besonderen Eifer zu zeigen, mit sanfter Stimme: »Der Prozeß ist in Wirklichkeit ein Akt des Staatswohls oder eine Maßnahme für die allgemeine Sicherheit, (und) ein Akt des Staatswohls unterliegt nicht der Bestätigung durch das Volk.« Hiernach blieb den furchterfüllten Girondisten nichts übrig, als zu schweigen.

Als Ludwig XVI. den Saal verließ, sagte er zu Malesherbes: »Sind Sie jetzt davon überzeugt, daß mein Tod schon, ehe ich überhaupt gehört worden war, eine beschlossene Sache war?« Malesherbes, der immer unwirklich dachte, erzählte ihm, ganz im Gegenteil wären er und die beiden anderen Rechtsbeistände, nachdem sie von der Versammlung die Befragung des Volkes verlangt hätten, von zahlreichen Abgeordneten umgeben gewesen, die erklärt hätten: »Er wird nicht umkommen, oder wenigstens erst nach uns und unseren Freunden.« Ludwig XVI. erwiderte: »Kennen Sie sie wirklich? Kehren Sie in die Versammlung zurück, versuchen Sie, wieder mit einigen von ihnen zu sprechen, und sagen Sie ihnen, daß ich es ihnen nicht verzeihen würde, wenn nur ein einziger Tropfen Blut meinetwegen vergossen würde. Ich habe nicht gewollt, daß Blut vergossen wurde, als es, vielleicht, den Thron und mein Leben gerettet hätte; ich bereue es nicht.«

Die öffentliche Meinung sprach für ihn. Im Théâtre Français, wo man das Stück »Der Freund der Gesetze« gab, wurde alles, was eine für das Wohl des Königs günstige Anspielung zu sein schien, mit frenetischem Beifall begrüßt, im Vaudeville, wo man »Die keusche Su-

sanne« gab, zwang das Publikum die Schauspieler, die Antwort, die eine der Personen einem der Greise gab, mehrmals zu wiederholen: »Wie können Sie Ankläger und Richter zu gleicher Zeit sein?«
Ludwig XVI. empfing durch einen Stadtbeamten die Neujahrsglückwünsche der Königin, der Kinder und Elisabeths. »Welch ein Neujahrstag!« sagte er zu Cléry, als er sie las. Seine einzige Gesellschaft war Cléry; er war warmherzig, fromm und zartfühlend, denn er tat und sagte nichts, was den König hätte bedrücken können. Die Soldaten, Wächter und Stadtbeamten waren für den König nur noch eine Art Traum, wie es die Kerkermeister immer für die Gefangenen sind; für ihn waren sie nur noch vorhanden, wie der Schlamm, die Dunkelheit, der Gestank und die Beschwerlichkeiten des Körpers vorhanden sind. Er verlangte nicht mehr danach, die Seinigen zu sehen, weil er meinte, man würde ihm eine letzte Zusammenkunft gewähren, wenn man ihn zum Tode verurteilt hätte.

Die Abstimmung begann am 14. Januar; sie war endlos, weil sie namentlich stattfand und jeder Abgeordnete so lange Erklärungen abgeben konnte, wie er wollte. Sie handelten alle aus Furcht, suchten für sich Vorteil daraus zu ziehen und sprachen, wie man es von ihnen verlangte. Die Schuld wurde mit einigen Enthaltungen einstimmig angenommen; die Volksabstimmung wurde mit 424 Stimmen gegen 287 abgelehnt. Als es sich um die Strafe handelte, stimmten 334 Abgeordnete für Gefangenschaft, Festungshaft oder bedingten Tod, 26 für den Tod mit Aufschub und 361 rückhaltlos für den Tod. Ludwig XVI. wurde mit einer Stimme Mehrheit zum Tode verurteilt. Wären die Abgeordneten frei in ihrer Entschließung gewesen, so hätten keine Hundert für den Tod gestimmt, aber das Geheul der von den Jakobinern aufgehetzten Menge, die den Konvent belagerte, und die vom »Berg«, der Robespierre gehorchte, besorgte Einschüchterung ließen ihnen keine Freiheit.

DER KÖNIG STIRBT

An jenem Abend saß der König in Betrachtungen versunken an seinem Tisch; er drehte den Rücken zu einer auf dem Kamin stehenden Lampe, stützte die Ellbogen auf den Tisch und bedeckte das Gesicht mit seinen Händen. Als er Malesherbes hörte, hob er den

Kopf und sagte zu ihm: »Seit zwei Tagen beschäftige ich mich damit, zu suchen, ob ich im Lauf meiner Regierung den geringsten Vorwurf meiner Untertanen verdient habe. Nun, Herr von Malesherbes, ich schwöre Ihnen in aller Aufrichtigkeit meines Herzens, als ein Mann, der vor Gott treten wird, daß ich ständig das Glück des Volkes gewünscht und nicht ein einziges Mal den Wunsch des Gegenteils gehabt habe.« Malesherbes stimmte zu und teilte ihm dann mit dumpfer Stimme das Todesurteil mit. Ohne Verwirrung oder Traurigkeit umarmte ihn der König, tröstete ihn und hörte sich die Einzelheiten über die Abstimmung an. Hierauf verfaßten sie ein Gesuch um Aufschub; vielleicht könne man diese so schwache Mehrheit ändern? Schließlich dankte ihm Ludwig XVI. und bat ihn, eiligst den Abbé Edgeworth herbeizurufen, und Malesherbes zog sich zurück, um seine Aufträge zu erfüllen.

Von ihm bezahlte Girondisten unterstützten das Gesuch auf Grund der auswärtigen Lage. Barère antwortete, das bedeute nur die Verlängerung einer peinlichen und gefährlichen Lage. Das Gesuch wurde mit 380 gegen 310 Stimmen abgelehnt. Inzwischen sah sich Ludwig XVI. in seinem Turm neben einem spärlichen Feuer die Liste der Abgeordneten an, die für seinen Tod gestimmt hatten. »Ich suche keine Hoffnung mehr«, sagte er zu Cléry, »aber ich bin sehr betrübt, daß Herr von Orléans, mein Verwandter, für meinen Tod gestimmt hat . . .« Cléry erzählte ihm, die Ankunft Dumouriez' in Paris zeige, daß die Armee wolle, daß er leben bleibe, und im übrigen könne sich ein Aufstand ereignen. »Es täte mir leid, wenn er stattfände«, erwiderte Ludwig XVI., »es gäbe nur neue Opfer... Ich sehe, wie das Volk, der Anarchie ausgeliefert, zum Opfer aller Parteien wird, wie die Verbrechen aufeinander folgen und lang dauernde Uneinigkeit Frankreich zerreißen wird«. So verstrichen die Stunden. Malesherbes kam weder am 18. noch am 19. Um sich zu beschäftigen, machte Ludwig XVI. ein Buchstabenrätsel; er fand das Wort »Opfer«; dann las er wieder über den Tod Karls I. Am Samstag, dem 19., wurden seine beiden Zimmer gründlich durchsucht. Am Abend beklagte er sich, daß man ihn von seinen Rechtsbeiständen getrennt habe, und schrieb an die Kommune, um zu verlangen, daß man aufhöre, ihn ständig den Blicken der Bewachung auszusetzen. »Man sollte fühlen, daß es in der Lage, in der ich mich befinde, für mich sehr peinlich ist, nicht allein sein zu können und nicht die notwendige Ruhe zu haben, mich zu sammeln.« Die quälende Anwesenheit eines haßerfüllten Bewachers beschmutzt die Seele des Gefangenen. Am 20. Januar beim Aufstehen verlangte er erfolglos eine Antwort auf seinen Brief; der Vormittag schlich mit Warten dahin. Um zwei Uhr wurde plötzlich die Tür geöffnet. Der gesamte Vollziehende Rat, der Bürgermeister, die Behörden des Departements, fünfzehn Personen füllten das Zimmer. Sobald der König den Lärm hörte, erhob er sich; er stand ihnen ohne Verwirrung und ohne Zorn gegenüber. Garat, der Justizminister, las die Beschlüsse des Konvents vor, die ihn als der Verschwörung gegen die Freiheit der Nation schuldig erklärten, ihn zum Tode verurteilten und seinen Aufruf an die Nation ablehnten. Ludwig XVI. hörte zu, ohne daß sich ein Muskel seines Gesichts bewegte; nur bei dem Wort »Verschwörung« zeigte er ein leichtes Lächeln. Dann sah er sie alle mit einem friedlichen Blick an. Ohne jede Eile steckte er sein Todesurteil erst in seine Brieftasche, dann in seine Tasche.

Dann las er einen Brief an den Konvent vor und übergab ihn ihnen, in dem er drei Tage erbat, um sich auf das Erscheinen vor Gott vorzubereiten und um den Besuch seines Beichtvaters, die Aufhebung der ständigen Überwachung und die Möglichkeit, seine Familie zu sehen, ersuchte. Er empfahl der Nation alle, die mit ihm verbunden gewesen waren. Garat nahm den Brief und versprach, ihn sogleich dem Konvent zu übergeben. Im letzten Augenblick gab ihm der König noch die Adresse des Abbés Edgeworth.

Bei seinem Mittagessen nahm man ihm Gabel und Messer weg, wie bei einem Sträfling. Er aß wenig und nahm dann seine Lektüre wieder auf. Um zehn Uhr wieder großer Lärm. Santerre erschien, dem bald Garat folgte. Der Konvent genehmigte seine Ersuchen, ausgenommen den Aufschub. Der König hörte unbewegt zu: eine schwere Enttäuschung für die Wärter, die gekommen waren, um zu sehen, »welche Grimasse er schneiden würde«. Garat dagegen und seine Kollegen erröteten vor Scham, und als der König ihn fragte, beeilte sich Garat, Edgeworths Eintreffen zu melden. Dann trat der Abbé selbst ein; sobald er ihn sah, gab Ludwig XVI. ein Zeichen mit der Hand, und die Minister gingen hinaus.

Als sie allein waren, fiel der Abbé Ludwig XVI. zu Füßen. Zum ersten Mal überkam den König die Rührung; er faßte sich bald und entschuldigte sich. Bei der Gewohnheit, unter Feinden zu leben, war der Anblick eines treuen Untertanen ein zu ergreifendes Schauspiel. Er führte den Abbé in das Türmchen, ließ ihn dort Platz nehmen, zeigte ihm sein Testament und fragte ihn, wie es mit der französischen Geistlichkeit stünde. Gegen halb neun Uhr wurden sie durch die Meldung, die königliche Familie sei da, unterbrochen. Sogleich begab sich der König zu ihnen. Als er die Seinigen wiedersah, war er zunächst tiefbewegt; sie setzten sich, vereint in einer schluchzenden Gruppe. Dann schilderte er ihnen in großer innerer Ruhe den Prozeß; er erinnerte den Dauphin an seine religiösen Pflichten und an die, seinen Henkern zu vergeben. Er segnete seine beiden Kinder, sprach zärtlich mit ihnen und tröstete sie. Aber er ließ nicht zu, daß die Familie die Nacht mit ihm verbringe. Er bedurfte zu sehr der inneren Ruhe; doch versprach er, sie am Morgen wiederzusehen. Beim Weggehen wurde die Königin ohnmächtig.

Er hatte sie um einviertel elf verabschiedet, um seine letzten Stunden Gott zu weihen. »Ach«, sagte er zum Abbé, »was für ein Wiedersehen war das, das ich eben hatte! Muß es sein, daß ich liebe und so zärtlich geliebt werde? Aber nun ist es vorbei, vergessen wir alles übrige und denken wir nur noch an die einzige Angelegenheit unseres Heils; auf sie allein muß ich in diesem Augenblick mein ganzes Gemüt und alle meine Gedanken richten.« Hierauf beichtete er. Gegen elf Uhr nahm er ein leichtes Abendessen zu sich und zwang den Abbé, ein Gleiches zu tun. Der durch die Beichte des Königs tiefbewegte Abbé schlug ihm vor, er wolle ihm das Abendmahl reichen. Dies war eine schwierige und gefährliche Aufgabe, aber die Freude Ludwigs XVI. war so groß, daß der Abbé Edgeworth ohne Zögern die den König überwachenden Kommissare sofort aufsuchte; er erhielt von ihnen schließlich die Erlaubnis und die Mittel, die Messe zu lesen.

Edgeworth brachte dem König die glückliche Nachricht. Mit neuem Mut und voll geistiger Freude unterhielt er sich bis spät in die Nacht mit dem Abbé, dann legte er sich zu Bett und sagte Cléry, er solle ihn um fünf Uhr wecken. Er wachte als erster auf: »Ich habe gut geschlafen«, sagte er zu Cléry, der das Feuer anzündete. »Ich hatte es nötig, der gestrige Tag hatte mich ermüdet.« Cléry kleidete und frisierte ihn schweigend. Um sechs Uhr las der Abbé die Messe mit Hilfe einer in der Mitte des Zimmers aufgestellten Kommode. Der König hörte die Messe knieend an und kommunizierte fromm.

Nach Beendigung der Messe bat Cléry, ihn zu segnen. Der König tat es und dankte für seine treuen Dienste. Er übergab ihm ein Petschaft für seinen Sohn und einen Ring für die Königin. Auf den Kamin legte er die anderen Dinge, Uhr, Brieftasche usw. Er vertraute Cléry auch eine seiner Haarlocken an und bat ihn, den Seinigen zu erklären, daß er sie nicht wiedersehen wolle, um ihnen eine so grausame Trennung zu ersparen. »Ich beauftrage Sie, ihnen mein Lebewohl zu sagen.«

Seit fünf Uhr wurde der Generalmarsch geschlagen; Kavallerie zog in den Hof des Temple ein. Der König hätte zu sehr gewünscht, seine Familie noch einmal zu sehen, aber der Priester riet ihm ab, weil die Königin es nicht ertrüge. »Sie haben recht, es wäre ihr Tod; es ist besser, mich dieser süßen Tröstung zu berauben und sie noch einige Augenblicke länger in Hoffnung leben zu lassen.«

Von sieben Uhr an wurde an seine Tür geklopft; Störungen übereifriger Beamter! Um neun Uhr kündigte großer Lärm Santerre an. Dem König wurde die Nachricht gebracht, die Schicksalsstunde sei gekommen. »Ich habe noch zu tun«, antwortete er. »Warten Sie dort. Ich stehe gleich zu Ihrer Verfügung.« Er schloß die Tür und kniete vor Edgeworth nieder: »Alles ist vollbracht! Geben Sie mir Ihren letzten Segen und beten Sie zu Gott, daß er mich bis zum Ende aufrechterhalte.«

Dann kehrte er in sein Zimmer zurück, nahm seinen Hut und folgte den Wachen, weniger bekümmert als sie. Im zweiten Hof setzte man ihn mit dem Abbé und zwei Gendarmen in einen Wagen. Niemand sprach, er las in Edgeworths Brevier. Man hörte den Marschschritt der Soldaten, den Lärm der Trommeln. Die langsame, oft unterbrochene Fahrt dauerte zwei Stunden.

Die Gedanken des Königs gingen in die Vergangenheit zurück. Wie groß war sein Bedürfnis, zu lieben! Wie er dieses Volk geliebt hatte! Aber wieviel Haß gab es gegen ihn! Choiseul, der Mann der Philosophen, Parlamentsmitglieder und Fanatiker, dann Orléans, die »Dreißig«, die Jakobiner. Heute triumphierten sie; Frankreich verleugnete seine Tradition, seine Kultur, seinen Glauben; es lehnte jene Herrschaft über den Erdkreis ab, die sein Geschlecht gewollt und er erreicht hatte. Was sollte aus seinem Volk ohne Anker und Kompaß werden, selbst wenn es seine heldenhaften Eigenschaften und sein wundervolles Genie bewahrte? Er bedauerte nichts. Lieber sterben als seine Untertanen töten.

Inzwischen suchten die Royalisten in allen Teilen von Paris eine Gelegenheit zu handeln; am Vorabend hatte einer von ihnen Lepeletier de Saint-Fargeau ermordet. Aber am 21. Januar 1793 verhinderte die zahlreiche, wachsame Polizei, daß irgend etwas geschah. So gelangte der Wagen zur Place Louis XV. Hier hielt er an, und man ließ den König aussteigen. Vorher verlangte er mit seiner immer ruhigen und festen Stimme, daß man den Abbé nach seinem Tode verschone. Drei Henkersknechte umgaben ihn, um ihm seine Kleider auszuziehen. Er stieß sie zurück und nahm selbst Kragen und Hemd ab. Man wollte ihm die Hände fesseln. »Mich fesseln!« antwortete er entrüstet. »Nein, das werde ich nie zulassen. Tun Sie, was Ihnen befohlen wurde, aber fesseln Sie mich nicht, verzichten Sie darauf!«

Die Szene konnte furchtbar werden; der Abbé Edgeworth raunte ihm zu: »Sire, in dieser neuen Schmach sehe ich nur einen letzten Zug der Ähnlichkeit zwischen Eurer Majestät und dem Gott, der Ihre Belohnung sein wird.« Es war, als ob er einen Peitschenhieb ins Gesicht erhalten hätte. Er hob die Augen gen Himmel, wo zum ersten Mal ein roter Schein auftauchte. »Sicherlich«, rief er, »es braucht nichts weniger als sein Beispiel, daß ich mich einer solchen Schande unterwerfe.« Dann, zu den Henkern: »Machen Sie, was Sie wollen, ich werde den Kelch bis zur Neige trinken!«

Man band ihm die Hände auf dem Rücken zusammen. Ohne zu zögern schritt er die steilen Stufen zum Schafott empor. Als er oben war, entschlüpfte er seinen Henkern, wandte sein Gesicht zur Menge und rief mit donnernder Stimme: »Ich sterbe unschuldig an allen den Verbrechen, deren man mich beschuldigt. Ich verzeihe den Urhebern meines Todes, und ich bitte Gott, daß das Blut, das sie vergießen werden, niemals über Frankreich komme...«

In der Truppe entstand Bewegung, Soldaten weinten. Santerre gab eiligst den Trommlern den Befehl, die Trommeln zu rühren, um die Stimme des Königs zu übertönen. In diesem Lärm taten die Henker in Eile ihre Arbeit. Das Brett kippte. Man hörte noch einen lauten Schrei. Der Kopf Ludwigs XVI. fiel in den Korb. Eine Anzahl von Männern und Frauen stürzten herbei, um ihre Taschentücher und Decken in sein Blut zu tauchen. Das Blut Ludwigs XVI. spritzte sehr weit.

Seitdem ist die ganze Geschichte Frankreichs davon gezeichnet.

Ende

ANHANG

BIBLIOGRAPHIE*

1. Quellen/Dokumente

Cléry, J.-B. A. H., Journal de ce qui s'est passé à la tour du Temple. Suivi de Dernières heures de Louis XVI. Par E. de Firmont. Et de Mémoire écrit par Marie-Thérèse-Charlotte de France. Ed. présentée et annotée par J. Brosse. (= Le temps retrouvé. Documents. 16). Paris 1968 (Teilveröff. ^{1}1958).

Madelin, L./Isorni, J. (Hg.), Appel de Louis XVI à la nation. 1793. Paris 1949.

d'Oberkirch, Baronne, Mémoires sur la cour de Louis XVI et la société française avant 1789. Ed. présentée et annotée par S. Burkard. (= Le temps retrouvé). Paris 1970.

Testament de S. M. le roi Louis XVI. Suivi de quelques-unes de ses pensées et du récit de sa mort. Aix-en-Provence 1962.

2. Literatur

Bertin, C. (Hg.), Louis XVI. Danton. Les procès révolutionnaires. (= Les grands procès de l'histoire de France. 4). Paris 1967.

Bouillé, A. Comte de, Varennes et la dernière chance de Louis XVI. Lyon 1969.

Bouloiseau, M., Deux relations de l'arrestation du roi à Varennes. In: Annales historiques de la Révolution française (Paris) 44 (1972), S. 438 bis 455.

Broglie, G. de, Le sacre de Louis XVI, d'après des documents inédits. In: La Nouvelle Revue des Deux Mondes (Paris) 1974, Nr. 7, S. 41—56.

Carré, H./Sagnac, P./Lavisse, E., Le règne de Louis XVI. 1774—1789. (= Histoire de France depuis les origines jusqu'à la Révolution. Hg. v. E. Lavisse. Bd. IX, 1). Paris 1911.

Castelot, A., Le rendez-vous de Varennes ou Les occasions manquées. Paris 1971.

—, Varennes. Le roi trahi. (= La grande et la petite histoire), Paris 1951.

---

* Auswahlbibliographie neuerer Literatur. — Einen sehr guten Überblick über die Zeitereignisse und -probleme gibt
  — Weis, E., Frankreich von 1661 bis 1789. In: Schieder, T., Handbuch der Europäischen Geschichte. Bd. 4. Hg. v. F. Wagner. Stuttgart 1968, S. 166—303.

Dort sind auch allgemeine Literaturhinweise zur gesamten Epoche und zu weiteren Einzelfragen zu finden.

Die folgenden Zeitschriften befassen sich u. a. auch mit der Person Ludwigs XVI.:
— Découverte. Bulletin du Comité pour l'étude de Louis XVI et de son procès (Paris).
— Versailles (Nyon).
— Revue de l'histoire de Versailles et de Seine-et-Oise (Versailles).
— Annales historiques de la Révolution française (Paris).

Ausführliche Literaturangaben bringen die Fachbibliographien, für die neuere Zeit vor allem
— Bibliographie annuelle de l'histoire de France du 5e siècle à 1945. Paris 1954 ff.

Castries, R. de la Croix, Le testament de la monarchie. 2 Bde. (= Les temps et les destins). Paris 1958/59.
Chartier, M., Pour l'anniversaire de la mort de Louis XVI, en l'an VII. In: Annales historiques de la Révolution française (Paris) 33 (1961), Nr. 163, S. 103—104.
Chauveau, J., Plaidoyer pour le roi martyr. Paris 1974.
Conte, A., L'Ardèche et la condamnation à mort de Louis XVI. In: Revue du Vivarais (Largentière) 71 (1967), Nr. 609, S. 7—12.
—, Sirs, ils ont voté la mort. La condamnation de Louis XVI. Paris 1966.
Cronin, V., Louis and Antoinette. London 1974.
Dardel, P., Projet d'abandon par le roi de la ville de Paris en 1790. In: Bulletin de la Société de l'Histoire de Normandie 16 (1965), S. 189—204.
Dominique, P., Paris enlève le roi, octobre 1789. Paris 1973.
Furneaux, R., The Last Days of Marie-Antoinette and Louis XVI. New York 1971.
Ganière, P., Louis XVI eut-il recours au bistouri? In: La Presse médicale (Paris) 72 (1964), Nr. 55, S. 3401—3406.
Gaudillot, J. M./Pouthas, C. H. (Hg.), Le voyage de Louis XVI en Normandie 21—29 juin 1786. Textes et documents. Cherbourg 1967.
Girault de Coursac, P., Les calomnies contre Louis XVI. In: Découverte (Paris) 1974, Nr. 2, S. 27—36.
—, Les cinquante jours du roi. In: Découverte (Paris) 1974, Nr. 3, S. 18 bis 34; Nr. 4, S. 28—43; Nr. 5, S. 25—40.
—, Un dauphin très horrible. In: Découverte (Paris) 1974, Nr. 4, S. 3—12.
—, L'éducation d'un roi, Louis XVI. (= La suite des temps). Paris 1972 (Diss. Paris 1969).
—, Louis XVI inconnu. In: Découverte (Paris) 1974, Nr. 1, S. 13—21; Nr. 2, S. 3—11.
Grall, J., Une brochure sur le voyage de Louis XVI en Normandie en 1786. In: Bulletin de la Société des antiquaires de Normandie (Caen/Rouen) 57 (1965), S. 564.
Gruber, A.-C., Les grandes fêtes et leurs décors à l'époque de Louis XVI. Genève/Paris 1972.
Gubernatis, R. de, Une page tragique de notre histoire: le procès de Louis XVI, roi de France. In: Annales de la Société des lettres, sciences et arts des Alpes-Maritimes (Nice) 59 (1967/68), S. 9—23.
Güthling, W., Lafayette und die Überführung Ludwigs XVI. von Versailles nach Paris. Halle a. d. S. 1930.
Guillonneau, B., Le testament de Louis XVI ou le manifeste du Rétais Ours-François Denesle. In: Bulletin de l'Association des amis de l'île de Ré (Paris) 1974, Nr. 50, S. 50—61.
Harsany, Z.-E., Les Messins et Louis XVI. In: Mémoires de l'Académie nationale de Metz 149/50 (1971), S. 25—31.
Hayworth, R. L., The Trial of Louis XVI. Diss. Ann Arbor, Mich. 1969.
Nouvelle Histoire de France. Bd. 20. Comment tombent les bastilles, l'échec des réformes sous Louis XVI, 1774—1789. Paris 1967.

Isorni, J., Le procès de Louis XVI. In: Historia (Paris) 1954, Nr. 86, S. 93 bis 106.

Josse, R., En 1791, la fuite de la famille royale, l'événement dans le département de l'Aisne, contribution à l'étude générale du départ et du retour de la famille royale. Etrechy 1971.

La Condamine, P. de, Louis XVI en Normandie. In: Miroir de l'histoire (Paris) 1960, Nr. 127, S. 94—101.

Lafue, P., Louis XVI. L'échec de la révolution royale. Paris 1949.

La Fuye, M. de, Le deuxième centenaire de Louis XVI. In: Historia (Paris) 1954, Nr. 93, S. 153—158.

Lambin, G., Louis XVI angliciste. In: Etudes anglaises (Paris) 22 (1969), Nr. 2, S. 118—136.

Le Menuet de La Juganière, Un projet de fuite de Louis XVI par le Havre. In: Versailles (Nyon) 1973/74, Nr. 53/54, S. 11—18.

Léo-Jacques, Le trésor de Louis XVI était-il caché dans la forêt de Bondy? In: Aux carrefours de l'histoire (Paris) 1959/60, Nr. 27, S. 1447—1449.

Leroy, A., Louis XVI, le roi malgré lui. (= Lumières de l'histoire). Paris 1961.

Leuregans, P., Louis XVI, Empereur des Français. In: Revue historique de droit français et étranger (Paris) 44 (1966), Nr. 2, S. 246—261.

Loiseau, I., Louis XVI, qui êtes-vous? In: La Revue des Deux Mondes (Paris) 1970, Nr. 3, S. 558—570.

Loizeau, Général, Le passage de Louis XVI à Varennes. In: Miroir de l'histoire (Paris) 1960, Nr. 124, S. 485—492.

Marie, A., Louis XVI le Victorieux. In: Connaissance des Arts (Paris) 1973, Nr. 258, S. 42—49.

Mazé, J., Louis XVI et Marie Antoinette. Les journées révolutionnaires d'octobre 1789. 3 Bde. (= Le rayon d'histoire). Paris 1939, ²1951/52.

Millot, J., Le procès de Louis XVI devant les Bisontins. In: Académie des sciences, belles-lettres et arts de Besançon. Procès-verbaux et mémoires 173 (1960), S. 65—79.

Mitarra, Louis XVI inconnu et sa postérité naturelle. In: La Vie judiciaire (Paris) 1954, Nr. 405, S. 10.

La municipalité de Honfleur et le procès de Louis XVI. In: Annales de Normandie (Caen) 12 (1962), Nr. 3, S. 198.

Padover, S. K., The Life and Death of Louis XVI. New York 1964.

Palou, J., Autour de la fuite du roi. In: Annales historiques de la Révolution française (Paris) 33 (1961), Nr. 164, S. 187—192.

Parias, L.-H./Tracy, G.-M., Les Bourbons de Henri IV à Louis XVI. Paris 1953.

Peronnet, M., Les assemblés du clergé de France sous le règne de Louis XVI (1775—1788). In: Annales historiques de la Révolution française (Paris) 34 (1962), Nr. 167, S. 8—35.

—, La france au temps de Louis XVI. Paris 1967.

Raynal, J.-H.-L., Des aspects juridiques du procès de Louis XVI. 2 Bde. Diss. Caen 1954.

Reinhard, M., La chute de la Royauté. (= Coll. Trente journées qui ont fait la France). Paris 1969.
Robert, H., Louis XVI. Paris 1928.
Roncerel, M., Passage du roi Louis XVI à Vernon en 1786. In: Les Cahiers vernonnais (Vernon) 3 (1963), Nr. 3, S. 24—26.
Sèze, R. de, Défense de Louis. Publiée avec une introduction et des notes par A. Sevin. Paris 1936.
Soboul, A., Le procès de Louis XVI. (= Coll. Archives). Paris 1973 (^{1}1966).
Terre, Abbé, L'événement de Varennes. In: Bulletin de la Société d'études d'Avallon (Clamecy) 103/104 (1964), S. 110—117.
Trudel, M., Louis XVI, le Congrès américain et le Canada, 1774—1789. Québec 1949.
Webster, N. H., Louis XVI and Marie-Antoinette before the Revolution. London 1937.
—, Louis XVI and Marie-Antoinette during the Revolution. London 1937.

ZEITTAFEL

1754	23. August: Ludwig XVI. (Ludwig August) als Sohn des Ludwig Dauphin und seiner zweiten Frau Josefa von Sachsen in Versailles geboren.
1755	10. Februar: Montesquieu gestorben. 1. November: Erdbeben von Lissabon. 2. November: Marie Antoinette als Tochter Maria Theresias und Franz I. geboren.
1756–1763	Siebenjähriger Krieg.
1756	16. Januar: Westminster-Konferenz zwischen Preußen und England. 1. Mai: Erster Versailler Vertrag: Französisch-österreichisches Verteidigungsbündnis.
1757	1. Mai: Zweiter Vertrag von Versailles. Eintritt Frankreichs in den Siebenjährigen Krieg. 6. September: Marquis de La Fayette geboren. 17. Oktober: Ferchault de Réaumur, Biologe und Physiker, gestorben.
1758	6. Mai: Maximilien de Robespierre geboren. Choiseul wird Außenminister (1761 auch Kriegs- und Marineminister).
1759	März: Dritter Vertrag von Versailles zwischen Frankreich und Österreich. 27. Juli: Maupertuis, Physiker und Mathematiker, gestorben. 28. Oktober: Georges Danton geboren.
seit 1760	Industrielle Revolution in England.
1760	17. Oktober: Claude Henri de Saint-Simon geboren.
1761	15. August: Dritter Bourbonischer Familienvertrag. Das Spanien Karls III. tritt der Koalition zwischen Frankreich und Österreich gegen England und Preußen bei.
1762	Verbot des Jesuitenordens in Frankreich (seit 1764 Aufhebung des Ordens).

1763	10. Februar: Friede von Paris. Frankreich verliert den größten Teil seines nordamerikanischen Gebiets. England führende Kolonialmacht. 15. Februar: Friede von Hubertusburg zwischen Österreich, Preußen und Sachsen. Rousseaus »Contrat social« erschienen.
1764	12. September: Jean Philippe Rameau gestorben.
1765	18. August: Kaiser Franz I. gestorben. Joseph II. folgt ihm auf den Thron. James Watt baut die erste Dampfmaschine.
1766	23. Februar: Ludwigs XV. Schwiegervater, der einstige Polenkönig Stanislas Leszcynski gestorben. Dadurch fallen die Herzogtümer Lothringen und Bar an Frankreich.
1768—1774	Russisch-türkischer Krieg.
1768	4. September: Chateaubriand geboren. Frankreich kauft Korsika von Genua.
1769	15. August: Napoleon Bonaparte geboren.
1770	*19. April: Ludwig und Marie Antoinette per procurationem in Wien verheiratet.* *16. Mai: Hochzeit in Versailles.* 30. Mai: François Boucher gestorben. 24. Dezember: Minister Choiseul entlassen. James Cook entdeckt die australische Ostküste bis zur Torresstraße.
1772	5. August: Erste Teilung Polens beschlossen.
1773	8. Juni: Marie Antoinette zieht in Paris ein.
1774	*10. Mai: Ludwig XV. gestorben. Sein Enkel besteigt als Ludwig XVI. den französischen Thron.* Turgot zum Generalkontrolleur der Finanzen ernannt, Vergennes Außenminister. Marineminister Sartine beginnt mit dem Ausbau der Seestreitkräfte.
1775—1783	Nordamerikanischer Freiheitskrieg.
1775	Beginn der Heeresreform unter Kriegsminister Graf Saint-Germain.

Zeittafel

1776	Januar: Sechs wirtschaftliche und soziale Reform-Edikte Turgots.
	12. März: Ludwig XVI. zwingt das Parlament von Paris zur Einregistrierung der Edikte.
	10. Mai: Sturz Turgots.
	4. Juli: Unabhängigkeitserklärung der 13 nordamerikanischen Kolonien.
	Gründung der Caisse d'Escompte, der späteren französischen Staatsbank.
1777	April/Mai: Besuch Josephs II. in Versailles.
	Kriegsminister Graf Saint-Germain gestürzt.
	Necker wird Finanzminister.
1778–1779	Bayerischer Erbfolgekrieg.
1778	6. Februar: Handels- und Bündnisverträge von Versailles zwischen Frankreich und den Vereinigten Staaten.
	30. Mai: Voltaire gestorben.
	2. Juli: Jean-Jacques Rousseau gestorben.
	19. Dezember: Geburt der Madame Royale, Marie Therese Charlotte, der späteren Herzogin von Angoulême.
1779	Friede von Teschen.
	8. August: Abschaffung der Leibeigenschaft auf den königlichen Domänen in Frankreich.
1780	Frankreich entsendet erstmals Soldaten zur Unterstützung des amerikanischen Unabhängigkeitskampfes.
	29. August: Jean Auguste Dominique Ingres geboren.
	29. November: Kaiserin Maria Theresia gestorben.
1781	Kaiser Joseph II. besucht Ludwig XVI.
	Neckers »Compte rendu au Roi«: erster Staatshaushalt in Frankreich.
	Entlassung Neckers.
	30. März: Turgot gestorben.
	19. Oktober: Washington siegt bei Yorktown.
	22. Oktober: Geburt des ersten Dauphin, Ludwig Joseph.
1782	Großfürst Paul von Rußland zu Besuch in Versailles.
1783	23. Januar: Stendhal geboren.
	3. September: Friede von Versailles. England erkennt die Unabhängigkeit der Vereinigten Staaten an.
	Calonne von Ludwig XVI. zum Generalkontrolleur der Finanzen ernannt.

	29. Oktober: Jean le Rond d'Alembert gestorben. 21. November: Erster Ballonflug der Brüder Montgolfier.
1784	Vergennes vermittelt den Frieden zwischen Rußland und der Türkei. 31. Juli: Denis Diderot gestorben.
1785	27. März: *Geburt des zweiten Dauphin, des späteren Ludwig XVII.* Vertrag von Fontainebleau zwischen dem Reich und den Niederlanden. Halsband-Affäre um Marie Antoinette.
1786	31. Mai: Urteilsverkündung im Halsband-Prozeß. *9. Juli: Geburt der Prinzessin Sophie Beatrix.* 17. August: Friedrich der Große gestorben. Friedrich Wilhelm II. wird König von Preußen. Französisch-englischer Handelsvertrag. Calonnes Plan zur Sanierung der Staatsfinanzen. Edmund Cartwright erfindet den mechanischen Webstuhl.
1787—1788	Adels-Revolution in Frankreich.
1787—1792	Letzter Krieg Österreichs gegen die Türken.
1787	Österreichisch-russischer Krieg. Vergennes gestorben. Montmorin Außenminister. 22. Februar: Zum erstenmal seit 1626 tritt in Versailles eine Notabelnversammlung zusammen. Ziel ist ein Ausgleich der Staatsfinanzen. 9. April: Ludwig XVI. entläßt Calonne. 18. Mai: Loménie de Brienne Generalkontrolleur der Finanzen. 25. Mai: Ludwig XVI. löst die Notabelnversammlung auf. *19. Juni: Prinzessin Sophie Beatrix gestorben.* 6. August: Das Parlament von Paris verweigert die Einregistrierung der königlichen Steuergesetze und fordert die Einberufung der Generalstände. 14. August: Brienne verbannt das Parlament nach Troyes. Aufruhr in Paris. Rückkehr des Parlaments. 19. September: Weltlicher Zivilstand für die Protestanten verkündet. 15. November: Christoph Willibald von Gluck gestorben.
1788	*8. Mai: Ludwig XVI. erzwingt eine Reform des Justizwesens*

und entmachtet die Parlamente. In der Folge Unruhen in mehreren Landesteilen.
7. Juni: Aufstand in Grenoble.
August: Brienne abgelöst.
Mißernte. Teuerung.
Necker zurückberufen.
Die Parlamente erhalten ihre Rechte wieder.
6. November– 12. Dezember: Notabelnversammlung.

1789
4. März: Proklamation der amerikanischen Verfassung.
5. Mai: Die französischen Generalstände treten erstmals seit 1614 in Versailles zusammen.
3. Juni: Dauphin Ludwig Joseph gestorben.
17. Juni: Der Dritte Stand konstituiert sich als Nationalversammlung (1789– 1791 Verfassunggebende Versammlung).
20. Juni: Ballhaus-Schwur.
14. Juli: Sturm auf die Bastille.
Juli: Beginn der Emigration.
4. August: Die Nationalversammlung beschließt, die Feudalordnung aufzuheben, Frondienste und Standesprivilegien abzuschaffen.
26. August: Erklärung der Menschen- und Bürgerrechte.
5. Oktober: Marsch der Pariser Marktfrauen nach Versailles.
6. Oktober: Die königliche Familie wird zur Übersiedlung nach Paris gezwungen.
10. Oktober: Einziehung der Kirchen-, Kron- und Emigranten-Güter.
Gründung von Jakobinerklubs in Paris, dann in ganz Frankreich.
Luigi Galvani entdeckt das Phänomen der Berührungselektrizität.

1790
20. Februar: Kaiser Joseph II. gestorben. Leopold II., Großherzog von Toscana, wird Nachfolger.
19. Juni: Die Nationalversammlung schafft den erblichen Adel ab.
12. Juli: Zivilverfassung des Klerus. Verstaatlichung der französischen Kirche, Priesterwahl, Aufhebung der Klöster. Mehr als die Hälfte der französischen Geistlichkeit lehnt den Eid auf die Verfassung ab.

1791
2. April: Mirabeau gestorben.
20.–25. Juni: Die königliche Familie flieht aus Paris und wird in Varennes zur Rückkehr in die Tuilerien gezwungen.
27. August: Pillnitzer Deklaration. König Friedrich Wil-

helm II. von Preußen und Kaiser Leopold II. beschließen, die französische Monarchie zu stützen.
3. September: Die Verfassung tritt in Kraft.
14. September: Ludwig XVI. leistet den Eid auf die Verfassung.
1. Oktober: Die Gesetzgebende Versammlung nimmt ihre Tätigkeit auf.

1792

1. März: Leopold II. gestorben. Sein Sohn wird als Franz II. römisch-deutscher Kaiser.
20. April: Frankreich erklärt Österreich den Krieg (1792 bis 1797 Erster Koalitionskrieg Frankreichs gegen Österreich und Preußen).
19. Juni: Veto Ludwigs XVI.
20. Juni: Erster Sturm auf die Tuilerien.
10. August: Erstürmung der Tuilerien. Die königliche Familie begibt sich in die Nationalversammlung.
13. August: Suspendierung der königlichen Gewalt. Ludwig XVI. und seine Familie werden in den Temple gebracht.
2.– 6. September: Massaker in den Gefängnissen (Septembermorde).
Die zweite Welle der Adels-Emigration setzt ein.
20. September: Kanonade von Valmy. Rückzug Preußens. Die Revolutionsheere besetzen das linke Rheinufer und erobern Belgien.
21. September: Der Nationalkonvent tritt zusammen. Abschaffung der Monarchie. Beginn des Jahres I der Französischen Republik.
11. Dezember: Der Prozeß gegen Ludwig XVI. beginnt.

1793

20. Januar: Urteilsverkündung.
21. Januar: Ludwig XVI. in Paris hingerichtet.
Das Deutsche Reich, England, Holland, Spanien, Portugal, Sardinien und Neapel schließen sich daraufhin der antifranzösischen Koalition an.
10. März: Das Revolutionstribunal wird gebildet.
6. April: Errichtung des Wohlfahrtsausschusses. Danton Vorsitzender.
Juni/Juli: Sturz der Girondisten.
13. Juli: Ermordung Marats.
17. Juli: Abschaffung aller grundherrlichen Rechte.
24. Juli: Robespierre Vorsitzender des Wohlfahrtsausschusses.
23. August: Der Nationalkonvent beschließt die »Levée en masse«.

September: Beginn der Schreckensherrschaft.
16. Oktober: Marie Antoinette hingerichtet.
Rußland und Preußen verständigen sich über die zweite Teilung Polens.

FRANZÖSISCHE BOURBONEN

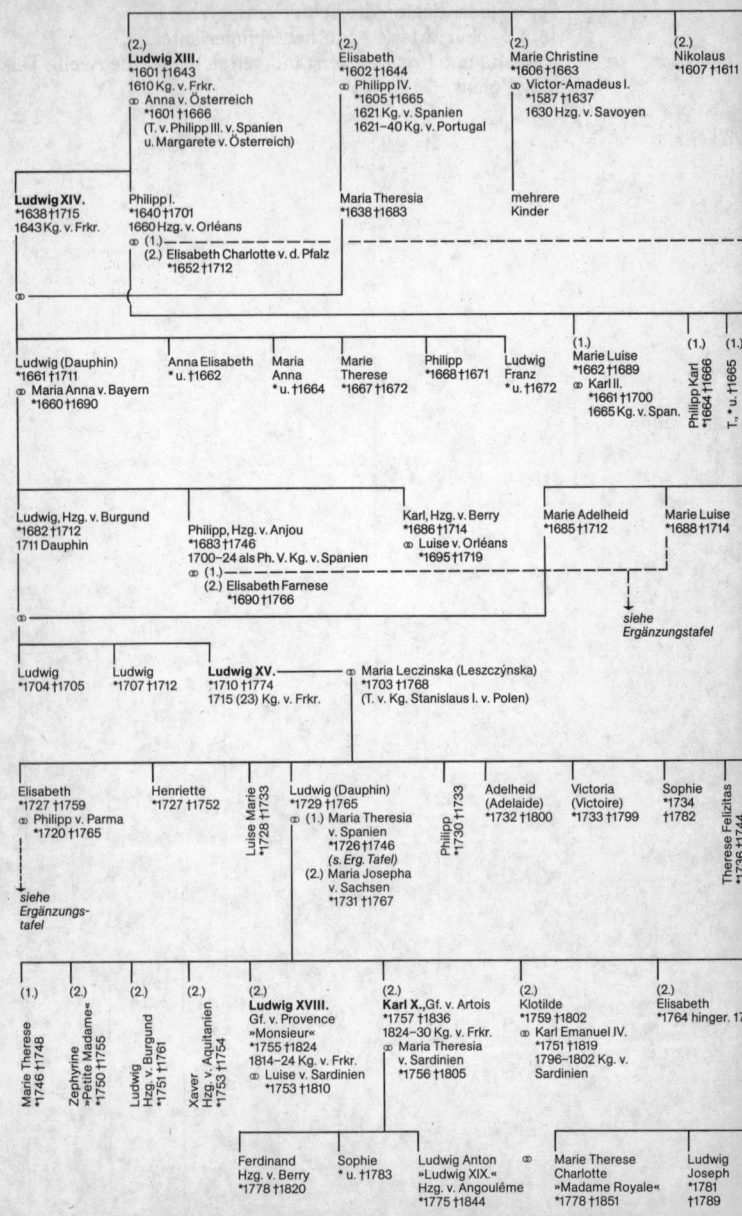

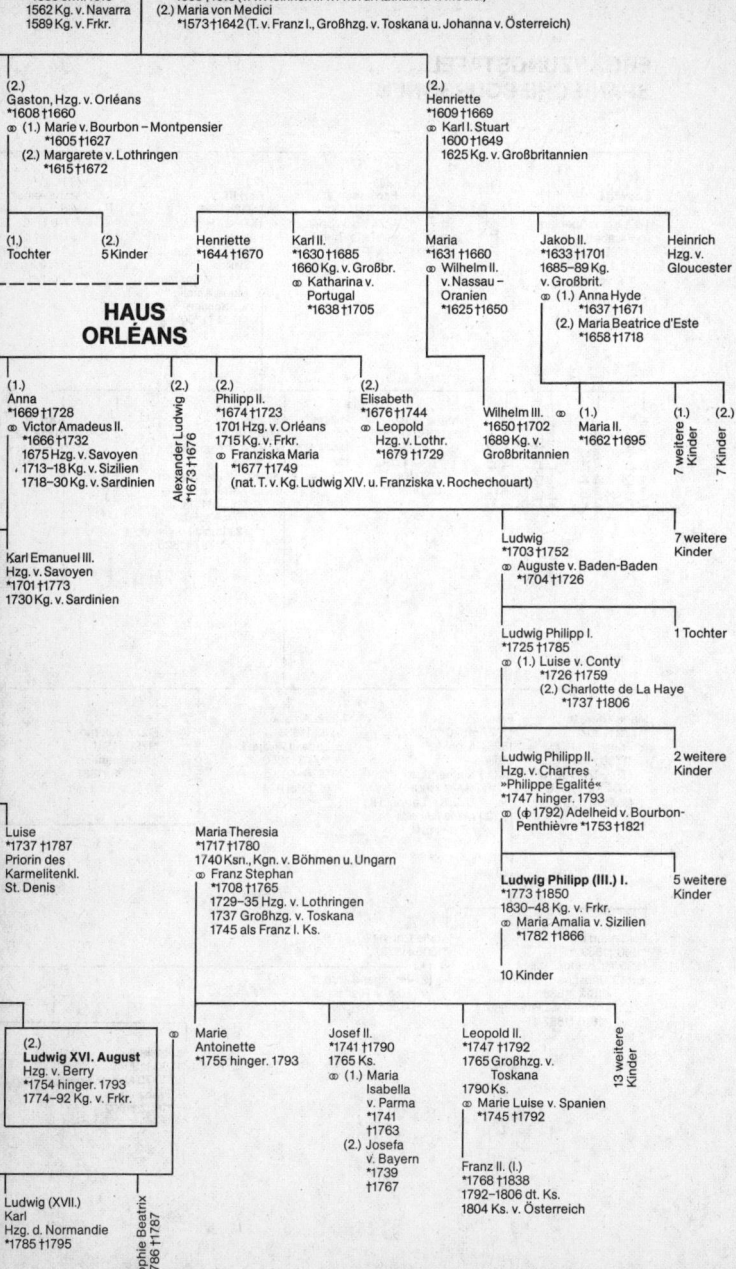

ERGÄNZUNGSTAFEL
SPANISCHE BOURBONEN

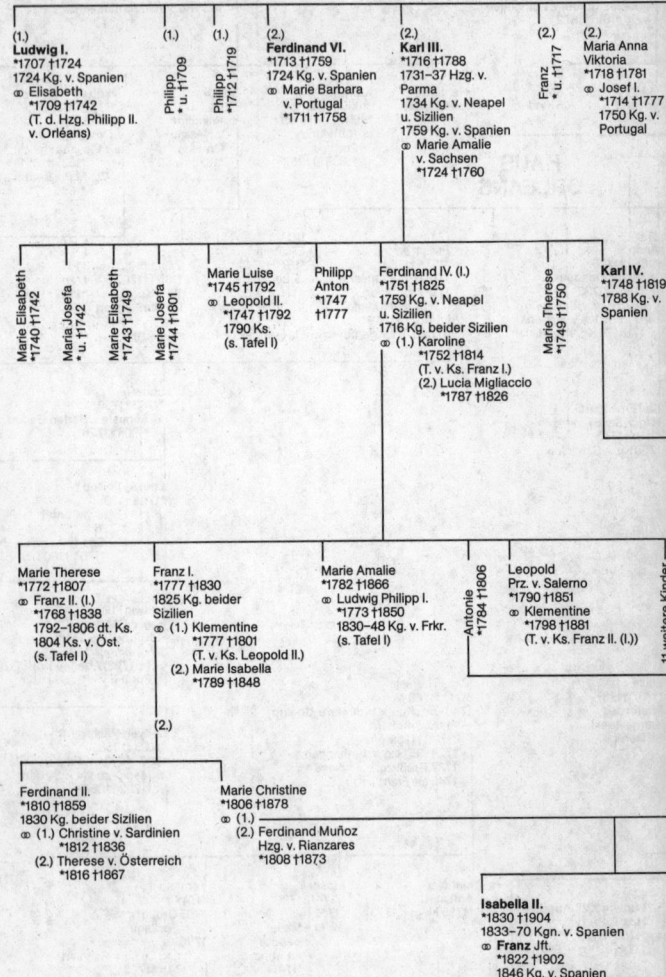

(1.)
Ludwig I.
*1707 †1724
1724 Kg. v. Spanien
∞ Elisabeth
*1709 †1742
(T. d. Hzg. Philipp II.
v. Orléans)

(1.) Philipp
* u. †1709

(1.) Philipp
*1712 †1719

(2.) **Ferdinand VI.**
*1713 †1759
1724 Kg. v. Spanien
∞ Marie Barbara
v. Portugal
*1711 †1758

(2.) **Karl III.**
*1716 †1788
1731–37 Hzg. v.
Parma
1734 Kg. v. Neapel
u. Sizilien
1759 Kg. v. Spanien
∞ Marie Amalie
v. Sachsen
*1724 †1760

(2.) Franz
* u. †1717

(2.) Maria Anna
Viktoria
*1718 †1781
∞ Josef I.
*1714 †1777
1750 Kg. v.
Portugal

Marie Elisabeth
*1740 †1742

Maria Josefa
* u. †1742

Marie Elisabeth
*1743 †1749

Marie Josefa
*1744 †1801

Marie Luise
*1745 †1792
∞ Leopold II.
*1747 †1792
1790 Ks.
(s. Tafel I)

Philipp
Anton
*1747
†1777

Ferdinand IV. (I.)
*1751 †1825
1759 Kg. v. Neapel
u. Sizilien
1716 Kg. beider Sizilien
∞ (1.) Karoline
*1752 †1814
(T. v. Ks. Franz I.)
(2.) Lucia Migliaccio
*1787 †1826

Marie Therese
*1749 †1750

Karl IV.
*1748 †1819
1788 Kg. v.
Spanien

Marie Therese
*1772 †1807
∞ Franz II. (I.)
*1768 †1838
1792–1806 dt. Ks.
1804 Ks. v. Öst.
(s. Tafel I)

Franz I.
*1777 †1830
1825 Kg. beider
Sizilien
∞ (1.) Klementine
*1777 †1801
(T. v. Ks. Leopold II.)
(2.) Marie Isabella
*1789 †1848

Marie Amalie
*1782 †1866
∞ Ludwig Philipp I.
*1773 †1850
1830–48 Kg. v. Frkr.
(s. Tafel I)

Antonie
*1784 †1806

Leopold
Prz. v. Salerno
*1790 †1851
∞ Klementine
*1798 †1881
(T. v. Ks. Franz II. (I.))

11 weitere Kinder

(2.)

Ferdinand II.
*1810 †1859
1830 Kg. beider Sizilien
∞ (1.) Christine v. Sardinien
*1812 †1836
(2.) Therese v. Österreich
*1816 †1867

Marie Christine
*1806 †1878
∞ (1.)
(2.) Ferdinand Muñoz
Hzg. v. Rianzares
*1808 †1873

Isabella II.
*1830 †1904
1833–70 Kgn. v. Spanien
∞ **Franz** Jft.
*1822 †1902
1846 Kg. v. Spanien

Philipp V.
Hzg. v. Anjou
*1683 †1746
1700–24 Kg. v. Spanien

⚭ (1.) Marie Luise v. Savoyen
*1688 †1714
(2.) Elisabeth Farnese
*1690 †1766

(2.)
Philipp
*1720 †1765
1748 Hzg. v. Parma
⚭ Elisabeth
*1727 †1759
(T. v. Kg. Ludwig XV.
v. Frkr., s. Tafel I)

(2.)
Maria Therese
*1726 †1746
⚭ Ludwig (Dauphin)
*1729 †1765
(s. Tafel I)

(2.)
Ludwig
*1727 †1785
1734 Erzbf. v. Toledo
1741 Erzbf. v. Sevilla
1735–54 Kardinal
⚭ Marie Therese
v. Vallabriga/
Drummond
*1758 †...

(2.)
Marie Antonie
*1729 †1785
⚭ Victor Amadeus III.
*1726 †1796
1773 Kg. v. Sardinien

Isabella
*1741 †1763
⚭ Josef II.
*1741 †1790
1765 Ks.
(s. Tafel I)

Ferdinand
*1751 †1802
1765 Hzg. v. Parma

Luise
*1751 †1819

Karl Emanuel IV.
*1751 †1819
1796–1802 Kg. v.
Sardinien
⚭ Klotilde
*1759 †1802
(T. v. Ludwig (Dauphin),
s. Tafel I)

Luise
*1753 †1810
⚭ Ludwig XVIII.
*1755 †1824
1814–24 Kg. v. Frkr.
(s. Tafel I)

Maria Theresia
*1756 †1805
⚭ Karl X.
*1757 †1856
1824–30 Kg. v. Frkr.
(s. Tafel I)

9 weitere Kinder

⚭

Ferdinand VII.
*1784 †1833
1808 u. ab 1814 Kg. v. Spanien
⚭ (2.) Isabella v. Portugal
*1797 †1818
(1.) (3.) Maria Josefa v. Sachsen
*1803 †1829
(4.)

Karl, Hzg. v. Molina
*1788 †1855
⚭ (1.) Franziska v.
Portugal
*1800 †1834
(2.) Therese v.
Portugal
*1793 †1874

Marie Isabella
*1789 †1848
⚭ (2.) Franz
Gf. de Balzo
*1805 †1882

11 weitere Kinder

Luise
*1832 †1897
⚭ Anton, Hzg. v. Montpensier
*1824 †1890

PERSONENREGISTER

Adams, John 223, 237, 261, 276, 284, 292
Adélaïde (Adelheid) Madame, Schwester von Ludwig (Dauphin) 39, 43, 46 f., 49, 54, 57 f., 67 f., 81 f., 93, 258, 416 f.
Albrecht, Herzog von Sachsen-Teschen 344
d'Alembert 87, 120
Amelot 170, 173, 309
d'Angivilliers 66, 424
Aranda, Graf von, Don Pedro Pablo Abarco de Bolea 98 f., 102 f., 106, 128, 137, 139, 143, 146, 163, 171, 176 f., 185 f., 200, 218, 232, 288 ff., 292, 297, 324 f.
Artois, Graf von → Karl X.
Bailly 384, 391, 393, 395 f., 401, 403, 425
Barère 468, 475, 477
Barnave, Antoine Pierre Joseph Marie 391, 397, 406, 409, 428 f., 433 ff., 438, 441
Bayern, Kurfürst von 207, 209 f.
Beauharnais, Josephine, Gräfin von, geb. Tascher de la Pagerie, spätere Kaiserin der Franzosen 381
Beaumarchais, Caron de 95, 98, 177, 185, 199, 334, 368
Bertin 173, 242, 327
Besenval, Baron von 146 f., 161 f., 229, 251, 302, 346, 357, 386, 393
Biron, Herzog von 362, 364, 383
Bouillé, Graf von 236, 238, 280, 410, 414 f., 419, 427, 433
Bourbon, Herzog von 105, 211, 354
Bourbon-Penthièvre, Adelaïde de, Herzogin von Chartres 100, 174, 303, 317 f.
Braunschweig, Herzog von 454, 468, 471

Breteuil, Baron von 277, 309, 329, 332 ff., 338, 357, 363, 366, 370, 393 f., 416, 437, 442
Brienne, Loménie de 191, 255, 272, 302, 336, 347, 349, 355, 357 ff., 363, 368, 370 ff., 417
Brionne, Gräfin von 73, 196, 256, 335
Brissac, Herzog von 96, 225, 449
Brissot 384, 430, 439, 443 ff., 453, 456, 474
Broglie, Marschall von 223, 393 f.
Burgund, Herzog von → Ludwig
Cagliostro, Graf (= Balsamo, Guiseppe) 267, 335 f., 338
Calonne, Charles-Alexandre de, Graf von Hannonville 308 ff., 313 f., 316, 325 f., 328 f., 336, 339, 342 f., 346, 348 ff., 361 ff., 366, 442
Carignan, Eugen Prinz von 163
Castries, Marquis de 244, 248, 251, 256 f., 263, 295 f., 302, 314, 329, 340, 342, 358, 360, 365 f.
Chartres, Herzog von → Ludwig Philipp II.
Chauvelin, Marquis de 105, 443
Choiseul-Stainville, Etienne François, Herzog von 30 ff., 42, 48 f., 52 f., 55 ff., 67 ff., 76 ff., 82 ff., 89, 92, 94, 99, 101, 103 f., 106, 114, 118 f., 126 ff., 135, 144, 146, 148, 155 f., 160 ff., 168, 178, 180, 196, 218, 223, 244 f., 251, 256 f., 262, 272, 274, 302, 319, 330, 480
Christine von Sachsen, Äbtissin von Remiremont 47, 344
Clery 465, 468 f., 476 f., 479 f.
Clinton 264 ff.
Clotilde (Klotilde), Madame, Schwester von Ludwig XVI. 111, 164, 214

Personenregister

Clugny, Herr von 173 ff.
Coëtlosquet, Herr von 24, 26, 29, 415
Coigny, Marquis de 146, 229, 294, 341
Coigny, Marquise de 256, 381, 403
Condé, Ludwig Prinz von 44, 83, 211, 278, 338, 354
Condorcet 383 f., 427, 429, 435, 442
Conti, Ludwig Franz Prinz von 83, 87, 144, 153 f., 168, 174, 304, 354
Croÿ, Herzog von 83, 91, 102, 117, 158, 177, 195, 248, 278 f., 294, 297
Danton, Georges 384, 399, 430, 439 f., 444 f., 457, 462, 464, 466, 471 f.
Desmoulins, Camille 374 f., 384, 393, 398
Diderot 120
Du Barry, Marie Jeanne, geb. Bécu 58, 77 ff., 83, 85, 90, 92 ff., 105 ff., 113, 126 f., 143, 162, 195, 258, 331
Dumouriez 444 ff., 450 f., 477
Duport, Adrien 363, 382, 406, 429, 441, 443, 449 ff., 457
Edgeworth, Abbé 470 f., 478 ff.
Elisabeth, Madame, Schwester von Ludwig XVI. 111, 252, 301 f., 326, 344, 402, 424 f., 432, 435, 437, 451 f., 455, 464, 470, 476, 479
d'Estaing, Graf 220, 223, 227, 231, 236, 240, 244, 281, 287, 314
Ferdinand, Infant v. Parma 13, 46 f., 54, 66
Fersen, Axel Graf von 224 f., 228, 238, 241, 249, 315, 327, 378, 409, 424 f., 432, 438, 455 f., 458
Fleury, Joly de 258, 295, 299, 307
Fleury, Kardinal von 114, 124
Floride-Blanche, Graf von 186, 208, 218, 248, 290

Fourqueux, Herr von 358 ff.
Franklin, Benjamin 176 f., 183 ff., 189 f., 196, 199, 208, 211 ff., 217, 219, 229, 236 f., 239, 241, 260 ff., 284 ff., 292 f., 305 f., 317, 376
Franz II. (I.), Kaiser von Österreich 447, 449
Friedrich II., der Große, König von Preußen 21, 23, 120, 187, 207, 210, 217, 221, 229, 312 f., 315 f., 365
Friedrich Wilhelm II., König von Preußen 438, 441, 454, 465
Fuentes, Graf von 99
Genlis, Gräfin von 282, 368, 370, 384, 393, 403
Georg III., König von England 181, 188, 212, 214, 219 f., 232 f., 237, 247 f., 259, 286, 404
Goethe, Johann Wolfgang von 334
Gramont, Herzogin von 82, 93, 196, 256
Grasse-Tilly, Graf von 263 ff., 280
Grimaldi 99, 185 f.
Guéménée, Prinzessin von 197, 203, 224, 281
Guichen 234, 238, 241, 274
Guines, Graf von 146, 168, 181, 229
Gustav III., König von Schweden 231, 302, 315, 318 f., 419, 429, 438, 447
Harcourt, Herzog von 342, 344
Hébert, Pater 420, 423 f., 454
Heinrich IV., König von Frankreich 25, 138, 142 f., 269, 461
Hume, David 39 f., 372
Joseph II., Kaiser von Österreich 120, 162, 175, 184, 191, 193 ff., 202 f., 207, 209 f., 213, 215 ff., 229, 237, 259 f., 262, 277, 288, 293, 297, 304, 315 f., 324 f., 335 f., 339 f., 366, 407
Karl I., der Große, König der Franken, römischer Kaiser 159, 198

Personenregister

Karl I., König von England 106, 170, 324, 372 f., 428, 477

Karl III., König von Spanien und Neapel 13, 31 f., 83, 99, 106, 186, 208, 213, 220, 228, 231, 248, 277, 286 f., 290 f., 366, 406, 471

Karl X., Graf von Artois, König von Frankreich, Bruder von Ludwig XVI. 31 f., 35, 38 f., 47, 50, 54, 58 ff., 62, 65, 73, 87, 100, 102 ff., 106 f., 113, 117, 128, 145, 147, 161 f., 179, 211, 224, 226, 245, 250, 252, 254, 269, 276, 278, 293, 302, 312, 328, 346, 354, 357, 362, 364, 377, 379, 389, 395, 397, 410, 425, 432, 438

Katharina II., Sophie Auguste Friederike von Anhalt-Zerbst, Zarin von Rußland 229, 237, 239 f., 259, 277, 288, 293, 297, 315, 366, 387, 419, 429, 441

Laborde de Méréville 302, 384, 440

La Bruyère 64

Laclos, Choderlos de 313, 384, 386, 403, 416, 427, 430

La Fayette, Marie Joseph de Motier, Marquis de 192 f., 218, 231 f., 234, 236, 249, 264 f., 279, 293, 303 f., 320, 325, 343, 353, 356 ff., 363, 368, 375, 383 f., 392 f., 395 ff., 403 ff., 411 ff., 416 ff., 420 ff., 425 ff., 440, 443, 447 ff., 451, 453, 455 ff.

Lalande, Jérome 306, 323

Lamballe, Marie Thérèse von Carignan, Prinzessin von 126, 163, 165, 203, 305, 465

Lameth, Messieurs 398, 406, 409, 414, 429, 435, 441, 449, 466

Lamoignon 359, 362 f., 366 f., 370

La Motte, Marc Antoine Nicolas de 333, 338

La Motte, Jeanne de 331, 334, 336 ff.

Laporte, Armand-Arnaud de 416, 419, 424, 437, 439, 450 f., 466

La Rochefoucauld 24, 117, 124, 144, 383 f., 389, 392, 417, 427, 429, 435

La Touche-Tréville 234, 342, 382

Lauzun 146, 181, 225, 231, 239, 241, 265 f., 284

La Vauguyon, Graf von → Quélen, Antoine-Paul-Jacques de

La Vrillière, Marquis de → Phélypeaux, Louis

Leczinska, Maria, Königin von Frankreich 43, 45, 51, 53 ff.

Leczinski, Stanislas, König von Polen 13, 51, 55

Le Noir 135, 151, 155, 180, 305, 309 f.

Leopold II., Großherzog von Toskana, Kaiser von Österreich 120, 293, 419, 424, 429, 438, 441, 447

Ligne, Prinz von 146, 192, 197, 319, 434

Louise (Luise), Madame, Schwester von Ludwig (Dauphin) 54, 85, 105, 107, 126, 141, 368

Louise (Maria Luise), Infantin, Tochter von Karl III., König von Spanien 277

Ludwig XII., König von Frankreich 142, 304

Ludwig XIII., König von Frankreich 137 f.

Ludwig XIV., König von Frankreich 17, 25, 63, 239, 281, 298, 304, 365, 403

Ludwig XV., König von Frankreich 12 ff., 17, 20 ff., 25, 29, 31, 38, 41 ff., 50, 52 ff., 62, 66 ff., 70 ff., 82 ff., 89 f., 93 ff., 103 ff., 111 f., 119, 127, 139, 143, 147 f., 258, 281, 294, 296, 298, 300, 331, 375, 444

Ludwig (Dauphin), Vater von Ludwig XVI. 11 ff., 18 ff., 29 ff.,

50 ff., 61 ff., 68, 73, 83, 113, 121, 124, 136, 188

Ludwig XVIII., Graf von Provence, Bruder von Ludwig XVI., »Monsieur« 16 f., 35, 38 ff., 47, 49 ff., 54, 58 ff., 65, 74, 87 ff., 98, 101 f., 104, 113, 115, 128, 144, 147, 168, 178 f., 214, 224, 226 f., 250, 254, 266, 269, 271, 278, 305, 308, 315, 319, 326, 328, 347, 354, 357 ff., 362, 364 f., 367, 377, 379 f., 404 f., 424, 438, 442

Ludwig, Herzog v. Burgund, Bruder von Ludwig XVI. 11 ff., 16 ff., 24 ff., 35 f., 39, 68

Ludwig Anton (»Ludwig XIX.«), Herzog von Angoulême 269

Ludwig Joseph, Dauphin, Sohn von Ludwig XVI. 267 ff., 273, 279, 281, 310, 312, 328, 335, 344 f., 363, 378, 387 f.

Ludwig (XVII.) Karl, Herzog der Normandie, Dauphin, Sohn von Ludwig XVI. 326 f., 395, 398, 401 ff., 407 f., 412, 416, 424, 427 f., 432, 449, 455 f., 459 f., 468 f., 472, 476, 479

Ludwig Philipp I., Herzog von Orléans 16, 32, 39, 44, 87, 100, 117, 137, 146, 188, 192, 200, 250, 305

Ludwig Philipp II., Herzog von Chartres, späterer Herzog von Orléans 73, 100, 117 f., 137 f., 145, 147, 161 ff., 174, 179, 188, 190, 192 f., 237, 250, 267, 271, 282, 305, 317 ff., 339, 354, 357, 363, 367, 370, 375 ff., 380, 382 ff., 392 ff., 397 ff., 403 ff., 408, 412 f., 416, 422 f., 427, 429 f., 435, 442, 450, 471, 477, 480

Luise, Prinzessin von Sardinien, Madame 87, 178, 214, 224, 405

Maillebois, Marschall von 98, 129, 161, 241, 325

Malesherbes, Chrétien Guillaume de Lamoignon de 366, 368, 372 f., 468 ff., 475 ff.

Manchester, Herzog von 294, 297

Marat, Jean Paul 399, 409, 448, 467

Maria Christine, Herzogin von Sachsen-Teschen 344

Maximilian Franz, Erzherzog von Österreich, Kurfürst von Köln, Bischof von Münster 146

Mercy-Argenteau, Graf von 73, 76 ff., 82 f., 92 f., 94, 118, 147, 162, 179, 194, 196, 215, 239, 365, 377 f., 410, 438, 449

Mirabeau, Gabriel de Riqueti, Graf von 23, 305, 317 f., 375, 382 ff., 386, 391, 394, 398 f., 403 f., 406, 409 ff., 416, 419, 421, 467

Miromesnil, Hue de 132 f., 135, 139 f., 153, 158, 182, 295, 304, 311, 316, 347 ff., 357

Montbarrey, Prinz von 174, 205, 233, 241, 244 f.

Montesquieu, Baron de 23, 188, 241, 286

Montmorency, Herzog von 66, 117

Montmorency-Luxembourg, Herzog von 375, 383 f., 389 f., 397

Montmorin, Graf von 186, 220, 344, 358 f., 363, 366, 370, 377, 393, 396, 414, 416, 433, 438 f.

Muy, Graf von 83, 98, 113, 127, 135, 150, 152, 165

Maria Josepha v. Sachsen, Mutter von Ludwig XVI. 11 ff., 20 f., 29, 36, 39, 43, 45 ff., 53 ff., 60 ff., 68, 90, 121, 188

Maria Karoline, Königin von Neapel und Sizilien 326

Maria-Theresia, Kaiserin v. Österreich 49, 69 f., 74, 76, 80, 92, 101, 125, 162, 194, 197, 210, 214 f., 221, 228 f., 237, 239, 246

Maria Theresia v. Spanien, erste

Frau von Ludwig (Dauphin) 12, 20
Maria Theresia von Sardinien, Gräfin von Artois 100, 128, 164, 198, 202, 224, 283
Marie-Antoinette, Erzherzogin von Österreich, Königin von Frankreich 49, 60, 67, 69 ff., 82 f., 89 ff., 94 ff., 101 ff., 107, 112, 122 f., 125 f., 128, 135, 141 ff., 146 ff., 158, 160 ff., 166, 168, 174 ff., 178, 191 ff., 201 ff., 209 f., 214 ff., 221 ff., 228, 235, 237 ff., 243 ff., 249 ff., 252, 255, 257 ff., 266 ff., 272 f., 278 f., 294, 301 ff., 308 f., 315, 324 ff., 339, 341, 343 f., 357, 359 f., 362, 365 f., 370 ff., 377 ff., 381, 386 f., 395, 398 f., 400 ff., 405, 408, 410, 412 f., 416, 422, 424 f., 428 f., 432 ff., 438, 443, 445, 449 f., 452 f., 455 f., 458 ff., 465, 468, 470, 476, 479
Marie Therese Charlotte, »Madame Royale«, Tochter von Ludwig XVI. 226 ff., 246, 372, 402, 408, 416, 424, 427, 432, 455 f., 459 f., 476, 479
Marsan, Gräfin von 13, 15 ff., 24 ff., 35, 58 f., 87, 91, 144, 191, 332, 337, 368
Masson, Jacques, Marquis von Pezay 98, 129
Maurepas, Herr von 123 ff., 129, 131 ff., 149, 154 f., 160 f., 163, 165 f., 169 f., 179 f., 189 f., 201 f., 205 f., 210, 217, 221, 225, 228, 230, 233, 243 ff., 248, 251, 254, 256 f., 271 f., 274, 295, 328
Narbonne 439, 443 f., 447
Narbonne-Lara, Gräfin von 58, 68, 78
Necker, Jacques 167, 175, 192, 200 f., 210, 230, 233 ff., 242 ff., 247, 251 ff., 262, 269, 272, 274, 299, 301 f., 304, 307 f., 315, 325, 328 f., 336, 349, 355, 357, 359 f., 368, 376 f., 379 f., 388 f., 391 ff., 396 f., 405, 413
Necker, Germaine, spätere Madame de Staël(-Holstein) 315, 329, 359, 378 ff., 388, 396, 439, 443
Noailles, Gräfin von 70, 77 ff., 90, 368
Noailles, Vicomte de 192, 241, 383, 397, 428
Orléans, Herzog von → Ludwig Philipp I.
d'Ormesson 296, 306 ff., 310, 439
Palissot 34, 38, 41
Paul I., Zar von Rußland 277 f.
Petion 430 f., 435 f., 452 f., 455 ff., 463
Pezay 168, 173, 201, 207, 328
Phélypeaux, Louis, Graf v. Saint-Florentin, Marquis de La Vrillière 15, 60, 82, 124, 135, 137, 164
Pius VI., Papst 415, 417, 420, 429
Polignac, Yolande de Polastron, Gräfin von 165, 203, 209, 237, 245, 249, 266, 279, 326 f., 357, 366, 371, 378 f., 389
Pompadour, Marquise de (= Poisson, Jeanne Antoinette) 11, 30 f., 33, 41, 58, 77, 124, 162
Provence, Graf von → Ludwig XVIII.
Puységur, Herr von 245, 393
Quélen, Antoine-Paul-Jacques de, Graf von La Vauguyon 23 f., 26 f., 29 f., 36 f., 40, 45, 50, 57 ff., 61, 63, 65, 67 f., 76, 78 f., 87 ff., 92, 124, 229, 247, 261, 393
Radonvillers, Abbé de 24
Rayneval, Gérard de 284, 289
Richelieu, Herzog von 44, 64, 107, 117, 124, 143, 161, 225, 281, 368
Rivarol, Antoine 323, 334
Robespierre, Maximilien de 409, 429 ff., 435, 440, 446, 448, 453, 456, 458, 462, 475 f.

Rohan 87, 137, 143, 191, 281, 304, 320, 330 ff., 339, 344, 389
Rohan-Guéménée, Prinz 281 f., 318, 389
Rohan-Soubise, Prinz von 332 f., 337, 368, 389
Roland 445 f., 449 f., 462, 464, 467, 474
Rousseau, Jean-Jacques 98, 313
Saint-Florentin, Graf von 55, 71
Saint-Germain, Graf von 165, 169, 173, 180, 183, 204 ff.
Saint-Just 466
Saint-Priest, Graf von 313, 393, 396, 414
Santerre 457 ff., 478, 480
Sartine, Herr von 75, 96, 133, 137, 139, 183, 185, 220 f., 230, 233 f., 238, 241 ff.
Schaffgotsch, Fürst 70
Ségur, Marschall 245, 248, 251, 295 f., 302, 340, 358, 365, 439
Sèze, Herr von 469, 471, 473
Sieyès, Abbé 383 ff., 423
Sinety, Marquis de 24, 26 f.
Sophie, Madame, Schwester von Ludwig (Dauphin) 54, 258, 268, 277
Sophie Beatrix, Madame, Tochter von Ludwig XVI. 343
Starhemberg, Fürst von 49, 70
Suffren 234, 304, 314 f., 366
Talleyrand, Abbé 316, 347, 383 f., 389, 404, 410 f., 417, 422, 436, 440, 443, 467
Terray, Abbé 114 f., 123, 131 f., 135, 143
Thierry 92, 320, 377, 389, 456
Thugut, Baron von 230, 233
Tonnerre, Marschall von, Konnetable von Frankreich 158

Turgot, Anne Robert, Baron de l'Aulne 132 ff., 139, 149 f., 152 ff., 161, 163, 165 ff., 181, 183, 188, 199 f., 230, 254, 272, 354, 377, 435

Vaudreuil, Graf von 237, 327
Vergennes, Charles Gravier Graf de 127 f., 135, 163, 165, 169, 176 f., 180, 182 ff., 187, 190, 193, 198 f., 203 f., 208 ff., 217 ff., 222 f., 225, 230, 232 ff., 236 f., 239 f., 244, 247 f., 251, 255, 260 ff., 272, 274 ff., 284 ff., 288 f., 292 f., 295 ff., 302, 304, 309, 315 f., 325, 327 ff., 333, 336 f., 346, 348 f., 363
Vergniaud 439, 452, 454, 456, 461, 474 f.
Vermond, Abbé de 178, 191, 193, 196, 207, 217, 246, 255, 272, 302, 326 f., 329, 346, 359 f., 370, 377, 438
Victoire (Victoria), Madame, Schwester von Ludwig (Dauphin) 54, 258, 416
Victor Amadeus III., König von Sardinien 210
Voltaire (= Arouet, François-Marie) 87, 98, 116, 196, 216

Washington, George 218 f., 236, 246, 260, 263 ff., 312, 359, 363

Xaver, Herzog von Aquitanien, Bruder von Ludwig XVI. 16
Xaver von Sachsen 47 ff., 57

Zephyrine (»Petite Madame«), Schwester von Ludwig XVI. 11, 16
Zweibrücken, Herzog von 210, 241, 266, 324

ORTSREGISTER

Amerika 114, 163, 169, 175, 177, 187, 199 f., 204, 213, 218, 223, 225, 227, 231, 233 f., 236, 239 ff., 246 ff., 259, 262 f., 266, 275 f., 284 ff., 297, 362, 404
Amsterdam 247, 299
Antillen 184, 203, 229, 231, 233, 236, 238, 241, 260, 263, 280, 287, 291, 299, 315
Autun 119
Avignon 226, 415
Bayern 209, 217, 229, 237, 315 f.
Belgien 424, 454
Bellevue 78, 258
Böhmen 217, 221, 229
Bordeaux 119, 283, 301
Brest 85, 196, 220 ff., 232, 236, 263 f., 287, 323, 366, 413 f.
Bretagne 235, 238, 251, 282 f., 306, 308, 318, 320, 323, 346, 371, 380 f., 453
Brüssel 304, 424, 449, 457
Cádiz 220, 238, 240, 281, 287
Caen 341, 363
Chalôn 425, 465
Chanteloup 118, 196
Chantilly 79, 278
Châtillon 117
Cherbourg 301, 343
Choisy 12, 22, 47, 111, 123, 125, 202
Cluny 323, 437
Compiègne 22, 49 f., 71, 77 f., 80, 90, 93, 131 f., 138, 157, 160, 202, 222 f., 279, 343, 398, 415, 436, 455, 457
Dauphiné 371, 435
Deutschland 113, 210, 217, 229, 262
Dijon 149, 371
Dünkirchen 284, 297, 301, 436
Elsaß 119, 450

England 22 f., 100, 113 f., 144, 169, 173, 175, 181, 183 ff., 188 f., 199, 203, 208, 211 ff., 216, 219, 223, 225, 229, 231 ff., 238 ff., 242, 247, 253, 259, 262, 274 f., 280, 286 ff., 293 f., 297, 299 f., 318, 340, 348, 365 f., 411, 414, 416, 440, 443
Flandern 113, 200, 307, 346, 429, 447
Florida 271, 286
Fontainebleau 22, 43 f., 46, 90, 138 f., 165, 174, 188, 206 f., 283, 336, 348, 365, 370
Genf 167, 261, 304
Gibraltar 237 f., 259, 263, 274 ff., 284, 286, 288 ff., 324
Großbritannien → England
Holland 100, 229, 240, 247, 261 f., 276 f., 297, 300, 315 f., 325, 335 f., 364 ff., 403, 441
Indien 231, 241, 274, 284, 314
Irland 239, 241, 325
Jamaika 204, 248, 274, 280, 287
Kanada 184, 190, 236, 275
Korsika 116, 119
La Muette 125, 139
Languedoc 410, 436, 450
La Roche-Guyon 117
Le Havre 301, 342
Limoges 120, 270
London 212, 223, 284, 304, 318, 320, 413, 466
Lothringen 116, 119
Lyon 293, 381
Madrid 99, 186, 231 f., 275, 284, 287, 344
Malmédy 419, 424 f.
Marly 90, 128, 138, 202, 222, 237, 255
Marseille 115, 301, 455
Metz 192, 308, 344, 414 f., 435

Meudon 16, 22
Nancy 301, 413 f.
Nantes 323, 413
Narbonne 119, 316, 345
Neufundland 284 f., 297
New York 246, 264
Niederlande → Holland
Normandie 235, 340, 343 f.
Österreich 22, 114, 173, 178, 184, 186 f., 196, 210, 213, 215 ff., 229, 237, 240, 246, 326, 329, 339, 416, 447
Orléans 119, 444, 450
Passy 127, 190, 262
Philadelphia 236 f., 264, 285 f.
Polen 184, 209, 217, 419, 441
Portugal 114, 240
Preußen 22, 114, 173, 210, 240, 365 f., 440, 447
Rambouillet 151, 315, 340, 394, 399
Reims 149, 156 f., 160 f., 163, 173
Rennes 301, 323, 383, 398
Rom 335, 415, 417 f.
Rouen 149, 270, 342, 394, 399
Rußland 114, 173, 210, 229, 237, 239, 410
Sachsen 21, 25, 210
Saint-Cloud 17, 104, 327, 330, 336, 343, 409, 421, 423
Saint-Cyr 19, 38

Saint-Denis 85, 115, 368
Saint-Malo 232, 301
Saint-Pierre-et-Miquelon 229, 297
Santo Domingo 237, 241, 299
Saratoga 208, 212, 233
Schlesien 217, 229
Schönbrunn 69, 246, 293
Schweden 114, 184, 416
Senegal 231, 284, 297
Sens 47, 119, 372
Sèvres 125
Spanien 98 f., 113 f., 163, 169, 187, 193, 212 f., 219, 223, 229, 231, 240, 248, 259, 275, 286, 363, 411
Straßburg 70, 270
Toulon 220, 240
Toulouse 119, 371
Tour 75
Türkei 114, 184, 239, 288, 441
Utrecht 301
Varennes 427 ff., 431, 433 f., 451
Verdun 120
Vereinigte Staaten → Amerika
Villers-Cotterêts 138, 367, 370, 387
Vincennes 386, 418
Wien 49, 69, 194, 210, 217, 233, 259, 424
Yorktown 271 f., 340

**Das Gesamtverzeichnis der Heyne-Taschenbücher
informiert Sie ausführlich über alle lieferbaren Titel.
Sie erhalten es von Ihrer Buchhandlung
oder direkt vom Verlag.**

**Wilhelm Heyne Verlag, Postfach 201204,
8000 München 2**

HEYNE BIOGRAPHIEN

Die Taschenbuchreihe mit den bedeutenden Biographien der Großen der Weltgeschichte.

12/158 - DM 19,80

12/150 - DM 16,80

12/157 - DM 14,80

12/161 - DM 14,80

12/155 - DM 12,80

12/149 - DM 12,80

12/160 - DM 16,80

12/156 - DM 12,80